Alexander Mathieu

Strategie in High Velocity Märkten

GABLER EDITION WISSENSCHAFT

Alexander Mathieu

Strategie in High Velocity Märkten

Konzeptionalisierung, Operationalisierung und Erfolgswirkung

Mit einem Geleitwort von Prof. Dr. Bernd W. Wirtz

Deutscher Universitäts-Verlag

Bibliografische Information Der Deutschen Bibliothek
Die Deutsche Bibliothek verzeichnet diese Publikation in der Deutschen
Nationalbibliografie; detaillierte bibliografische Daten sind im Internet über
<http://dnb.ddb.de> abrufbar.

Dissertation Universität Witten/Herdecke, 2004, u.d.T.: Mathieu, Alexander: Strategie in High Velocity Märkten. Eine empirische Analyse zur Konzeptionalisierung, Operationalisierung und Erfolgswirkung bei Unternehmen der Informations- und Kommunikationstechnologie

1. Auflage August 2004

Alle Rechte vorbehalten
© Deutscher Universitäts-Verlag/GWV Fachverlage GmbH, Wiesbaden 2004

Lektorat: Brigitte Siegel / Sabine Schöller

Der Deutsche Universitäts-Verlag ist ein Unternehmen von
Springer Science+Business Media.
www.duv.de

Das Werk einschließlich aller seiner Teile ist urheberrechtlich geschützt. Jede Verwertung außerhalb der engen Grenzen des Urheberrechtsgesetzes ist ohne Zustimmung des Verlags unzulässig und strafbar. Das gilt insbesondere für Vervielfältigungen, Übersetzungen, Mikroverfilmungen und die Einspeicherung und Verarbeitung in elektronischen Systemen.

Die Wiedergabe von Gebrauchsnamen, Handelsnamen, Warenbezeichnungen usw. in diesem Werk berechtigt auch ohne besondere Kennzeichnung nicht zu der Annahme, dass solche Namen im Sinne der Warenzeichen- und Markenschutz-Gesetzgebung als frei zu betrachten wären und daher von jedermann benutzt werden dürften.

Umschlaggestaltung: Regine Zimmer, Dipl.-Designerin, Frankfurt/Main

ISBN-13: 978-3-8244-8174-3   e-ISBN-13: 978-3-322-81813-3
DOI: 10.1007/978-3-322-81813-3

Geleitwort

In der zweiten Hälfte der neunziger Jahre führte die rapide Diffusion und die umfassende kommerzielle Nutzung von Informations- und Kommunikationstechnologien zu strukturellen Veränderungen in der Wirtschaft, deren Ausmaß heute noch nicht abzusehen ist. In diesem Umfeld kam es Ende der neunziger Jahre zu einem Gründungsboom: auf der einen Seite entwickelten Start-ups und Dot.com-Unternehmen innovative Geschäftsmodelle, auf der anderen Seite engagierten sich etablierte Unternehmen in Internet-Bereichen. Nach einer anfänglich ausgesprochen positiven Bewertung dieser Aktivitäten seitens der Kapitalmärkte und der Öffentlichkeit verkehrte sich die Situation ab Mitte des Jahres 2000 in das Gegenteil. Viele der Start-ups gerieten in wirtschaftliche Schwierigkeiten und vormalige Vorzeigeunternehmen wurden übernommen oder mussten Insolvenz anmelden. Ebenso reduzierten etablierte Unternehmen ihre Internet-Engagements. Als Grund für diese Entwicklungen diagnostizierten Beobachter oftmals die Abwesenheit einer stimmigen Strategie. Dies führte zu einer intensiven Diskussion über die Bedeutung, Ausgestaltung und Erfolgsrelevanz von Strategie in den entstandenen High Velocity Märkten.

An dieser in Wissenschaft und Praxis gleichermaßen relevanten und aktuellen Fragestellung setzt die Dissertationsschrift von Herrn Mathieu an. Zentrales Anliegen ist die Konzeptionalisierung und die Operationalisierung des Konstrukts Strategie in High Velocity Märkten und der empirische Nachweis der Erfolgsrelevanz. Hierzu nimmt der Verfasser zunächst eine strukturierte Bestandsaufnahme des mittlerweile umfassenden Forschungsstands der empirischen Strategiemessung vor. Im Anschluss integriert Herr Mathieu die Erkenntnisse der Industrieökonomik mit den bislang in der Strategieinhaltsforschung weitgehend vernachlässigten Erklärungsansätzen der Evolutionstheorie und der Ressourcentheorie zu einem theoretischen Bezugsrahmen. Zur empirischen Prüfung der Reliabilität und Validität des Konstrukts entwickelt der Verfasser eine mehrstufige Vorgehensweise, welche auf einem umfassenden Katalog von Gütekriterien und dem sukzessiven Einsatz der konfirmatorischen Faktorenanalyse 1. und 2. Ordnung beruht. Basierend auf der Operationalisierung des Konstrukts gelingt es, den Einfluss von Strategie in High Velocity Märkten auf den strategischen Erfolg empirisch zu belegen. Abschließend integriert der Verfasser Aspekte des Strategieprozesses und der Organisationsstruktur.

Mit seiner Arbeit ist es Herrn Mathieu gelungen, den wissenschaftlichen Erkenntnisfortschritt im strategischen Management innerhalb der veränderten dynamischen und turbulenten Umfeldbedingungen entscheidend voranzutreiben. Durch die fundierte und strukturierte Analyse und Aufbereitung der theoretischen Erklärungsansätze widerlegt der Verfasser den Vorwurf der Theorielosigkeit vieler empirischer Arbeiten überzeugend. Die durch den Einsatz anspruchsvoller multivariater Datenanalyseverfahren erhaltenen empirischen Ergebnisse sind sowohl für die Wissenschaft als auch für die Unternehmenspraxis von hoher Relevanz und hohem Interesse. Somit bleibt zu wünschen, dass die Arbeit eine weite Verbreitung und Resonanz findet.

Prof. Dr. Bernd W. Wirtz

Vorwort

Der Beginn meiner Tätigkeit als Doktorand und wissenschaftlicher Mitarbeiter war durch die allmählich einsetzende Abnahme der Internet-Euphorie geprägt. Innovative Geschäftsmodelle stellten sich als nicht nachhaltig heraus, klassische ökonomische Grundregeln ließen sich durch die rapiden Entwicklungssprünge der Informations- und Kommunikationstechnologie nicht außer Kraft setzen. Während einige Autoren die Abwesenheit einer stimmigen Strategie diagnostizierten, schien für andere die strategische Ausrichtung in dem High Velocity Umfeld keine Rolle mehr zu spielen. Vor dem Hintergrund dieser Diskussion und aus der Faszination hinsichtlich der vielfältigen Chancen durch die Informations- und Kommunikationstechnologie einerseits und dem Interesse an der Strategieforschung andererseits entstand die Idee für die vorliegende Arbeit, welche von der Wirtschaftsfakultät der privaten Universität Witten/Herdecke als Dissertationsschrift angenommen wurde.

Zunächst möchte ich Herrn Prof. Dr. Bernd W. Wirtz für die Betreuung des Dissertationsprojektes und dafür danken, dass er jederzeit für inhaltliche Diskussionen verfügbar und ansprechbar war. Durch seine vielfältigen Hinweise war er stets eine große Hilfe. Mein herzlicher Dank gilt auch Herrn Prof. Dr. Knut Werner Lange für die Erstellung des Zweitgutachtens. Darüber hinaus danke ich Herrn Prof. Dr. Christoph Burmann für eine konstruktive Diskussion bei der Themenfindung, zahlreiche wertvolle Hinweise und die Erstellung des Drittgutachtens. Zudem bin ich Herrn Prof. Dr. Dirk Baecker für die Betreuung meines Akademiediskurses dankbar.

Eine wichtige Unterstützung bei der Anfertigung dieser Arbeit waren meine Freunde und Kollegen am Lehrstuhl für Unternehmensführung und –entwicklung an der Universität Witten/Herdecke. Besonderer Dank gilt hierbei Herrn Dr. Torsten Olderog für eine Vielzahl methodischer Hinweise und die Hilfe bei der Durchführung der Online-Erhebung. Ebenso möchte ich Herrn Dipl.-Math. Joachim Schwarz besonders erwähnen, der mir in zahlreichen Diskussionen über Aspekte der statistischen Auswertung wertvolle Hinweise gegeben hat. Darüber hinaus möchte ich Herrn Dipl.-Kfm. Oliver Willmes M.B.A. (USA) für vielfältige Hinweise und Anmerkungen im Rahmen unserer regelmäßigen Privatissimés sowie die kritische Durchsicht des Manuskripts in verschiedenen Entwicklungsstadien danken.

Besonders möchte ich auch meiner Freundin Rebecca danken. Sie hat sowohl durch inhaltliche Anregungen sowie die mehrfache Durchsicht des Manuskripts als auch durch die oftmals notwendige Ablenkung zum Gelingen der Dissertation beigetragen. Schließlich gilt mein herzlicher Dank meinen Eltern Gerlinde und Günter für ihren Beitrag zu der vorliegenden Arbeit. Meiner Mutter danke ich für die sorgfältige Korrektur des Manuskripts und die wertvolle Hilfe bei der Formatierung. Meinem Vater bin ich für die inhaltliche Diskussion und eine Vielzahl konstruktiver Hinweise dankbar. In besonderem Maße danke ich meinen Eltern für ihre liebevolle Unterstützung. Ihnen möchte ich diese Arbeit widmen.

Alexander Mathieu

Inhaltsübersicht

1 **Einleitung** 1

   1.1 Problemstellung 1

   1.2 Abgrenzung des Untersuchungsbereichs 12

   1.3 Gang der Untersuchung 16

2 **Grundlagen der Untersuchung** 19

   2.1 Wissenschaftstheoretische Einordnung und terminologische Basis 19

   2.2 Stand der Forschung 40

   2.3 Theoretische Bezugspunkte 105

3 **Konzeptionalisierung des Konstrukts Strategie in High Velocity Märkten und Modellentwicklung** 193

   3.1 Konstruktion des Modells Strategie in High Velocity Märkten 193

   3.2 Konzeptionalisierung des strategischen Erfolgs 203

   3.3 Spezifizierung und Einfluss situativer Variablen 210

   3.4 Zusammenfassung der Untersuchungshypothesen 222

4 **Ergebnisse der empirischen Untersuchung** 225

   4.1 Grundlagen, Methodik und Vorgehensweise 225

   4.2 Operationalisierung von Strategie in High Velocity Märkten 265

   4.3 Erfolgswirkung von Strategie in High Velocity Märkten 298

   4.4 Einfluss situativer Variablen 309

5 **Zusammenfassung und Implikationen der Untersuchung** 325

   5.1 Zusammenfassung der wesentlichen Ergebnisse 325

   5.2 Implikationen für weiterführende betriebswirtschaftliche Forschungen 328

   5.3 Implikationen für die Unternehmenspraxis 331

Inhaltsverzeichnis

Abbildungsverzeichnis XVII

Tabellenverzeichnis XXI

Abkürzungsverzeichnis XXV

1 Einleitung 1
   1.1 Problemstellung 1
      1.1.1 Ausgangssituation der Untersuchung 1
      1.1.2 Zielsetzung der Untersuchung 10
   1.2 Abgrenzung des Untersuchungsbereichs 12
   1.3 Gang der Untersuchung 16

2 Grundlagen der Untersuchung 19
   2.1 Wissenschaftstheoretische Einordnung und terminologische Basis 19
      2.1.1 Wissenschaftstheoretische Grundlagen 19
      2.1.2 Grundbegriffe der Untersuchung 26
           2.1.2.1 Begriffsverständnis Strategie 26
           2.1.2.2 Begriffsverständnis High Velocity Märkte 35
   2.2 Stand der Forschung 40
      2.2.1 Strategie in High Velocity Märkten 40
           2.2.1.1 Bestandsaufnahme der Forschungsbeiträge zu Strategie in High Velocity Märkten 40
           2.2.1.2 Wertung der bisherigen Forschungsbeiträge zu Strategie in High Velocity Märkten 50
                2.2.1.2.1 Auswertung der Forschungsbeiträge im Hinblick auf die einzelnen Fragestellungen 50
                2.2.1.2.2 Implikationen der Bestandsaufnahme für die Untersuchung 55
      2.2.2 Strategieidentifikation und -messung in der empirischen Strategieforschung 58
           2.2.2.1 Systematisierung der Messansätze in der empirischen Strategieforschung 59
                2.2.2.1.1 Datenerhebungsansätze 59
                      2.2.2.1.1.1 Darstellung 59
                      2.2.2.1.1.2 Vergleichende Bewertung 61

XII

	2.2.2.1.2	Operationalisierungsansätze	67
		2.2.2.1.2.1 Darstellung	68
		2.2.2.1.2.2 Vergleichende Bewertung	73
2.2.2.2		Bestandsaufnahme der Forschungsbeiträge zur Strategieidentifikation und –messung in der empirischen Strategieforschung	78
	2.2.2.2.1	Auswertung der Forschungsbeiträge nach der Kombination aus Operationalisierungsansatz und Datenerhebungsansatz	80
		2.2.2.2.1.1 Typologien	81
		2.2.2.2.1.2 Taxonomien	85
		2.2.2.2.1.3 Comparative Approach	91
		2.2.2.2.1.4 Synopsis der Forschungsbeiträge im Hinblick auf die Kombination von Operationalisierungsansatz und Datenerhebungsansatz	95
	2.2.2.2.2	Synopsis der Forschungsbeiträge nach dem organisatorischen Geltungsbereich des Strategiekonstrukts	98
	2.2.2.2.3	Synopsis der Forschungsbeiträge nach der theoretischen Fundierung	99
	2.2.2.2.4	Synopsis der Forschungsbeiträge nach dem Untersuchungsziel und der Aussagenart	101
2.2.2.3		Wertung der bisherigen Forschungsbeiträge zur empirischen Strategieidentifikation und –messung	102

2.2.3 Synthese des Forschungsstands und Identifikation der Forschungslücke 103

2.3 Theoretische Bezugspunkte 105

   2.3.1 Industrieökonomik 107

      2.3.1.1 Strukturalistische Sichtweise der klassischen Industrieökonomik 108
      2.3.1.2 Verhaltensorientierte Sichtweise der neuen Industrieökonomik............ 112
      2.3.1.3 Übertragung industrieökonomischer Erkenntnisse auf das strategische Management.. 115

           2.3.1.3.1 Branchenstrukturanalyse anhand der Five Forces 116
           2.3.1.3.2 Generische Strategien 118

      2.3.1.4 Zusammenfassung der Bezugspunkte und des Erkenntnisbeitrags der Industrieökonomik.. 124

   2.3.2 Evolutionstheorie 127

      2.3.2.1 Grundlegende evolutionstheoretische Ansätze 129

           2.3.2.1.1 Phylogenetische Ansätze 129
           2.3.2.1.2 Ontogenetische Ansätze 133

      2.3.2.2 Bedeutung von Suchroutinen zur Erlangung von Wettbewerbsvorteilen 136
      2.3.2.3 Zusammenfassung der Bezugspunkte und des Erkenntnisbeitrags der Evolutionstheorie 140

2.3.3 Resource-based View 142

    2.3.3.1 Der klassische Ressourcenansatz 144

        2.3.3.1.1 Die Wachstumstheorie von Penrose als Grundlage des ressourcentheoretischen Ansatzes 144

        2.3.3.1.2 Ressourcen als Grundlage von Wettbewerbsvorteilen 147

        2.3.3.1.3 Bedingungen und Eigenschaften zur Wettbewerbsvorteilsrelevanz von Ressourcen 150

        2.3.3.1.4 Implikationen des klassischen Ressourcenansatzes für die Geschäftsbereichsstrategie 156

        2.3.3.1.5 Kritik am klassischen Ressourcenansatz 159

    2.3.3.2 Dynamic-Capabilities-Ansatz 162

        2.3.3.2.1 Grundlegender Bezugsrahmen 162

        2.3.3.2.2 Zentrale Fähigkeiten zur Erlangung von Wettbewerbsvorteilen 167

    2.3.3.3 Knowledge-based View 171

        2.3.3.3.1 Grundlagen 171

        2.3.3.3.2 Wissensbasierte Konzeptionalisierung zentraler Dimensionen 176

            2.3.3.3.2.1 Replikation 177

            2.3.3.3.2.2 Rekonfiguration 183

    2.3.3.4 Zusammenfassung der Bezugspunkte und des Erkenntnisbeitrags der Ressourcentheorie 190

3 Konzeptionalisierung des Konstrukts Strategie in High Velocity Märkten und Modellentwicklung 193

3.1 Konstruktion des Modells Strategie in High Velocity Märkten 193

    3.1.1 Konzeptionalisierung der einzelnen Dimensionen 193

        3.1.1.1 Produkt-Differenzierung 194

        3.1.1.2 Image-Differenzierung 194

        3.1.1.3 Aggressivität 195

        3.1.1.4 Fokus 196

        3.1.1.5 Proaktivität 197

        3.1.1.6 Replikation 198

        3.1.1.7 Rekonfiguration 199

        3.1.1.8 Kooperation 200

    3.1.2 Strategie in High Velocity Märkten als mehrdimensionales Konstrukt 201

3.2 Konzeptionalisierung des strategischen Erfolgs 203

    3.2.1 Erfolgsmessung in der empirischen Strategieforschung 204

    3.2.2 Strategischer Erfolg als zweidimensionales Konstrukt 208

3.2.3 Beziehung zwischen Strategie in High Velocity Märkten und dem strategischen Erfolg 209

3.3 Spezifizierung und Einfluss situativer Variablen 210

   3.3.1 Aspekte des Strategieprozesses 211

      3.3.1.1 Einfluss des Top-Managements und der übrigen Organisationsmitglieder auf den Prozess der Strategieschöpfung 212
      3.3.1.2 Ausmaß der politischen Aktivität im Strategieprozess 215
      3.3.1.3 Ausmaß der Informationsnutzung und Informationsverarbeitung 217
      3.3.1.4 Geschwindigkeit des strategischen Entscheidungsprozesses 218

   3.3.2 Flexibilität der Organisationsstruktur 218

3.4 Zusammenfassung der Untersuchungshypothesen 222

4 Ergebnisse der empirischen Untersuchung 225

4.1 Grundlagen, Methodik und Vorgehensweise 225

   4.1.1 Grundlagen von Strukturgleichungsmodellen 225

      4.1.1.1 Allgemeiner Ansatz von Strukturgleichungsmodellen 226
      4.1.1.2 Ansätze der konfirmatorischen Faktorenanalyse 229
      4.1.1.3 Globale Anpassungsmaße zur Beurteilung von Strukturgleichungsmodellen 232

   4.1.2 Operationalisierung von Konstrukten 235

      4.1.2.1 Theoretische und methodische Aspekte 235
      4.1.2.2 Vorgehensweise bei der Operationalisierung von theoretischen Konstrukten und Aspekte der statistischen Auswertungsverfahren 247

   4.1.3 Datengrundlage und Datenerhebung 254

      4.1.3.1 Grundgesamtheit der Erhebung 254
      4.1.3.2 Datenerhebungsmethode und Entwicklung des Erhebungsinstruments 256
      4.1.3.3 Verfahren der Haupterhebung und Charakteristika der Datenbasis 261

4.2 Operationalisierung von Strategie in High Velocity Märkten 265

   4.2.1 Operationalisierung der einzelnen Dimensionen 265

      4.2.1.1 Produkt-Differenzierung 266
      4.2.1.2 Image-Differenzierung 269
      4.2.1.3 Aggressivität 271
      4.2.1.4 Fokus 273
      4.2.1.5 Proaktivität 274
      4.2.1.6 Replikation 276
      4.2.1.7 Rekonfiguration 280
      4.2.1.8 Kooperation 282

4.2.2 Untersuchung des Gesamtmodells Strategie in High Velocity Märkten 285

4.3 Erfolgswirkung von Strategie in High Velocity Märkten 298

4.3.1 Operationalisierung des strategischen Erfolgs 299

4.3.2 Untersuchung der Erfolgswirkung von Strategie in High Velocity Märkten 303

4.4 Einfluss situativer Variablen 309

4.4.1 Aspekte des Strategieprozesses 309

    4.4.1.1 Einfluss des Top-Managements und der übrigen Organisationsmitglieder auf den Prozess der Strategieschöpfung 310
    4.4.1.2 Ausmaß der politischen Aktivität im Strategieprozess 312
    4.4.1.3 Ausmaß der Informationsnutzung und Informationsverarbeitung 314
    4.4.1.4 Geschwindigkeit des strategischen Entscheidungsprozesses 316

4.4.2 Flexibilität der Organisationsstruktur 318

4.4.3 Simultane Betrachtung aller situativen Variablen 319

5 Zusammenfassung und Implikationen der Untersuchung 325

5.1 Zusammenfassung der wesentlichen Ergebnisse 325

5.2 Implikationen für weiterführende betriebswirtschaftliche Forschungen 328

5.3 Implikationen für die Unternehmenspraxis 331

Anhang **333**

    Ergänzende Tabellen 333

    Fragebogen und Begleitschreiben 363

Literaturverzeichnis **371**

Abbildungsverzeichnis

Abb. 1: Gegenüberstellung von Mehr-Ebenen-Modellen des Strategiebegriffs 15

Abb. 2: Systematik zur Analyse des Strategiebegriffs 28

Abb. 3: Strategieformen nach MINTZBERG 31

Abb. 4: Ordnungsrahmen zur Systematisierung der Forschungsbeiträge nach Operationalisierungsansatz und Datenerhebungsansatz 80

Abb. 6: Synopsis des Forschungsstands im Hinblick auf theoretische Fundierung 100

Abb. 7: Grundlegender theoretischer Bezugsrahmen der Untersuchung 107

Abb. 8: Structure-Conduct-Performance-Paradigma der klassischen Industrieökonomik 111

Abb. 9: Dynamisches Structure-Conduct-Performance-Paradigma der neuen Industrieökonomik 113

Abb. 10: Die fünf Wettbewerbskräfte und ihre Determinanten 117

Abb. 11: Generische Strategien und ihre Voraussetzungen und Risiken 120

Abb. 12: Theoretischer Bezugsrahmen mit den Erkenntnissen der Industrieökonomik 127

Abb. 13: Theoretischer Bezugsrahmen mit den Erkenntnissen der Evolutionstheorie 142

Abb. 14: Integrierter Bezugsrahmen zur Wettbewerbsvorteilsrelevanz von Ressourcen 155

Abb. 15: Integrierter Bezugsrahmen des Dynamic-Capabilities-Ansatzes 167

Abb. 16: Abgrenzung des Wissensbegriffs und Wissensarten 175

Abb. 17: Möglichkeiten des Transfers von implizitem und explizitem Wissen 180

Abb. 18: Spiralen-Modell der organisationalen Wissensgenerierung 187

Abb. 19: Theoretischer Bezugsrahmen mit den Erkenntnissen der Ressourcentheorie 192

Abb. 20: Typologie flexibler Organisationsformen 221

Abb. 21: Grundlegender Aufbau eines Strukturgleichungsmodells 229

Abb. 22: Schematische Darstellung des Holistic Construal 237

Abb. 22: Vorgehensweise zur Operationalisierung des Konstrukts Strategie in High Velocity Märkten 252

Abb. 23: Mehrstufige Vorgehensweise der Entwicklung des Erhebungsinstruments 261

Abb. 24: Mitarbeiterzahl und vorwiegendes Betätigungsfeld der untersuchten Unternehmen 263

Abb. 25: Messmodell und Anpassungsmaße der konfirmatorischen Faktorenanalyse für die Dimension Produkt-Differenzierung 268

Abb. 26: Messmodell und Anpassungsmaße der konfirmatorischen Faktorenanalyse für die Dimension Image-Differenzierung 270

Abb. 27: Messmodell und Anpassungsmaße der konfirmatorischen Faktorenanalyse für die Dimension Aggressivität 272

Abb. 28: Messmodell und Anpassungsmaße der konfirmatorischen Faktorenanalyse für die Dimension Fokus 274

Abb. 29: Messmodell und Anpassungsmaße der konfirmatorischen Faktorenanalyse für die Dimension Proaktivität 275

Abb. 30: Messmodell der konfirmatorischen Faktorenanalyse für eine zweifaktorielle Struktur der Dimension Replikation 277

Abb. 31: Messmodell und Anpassungsmaße der konfirmatorischen Faktorenanalyse für die Dimension Replikation 280

Abb. 32: Messmodell und Anpassungsmaße der konfirmatorischen Faktorenanalyse für die Dimension Rekonfiguration 282

Abb. 33: Messmodell und globale Anpassungsmaße der konfirmatorischen Faktorenanalyse für die Dimension Kooperation 284

Abb. 34: Konfirmatorische Faktorenanalyse 1. Ordnung des Acht-Dimensionen-Modells für Strategie in High Velocity Märkten 288

Abb. 35: Konfirmatorische Faktorenanalyse 2. Ordnung des Acht-Dimensionen-Modells für Strategie in High Velocity Märkten 291

Abb. 36: Konfirmatorische Faktorenanalyse 1. Ordnung des Sieben-Dimensionen-Modells für Strategie in High Velocity Märkten 293

Abb. 37: Konfirmatorische Faktorenanalyse 2. Ordnung des Sieben-Dimensionen-Modells für Strategie in High Velocity Märkten 295

Abb. 38: Relative Bedeutung der sieben Dimensionen von Strategie in High Velocity Märkten gemäß den Faktorladungen 298

Abb. 39: Messmodell und globale Anpassungsmaße der konfirmatorischen Faktorenanalyse für den strategischen Erfolg 301

Abb. 40: Strukturgleichungsmodell zum strategischen Erfolg 302

Abb. 41: Strukturgleichungsmodell 1. Ordnung zum Einfluss der sieben Dimensionen des Strategiekonstrukts auf den strategischen Erfolg 303

Abb. 42: Strukturgleichungsmodell 2. Ordnung zum Einfluss des Strategiekonstrukts auf den strategischen Erfolg 306

Abb. 43: Indirekter, relativer Einfluss der sieben Dimensionen des Konstrukts Strategie in High Velocity Märkten auf den strategischen Erfolg gemäß den Faktorladungen 308

Abb. 44: Strukturgleichungsmodell 2. Ordnung zur Überprüfung des bestimmenden Einflusses des Top-Managements 311

Abb. 45: Strukturgleichungsmodell 2. Ordnung zur Überprüfung des Einflusses der politischen Aktivität 312

Abb. 46: Strukturgleichungsmodell 2. Ordnung zur Überprüfung des Einflusses der Informationsnutzung und Informationsverarbeitung 314

Abb. 47: Strukturgleichungsmodell 2. Ordnung zur Überprüfung des Einflusses der Geschwindigkeit des Entscheidungsprozesses 316

Abb. 48: Strukturgleichungsmodell 2. Ordnung zur Überprüfung des Einflusses der Flexibilität der Organisationsstruktur 318

Abb. 49: Strukturgleichungsmodell 2. Ordnung zur simultanen Überprüfung des Einflusses aller situativen Variablen 320

Tabellenverzeichnis

Tab. 1: Bestandsaufnahme der Forschungsbeiträge zu Strategie in High Velocity Märkten (Auszug) ... 41

Tab. 2: Klassifizierung der Forschungsbeiträge zu Strategie in High Velocity Märkten ... 42

Tab. 3: Aspekte von Strategie in High Velocity Märkten ... 54

Tab. 4: Vergleichende Bewertung der Datenerhebungsansätze ... 67

Tab. 5: Vergleichende Bewertung der Operationalisierungsansätze ... 77

Tab. 6: Bestandsaufnahme der Forschungsbeiträge zur empirischen Strategieidentifikation und –messung (Auszug) ... 79

Tab. 7: Synopsis des Forschungsstands im Hinblick auf Operationalisierungsansatz und Datenerhebungsansatz ... 96

Tab. 8: Synopsis der Forschungsbeiträge nach dem organisatorischen Geltungsbereich des Strategiekonstrukts ... 99

Tab. 9: Synopsis des Forschungsstands im Hinblick auf Untersuchungsziel und Aussagenart ... 102

Tab. 10: Synopsis grundlegender evolutionstheoretischer Ansätze ... 136

Tab. 11: Typologie der Strategiefindungsprozesse ... 214

Tab. 12: Zusammenfassung der Untersuchungshypothesen ... 223

Tab. 13: Zusammenfassung der Gütemaße und Mindestanforderungen ... 247

Tab. 14: Grundgesamtheit der Untersuchung nach der WZ 93-Klassifikation des Statistischen Bundesamtes ... 255

Tab. 15: Reliabilitäts- und Validitätskriterien der ersten Generation für die Dimension Produkt-Differenzierung ... 266

Tab. 16: Reliabilitäts- und Validitätskriterien der ersten Generation für die Dimension Image-Differenzierung ... 269

Tab. 17: Reliabilitäts- und Validitätskriterien der ersten Generation für die Dimension Aggressivität ... 271

Tab. 18: Reliabilitäts- und Validitätskriterien der ersten Generation für die Dimension Fokus ... 273

Tab. 19: Reliabilitäts- und Validitätskriterien der ersten Generation für die Dimension Proaktivität ... 275

Tab. 20: Reliabilitäts- und Validitätskriterien der ersten Generation für die Dimension Replikation mit den Bestandteilen Wissenskodifikation und Wissenstransfer ... 276

Tab. 21: Lokale Anpassungsmaße der konfirmatorischen Faktorenanalyse für eine zweifaktorielle Struktur der Dimension Replikation ... 278

Tab. 22: Reliabilitäts- und Validitätskriterien der ersten Generation für die Dimension Replikation ... 279

Tab. 23: Reliabilitäts- und Validitätskriterien der ersten Generation für die Dimension Rekonfiguration ... 281

Tab. 24: Reliabilitäts- und Validitätskriterien der ersten Generation für die Dimension Kooperation ... 283

Tab. 25: Lokale Anpassungsmaße der konfirmatorischen Faktorenanalyse für die Dimension Kooperation ... 284

Tab. 26: Ergebnisse der exploratorischen Faktorenanalyse für das Konstrukt Strategie in High Velocity Märkten ... 286

Tab. 27: Überprüfung der Diskriminanzvalidität des Acht-Dimensionen-Modells für Strategie in High Velocity Märkten nach dem Fornell/Larcker-Kriterium ... 289

Tab. 28: Überprüfung der Diskriminanzvalidität des Sieben-Dimensionen-Modells für Strategie in High Velocity Märkten nach dem Fornell/Larcker-Kriterium ... 294

Tab. 29: Zusammenfassung der Reliabilitäts- und Validitätsmaße des Sieben-Dimensionen-Modells für Strategie in High Velocity Märkten ... 296

Tab. 30: Reliabilitäts- und Validitätskriterien der ersten Generation für den strategischen Erfolg ... 300

Tab. 31: Lokale Anpassungsmaße der konfirmatorischen Faktorenanalyse für den strategischen Erfolg ... 301

Tab. 32: Korrelationen der sieben Dimensionen von Strategie in High Velocity Märkten ... 305

Tab. 33: Zusammenfassung der signifikanten Effekte bei der simultanen Analyse aller situativen Variablen ... 321

Tab. 34: Zusammenfassung der Korrelationen zwischen den situativen Variablen ... 324

Tab. 35: Gegenüberstellung der Charakteristika sowie der Vor- und Nachteile der Datenerhebungsansätze ... 333

Tab. 36: Gegenüberstellung der Charakteristika sowie der Vor- und Nachteile der Operationalisierungsansätze 334

Tab. 37: Bestandsaufnahme der Forschungsbeiträge zu Strategie in High Velocity Märkten 335

Tab. 38: Bestandsaufnahme der Forschungsbeiträge zur empirischen Strategieidentifikation und –messung 340

Tab. 39: Auflistung der auf der CeBIT 2002 geführten Experteninterviews 362

Abkürzungsverzeichnis

Abb.	Abbildung
AG	Aktiengesellschaft
AGFI	Adjusted-Goodness-of-Fit-Index
AMOS	Analysis of Moment Structures
ANOVA	Analysis of Variance
Aufl.	Auflage
B2B	Business-to-Business
B2C	Business-to-Consumer
bzw.	beziehungsweise
ca.	circa
CEO	Chief Executive Officer
CFI	Comparative Fit Index
CFOE	Cashflow-Eigenkapitalrentabilität
CFOI	Cashflow-Gesamtkapitalrentabilität
CFOS	Cashflow-Umsatzrentabilität
d. h.	das heißt
DEV	Durchschnittlich erfasste Varianz
df	degrees of freedom (Freiheitsgrade)
E-Business	Electronic Business
E-Commerce	Electronic Commerce
E-Mail	Electronic Mail
EQS	Equation based Structural Program
et al.	et alii
etc.	et cetera
F&E	Forschung und Entwicklung
f.	folgende
ff.	fortfolgende
FR	Faktorreliabilität
GFI	Goodness-of-Fit-Index
Hrsg.	Herausgeber
IPO	Initial Public Offering
ITK	Item-to-Total-Korrelation
IuK	Informations- und Kommunikationstechnologie

Jg.	Jahrgang
KMO	Kaiser-Meyer-Olkin-Kriterium
LISREL	Linear Structural Relationship Model
MANOVA	Multiple Analysis of Variance
MBV	Market-based View
ML	Maximum-Likelihood-Methode
MSA	Measure of Sampling Adequacy
NFI	Normed Fit Index
Nr.	Nummer
o. Jg.	ohne Jahrgang
o. V.	ohne Verfasser
PIMS	Profit Impact of Market Strategies
RBV	Resource-based View
RMSEA	Root Mean Square Error of Approximation
ROE	Return on Equity
ROI	Return on Investment
ROS	Return on Sales
S.	Seite
SCP	Structure-Conduct-Performance
SEM	Structural Equation Modeling
SPSS	Superior Performance Software System
STROBE	Strategic Orientation of Business Enterprises
Tab.	Tabelle
vgl.	vergleiche
vs.	versus
WZ 93	Klassifikation der Wirtschaftszweige des Statistischen Bundesamtes
z. B.	zum Beispiel

1 Einleitung

1.1 Problemstellung

1.1.1 Ausgangssituation der Untersuchung

Die schnelle Diffusion und kommerzielle Nutzung von Informations- und Kommunikationstechnologien hat in den vergangenen Jahren zu erheblichen strukturellen Veränderungen in der Wirtschaft geführt.[1] Hierbei hat insbesondere das Internet eine entscheidende Rolle gespielt. Die Märkte sind durch eine zunehmende Konvergenz in den Bereichen Informationstechnologie, Telekommunikation und Medien charakterisiert und weisen die Eigenschaften von „high velocity environments"[2] auf.[3] High Velocity Märkte sind durch rapide und diskontinuierliche Veränderungen in Bezug auf Nachfrage, Wettbewerb und Technologie gekennzeichnet, so dass Informationen oftmals ungenau, nicht verfügbar oder obsolet sind.[4] Darüber hinaus sind Marktgrenzen und Branchenstrukturen nicht klar erkennbar, erfolgreiche Geschäftsmodelle haben sich noch nicht herauskristallisiert und die Rollen der Marktteilnehmer unterliegen einem ständigen Wandel.[5] IANSITI führt diesbezüglich aus: „The environment created by the confluence of the computer, telecommunications, and media industries is characterized by virtually unprecedented levels of technical and market uncertainty. Little appears stable. The needs of the nascent customer base, the number of competitors, and the range of technological possibilities are all characterized by frequent and substantial change."[6]

Innerhalb dieser veränderten Umfeldbedingungen kam es einerseits zu einer Vielzahl von Neugründungen im Sinne SCHUMPETER'scher Pionierunternehmen, so genannten Start-ups oder Dot.com-Unternehmen, die unter Ausnutzung der Eigenschaften des Mediums Internet mit neuartigen Geschäftsmodellen innovative Produkte und Dienstleistungen angeboten haben.[7] Andererseits weiteten etablierte Unternehmen ihre Geschäftstätigkeit in Internet-Bereiche aus, indem sie sich an Start-ups beteiligten, Joint Ventures gründeten oder den durch das Internet entstandenen Chancen eigene Geschäftsbereiche zuwiesen. Das Engagement dieser Unternehmen wurde in der Zeit von 1998 bis Mitte 2000 durch ausgesprochen positive Bewertungen seitens der Kapitalmärkte honoriert.

---

[1] Vgl. Wirtz (2000), S. 290; Foster/Kaplan (2001), S. 13.
[2] Vgl. Bourgeois/Eisenhardt (1988), S. 816; Eisenhardt/Bourgeois (1988), S. 738; Eisenhardt (1989a), S. 544; Lengnick-Hall/Wolff (1999), S. 1112; Eisenhardt/Martin (2000), S. 1111.
[3] Vgl. hierzu Tapscott (1996), S. 58 f.; Wirtz (2000), S. 291 ff.; Zerdick/Picot/Schrape et al. (2001), S. 140 ff.
[4] Vgl. Bourgeois/Eisenhardt (1988), S. 816.
[5] Vgl. Eisenhardt/Martin (2000), S. 1111.
[6] Iansiti (1995), S. 37.
[7] Vgl. Wirtz (2001a), S. 490.

Seit Mitte des Jahres 2000 ist jedoch eine Vielzahl der neu gegründeten Unternehmen in wirtschaftliche Schwierigkeiten geraten. Viele der Start-ups erfuhren erhebliche Korrekturen der Kurs- und damit Unternehmensbewertung von Seiten der Kapitalmärkte, wie beispielsweise Intershop und Pixelpark, einige wurden insolvent, wie beispielsweise Gigabell, Teamwork Information Management, Micrologica oder auch Kabel New Media.[8] Ebenso blieben die Ergebnisse vieler Internet-Engagements von etablierten Unternehmen hinter den Erwartungen zurück, so dass die Investitionen in diesen Bereichen reduziert wurden.[9]

Als Grund für das Scheitern vieler Engagements in diesem Umfeld wird oftmals die Abwesenheit einer Strategie angeführt: „Many of the pioneers of Internet business, both dot-coms and established companies, have competed in ways that violate nearly every precept of good strategy."[10] Den Unternehmen wird unterstellt, mit Ausnahme einer aggressiven Expansionsstrategie, die sowohl national als auch international auf die möglichst schnelle Erreichung von hohen Marktanteilen abzielte, keine klare, stimmige sowie langfristige Strategie verfolgt zu haben.[11] Demnach stellt sich die Frage, welche Ausgestaltung, Bedeutung und Erfolgsrelevanz eine Strategie für Unternehmen vor dem Hintergrund der im Folgenden skizzierten veränderten Kontextbedingungen hat, für die Mitte der neunziger Jahre Begriffe wie „New Economy"[12], „Digital Economy"[13], „Network Economy"[14] oder „Internetökonomie"[15]

---

[8] Vergleiche zu einer Analyse der Parallelen zwischen den ersten drei Unternehmen, die am Neuen Markt Insolvenz angemeldet haben, Gigabell, Teamwork Information Management und Micrologica, o. V. (2001), S. 25-26. In den USA haben seitdem 275 börsennotierte Internet-Unternehmen ihr Geschäft aufgegeben. Siehe hierzu Dugan (2003), S. A10.

[9] Beispielsweise führt die Bertelsmann AG eine drastische Reduzierung ihrer Internet- und E-Commerce-Engagements durch. Nach dem Verkauf von AOL Europe an AOL Time Warner wurde im November 2002 der nach Amazon.com zweitgrößte Online-Buchhändler bol.com für 4 Millionen Euro an Buch.de verkauft. Vgl. hierzu Karnitschnig (2002a), S. A1; Karnitschnig (2002b), S. A5; o. V. (2002a), S. 16. Als weiteren Schritt reduzierte die Bertelsmann AG ihren Anteil an der Pixelpark AG im Januar 2003 von 60 auf 20 Prozent. Vgl. hierzu o. V. (2002b), S. 17; o. V. (2003a), S. A7. Nach dem Handelskonzern Metro und dem Medienunternehmen Bertelsmann ist die Deutsche Post Anfang November 2002 als dritter Großkonzern aus dem Internetgeschäft mit privaten Endkunden ausgestiegen. Vgl. hierzu o. V. (2002c), S. 21; o. V. (2002d), S. 21.

[10] Porter (2001), S. 72.

[11] Vgl. o. V. (2001), S. 25; Porter (2001), S. 72.

[12] Kelly (1998), S. 1.

[13] Vgl. hierzu Tapscott (1996), S. 6; Haertsch (2000), S. 16; Stähler (2001), S. 21.

[14] Vgl. Shapiro/Varian (1999), S. 2 ff.

[15] Vgl. hierzu Fritz (2000), S. 224; Picot/Neuburger (2001), S. 25 ff.; Wirtz (2001b), S. 23; Wirtz/Lihotzky (2001), S. 288-293; Wirtz/Mathieu (2001), S. 826-829; Zerdick/Picot/Schrape et al. (2001), S. 16 ff.

sowie „Hypercompetition"[16], „Turbulente Märkte"[17] und schließlich „High Velocity Environments"[18] geprägt wurden.

Als Initialzündung für die Entstehung von High Velocity Märkten sind die **substanziellen Veränderungen der Informations- und Kommunikationstechnologie (IuK)** der letzten Jahren anzuführen, in denen Computer, Software und Telekommunikation sich sehr rasch in einer komplexen und fast chaotischen Weise entwickelt haben.[19] Als Ergebnis dieser Veränderungen entsteht ein informations-, rechnerleistungs- und kommunikationsreiches Unternehmensumfeld, in dem die Kosten des Informationszugangs und der Informationsverarbeitung erheblich gesunken sind.[20] Die dadurch veränderten Knappheitsrelationen führen zu einem umfangreicheren Einsatz von informations- und kommunikationstechnischen Anwendungen.[21] Hieraus ergeben sich tiefgreifende Veränderungen, welche sowohl die unternehmensinternen Prozesse als auch die Beziehungen eines Unternehmens zu den anderen Marktteilnehmern beeinflussen.

Als Resultat des gestiegenen Einsatzes von Informations- und Kommunikationstechnologie nimmt die Wissensintensität in den Unternehmen zu.[22] Folglich erhöht sich die Bedeutung von Information und des Produktionsfaktors Wissen weiter.[23] Da technologisches Wissen kumulativ und pfadabhängig ist, stellt aktuelles Wissen eine direkte Funktion des formellen und informellen Lernens in vorherigen Perioden dar.[24] Hieraus erwächst die Bedeutung des Lernens von Unternehmen als entscheidender Komponente bei der Gewinnung und Aufrechterhaltung von Wettbewerbsvorteilen in High Velocity Märkten.[25] Mit dem erhöhten Einsatz von IuK gehen ferner eine zunehmende Dematerialisierung und Virtualisierung einher.[26] Physische Leistungsprozesse

---

[16] Vgl. hierzu D'Aveni (1994), S. 214 ff.; D'Aveni (1995), S. 46-48; Ilinitch/D'Aveni/Lewin (1996), S. 211 ff.; Thomas (1996), S. 221 ff.; Bruhn (1997), S. 341 ff.; Lengnick-Hall/Wolff (1999), S. 1112-1114; Bogner/Barr (2000), S. 212 ff.

[17] Vgl. Burmann (2000), S. 13-18; Burmann (2001), S. 171-172; Lammerskötter (2002), S. 7 ff.

[18] Vgl. hierzu Bourgeois/Eisenhardt (1988), S. 816; Eisenhardt/Bourgeois (1988), S. 738; Eisenhardt (1989a), S. 544; Eisenhardt/Martin (2000), S. 1111.

[19] Informations- und Kommunikationstechnologien bezeichnen alle digitalen Technologien, welche die Erfassung, Verarbeitung, Speicherung, Darstellung, Verknüpfung oder Übertragung von Daten und Informationen unterstützen. Vgl. Stähler (2001), S. 160.

[20] Vgl. hierzu Bettis/Hitt (1995), S. 9 f.; Picot/Neuburger (2001), S. 27 f.; Zerdick/Picot/Schrape et al. (2001), S. 150.

[21] Vgl. hierzu Picot/Neuburger (2001), S. 27.

[22] Vgl. Bettis/Hitt (1995), S. 10.

[23] Vgl. hierzu Tapscott (1996), S. 44 ff.; Stähler (2001), S. 29.

[24] Vgl. hierzu Teece/Rumelt/Dosi et al. (1994), S. 11 f.; 16 f.; Teece/Pisano/Shuen (1997), S. 523.

[25] Vgl. Lei/Hitt/Bettis (1996), S. 550.

[26] Vgl. Tapscott (1996), S. 48-51; Haertsch (2000), S. 14; Picot/Neuburger (2001), S. 28-29; Stähler (2001), S. 30; Wirtz (2001b), S. 165 ff.

werden durch Digitalisierung in den virtuellen Raum verlagert und der Informations- und Dienstleistungsanteil bei Produkten nimmt zu.[27] Hieraus ergeben sich Veränderungen hinsichtlich der Kundenbeziehung. Aufgrund des zunehmenden Informations- und Dienstleistungsanteils bei Produkten lassen sich immer mehr Bestandteile von Produkten und Leistungen in digitaler Form abbilden und distribuieren.[28] Dies eröffnet Unternehmen neue Produkt- und Preisstrategien.[29] Zudem ermöglicht die Digitalisierung eine stärkere Individualisierung des Leistungsspektrums und eine aktivere Gestaltung der Kundenbeziehung.[30]

Neben den beschriebenen Auswirkungen im Unternehmen und im Hinblick auf die Kunden verändern sich auch die Beziehungen zu anderen Marktteilnehmern. Aufgrund der Erhöhung des Spezialisierungsgrades und begünstigt durch die Möglichkeiten der elektronischen Vernetzung von Leistungserstellungsprozessen nimmt die Bedeutung der Zusammenarbeit mit Lieferanten und Partnern zu. Die Bildung von Kooperationen, Allianzen und flexiblen Netzwerken auf vor- und nachgelagerten Wertschöpfungsstufen – mitunter sogar unter Wettbewerbern – stellt zunehmend ein strategisches Element dar.[31] Zugleich besteht eine hohe Wettbewerbsintensität. Diese resultiert aus einer erhöhten Rate von technologischen Veränderungen und technologischer Diffusion.[32] Als Konsequenz ergibt sich eine Verkürzung der Produktlebens- und der Produktentwicklungszyklen.[33] Hierdurch wird Zeit zu einem entscheidenden Wettbewerbsfaktor.[34] Ferner sind die Markteintrittsbarrieren aufgrund geringerer Kosten für Produktpräsentation, Kommunikation und flächendeckende Distribution durch das Internet gesunken und es ergeben sich Chancen zur Dis-Intermediation bzw. Re-Intermediation.[35]

High Velocity Märkte sind zudem durch **„positive feedbacks"**[36] und **„increasing returns"**[37] gekennzeichnet. Hierunter versteht man zunehmende Grenzerträge, die

---

[27] Vgl. Picot/Neuburger (2001), S. 28 f.; Wirtz (2001b), S. 166 f.
[28] Vgl. Picot/Neuburger (2001), S. 28 f.; Wirtz (2001b), S. 166 f.
[29] Beispielhaft sind hier die als „Versioning" bezeichnete Variation des Leistungsumfangs von Produkten und die als „Follow-the-free" bezeichnete kostenlose Abgabe von Produkten und Dienstleistungen zu nennen. Vgl. hierzu Shapiro/Varian (1999), S. 19 ff.; 53 ff.; Picot/Neuburger (2001), S. 35; Wirtz (2001b), S. 418 ff.; 443; Zerdick/Picot/Schrape et al. (2001), S. 187 ff.; 191 ff.
[30] Vgl. hierzu Picot/Neuburger (2001), S. 36 f.; Wirtz/Vogt (2001), S. 118 ff.
[31] Vgl. hierzu Picot/Neuburger (2001), S. 30; Wirtz (2001b), S. 189 ff.
[32] Vgl. Bettis/Hitt (1995), S. 8 f.; Sampler (1998), S. 344.
[33] Vgl. Bettis/Hitt (1995), S. 8; Iansiti (1995), S. 37; Iansiti/MacCormack (1997), S. 108; Iansiti/MacCormack (1998), S. 176 ff.; Wirtz (2001b), S. 172.
[34] Vgl. Sampler (1998), S. 344.
[35] Vgl. Tapscott (1996), S. 56 ff.; Picot/Neuburger (2001), S. 36; Porter (2001), S. 66; Wirtz (2001b), S. 159.
[36] Arthur (1990), S. 80.
[37] Arthur (1989), S. 116.

sich insbesondere in wissensintensiven Branchen aus dem oftmals gleichzeitigen Vorliegen von Skalen-, Netz- und Lock-in-Effekten ergeben.[38]

Die besondere Bedeutung der **Skaleneffekte** erwächst aus den auf IuK-Märkten vorherrschenden Kostenstrukturen, die durch sehr hohe Fixkosten und relativ geringe variable Kosten gekennzeichnet sind. Im Vergleich zu den Kosten für das Ausgangs-Design, Entwicklung, Zertifizierung etc. kann jede weitere Einheit zu relativ niedrigen Kosten produziert werden.[39] Je höher die Fixkosten im Verhältnis zu den variablen Kosten sind, desto größer ist die Fixkostendegression bei steigender Absatzmenge. Demnach sinken die Stückkosten des dominierenden Anbieters bei steigender Absatzmenge schneller als die der Wettbewerber, wodurch ihm die Möglichkeit eröffnet wird, höhere Gewinne zu erzielen oder seinen Marktanteil durch Preissenkungen weiter auszubauen.[40]

Zudem weisen die auf High Velocity Märkten hergestellten und gehandelten Produkte und Dienstleistungen **Netzeffekte** auf.[41] Netzeffekte beschreiben die externen Effekte, die in realen oder virtuellen Netzwerken durch eine steigende Anzahl von Nutzern entstehen.[42] Sie treten auf, wenn der derivative Nutzen einen hohen Anteil am Gesamtnutzen eines Gutes für den Nachfrager einnimmt.[43] Direkte Netzeffekte bzw. nachfrageseitig bedingte positive Anwender-Externalitäten entstehen, wenn durch die Zunahme der Anzahl der Nutzer des gleichen Gutes ein Nutzenzuwachs

---

[38] Vgl. hierzu Arthur (1996), S. 103; Teece (1998), S. 58; Stelzer (2000), S. 841; Wirtz/Mathieu (2001), S. 827 ff.

[39] Vgl. hierzu Arthur (1990), S. 81; Bettis/Hitt (1995), S. 11. Noch deutlicher wird das Verhältnis bei Informationsprodukten bzw. digitalisierbaren Gütern, deren variable Kosten für Produktion und Distribution gegen Null streben. Vgl. hierzu Bakos/Brynjolfsson (1999), S. 1614; Shapiro/Varian (1999), S. 21 f.; Picot/Neuburger (2001), S. 33; Wirtz (2001c), S. 27; Zerdick/Picot/Schrape et al. (2001), S. 164 f.

[40] Vgl. hierzu Stelzer (2000), S. 838; Wirtz/Mathieu (2001), S. 827. Im Falle der Weitergabe von Skalenerträgen an den Nutzer in Form von Preissenkungen oder Qualitätssteigerungen spricht man auch von indirekten, angebotsseitig bedingten positiven Anwender-Externalitäten. Vgl. hierzu Schoder (1995), S. 18.

[41] Vgl. hierzu Arthur (1990), S. 81; Garud/Kumaraswamy (1993), S. 352; Graumann (1993), S. 1332; Schoder (1995), S. 20; Bakos/Brynjolfsson (2000), S. 64; Hess (2000), S. 96. Siehe beispielhaft die Diskussion der Netzeffekte von Standardsoftware bei Buxmann (2002), S. 445 f.

[42] Vgl. Wirtz (2001c), S. 28. Generell beschreiben externe Effekte Nebenwirkungen individuellen Handels, die nicht über den Markt entgolten werden. Vgl. hierzu Hess (2000), S. 96. Es handelt sich daher um „Einflüsse, die durch die Aktivität einer Wirtschaftseinheit [...] auf andere Wirtschaftseinheiten ausgeübt werden, ohne dass die Einflüsse über einen Preismechanismus gesteuert werden." Schlieper (1980), S. 524; ähnlich Shapiro/Varian (1999), S. 183.

[43] Vgl. hierzu Clement/Litfin/Peters (2001), S. 103; Zerdick/Picot/Schrape et al. (2001), S. 157. Unterschieden wird zwischen dem originären Produktnutzen, der sich aus der unmittelbaren Beschaffenheit und dem Verwendungszweck eines Produktes ergibt, und dem derivativen Produktnutzen, der sich aus dem Verbreitungsgrad des Produktes und dem komplementärer Güter am Markt bestimmt. Vgl. hierzu Schoder (1995), S. 18.

für den einzelnen Nutzer erwächst.[44] Indirekte Netzeffekte treten bei Systemgütern auf und beschreiben den Nutzenzuwachs für den einzelnen Nutzer, der nachfrageseitig durch die Zunahme der Nutzer des gleichen Systems und angebotsseitig durch die Herstellung komplementärer Produkte entsteht.[45] Mit steigender Größe erhöht sich die Attraktivität eines Netzwerks, wodurch potenzielle Nutzer veranlasst werden, sich dem Netzwerk anzuschließen, so dass wiederum direkte und indirekte Netzeffekte generiert werden. Somit entsteht ein sich selbst tragender Kreislauf aus Wachstum und Nutzenzuwachs.[46] Ausschlaggebend bei der Entscheidung für ein Netzwerk oder System sind nicht nur die derzeitigen, tatsächlichen Nutzer, sondern insbesondere auch die Erwartungen bezüglich der zukünftigen Nutzer.[47]

Zuletzt unterstützen **Lock-in-Effekte** aufgrund von Wechselkosten das Auftreten von Increasing Returns.[48] Lock-in beschreibt den Sachverhalt, dass Kunden, die in ein Produkt investiert haben, an das zugehörige System gebunden sind, da bei der Entscheidung für ein anderes System Wechselkosten entstehen.[49] Die Integration in das bestehende System nimmt mit steigenden Wechselkosten zu, was zu sinkender Wahrscheinlichkeit eines Systemwechsels und erhöhter Kundenbindung führt.[50]

Skalen-, Netz- und Lock-in-Effekte stellen per se keine neuartigen Phänomene dar. Im Kontext der High Velocity Märkte erhalten sie jedoch eine neue Qualität, die im Wesentlichen auf ihrer Kombination beruht. Wachstum von Seiten der Nachfrager führt dabei gleichzeitig zu einer vorteilhaften Kostenposition der Anbieter und zu einer Attraktivitätssteigerung für potenzielle Nachfrager, wodurch erneutes Wachs-

---

[44] Vgl. hierzu Katz/Shapiro (1985), S. 424; Garud/Kumaraswamy (1993), S. 352; Graumann (1993), S. 1335; Schoder (1995), S. 18; Economides (1996), S. 679; Hess (2000), S. 96; Borowicz/Scherm (2001), S. 393.

[45] Vgl. hierzu Katz/Shapiro (1985), S. 424; Garud/Kumaraswamy (1993), S. 352; Graumann (1993), S. 1335; Economides (1996), S. 679; Schoder (1995), S. 18; Hess (2000), S. 96; Borowicz/Scherm (2001), S. 393; Zerdick/Picot/Schrape et al. (2001), S. 158; Dietl/Royer (2003), S. 408.

[46] Vgl. Hess (2000), S. 97; Picot/Neuburger (2001), S. 34; Zerdick/Picot/Schrape et al. (2001), S. 160.

[47] Vgl. Katz/Shapiro (1985), S. 425; Arthur (1989), S. 123; Graumann (1993), S. 1332; Shapiro/Varian (1999), S. 14; 181; Dietl/Royer (2003), S. 409.

[48] Vgl. Arthur (1996), S. 103.

[49] Vgl. hierzu Shapiro/Varian (1999), S. 103; Hess (2000), S. 98; Stelzer (2000), S. 840. Mögliche Ursachen von Wechselkosten sind beispielsweise vertragliche Bindung, spezifische Investitionen, Komplementärinvestitionen, produktspezifisches Training, Informations- und Datenbanken, spezialisierte Zulieferer, Such- und Informationskosten sowie Loyalitätsprogramme. Siehe hierzu Lieberman/Montgomery (1988), S. 46; Shapiro/Varian (1999), S. 117 ff.; Wirtz/Lihotzky (2001), S. 290 f. Wechselkosten werden als eine wesentliche Ursache von First-Mover-Vorteilen angesehen. Vgl. hierzu Lieberman/Montgomery (1988), S. 46.

[50] Vgl. Wirtz/Olderog/Mathieu (2002), S. 36. Zur Kompensation der Wechselkosten bei potenziellen Kunden müssen konkurrierende Systeme signifikante Qualitäts- und Preisvorteile aufweisen. Je höher die Wechselkosten sind, desto geringer ist die Neigung der Kunden, einen Systemwechsel vorzunehmen und desto eher werden sie sich bei komplementären Produkten für das etablierte System entscheiden.

tum auf der Nachfrageseite hervorgerufen wird.[51] Es entstehen Increasing Returns bzw. positive Feedbacks, die zu einer Stärkung dominanter Anbieter und einer Schwächung unterlegener Anbieter führen, so dass es zu einer starken Polarisierung und unter Umständen zur Herausbildung eines natürlichen Monopols kommt.[52]

Darüber hinaus weisen High Velocity Märkte, auf denen Increasing Returns vorliegen, die folgenden Charakteristika auf: Sie sind durch **Pfadabhängigkeiten** gekennzeichnet. Kleine Ereignisse und historische Zufälle bestimmen die Entwicklung der Marktanteile, welche ausschlaggebend für die Durchsetzung eines Systemgutes sein können.[53] Nach der Überwindung einer kritischen Systemphase und der Entwicklung der Marktanteile zu einem bestimmten Gleichgewicht befindet sich die Technologie auf einem stabilen Erfolgs- oder auch Misserfolgspfad, der selbst bei größeren Fluktuationen nicht mehr verlassen werden kann – die Technologie ist locked-in.[54] Demnach sind Märkte mit Increasing Returns nach kritischen Systemphasen durch die Abwesenheit von Flexibilität charakterisiert.[55] Hieraus können sich Ineffizienzen bzw. die Dominanz von inferioren Technologien oder Produkten ergeben.[56] Im Falle unterschiedlicher Entwicklungsgeschwindigkeiten von Technologien kann sich eine anfangs attraktive, aber sich später nur langsam entwickelnde Technologie am Markt durchsetzen.[57]

Schließlich sind Increasing-Returns-Märkte durch **fehlende Vorhersehbarkeit** gekennzeichnet. Die positiven Rückkoppelungsprozesse führen zu multiplen Gleichgewichten und multiplen Koordinationslösungen, wobei das Ergebnis weder vorhersehbar noch eindeutig ist.[58] Unbedeutende Ereignisse und Umstände werden durch positive Rückkoppelungen verstärkt und bringen das System dazu, sich in Richtung des tatsächlichen Ergebnisses zu entwickeln.[59] Zudem kann es in Phasen struktureller Instabilität zu Verzweigungssituationen (Bifurkationen) kommen, ab denen das betrachtete Diffusionssystem zu neuen Ordnungsstrukturen gelangt und sich in relativ kurzer Zeit eine signifikante Umverteilung der Marktanteile der in Konkurrenz

---

[51] Vgl. Shapiro/Varian (1999), S. 182.
[52] Vgl. hierzu Shapiro/Varian (1999), S. 177; Hess (2000), S. 97.
[53] Vgl. hierzu Arthur (1989), S. 122; Bettis/Hitt (1995), S. 11.
[54] Vgl. hierzu Arthur (1989), S. 122; Arthur (1990), S. 180; Arthur (1996), S. 102; Bettis/Hitt (1995), S. 11; Schoder (1995), S. 20.
[55] Vgl. Arthur (1989), S. 122.
[56] Vgl. Arthur (1989), S. 122; Arthur (1996), S. 102.
[57] Vgl. Arthur (1989), S. 122; Schoder (1995), S. 18 f.
[58] Vgl. hierzu Katz/Shapiro (1985), S. 425; Arthur (1989), S. 127; Arthur (1990), S. 85; Schoder (1995), S. 19; Arthur (1996), S. 102. Im Gegensatz dazu führen negative Feedback-Systeme zu einem stabilen Marktgleichgewicht, da dominierende Marktteilnehmer aufgrund abnehmender Grenzerträge schwächer werden und unterlegene Marktteilnehmer ihre Position ausbauen können. Siehe hierzu Shapiro/Varian (1999), S. 176.
[59] Vgl. Arthur (1989), S. 127; Arthur (1996), S. 102; Shapiro/Varian (1999), S. 176.

stehenden Produkte ergibt.[60] Diese Effekte führen zu einer hohen Dynamik von High Velocity Märkten.[61]

Unternehmen in High Velocity Märkten sehen sich aufgrund der beschriebenen Umfeldveränderungen mit einem erhöhten Risiko durch Unsicherheit und mit abnehmender Vorhersehbarkeit konfrontiert.[62] Das Vorliegen von Increasing Returns und die Erwartung einer Branchenstruktur, die wahrscheinlich nur wenige profitable Firmen trägt, zwingen Unternehmen dazu, sehr früh umfassende Investitionen zu tätigen. Darüber hinaus wird die Vorhersage der Entwicklung von Technologie und Branche aufgrund der hohen Veränderungsintensität und der Pfadabhängigkeiten erschwert. Nicht zuletzt steigt die Unsicherheit dadurch, dass die Entwicklung von Branchen aufgrund von Wellen technologischer Veränderungen zunehmend nicht-linear verläuft.[63] Sowohl Unternehmen als auch Technologien weisen eine ansteigende Komplexität auf und komplexe Systeme tendieren zu nicht-linearem Verhalten und zu Chaos.[64] Aufgrund der Eigenschaften der unterbrochenen Gleichgewichte und der Pfadabhängigkeiten sind komplexe Systeme schwierig vorherzusagen.[65]

Als Konsequenz der beschriebenen Kontextveränderungen vertritt eine Vielzahl von Autoren die These, dass die durch die Informations- und Kommunikationstechnologie induzierten Veränderungen innerhalb der Wettbewerbslandschaft Auswirkungen auf das strategische Management von Unternehmen haben.[66] „The new competitive landscape requires a significantly different approach to strategy than was common in the past."[67] Einige Autoren plädieren für eine Modifikation der bestehenden Strategiekonzepte.[68] Andere Autoren negieren die Anwendbarkeit klassischer Strategiekonzepte für die veränderten Umfeldbedingungen vollständig.[69] Exemplarisch wird die wissenschaftliche Diskussion hinsichtlich der Bedeutsamkeit und Erfolgsrelevanz von Strategie für Unternehmen in High Velocity Märkten vor dem Hintergrund der skizzierten Kontextveränderungen anhand von zwei im Jahre 2001 in der Harvard Business Review veröffentlichten Beiträgen belegt. In diesen werden unterschiedliche Auffassungen bezüglich der Bedeutung und Ausgestaltung von Strategie in High Velocity Märkten vertreten.

---

[60] Vgl. Schoder (1995), S. 20.
[61] Vgl. Shapiro/Varian (1999), S. 177.
[62] Vgl. hierzu Bettis/Hitt (1995), S. 11 f.
[63] Vgl. Bettis/Hitt (1995), S. 12.
[64] Vgl. Bettis/Hitt (1995), S. 12; Wirtz (2001b), S. 171.
[65] Vgl. Beinhocker (1999), S. 97.
[66] Vgl. hierzu Bettis/Hitt (1995), S. 13 ff.; Sampler (1998), S. 343 ff.; Amit/Zott (2001), S. 493 ff.; Picot/Neuburger (2001), S. 38; Wirtz (2001b), S. 142 ff.
[67] Bettis/Hitt (1995), S. 11.
[68] Vgl. Haertsch (2000), S. 134 ff.; Gomez/Küng (2001), S. 106-107; Lammerskötter (2002), S. 154 ff.
[69] Vgl. Chakravarthy (1997), S. 75-77; Haertsch (2000), S. 146 ff.; Eisenhardt/Sull (2001), S. 108.

So stellt PORTER hinsichtlich des Internet als wesentlichem Treiber der Herausbildung von High Velocity Märkten fest: „Far from making strategy less important, as some have argued, the Internet actually makes strategy more essential than ever."[70] Seiner Ansicht nach bestimmen auch im Kontext des Internet zwei fundamentale Faktoren die Profitabilität eines Unternehmens: Die Branchenstruktur determiniert die Profitabilität des durchschnittlichen Wettbewerbers in einer Branche. Nachhaltige Wettbewerbsvorteile erlauben es einem Unternehmen, den durchschnittlichen Wettbewerber zu übertreffen.[71]

Zur Erreichung von nachhaltigen Wettbewerbsvorteilen bestehen zwei Möglichkeiten.[72] Zum einen erlangt ein Unternehmen durch **operationale Effizienz** die Fähigkeit, die gleichen Aktivitäten wie ein Wettbewerber auf eine überlegene Art durchzuführen, beispielsweise durch eine bessere Technologie, überlegene Materialien, besser ausgebildete Mitarbeiter oder effektivere Managementstrukturen. Zum anderen verschafft die Fähigkeit, Aktivitäten anders als die Konkurrenz und in einer Art durchzuführen, die den Kunden einzigartigen Nutzen stiftet, dem Unternehmen eine **strategische Positionierung**, beispielsweise durch das Angebot besonderer Produkteigenschaften, Zusatzleistungen oder Liefervereinbarungen. Nach PORTER erschwert das Internet die Gewinnung und Aufrechterhaltung von operationalen Vorteilen, eröffnet aber zugleich eine Vielzahl von Möglichkeiten zur Erlangung und Stärkung einer strategischen Positionierung.[73] Demnach sollte die Strategie eines Unternehmens basierend auf einer detaillierten Branchenanalyse eine klare strategische Positionierung zum Ziel haben.

EISENHARDT/SULL vertreten einen gegenteiligen Standpunkt: „Rather than picking a position or leveraging a competence, managers should select a few key strategic processes. Rather than responding to a complicated world with elaborate strategies, they should craft a handful of simple rules."[74] Ihrer Meinung nach ist der Erfolg von Unternehmen wie Yahoo! mit klassischen Strategietheorien nicht erklärbar, da er weder auf eine attraktive Branchenstruktur noch auf den Besitz einzigartiger und wertvoller Ressourcen zurückzuführen ist. Nachhaltige Wettbewerbsvorteile und Wertschöpfung werden in komplizierten, sich schnell verändernden Märkten nicht durch streng verbundene Wertschöpfungssysteme, strategische Positionen oder Kernkompetenzen erreicht.[75] Vielmehr besteht die Strategie in diesen dynamischen und komplexen Märkten aus der Fokussierung auf wenige Schlüsselprozesse und

---

[70] Porter (2001), S. 64.
[71] Vgl. Porter (2001), S. 66.
[72] Vgl. zu den folgenden Ausführungen Porter (2001), S. 70.
[73] Vgl. Porter (2001), S. 70. Beispielhaft sind hier Online-Produkt-Konfiguratoren oder Empfehlungssysteme zu erwähnen. Siehe hierzu Wirtz (2001b), S. 525.
[74] Eisenhardt/Sull (2001), S. 108.
[75] Vgl. Eisenhardt/Sull (2001), S. 108; ähnlich Eisenhardt/Brown (1999), S. 76.

der Entwicklung und Befolgung **weniger, einfacher Regeln**.[76] Diese Regeln legen fest, welche Chancen verfolgt werden, wie Projekte priorisiert und durchgeführt werden, welcher Zeitplan zu veranschlagen ist und wann Projekte aufgegeben werden.[77] Die Schlüsselprozesse und die einfachen Regeln bilden den Rahmen und die Richtlinien ab, innerhalb derer Manager ständig neue Möglichkeiten ergreifen, um temporäre Wettbewerbsvorteile in diesem turbulenten Umfeld zu erlangen.[78]

1.1.2 Zielsetzung der Untersuchung

Vor dem Hintergrund dieses Diskurses verfolgt die vorliegende Arbeit die Zielsetzung, unter Berücksichtigung vorhandener theoretischer Ansätze und bisheriger Ergebnisse empirischer Strategieidentifikation einen **theoriegeleiteten, hypothesentestenden** Beitrag zur **empirischen Identifikation** und **Messung von Strategie** und **ihrer Erfolgswirkung** in **High Velocity Märkten** zu leisten.

Im Mittelpunkt der Untersuchung steht die Fragestellung, ob und welche Strategien Unternehmen in diesem Umfeld verfolgen. Darüber hinaus soll der Zusammenhang zwischen Strategie und strategischem Erfolg vor dem Hintergrund interner Kontingenzfaktoren aufgedeckt werden. Aus diesen Zielsetzungen lassen sich die folgenden vier Untersuchungsfragestellungen ableiten:

1. Wie können Strategie und die einzelnen Strategieelemente von Unternehmen in High Velocity Märkten identifiziert und gemessen werden?

2. Welche Bedeutung haben die einzelnen Strategieelemente innerhalb der Strategie in High Velocity Märkten?

3. Hat die Strategie in High Velocity Märkten einen Einfluss auf den strategischen Erfolg und welchen Einfluss haben die einzelnen Strategieelemente auf den strategischen Erfolg?

4. Ist der Einfluss von Strategie in High Velocity Märkten auf den strategischen Erfolg vor dem Hintergrund bestimmter interner Kontextfaktoren höher als in anderen Situationen?

Der Schwerpunkt der Arbeit liegt auf der ersten Untersuchungsfragestellung, die sich mit der Konzeptionalisierung und Operationalisierung des Strategiekonstrukts befasst. Die Basishypothese der vorliegenden Untersuchung postuliert, dass Strategie in High Velocity Märkten ein **mehrdimensionales Konstrukt** ist. Der Begriff Konzeptionalisierung bezeichnet die theoretische Herleitung, Definition und inhaltliche

---

[76] Vgl. Eisenhardt/Sull (2001), S. 108.
[77] Vgl. Eisenhardt/Sull (2001), S. 110 ff.
[78] Vgl. Eisenhardt/Sull (2001), S. 109.

Konkretisierung eines Konstrukts und ist auf der theoretischen Sprachebene angesiedelt.[79] Darüber hinaus beinhaltet die Konzeptionalisierung die Erarbeitung der relevanten Dimensionen eines Konstrukts.[80] Unter Konstruktoperationalisierung auf der empirischen Sprachebene wird die auf der Konzeptionalisierung aufbauende Entwicklung und Anwendung eines Messinstruments zur empirischen Erfassung eines Konstrukts und seiner Dimensionen verstanden.[81] Die ersten drei Untersuchungsfragestellungen sind der **Strategieinhalts-Forschung** zuzuordnen, wohingegen im Rahmen der vierten Untersuchungsfragestellung Aspekte der **Strategieprozess-Forschung** als unternehmensinterne situative Faktoren berücksichtigt werden.[82] Demnach wird in der vorliegenden Untersuchung der Forderung nach einer stärkeren Integration von Inhalts- und Prozessaspekten der Strategieforschung Rechnung getragen, welche einen höheren Erklärungsbeitrag leisten soll als die isolierte Betrachtung der Aspekte von beiden Forschungsströmungen.[83]

Der gewählte Ansatz reflektiert die in der strategischen Managementforschung dominierende Auffassung, dass „'Strategie' ein vielschichtiges, aus einer Mehrzahl interdependenter Variablen bestehendes Phänomen ist, dem durch holistische Ansätze weitaus adäquater auf den Grund gegangen werden kann als durch reduktionistisch-partielle Operationalisierungen."[84] Diesbezüglich konstatieren auch GALBRAITH/ SCHENDEL: „The strategy construct, like any complex system, does not permit independent study of its constituent elements."[85]

Der auf der Konzeptionalisierung und Operationalisierung des Strategiekonstrukts liegende Fokus der vorliegenden Arbeit ist dem **„measurement stream"**[86] der empirischen Forschung im strategischen Management zuzuordnen. Dieser beschäftigt sich mit der Beziehung zwischen den Ergebnissen, die aus der Operationalisierung von Konstrukten gewonnen werden, und den zugrunde liegenden theoretischen Konzepten.[87] Demgegenüber widmet sich der **„substantive stream"**[88] in der Strategieforschung der Art der Beziehung zwischen unabhängigen und abhängigen

---

[79] Vgl. Böing (2001), S. 40; Burmann (2002a), S. 39.
[80] Vgl. Homburg (1998), S. 4.
[81] Vgl. Böing (2001), S. 40; Burmann (2002a), S. 39. Siehe auch Kieser/Kubicek (1992), S. 72 f.
[82] Vgl. zur Unterscheidung zwischen Strategieinhalts- und Strategieprozess-Forschung Hofer (1975), S. 784; Jauch (1983), S. 143; Habel (1992), S. 8; Ketchen/Thomas/McDaniel (1996), S. 231; Rühli/Schmidt (1999), S. 267; Burmann (2002a), S. 94 ff.
[83] Vgl. hierzu Ketchen/Thomas/McDaniel (1996), S. 232 ff. und die Ausführungen in Abschnitt 3.3.1.
[84] Habel (1992), S. 144. Siehe auch Venkatraman/Prescott (1990), S. 2 f., die ebenfalls die Vorteile einer holistischen gegenüber einer reduktionistischen Perspektive bei der Konzeptionalisierung der Beziehung zwischen Umwelt und Strategie herausarbeiten, und die Gegenüberstellung von holistischen und reduktionistischen Forschungsdesigns bei Jenner (1999), S. 10-14.
[85] Galbraith/Schendel (1983), S. 156.
[86] Venkatraman (1985), S. 1; Venkatraman/Grant (1986), S. 71.
[87] Vgl. Schwab (1980), S. 4; Venkatraman (1985), S. 1; Venkatraman/Grant (1986), S. 71.
[88] Venkatraman (1985), S. 1; Venkatraman/Grant (1986), S. 71.

Variablen.[89] Dieser Forschungsströmung sind die dritte und vierte Untersuchungsfragestellung zuzuordnen, die sich mit der Beziehung zwischen Strategie und strategischem Erfolg sowie dem Einfluss situativer Variablen auseinandersetzen.

Die Schwerpunktsetzung auf die Konzeptionalisierung und Operationalisierung erfolgt aufgrund der vielfach kritisierten relativen Überbetonung des „substantive stream", die mit einer Vernachlässigung von Fragestellungen der Messung und der Prüfung der Messqualität einhergeht. VENKATRAMAN merkt in diesem Zusammenhang an: „It is particularly disconcerting that there exists no widely accepted meaning of the term ‚strategy'."[90] Ähnlich argumentieren FREEMAN/BOEKER: „[...] there is an obvious need for a generally applicable strategy construct. It would be helpful if strategies were described by variables that were both measurable and comparable across a wide variety of firms."[91] Zwar sind in diesem Kontext eine Vielzahl von Messmethoden zur Erfassung von Strategie angewendet worden, der adäquaten Prüfung der Reliabilität und Validität der Messung wurde dabei allerdings wenig Aufmerksamkeit gewidmet.[92]

1.2 Abgrenzung des Untersuchungsbereichs

Die Zielsetzung der vorliegenden Untersuchung besteht in der Konzeptionalisierung und Operationalisierung eines Strategiekonstrukts und dem empirischen Nachweis der Erfolgswirkung von Strategie für Unternehmen in High Velocity Märkten. Demnach bedarf es einer Abgrenzung in Bezug auf die näher zu betrachtenden Institutionen und die relevante institutionenbezogene Analyseebene.

- **Abgrenzung der betrachteten Institutionen**

Die in Abschnitt 1.1.1 geschilderten Veränderungen der Umfeldbedingungen beeinflussen eine Vielzahl von Branchen. Gleichwohl konzentriert sich die vorliegende Untersuchung auf Unternehmen, welche den Veränderungen in hohem Maße unterliegen, und bezieht sich folglich im Hinblick auf die betrachteten Institutionen auf Unternehmen in High Velocity Märkten. Gegenstand der Untersuchung sind hierbei sowohl Start-ups als auch Geschäftsbereiche von etablierten Unternehmen, die in High Velocity Märkten agieren. Basierend auf dem in Abschnitt 2.1.2.2 zu präzisierenden Begriffsverständnis von High Velocity Märkten wird in Abschnitt 4.1.3.1 eine Eingrenzung der in die Untersuchung einzubeziehenden Branchen auf der Grundlage der Klassifikation der Wirtschaftszweige des Statistischen Bundesamtes vorgenommen.

---

[89] Vgl. Schwab (1980), S. 4; Venkatraman (1985), S. 1; Venkatraman/Grant (1986), S. 71.
[90] Venkatraman (1985), S. 3. Vgl. auch Foss (1996a), S. 9; Welge/Al-Laham (2001), S. 12.
[91] Freeman/Boeker (1984), S. 75.
[92] Vgl. Venkatraman (1985), S. 3; ebenso Venkatraman/Grant (1986), S. 71.

- **Abgrenzung der institutionenbezogenen Analyseebene**

Im Hinblick auf die relevante institutionenbezogene Analyseebene werden in der betriebswirtschaftlichen Strategieforschung verschiedene Strategieebenen unterschieden. Nach diesen unterschiedlich detaillierten Ordnungen der einzelnen Strategiearten bestimmt sich der organisatorische Geltungsbereich der Strategie. Je nach hierarchischer Positionierung ist die Strategie für das Unternehmen als Ganzes mehr oder minder bedeutsam.[93]

ANDREWS differenziert zwischen „corporate strategy" und „business strategy".[94] Corporate Strategy bezieht sich auf die gesamte Unternehmung und legt basierend auf der Corporate Mission die Geschäftsfelder fest, in denen das Unternehmen tätig ist. Entscheidend für die Auswahl der Geschäftsfelder ist, dass die einzigartigen Kompetenzen des Unternehmens in Wettbewerbsvorteile umgewandelt werden. Business Strategy ist hingegen weniger umfassend und definiert die Auswahl der Produkte, Dienstleistungen und Märkte der einzelnen Geschäftsfelder innerhalb des Unternehmens. Sie bestimmt, wie das Unternehmen innerhalb eines Geschäftsfelds konkurriert und sich in Relation zu den Wettbewerbern positioniert.[95] Ähnlich betont PORTER den Unterschied zwischen den Ebenen der „corporate (or companywide) strategy" und der „business unit (or competitive) strategy".[96]

Demgegenüber unterscheiden HOFER/SCHENDEL in dem in diesem Zusammenhang am stärksten beachteten Ansatz drei Hierarchieebenen von Strategie: Die Ebene der Unternehmensstrategie („corporate strategy"), die Ebene der Geschäftsbereichsstrategie („business strategy") und die Ebene der Funktionsbereichsstrategie („functional area strategy").[97] Komponenten der **Unternehmensstrategie** sind Entscheidungen bezüglich der zu besetzenden Geschäftsfelder, der Ressourcenaufteilung auf die Geschäftsfelder, der Erzielung von Synergien durch Zugriff auf zentrale Ressourcen und allgemeine Überlegungen hinsichtlich der Gestaltung der Finanzstruktur sowie der Aufbau- und Ablauforganisation. Die **Geschäftsbereichsstrategie** befasst sich mit der Art und Weise, wie dem Wettbewerb in einer Branche oder einem Produkt-Markt-Segment zu begegnen ist. Die zentralen Bestandteile von Strategie auf dieser Ebene sind daher einzigartige Kompetenzen und die daraus resultierende Erzielung von Wettbewerbsvorteilen. Die **Funktionsbereichsstrategie** strebt die Maximierung der Ressourcenproduktivität durch die Entwicklung einzig-

---

[93] Vgl. Schewe (1998), S. 27.
[94] Vgl. Andrews (1987), S. 13.
[95] Vgl. hierzu Andrews (1987), S. 13 f.
[96] Vgl. Porter (1987), S. 43. Siehe hierzu auch die Abgrenzung von „business portfolio strategy" und „competitive strategy" bei Bakos/Treacy (1986), S. 108.
[97] Vgl. Hofer/Schendel (1978), S. 27; ähnlich Welge/Al-Laham (2001), S. 322 ff.

artiger Kompetenzen und die Freisetzung von Synergien aufgrund der Koordination und Integration von Aktivitäten innerhalb eines Funktionsbereichs an.[98]

Darüber hinaus finden sich in der Literatur weitere hierarchische Differenzierungen der unterschiedlichen Strategieebenen. MACHARZINA ergänzt das Konzept von HOFER/SCHENDEL um eine vierte Ebene, indem er zwischen der Unternehmensstrategie und der Geschäftsbereichsstrategie die Ebene der Wettbewerbsstrategie einführt. Diese legt als Konkretisierung der Unternehmensstrategie fest, wie generell mit Wettbewerbern zu konkurrieren ist, wobei die Zielsetzung wiederum in der Erlangung von Wettbewerbsvorteilen besteht.[99] BOSEMAN/PHATAK betrachten die „societal strategy", welche das Verhalten des Unternehmens in der Gesellschaft festlegt, als den drei Strategieebenen Corporate Strategy, Business Strategy und Functional Area Strategy übergeordnet.[100] Abb. 1 stellt die verschiedenen Mehr-Ebenen-Modelle des Strategiebegriffs zusammenfassend gegenüber.

Das diesen Unterscheidungen zugrunde liegende hierarchische Mehr-Ebenen-Modell des Strategiebegriffs erlaubt die Konkretisierung der Betrachtungsebene, die im Vordergrund der Untersuchung steht. Das Konstrukt Strategie in High Velocity Märkten wird auf der **Ebene der Geschäftsbereichsstrategie** konzeptionalisiert und operationalisiert. Demnach bezieht sich die Untersuchung auf die Geschäftsbereichsebene. Für diese Entscheidung sind sowohl generelle Überlegungen innerhalb der empirischen Strategieforschung als auch spezifische Gründe in Bezug auf das Untersuchungsobjekt ausschlaggebend.

Die empirische Strategieforschung fokussiert sich eher auf die Geschäftsbereichsebene als auf die Ebene der Unternehmensstrategie und der Funktionsbereichsstrategie.[101] Die Forschung im strategischen Management zielt darauf ab, zentrale Funktionsbereiche wie Produktion, Marketing, Finanzierung und Controlling im Hinblick auf eine übergreifendere Managementorientierung zu integrieren.[102] Folglich wird die Funktionsbereichsebene in diesem Kontext als weniger bedeutsam erachtet und eine individuelle Betrachtung dieser Funktionsbereiche nicht als Strategieforschung angesehen.[103] Darüber hinaus diversifizieren Unternehmen und operieren in mehreren Produkt-Markt-Segmenten.[104] Da sich die für die Strategie relevanten

---

[98] Vgl. hierzu Hofer/Schendel (1978), S. 27-29. GRANT/KING und HAX/MAJLUF gehen ebenfalls von drei konzeptionellen, hierarchischen Ebenen aus. Siehe hierzu Grant/King (1982), S. 17 f.; Hax/Majluf (1984), S. 41. VENKATRAMAN führt diesbezüglich aus: „There is a reasonable consensus on the three-level categorization of the strategy concept – corporate, business, and functional." Venkatraman (1989a), S. 946.

[99] Vgl. Macharzina (1999), S. 205 f.

[100] Vgl. Boseman/Phatak (1989), S. 86; ähnlich Hofer/Murray/Charan et al. (1980), S. 11.

[101] Vgl. Venkatraman (1985), S. 22.

[102] Vgl. hierzu Mintzberg (1977), S. 89; Schendel/Hofer (1979), S. 5.

[103] Vgl. hierzu Venkatraman (1985), S. 23; Venkatraman (1989a), S. 947.

[104] Vgl. hierzu Chandler (1962), S. 42 ff.; Rumelt (1974), S. 1.

Umfeldbedingungen wie Marktentwicklungsphase, Marktkonzentration, Markteintritt und Marktaustritt der Wettbewerber, Umweltvolatilität und technologische Veränderungen innerhalb der einzelnen Produkt-Markt-Segmente stark unterscheiden, ist die Unternehmensebene für ein Verständnis der strategischen Reaktionen zu aggregiert.[105]

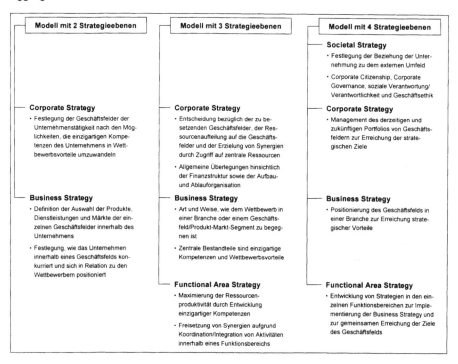

Abb. 1: Gegenüberstellung von Mehr-Ebenen-Modellen des Strategiebegriffs[106]

Darüber hinaus wird den strategischen Geschäftsfeldern ein enger Bezug zum Erfolg beigemessen.[107] DESS/GUPTA/HENNART ET AL. führen diesbezüglich aus: „As such, business-level strategy is critical to the success of a firm; it is here that businesses compete directly with others for sales and profits in the marketplace."[108] Die

---

[105] Vgl. hierzu Venkatraman (1985), S. 23; Venkatraman (1989a), S. 947.
[106] Eigene Darstellung in Anlehnung an Hofer/Schendel (1978), S. 27-29; Hofer/Murray/Charan et al. (1980), S. 11-14; Grant/King (1982), S. 17 f.; Hax/Majluf (1984), S. 41; Andrews (1987), S. 13 f.; Porter (1987), S. 43; Boseman/Phatak (1989), S. 86-88.
[107] Vgl. Jenner (1999), S. 8.
[108] Dess/Gupta/Hennart et al. (1995), S. 374.

Angemessenheit der Geschäftsbereichsebene spiegelt sich ferner in dem Aufbau und der Entwicklung der PIMS-Datenbasis als umfangreichster Datenbasis für Strategieforschung wider.[109] Schließlich zeigt die Analyse des Forschungsstands der empirischen Strategieforschung, dass die Geschäftsbereichsebene die dominierende Untersuchungsebene darstellt.[110]

Neben den theoretischen Überlegungen zur Angemessenheit und Relevanz der Geschäftsbereichsebene für die empirische Strategieforschung sprechen auch Gründe, die sich aus dem Untersuchungsgegenstand der vorliegenden Analyse ableiten, für eine Konzeptionalisierung des Strategiekonstrukts auf der Geschäftsbereichsebene. Im Kontext der High Velocity Märkte konkurrieren sowohl Start-ups als auch Geschäftsbereiche etablierter Unternehmen miteinander und sind demnach Gegenstand der Untersuchung. Für junge Unternehmen, die noch nicht über ein diversifiziertes Portfolio an Produkt-Markt-Segmenten verfügen, hat die Unternehmensstrategie im Sinne einer Festlegung der verschiedenen Geschäftsbereiche der Unternehmenstätigkeit lediglich perspektivische Relevanz. In Bezug auf Strategie befassen sie sich eher mit typischen Fragestellungen der Geschäftsbereichsstrategie.[111] Zugleich erlaubt die Konzeptionalisierung des Strategiekonstrukts auf Geschäftsbereichsebene den Einbezug der Geschäftsbereiche, die etablierte, diversifizierte Unternehmen den High Velocity Märkten zugewiesen haben. Im Falle der etablierten Unternehmen weist die Ebene der Unternehmensstrategie ein zu hohes Aggregationsniveau auf, welches keine detaillierten Aussagen bezüglich der strategischen Reaktion in High Velocity Märkten zulässt. Die Konkretisierung der Betrachtung auf die Ebene der Geschäftsbereiche erfolgt somit nicht zuletzt, um den Geltungsbereich der Ausführungen zu erweitern und die beiden Gruppen von relevanten Analyseeinheiten in die Untersuchung mit einzubeziehen.

1.3 Gang der Untersuchung

Um die angeführten Untersuchungsziele zu erreichen, wird der folgende Untersuchungsverlauf angesetzt:

Das **zweite Kapitel** beschäftigt sich mit den **Grundlagen der Untersuchung**. Hierzu wird eingangs (Abschnitt 2.1) nach der Festlegung der wissenschaftstheoretischen Grundlagen (Abschnitt 2.1.1) die terminologische Basis der Untersuchung konkretisiert (Abschnitt 2.1.2), indem das Begriffsverständnis von „Strategie" und „High Velocity Märkten" festgelegt wird. In einem zweiten Schritt (Abschnitt 2.2) wird der

---

[109] Vgl. Venkatraman (1985), S. 23. Eine ausführliche Kategorisierung und Bewertung von auf der PIMS-Datenbasis basierender Strategieforschung findet sich bei Ramanujam/Venkatraman (1984), S. 138 ff.

[110] Vgl. hierzu Abschnitt 2.2.2.2.2 der vorliegenden Arbeit.

[111] Für junge, integrierte, nicht-diversifizierte Unternehmen entspricht die Geschäftsbereichsstrategie der Unternehmensstrategie. Siehe hierzu Hofer (1975), S. 784; Grant/King (1982), S. 17.

aktuelle Stand der Forschung betrachtet. Zum einen werden die Beiträge zum Forschungsfeld Strategie in High Velocity Märkten analysiert (Abschnitt 2.2.1). Zum anderen werden die bisherigen Forschungsansätze im Bereich der empirischen Strategieidentifikation und Strategiemessung beleuchtet (Abschnitt 2.2.2). Der Analyse wird eine Systematisierung der Messansätze bezüglich der Datenerhebungsart und des Operationalisierungsansatzes vorangestellt, anhand derer die verschiedenen Beiträge klassifiziert und ausgewertet werden. Darüber hinaus erfolgen eine Analyse des organisatorischen Geltungsbereichs von Strategie, eine Prüfung der theoretischen Fundierung und eine Einstufung im Hinblick auf das Untersuchungsziel und die Aussagenart.[112] Basierend auf den Ergebnissen der Bestandsaufnahme der Forschungsbeiträge in den beiden Bereichen Strategie in High Velocity Märkten und empirische Strategieidentifikation sowie Strategiemessung werden die offenen Fragen sowie Wissens- und Forschungslücken identifiziert.

Anschließend werden in Abschnitt 2.3 theoretische Bezugspunkte für die Konzeptionalisierung des Konstrukts Strategie in High Velocity Märkten aufgezeigt. Diese bilden die Basis für die theoretische Herleitung der Dimensionen des Konstrukts. Neben der lange Zeit im strategischen Management dominierenden Industrieökonomik (Abschnitt 2.3.1) werden im Sinne des theoretischen Pluralismus auch die Evolutionstheorie (Abschnitt 2.3.2) und die Ressourcentheorie (Abschnitt 2.3.3) sowie deren Weiterentwicklungen in Form des Dynamic Capabilities-based View und des Knowledge-based View betrachtet. Der Schwerpunkt liegt hierbei auf ressourcentheoretischen Überlegungen und deren Integration mit industrieökonomischen Erkenntnissen. Die Ausführungen fokussieren sich darauf, wie die jeweilige Theorie Wettbewerbsvorteile und überdurchschnittliche Ergebnisse von einzelnen Unternehmen erklärt, um darauf aufbauend die relevanten Dimensionen für das Konstrukt Strategie in High Velocity Märkten ableiten zu können.

Das **dritte Kapitel** widmet sich der **Konzeptionalisierung** des Konstrukts Strategie in High Velocity Märkten. Hierzu werden im Rahmen der Modellentwicklung (Abschnitt 3.1) die einzelnen aus den theoretischen Bezugspunkten deduzierten Dimensionen des Konstrukts inhaltlich beschrieben und konkretisiert, wobei zugleich auf ihre besondere Bedeutung im Kontext der High Velocity Märkte eingegangen wird (Abschnitt 3.1.1). Im Anschluss werden die Dimensionen in ein Gesamtmodell überführt (Abschnitt 3.1.2). Hierbei erfolgt die Ableitung der zu prüfenden Hypothesen hinsichtlich des Gesamtmodells sowie der Beziehungen und Bedeutung der einzelnen Dimensionen.

Danach werden zur Beantwortung der dritten Untersuchungsfragestellung unter Rückgriff auf das Schrifttum zur Erfolgsmessung im strategischen Management (Abschnitt 3.2.1) das in der Analyse verwendete Messmodell für den strategischen

---

[112] Vgl. zu grundlegenden Überlegungen bezüglich empirischer Forschungsdesigns, deren Untersuchungsziel und Aussagenart Fritz (1995), S. 59 ff.

Erfolg entwickelt (Abschnitt 3.2.2) und die Hypothesen zur Überprüfung der Erfolgswirkung von Strategie in High Velocity Märkten abgeleitet (Abschnitt 3.2.3). Dem situativen Leitprinzip folgend werden im nächsten Schritt unternehmensinterne Kontingenzfaktoren des Strategieprozesses (Abschnitt 3.3.1) und der Organisationsform (Abschnitt 3.3.2) abgeleitet. Basierend auf der in der Literatur postulierten Wirkungsbeziehung der situativen Faktoren werden Hypothesen formuliert. Die Ausführungen des dritten Abschnitts enden mit einer Zusammenfassung der Untersuchungshypothesen (Abschnitt 3.4), die zugleich die Überleitung zum empirischen Teil der Untersuchung darstellt.

Im **vierten Kapitel** erfolgt die **Operationalisierung** des Messmodells für Strategie in High Velocity Märkten sowie die empirische Überprüfung der Untersuchungshypothesen. Hierzu werden eingangs die Grundlagen, die Methodik und die Vorgehensweise der empirischen Untersuchung dargestellt (Abschnitt 4.1), wobei insbesondere die Grundlagen des zentralen multivariaten Datenanalyseverfahrens skizziert (Abschnitt 4.1.1) und basierend auf einer Darstellung der methodischen und theoretischen Aspekte die gewählte Vorgehensweise zur Operationalisierung des mehrdimensionales Konstrukts Strategie dargelegt wird (Abschnitt 4.1.2). Darüber hinaus werden die Datengrundlage und die Datenerhebung beschrieben (Abschnitt 4.1.3). Die empirische Untersuchung beantwortet im Anschluss sukzessive die vier zentralen Untersuchungsfragestellungen.

In einem ersten Schritt wird die Operationalisierung des mehrdimensionalen Konstrukts Strategie in High Velocity Märkten empirisch überprüft (Abschnitt 4.2), wobei zunächst die Reliabilität und Validität der Messung der einzelnen Dimensionen geprüft wird (Abschnitt 4.2.1) und die einzelnen Dimensionen dann im Kontext eines Gesamtmodells analysiert werden (4.2.2). Hiermit werden die beiden ersten Untersuchungsfragestellungen nach der Messung des mehrdimensionalen Konstrukts Strategie in High Velocity Märkten und der relativen Bedeutung der einzelnen Dimensionen beantwortet. Zugleich stellt die reliable und valide Messung des Konstrukts die Voraussetzung zur Beantwortung der dritten und vierten Untersuchungsfragestellung sowie zum Test der entsprechenden Hypothesen dar. Mit Hilfe von Strukturgleichungsmodellen wird im Anschluss basierend auf der Operationalisierung des strategischen Erfolgs (Abschnitt 4.3.1) die Erfolgswirkung von Strategie in High Velocity Märkten zunächst ohne (Abschnitt 4.3.2), danach unter dem Einfluss der internen Kontingenzfaktoren analysiert (Abschnitt 4.4). Die Analysen dienen der Beantwortung der beiden verbleibenden Untersuchungsfragestellungen und geben zudem Hinweise auf die nomologische Validität des Konstrukts Strategie in High Velocity Märkten.

Die Untersuchung wird abgeschlossen mit einer Zusammenfassung der wesentlichen Ergebnisse (Abschnitt 5.1) und einer Diskussion der Implikationen im **fünften Kapitel**. Hierbei werden zunächst Erkenntnisse und weitere Ansätze für die betriebswirtschaftliche Forschung (Abschnitt 5.2) und dann Implikationen für die Unternehmenspraxis (Abschnitt 5.3) aufgezeigt.

2 Grundlagen der Untersuchung

Die Darstellung der Grundlagen im folgenden Kapitel beginnt mit der wissenschaftstheoretischen Einordnung der Untersuchung und der Festlegung der terminologischen Basis. Danach folgt die Analyse des für die Untersuchungsfragestellung relevanten Forschungsstands. Die Bestandsaufnahme dient zunächst der Abgrenzung des Forschungsgebiets und der Identifikation der Forschungslücke. Darüber hinaus zielt sie darauf ab, aus dem Stand der Forschung erste Hinweise für die Konzeptionalisierung und Operationalisierung des Konstrukts Strategie in High Velocity Märkten abzuleiten. Abschließend werden die theoretischen Bezugspunkte der Untersuchung erörtert. Hiermit wird die Zielsetzung verfolgt, basierend auf der Erklärung von Wettbewerbsvorteilen und überdurchschnittlichen Ergebnissen einzelner Unternehmen durch die verschiedenen Theorien die relevanten Dimensionen für das Konstrukt Strategie in High Velocity Märkten zu entwickeln.

2.1 Wissenschaftstheoretische Einordnung und terminologische Basis

Die wissenschaftstheoretische Positionierung und die Festlegung des Begriffsverständnisses der Untersuchungsobjekte stellen das Fundament jeder wissenschaftlichen Untersuchung dar. Daher beschäftigt sich der folgende einführende Abschnitt zunächst mit der wissenschaftstheoretischen Positionsbestimmung der Untersuchung anhand der methodologischen Leitideen. Im Anschluss werden das Verständnis und der Inhalt der Grundbegriffe der Untersuchung herausgearbeitet.

2.1.1 Wissenschaftstheoretische Grundlagen

Die Skizzierung der wissenschaftstheoretischen Position der Untersuchung erfolgt anhand der **methodologischen Leitideen**.[113] Auf eine ausführliche Darstellung sowie die Diskussion alternativer wissenschaftstheoretischer Konzepte wird jedoch verzichtet. Wie bereits erwähnt, werden die Konzeptionalisierung und Operationalisierung anhand von Theorien vorgenommen und die zu testenden Hypothesen deduktiv aus theoretischen Überlegungen abgeleitet. Folglich orientiert sich die vorliegende Arbeit am wissenschaftstheoretischen Leitbild des **kritischen Rationalismus**, dessen zentrale Bestandteile in dem folgenden Zitat von POPPER zum Ausdruck kommen: „[...] that scientific theories were not the digest of observations, but that they were inventions – conjectures boldly put forward for trial, to be eliminated if they clashed with observations; with observations which were rarely accidental but as a rule undertaken with the definite intention of testing a theory by obtaining, if

---

[113] Methodologische Leitideen legen die gültigen und legitimen formalen Erkenntnis- und Erklärungsprinzipien für einen Objektbereich fest. Vgl. Bohnen (1975), S. 4. Demnach grenzen sie den forschungslogischen Rahmen der Untersuchung ab, indem sie beispielsweise formale Anforderungen an die Aussagen der Untersuchung stellen oder bestimmte Problemlösungsverfahren und -ergebnisse für zulässig bzw. unzulässig erklären. Vgl. Fritz (1984), S. 73.

possible, a decisive refutation."[114] Damit geht eine Ausrichtung am **Empirismus der zweiten Art** einher.[115]

In den theoretischen Realwissenschaften sind das weitgehend akzeptierte allgemeine Erkenntnisprogramm sowie das Ziel der empirischen Forschung durch die Idee der Erklärung aller in Betracht kommenden Tatbestände auf der Grundlage von Gesetzmäßigkeiten gekennzeichnet.[116] Die vorliegende Untersuchung verfolgt die Zielsetzung, das Konstrukt Strategie in High Velocity Märkten zu konzeptionalisieren, zu operationalisieren und empirisch zu messen sowie seine Erfolgswirkung unter Einbezug situativer Kontextfaktoren nachzuweisen. Demzufolge nimmt die Idee der

---

[114] Popper (1965), S. 46. Der kritische Rationalismus geht im Wesentlichen auf POPPER zurück. Er ist zum einen im klassischen Rationalismus, der die Vernunft als Quelle der Erkenntnis in den Mittelpunkt stellt, zum anderen im klassischen Empirismus verwurzelt, der die Beobachtung als wichtigste Quelle der Erkenntnis ansieht. Vgl. Kern (1979), S. 12. POPPER lehnt in Anlehnung an HUME die Induktion als Weg zur Erzielung gesicherter Aussagen ab. Dem stellt der kritische Rationalismus das Prinzip der Deduktion gegenüber, wonach aus einem theoretischen System auf deduktiv-logischem Wege Folgerungen abgeleitet werden, welche dann empirisch mit der Realität zu konfrontieren sind. Basierend auf der Einschätzung, dass es unmöglich ist, Aussagen und Theorien empirisch zu verifizieren, wird als Abgrenzungskriterium das Verifikationsprinzip durch das Falsifikationsprinzips abgelöst. Hierzu POPPER: „Only the falsity of the theory can be inferred from empirical evidence, and this inference is a purely deductive one." Popper (1965), S. 55. Wissenschaftlicher Erkenntnisfortschritt vollzieht sich folglich als iterativer Prozess durch die deduktive Formulierung empirisch prüfbarer Theorien und Hypothesen und deren wiederholte empirische Falsifikationsversuche. Wenngleich die Bestätigung einer Theorie niemals erreicht werden kann, steigt ihre Leistungsfähigkeit mit der Anzahl der gescheiterten Falsifikationsversuche. Siehe Popper (1965), S. 33-59; Popper (1982), S. 3-21.

[115] SCHANZ entwickelt auf der Basis seiner Kritik an den Forschungsarbeiten der „Empirischen Theorie der Unternehmung" um WITTE, welche er als Empirismus$_1$ bezeichnet und als theorielosen Empirismus mit ad hoc-Hypothesen charakterisiert, als Alternative einen kritischen Empirismus, den Empirismus$_2$. Siehe hierzu Schanz (1975a), S. 327 ff.; Schanz (1975b), S. 801 ff.; Schanz (1977a), S. 290. SCHANZ zufolge stellt der Empirismus$_1$ vornehmlich eine auf Zufallsprobleme bezogene Datensammlung dar, welche durch ad hoc-Hypothesen notdürftig unterbaut wird. Hierunter versteht er, dass ohne den Rückgriff auf allgemeine Erklärungsprinzipien Vermutungen über Zusammenhänge zwischen unmittelbar beobachtbaren Phänomenen aufgestellt werden. Siehe hierzu Schanz (1977b), S. 67. Aufgrund der mangelnden theoretischen Fundierung ist unklar, woher die Hypothesen kommen und wohin sie führen, weshalb diese Vorgehensweise als zielos zu bezeichnen ist und die Untersuchungen lediglich mehr oder weniger zufällig zu interessanten Ergebnissen führten. Vgl. Schanz (1975a), S. 328; Schanz (1975b), S. 802. Dem kritisierten Empirismus$_1$ stellt SCHANZ den Empirismus$_2$ als theoriegeleitete empirische Forschung gegenüber. Hypothesen sind demnach aus allgemeinen theoretischen Entwürfen bzw. umfassenden deduktiven Systemen abzuleiten. Hierbei lehnt er, ganz im Sinne POPPERS, keineswegs das empirische Arbeiten ab, sondern misst den empirischen Fakten eine entscheidende Bedeutung für die Kontrolle der möglichst allgemeinen Theorien bei. Siehe hierzu Schanz (1975a), S. 327 ff.; Schanz (1975b), S. 802.

[116] Vgl. Popper (1985), S. 198; Albert (1987), S. 102. Dies gilt insbesondere für die Betriebswirtschaftslehre. Vgl. Köhler (1966), S. 12. Reale Phänomene sind dadurch kausal zu erklären, dass man sie aus Gesetzeshypothesen relevanter Theorien und Randbedingungen deduktiv ableitet. Siehe Popper (1982), S. 31. Die Erkenntnisziele der theoretischen Wissenschaften sind Beschreibung, Erklärung und Prognose. Vgl. Kortzfleisch (1971), S. 3. Hierbei nimmt die Erklärung jedoch eine zentrale Rolle ein, denn Theorien, welche erklären, beschreiben zugleich das Erklärte und sind auch prognostisch zu verwenden. Vgl. Köhler (1966), S. 58 ff.

Erklärung hinsichtlich der methodologischen Leitideen in der vorliegenden Untersuchung eine zentrale Rolle ein und die Untersuchung verfolgt ein primär am **Erkenntnisinteresse** orientiertes Wissenschaftsziel.[117]

Im methodologischen Schrifttum wird dem **deduktiv-nomologischen Erklärungsschema** des kritischen Rationalismus nach POPPER sowie HEMPEL/OPPENHEIM eine hohe Relevanz für die Erklärung betriebswirtschaftlicher Sachverhalte attestiert.[118] Nach diesem Schema wird eine Aussage, die einen gegebenen, zu erklärenden Sachverhalt beschreibt (Explanandum) aus einer erklärenden Aussagenmenge (Explanans) logisch deduziert und damit erklärt.[119] Kritiker des Schemas wenden ein, dass eine logische Ableitung des Explanandum aus dem Explanans nur auf der Basis deterministischer Gesetzmäßigkeiten möglich sei.[120] Diese Anforderung ist jedoch in den Wirtschaftswissenschaften nicht zu erfüllen, da dort für Erklärungen vornehmlich Wahrscheinlichkeitshypothesen und Tendenzaussagen vorliegen.[121]

Um dieser Kritik zu begegnen, erfolgt die Präzisierung der grundlegenden Erklärungsidee im Rückgriff auf das **Propensitäts-Modell der Erklärung** nach POPPER, welches eine Generalisierung des deduktiv-nomologischen Erklärungsmodells darstellt.[122] Propensitäten werden als reale Dispositionen verstanden, die relative Häufigkeiten bzw. Wahrscheinlichkeiten verursachen.[123] Eine Propensität ist eine objektive, probabilistische Verwirklichungstendenz bzw. eine „Verwirklichungstendenz eines Dings, in einer bestimmten Situation eine bestimmte Eigenschaft oder einen bestimmten Zustand anzunehmen"[124], welche in einer Wahrscheinlichkeit zum Ausdruck kommt.[125] Die rein deterministischen Gesetzeshypothesen des deduktiv-

---

[117] Vgl. zum Erkenntnisinteresse und zum Gestaltungsinteresse in der Betriebswirtschaftslehre Fischer-Winkelmann (1971), S. 22 ff.; Schanz (1988a), S. 6 f.

[118] Siehe hierzu die ausführliche Diskussion des Konzepts beispielsweise bei Fischer-Winkelmann (1971), S. 45-49; Abel (1981), S. 107 ff.; Fritz (1984), S. 77 ff.; Schanz (1988a), S. 56 ff.; Raffée (1993), S. 18 ff.; Chmielewicz (1994), S. 151 ff.; Kieser (1995a), S. 7.

[119] Vgl. hierzu Hempel/Oppenheim (1948), S. 136-140; Popper (1982), S. 31 ff. Das Explanans beinhaltet dabei zwei verschiedene Arten von Aussagen: (1) Mindestens eine, zumeist als Wenn-Dann-Aussage formulierte nomologische Hypothese (Gesetzeshypothese) und (2) mindestens eine singuläre, deskriptive Aussage über die Antecendenzbedingungen, der entnommen werden kann, ob die von der Wenn-Komponente der nomologischen Hypothese postulierten Bedingungen faktisch vorliegen.

[120] Vgl. Stegmüller (1973), S. 82 f.; Schwemmer (1976), S. 61.

[121] Hierzu WITTE: „Bezüglich der Forderung nach deterministischen Aussagen ist ebenfalls und naturgemäß eine Nichterfüllung durch die betriebswirtschaftliche Forschung festzustellen. Es ist geradezu ein Wesenszug wirtschafts- und sozialwissenschaftlicher Zusammenhänge, daß sie stochastischer Natur sind." Witte (1981), S. 19. Siehe auch Raffée (1974), S. 42; Kieser (1995a), S. 8.

[122] Vgl. hierzu Popper (1979), S. 312. Siehe hierzu auch die Orientierung der Untersuchung bei Fritz (1995), S. 21 ff.

[123] Vgl. hierzu Popper (1974a), S. 1130.

[124] Popper/Eccles (1982), S. 48.

[125] Vgl. hierzu Popper/Eccles (1982), S. 49; Popper (1982), S. 107; 251; 411.

nomologischen Ansatzes werden im Propensitäts-Modell der Erklärung durch probabilistische Gesetzeshypothesen ersetzt.[126] Hierdurch wird berücksichtigt, dass die nomologische Verknüpfung der meisten sozialwissenschaftlichen Kausalfaktoren unvollständiger Art ist, da Wirkungen nicht mit Bestimmtheit, sondern nur mit einer schätzbaren Wahrscheinlichkeit hervorgerufen werden.[127] Das Propensitäts-Modell der Erklärung hat Konsequenzen für die wirtschaftswissenschaftliche Forschungspraxis, die im Folgenden skizziert werden.[128]

Das Propensitäts-Modell der Erklärung trägt den Charakteristika wirtschaftswissenschaftlicher Sachverhalte, welche sich indeterministisch, interdependent und nur mittels Wahrscheinlichkeiten messbar beeinflussen, durch die Möglichkeit unvollständiger Ursachen Rechnung.[129] Die Annahme unvollständiger Ursachen geht einher mit der Annahme der **Multikausalität** des realen Geschehens. Hierzu führt FRITZ aus: „Unvollständige Ursachen führen dazu, daß deren Wirkung im komplexen Gefüge wirtschaftlicher bzw. sozialer Zusammenhänge durch die Wirkung anderer Faktoren beeinflußt wird und erst deren Zusammenspiel mit den übrigen Einflußfaktoren den zu erklärenden Sachverhalt vollständig hervorzubringen vermag."[130] Infolgedessen müssen wissenschaftliche Erklärungsversuche die Multikausalität berücksichtigen.

POPPER betont weiterhin die Situationsabhängigkeit der Propensität, wonach die Situation, in der ein Ereignis stattfindet, dessen Propensität aktivieren, verstärken oder abschwächen kann.[131] Hieraus resultiert die Notwendigkeit, den situativen Kontext des zu erklärenden Sachverhalts und der Kausalfaktoren mit einzubeziehen. Als weiterer methodologischer Leitidee folgt die vorliegende Untersuchung somit dem **situativen Ansatz**.[132] Der aus der Organisationstheorie stammende situative

---

[126] Vgl. hierzu Popper (1974a), S. 1130; Popper (1979), S. 312; Popper/Eccles (1982), S. 49. Nach POPPER wird durch die Propensitätsidee eine formale Analyse deterministischer und indeterministischer (probabilistischer) Erklärungen von Ereignissen ermöglicht. Erstere stellen den Spezialfall von Propensitäts-Erklärungen dar, in denen die Erklärungshypothesen vollständige (deterministische) Ursachen für die zu erklärenden Ereignisse angeben. Die Wahrscheinlichkeit weist in diesem Fall den Wert 1 auf. Letztere operieren hingegen mit Erklärungshypothesen, die auf unvollständige Ursachen zurückgreifen und deren Wahrscheinlichkeiten Werte zwischen 0 und 1 annehmen. Siehe hierzu auch Fritz (1984), S. 82 ff.; Fritz (1995), S. 22.

[127] Vgl. hierzu Raffée (1993), S. 20.

[128] Siehe zu den folgenden Ausführungen auch Fritz (1995), S. 22 ff.

[129] Vgl. hierzu Fritz (1984), S. 87.

[130] Fritz (1995), S. 22.

[131] Vgl. Popper/Eccles (1982), S. 49-50.; Popper (1995), S. 31-32. Die Situationsabhängigkeit ist lediglich für den Spezialfall deterministischer Ereignisse auszuschließen. Siehe hierzu Popper (1979), S. 312.

[132] Kernidee des situativen Ansatzes ist, dass nicht von einer generell gültigen, optimalen Handlungsalternative ausgegangen wird, sondern von mehreren, situationsbezogen angemessenen. Das Hauptanliegen des Ansatzes ist darin zu sehen, den als unrealistisch empfundenen Allgemeingültigkeitsanspruch zahlreicher betriebswirtschaftlicher Aussagen zugunsten situationsadäquater Bezüge aufzugeben. Basierend auf empirischen Untersuchungen sind die Situationen

Ansatz hat mittlerweile auch in der Forschung zum strategischen Management eine weite Verbreitung erfahren.[133] Die Berücksichtigung des situativen Ansatzes erfolgt in der vorliegenden Untersuchung explizit durch die vierte Untersuchungsfragestellung, welche sich mit dem Einfluss interner Kontextfaktoren auf die Beziehung zwischen Strategie und strategischem Erfolg beschäftigt. Die relevanten situativen Faktoren sind hierbei aus der Theorie abzuleiten und in den Strukturgleichungsmodellen zu berücksichtigen.

Eng verbunden mit dem kritischen Rationalismus ist zudem die methodologische Leitidee des theoretischen Pluralismus, nach der im Interesse des Erkenntnisfortschritts und der Kritik etablierter Konzeptionen nach alternativen, konkurrierenden theoretischen Konzepten zu suchen ist und diese kritisch miteinander zu konfrontieren sind.[134] Allerdings wird als Leitidee der vorliegenden Untersuchung die spezifische Variante des weitgehend **konkurrenzfreien**, aber **komplementären theoretischen Pluralismus** zugrunde gelegt, der auf einen möglichst hohen Grad der Erklärung von Strategie in High Velocity Märkten und deren Erfolgswirkung abstellt.[135] Der methodologischen Leitidee des theoretischen Pluralismus wird im strategischen Management eine hohe Notwendigkeit und Eignung zugesprochen. HOSKISSON/HITT/WAN ET AL. führen bezüglich der Notwendigkeit einer multi-theoretischen Perspektive im strategischen Management an: „Because the nature of strategy problems cannot be easily framed within a fixed paradigm, strategic management is necessarily a multi-paradigmatic discipline, requiring varied theoretical

---

zu präzisieren, in denen betriebswirtschaftliche Aussagen ihre Gültigkeit beanspruchen. Ziel sind hierbei Situationsmodelle bzw. Quasi-Theorien mittlerer Reichweite, welche trotz ihres reduzierten Allgemeinheitsgrades noch über einen hohen empirischen Gehalt und eine beachtliche Erklärungskraft verfügen sollen. Siehe hierzu Kast/Rosenzweig (1979), S. 116 ff.; Staehle (1981), S. 215-216; Picot (1991), S. 156 ff.; Kieser (1995b), S. 155. Im englischsprachigen Schrifttum spricht man von „contingency theory" bzw. „contingency approach" und fordert die Entwicklung von „mid-range theories". Vgl. Venkatraman/Camillus (1984), S. 513 ff.

[133] HAMBRICK/LEI führen hierzu aus: „[...] the contingency view has come to be of central importance for business strategy researchers." Hambrick/Lei (1985), S. 763. Vgl. auch beispielsweise Galbraith/Schendel (1983), S. 153; Venkatraman/Camillus (1984), S. 513 ff.; Baird/Thomas (1985), S. 236 ff.; Ginsberg/Venkatraman (1985), S. 421 ff.; Van de Ven/Drazin (1985), S. 333 ff.; Murray (1988), S. 390 ff.; Venkatraman (1989b), S. 423 ff.; Venkatraman/Prescott (1990), S. 1 ff. Von besonderem Interesse ist für die vorliegende Untersuchung die Vielzahl der Forschungsbeiträge, welche die Erfolgswirkung der spezifischen Ausrichtung von Strategie an den Kontextfaktoren untersucht haben, wie beispielsweise Lenz (1980), S. 209 ff.; Hambrick (1981), S. 253 ff.; Prescott (1986), S. 329 ff.; Miller (1988), S. 280 ff.; Venkatraman/Prescott (1990), S. 1 ff.

[134] Vgl. hierzu Feyerabend (1965a), S. 149; Feyerabend (1965b), S. 227; Feyerabend (1967), S. 179; Spinner (1974), S. 80 ff.; Popper (1979), S. 118 f.; Albert (1991), S. 59 ff. Eine Diskussion unterschiedlicher Perspektiven des theoretischen Pluralismus findet sich bei Spinner (1971), S. 30-37; Schanz (1973), S. 133-138.

[135] Siehe auch die Orientierung der Untersuchung bei Fritz (1995), S. 27; Homburg (1998), S. 66.

perspectives and methodologies."[136] SETH/THOMAS konstatieren: „because of the integrative nature of strategy research, it is imperative for researchers to adopt multiple frameworks represented by different theories for the advancement of the field."[137] In der vorliegenden Untersuchung wird dieser methodologischen Leitidee dadurch entsprochen, dass die Dimensionen des Strategiekonstrukts aus mehreren relevanten theoretischen Ansätzen des strategischen Managements abgeleitet werden.

Als weiterer methodologischer Leitidee folgt die Untersuchung dem für den kritischen Rationalismus charakteristischen **liberalen methodologischen Individualismus**.[138] Dieser ist durch die Auffassung gekennzeichnet, soziale Phänomene seien mit Hilfe von Aussagen über individuelles Verhalten erklärbar. Hierbei wird explizit die Möglichkeit eingeschlossen, Institutionen als „Quasi-Handlungsträger" zu begreifen, über deren „Quasi-Verhalten" Aggregat-Hypothesen formuliert werden können. Voraussetzung ist, dass sich die Hypothesen prinzipiell auf Hypothesen über individuelles Verhalten zurückführen lassen.[139] In den Wirtschafts- und Sozialwissenschaften ist dem liberalen methodologischen Individualismus vielfache Zustimmung zuteil geworden.[140] RAFFÉE zufolge ist dies zum einen dadurch begründet, dass wirtschaftliches Handeln und seine wissenschaftliche Durchdringung an den personalen Bedürfnissen und ihrer Befriedigung festzumachen sind, zum anderen dadurch, dass Institutionen von Personen gebildet und gesteuert werden. Zur Beschreibung, Erklärung und Gestaltung von institutionalen Strukturen und institutionalem Handeln ist daher auf die Eigenschaften und das Verhalten der institutionenkonstituierenden Personen zu rekurrieren.[141] Die Leitidee des liberalen methodologischen Individualismus hat für die Strategieforschung eine besondere Relevanz, da davon auszugehen ist, dass die Manager bzw. die Eigentümer die Strategie des Unternehmens maßgeblich beeinflussen.[142]

Dem zuvor skizzierten kritischen Rationalismus wird ein wesentlicher Einfluss auf die wissenschaftstheoretische Orientierung der Betriebswirtschaftslehre zuerkannt.[143]

---

[136] Hoskisson/Hitt/Wan et al. (1999), S. 444. Vgl. auch FOSS, der feststellt: „In other words, some element of eclecticism will of necessity always be present in strategy research." Foss (1996a), S. 6. Siehe auch Montgomery/Wernerfelt/Balakrishnan (1989), S. 194; Mahoney (1993), S. 188.

[137] Seth/Thomas (1994), S. 165. Siehe auch Thomas/Venkatraman (1988), S. 537.

[138] Vgl. hierzu Opp (1979), S. 151 f.; Fritz (1984), S. 113 ff.; Fritz (1995), S. 28.

[139] Siehe hierzu Popper (1969), S. 122; Watkins (1972), S. 338; Schanz (1977c), S. 290-294; Popper (1974b), S. 107; Schanz (1988b), S. 65-67.

[140] Vgl. hierzu Abel (1979), S. 61; Kirsch (1977), S. 96 f., Martin (1989), S. 300 ff.; Segler (1981), S. 261; Raffée (1993), S. 7.

[141] Vgl. hierzu Raffée (1993), S. 7.

[142] Siehe beispielsweise Carter/Stearns/Reynolds et al. (1994), S. 27; Chattopadhyay/Glick/Miller et al. (1999), S. 763-764; Spanos/Lioukas (2001), S. 916 f.;

[143] Vgl. Kortzfleisch (1971), S. 3; Kern (1979), S. 11; Meyer (1979), S. 29; Schanz (1988a), S. 53 ff.; Albach (1993), S. 9; Raffée (1993), S. 18. Siehe auch die wissenschaftstheoretische Orientierung der Arbeiten von Fritz (1984), S. 37 ff.; Fritz (1995), S. 19 ff.

Gleichwohl ist der Ansatz vielfach der Kritik ausgesetzt.[144] Die Anwendbarkeit kritisch-rationalistischer Prinzipien auf die Betriebswirtschaftslehre wird insbesondere aufgrund der folgenden Kritikpunkte angezweifelt. Zum einen wird wegen der unzulänglichen theoretischen Durchdringung vieler Teilgebiete der Betriebswirtschaftslehre und des Mangels an einem theoretischen Aussagengebäude die Möglichkeit rein deduktiven Arbeitens negiert.[145] Zum anderen wird die strenge Anwendung des Falsifikationsprinzips aufgrund des Einflusses von nicht vollkommen kontrollierbaren Kontextfaktoren, der probabilistischen Natur von sozialwissenschaftlichen Hypothesen und der Messfehlerproblematik, welche bei komplexen sozialwissenschaftlichen Konstrukten als weitaus umfassender angesehen wird als bei naturwissenschaftlichen Messungen, als nicht durchführbar erachtet.[146] Vor dem Hintergrund dieser Kritik wird oftmals eine Ausrichtung am wissenschaftlichen Realismus vorgenommen.[147]

Die vorliegende Untersuchung vollzieht diese Abkehr von der Orientierung am kritischen Rationalismus nicht. Vielmehr soll im Folgenden aufgezeigt werden, wie die formulierten methodologischen Leitideen der Untersuchung der zuvor beschriebenen Kritik am kritischen Rationalismus begegnen. Bezüglich des Kritikpunktes der mangelnden theoretischen Durchdringung der Betriebswirtschaftslehre wird in dieser Untersuchung davon ausgegangen, dass im strategischen Management eine Vielzahl leistungsfähiger Theorien verfügbar ist, deren komplementäre Anwendung im Sinne des zuvor skizzierten theoretischen Pluralismus eine deduktive Annäherung an das Konstrukt Strategie in High Velocity Märkten und seine Erfolgswirkung ermöglicht. Der Einfluss nicht vollkommen kontrollierbarer Kontextfaktoren wird durch die Verfolgung des situativen Ansatzes berücksichtigt. Der probabilistischen Natur von Hypothesen in den Sozialwissenschaften wird durch den

---

[144] Vgl. hierzu Feyerabend (1970), S. 228; Kuhn (1970), S. 146 f.; Kubicek (1977), S. 11; Laudan (1977), S. 27 ff.; Witte (1977), S. 271-272; Anderson (1983), S. 21; Martin (1989), S. 32; Homburg (1998), S. 60 ff.

[145] Vgl. Kubicek (1977), S. 10 f.; Witte (1981), S. 18 f.; Martin (1989), S. 184; Homburg (1998), S. 61.

[146] Vgl. hierzu Kubicek (1977), S. 8; Laudan (1977), S. 27; Jacoby (1978), S. 91 ff.; Witte (1981), S. 18; Anderson (1983), S. 21; Chalmers (1986), S. 76; Martin (1989), S. 23 f.; Nelson (1995), S. 62; Homburg (1998), S. 61-62.

[147] Siehe hierzu beispielhaft die wissenschaftstheoretische Orientierung bei Homburg (1998), S. 63; Eggert (1999), S. 58; Ernst (2001), S. 12; Peter (2001), S. 71 ff.; Lihotzky (2003), S. 81-83. Der wissenschaftliche Realismus, im englischsprachigen Schrifttum auch als „scientific realism" oder „modern empiricism" bezeichnet, ist durch eine realistische Orientierung und die Akzeptanz der induktiven Schlussweise („inductive realism") gekennzeichnet. Vgl. Hunt (1990), S. 9; Homburg (1998), S. 61 f. Zugleich ist der Fallibilismus („fallibilistic realism") inhärenter Bestandteil, da davon ausgegangen wird, dass wissenschaftliches Arbeiten zwar über die induktive Schlussweise in einem kumulativen Prozess der Wahrheit näher kommt, absolute Sicherheit jedoch niemals erreicht wird. Vgl. Hunt (1990), S. 9. Letztlich ist der wissenschaftliche Realismus durch die Überzeugung der Unvollkommenheit der Messinstrumente geprägt. Alle Variablen in einer Theorie werden als latente Konstrukte angesehen, welche nur durch mehr oder weniger fehlerbehaftete Indikatoren messbar sind. Siehe hierzu Hunt (1991), S. 386.

Bezug auf das Propensitäts-Modell der Erklärung entsprochen, welches die Unvollkommenheit der Ursachen und die Multikausalität einbezieht.[148]

Schließlich wird die Messfehlerproblematik schon von POPPER selbst aufgegriffen: „Aus der methodologischen Forderung nach möglichst strenger Prüfbarkeit der Theorien [...] folgt die nach möglichster Steigerung der Meßgenauigkeit."[149] Aus der Messfehlerproblematik ergibt sich somit nicht die Ablehnung des Falsifikationsprinzips des kritischen Rationalismus, sondern vielmehr die Forderung nach einer möglichst hohen Reliabilität und Validität der Messungen.[150] So konstatiert PETER bezüglich der zentralen Rolle der Konstruktmessung im Forschungsprozess: „Valid measurement is the sine qua non of science. [...] If the measures used in a discipline have not been demonstrated to have a high degree of validity, that discipline is not a science."[151]

2.1.2 Grundbegriffe der Untersuchung

In den vorausgegangenen Abschnitten wurden bei der Diskussion der Ausgangssituation und der Zielsetzung der Untersuchung sowie der Abgrenzung des Untersuchungsbereichs bereits die Charakteristika der wesentlichen Grundbegriffe der Untersuchung angedeutet.[152] Im folgenden Abschnitt ist das der Arbeit zugrunde gelegte Verständnis der Begriffe Strategie und High Velocity Märkte zu präzisieren. Vor dem Hintergrund der mittlerweile inflationären Verwendung der Begriffe „Strategie" und „strategisch" in der betriebswirtschaftlichen Forschung und Praxis erscheint insbesondere die Konkretisierung des Begriffsverständnisses von „Strategie" notwendig.[153]

2.1.2.1 Begriffsverständnis Strategie

Die sprachgeschichtliche Herkunft des Wortes „Strategie" wird auf das griechische Wort „strategos" zurückgeführt, welches die Führungsfunktion im militärischen Sinne beschreibt.[154] Gegenstand der Strategie ist hierbei „die Planung des Gebrauchs von Ressourcen zum Zwecke der Erreichung bestimmter Ziele."[155] Die historische

---

[148] HOMBURG selbst verweist bei der Diskussion dieser Problematik auf das Propensitäts-Modell der Erklärung, geht allerdings nicht weiter darauf ein. Vgl. hierzu Homburg (1998), S. 61-62.
[149] Popper (1982), S. 87.
[150] Vgl. hierzu Fritz (1984), S. 98.
[151] Peter (1979), S. 6. Vgl. hierzu auch die Ausführungen zur Bedeutung von Messung sowie dem Zusammenhang zwischen Theoriebildung und Messung als untrennbarem Prozess bei Blalock (1982), S. 25.
[152] Vgl. hierzu Abschnitt 1.1.1 und 1.1.2 sowie Abschnitt 1.2.
[153] Siehe zu einer Diskussion der vielfältigen Verwendung des Strategiebegriffs Gälweiler (1990), S. 55 ff.; Kreikebaum (1993), S. 24; Staehle (1999), S. 601.
[154] Vgl. Bracker (1980), S. 219. Vgl. zu einer Diskussion der historischen Entwicklung des Strategiebegriffs auch Hinterhuber (1990), S. 3 ff.
[155] Knyphausen-Aufseß (1995), S. 15.

Entwicklung des Strategiebegriffs macht zunächst eine Eingrenzung der Betrachtungsweise auf die Perspektive des Unternehmens notwendig. Trotz dieser Einschränkung stellen sich der Strategiebegriff sowie seine Verwendung immer noch als äußerst vielschichtig dar.[156] Darüber hinaus liegt in der betriebswirtschaftlichen Forschung kein einheitliches Verständnis des Begriffs Strategie vor.[157]

Die Übertragung des Strategiebegriffs in die Betriebswirtschaftslehre fand in der Mitte des 20. Jahrhunderts im Kontext der Spieltheorie statt.[158] Dort bezeichnet die Strategie eines Spielers einen vollständigen Plan, der für alle denkbaren Situationen eine richtige Wahlmöglichkeit beinhaltet.[159] Erst in den sechziger Jahren wurde durch die Publikationen von CHANDLER, ANSOFF, LEARNED/CHRISTENSEN/ANDREWS ET AL. und ANDREWS die enge spieltheoretische Begriffsauffassung aufgehoben und es erfolgte eine starke Verbreitung und Verwendung des Strategiebegriffs.[160] Basierend hierauf entstand eine Vielzahl von Definitionen für Strategie.

Zur Systematisierung und vollständigen Erfassung der verschiedenen Strategiedefinitionen wählt SCHEWE die zwei Hauptdimensionen **Strategieverständnis** und **Strategieinhalt**.[161] Abb. 2 stellt die Systematik zur Analyse des Strategiebegriffs nach SCHEWE mit den Hauptdimensionen Strategieverständnis und Strategieinhalt dar, anhand derer sich die vielfältigen Strategiedefinitionen vollständig erfassen lassen.[162]

In Bezug auf das Strategieverständnis treffen Strategiedefinitionen Aussagen hinsichtlich des Interaktionsbezugs, des Zeitbezugs, des Phasenbezugs und des Bewusstseinsbezugs. Im Hinblick auf den Strategieinhalt werden unternehmensbezogen Aussagen bezüglich der betroffenen organisatorischen Einheiten, der Steuerung des Ressourceneinsatzes sowie der Festlegung einer Grundhaltung und

---

[156] Vgl. Schewe (1998), S. 16.
[157] Vgl. hierzu Lenz (1980), S. 213; Venkatraman (1985), S. 3; Foss (1996a), S. 9; Welge/Al-Laham (2001), S. 12.
[158] Vgl. hierzu Welge/Al-Laham (2001), S. 12.
[159] Vgl. Neumann/Morgenstern (1973), S. 79. Diese enge spieltheoretische Definition des Strategiebegriffs erscheint für die Unternehmensführung nicht zweckmäßig, da sie vor dem Hintergrund der hohen Komplexität und Dynamik, mit der sich viele Unternehmen konfrontiert sehen, zu einem nicht vertretbaren Planungsaufwand führen würde, dessen ökonomischer Nutzen bezweifelt werden darf. Vgl. hierzu Burmann (2002a), S. 80.
[160] Vgl. hierzu Chandler (1962), S. 13 f.; Ansoff (1965), S. 103 ff.; Learned/Christensen/Andrews et al. (1965), S. 17 sowie Andrews (1987), S. 13 f.
[161] Vgl. Schewe (1998), S. 17 ff. Im Strategieverständnis „kommt die Auffassung des Definierenden darüber zum Ausdruck, was letztendlich eine Strategie ist." Schewe (1998), S. 17. Der Strategieinhalt bezieht sich auf die konkrete Ausgestaltung einer Strategie. Strategieinhalte beschreiben das Objekt, auf welches sich eine strategische Verhaltensweise erstreckt." Schewe (1998), S. 17. Ein weiterer Ansatz zur Systematisierung einer Vielzahl von Strategiedefinitionen findet sich bei Hax/Majluf (1988), S. 99 ff.
[162] Vgl. Schewe (1998), S. 19.

umweltbezogen bezüglich der Beeinflussung der Umwelt, der Erlangung von Wettbewerbsvorteilen und der Wahl bestimmter Produkt-Markt-Kombinationen getroffen.[163]

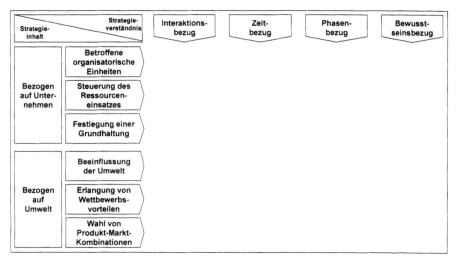

Abb. 2: Systematik zur Analyse des Strategiebegriffs[164]

Im Folgenden wird die Präzisierung des Begriffsverständnisses von Strategie anhand der von SCHEWE vorgeschlagenen Dimensionen **Bewusstseinsbezug** und **Phasenbezug** vorgenommen. Die Konkretisierung des Strategiebegriffs anhand der beiden Dimensionen bildet den Bezugsrahmen für die Konzeptionalisierung des Konstrukts Strategie in High Velocity Märkten. Die übrigen von SCHEWE vorgeschlagenen Dimensionen, Interaktionsbezug und Zeitbezug und insbesondere die Dimensionen des Strategieinhalts weisen einen starken Bezug zum Inhalt der Strategie auf.[165] Daher sind sie an dieser Stelle zu vernachlässigen und vielmehr bei der Konzeptionalisierung des Konstrukts Strategie in High Velocity Märkten zu berücksichtigen. Die Präzisierung des organisatorischen Geltungsbereichs der Strategie ist bereits innerhalb der Abgrenzung des Untersuchungsobjekts erfolgt.[166]

---

[163] Vgl. Schewe (1998), S. 18-19.
[164] Eigene Darstellung in Anlehnung an Schewe (1998), S. 19.
[165] Vgl. Schewe (1998), S. 17-18.
[166] Vgl. hierzu Abschnitt 1.2.

- **Präzisierung anhand der Dimension Bewusstseinsbezug**

Die Dimension des Bewusstseinsbezugs von Strategie spiegelt die beiden grundlegenden Strömungen bezüglich des Verständnisses von Strategie im strategischen Management wider: das **klassische Strategieverständnis** und die Gegenposition der **Mintzberg'schen Schule**.[167] Exemplarisch für das klassische Verständnis von Strategie kann die Definition von Chandler herangezogen werden, die in mehr oder weniger modifizierter Form in der angloamerikanischen Literatur zum strategischen Management die weiteste Verbreitung gefunden hat.[168] Chandler definiert Strategie als „the determination of the basic long-term goals and objectives of an enterprise, and the adoption of courses of action and the allocation of resources necessary for carrying out these goals."[169] Zum Ausdruck kommt die Zusammenführung der Festlegung der langfristigen Ziele des Unternehmens mit den zu ihrer Erreichung geplanten Maßnahmen. Nach dem klassischen Verständnis stellt Strategie ein komplexes Maßnahmenbündel zur Erreichung der Ziele des Unternehmens dar, welches das Ergebnis eines formalen, rationalen Planungsprozesses ist.[170] Das klassische Strategieverständnis herrscht auch in der deutschsprachigen Strategieforschung vor.[171]

Mintzberg fasst die zentralen Charakteristika des klassischen Verständnisses von Strategie als Plan wie folgt zusammen: Strategien sind (1) explizit, (2) bewusst und zielgerichtet entwickelt und (3) zeitlich vor der spezifischen Entscheidung ausgearbeitet, auf die sie sich beziehen. Nach seiner Meinung ist dieses Verständnis von Strategie als rationalem Maßnahmenplan unvollständig und für den Forscher nicht operationalisierbar. Durch die Einschränkung von Strategie auf explizite, a priori

---

[167] Vgl. Schewe (1998), S. 25-26. Eine Gegenüberstellung der beiden Strömungen im strategischen Management findet sich bei Macharzina (1999), S. 197-202; Welge/Al-Laham (2001), S. 13-19; Burmann (2002a), S. 80-83.

[168] Vgl. Mintzberg (1978), S. 935; Welge/Al-Laham (2001), S. 13; Burmann (2002a), S. 80.

[169] Chandler (1962), S. 13. Explizit kommt der Planungscharakter des klassischen Strategieverständnisses beispielsweise in der Definition von Glueck zum Ausdruck: „A strategy is a unified, comprehensive, and integrated plan relating the strategic advantages of the firm to the challenges of the environment. It is designed to ensure that the basic objectives of the enterprise are achieved." Glueck (1980), S. 9.

[170] Vgl. hierzu und zu einer Diskussion weiterer Merkmale des klassischen Strategieverständnisses Macharzina (1999), S. 197-199; Welge/Al-Laham (2001), S. 13-14.

[171] Vgl. Burmann (2002a), S. 80. So ist Marketingstrategie nach Meffert „ein bedingter, langfristiger, globaler Verhaltensplan zur Erreichung der Unternehmens- und Marketingziele." Meffert (1980), S. 89. Ebenso fasst Macharzina Strategien als „bewußt gestaltete Maßnahmenbündel" auf. Macharzina (1999), S. 202. Welge/Al-Laham definieren Strategie als „die grundsätzliche, langfristige Verhaltensweise (Maßnahmenkombination) der Unternehmung und relevanter Teilbereiche gegenüber ihrer Umwelt zur Verwirklichung der langfristigen Ziele." Welge/Al-Laham (2001), S. 19.

Richtlinien wird man gezwungen, Strategie als reines Wahrnehmungsphänomen zu untersuchen.[172]

Vor dem Hintergrund dieser Kritik schlägt MINTZBERG daher einen umfassenderen Strategiebegriff vor, der Strategie als „a pattern in a stream of decisions or actions"[173] definiert. Demzufolge ist von einer Strategie zu sprechen, sobald sich im Zeitablauf in den Entscheidungen oder Aktivitäten eines Unternehmens ein konsistentes Bild bzw. Muster abzeichnet. Dieses erweiterte Strategieverständnis erlaubt sowohl den Einbezug von **beabsichtigten** Strategien (intended strategies) im Sinne von zuvor definierten Richtlinien zur Lösung künftiger Entscheidungsprobleme nach dem klassischen Strategieverständnis als auch die Berücksichtigung von **realisierten** Strategien (realized strategies) als sich ex post in den Aktivitäten und Entscheidungen des Unternehmens abzeichnende Grundmuster.[174] MINTZBERG führt hierzu aus: „In other words, the strategy-maker may formulate a strategy through a conscious process before he makes specific decisions, or a strategy may form gradually, perhaps unintentionally, as he makes his decisions one by one."[175] Diese Definition operationalisiert das Konzept der Strategie und stellt auf den Entscheidungs- und Handlungsstrom als tangibles Phänomen ab.[176]

Die Kombinationen der beiden Grundformen der beabsichtigten und realisierten Strategien ergeben drei mögliche Strategiemuster, deren Zusammenhang in Abb. 3 dargestellt wird:[177]

1. **Geplante Strategien** (deliberate strategies) bezeichnen beabsichtigte Strategien, die realisiert werden. Diese entsprechen der klassischen Sichtweise von Strategien als rationalen, bewusst gestalteten Maßnahmenbündeln.

2. **Unrealisierte Strategien** (unrealized strategies) sind beabsichtigte Strategien, die aufgrund unrealistischer Erwartungen, Fehleinschätzungen bezüglich der Umwelt oder Veränderung von Kontextfaktoren während der Umsetzung nicht realisiert werden.

3. **Unbeabsichtigte Strategien** (emergent strategies) beschreiben realisierte Strategien, die nicht beabsichtigt waren.

---

[172] Vgl. Mintzberg (1978), S. 935.
[173] Mintzberg/McHugh (1985), S. 161. Siehe hierzu auch das Verständnis von Strategie bei WRAPP: „Over time, a corporate strategy, apparent to the organization, evolves from the patterns discernable in operating decisions." Wrapp (1984), S. 21.
[174] Vgl. Mintzberg (1978), S. 935.
[175] Mintzberg (1978), S. 935.
[176] Vgl. Mintzberg (1978), S. 935.
[177] Vgl. hierzu Mintzberg (1978), S. 945.

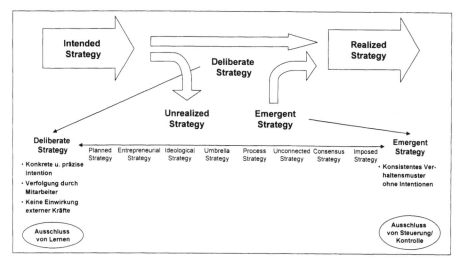

Abb. 3: Strategieformen nach MINTZBERG[178]

Die abgeleiteten, theoretischen Grundformen sind in ihrer reinen Ausprägung in der unternehmerischen Realität jedoch selten zu finden. Für die Existenz einer reinen geplanten Strategie müssen mindestens drei Bedingungen erfüllt sein:[179] Erstens müssten innerhalb der Organisation präzise Absichten existieren, die in einem hohen Detaillierungsgrad artikuliert sind. Zweitens müssten alle im Unternehmen tätigen Mitarbeiter die artikulierten Absichten vollständig verfolgen. Schließlich müssten alle externen Einflüsse ausgeschaltet sein, um die beabsichtigte Strategie tatsächlich vollständig umzusetzen. Darüber hinaus würde eine exakte Umsetzung einer beabsichtigten Strategie jegliche Form von organisationalem Lernen ausschließen.[180] Somit ist die geplante Strategie nur in Ausnahmefällen zu finden. Ebenso selten ist die reine unbeabsichtigte Strategie anzutreffen, da ein vollkommen konsistentes Handeln ohne Intentionen kaum vorstellbar ist. Dies würde jegliche Form von Steuerung und Kontrolle negieren.[181]

Somit sind die geplante und die unbeabsichtigte Strategie als Endpunkte eines Kontinuums anzusehen, entlang dessen die in der Realität zu beobachtenden Strategie-

---

[178] Eigene Darstellung nach Mintzberg (1978), S. 945; Mintzberg/Waters (1985), S. 257 ff.
[179] Vgl. hierzu Mintzberg/Waters (1985), S. 258-259.
[180] Vgl. hierzu Mintzberg (1978), S. 947; Mintzberg/Waters (1985), S. 270; Mintzberg (1987), S. 69.
[181] Vgl. Mintzberg/Waters (1985), S. 258-259; Mintzberg (1987), S. 69.

formen angesiedelt sind.[182] „There is no such thing as a purely deliberate strategy or a purely emergent one."[183] In der Mehrzahl der Fälle stellen die realisierten Strategien demzufolge eine Mischung aus dem rationalen Maßnahmenplan der beabsichtigten Strategie und unbeabsichtigten Elementen dar.

Die vorliegende Arbeit folgt hinsichtlich der Dimension Bewusstseinsbezug von Strategie dem Verständnis nach MINTZBERG/WATERS von Strategie als **„pattern in a stream of decisions or actions"**. Die Entscheidung wird sowohl mit Erkenntnissen der empirischen Strategieforschung als auch mit spezifischen Überlegungen hinsichtlich des Untersuchungsobjektes begründet. Die geplante Strategie als Umsetzung eines rationalen Maßnahmenbündels im Sinne des klassischen Strategieverständnisses erscheint eher als idealtypische Strategieformulierung im didaktischen Zusammenhang zweckmäßig.[184] Es ist gezeigt worden, dass die geplante Strategie in der unternehmerischen Praxis kaum anzutreffen ist, da ihre Existenz die Erfüllung restriktiver Bedingungen voraussetzt. Durch die zunehmende Geschwindigkeit und abnehmende Stetigkeit des Umweltwandels wird es immer schwieriger werden, Strategien im Sinne komplexer Maßnahmenbündel, charakterisiert durch ein hohes Maß an Irreversibilität und Bindungswirkung, zu formulieren.[185] Demgegenüber wird der Sichtweise von Strategie als Grundmuster in einer Abfolge von Entscheidungen und Handlungen neben dem hohen Realitätsbezug eine besondere Eignung für die empirische Strategieforschung beigemessen, da sie eine Erhebung und ein Verständnis faktischer Verhaltensmuster von Unternehmen erlaubt.[186]

Neben der Beurteilung der Adäquanz des MINTZBERG'schen Strategieverständnisses für die empirische Strategieforschung sind die folgenden Überlegungen hinsichtlich des Untersuchungsgegenstandes und der Untersuchungszielsetzung maßgeblich für das gewählte Strategieverständnis. Im Kontext von Strategie in High Velocity Märkten erscheinen insbesondere die dem klassischen Strategieverständnis zugrunde gelegten Bedingungen bezüglich der externen Umfeldvoraussetzungen nicht erfüllt.[187] MINTZBERG/WATERS führen hierzu aus: „The environment, in other words, must have been either perfectly predictable, totally benign, or else under full control of the organization."[188] Darüber hinaus kommt im turbulenten Umfeld von High Velocity Märkten der Lernfähigkeit eine besondere Bedeutung zu.[189] Demnach wird

---

[182] Vgl. hierzu auch Mintzberg/Waters (1985), S. 259 sowie Abb. 3. Eine detaillierte Diskussion der verschiedenen Strategietypen entlang dieses Kontinuums findet sich bei Mintzberg/Waters (1985), S. 259 ff.
[183] Mintzberg (1987), S. 69.
[184] Vgl. hierzu Macharzina (1999), S. 202; Welge/Al-Laham (2001), S. 19.
[185] Vgl. Macharzina (1999), S. 199.
[186] Vgl. hierzu Macharzina (1999), S. 202.
[187] Vgl. hierzu Burmann (2002a), S. 81.
[188] Mintzberg/Waters (1985), S. 258.
[189] Vgl. hierzu Burmann (2002a), S. 82.

ein Verständnis von geplanter Strategie, welches strategisches Lernen ausschließt, für die vorliegende Untersuchung als unzweckmäßig erachtet.[190] Letztendlich verfügen junge Unternehmen selten über klar ausformulierte, schriftlich fixierte und artikulierte Strategien im Sinne des klassischen Strategieverständnisses.[191]

Schließlich sprechen die Zielsetzung und das Forschungsdesign der vorliegenden Untersuchung für eine Ausrichtung an den tatsächlich realisierten Strategien und somit am faktischen Unternehmensverhalten. Die Ausarbeitung strebt unter anderem den empirischen Nachweis der Erfolgswirkung von Strategie in High Velocity Märkten an.[192] Ein Strategieverständnis im Sinne eines rationalen, zukunftsgerichteten Maßnahmenplans stünde der Messung einer Beziehung zum derzeitigen Erfolg entgegen. Die Messung einer Beziehung zwischen Strategie und Erfolg ist nur durch eine ex post Identifikation der Strategie als Entscheidungs- und Handlungsmuster möglich.

- **Präzisierung anhand der Dimension Phasenbezug**

Das in der vorliegenden Ausarbeitung verwendete Strategieverständnis ist ferner hinsichtlich der Dimension Phasenbezug zu präzisieren. Gemäß der Phasenschemata der Entscheidungstheorie ergeben sich zwei Phasen, die im Rahmen des strategischen Managements unterschiedlich behandelt werden: die Phase der **Zielbildung** und die Phase der **Umsetzung**.[193] Entlang der Dimension Phasenbezug ist in Bezug auf die Präzisierung des Begriffsverständnisses von Strategie somit hinsichtlich der Trennung zwischen der Festlegung von Unternehmenszielen und der Strategie zu entscheiden. In der Literatur besteht jedoch im Hinblick auf die Einordnung der Zielbildung in den Strategieprozess keine einheitliche Auffassung.[194]

Beispielsweise bezieht die zuvor angeführte Definition von CHANDLER explizit „the determination of the basic long-term goals and objectives of an enterprise"[195] mit ein. Ähnlich umfasst die Definition von Strategie nach ANDREWS auch die Zielbildung.[196] Demgegenüber trennen HOFER/SCHENDEL Ziele von Strategien.[197] Einige Autoren grenzen Unternehmensstrategie explizit von der Unternehmenszielsetzung ab. So

---

[190] Hierzu konstatieren MINTZBERG/WATERS: „Defining strategy as intended and conceiving it as deliberate, as has traditionally been done, effectively precludes the notion of strategic learning." Mintzberg/Waters (1985), S. 270.
[191] Vgl. Burmann (2002a), S. 82.
[192] Vgl. hierzu Abschnitt 1.1.2.
[193] Vgl. Schewe (1998), S. 22. Siehe hierzu auch die Diskussion von „Means" versus „Means and Ends" bei Venkatraman (1985), S. 21; Venkatraman (1989a), S. 946.
[194] Vgl. Schewe (1998), S. 22.
[195] Chandler (1962), S. 13.
[196] Vgl. Andrews (1987), S. 13. Ebenso auch Learned/Christensen/Andrews et al. (1965), S. 17; Khandwalla (1977), S. 272; McNichols (1977), S. 9; Fahey/Christensen (1986), S. 168.
[197] Vgl. hierzu Hofer/Schendel (1978), S. 20 ff.; Schendel/Hofer (1979), S. 14 ff.

führt KREIKEBAUM aus: „Mit der obigen Definition von Unternehmensstrategien grenzen wir uns ab gegenüber anderen Auffassungen, die den Prozeß der Zielbildung in den Prozeß der Strategieformulierung einbeziehen."[198] In anderen Beiträgen kommt die Trennung von Zielen und Strategie in ihrer Definition zum Ausdruck, nach der Strategie als Mittel zur Erreichung gesetzter Ziele verstanden wird. Beispielsweise verstehen GRANT/KING unter Strategie „a timed sequence of internally consistent and conditional resource allocation decisions that are designed to fulfill an organization's objective."[199]

Die vorliegende Ausarbeitung wählt einen **engen Phasenbezug** für die Konzeptionalisierung des Konstrukts Strategie in High Velocity Märkten. Demnach umfasst die Strategie nicht die Bestimmung der Unternehmensziele. Vielmehr wird Strategie als ein Mittel zur Erreichung gesetzter Ziele verstanden. In der theoretischen Strategieforschung wird eine strikte Trennung der Zielbildungsphase von der Strategiebildungsphase teilweise als nicht sachgerecht erachtet.[200] Gleichwohl sprechen die folgenden Argumente innerhalb der empirischen Strategieforschung gegen den Einschluss der Zielbildungsphase.[201] Zunächst schließt die Einbeziehung der Ziele in das Konstrukt Strategie eine Analyse verschiedener Strategien und ihrer Erfolgswirkung aus. Erst die Trennung von Zielen und Mitteln erlaubt die Untersuchung der Beziehung zwischen verschiedenen Strategien und Zielen in unterschiedlichen Situationen und damit die in der vorliegenden Untersuchung angestrebte Messung des Erfolgsbeitrags von Strategie in High Velocity Märkten. Hierzu führt VENKATRAMAN aus: „Had the domain of the strategy construct included goals, the link between strategy and goals would have been isomorphic, resulting in an inability to examine the linkages between strategies and goals as well as explore notions of equifinality."[202]

Die Präzisierung des Begriffsverständnisses von Strategie für die vorliegende Ausarbeitung ist demnach wie folgt zusammenzufassen: Strategie wird als aus den Zielen abgeleitetes, ex post beobachtbares, realisiertes Entscheidungs- und Handlungsmuster definiert. Hierbei wird ein enger Phasenbezug zugrunde gelegt, so dass

---

[198] Kreikebaum (1993), S. 26.
[199] Grant/King (1982), S. 4; ähnlich Cannon (1968), S. 9; Paine/Naumes (1974), S. 7; Steiss (1985), S. 7; Galbraith/Kazanjian (1986), S. 3.
[200] Zum einen wird bezweifelt, dass der Prozess der Strategieformulierung ein strukturierter Entscheidungsprozess mit abgrenzbaren Entscheidungsphasen ist. Zum anderen wird aufgrund des wechselseitigen Prozesses der Anpassung der Ziele an die Alternativen und vice versa die Trennung von Zielbildungsphase und Strategieformulierungsphase als nicht sinnvoll beurteilt. Siehe hierzu die Argumentation bei Schewe (1998), S. 24 f.
[201] Vgl. hierzu Venkatraman (1985), S. 21; Venkatraman (1989a), S. 946.
[202] Venkatraman (1989a), S. 946. „Equifinality" bezeichnet eine Eigenschaft offener Systeme, die besagt, dass ausgehend von unterschiedlichen Ausgangssituationen der gleiche Endzustand über eine Vielzahl von Wegen erreicht werden kann. Siehe hierzu Katz/Kahn (1978), S. 30; Van de Ven/Drazin (1985), S. 353; Eisenhardt/Martin (2000), S. 1109.

die Zielbestimmung keinen Bestandteil der Strategie darstellt, sondern die Strategie als Mittel zur Erreichung gesetzter Ziele verstanden wird.

2.1.2.2 Begriffsverständnis High Velocity Märkte

Nachdem das Begriffsverständnis der vorliegenden Arbeit für Strategie festgelegt worden ist, wird nun die Auffassung von High Velocity Märkten präzisiert. Zur Beschreibung der in Abschnitt 1.1.1 aufgezeigten Charakteristika der Umfeldbedingungen auf Märkten werden im Schrifttum die Konzepte „**Hypercompetition**"[203] und „**Turbulente Märkte**"[204] bzw. „**High Velocity Environments**"[205] angeführt. Hierbei werden die Begriffe vielfach synonym verwendet.[206] Um zu dem dieser Arbeit zugrunde gelegten Verständnis von High Velocity Märkten zu gelangen, werden die angeführten Konzepte im Folgenden skizziert. Es wird versucht, durch Herausarbeitung der Charakteristika der Ansätze eine höhere Trennschärfe zu erreichen. Basierend darauf wird das Begriffsverständnis von High Velocity Märkten konkretisiert.

- **Hypercompetition**

Mit dem Begriff Hypercompetition bzw. Hyperwettbewerb wird die seit Mitte der neunziger Jahre zu beobachtende Verschärfung der Wettbewerbsbedingungen und das zunehmend aggressive Verhalten der Marktteilnehmer in einer Vielzahl von Branchen bezeichnet.[207] BRUHN definiert Hyperwettbewerb als eine Situation, „in der sich Unternehmen der zunehmenden Konvergenz bislang isolierter Wettbewerbsdimensionen ausgesetzt sehen, die zu einem vielschichtigen, schnell wechselnden und aggressiven Wettbewerb zwischen den Unternehmen führt."[208] Nach D'AVENI ist Hypercompetition durch ein intensives und gleichzeitiges Konkurrieren entlang der Wettbewerbsdimensionen Kosten und Qualität, Timing und Know-how, Errichtung von Markteintrittsbarrieren und Erreichung finanzieller Stärke gekennzeichnet.[209]

---

[203] Vgl. hierzu D'Aveni (1994), S. 214 ff.; D'Aveni (1995), S. 46-48; Ilinitch/D'Aveni/Lewin (1996), S. 211 ff.; Rühli (1996), S. 13 ff.; Thomas (1996), S. 221 ff.; Bruhn (1997), S. 341 ff.; Lengnick-Hall/Wolff (1999), S. 1112-1114; Bogner/Barr (2000), S. 212 ff.

[204] Vgl. Burmann (2000), S. 13-18; Burmann (2001), S. 171-172; Lammerskötter (2002), S. 7 ff.

[205] Vgl. hierzu Bourgeois/Eisenhardt (1988), S. 816; Eisenhardt/Bourgeois (1988), S. 738; Eisenhardt (1989a), S. 544; Eisenhardt/Martin (2000), S. 1111.

[206] Vgl. hierzu beispielsweise Zohar/Morgan (1996), S. 462; Lengnick-Hall/Wolff (1999), S. 1112; Bogner/Barr (2000), S. 212; Burmann (2002a), S. 25. LAMMERSKÖTTER identifiziert die den Hyperwettbewerb konstituierenden Merkmale als Charakteristika des Wettbewerbsumfeldes von turbulenten Märkten. Vgl. Lammerskötter (2002), S. 27-30.

[207] Vgl. D'Aveni (1994), S. 214 ff.; D'Aveni (1995), S. 45 ff.; Hanssen-Bauer/Snow (1996), S. 413 ff.; Bruhn (1997), S. 340; Schreyögg (1999), S. 392. ILINITCH/D'AVENI/LEWIN führen hierzu aus: „[...] a dramatic and far-reaching shift has occurred in the nature of competition in most industries." Ilinitch/D'Aveni/Lewin (1996), S. 211.

[208] Bruhn (1997), S. 341.

[209] Vgl. D'Aveni (1994), S. 4-7. Siehe auch die Diskussion bei Rühli (1996), S. 19 ff. Als treibende Kräfte werden (1) die Globalisierung, (2) die Polarisierung der Nachfragerpräferenzen, (3) die

Innerhalb der Hypercompetition führen die Häufigkeit und die Aggressivität der dynamischen Aktionen der Wettbewerber zu einem kontinuierlichen Ungleichgewicht und ständigen Veränderungen. Darüber hinaus herrschen hohe Unsicherheit, Dynamik, Heterogenität der Wettbewerber und Feindseligkeit vor.[210]

Innerhalb des Konzeptes wird unter anderem die zunehmende kommerzielle Nutzung von Informations- und Kommunikationstechnologien als ursächlich für die Entstehung der Hypercompetition angesehen.[211] Demnach weist der Bezugsrahmen Anknüpfungspunkte zu den durch IuK induzierten Umfeldveränderungen auf. Die Vertreter des Ansatzes beschränken ihre Ausführungen jedoch nicht auf IuK-Märkte, sondern gehen explizit von einem weiteren Anwendungsbereich aus: „Hypercompetition is not limited to high-tech industries [...], but has left its mark on more mundane operations, such as diapers and auto parts."[212]

Der Ansatz bezieht sich demnach auf grundlegende Veränderungen über eine Vielzahl von Branchen hinweg, den sogenannten „hypercompetitive shift"[213], und berücksichtigt die auf Informations- und Kommunikationsmärkten vorherrschenden Bedingungen nicht ausreichend. Darüber hinaus vernachlässigt das Konzept der Hypercompetition einige Aspekte der Umfeldbedingungen auf IuK-Märkten.[214] Während die auf IuK-Märkten existierenden positiven Feedbacks und Increasing Returns prinzipiell mehrere profitable Konstellationen erlauben, konvergiert Hypercompetition als Vorstufe des vollkommenen Wettbewerbs gegen eine Gleichgewichtslösung. „Hypercompetition assumes a less complex environment [...], involving conflicts within and across the four areas of cost and quality, timing and know-how, strongholds, and deep pockets."[215] Folglich erscheint das Konzept der Hypercompetition als theoretischer Bezugsrahmen für die Erfassung der spezifischen Umfeldbedingungen auf IuK-Märkten nicht geeignet und weist daher für die vorliegende Untersuchung keine Relevanz auf.

- **Turbulente Märkte / High Velocity Environments**

Die Darstellung von Umweltbedingungen der Unternehmenstätigkeit sowie die Konzeption von Turbulenz werden vielfach anhand der Dimensionen Komplexität und

---

zunehmende Branchenerosion, (4) die ansteigende Technisierung sowie (5) die Deregulierung der Märkte identifiziert. Siehe hierzu Bruhn (1997), S. 344-347.

[210] Vgl. hierzu D'Aveni (1995), S. 46.
[211] Siehe hierzu Thomas (1996), S. 228; Bruhn (1997), S. 346.
[212] D'Aveni (1994), S. 218; ähnlich D'Aveni (1995), S. 46: „From software to soft drinks, from microchips to corn chips, from packaged goods to package delivery services, there are few industries that have escaped hypercompetition."
[213] Thomas (1996), S. 221. Die erhöhte Hyperkompetitivität von Märkten konnte jedoch bisher empirisch nicht nachgewiesen werden. Siehe hierzu McNamara/Vaaler/Devers (2003), S. 273.
[214] Vgl. hierzu Chakravarthy (1997), S. 75.
[215] Chakravarthy (1997), S. 75.

Dynamik vorgenommen.[216] Turbulente Märkte sind demnach durch die gleichzeitige hohe Ausprägung der beiden Merkmale Komplexität und Dynamik gekennzeichnet.[217] So ist weder eine aus nur wenigen strategisch relevanten Variablen bestehende noch eine sich sehr häufig, jedoch in vorhersehbarer Weise verändernde Unternehmensumwelt, beispielsweise eine zyklische, als turbulent zu bezeichnen.[218]

Marktkomplexität setzt sich sowohl aus der Anzahl der bei einer Entscheidung zu berücksichtigenden Variablen aus der Unternehmensumwelt (Elementekomplexität) als auch aus der Anzahl und Heterogenität der zwischen diesen Variablen bestehenden Beziehungen bzw. Interdependenzen (Relationenkomplexität) zusammen.[219] Zur Bestimmung der **Marktdynamik** sind die Häufigkeit und das Ausmaß von Veränderungen in der Unternehmensumwelt relevant. Zur Erfassung der Dynamik werden Merkmale wie Innovationsraten, Stabilität und Prognostizierbarkeit von Nachfragerpräferenzen und Konkurrenzverhalten, Veränderungen von Produkt- und Fertigungstechnologien sowie Wachstumspotenziale herangezogen.[220]

Das Konzept der **High Velocity Märkte** ist durch ähnliche Charakteristika gekennzeichnet. Zentrales Merkmal ist, wie bereits erwähnt, die rapide und diskontinuierliche Veränderung bezüglich Nachfrage, Wettbewerb, Technologie und/oder Regulierung, welche zur Folge hat, dass Informationen oftmals ungenau, nicht verfügbar oder obsolet sind.[221] Demnach ist die allgemeine Branchenstruktur undurchsichtig: Marktgrenzen sind verschwommen, erfolgreiche Geschäftsmodelle sind noch nicht identifizierbar und die Rollen der Marktteilnehmer wie beispielsweise Nachfrager, Lieferanten, Konkurrenten oder Komplementäre sind unklar und unterliegen stetigem Wandel. Die Veränderungen sind nicht-linear und weniger vorhersehbar als in moderat dynamischen Branchen, so dass es unmöglich ist, a priori mögliche Zukunfts-

---

[216] Vgl. hierzu Emery/Trist (1965), S. 26; Aldrich (1979), S. 69; Dess/Beard (1984), S. 56-57.

[217] Vgl. Hart/Banbury (1994), S. 257; Chakravarthy (1997), S. 69; Burmann (2001), S. 171. Eine umfassendere Konzeptionalisierung von turbulenten Märkten findet sich bei LAMMERSKÖTTER, der basierend auf dem Schrifttum die folgenden für turbulente Märkte konstituierenden Merkmale ableitet: (1) Rapide technologische Entwicklungssprünge, (2) umfassende Globalisierung, (3) zunehmende Bedeutung von Netzeffekten, (4) verschwimmende Branchengrenzen, (5) verschwimmende Unternehmensgrenzen, (6) vielschichtiger (Hyper-)Wettbewerb und (7) geringe Prognostizierbarkeit zukünftiger Wettbewerbskonstellationen. Vgl. Lammerskötter (2002), S. 9-32 und zusammenfassend S. 69. Inwieweit hierdurch eine trennscharfe Abgrenzung turbulenter Branchen erfolgen kann, bleibt fraglich, da beispielsweise auch Branchen, welche stagnieren oder schrumpfen, von der Globalisierung tangiert werden und gerade das Konzept des Hyperwettbewerbs sich explizit auf eine Vielzahl von Branchen bezieht. Daher soll dieser umfassenden Konzeptionalisierung gefolgt werden.

[218] Vgl. hierzu Burmann (2000), S. 13.

[219] Vgl. Reiß (1993), S. 55. Ähnlich führt FRESE aus: „Komplexität, die durch die Zahl der zu berücksichtigenden Variablen und der Beziehungen zwischen ihnen bestimmt ist." Frese (1995), S. 6.

[220] Vgl. Duncan (1972), S. 316; Miller/Friesen (1983), S. 222; Miller (1987), S. 62; Hart/Banbury (1994), S. 259; Homburg/Krohmer/Workman (1999), S. 349; Burmann (2000), S. 16.

[221] Vgl. hierzu Bourgeois/Eisenhardt (1988), S. 816; Eisenhardt/Bourgeois (1988), S. 738; Eisenhardt (1989a), S. 544; Bogner/Barr (2000), S. 212.

szenarien zu spezifizieren. Daher ist die Unsicherheit nicht durch Wahrscheinlichkeiten zu modellieren.[222]

Ähnlich wie die zuvor dargestellte Konzeption von turbulenten Märkten sind auch High Velocity Märkte klar gegenüber zyklischen Branchen abgegrenzt. High Velocity Märkte weisen ebenso wie zyklische Märkte eine hohe Dynamik auf. Während die Dynamik bei zyklischen Umfeldbedingungen jedoch linear und vorhersehbar ist, sind die Veränderungen bei High Velocity Märkten nicht-linear, heftig und diskontinuierlich, wodurch die Konsequenzen nicht vorhersehbar sind.[223] Ebenso unterscheiden sich High Velocity Märkte von Perioden der Umwälzung aufgrund klar definierter und begrenzter Ereignisse. Hierbei stellen beispielsweise eine Veränderung der Technologie, der Regulierung oder der Eintritt neuer Wettbewerber den Auslöser für Turbulenz dar.[224] Nach der Veränderung bewegt sich das Umfeld jedoch wieder auf ein Gleichgewicht zu. In High Velocity Märkten sind die Ereignisse, welche die Turbulenz verursachen, in Bezug auf Größe, Reichweite und Dauer weitaus umfassender. Das Umfeld unterliegt über eine ausgedehnte Zeitperiode gleichzeitig Veränderungen in Technologie und Regulierung sowie Wettbewerbsverhalten.[225]

Die Ausführungen bezüglich der turbulenten Märkte und der High Velocity Märkte demonstrieren die konzeptionelle Nähe der beiden Ansätze und ihre Eignung als theoretischer Bezugsrahmen für die vorliegende Untersuchung.[226] Allerdings ist die Abgrenzung von Branchen in Bezug auf die beschriebenen Konzepte aufgrund der **mangelnden Operationalisierung der Charakteristika** mit Problemen behaftet. Im Schrifttum wird eine Zuordnung von Branchen zu High Velocity Märkten vielfach durch die Beschreibung der Merkmale und die exemplarische Nennung von Branchen aufgrund von Überlegungen hinsichtlich des Alters der Branche, der Rate der technologischen Veränderung, der Wettbewerbssituation und der Wachstumsraten vorgenommen.[227] Eine Operationalisierung der Charakteristika, eine Festlegung von

---

[222] Vgl. hierzu Eisenhardt/Martin (2000), S. 1111.

[223] Vgl. hierzu Bourgeois/Eisenhardt (1988), S. 816; Eisenhardt/Bourgeois (1988), S. 738; Eisenhardt/Martin (2000), S. 1111.

[224] Vgl. Bogner/Barr (2000), S. 220. Beispielsweise verursachen technologische Diskontinuitäten in Form von bahnbrechenden Innovationen, welche einen so signifikanten Vorteil aufweisen, dass keine Größen-, Effizienz- oder Designvorteile die bisherige gegenüber der innovativen Technologie wettbewerbsfähig erscheinen lassen, die beschriebenen Perioden der Umwälzung. Vgl. hierzu Tushman/Anderson (1986), S. 441 ff.; Anderson/Tushman (1990), S. 606 ff.

[225] Siehe hierzu Bogner/Barr (2000), S. 221.

[226] Vgl. hierzu auch die Ausführungen in Abschnitt 1.1.1.

[227] So führen BOURGEOIS/EISENHARDT aus: „The microcomputer industry is one such industry." Bourgeois/Eisenhardt (1988), S. 816. Siehe hierzu auch Eisenhardt/Bourgeois (1988), S. 738; Eisenhardt (1989a), S. 544. BOGNER/BARR konstatieren exemplarisch für Computer-Hardware-Unternehmen die für High Velocity Märkte charakteristischen Umfeldbedingungen: „The emerging technologies, unexpected user patterns, and complex interactions among variables that drive this turbulence produce unforeseeable outcomes. Furthermore, the rapid pace of change, together with interactions throughout software, hardware, and related technologies, is expected to continue

Grenzwerten, ab denen High Velocity Umfeldbedingungen vorliegen, sowie eine Messung der Ausprägungen der Merkmale für die jeweiligen Branchen erfolgen nicht. BURMANN führt diesbezüglich aus: „Zwar liegen in der Literatur erste Operationalisierungsvorschläge zur Erfassung der ‚Turbulenz' von Märkten vor, eine valide und reliable empirische Messung steht jedoch noch aus."[228]

Ferner wird in der Literatur eine Annäherung über das Konzept des Marktlebenszyklus vorgeschlagen.[229] Hierbei wird argumentiert, dass turbulente bzw. High Velocity Umweltbedingungen häufig in jungen Märkten anzutreffen sind, die am Beginn ihres Marktlebenszyklus stehen.[230] In diesen Märkten sind noch keine Spielregeln etabliert bzw. die Märkte verändern ihre Spielregeln in dynamischen Sprüngen.[231] Sie sind durch ein erhebliches Maß an technologischer und strategischer Unsicherheit gekennzeichnet. Es haben sich noch keine dominanten technologischen Standards durchgesetzt, so dass eine Vielzahl heterogener technologischer Problemlösungen angeboten wird.[232] Auch hinsichtlich der Preis-, Distributions- und Kommunikationspolitik sowie des Kooperationsverhaltens experimentieren die Hersteller mit verschiedenen Optionen.[233] Gleichwohl ist auch hierbei die ex ante Bestimmung der Phasen nicht möglich und der prognostische Wert des Konzepts daher begrenzt.[234]

Vor dem Hintergrund der skizzierten Operationalisierungs- und Messprobleme erfolgt die Präzisierung des Begriffsverständnisses von High Velocity Märkten anhand der Beschreibung der zentralen Charakteristika: High Velocity Märkte sind Branchen, in denen die Informations- und Kommunikationstechnologie einen zentralen Bestandteil des Leistungsspektrums darstellt und die sowohl eine hohe Komplexität als auch eine hohe Dynamik aufweisen. Die Komplexität setzt sich aus der Anzahl der zu berücksichtigenden Variablen und deren Interdependenzen zusammen. Die Vielzahl der Umweltvariablen, beispielsweise die Nachfrage, die Wettbewerbssituation und die Technologie, und ihre Beziehungen zueinander unterliegen hierbei einer hohen Dynamik im Sinne einer häufigen, umfassenden, diskontinuierlichen, nicht-linearen sowie nicht vorhersehbaren Veränderung.

---

    into the future." Bogner/Barr (2000), S. 212. LAMMERSKÖTTER demonstriert das Vorliegen der von ihm abgeleiteten Eigenschaften turbulenter Märkte anhand des Branchenbeispiels der Mobilfunkindustrie. Siehe hierzu Lammerskötter (2002), S. 34.

[228] Burmann (2002a), S. 27.
[229] Siehe hierzu Burmann (2000), S. 18; Burmann (2002a), S. 25.
[230] Vgl. Burmann (2002a), S. 25. Vgl. ausführlich zu verschiedenen Lebenszykluskonzepten auch Höft (1992), S. 15 ff. sowie zum Konzept des Marktlebenszyklus Meffert (2000), S. 256 ff.
[231] Vgl. Porter (1998), S. 215; Welge/Al-Laham (2001), S. 6.
[232] Vgl. Porter (1998), S. 216-217; Meffert (2000), S. 256.
[233] Vgl. Burmann (2002a), S. 25.
[234] Vgl. hierzu Burmann (2002a), S. 27.

2.2 Stand der Forschung

Die Analyse des für die Untersuchungsfragestellung relevanten Forschungsstands ist in einen inhaltlichen und einen methodischen Schwerpunkt unterteilt. Zunächst erfolgt eine Bestandsaufnahme von Forschungsbeiträgen, die sich mit dem Themenkomplex Strategie bzw. strategisches Management in High Velocity Märkten auseinandersetzen. Vor dem Hintergrund der im Rahmen der Bestandsaufnahme festgestellten geringen empirischen Ausrichtung der Beiträge in diesem Forschungsfeld widmet sich der zweite Schwerpunkt dem Schrifttum zur empirischen Strategieidentifikation und –messung. Die Analyse schließt mit einer zusammenfassenden Bewertung des Forschungsstands und der Identifikation der Forschungslücke.

2.2.1 Strategie in High Velocity Märkten

Zur Analyse des Forschungsfeldes im Bereich Strategie in High Velocity Märkten erfolgt zunächst eine Bestandsaufnahme der Beiträge. Die untersuchten Beiträge werden in vier Kategorien gruppiert und kurz dargestellt.[235] Anschließend werden die Arbeiten im Hinblick auf ihren Beitrag zur Untersuchungsfragestellung, vornehmlich der Konzeptionalisierung, Operationalisierung und Erfolgswirkung von Strategie in High Velocity Märkten, analysiert und einer zusammenfassenden Bewertung unterzogen.

2.2.1.1 Bestandsaufnahme der Forschungsbeiträge zu Strategie in High Velocity Märkten

Die Forschungsbeiträge im Bereich strategisches Management bzw. Strategie in High Velocity Märkten werden in Bezug auf das Untersuchungsobjekt, die theoretische Fundierung und empirische Überprüfung sowie die zentralen Ergebnisse untersucht. Die Bestandsaufnahme konzentriert sich hierbei gemäß der Abgrenzung des Untersuchungsobjekts auf die Geschäftsbereichsebene.[236] Folglich werden Forschungsbeiträge, die sich mit Strategie in IuK-Märkten auf der Funktionsbereichsebene beschäftigen, nicht berücksichtigt.[237] Tab. 1 zeigt einen Auszug der chronologisch geordneten Bestandsaufnahme. Die vollständige tabellarische Bestandsaufnahme findet sich im Anhang in Tab. 37.

---

[235] Siehe hierzu Tab. 2.
[236] Vgl. zur Abgrenzung des Untersuchungsbereichs Abschnitt 1.2.
[237] Exemplarisch sind hier SHAPIRO/VARIAN, die unter anderem Marketing-Mix-Strategien wie Preis- oder Produktstrategien für die Network Economy entwickeln, oder ZERDICK/PICOT/SCHRAPE ET AL. anzuführen, die sich ebenfalls mit Produkt-, Preis- und Kommunikationsstrategien für die Internet-Ökonomie beschäftigen. Vgl. hierzu Shapiro/Varian (1999), S. 19 ff.; 53 ff. und Zerdick/Picot/ Schrape et al. (2001), S. 187-199. Siehe auch die Diskussion von Preisstrategien für Anbieter von Standardsoftware bei Buxmann (2002), S. 447 ff. bzw. für B2B-Marktplätze bei Wirtz/Olderog/ Mathieu (2002), S. 37 ff.

Autoren/Jahr	Untersuchungs-objekt	Theoretische Fundierung	Empirische Überprüfung	Ergebnis
• Bettis/ Hitt (1995)	• Wettbewerbslandschaft in der New Economy und ihre Auswirkungen auf das strategische Management	• Bezugspunkte zu Capability-based View und Knowledge-based View	• Empirische Überprüfung findet nicht statt	• Zunahme von Risiko und Unsicherheit und Abnahme von Prognostizierbarkeit • Bedeutung von Fähigkeiten und Lernen sowie flexibler Reaktion und Rekonfiguration
• Chakravarthy (1997)	• Prüfung der Anwendbarkeit von Strategie-Konzepten in turbulenten Märkten • Entwicklung eines Strategie-Frameworks für Turbulenz	• Market-based View (Porter Framework) • Resource-based View (Hamel/Prahalad Approach) • Hypercompetition (D'Aveni Framework)	• Verdeutlichung anhand einzelner Unternehmensbeispiele • Empirische Überprüfung findet nicht statt	• Bisherige Strategie-Konzepte nicht anwendbar • Entscheidend: Wiederholter First-Mover, Management von Netzeffekten • Wettbewerbsvorteile durch organisationale Fähigkeiten
• Kotha (1998)	• Veränderung der Branchenstruktur und Wettbewerbsregeln durch das Internet und technologische Innovationen	• Resource-based View	• Fallstudie Amazon com/ Bucheinzelhandel • Empirische Überprüfung findet nicht statt	• Physischer Standort als Wettbewerbsvorteil • Wichtigkeit des Community-Building • Fähigkeiten des Unternehmens, das Medium auszunutzen, als Quelle von Wettbewerbsvorteilen
• Sampler (1998)	• Art der Branchenstruktur für informationsintensive Branchen und ihr Einfluss auf das Wettbewerbsverhalten von Unternehmen	• Industrieökonomik/ Market-based View • Resource-based View • Knowledge-based View • Institutionenökonomie/ Transaktionskostentheorie	• Überlegungen werden an einzelnen Unternehmensbeispielen deutlich gemacht • Aufstellen von Thesen • Empirische Überprüfung findet nicht statt	• Einführung der Konzepte der Information Separability und Information Specifity • Neudefinition der Branchengrenzen, -konzentration, Diversifikation und Innovation

Tab. 1: Bestandsaufnahme der Forschungsbeiträge zu Strategie in High Velocity Märkten (Auszug)

Die betrachteten Forschungsbeiträge stellen vor dem Hintergrund des noch jungen Forschungsfelds ein sehr heterogenes Bild dar. Basierend auf dem zentralen Untersuchungsobjekt wird dennoch versucht, die Beiträge in vier Kategorien zu klassifizieren:

1. Die erste Gruppe von Untersuchungen beschäftigt sich im Wesentlichen mit der Veränderung der Wettbewerbslandschaft durch die zunehmende kommerzielle Nutzung von Informations- und Kommunikationstechnologien, insbesondere in Form des Internet, und den Auswirkungen auf das strategische Management.

2. Die zweite Kategorie widmet sich vornehmlich der Fragestellung, inwieweit traditionelle Strategiekonzepte in den veränderten Umweltbedingungen anwendbar sind.

3. Die dritte Gruppe befasst sich mit der Gestaltung von strategischen Prozessen bzw. Einzelaspekten von Strategie in High Velocity Märkten.

4. In der vierten Kategorie sind Untersuchungen subsumiert, deren Fokus auf einem anderen Aspekt liegt, die aber dennoch gewisse Bezugspunkte zu Strategie in High Velocity Märkten aufweisen.

Tab. 2 zeigt die Zuordnung der analysierten Forschungsbeiträge zu den entsprechenden Gruppen. Im Anschluss werden die Beiträge, geordnet nach den einzelnen Kategorien, im Hinblick auf zentrale Untersuchungsinhalte und -ergebnisse, theoretische Fundierung und empirische Überprüfung dargestellt.

1. Veränderung der Wettbewerbslandschaft / Auswirkungen auf strategisches Management	2. Anwendbarkeit traditioneller Strategiekonzepte	3. Gestaltung strategischer Prozesse / Einzelaspekte von Strategie	4. Fokus auf anderem Aspekt / Bezugspunkte zu Strategie in High Velocity Märkten
• Bettis/Hitt (1995)	• Chakravarthy (1997)	• Eisenhardt/Brown (1999)	• Piller/Schoder (1999)
• Kotha (1998)	• Haertsch (2000)	• Evans/Wurster (1999)	• Böing (2001)
• Sampler (1998)	• Gomez/Küng (2001)	• Yoffie/Cusumano (1999)	• Willcocks/Plant (2001)
• Scott (2000)	• Porter (2001)	• Eisenhardt/Galunic (2000)	
• Amit/Zott (2001)	• Lammerskötter (2002)	• Werbach (2000)	
		• Eisenhardt/Sull (2001)	
		• Rindova/Kotha (2001)	

Tab. 2: Klassifizierung der Forschungsbeiträge zu Strategie in High Velocity Märkten

- **Veränderung der Wettbewerbslandschaft bzw. Auswirkungen auf strategisches Management**

In der ersten Gruppe identifizieren BETTIS/HITT technologische Einflussgrößen, die einen strategischen Wandel hervorrufen. Sie diskutieren (1) die erhöhte Rate von technologischem Wandel und Diffusion, (2) das Informationszeitalter, (3) die gestiegene Wissensintensität und (4) die Entstehung der „positive feedback industry".[238] Ihrer Ansicht nach haben die vier technologischen Trends bedeutsame Implikationen für Wettbewerb und Strategie. So ist die neue Wettbewerbslandschaft geprägt durch (1) erhöhtes Risiko und Unsicherheit sowie abnehmende Vorhersehbarkeit, (2) die Ambiguität von Branchen, (3) eine neue Denkhaltung im Management und (4) eine neue Organisation bzw. Disorganisation.[239] Die Ausführungen nehmen Bezug auf den Capability-based View und den Knowledge-based View. Eine empirische Überprüfung findet nicht statt.[240]

---

[238] Vgl. Bettis/Hitt (1995), S. 8-11.
[239] Vgl. Bettis/Hitt (1995), S. 11-16. Die Autoren spezifizieren hierbei die Objekte, die einem erhöhten Risiko unterliegen, nicht, sondern beschränken sich auf Ausführungen bezüglich der abnehmenden Vorhersehbarkeit aufgrund beschleunigtem technologischem Wandel und zunehmender nicht-linearer Dynamik innerhalb der Branchen. Vgl. Bettis/Hitt (1995), S. 11-12.
[240] Siehe zum Capability-based View und Knowledge-based View die Ausführungen in Abschnitt 2.3.3.2 respektive 2.3.3.3.

KOTHA untersucht die Veränderung der Branchenstruktur und Wettbewerbsregeln durch das Internet sowie technologische Innovationen am Beispiel des Bucheinzelhandels mit einer Fallstudie von Amazon.com.[241] Theoretisch gestützt werden die Ausführungen durch vereinzelte Verweise auf den Resource-based View. Die empirische Überprüfung erschöpft sich in der qualitativen Fallstudie.[242]

SAMPLER beschäftigt sich ebenfalls mit der Struktur informationsintensiver Branchen und ihrem Einfluss auf das Wettbewerbsverhalten von Unternehmen.[243] Im Mittelpunkt seiner Überlegungen steht Information als kritische Ressource im Sinne des Resource-based View. Seiner Analyse zufolge erfahren fundamentale Aspekte der Branchenstruktur, wie beispielsweise Branchengrenzen, Branchenkonzentration, Ausmaß der Diversifikation und Innovationsrate, in informationsintensiven Industrien eine Neudefinition.[244] Neben der Industrieökonomik und dem Resource-based View wird zur theoretischen Fundierung der Ausführungen auf den Knowledge-based View und die Transaktionskostentheorie zurückgegriffen. Die empirische Überprüfung beschränkt sich auf eine Verdeutlichung der Überlegungen anhand von Unternehmensbeispielen.

SCOTT konzentriert sich bei der Diskussion der Veränderung der Wettbewerbslandschaft auf den Aspekt der Dis-Intermediation und illustriert ihre Überlegungen anhand der PC-Branche.[245] Mit Hilfe des auf Transaktionskostenüberlegungen beruhenden „Four Outcomes-Framework"[246] werden die durch das Internet bedrohten Intermediäre identifiziert. Anhand des „Dynamic Capabilities Framework"[247] werden diejenigen Fähigkeiten abgeleitet, die bedrohte Intermediäre aufweisen müssen, um ihre Strategie erfolgreich zu verändern.[248] Eine empirische Überprüfung findet nicht statt, die Überlegungen werden anhand von Unternehmensbeispielen illustriert.

AMIT/ZOTT untersuchen die Wertschöpfung im Electronic Business und die Transformation der Wettbewerbsregeln.[249] Gemäß der Auffassung, „that no single entrepreneurship or strategic management theory can fully explain the value creation

---

[241] Vgl. Kotha (1998), S. 239 ff. Hierbei leitet er aus der Fallstudie vor dem Hintergrund der Charakteristika des Internet spezifische Faktoren zur Erlangung von Wettbewerbsvorteilen ab, insbesondere den physischen Standort, First-Mover-Vorteile, Community-Bildung, die organisationale Fähigkeit, das Medium Internet auszunutzen und die Fähigkeit, kontinuierlich neue Kunden zu akquirieren und zu binden.

[242] Vgl. Kotha (1998), S. 258-260. Siehe zum Resource-based View Abschnitt 2.3.3.1.

[243] Vgl. Sampler (1998), S. 343 ff.

[244] Vgl. Sampler (1998), S. 348-353.

[245] Vgl. Scott (2000), S. 3 ff.

[246] Vgl. hierzu Sarkar/Butler/Steinfield (1995), S. 5.

[247] Vgl. Teece/Pisano/Shuen (1997), S. 515 ff.

[248] Vgl. Scott (2000), S. 12 ff.

[249] Vgl. Amit/Zott (2001), S. 493 ff.

potential of e-business"[250], leiten sie unter Rückgriff auf die Wertkettenanalyse, die Theorie der SCHUMPETER'schen Innovationen, den Resource-based View, die Theorie der strategischen Netzwerke und die Transaktionskostentheorie eine Vielzahl potenzieller Quellen für die Wertschöpfung ab.[251] Zu deren Präzisierung und Priorisierung wird eine exploratorisch-deskriptive Erhebung mit einem induktiven Fallstudienansatz durchgeführt.[252] Als Ergebnis der empirischen Untersuchung werden Neuartigkeit, Lock-in, Komplementaritäten und Effizienz identifiziert.[253]

- **Anwendbarkeit traditioneller Strategiekonzepte**

Die zweite Gruppe der betrachteten Beiträge prüft die Anwendbarkeit traditioneller Strategiekonzepte in den veränderten Umweltbedingungen. CHAKRAVARTHY zufolge sind der Bezugsrahmen von PORTER[254], der Ansatz von HAMEL/PRAHALAD[255] und das „New 7S-Framework"[256] von D'AVENI ungeeignet für turbulente Branchen.[257] Der Autor entwickelt daher einen Bezugsrahmen für Wettbewerbsstrategie in turbulenten Märkten, der auf den drei Hauptelementen Rekonzeptionalisierung von Strategie, Teilung von Verantwortung für Strategie im Unternehmen und Fokussierung auf organisationale Fähigkeiten als Quellen von Wettbewerbsvorteilen beruht.[258] Die Ausführungen werden durch einzelne Unternehmensbeispiele verdeutlicht, eine empirische Überprüfung findet nicht statt.

HAERTSCH behandelt die Fragestellung, inwieweit klassische Strategiekonzepte, insbesondere der Market- und Resource-based View, in der Digital Economy weiterhin

---

[250] Amit/Zott (2001), S. 493.
[251] Vgl. Amit/Zott (2001), S. 496-500.
[252] Vgl. Amit/Zott (2001), S. 500-503. Durchgeführt wurden offene Interviews mit Vertretern von 59 E-Business-Unternehmen. Die Serie von Fällen wurde behandelt wie eine Serie von Experimenten, so dass jeder Fall dazu diente, die theoretischen Einblicke des vorherigen Fall zu testen, zu modifizieren und zu verfeinern. Vgl. zum induktiven Fallstudienansatz als Methode der Theorieentwicklung auch Eisenhardt (1989b), S. 532 ff.
[253] Neuartigkeit bezieht sich auf neue Transaktionsstrukturen, neue Inhalte und neue Teilnehmer; Lock-in wird durch Wechselkosten und positive Netzeffekte erreicht; Komplementaritäten entstehen zwischen Technologien, Aktivitäten sowie On-Line und Off-Line-Assets; Effizienz wird durch geringe Suchkosten, größere Auswahl, symmetrische Information sowie Geschwindigkeit erreicht. Vgl. hierzu Amit/Zott (2001), S. 503-509.
[254] Vgl. Porter (1985), S. 11 ff.; Porter (1998), S. 34 ff. Vgl. auch die Ausführungen in Abschnitt 2.3.1.3.
[255] Vgl. hierzu Hamel/Prahalad (1989), S. 63 ff.; Prahalad/Hamel (1990), S. 79 ff.; Hamel/Prahalad (1993), S. 75 ff.
[256] Vgl. D'Aveni (1994), S. 243 ff.; D'Aveni (1995), S. 46 ff. sowie die Ausführungen in Abschnitt 2.1.2.2.
[257] Vgl. Chakravarthy (1997), S. 75-77.
[258] Vgl. Chakravarthy (1997), S. 77-81. Innerhalb dieser Hauptelemente werden insbesondere wiederholte First-Mover-Effekte, das Management von Netzeffekten, die Verantwortung für Strategie innerhalb des ganzen Unternehmens sowie die Ausweitung, Stärkung und Diversifikation von Fähigkeiten betont.

angewendet werden können.[259] Hierbei unterscheidet er zwischen evolutionären und revolutionären Transformationen.[260] Unterstützt durch eine deskriptive Fallstudie der Charles Schwab Corporation wird abgeleitet, dass der Market-based View, unter Erweiterung der Branchenstrukturanalyse um die sechste Wettbewerbskraft der „Komplementierer", und der Resource-based View bei evolutionären Veränderungen noch eingesetzt werden können.[261] Demgegenüber sind bei revolutionären Veränderungen, wie anhand des Fallbeispiels der Musikbranche abgeleitet wird, der Market-based View nicht mehr und der Resource-based View nur unter der Voraussetzung anwendbar, dass die bestehenden Ressourcen nicht an Wert verlieren.

Ebenso widmen sich GOMEZ/KÜNG der Frage: „[...] how valid are ‚old' economy management tools for managers in the ‚new economy'?"[262] Um einen ersten Beitrag zur Beantwortung der Frage zu leisten, wird das „VIP Modell"[263] auf seine Anwendbarkeit bezüglich New Economy-Unternehmen geprüft.[264] Hierbei kommen die Autoren zu dem Ergebnis, dass die Komponenten des Modells bewahrt werden, jedoch nun in einer anderen Konstellation vorliegen.[265] Unternehmensbeispiele veranschaulichen die einzelnen Bestandteile des Modells, eine empirische Überprüfung findet nicht statt.

Nach Ansicht von PORTER behalten die traditionellen Strategiekonzepte der Industrieökonomik im Kontext des Internet durchaus ihre Berechtigung und Anwendbarkeit.[266] Die Branchenstrukturanalyse mit Hilfe des Five-Forces Modell zeigt, wie das Internet die Struktur und die Attraktivität einer Branche beeinflusst.[267] Basierend auf der Branchenstrukturanalyse wählt ein Unternehmen eine eindeutige strategische Positionierung und richtet alle wertschöpfenden Aktivitäten auf die Erreichung dieser

---

[259] Vgl. Haertsch (2000), S. 4.

[260] Transformation bezieht sich hierbei zum einen auf eine Veränderung der Wertschöpfungskette und zum anderen auf die Unternehmensebene. Bei evolutionären Veränderungen wird die Wertschöpfungskette lediglich lokal modifiziert, der Kern des Geschäftsmodells sowie die wesentlichen Strukturen und Leistungen einer Branche bleiben jedoch erhalten. Demgegenüber bezeichnen revolutionäre Veränderungen eine Beeinflussung der gesamten Wertschöpfungskette und führen so zu einem Zusammenbruch des bisherigen Geschäftsmodells. Vgl. Haertsch (2000), S. 32-35.

[261] Vgl. Haertsch (2000), S. 134 ff.; 146 ff.

[262] Gomez/Küng (2001), S. 97.

[263] Das VIP-Konzept („Von der Vision zur prozessorientierten Organisation") beschreibt einen Kreislauf von Aktivitäten, die durchschritten werden müssen, um ein ganzheitliches Wertmanagement zu ermöglichen. Vgl. Gomez (1998), S. 63.

[264] Vgl. Gomez/Küng (2001), S. 97 f. New Economy-Unternehmen wird hierbei als Unternehmen definiert, „for which the Internet is intrinsic to its business model and basic business processes." Gomez/Küng (2001), S. 98.

[265] Vgl. Gomez/Küng (2001), S. 106-107.

[266] Vgl. Porter (2001), S. 64.

[267] Vgl. Porter (2001), S. 66-68.

aus.[268] Der Beitrag beinhaltet keine empirische Analyse, sondern stützt sich auf illustrierende Unternehmensbeispiele.

Schließlich untersucht auch LAMMERSKÖTTER, „inwieweit bestehende Strategietheorien auch im Kontext turbulenter Märkte noch Relevanz besitzen und als Basis von Handlungsempfehlungen dienen können."[269] Hierzu formuliert der Autor drei Postulate als Anforderungen für Strategietheorien, welche zur Aufrechterhaltung der Anwendungsrelevanz im Kontext turbulenter Märkte erfüllt sein müssen.[270] Anhand der Postulate werden die Anwendbarkeit des Market-based View und des Resource-based View für die Bedingungen turbulenter Märkte geprüft. Ergebnis der Analyse ist eine nur eingeschränkte Einsetzbarkeit des Market-based View, die vorwiegend aus dem statischen Charakter des Konzeptes resultiert, und eine relativ hohe Anwendbarkeit des Resource-based View.[271] Die Überlegungen werden durch ein Branchenbeispiel der Mobilfunkindustrie und ein Unternehmensbeispiel der Firma Nokia illustriert, eine empirische Überprüfung findet nicht statt.[272]

- **Gestaltung strategischer Prozesse / Einzelaspekte von Strategie**

Die dritte Kategorie beschäftigt sich vornehmlich mit der Gestaltung strategischer Prozesse bzw. mit Einzelaspekten von Strategie in High Velocity Märkten. In diesem Themenfeld sind zunächst die Forschungsprojekte unter Betreuung von EISENHARDT anzuführen. Vor dem Hintergrund, dass Unternehmensstrategie sich in volatilen Märkten eher auf strategische Prozesse als auf eine strategische Positionierung konzentrieren sollte, stellen EISENHARDT/BROWN „Patching" als entscheidenden Prozess in turbulenten Umfeldbedingungen dar.[273] Patching bezeichnet den strategischen Prozess zur Schaffung eines sich kontinuierlich verändernden Mix von stark fokussierten, eng verbundenen Geschäftsbereichen, die schnell auf sich verändernde Marktchancen reagieren können.[274]

Als weiteren entscheidenden Prozess in High Velocity Märkten identifizieren EISENHARDT/GALUNIC „Coevolving" als kontinuierliche Veränderung des Netzes von Verbindungen zwischen einzelnen Geschäftsbereichen.[275] Hierdurch sollen eine

---

[268] Vgl. Porter (2001), S. 70 ff.
[269] Lammerskötter (2002), S. 3. Die Betrachtungen beschränken sich auf den Market-based View und den Resource-based View. Vgl. Lammerskötter (2002), S. 3.
[270] Strategietheorien müssen hierbei (1) die langfristige Instabilität des Wettbewerbsumfelds, die kontinuierliche Veränderung und die mangelnde Prognostizierbarkeit sowie (2) die gegenseitigen Beziehungen von Unternehmen in Unternehmensnetzwerken berücksichtigen und (3) eine zeitübergreifende, dynamische Perspektive aufweisen. Vgl. Lammerskötter (2002), S. 70-72.
[271] Siehe hierzu Lammerskötter (2002), S. 154 ff.; 162 ff.
[272] Vgl. Lammerskötter (2002), S. 34 ff.; 178 ff.
[273] Vgl. Eisenhardt/Brown (1999), S. 72 ff.
[274] Vgl. Eisenhardt/Brown (1999), S. 73 f.
[275] Vgl. Eisenhardt/Galunic (2000), S. 91 ff.

höhere Flexibilität, Agilität und Reaktionsfähigkeit sowie die Freisetzung von Synergien in dynamischen Märkten erreicht werden.[276]

Zusammenfassend unterstreichen EISENHARDT/SULL die Bedeutung von strategischen Prozessen und einfachen Regeln für die Strategie in High Velocity Märkten.[277] Ihrer Ansicht nach ist die Umwelt zu dynamisch und zu komplex, um auf sie mit differenzierten Strategien und strategischen Positionierungen zu reagieren. Stattdessen sollen die Manager sich auf strategische Schlüsselprozesse konzentrieren und Regeln entwickeln, die diese Prozesse formen.[278]

Die drei diskutierten Forschungsbeiträge weisen Bezugspunkte zur Chaos-, Komplexitäts- und Evolutionstheorie sowie zum Capability-based View auf.[279] Einzelne Fallbeispiele unterstützen die Überlegungen, eine empirische Überprüfung findet nicht statt.

Ebenso konzentrieren sich YOFFIE/CUSUMANO auf wenige einfache Regeln als Elemente von Strategie für kleine Start-up-Unternehmen, die in turbulenten, technologiegetriebenen Internet-Märkten mit großen, etablierten Unternehmen konkurrieren.[280] Anhand einer detaillierten Fallstudie des strategischen Verhaltens von Netscape und Microsoft entwickeln sie das Konzept der „Judo Economics"[281] zu dem Konzept der „Judo Strategy" weiter. Die zentralen Elemente von Judo Strategy – schnelle Bewegung, Flexibilität und Hebelwirkung – werden hierbei in Wettbewerbsprinzipien überführt.[282] Die Überlegungen weisen keine erkennbare theoretische Fundierung auf, sondern sind induktiv aus den Fallstudien abgeleitet.

RINDOVA/KOTHA untersuchen, „how organizational form, function, and competitive advantage coevolve in the rapidly changing environment of the Internet."[283] Anhand

---

[276] Vgl. Eisenhardt/Galunic (2000), S. 92.
[277] Vgl. Eisenhardt/Sull (2001), S. 106 ff.
[278] Vgl. Eisenhardt/Sull (2001), S. 116.
[279] Vgl. zur Evolutionstheorie und zum Capability-based View die Ausführungen in Abschnitt 2.3.2 respektive Abschnitt 2.3.3.2.
[280] Vgl. Yoffie/Cusumano (1999), S. 72.
[281] Vgl. Gelman/Salop (1983), S. 315. Der aus der Volkswirtschaftslehre stammende Begriff bezeichnet die Strategie eines kleinen Unternehmens, die Größe eines Rivalen zu seinem Vorteil einzusetzen. Das kleine Unternehmen als Außenseiter gleicht seinen Nachfragenachteil teilweise durch Kapazitätsbeschränkung und Niedrigpreissetzung aus. Diese Strategie reduziert glaubwürdig die Bedrohung für das etablierte Unternehmen und macht Vergeltungsmaßnahmen teurer. Demnach verleitet die Strategie ein rational handelndes, etabliertes Unternehmen, den Newcomer im Markt gewähren zu lassen.
[282] Junge Unternehmen sollen schnell Nischen besetzen und eine direkte Konfrontation mit etablierten Unternehmen vermeiden. Darüber hinaus sollen Unternehmen flexibel bleiben und direkten Wettbewerbsattacken der Konkurrenz ausweichen. Als letztes Prinzip betonen die Autoren die Hebelwirkung, die sich aus den strategischen Verpflichtungen der Konkurrenten und aus Kooperationen mit Partnern ergeben. Vgl. Yoffie/Cusumano (1999), S. 73 ff.
[283] Rindova/Kotha (2001), S. 1264.

detaillierter Fallstudien von Yahoo! und Excite identifizieren sie den Prozess „continuous morphing" als ein Mittel, Wettbewerbsvorteile angesichts häufig wechselnder Umfeldbedingungen kontinuierlich zu erneuern: „[...] we propose that firms rely on continuous morphing to regenerate competitive advantage under conditions of rapid change."[284] Der Prozess bezeichnet tiefgreifende Transformationen, die sich sowohl in signifikanten Veränderungen des Leistungsspektrums als auch in der Rekonfiguration der Ressourcen, Fähigkeiten und Strukturen ausdrücken. Continuous Morphing wird von den dynamischen Fähigkeiten und der strategischen Flexibilität positiv beeinflusst und führt zu kontinuierlichen, vorübergehenden Wettbewerbsvorteilen.[285] Die Autoren beziehen ihre Ausführungen auf die Evolutionstheorie und den Capability-based View und leiten ihre Ergebnisse aus dem induktiven Fallstudienansatz ab.[286]

Die beiden weiteren Beiträge in dieser Gruppe beschäftigen sich jeweils mit strategischen Konzepten, die Wettbewerbsvorteile im Kontext des Internet generieren. Nach EVANS/WURSTER werden insbesondere im Bereich der Navigation Wettbewerbsvorteile im Electronic Commerce generiert.[287] Hierbei kann sich die Entstehung von Wettbewerbsvorteilen entlang der drei Dimensionen Reach, Affiliation und Richness vollziehen.[288] WERBACH überträgt das Konzept der Syndication aus der Unterhaltungsindustrie in den Kontext des Internet.[289] Syndication bezeichnet den Verkauf des gleichen Gutes an viele Kunden, die es wiederum in andere Angebote integrieren und weitervertreiben.[290] Hierbei vertritt der Autor die These, dass Wettbewerbsvorteile in der New Economy nicht nachhaltig zu verteidigen sind. Aus diesem Grund stellen Kernfähigkeiten nun keine zu schützenden Geheimnisse mehr dar, sondern Assets, die gekauft und verkauft werden sollen.[291] Beide Arbeiten weisen keine theoretische Fundierung auf. Eine empirische Überprüfung findet nicht statt, die Ausführungen werden lediglich durch Unternehmensbeispiele gestützt.

---

[284] Rindova/Kotha (2001), S. 1273.
[285] Vgl. Rindova/Kotha (2001), S. 1273 ff.
[286] Vgl. Rindova/Kotha (2001), S. 1263.
[287] Navigation bezieht sich hierbei auf das Angebot, den Austausch, die Organisation und die Kontextualisierung von Information. Vgl. Evans/Wurster (1999), S. 86.
[288] Vgl. Evans/Wurster (1999), S. 86. Reach weist auf den Kundenzugang und die Verbindung zu den Kunden hin. Richness bezeichnet die Tiefe und den Detailgehalt der Informationen, die ein Unternehmen dem Kunden anbietet sowie über den Kunden sammelt. Affiliation bezieht sich darauf, welche Interessen das Unternehmen repräsentiert. Siehe hierzu Evans/Wurster (1999), S. 87.
[289] Vgl. Werbach (2000), S. 85 ff.
[290] Vgl. Werbach (2000), S. 86.
[291] Vgl. Werbach (2000), S. 92.

- **Fokus auf anderen Aspekten mit Bezugspunkten zu Strategie in High Velocity Märkten**

In der vierten Gruppe sind Beiträge verschiedener Untersuchungsschwerpunkte zusammengefasst, die gewisse Bezugspunkte zu Strategie in High Velocity Märkten aufweisen. PILLER/SCHODER beschäftigen sich mit der Umsetzung von Mass Customization und Electronic Commerce in deutschen Unternehmen.[292] Basierend auf der These, dass Mass Customization eine simultane hybride Wettbewerbsstrategie darstellt, untersuchen die Autoren den Zusammenhang zwischen Mass Customization und unternehmerischen Wettbewerbsstrategien, konzeptionalisiert anhand der generischen Wettbewerbsstrategien nach PORTER.[293] Zur exploratorisch-deskriptiven Erfassung des Zusammenhangs greifen sie auf Teilbereiche des Datensatzes der „Electronic Commerce Enquête 97/98" zurück.[294] Eine Aufstellung und Prüfung von Hypothesen sowie eine Konstruktoperationalisierung finden jedoch nicht statt, die Daten werden unter Rückgriff auf einen bestehenden Datensatz erhoben, bei dem die Strategien direkt abgefragt wurden.

BÖING untersucht Erfolgsfaktoren im Business-to-Consumer-E-Commerce und berücksichtigt unter anderem wettbewerbsstrategische Grundhaltung und allgemeine Strategiedimensionen als Erfolgsfaktoren.[295] Basierend auf den Ergebnissen einer schriftlichen und Online-Befragung von 135 Unternehmen werden die aufgestellten Hypothesen innerhalb eines konfirmatorisch-explikativen Forschungsdesigns unter Anwendung der Kausalanalyse und der bivariaten Korrelationsanalyse getestet.[296] Hierbei wird eine signifikante Erfolgswirkung der wettbewerbsstrategischen Grundhaltungen Technologie-, Kunden- und Konkurrenzorientierung sowie der allgemeinen Strategiedimension Kooperationsbereitschaft auf den Erfolg nachgewiesen.[297]

WILLCOCKS/PLANT beschäftigen sich mit Strategien von führenden B2C-Unternehmen zur Nutzung des Internet, um Kunden zu akquirieren und den Marktanteil zu steigern.[298] Zu diesem Zweck wurden qualitative Interviews mit Vertretern von 58 B2C-Unternehmen in den USA, Europa und Asien geführt, in denen subjektive Einschätzungen der Befragten erhoben wurden.[299] Als Ergebnis werden insbesondere die Bedeutung von Differenzierung, Flexibilität, Markenführung und die nutzen-

---

[292] Vgl. Piller/Schoder (1999), S. 1111 ff.
[293] Vgl. Piller/Schoder (1999), S. 1116; 1123 ff. Vgl. zu den generischen Wettbewerbsstrategien Porter (1985), S. 11 ff.; Porter (1998), S. 34 ff. sowie die Ausführungen in Abschnitt 2.3.1.3.2.
[294] Die Electronic Commerce Enquête 97/98 ist eine breit angelegte empirische Studie, an der sich 914 Unternehmen in Deutschland beteiligten. Siehe Piller/Schoder (1999), S. 1121 f.
[295] Vgl. Böing (2001), S. 142 ff.
[296] Vgl. Böing (2001), S. 109 ff.
[297] Vgl. Böing (2001), S. 153 bzw. S. 166.
[298] Vgl. Willcocks/Plant (2001), S. 50 f.
[299] Vgl. Willcocks/Plant (2001), S. 51.

stiftende Integration von Information und Technologie mit Marketing und Service hervorgehoben.[300]

2.2.1.2 Wertung der bisherigen Forschungsbeiträge zu Strategie in High Velocity Märkten

Nachdem die Forschungsbeiträge mit Bezugspunkten zu dem Themenkomplex Strategie in High Velocity Märkten im Hinblick auf zentrale Untersuchungsinhalte sowie -ergebnisse, theoretische Fundierung und empirische Überprüfung skizziert worden sind, erfolgt nun eine kritische Würdigung des bisherigen Forschungsstands. Zunächst wird untersucht, inwieweit die Forschungsbeiträge einen Bezug zu den Untersuchungsfragestellungen der vorliegenden Arbeit aufweisen. Hieran schließt sich eine zusammenfassende Darstellung der für die vorliegende Untersuchung zentralen Ergebnisse an.

2.2.1.2.1 Auswertung der Forschungsbeiträge im Hinblick auf die einzelnen Fragestellungen

Zur Ableitung des Erkenntnisbeitrags des Forschungsstands im Hinblick auf die Fragestellungen der vorliegenden Untersuchung wird zum einen analysiert, welche Hinweise auf eine Konzeptionalisierung und Operationalisierung des Konstrukts Strategie in High Velocity Märkten gegeben werden. Zum anderen wird untersucht, inwieweit eine Beziehung zwischen Strategie und Erfolg thematisiert und empirisch geprüft wird. Hierbei wird auch auf den Einbezug situativer Kontextfaktoren eingegangen.

- **Konzeptionalisierung und Operationalisierung von Strategie in High Velocity Märkten**

In der Diskussion von Strategie in High Velocity Märkten werden von vielen Autoren Aspekte der Flexibilität, der Anpassungsfähigkeit und der Agilität betont. So stellen BETTIS/HITT fest: „The watchword in the new competitive landscape is flexibility in strategy and organization."[301] Aufgrund der rapiden Veränderungen in der Technologie und der hohen Geschwindigkeit, mit der neue Produkte eingeführt werden, müssen Unternehmen flexibel bezüglich der Strategien bleiben, mit denen sie auf strategische Aktionen von Wettbewerbern reagieren.[302] Bestandteile dieser von den Autoren als „strategic response capability" konzeptionalisierten Flexibilität stellen die Fähigkeiten dar, (1) Veränderungen in der Umwelt zu erkennen, (2) eine Reaktion bezüglich dieser Veränderungen zu erarbeiten und (3) die Ressourcen zur Ausführung

---

[300] Vgl. Willcocks/Plant (2001), S. 53 ff.
[301] Bettis/Hitt (1995), S. 13.
[302] Vgl. Bettis/Hitt (1995), S. 13.

dieser Reaktion zu rekonfigurieren.[303] In diesem Zusammenhang wird insbesondere die Bedeutung des kontinuierlichen Lernens und Entlernens hervorgehoben.[304]

In gleicher Weise betont CHAKRAVARTHY den Stellenwert der Anpassungsfähigkeit für Unternehmen in High Velocity Märkten und verweist dabei auf ARTHUR.[305] „The essence of surviving in a positive-feedback environment is to be highly adaptive. If the flow is in your direction, go with it; if it isn't, don't resist – retreat."[306] Auch GOMEZ/KÜNG unterstreichen die Bedeutung von Flexibilität im Sinne einer ständigen Rekonfiguration von internen und externen Ressourcen.[307] Bei der Diskussion strategischer Prozesse für High Velocity Märkte wird von EISENHARDT/BROWN bzw. EISENHARDT/SULL ebenfalls die Notwendigkeit von Flexibilität, Agilität, dynamischer Repositionierung und Rekonfiguration von Ressourcen hervorgehoben.[308] Gleichermaßen stellen auch YOFFIE/CUSUMANO Flexibilität als eines der drei zentralen Prinzipien ihres Konzeptes der Judo Strategy für junge Unternehmen in turbulenten Märkten heraus und RINDOVA/KOTHA betonen die Bedeutung der strategischen Flexibilität für den wettbewerbsvorteilsgenerierenden Prozess des Continuous Morphing.[309] WILLCOCKS/PLANT weisen explizit auf Flexibilität als notwendige Voraussetzung für Strategie hin.[310] Schließlich stellt auch LAMMERSKÖTTER heraus, dass nachhaltige Unternehmenserfolge in turbulenten Märkten durch die bestmögliche Anpassung an Veränderungen externer und interner Natur zu erklären sind.[311] Die Ausführungen geben somit einen Hinweis darauf, dass **Flexibilität** und **Anpassungsfähigkeit**, die auf kontinuierlichen Lern- und Entlernprozessen beruhen, eine zentrale Bedeutung für die Konzeptionalisierung des Konstrukts Strategie in High Velocity Märkten zukommt.

Darüber hinaus wird im Zusammenhang mit Strategie in High Velocity Märkten die Relevanz von Kooperationen und Partnerschaften hervorgehoben. Aufgrund der Notwendigkeit, Ressourcen zusammenzulegen, um bessere, neue Technologien zu entwickeln, fordern BETTIS/HITT eine Denkhaltung, die Kooperationen mit Wettbewerbern

---

[303] Vgl. Bettis/Hitt (1995), S. 15-16.
[304] Vgl. Bettis/Hitt (1995), S. 14. Siehe zum Zusammenhang zwischen strategischer Flexibilität und Lernen bzw. Entlernen auch Burmann (2000), S. 47 ff.
[305] Vgl. Chakravarthy (1997), S. 77.
[306] Arthur (1994), S. 90.
[307] Vgl. Gomez/Küng (2001), S. 101; S. 107.
[308] Vgl. hierzu Eisenhardt/Brown (1999), S. 74 ff.; Eisenhardt/Sull (2001), S. 108.
[309] Vgl. Yoffie/Cusumano (1999), S. 75 ff.; Rindova/Kotha (2001), S. 1274 ff.
[310] Vgl. Willcocks/Plant (2001), S. 58.
[311] Vgl. Lammerskötter (2002), S. 177; S. 194. Die Anpassungen beziehen sich hierbei auf die Unternehmenspositionierung, die Unternehmensaktivitäten sowie die Unternehmenskonfiguration und Ressourcenausstattung.

erlaubt.[312] Ebenso verweisen GOMEZ/KÜNG auf die Bedeutung von strategischen Allianzen für den Zugriff auf technologische Kompetenzen und Fähigkeiten.[313]

AMIT/ZOTT identifizieren Komplementaritäten als einen zentralen Treiber der Wertschöpfung im E-Business. Diese ergeben sich unter anderem durch ein Bundling des Kern-Produkts mit horizontal komplementären Produkten von Partner-Unternehmen oder durch die Verknüpfung von Technologien mit kooperierenden Unternehmen.[314] YOFFIE/CUSUMANO betonen die Kooperation mit anderen Unternehmen als probates Mittel, um gegen einen mächtigeren Konkurrenten bestehen zu können.[315] BÖING weist in seiner Untersuchung der Erfolgsfaktoren im Business-to-Consumer-E-Commerce empirisch einen signifikant positiven Einfluss der Kooperationsbereitschaft und der absatzmittlergerichteten Kooperationsstrategie auf den Erfolg nach.[316] Schließlich zeigt auch LAMMERSKÖTTER die Bedeutung von Kooperationen auf.[317] Die bisherigen Forschungsbeiträge im Bereich Strategie in High Velocity Märkten deuten demnach darauf hin, dass **Kooperationen** zwischen Unternehmen bei der Konzeptionalisierung des Strategiekonstrukts für High Velocity Märkte zu berücksichtigen sind.

Überdies wird von einigen Autoren dem Management von Netzeffekten und von Lock-in eine entscheidende Rolle in Bezug auf Strategie in High Velocity Märkten zugesprochen. CHAKRAVARTHY misst dem schnellen Aufbau eines Kundennetzwerks und den daraus resultierenden Netzeffekten eine entscheidende Bedeutung für den Erfolg in turbulenten Märkten bei.[318] Hierbei weist er explizit auf das Management des Netzwerks hin: „A customer network is not an asset that a firm owns but is a fickle system of influence that the firm must nurture continuously through its own offerings and the complementary offerings of its alliance partners."[319] Ebenso erachten YOFFIE/CUSUMANO Kunden-Lock-in und Wechselkosten als entscheidend für den Erfolg in turbulenten Umfeldern.[320] Auch AMIT/ZOTT identifizieren Lock-in als zentralen Treiber der Wertschöpfung im E-Business und beschreiben Möglichkeiten, Wechselkosten sowie direkte und indirekte Netzeffekte zu induzieren.[321] Gleichfalls stellt LAMMERSKÖTTER die Bedeutung von Netzeffekten heraus.[322] Hieraus lässt sich

---

[312] Vgl. Bettis/Hitt (1995), S. 14.
[313] Vgl. Gomez/Küng (2001), S. 101. Siehe auch Kale/Singh/Perlmutter (2000), S. 217; Venkatraman (2000), S. 23.
[314] Vgl. Amit/Zott (2001), S. 505.
[315] Vgl. Yoffie/Cusumano (1999), S. 74.
[316] Vgl. Böing (2001), S. 165; 172 f.
[317] Vgl. Lammerskötter (2002), S. 203; 212.
[318] Vgl. Chakravarthy (1997), S. 78.
[319] Chakravarthy (1997), S. 79.
[320] Vgl. Yoffie/Cusumano (1999), S. 81.
[321] Vgl. Amit/Zott (2001), S. 505 ff.
[322] Vgl. Lammerskötter (2002), S. 203; 212.

folgern, dass die **Realisierung** und das **Management von Netzeffekten** eine Rolle innerhalb der Strategie in High Velocity Märkten spielen.

Ferner wird die Bedeutung von Innovationen und proaktivem Verhalten unterstrichen. Aufgrund der Dynamik der neuen Wettbewerbslandschaft können Unternehmen nicht statisch bleiben. Inkrementelle und radikale Innovationen verlängern die Produktlebenszyklen und verändern die Wettbewerbsdynamik innerhalb eines Marktes, so dass Unternehmen zu einer Entrepreneur-Einstellung gelangen müssen, die Innovationen betont.[323] In gleicher Weise deutet CHAKRAVARTHY auf die Relevanz von wiederholten First-Mover-Effekten und Innovationen hin.[324] Somit sind auch **Proaktivität** und **Innovation** für Strategie in High Velocity Märkten zu berücksichtigen.

Außerdem werden von einer Vielzahl der Autoren im Zusammenhang mit Strategie in High Velocity Märkten organisationale Fähigkeiten und strategische Prozesse angeführt. BETTIS/HITT heben hierbei insbesondere die Entwicklung und Ausübung einer Fähigkeit zum Lernen hervor.[325] CHAKRAVARTHY spricht den organisationalen Fähigkeiten, die vorhandenen Ressourcen und Kompetenzen des Unternehmens zu teilen und im Hinblick auf neue Chancen auszunutzen, zu stärken und zu diversifizieren, eine ausschlaggebende Rolle bei der Erlangung von Wettbewerbsvorteilen zu.[326] Die Forschungsbeiträge um EISENHARDT zeigen die entscheidende Bedeutung von strategischen Prozessen wie „Patching", „Coevolving" oder Strategie nach einfachen Regeln für die High Velocity Märkte auf.[327] Ebenso betonen RINDOVA/KOTHA die Relevanz von dynamischen Fähigkeiten zur Erreichung von Wettbewerbsvorteilen.[328] Auch LAMMERSKÖTTER trägt eine Vielzahl organisatorischer Meta-Fähigkeiten aus dem Schrifttum zusammen, denen in turbulenten Märkten eine große Bedeutung beizumessen ist.[329] Demnach scheinen **organisationale Fähigkeiten** und **strategische Prozesse** eine Bedeutung für die Konzeptionalisierung von Strategie in High Velocity Märkten zu haben.

Schließlich argumentiert PORTER, dass die generischen Strategien der Kostenführerschaft und der Differenzierung im Kontext des Internet nicht an Relevanz verlieren,

---

[323] Vgl. Bettis/Hitt (1995), S. 14. Siehe zu den Auswirkungen inkrementeller Innovationen auf Marktanteil und die Überlebensfähigkeit von Unternehmen Banbury/Mitchell (1995), S. 178 ff.
[324] Vgl. Chakravarthy (1997), S. 78.
[325] Vgl. Bettis/Hitt (1995), S. 15.
[326] Vgl. Chakravarthy (1997), S. 81.
[327] Vgl. Eisenhardt/Brown (1999), S. 73 ff.; Eisenhardt/Galunic (2000), S. 91 ff.; Eisenhardt/Sull (2001), S. 108.
[328] Vgl. hierzu Rindova/Kotha (2001), S. 1273 ff.
[329] Vgl. Lammerskötter (2002), S. 223-226. Hierbei führt er an: die Fähigkeit (1) des unternehmerischen Denkens und Handelns, (2) des organisatorischen Lernens, (3) zur Rekonfiguration des Unternehmens, (4) des Managens von Partnerschaften und Netzwerken, (5) des Beteiligungs-, Merger- und Akquisitionsmanagements, (6) zur Innovation, (7) des Managens der Finanzmärkte und (8) des Personalmanagements.

sondern eher gewinnen.[330] Eine höhere Profitabilität als der durchschnittliche Wettbewerber ist nur durch nachhaltige Wettbewerbsvorteile zu erreichen, indem zu geringeren Kosten produziert wird, ein höherer Preis für eine differenzierte Leistungserstellung gefordert wird oder beide Strategien verfolgt werden. Hierzu muss das Unternehmen eine operationale Effizienz und/oder eine eindeutige strategische Positionierung erreichen. Durch das Internet wird die Aufrechterhaltung und Verteidigung von operationaler Effizienz erschwert, zugleich aber eine Vielzahl von Möglichkeiten zur Erreichung einer strategischen Positionierung eröffnet. Demnach nimmt die Bedeutung der Differenzierungsstrategie gegenüber der Kostenführerschaftsstrategie zu.[331] Die Ausführungen deuten darauf hin, dass **Kostenführerschaft** und **Differenzierung** potenzielle Dimensionen für das Konstrukt Strategie in High Velocity Märkte darstellen.

Die Analyse zeigt, dass der bisherige Forschungsstand zum Themenkomplex Strategie in High Velocity Märkten einige Hinweise für die Konzeptionalisierung des Konstrukts gibt. Tab. 3 fasst die wesentlichen Aspekte zusammen, die bei der Diskussion von Strategie in High Velocity Märkten innerhalb der einzelnen Forschungsbeiträge betont werden.

1. Flexibilität / Anpassungsfähigkeit	2. Kooperationen / Partnerschaften	3. Management von Netzeffekten und Lock-in	4. Innovationen / Proaktivität	5. Organisationale Fähigkeiten / Strategische Prozesse	6. Kostenführerschaft / Differenzierung
• Bettis/Hitt (1995)	• Bettis/Hitt (1995)	• Chakravarthy (1997)	• Bettis/Hitt (1995)	• Bettis/Hitt (1995)	• Porter (2001)
• Chakravarthy (1997)	• Yoffie/Cusumano (1999)	• Yoffie/Cusumano (1999)	• Chakravarthy (1997)	• Chakravarthy (1997)	
• Eisenhardt/Brown (1999)	• Amit/Zott (2001)	• Amit/Zott (2001)		• Eisenhardt/Brown (1999)	
• Yoffie/Cusumano (1999)	• Böing (2001)	• Lammerskötter (2002)		• Eisenhardt/Galunic (2000)	
• Eisenhardt/Sull (2001)	• Gomez/Küng (2001)			• Eisenhardt/Sull (2001)	
• Gomez/Küng (2001)	• Lammerskötter (2002)			• Rindova/Kotha (2001)	
• Rindova/Kotha (2001)				• Lammerskötter (2002)	
• Willcocks/Plant (2001)					
• Lammerskötter (2002)					

Tab. 3: Aspekte von Strategie in High Velocity Märkten

Aus der bisherigen Diskussion von Strategie in High Velocity Märkten lassen sich somit Hinweise für die Konzeptionalisierung des Konstrukts ableiten.[332] Demgegenüber

---

[330] Vgl. Porter (2001), S. 64 ff.
[331] Vgl. Porter (2001), S. 70 ff.
[332] Diese werden bei der Konzeptionalisierung der einzelnen Dimensionen von Strategie in High Velocity Märkten in Abschnitt 3.1.1 aufgegriffen.

wurde die Messung von Strategie in High Velocity Märkten innerhalb der analysierten Forschungsbeiträge noch nicht thematisiert. Hinweise für eine Operationalisierung des Konstrukts stehen vollständig aus. Die Überlegungen sind rein konzeptionell und beinhalten keine Hinweise auf eine empirische Validierung.

- **Erfolgswirkung von Strategie in High Velocity Märkten und der Einfluss situativer Faktoren**

Bezüglich der Erfolgswirkung von Strategie in High Velocity Märkten wird von einigen Autoren lediglich implizit eine positive Beziehung zwischen den diskutierten Aspekten von Strategie und dem Erfolg unterstellt. Diese wird in den meisten Fällen anhand von vereinzelten Unternehmensbeispielen oder Best-Practice-Cases illustriert.[333] Eine Ausnahme stellt BÖING dar, der in seiner Erfolgsfaktorenstudie zum Business-to-Consumer-E-Commerce einen Erfolgseinfluss von Technologie-, Kunden- und Konkurrenzorientierung, Kooperationsbereitschaft sowie Konflikt- und Kooperationsstrategie empirisch nachweist.[334] WILLCOCKS/PLANT teilen die 58 analysierten Unternehmen ihrer Studie, basierend auf subjektiven Beurteilungen, in Führer, Nachzügler und mittelmäßige Unternehmen ein.[335] Anhand der Beschreibung der Maßnahmen von Führern werden induktiv die Charakteristika erfolgreicher E-Business-Unternehmen abgeleitet.

Zusammenfassend ist festzustellen, dass die empirische Begründung und Überprüfung der Erfolgswirkung von Strategie in High Velocity Märkten innerhalb der betrachteten Forschungsbeiträge, abgesehen von vereinzelten Fallbeispielen, noch weitgehend aussteht. Zum einen erfolgen keine Konzeptionalisierung und Operationalisierung eines Konstrukts, das den Erfolg in High Velocity Märkten beschreibt. Zum anderen wird der Zusammenhang weder explizit als empirisch prüfbare Hypothese formuliert, noch werden Aussagen bezüglich der Struktur der Abhängigkeitsbeziehung getroffen. Ferner werden keine situativen Variablen spezifiziert und es erfolgt keine Modellierung moderierender Einflüsse von Kontextvariablen.

2.2.1.2.2 Implikationen der Bestandsaufnahme für die Untersuchung

Die Bewertung der Forschungsbeiträge zum Themenkomplex Strategie in High Velocity Märkten lässt sich in sechs für die vorliegende Untersuchung relevante Ergebnisse gliedern.

---

[333] Vgl. hierzu Chakravarthy (1997), S. 81; Kotha (1998), S. 241 ff.; Eisenhardt/Brown (1999), S. 73; Evans/Wurster (1999), S. 86; Yoffie/Cusumano (1999), S. 72; Eisenhardt/Galunic (2000), S. 95; Werbach (2000), S. 88; Eisenhardt/Sull (2001), S. 108; Porter (2001), S. 73.

[334] Vgl. Böing (2001), S. 151 f.; 165; 172 f. Hierbei operationalisiert BÖING den Erfolg durch die Abfrage eines subjektiven Globalurteils hinsichtlich der Zielerreichung im E-Commerce. Siehe Böing (2001), S. 55.

[335] Vgl. Willcocks/Plant (2001), S. 51.

1. Die Anwendbarkeit traditioneller Strategiekonzepte oder Konzeptionen für Strategie wird in Frage gestellt und es besteht dahingehend Übereinstimmung, dass die veränderten Umfeldbedingungen einen neuen Ansatz oder zumindest eine Modifizierung bisheriger Ansätze erfordern. Von den Autoren wird vornehmlich die These vertreten, dass die Veränderung der Wettbewerbslandschaft in High Velocity Märkten Umgestaltungen im strategischen Management unerlässlich macht.[336] Einige Autoren negieren die Anwendbarkeit klassischer Strategiekonzepte in High Velocity Märkten.[337] Andere Autoren fordern zumindest eine Modifikation der traditionellen Strategiekonzepte.[338] Eine Ausnahme stellt in diesem Zusammenhang lediglich PORTER dar, der die Analyseinstrumente und Strategiekonzepte der Industrieökonomik auch im Kontext des Internet für relevant hält.[339] Zusammenfassend unterstreichen die in der Analyse untersuchten Forschungsbeiträge jedoch die Notwendigkeit, vor dem Hintergrund der veränderten Umfeldbedingungen in High Velocity Märkten eine Konzeptionalisierung und Operationalisierung des Konstrukts Strategie vorzunehmen.

2. Die analysierten Forschungsbeiträge befassen sich oftmals mit Einzelaspekten von Strategie oder einzelnen strategischen Prozessen, die unabhängig voneinander betrachtet werden. Eine holistische Konzeptionalisierung und Operationalisierung fehlen bisher. Zum einen werden strategische Prozesse wie Patching, Coevolving, Continuous Morphing oder Ressourcensteuerung anhand einfacher Regeln betrachtet.[340] Zum anderen werden Konzepte wie Navigation und Syndication diskutiert, die im Kontext des Internet nachhaltige Wettbewerbsvorteile generieren sollen.[341] Aus dem bestehenden Forschungsdefizit lässt sich demnach die Notwendigkeit ableiten, Strategie in High Velocity Märkten als holistisches, mehrdimensionales Konstrukt zu konzeptionalisieren und zu operationalisieren, um verschiedene Aspekte zu integrieren und ihre Relevanz zu prüfen.

3. Die betrachteten Forschungsbeiträge weisen eine Vielzahl von theoretischen Bezugspunkten auf. Hierbei dominiert nur in wenigen Fällen die im strategischen Management während der achtziger Jahre vorherrschende Industrieökonomik.[342]

---

[336] Vgl. hierzu Bettis/Hitt (1995), S. 13 ff.; Sampler (1998), S. 343 ff.; Amit/Zott (2001), S. 493 ff.; Rindova/Kotha (2001), S. 1264.
[337] Vgl. hierzu Chakravarthy (1997), S. 75-77; Haertsch (2000), S. 146 ff.; Eisenhardt/Sull (2001), S. 108.
[338] Vgl. hierzu Haertsch (2000), S. 134 ff.; Gomez/Küng (2001), S. 106-107; Lammerskötter (2002), S. 154 ff.
[339] Vgl. Porter (2001), S. 64.
[340] Vgl. Eisenhardt/Brown (1999), S. 73 ff.; Eisenhardt/Galunic (2000), S. 61 ff.; Eisenhardt/Sull (2001), S. 106 ff.; Rindova/Kotha (2001), S. 1263 ff.
[341] Vgl. Evans/Wurster (1999), S. 86 ff.; Werbach (2000), S. 86 ff.
[342] Vgl. Sampler (1998), S. 348 ff.; Piller/Schoder (1999), S. 1113 ff.; Haertsch (2000), S. 61 ff.; Porter (2001), S. 66 ff.; Lammerskötter (2002), S. 90 ff.

Die Mehrzahl der Forschungsbeiträge bezieht sich auf die Ressourcentheorie bzw. deren Weiterentwicklung in Form des Capability-based View und des Knowledge-based View.[343] Darüber hinaus argumentieren einige Autoren basierend auf institutionenökonomischen Überlegungen, insbesondere der Transaktionskostentheorie.[344] In anderen Beiträgen werden zudem Verbindungen zur Chaos- und Komplexitätstheorie bzw. Evolutions- und Komplexitätstheorie hergestellt.[345] AMIT/ ZOTT betonen explizit, dass keine Entrepreneurship-Theorie oder Theorie des strategischen Managements allein das Wertschöpfungspotenzial im Electronic Business erklären kann.[346] Die Ausführungen deuten somit darauf hin, dass bei der Konzeptionalisierung des Konstrukts Strategie in High Velocity Märkten eine Vielzahl von Theorien und Erklärungsansätzen einzubeziehen ist. Insofern wird die in der vorliegenden Untersuchung beabsichtigte Perspektive des theoretischen Pluralismus für die Ableitung der Dimensionen des Konstrukts unterstützt.

4. Dem Postulat deduktiver, theoriegeleiteter Forschung entsprechende konfirmatorisch-deskriptive bzw. konfirmatorisch-explikative Untersuchungen bezüglich Strategie in High Velocity Märkten stehen bisher aus. Obwohl einige Beiträge Bezugspunkte zu verschiedenen Theorien des strategischen Managements aufweisen, werden aus den Theorien keine empirisch prüfbaren Hypothesen oder Modelle entwickelt.[347] Viele der analysierten Beiträge zeigen keinerlei theoretische Fundierung, vielmehr werden auf der Basis von Fallstudien induktiv Erkenntnisse abgeleitet.[348] Eine empirische Überprüfung der Ausführungen findet explizit bei keinem Forschungsbeitrag statt. Unterstützt werden die Überlegungen in den meisten Fällen lediglich durch qualitative Fallbeispiele.[349] Ausnahmen sind hier die Beiträge von PILLER/SCHODER sowie AMIT/ZOTT, die jedoch ein exploratorisch-deskriptives Design aufweisen.[350]

---

[343] Vgl. Bettis/Hitt (1995), S. 13 ff.; Kotha (1998), S. 258 ff.; Sampler (1998), S. 346 ff.; Eisenhardt/ Brown (1999), S. 72 ff.; Eisenhardt/Galunic (2000), S. 92 ff.; Haertsch (2000), S. 84 ff.; Scott (2000), S. 7 ff.; Amit/Zott (2001), S. 497-498; Eisenhardt/Sull (2001), S. 106 ff.; Rindova/Kotha (2001), S. 1273; Lammerskötter (2002), S. 117 ff.

[344] Vgl. Scott (2000), S. 9 ff.; Sampler (1998), S. 346; Amit/Zott (2001), S. 499.

[345] Vgl. Eisenhardt/Brown (1999), S. 80; Eisenhardt/Galunic (2000), S. 92; Rindova/Kotha (2001), S. 1263.

[346] Vgl. Amit/Zott (2001), S. 493.

[347] Eine Ausnahme stellt hier die Untersuchung von BÖING dar, deren Schwerpunkt allerdings auf der Identifikation von Erfolgsfaktoren liegt. Vgl. Böing (2001), S. 33.

[348] Vgl. hierzu Evans/Wurster (1999), S. 86 ff.; Yoffie/Cusumano (1999), S. 73 ff.; Werbach (2000), S. 85 ff.; Rindova/Kotha (2001), S. 1264 ff.; Willcocks/Plant (2001), S. 51 ff.

[349] Vgl. Chakravarthy (1997), S. 81; Kotha (1998), S. 241 ff.; Sampler, S. 345 ff.; Eisenhardt/Brown (1999), S. 73; Evans/Wurster (1999), S. 86; Yoffie/Cusumano (1999), S. 72; Eisenhardt/Galunic (2000), S. 95; Haertsch (2000), S. 113 ff.; Scott (2000), S. 9 ff.; Werbach (2000), S. 88; Eisenhardt/Sull (2001), S. 108; Gomez/Küng (2001), S. 102; Porter (2001), S. 73; Rindova/Kotha (2001), S. 1264 ff.; Lammerskötter (2002), S. 178 ff.

[350] Vgl. Piller/Schoder (1999), S. 1121 ff.; Amit/Zott (2001), S. 500 ff.

Aus dem festgestellten Forschungsdefizit im Hinblick auf theoriegeleitete, konfirmatorische Untersuchungen zum Themenfeld Strategie in High Velocity Märkten leitet sich demnach die Zielsetzung der vorliegenden Untersuchung ab, eine konfirmatorisch-deskriptive Konzeptionalisierung sowie Operationalisierung des Konstrukts Strategie in High Velocity Märkten zu entwickeln und eine konfirmatorisch-explikative Prüfung der Erfolgswirkung unter Einbezug situativer Faktoren vorzunehmen.

5. Aus den bisherigen Forschungsbeiträgen lassen sich erste Hinweise für eine Konzeptionalisierung des Konstrukts Strategie in High Velocity Märkten gewinnen. Hierbei werden Flexibilität/Anpassungsfähigkeit, Kooperationen/Partnerschaften, das Management von Netzeffekten, Innovationen und Proaktivität, organisationale Fähigkeiten und strategische Prozesse sowie die Dimensionen der Kostenführerschaft und Differenzierung diskutiert.[351] Diese sind im Rahmen der theoriegeleiteten Entwicklung der Dimensionen und der Operationalisierung des Konstrukts im weiteren Verlauf der vorliegenden Arbeit zu berücksichtigen.

6. Implizit wird eine Erfolgswirkung von Strategie in High Velocity Märkten unterstellt, der empirische Nachweis dieser Beziehung erfolgt jedoch nicht. Die Erfolgswirkung wird allein anhand von Fallbeispielen abgeleitet, wobei weder eine Konzeptionalisierung und Operationalisierung des Erfolgs vorgenommen, noch eine empirisch prüfbare Hypothese bezüglich der Struktur der Abhängigkeitsbeziehung aufgestellt wird.[352] Darüber hinaus werden keine situativen Faktoren einbezogen. Hieraus ergibt sich für die vorliegende Untersuchung die Notwendigkeit, Erfolg in High Velocity Märkten zu konzeptionalisieren und zu operationalisieren und die Beziehung zwischen Strategie und Erfolg im Rahmen eines konfirmatorisch-explikativen Forschungsdesigns zu überprüfen. Ferner ist der moderierende Einfluss situativer, interner Kontextfaktoren auf die Beziehung zwischen Strategie und Erfolg empirisch zu testen.

Zusammenfassend ist festzuhalten, dass in dem noch jungen Forschungsfeld eine Lücke in Bezug auf theoriegeleitete, empirische, konfirmatorische Untersuchungen bezüglich der Konzeptionalisierung, Operationalisierung und Erfolgswirkung von Strategie besteht. Die vorliegende Untersuchung strebt an, einen Beitrag zur Schließung dieser Lücke zu leisten.

2.2.2 Strategieidentifikation und -messung in der empirischen Strategieforschung

Im vorherigen Abschnitt wurde ein Defizit an empirischen Forschungsbeiträgen zum Themenfeld Strategie in High Velocity Märkten festgestellt. Der folgende Abschnitt

---

[351] Siehe hierzu Abschnitt 2.2.1.2.1.
[352] Siehe hierzu Abschnitt 2.2.1.2.1.

untersucht den Forschungsstand der empirischen Strategieforschung im Hinblick auf Ansätze zur empirischen Strategieidentifikation und Strategiemessung. Die Zielsetzung der Analyse besteht darin, die Anwendung der verschiedenen Ansätze zur empirischen Strategieidentifikation und Strategiemessung festzustellen, bestehende Forschungsdefizite aufzudecken und eine für die vorliegende Untersuchung angemessene, methodische Vorgehensweise zu finden.

In einem ersten Schritt werden hierzu die Messansätze in der empirischen Strategieforschung systematisiert, indem verschiedene Datenerhebungs- und Operationalisierungansätze vorgestellt und bewertet werden. Die Systematisierung der Messansätze bildet den Ordnungsrahmen für die Bestandsaufnahme.[353] Abschließend werden die Beiträge einer kritischen Würdigung unterzogen.

2.2.2.1 Systematisierung der Messansätze in der empirischen Strategieforschung

In der empirischen Strategieforschung wird zwischen Ansätzen zur Erhebung der Daten und Ansätzen zur Operationalisierung bzw. Messung der Strategie unterschieden. Demnach ist die Vielzahl der Forschungsbeiträge innerhalb der empirischen Strategieforschung nach der Art der Datenerhebung und dem Operationalisierungsansatz zu strukturieren. Hierzu wird der Bestandsaufnahme der Forschungsbeiträge eine Skizzierung und vergleichende Bewertung der relevanten Datenerhebungsansätze und Operationalisierungsansätze vorangestellt.

2.2.2.1.1 Datenerhebungsansätze

In der empirischen Strategieforschung werden verschiedene Datenerhebungsansätze verwendet. Diese werden im folgenden Abschnitt vorgestellt. Im Anschluss werden Beurteilungskriterien für die vorliegende Untersuchung entwickelt, anhand derer eine vergleichende Bewertung der Datenerhebungsansätze erfolgt. Die Zielsetzung besteht darin, einen für die Analyse adäquaten Datenerhebungsansatz zu identifizieren.

2.2.2.1.1.1 Darstellung

SNOW/HAMBRICK unterscheiden vier Datenerhebungsansätze in der empirischen Strategieforschung.[354] Diese werden im Folgenden kurz dargestellt.[355]

---

[353] Der Begriff „Ordnungsrahmen" wird hiebei im Sinne von ERNST verwendet, um hervorzuheben, dass der Ordnungsaspekt im Vordergrund steht, ohne dabei den Anspruch einer theoretischen Fundierung der Zuordnungsvorschriften zu erheben. Siehe hierzu Ernst (2001), S. 15.

[354] Vgl. Snow/Hambrick (1980), S. 532. GINSBERG diskutiert als fünfte Alternative der Datenerhebung die strukturierte Inhaltsanalyse von Fallstudien. Vgl. Ginsberg (1984), S. 552. Da diese jedoch

- **Self-Typing**

In der empirischen Strategie- und Organisationsforschung besteht oftmals das Problem eines Mangels an archivierten und geeigneten Daten zur Untersuchung einer Fragestellung. Vor diesem Hintergrund wird auf die Befragung von Personen in den Untersuchungsobjekten zurückgegriffen.[356] Hierbei wird von „Key Informants"[357] gesprochen.[358] Der Self-Typing-Ansatz stellt ein solches Key Informant-Design dar. Bei seiner Anwendung charakterisieren die Manager des zu untersuchenden Unternehmens, insbesondere die Top-Manager, die Strategie ihres Unternehmens.[359] Die Ermittlung der Strategie erfolgt somit durch Selbsteinschätzung des Unternehmens.[360] Beispielsweise wird ein Manager gebeten, sich verbale Beschreibungen von Strategien durchzulesen und diejenige auszuwählen, die auf sein Unternehmen am besten zutrifft.[361] Eine weitere Möglichkeit besteht darin, dass der Unternehmensvertreter die Zustimmung oder Ablehnung bezüglich bestimmter Aussagen ausdrückt oder ihre Bedeutsamkeit bewertet.[362]

- **Investigator Inference**

Bei dem Ansatz der Investigator Inference schätzt der Forscher selbst auf der Grundlage der ihm verfügbaren Informationen die Strategie eines Unternehmens ein. Dieser Ansatz wird vornehmlich bei der Beschreibung von Fallstudien eingesetzt.[363] Alternativ ordnet der Forscher eigenständig die Unternehmen den vorgegebenen Strategietypen zu.[364]

---

lediglich eine Kombination aus Objective Indicators und Investigator Inference im Hinblick auf die Interpretation und Codierung der Daten darstellt und innerhalb der empirischen Strategieforschung relativ selten zur Anwendung kommt, wird sie im Folgenden nicht weiter berücksichtigt.

[355] Eine tabellarische Gegenüberstellung der Charakteristika sowie der Vor- und Nachteile der Datenerhebungsansätze findet sich in Tab. 35 im Anhang.

[356] Vgl. Schwenk (1985), S. 496; Golden (1992), S. 848; Kumar/Stern/Anderson (1993), S. 1633 f.

[357] Siehe hierzu Seidler (1974), S. 817 f.

[358] Die Key Informants werden nicht durch ein im statistischen Sinne repräsentatives Zufallsverfahren selektiert, sondern aufgrund einer spezifischen Qualifikation, wie beispielsweise ein spezieller Status im Unternehmen, spezialisiertes Wissen sowie leichte Zugänglichkeit für den Forscher und Auskunftsbereitschaft. Vgl. hierzu Phillips (1981), S. 396; Bagozzi/Yi/Phillips (1991), S. 423; Kumar/Stern/Anderson (1993), S. 1634.

[359] Vgl. Snow/Hambrick (1980), S. 533.

[360] Vgl. Brockhoff/Leker (1998), S. 1202.

[361] Siehe hierzu beispielsweise den Vergleich unterschiedlicher Datenerhebungsverfahren für die empirische Überprüfung der Miles & Snow-Typologie bei Conant/Mokwa/Varadarajan (1990), S. 368 f. Vgl. auch James/Hatten (1995), S. 161; Burmann (2001), S. 173.

[362] Vgl. Conant/Mokwa/Varadarajan (1990), S. 368.

[363] Vgl. Snow/Hambrick (1980), S. 532.

[364] Vgl. Burmann (2001), S. 173. Siehe zur typologieorientierten Strategieermittlung beispielsweise Brockhoff/Leker (1998), S. 1202 f.

- **External Assessment**

Der Ansatz des External Assessment beinhaltet die Befragung externer Sachverständiger zur Einschätzung der Strategie eines Unternehmens.[365] Hierbei werden beispielsweise auf bestimmte Branchen spezialisierte Experten hinsichtlich der Beurteilung einer Strategie befragt.

- **Objective Indicators**

Der vierte Datenerhebungsansatz verlässt sich nicht auf die Wahrnehmung von unternehmensinternen oder unternehmensexternen Auskunftspersonen, sondern zieht objektive Daten zur Strategieidentifikation heran.[366] Beispiele hierfür stellen Absatzzahlen, Angaben zum Produktprogramm, zur Anzahl von Joint Ventures und Allianzen sowie Daten des Rechnungswesens und externe Quellen dar.[367]

2.2.2.1.1.2 Vergleichende Bewertung

Zur Bewertung der Eignung der einzelnen Datenerhebungsansätze für die empirische Strategieforschung und für die vorliegende Untersuchung sind insbesondere zwei Kriterien ausschlaggebend. Zum einen ist zu prüfen, inwieweit der Datenerhebungsansatz ein ausreichend großes Sample für eine hypothesentestende Untersuchung mit multivariaten Analysemethoden generieren kann. Zum anderen ist zu bewerten, inwieweit der Datenerhebungsansatz Informationen über die realisierte Strategie eines Unternehmens aufdeckt. Hierbei sind insbesondere die Breite und Tiefe an relevanten Informationen, die durch den Ansatz erhoben werden können, und die Objektivität bzw. die Resistenz gegenüber potenziellen Wahrnehmungs- und Interpretationsverzerrungen der Datenquelle ausschlaggebend.

- **Generierung eines großen Datensamples**

Im Hinblick auf das Kriterium, ein möglichst großes Sample generieren zu können, ist zu konstatieren, dass mit Hilfe des Self-Typing-Ansatzes die potenziell größte Anzahl von Unternehmen untersucht werden kann. Die Samplegröße wird hierbei nur durch die Auskunftsbereitschaft der Manager und die Rücklaufquote begrenzt. Der Ansatz der Investigator Inference ist hingegen beschränkt auf die Anzahl der Unternehmen, mit denen sich der Forscher detailliert beschäftigt, so dass keine ausreichend große Fallzahl zum Testen von Hypothesen erhoben werden kann.[368] Ähnlich ist der Ansatz des External Assessment auf die Anzahl der Unternehmen beschränkt, die der

---

[365] Vgl. Snow/Hambrick (1980), S. 533; Brockhoff/Leker (1998), S. 1202.
[366] Vgl. Snow/Hambrick (1980), S. 536.
[367] Vgl. Brockhoff/Leker (1998), S. 1202; Burmann (2001), S. 173.
[368] Vgl. Snow/Hambrick (1980), S. 533.

Experte beobachtet. Hierbei ist jedoch davon auszugehen, dass diese in der Regel größer ist als die Menge der Unternehmen, mit der sich ein Forscher auseinandersetzt. Bei der Verwendung von Objective Indicators ist insbesondere bei nicht publizitätspflichtigen Unternehmen von einer eingeschränkten Datenzugriffsmöglichkeit auszugehen.[369] So sind Daten oftmals nur für eine Untergruppe von Unternehmen erhältlich, beispielsweise für börsennotierte Unternehmen.

- **Breite und Tiefe an relevanten Informationen**

Bezogen auf das Kriterium der Breite und Tiefe der relevanten Informationen ist anzunehmen, dass durch Self-Typing das höchste Ausmaß an relevanten Informationen erhoben werden kann. Zum einen verfügen Unternehmensangehörige, insbesondere Top-Manager, über sehr detaillierte Informationen bezüglich der Strategie ihres Unternehmens. Somit erlaubt der Self-Typing-Ansatz als direkte Erhebungsmethode, die strategische Absicht des Unternehmens in Erfahrung zu bringen und eine interne, aktuelle Sichtweise der gewählten strategischen Aktionen zu erhalten.[370] Zum anderen beeinflussen die Wahrnehmung und die Einschätzung der Top-Manager die Strategie in hohem Maße.[371] So unterscheidet BOURGEOIS explizit zwischen den Charakteristika der Umwelt und der Wahrnehmung dieser Umwelt.[372] Die Wahrnehmung eines Entscheidungsträgers bezüglich der Umwelt ist gegenüber den objektiven Daten ausschlaggebend.[373] Die persönliche Sichtweise eines Managers fungiert als Prisma, durch welches auf die Umwelt bezogene Daten gelangen und unterschiedlich gewichtet werden, so dass sie für den Manager sinnvolle Muster ergeben.[374] SPANOS/LIOUKAS führen hierzu aus: „[...] it is often argued that managers' perceptions shape behavior and are more critical to strategy making and firm performance than some ‚mentally distinct' objective indicators."[375] Eingeschränkt

---

[369] Vgl. Snow/Hambrick (1980), S. 535; 536.

[370] Vgl. MacCrimmon (1993), S. 122.

[371] Vgl. hierzu Hambrick/Snow (1977), S. 110; Snow/Hambrick (1980), S. 533; James/Hatten (1995), S. 161; Kotha/Vadlamani (1995), S. 77; Spanos/Lioukas (2001), S. 916 f. GRINYER/YASAI-ARDEKANI/AL-BAZZAZ stellen die Möglichkeit, die Wahrnehmung des Managements zu erheben, als entscheidenden Vorteil des Self-Typing-Ansatzes dar. Vgl. Grinyer/Yasai-Ardekani/Al-Bazzaz (1980), S. 217.

[372] Vgl. Bourgeois (1980), S. 34. Siehe hierzu auch Child (1972), S. 4.

[373] Beispielsweise beeinflusst erst die wahrgenommene Umweltunsicherheit die Entscheidungen bezüglich Strategie und Struktur. Vgl. hierzu Jauch/Kraft (1986), S. 784 f.

[374] Vgl Lefebvre/Mason/Lefebvre (1997), S. 857. Schon HAMBRICK/SNOW gehen bei der Transformation von Informationen in die Wahrnehmung des Managers von einer Sequenz aus, welche die Stufen „field of vision – selective perception – interpretation" umfasst. Siehe hierzu Hambrick/Snow (1977), S. 110.

[375] Spanos/Lioukas (2001), S. 916 f. Siehe auch die Ausführungen bei Chattopadhyay/Glick/Miller et al. (1999), S. 763-764 und die dort angegebene Literatur. In diesem Zusammenhang erachten CARTER/STEARNS/REYNOLDS ET AL. den Self-Typing-Ansatz als besonders geeignet für junge Unternehmen: „As architects of the founding strategies these individuals are uniquely qualified to assess strategic intentions. Indeed, firms' strategy undoubtedly embodies founders' wishes

wird die Verfügbarkeit der Informationen jedoch durch eine eventuell mangelnde Bereitschaft, die Strategie des Unternehmens detailliert offen zu legen.[376]

Nach den Managern verfügen Wissenschaftler, die sich detailliert mit einem Unternehmen beschäftigen, über den höchsten Informationsstand bezüglich der Strategie. Gleichwohl stehen ihnen vielfach nicht alle benötigten Informationen zur Verfügung und sie haben nur eingeschränkten Zugang zu strategischen Schlüsselentscheidungen.[377] Vorteilhaft ist wiederum, dass keine Gründe bestehen, die Informationen bezüglich der Strategie nicht mitzuteilen.

Aufgrund der Vielzahl der Unternehmen, die Experten beobachten, ist anzunehmen, dass sie bezüglich jedes einzelnen Unternehmens über eine geringere Breite und Tiefe an relevanten Informationen verfügen. Darüber hinaus sind die ihnen vorliegenden Informationen teilweise unvollständig und möglicherweise überholt und sie sind unter Umständen in noch höherem Maße von strategischen Schlüsselentscheidungen ausgeschlossen als die Forscher.

Objective Indicators bilden Kennzahlen ab, die lediglich als Indikatoren für Strategiekonstrukte herangezogen werden können. Sie werden nicht basierend auf einer Konzeptionalisierung und Operationalisierung eines Strategiekonstrukts erhoben und sind nicht dementsprechend aufbereitet. Ferner ist der Zugriff oftmals nur mit einer gewissen zeitlichen Verzögerung möglich, so dass Strategien erhoben werden, die unter Umständen obsolet sind.[378] Die Informationsbreite und -tiefe ist demnach als äußerst gering zu bewerten.

- **Objektivität / Resistenz gegenüber Wahrnehmungs- und Interpretationsverzerrungen**

Bezüglich der Objektivität bzw. der Resistenz gegenüber potenziellen Wahrnehmungs- und Interpretationsverzerrungen unterliegt insbesondere die Datenerhebung mit Hilfe des Self-Typing der Gefahr einer mangelnden Objektivität aufgrund der subjektiven Bewertung. Die hiermit verbundenen Messprobleme werden in der Literatur als „**Informant Bias**" bezeichnet und resultieren aus (1) unterschiedlichen Motiven, (2) beschränkten Informationsverarbeitungskapazitäten, (3) Wahrnehmungsverzerrungen und (4) divergierenden Informationsständen.[379]

---

and thus relying on owners' perceptions as the source of data is justifiable." Carter/Stearns/Reynolds et al. (1994), S. 27.

[376] Vgl. MacCrimmon (1993), S. 122.
[377] Vgl. Snow/Hambrick (1980), S. 533.
[378] Vgl. Snow/Hambrick (1980), S. 535; 536.
[379] Siehe hierzu im Überblick Ernst (2001), S. 87-89.

Hinsichtlich des ersten Punktes werden im Schrifttum eine **Vielzahl von Motiven** genannt, die zu einem systematisch verzerrten Antwortverhalten der Informanten führen können.[380] Für die empirische Strategieforschung scheint hier besonders relevant, dass viele Manager ihr Unternehmen für einzigartig halten und sich daher Versuchen widersetzen, die Strategie ihres Unternehmens zu klassifizieren. Manager scheinen innerhalb ihres Unternehmens eine so hohe Differenzierung und Komplexität zu sehen, dass ihnen die Klassifizierung der eigenen Strategie schwer fällt.[381] Darüber hinaus entsteht, sofern die Ergebnisse nicht der beabsichtigten Strategie entsprechen, die Tendenz, eine Kongruenz zwischen der Strategie und den Ergebnissen herzustellen, um nicht inkompetent zu wirken.[382] Ebenso besteht das Problem, dass die befragten Unternehmen keine Anreize haben, die von ihnen verfolgte Strategie offen zu legen, sondern vielmehr versuchen könnten, zur Verwirrung des Wettbewerbs die eigene Strategie falsch darzustellen.[383]

Ferner besteht die Gefahr, dass Informanten aufgrund der **beschränkten kognitiven Informationsverarbeitungskapazitäten** bei der Beurteilung komplexer Sachverhalte auf vereinfachende Heuristiken zurückgreifen, welche zu systematisch verzerrten Antworten führen.[384] Da Strategien kompliziert sind und oftmals die Informationsverarbeitungskapazitäten eines Menschen übersteigen, ist dieser Effekt auch für die empirische Strategieforschung nicht auszuschließen.[385]

Die Befragung von Managern bezüglich ihrer Strategie birgt zudem die Gefahr potenzieller **Wahrnehmungsverzerrungen**. Diese resultieren zum einen aus der

---

[380] Diesbezüglich werden das Streben nach Zielerreichung, Sicherheit oder sozialer Akzeptanz bzw. sozialer Erwünschtheit angeführt. Vgl. hierzu Read (1962), S. 13; Cannell/Oksenberg/Converse (1977), S. 307; O'Reilly (1978), S. 177 ff. Ferner halten Informanten Informationen zurück oder stellen sie verzerrt dar, sofern sie negative Konsequenzen für ihre Karriere befürchten. Vgl. Cohen (1958), S. 52; Athanassiades (1973), S. 211 ff. Ebenso besteht die Versuchung, das Antwortverhalten an sozial bzw. organisatorisch erwünschten Praktiken und Normen auszurichten. Vgl. Feldman/March (1981), S. 176. Schließlich ist möglich, dass Informanten Sachverhalte erfinden und anders auslegen, um den Anschein einer hohen Sachkenntnis und eines hohen Einflusses zu erwecken. Vgl. hierzu Huber/Power (1985), S. 172.

[381] Vgl. Snow/Hambrick (1980), S. 533.

[382] Vgl. Salancik/Meindl (1984), S. 252; Golden (1992), S. 849; MacCrimmon (1993), S. 122. Hierzu führt BURMANN aus: „Als problematisch erweist sich jedoch die Tatsache, dass die Musterbildung bzw. Schlüssigkeit strategischen Handelns ein allgemein erwünschtes Kriterium zur Beurteilung der Managementqualität ist. Aus diesem Grunde wird das Management dazu neigen, auch bei sprunghaftem und ‚kopflosem' strategischen Handeln im Nachhinein noch wohlüberlegte Muster im Sinne einer strategischen Logik zu erkennen." Burmann (2002b), S. 68.

[383] Vgl. MacCrimmon (1993), S. 122.

[384] Vgl. zu den verschiedenen Heuristiken Fischer/Wiswede (1997), S. 201-205. Hierbei zeigt sich beispielsweise, dass Informanten in ihren Bewertungen diejenigen Informationen übergewichten, die leicht verfügbar („availibility heuristic"), herausragend („salience") und lebhaft („vividness") sind. Siehe hierzu Tversky/Kahneman (1973), S. 209 ff.; Tversky/Kahneman (1974), S. 1127 ff.; Cannell/Oksenberg/Converse (1977), S. 306 ff.; Nisbett/Ross (1980), S. 17 ff.; Ross/Anderson (1982), S. 138; Taylor (1982), S. 192 f.

[385] Vgl. MacCrimmon (1993), S. 122.

Interpretation von Ereignissen vor dem Hintergrund von Schemata, welche sich in aufgrund persönlicher Erfahrungen des Informanten entwickelten Einstellungen, Theorien und Prädispositionen widerspiegeln.[386] Zum anderen führen der „hindsight bias" und der „attributional bias" ebenfalls zu einer verzerrten Wahrnehmung.[387] Die Kombination der beiden Effekte führt zu einer Tendenz, positive Ergebnisse auf eigene Aktivitäten, negative Ergebnisse auf nicht kontrollierbare bzw. nicht beeinflussbare Faktoren zurückzuführen.[388] Auch bezüglich der Strategie können innerhalb eines Unternehmens unterschiedliche Wahrnehmungen bestehen.[389] MACCRIMMON stellt diesbezüglich fest: „[...] there is a strong potential for misperceiving its own strategy. What they thought they were doing may not what they really are doing. The actions taken may not be the appropriate ones for the intended strategy."[390] In diesem Zusammenhang ist auch das Problem zu nennen, dass Manager bei Erhebungen eher ihre intendierte als die realisierte Strategie angeben.[391]

Eine weitere Fehlerquelle ist darin zu sehen, dass die Informanten zur Beurteilung der relevanten Sachverhalte **nicht die notwendigen Informationen oder Kompetenzen** besitzen.[392] Diese Fehlerquelle ist allerdings in der empirischen Strategieforschung bei der Befragung von Managern als untergeordnet anzusehen, da diese vermutlich den höchsten Kenntnisstand und Einfluss auf die Strategie haben.[393] Zugleich wird im Schrifttum von einer hohen Involvierung sowohl auf Verhaltens- als

---

[386] Vgl. zur Schematheorie im Überblick Fischer/Wiswede (1997), S. 175-179. Neu auftretende Ereignisse werden stets vor dem Hintergrund existierender Erfahrungen in Form von Schemata oder impliziten Theorien beurteilt, wobei diese den Informanten dazu dienen, komplexe Informationen zu selektieren und zu kategorisieren, um die Komplexität der Entscheidungssituation zu verringern. Siehe Norman (1969), S. 137 ff.; Hambrick (1982), S. 169; Brief/Downey (1983), S. 1070 ff.; Bartunek (1984), S. 355; Daft/Weick (1984), S. 286. Informanten ziehen demnach Parallelen zwischen Erfahrungen und aktuellen Ereignissen, woraus Wahrnehmungsunterschiede resultieren. Vgl. Phillips (1981), S. 397; Kiesler/Sproull (1982), S. 564.

[387] Vgl. hierzu Ernst (2001), S. 89. Siehe auch Huber/Power (1985), S. 173; Salancik/Meindl (1984), S. 239 ff.; Kumar/Stern/Anderson (1993), S. 1634. Aufgrund des „hindsight bias" werden bereits eingetretene Ereignisse ex post als unvermeidbar eingestuft, der „attributional bias" führt zu einer Attribution von Ereignissen zu für die Informanten attraktiven, aber möglicherweise falschen Ursachen. Vgl. Fischhoff/Beyth (1975), S. 2; Nisbett/Ross (1980), S. 231 ff.; Fischhoff (1982), S. 341; Ross/Anderson (1982), S. 150.

[388] Siehe hierzu Ernst (2001), S. 89. Hierzu GOLDEN: „Or respondents with good intentions may misrepresent the past as a result of either the ‚hindsight bias' [...] or of subconscious attempts to maintain their self-esteem [...]." Golden (1992), S. 849.

[389] Vgl. Snow/Hambrick (1980), S. 533; Ginsberg (1984), S. 554.

[390] MacCrimmon (1993), S. 122.

[391] Vgl. Snow/Hambrick (1980), S. 533. Siehe zur Abgrenzung von intendierter und realisierter Strategie Mintzberg (1978), S. 945 sowie Abschnitt 2.1.2.1 der vorliegenden Arbeit.

[392] Vgl. hierzu Huber/Power (1985), S. 173. Empirische Studien weisen diesbezüglich eine negative Korrelation zwischen dem Kenntnisstand der Informanten und dem Messfehler nach. Siehe hierzu Cannell/Oksenberg/Converse (1977), S. 309 ff.; Silk/Kalwani (1982), S. 179.

[393] Vgl. Golden (1992), S. 855; Carter/Stearns/Reynolds et al. (1994), S. 27; Chattopadhyay/Glick/Miller et al. (1999), S. 763-764; Spanos/Lioukas (2001), S. 916 f.

auch auf kognitiver Ebene des CEOs hinsichtlich der Strategie und einer hohen Salienz strategischer Fragestellungen ausgegangen.[394]

Bei der Datenerhebung durch Investigator Inference ist von einer hohen Objektivität auszugehen. Die Kombination der aus einer unternehmensexternen Perspektive beobachteten Informationen mit einem theoretischen Bezugsrahmen und der Fähigkeit, das Unternehmen objektiver einzuschätzen als ein Manager, erlaubt eine relativ akkurate Identifikation der Strategie.[395] Darüber hinaus gibt die Datenerhebung durch Beobachtung eher Aufschluss bezüglich der realisierten als der intendierten Strategie.[396] Gleichwohl unterliegt auch der Forscher der Gefahr von Wahrnehmungsverzerrungen, die sich beispielsweise aus der Interpretation des strategischen Verhaltens des Unternehmens gemäß einer impliziten Theorie ergeben.[397]

Ebenso ist bei der Datenerhebung durch Experten von einer hohen Objektivität auszugehen. Durch External Assessment kann somit eine objektivere Einschätzung sowie eine externe Bestätigung bzw. Korrektur der Einschätzungen des Managers oder des Forschers erlangt werden.[398] Zudem eignen sich Experteneinschätzungen zur Erhebung der realisierten Strategie.[399] Wahrnehmungsverzerrungen entstehen lediglich bei der Beobachtung von strategischen Aktionen und deren Interpretation.

Die höchste Objektivität weisen Kennzahlen im Sinne von Objective Indicators auf, da sie die objektiven Aspekte der realisierten Strategie messen.[400] Potenzielle Verzerrungen entstehen nur durch divergierende Interpretationen der Daten. Bei der Verwendung von Objective Indicators können daher qualifizierte Beobachter bei ähnlichen Stichproben die gleichen wissenschaftlich rigorosen Messverfahren anwenden.[401]

Tab. 4 fasst die vergleichende Bewertung der Datenerhebungsansätze anhand der zuvor definierten Bewertungskriterien zusammen.

---

[394] Vgl. Golden (1992), S. 849.
[395] Vgl. Snow/Hambrick (1980), S. 532.
[396] Vgl. MacCrimmon (1993), S. 122.
[397] Vgl. hierzu Snow/Hambrick (1980), S. 533; MacCrimmon (1993), S. 122.
[398] Vgl. Snow/Hambrick (1980), S. 533.
[399] Vgl. Snow/Hambrick (1980), S. 535.
[400] Vgl. Snow/Hambrick (1980), S. 535; 536.
[401] Vgl. Dess/Beard (1984), S. 53.

Bewertungs-kriterien \ Datenerhebungs-ansatz	Self-Typing	Investigator Inference	External Assessment	Objective Indicators
Generierung eines großen Datensamples	• Potenziell größtes Datensample • Begrenzung durch Auskunftsbereitschaft und Rücklaufquote	• Kleinstes Datensample • Eingeschränkt auf die Anzahl der Unternehmen, mit denen sich der Forscher detailliert beschäftigt	• Mittleres Datensample • Eingeschränkt auf die Anzahl der Unternehmen, die der Experte beobachtet	• Mittleres Datensample • Oftmals Beschränkung auf publizitätspflichtige Unternehmen
Breite und Tiefe an relevanten Informationen	• Höchstes Ausmaß an relevanten Informationen erhebbar • Manager verfügen über sehr detaillierte Informationen und beeinflussen Strategie in hohem Maße • Eventuell mangelnde Bereitschaft, Strategie offen zu legen	• Hoher Informationsstand bezüglich der Strategie aufgrund detaillierter Beschäftigung mit Unternehmen • Gleichwohl oftmals nur eingeschränkter Zugriff auf strategische Schlüsselentscheidungen • Keine Anreize, Informationen nicht mitzuteilen	• Mittlerer Informationsstand aufgrund der Vielzahl von beobachteten Unternehmen • Mangelnde Aktualität und Vollständigkeit der verfügbaren Informationen • Stark eingeschränkter Zugriff auf strategische Schlüsselentscheidungen	• Geringe Breite und Tiefe an relevanten Informationen • Nicht originär für die Konzeptionalisierung und Operationalisierung eines Strategiekonstrukts erhoben oder aufbereitet • Unter Umständen ist erst ein zeitlich verzögerter Zugriff auf die Daten möglich
Objektivität/ Resistenz gegenüber Wahrnehmungs- und Interpretationsverzerrungen der Datenquelle	• Gefahr der mangelnden Objektivität durch Informant Bias • Tendenz, eine konsistente und kongruente Strategie darzustellen • Tendenz, eher die strategische Absicht als die tatsächliche Strategie zu berichten	• Hohe Objektivität • Potenzielle Interpretationsverzerrungen gemäß einer impliziten Theorie	• Hohe Objektivität • Potenzielle Verzerrungen durch Beobachtung und Interpretation	• Höchste Objektivität • Potenzielle Verzerrungen durch divergierende Interpretationen der Daten

Tab. 4: Vergleichende Bewertung der Datenerhebungsansätze

Aufgrund der Ergebnisse der vergleichenden Bewertung der Datenerhebungsansätze kommt in der vorliegenden Untersuchung der **Self-Typing-Ansatz** zum Einsatz. Ausschlaggebend für diese Entscheidung ist, dass er der einzige Ansatz ist, durch den zielgerichtet die für die Operationalisierung von Strategie in High Velocity Märkten benötigten Daten in einem umfassenden Ausmaß erhoben werden können. Zugleich erlaubt er die Generierung der potenziell größten Stichprobe. Die Gefahr eines Informant Bias wird dadurch verringert, dass mit der Ansprache der Geschäftsleitung diejenigen Ansprechpartner im Unternehmen befragt werden, welche zum einen die detailliertesten und aktuellsten Informationen über strategische Initiativen und die strategische Ausrichtung haben, zum anderen die Strategie des Unternehmens maßgeblich prägen. Ferner steht der empirische Nachweis einer Informationsverzerrung für die empirische Strategieforschung bislang aus.[402]

2.2.2.1.2 Operationalisierungsansätze

Nachdem im vorherigen Abschnitt die Datenerhebungsansätze in der empirischen Strategieforschung vorgestellt und bewertet wurden, widmet sich der folgende Abschnitt den Operationalisierungsansätzen für Strategie. Diese werden zunächst

---

[402] Siehe hierzu beispielsweise die Ergebnisse hinsichtlich der Operationalisierung des Strategischen Erfolgs bei Dess/Beard (1984), S. 271; Venkatraman/Ramanujam (1987), S. 117.

skizziert. Im Anschluss werden für die vorliegende Untersuchung relevante Beurteilungskriterien formuliert, anhand derer eine vergleichende Bewertung der Operationalisierungsansätze erfolgt. Die Beschreibung und Bewertung der verschiedenen Ansätze verfolgt zwei wesentliche Ziele: Zum einen wird mit der Beschreibung der Operationalisierungsansätze das zentrale Kriterium für die Systematisierung des Forschungsstands in der empirischen Strategiemessung eingeführt. Zum anderen bereitet die Bewertung der einzelnen Ansätze die Auswahl des Operationalisierungsansatzes der vorliegenden Arbeit vor.

2.2.2.1.2.1 Darstellung

Zur Systematisierung der unterschiedlichen Messansätze für Strategie existieren verschiedene Vorschläge.[403] THOMAS/VENKATRAMAN führen diesbezüglich aus: „We recognize that the general issue of operationalizing and measuring strategy continues to be a topic of considerable concern and discussion [...] and there is an absence of a generally-accepted scheme to classify alternate approaches for operationalizing strategy."[404]

Vor diesem Hintergrund wird in der vorliegenden Arbeit der Systematik von VENKATRAMAN gefolgt, wobei versucht wird, die Erkenntnisse der alternativen Klassifizierungsschemata zu integrieren. Unterschieden wird hierbei zwischen dem Narrative Approach (Fallstudienansatz), den konzeptionellen und empirischen Klassifizierungen und dem Comparative Approach.[405] Die Auswahl dieser Systematik erfolgt nicht zuletzt aufgrund ihrer Anlehnung an die allgemeinen Prinzipien der Konzept- und Begriffsbildung innerhalb der Wissenschaft.[406] Die vier Ansätze werden im Folgenden kurz vorgestellt.[407]

---

[403] Vgl. Hambrick (1980), S. 569 ff.; Ginsberg (1984), S. 548 ff.; Venkatraman/Grant (1986), S. 73 ff.; Thomas/Venkatraman (1988), S. 539 f.; Venkatraman (1989a), S. 943 f.; Brockhoff/Leker (1998), S. 1202 f. Hierbei stellt die Unterscheidung nach BROCKHOFF/LEKER auf die Vorgehensweise zur Ermittlung der Strategieelemente zur Messung ab, wohingegen die übrigen Systematisierungen sich mit den Messansätzen beschäftigen.

[404] Thomas/Venkatraman (1988), S. 539; ähnlich Ginsberg (1984), S. 548.

[405] Vgl. Venkatraman (1989a), S. 943 f. Darüber hinaus diskutiert HAMBRICK die Operationalisierung des Strategiekonstrukts über einzelne Variablen („Measurement of Parts of Strategy") bzw. über eine Regression verschiedener Variablen („Multivariate Measurement of Strategy"). Diese beiden Ansätze berücksichtigen seiner Ansicht nach jedoch nicht den umfassenden bzw. integrativen Charakter von Strategie im Sinne einer internen Logik. Vgl. Hambrick (1980), S. 570-571. Siehe hierzu auch die Erörterung der „Quantitative Concepts" bei Ginsberg (1984), S 551 und die Ausführungen bei Habel (1992), S. 143. Demnach wird auf die Darstellung der beiden Ansätze im Folgenden verzichtet.

[406] Siehe hierzu die Abgrenzung und Diskussion der Classificatory Concepts, Comparative Concepts und Quantitative Concepts bei Carnap (1950), S. 8-11; Hempel (1952), S. 50 ff.; Ginsberg (1984), S. 550-552; Chmielewicz (1994), S. 66 ff.; Carnap (1995), S. 51 ff.

[407] Eine tabellarische Gegenüberstellung der Charakteristika sowie der Vor- und Nachteile der Datenerhebungsansätze findet sich in Tab. 36 im Anhang.

- **Narrative Approach (Fallstudienansatz)**

Der Narrative Approach spiegelt die fallstudienbasierte Tradition innerhalb der Forschungsrichtung „Business Policy" wider und beruht auf einer Sichtweise, die sich auf die Einzigartigkeit von Strategie konzentriert, sowie auf der Annahme, die komplexe Charakterisierung von Strategie solle nur in ihrer holistischen und kontextuellen Form erfolgen.[408] Wie ein Unternehmen ein Bündel von einzigartigen Kompetenzen, Unternehmensressourcen und Werten einsetzt, wird innerhalb dieser Forschungstradition als außerhalb der Grenzen einer allgemeinen Theorie angesehen.[409]

Konsistent mit dieser Sichtweise wird der Fallstudienansatz, der die Singularität von Strategie erfasst, als ein angemessenes Mittel zur Operationalisierung erachtet.[410] Da die Besonderheit des Strategiekonzepts in ihrer Einzigartigkeit in Bezug auf die besondere Situation liegt, soll Strategie am besten verbal beschrieben werden und jeder Versuch einer Messung wird als unvollständig eingeschätzt.[411] Angeführt wird, dass Strategie zu umfassend, multidimensional und situationsspezifisch sei, um sinnvoll gemessen zu werden, und Versuche einer Messung oftmals die Integration und die interne Logik von Strategie aus den Augen verlieren.[412]

- **Konzeptionelle Klassifizierungen: Typologien**

Die Typologiebildung bezeichnet ein Verfahren, welches geeignet ist, die Vielzahl von Erscheinungen in einem Wissensgebiet zu ordnen und überschaubar zu machen. Konstitutiv für eine Typologie und in Abgrenzung zu einer Klassifikation ist die Tatsache, dass mehrere (mindestens also zwei) Merkmale gleichzeitig zur Kennzeichnung der Untersuchungsobjekte herangezogen werden und dass durch sinnvolle Auswahl und Kombination dieser Merkmale ein charakteristischer Gesamteindruck der untersuchten Tatbestände vermittelt wird.[413] Typologien werden auf der Basis **theoriegeleiteter** Überlegungen **deduktiv a priori** gebildet und die Einordnung der Untersuchungseinheiten in das vorgegebene Schema erfolgt nachrangig.[414] RICH definiert eine Typologie als „the classification of data into types based on a

---

[408] Vgl. Hambrick (1980), S. 569; Ginsberg (1984), S. 550; Venkatraman (1989a), S. 943.
[409] Vgl. hierzu Mintzberg (1977), S. 93; Rumelt (1979), S. 196 ff.; Ginsberg (1984), S. 550; Andrews (1987), S. 49 f.
[410] Vgl. hierzu Ginsberg (1984), S. 550; Hoskisson/Hitt/Wan et al. (1999), S. 423.
[411] Vgl. Venkatraman (1989a), S. 943. HAMBRICK stellt hierzu fest: „Some researchers have viewed strategy as a situational art that can best be studied through in-depth case studies. Strategy, in turn, is characterized textually, and no attempt is made to measure strategic behavior." Hambrick (1980), S. 569.
[412] Vgl. Hambrick (1980), S. 570.
[413] Vgl. Knoblich (1972), S. 142.
[414] Vgl. Jenner (1999), S. 34. Siehe auch Bailey (1982), S. 382; Miller/Friesen (1984), S. 31; Venkatraman (1989a), S. 943; Rich (1992), S. 760; Bunn (1993), S. 39.

theoretically derived, and more or less intuitively categorized, qualities of observed phenomena."[415]

Obwohl Typologien auf systematischen, empirischen Beobachtungen beruhen können, sind sie nicht quantitativ basiert: „Typologies represent a theorist's attempt to make sense out of non-quantified observation."[416] Der allgemein verfolgte Ansatz bei der Entwicklung von Typologien für Unternehmen besteht in der Auswahl von einigen wenigen Merkmalen, auf denen die Zuordnung basiert.[417] Da die Berücksichtigung aller Merkmale weder möglich noch erstrebenswert ist, besteht die Hauptaufgabe im Rahmen der Entwicklung von Typologien in der Auswahl der geeigneten Merkmale.[418]

Im Kontext der empirischen Strategieidentifikation sprechen BROCKHOFF/LEKER von einer „typologiegetriebenen Ermittlung"[419] der Strategieelemente in Anlehnung an eine vorherrschende Strategietypologie.[420] Die Einschätzung der Unternehmensstrategie erfolgt auf der Grundlage von mehr oder weniger eindeutig beschriebenen Strategietypen, die einem typologischen System entnommen werden.[421] Hierbei wird oftmals der „Self-Typing Paragraph Approach" eingesetzt, bei dem jeder Befragte verschiedene Absätze mit einer deskriptiven Beschreibung einer Strategie liest und denjenigen identifiziert, der sein Unternehmen am besten beschreibt.[422] Die zugrunde liegende Annahme, Manager könnten die Ähnlichkeit einer gewählten Strategie mit einer vorgegebenen Typologie beurteilen, ist jedoch durchaus umstritten.[423] Daher werden die beschriebenen Strategien oftmals durch eine Einschätzung

---

[415] Rich (1992), S. 761. DOTY/GLICK vertreten eine restriktivere Auffassung als die allgemeine Verwendung des Begriffs suggeriert und grenzen Typologie klar von Klassifizierung ab: „The [...] term, typology, refers to conceptually derived interrelated sets of ideal types. Unlike classification systems, typologies do not provide decision rules for classifying organizations. Instead, typologies identify multiple ideal types, each of which represents a unique combination of the organizational attributes that are believed to determine the relevant outcome(s)." Doty/Glick (1994), S. 232. Exemplarisch führen die Autoren die Typologie der fünf Arten von Organisationsstrukturen nach Mintzberg (1979), S. 301 ff.; Mintzberg (1983), S. 153 ff. an, die zu einer maximalen organisationalen Effektivität führen sollen, sowie die drei idealtypischen Strategien nach Porter (1985), S. 11 ff.; Porter (1998), S. 34 ff., die zu einer Maximierung der Wettbewerbsvorteile führen sollen.

[416] Hambrick (1984), S. 28.

[417] Vgl. McKelvey (1982), S. 40.

[418] Vgl. Knoblich (1972), S. 143.

[419] Brockhoff/Leker (1998), S. 1202.

[420] Beispiele für solche Strategietypologien stellen die Typologien von Freeman (1974), S. 255 ff.; Rumelt (1974), S. 29 ff.; Hofer/Schendel (1978), S. 162 ff.; Miles/Snow (1978), S. 28 ff.; Wissema/Van der Pol/Messer (1980), S. 40 ff.; Porter (1985), S. 11 ff.; Porter (1998), S. 34 ff. dar.

[421] Vgl. Brockhoff/Leker (1998), S. 1203.

[422] Vgl. hierzu Conant/Mokwa/Varadarajan (1990), S. 368; James/Hatten (1995), S. 161.

[423] SNOW/HAMBRICK bemerken hierzu: „Managers, however, typically do not think of their organizations as being Defenders, Prospectors, Analyzers, or Reactors. Instead, they may think of their organizations' strategies as resulting from concerns about being biggest, best, first, lowest priced, highest quality and so forth." Vgl. Snow/Hambrick (1980), S. 530.

der Ausprägungen zusätzlicher typspezifischer, strategischer Eigenschaften in Form von geschlossenen Fragen ergänzt und eine Verdichtung über Multi-Item-Skalen zur Reduktion auf die zugrunde liegenden Idealtypen vorgenommen.[424]

- **Empirische Klassifizierungen: Taxonomien**

In Abgrenzung zu Typologien werden Taxonomien auf **empirischem** Wege **induktiv a posteriori** gebildet, beispielsweise mit Hilfe einer Faktoren- und/oder einer Clusteranalyse.[425] Die Identifizierung und Benennung der Gruppen erfolgt nach der quantitativen Datenanalyse und der entsprechenden Zuordnung von Unternehmen zu den Gruppen.[426] RICH definiert Taxonomien als „numerically defined, hierarchical organizational classification schemes that are empirical in nature."[427] Theoretische Vorüberlegungen spielen insofern eine Rolle, als dass sie die Auswahl der untersuchten Variablen beeinflussen.[428] Die Entwicklung von Taxonomien ist demzufolge abhängig von der Wahl der zugrunde gelegten Dimensionen und der analytischen Methode zur Gewinnung der Taxonomie.[429]

Die Vorgehensweise bei der Bildung von Taxonomien entspricht der von BROCKHOFF/ LEKER dargestellten „konzeptgetriebenen" bzw. „datengetriebenen" Ermittlung. Bei erstgenannter werden die Strategieelemente auf der Grundlage konzeptioneller Vorüberlegungen ermittelt, während bei letztgenannter die Ermittlung der Strategieelemente unter Nutzung einer gegebenen Datenbasis erfolgt.[430] Hierbei wird zwischen der kompositorischen und der dekompositorischen Identifikation von Strategien unterschieden.[431]

Die **kompositorische** Messung beinhaltet die explizite Vorgabe von Strategieelementen durch den Forscher.[432] Im Anschluss werden die erhobenen Strategie-

---

[424] Vgl. Brockhoff/Leker (1998), S. 1203. Eine anschauliche Dokumentation dieser Vorgehensweise findet sich beispielsweise bei Conant/Mokwa/Varadarajan (1990), S. 370 ff.; Shortell/Zajac (1990), S. 821 ff. und James/Hatten (1995), S. 162 ff.

[425] Vgl. Miller/Friesen (1984), S. 32; Jenner (1999), S. 34. Beispiele hierfür bezogen auf die Strategieformulierung finden sich bei Miller/Friesen (1977), S. 255 ff.; Miller/Friesen (1978), S. 921 ff., bezogen auf die Geschäftsbereichsstrategie bei Galbraith/Schendel (1983), S. 157 ff.

[426] Siehe hierzu Rich (1992), S. 760.

[427] Rich (1992), S. 761; ähnlich Hambrick (1984), S. 28.

[428] Vgl. Jenner (1999), S. 34.

[429] Vgl. McKelvey (1975), S. 511; Carper/Snizek (1980), S. 72; Hambrick (1984), S. 34 ff.; Miller/ Friesen (1984), S. 61 f.; Venkatraman (1989a), S. 943.

[430] Vgl. Brockhoff/Leker (1998), S. 1202-1203. Siehe hierzu auch die Abgrenzung zwischen „theory-driven" und „data-driven" Ansätzen zur Messung von strategischen Gruppen bei Thomas/ Venkatraman (1988), S. 539.

[431] Vgl. zu den folgenden Ausführungen Brockhoff/Leker (1998), S. 1203. Ein anschauliches Beispiel für die kombinierte Anwendung des kompositorischen und dekompositorischen Ansatzes der Strategieidentifikation findet sich ebenfalls bei Brockhoff/Leker (1998), S. 1208-1215.

[432] Vgl. im Folgenden Brockhoff/Leker (1998), S. 1203 f.

elemente mittels Faktorenanalyse zu Strategiedimensionen verdichtet und gebündelt. Basierend auf den Strategiedimensionen werden mittels Clusteranalyse Strategietypen ermittelt und die Unternehmen diesen zugeordnet. Der kompositorische Ansatz eröffnet sowohl hinsichtlich der Auswahl der zu erhebenden Strategieelemente als auch in Bezug auf die sich anschließende Verdichtung einen großen Gestaltungsspielraum. Problematisch bei der kompositorischen Messung ist, dass der Ansatz die Kenntnis aller relevanten Strategieelemente der betrachteten Strategien im Vorfeld voraussetzt.

Im Gegensatz hierzu verzichtet der **dekompositorische** Ansatz der Strategieidentifikation auf die explizite Vorgabe von Strategieelementen.[433] Die Identifikation der Strategien der Untersuchungseinheiten wird anhand einer Bewertung der wechselseitigen Ähnlichkeiten der beobachteten Strategien vorgenommen. Mit Hilfe der Multidimensionalen Skalierung sind die Ähnlichkeitsurteile in einem mehrdimensionalen Raum darstellbar. Die Achsen des Raumes stellen Ansatzpunkte für die Beschreibung der Strategien dar, da sie die in den Ähnlichkeitsurteilen implizit enthaltenen Strategieelemente repräsentieren. Die Distanzen der hinsichtlich der Ähnlichkeit ihrer Strategien beurteilten Unternehmen werden als Anhaltspunkt für die strategische Übereinstimmung interpretiert.

- **Comparative Approach**

Den bisher dargestellten narrativen Beschreibungen und Klassifizierungen von Strategie stellt VENKATRAMAN als weiteren Operationalisierungsansatz den Comparative Approach gegenüber.[434] Die Verwendung des Begriffes erfolgt hierbei in Anlehnung an HEMPEL:[435] „But with growing emphasis on a more subtle and theoretically fruitful conceptual apparatus, classificatory concepts tend to be replaced by other types, which make it possible to deal with characteristics capable of gradations. In contrast to the ‚either ... or' character of classificatory concepts, these alternative types allow for a ‚more or less': each of them provides for gradual transition from cases where the characteristic it represents is nearly or entirely absent to others where it is very marked. There are two major types of such concepts which are used in science: comparative and quantitative concepts."[436]

Die Zielsetzung dieses Ansatzes liegt in der Identifikation und Messung der Schlüsselcharakteristika bzw. Dimensionen des Strategiekonstrukts.[437] Folglich liegt der

---

[433] Vgl. zu den folgenden Ausführungen Brockhoff/Leker (1998), S. 1203 f.
[434] Vgl. Venkatraman (1989a), S. 943.
[435] Siehe hierzu Hempel (1952), S. 54-58. Ursprünglich gehen die Begriffe auf CARNAP zurück, der Classificatory, Comparative, und Quantitative Concepts abgrenzt und vergleicht. Siehe hierzu Carnap (1950), S. 8-11; Carnap (1995), S. 51 ff.
[436] Hempel (1952), S. 54.
[437] Vgl. zu den folgenden Ausführungen Venkatraman (1989a), S. 943-944.

Fokus nicht auf der Zuordnung zu einer Klasse einer Typologie oder der Entwicklung einer Taxonomie, sondern auf der Messung der Unterschiede entlang eines Satzes von Charakteristika, welche zusammen das Strategiekonstrukt beschreiben.

2.2.2.1.2.2 Vergleichende Bewertung

Vor dem Hintergrund der in Abschnitt 1.1.2 dargelegten Zielsetzung der vorliegenden Untersuchung sind zur Bewertung der Eignung der Operationalisierungsansätze die folgenden Kriterien zugrunde zu legen: Erstens ist zu prüfen, inwieweit der Operationalisierungsansatz den integrativen, holistischen Charakter des Strategiekonstrukts erfasst. Zweitens ist die Genauigkeit der Messung des Strategiekonstrukts zu beurteilen. Drittens ist zu bewerten, ob der jeweilige Operationalisierungsansatz eine Reliabilitäts- und Validitätsprüfung der Messung erlaubt. Abschließend ist im Hinblick auf die Verwertbarkeit der Ergebnisse zu untersuchen, ob der Operationalisierungsansatz eine Generalisierung der Operationalisierung des Strategiekonstrukts ermöglicht.

- **Erfassung des integrativen, holistischen Charakters des Strategiekonstrukts**

Bezogen auf die Erfassung des integrativen, holistischen Charakters des Strategiekonstrukts weist der Narrative Approach eine sehr hohe Eignung auf. Durch verbale Beschreibungen im Rahmen detaillierter Fallstudien erfolgt eine komplexe Charakterisierung von Strategien in dem relevanten Umfeld.[438] Ebenso weisen Typologien prinzipiell eine hohe Eignung hinsichtlich der Erfassung des integrativen Charakters von Strategie auf.[439] Eingeschränkt wird dies jedoch durch die Tatsache, dass Typologien vielfach nur durch eine oder zwei Variablen bestimmt werden.[440] Vorteilhaft ist wiederum, dass Typologien eine Möglichkeit darstellen, Zusammenhänge zwischen Faktoren zu beschreiben, die empirisch nicht oder nur schwierig zu beobachten und zu messen sind.[441]

Taxonomien spiegeln die empirische Existenz von intern konsistenten Konfigurationen wider, so dass die Erfassung der integrativen Natur von Strategie durch ihre interne Kohärenz erreicht wird.[442] Demnach weisen auch Taxonomien eine hohe

---

[438] Vgl. hierzu Hambrick (1980), S. 569; Ginsberg (1984), S. 550; Venkatraman (1989a), S. 943.
[439] HAMBRICK zufolge ist hierin sogar die Hauptstärke von Typologien begründet. Vgl. Hambrick (1980), S. 572.
[440] Vgl. Carper/Snizek (1980), S. 70; Rich (1992), S. 759.
[441] Vgl. Harrigan (1985), S. 58.
[442] Vgl. Hambrick (1984), S. 33; Venkatraman (1989a), S. 943; Venkatraman (1989b), S. 432. Siehe hierzu Hambrick (1984), S. 32, der ausführt: „Since strategies are typically conceived as interdependent wholes (even though they may be the result of incremental decisions), the taxonomic approach is an almost ideal way of studying them."

Eignung zur Abbildung des integrativen Charakters von Strategie auf, die lediglich durch die Verwendung einer geringen Variablenzahl und die Verdichtung dieser durch die Analyseverfahren eingeschränkt wird. Aufgrund der Konzeptionalisierung und Operationalisierung von Strategie als mehrdimensionales Konstrukt und der Messung der Ausprägungen entlang der einzelnen Dimensionen weist der Comparative Approach eine sehr hohe Eignung zur Berücksichtigung des integrativen Charakters und der Reichhaltigkeit von Strategie auf. Über die Messung der Ausprägungen entlang multipler Dimensionen sind zudem eine Vielzahl unterschiedlicher Strategien und strategischer Konfigurationen abbildbar.[443]

- **Genauigkeit der Messung des Strategiekonstrukts**

Angesichts des detaillierten Einblicks, den eine Fallstudie ermöglicht, ist bei dem Narrative Approach eine sehr hohe Genauigkeit der verbalen Beschreibung der Strategie anzunehmen. Eine Messung findet allerdings nicht statt. Typologien weisen hingegen nur eine geringe Genauigkeit der Messung auf. Aufgrund der hohen Komplexität von Unternehmen und der hohen Dynamik der Veränderung ist keine Typologie in der Lage, alle Erscheinungsformen des unternehmerischen Verhaltens vollständig abzudecken.[444] Vor dem Hintergrund dieser Komplexität wird kritisiert, dass eine Vielzahl von Typologien nur in Relation zu einer oder zwei Variablen konstruiert werden.[445] Folglich ignorieren bestehende Typologien zu viele bedeutsame Unterschiede zwischen Unternehmen, weshalb von einigen Autoren die Unbrauchbarkeit von Unternehmenstypologien für die empirische Forschung herausgestellt wird.[446] Neben der unzulänglichen Abbildung der Realität wird die Willkür bei der Auswahl der Dimensionen und Kriterien kritisiert: „Consequently, it is fairly easy to find a single dimension on which a typology can be based and which will, at least on the surface, support any given philosophical position."[447] Demnach sind Typologien größtenteils als Ergebnis subjektiver Einblicke anzusehen und reflektieren die Realität nicht immer akkurat. Sie dienen deskriptiven Zwecken, haben jedoch nur eingeschränkt erklärende oder vorhersehende Aussagekraft.[448]

---

[443] Vgl. Venkatraman (1989a), S. 943.
[444] Vgl. Miles/Snow/Meyer et al. (1978), S. 550.
[445] Vgl. hierzu Carper/Snizek (1980), S. 70; Rich (1992), S. 760.
[446] Vgl. hierzu McKelvey (1982), S. 41; Rich (1992), S. 759. CARPER/SNIZEK führen diesbezüglich aus: „Given that organizations are complex identities, the use of unidimensional typologies with multidimensional objects fails to pass even the most elementary test of logic and results in categorizations that are so general that they are hardly more than tautologies having little or no practical significance." Carper/Snizek (1980), S. 70. Schon PERROW konstatiert diesbezüglich: „But if the typology is based upon either structure or goals, we risk tautologies. [...] Equally as serious as the tautology involved is the neglect of wide ranges of differences within the types." Perrow (1972), S. 164; 165.
[447] Carper/Snizek (1980), S. 70.
[448] Vgl. Hambrick (1984), S. 28.

Aufgrund ihres empirischen Charakters ist bei Taxonomien von einer höheren Genauigkeit auszugehen. Jedoch sind auch sie nicht in der Lage, die Differenzen zwischen Unternehmen innerhalb einer Gruppe entlang der zugrunde gelegten Dimensionen widerzuspiegeln.[449] Zudem besteht auch hier ein gewisser Spielraum bei der Auswahl der Variablen und der Ausgestaltung der Datenauswertung.[450]

Der Comparative Approach weist hingegen eine sehr hohe Genauigkeit auf, da er auf empirischem Wege die Differenzen entlang der multiplen Dimensionen des Strategiekonstrukts abbildet.[451] Hierzu führt VENKATRAMAN aus: „The attractiveness of this approach lies in its ability to decompose the variation that is seen across different strategy classifications into more ‚fine-grained' differences along each underlying traits (or dimensions)."[452] Ferner sind weitere allgemeine Vorteile von Comparative Concepts gegenüber Klassifizierungen auf die empirische Strategieforschung übertragbar.[453] Zum einen erlaubt die Ordnung durch metrische Konzepte eine Differenzierung zwischen Untersuchungsobjekten, die anderenfalls in einer Kategorie zusammengefasst würden, woraus eine höhere deskriptive Flexibilität und Feinheit entsteht. Zum anderen wird bei der Charakterisierung einiger Untersuchungsobjekte durch den Comparative Approach die relative Position der Untersuchungsobjekte innerhalb der Ordnung des Konzeptes gezeigt und so die Voraussetzung für die Anwendung mathematischer und statistischer Verfahren geschaffen.

- **Möglichkeit der Reliabilitäts- und Validitätsprüfung der Operationalisierung des Strategiekonstrukts**

Der Narrative Approach verzichtet vollkommen auf eine Messung des Strategiekonstrukts.[454] Demnach kommt keine Reliabilitäts- und Validitätsprüfung zum Einsatz und ein reliabler sowie valider Vergleich über Unternehmen hinweg sowie eine Replizierung durch andere Forscher sind ausgeschlossen.[455] Typologien unterliegen den statistischen Beschränkungen nominaler Variablen.[456] Folglich sind für sie ebenfalls keine statistischen Reliabilitäts- und Validitätsprüfungen durchführbar.

Demgegenüber werden Taxonomien empirisch mit Hilfe multivariater Analyseverfahren extrahiert.[457] Infolgedessen ist von einer hohen Eignung für die Prüfung von Reliabiliät auszugehen. Allerdings sieht sich der Ansatz, die Dimensionen eines

---

[449] Vgl. Venkatraman (1989a), S. 943.
[450] Vgl. Hambrick (1984), S. 35; Brockhoff/Leker (1998), S. 1203.
[451] Vgl. Venkatraman (1989a), S. 944.
[452] Venkatraman (1989a), S. 944.
[453] Vgl. zu den folgenden Ausführungen Hempel (1952), S. 56-57; Carnap (1995), S. 51 ff.
[454] Vgl. Hambrick (1980), S. 569.
[455] Vgl. Hambrick (1980), S. 570.
[456] Vgl. Hambrick (1980), S. 572.
[457] Vgl. Jenner (1999), S. 34; Brockhoff/Leker (1998), S. 1203.

Konstrukts nicht vorher zu spezifizieren, sondern sie empirisch a posteriori mit Hilfe von Datenanalyseverfahren wie Faktorenanalyse oder Multidimensionale Skalierung zu extrahieren, vielfach dem Vorwurf der Theorielosigkeit ausgesetzt.[458] Hierdurch wird unter Umständen eine Prüfung der Validität beeinträchtigt. Der Comparative Approach hingegen wird vielfach mittels einer konfirmatorischen Faktorenanalyse durchgeführt. Dies erlaubt, die Reliabilität und Validität der Messung anhand eines umfassenden Kriterienkatalogs von leistungsstarken Verfahren der ersten und zweiten Generation zu prüfen.[459]

- **Generalisierbarkeit der Operationalisierung des Strategiekonstrukts**

Hinsichtlich der Generalisierbarkeit der Ergebnisse ist bei dem Narrative Approach aufgrund der hohen Spezifität der Ausführungen innerhalb des Fallstudiendesigns von einer stark begrenzten Verallgemeinerbarkeit auszugehen. Einerseits können aus forschungsökonomischen Gründen verbale Beschreibungen von Strategien nicht in ausreichender Menge erstellt werden, um generalisierbare Ergebnisse zu erhalten.[460] Andererseits bestehen sie nicht aus Messungen, die einen verlässlichen Vergleich über Unternehmen hinweg oder eine Replizierung ermöglichen, sondern reflektieren vielmehr die qualitative Interpretation des Forschers.[461] Ebenso ist bei Typologien von einer geringen Generalisierbarkeit auszugehen, da sie oftmals vor dem spezifischen Hintergrund einer Branche und nur im Hinblick auf wenige Variablen entwickelt werden sowie die bedeutsamen Unterschiede zwischen Unternehmen unzureichend berücksichtigen. HAMBRICK führt diesbezüglich aus: „Any typology will have limited applicability."[462]

Infolge der Extrahierung empirischer Muster ist bei Taxonomien zunächst von einer hohen Generalisierbarkeit der Ergebnisse auszugehen. Durch die hohe Abhängigkeit der Ergebnisse von der Selektion der Variablen sowie des Auswertungsverfahrens und dessen Ausgestaltung wird die Verallgemeinerbarkeit der Ergebnisse jedoch eingeschränkt. Darüber hinaus besteht die Gefahr der Gewinnung von Dimensionen, die nicht interpretierbar oder nicht stabil über verschiedene Studien sind.[463] Dank der mehrdimensionalen Konzeptionalisierung im Rahmen des Comparative Approach und aufgrund der Konstruktmessung innerhalb großzahliger Stichproben ist hierbei von einer sehr guten Generalisierbarkeit der Ergebnisse auszugehen.

---

[458] Vgl. zu den folgenden Ausführungen Venkatraman (1985), S. 26; Venkatraman (1989a), S. 948.
[459] Siehe Venkatraman (1985), S. 50 ff. bzw. Venkatraman (1989a), S. 953 für eine Dokumentation der Vorgehensweise des Comparative Approach mit einer konfirmatorischen Faktorenanalyse und der Prüfung der Reliabiliät, der Konvergenzvalidität, der Diskriminanzvalidität sowie der Vorhersagevalidität. Siehe hierzu auch die Ausführungen in Abschnitt 4.1.2.2.
[460] Vgl. Hambrick (1980), S. 570.
[461] Vgl. Hambrick (1980), S. 570.
[462] Hambrick (1980), S. 572.
[463] Vgl. Venkatraman (1985), S. 26; Venkatraman (1989a), S. 948.

Tab. 5 fasst die vergleichende Bewertung der Operationalisierungsansätze anhand der zuvor festgelegten Bewertungskriterien zusammen. Die Übersicht zeigt, dass der **Comparative Approach** vor dem Hintergrund der innerhalb der Untersuchung definierten Bewertungskriterien den anderen Operationalisierungsansätzen überlegen ist. Ausschlaggebend hierfür sind insbesondere die hohe Genauigkeit der Messung sowie die Vielzahl an möglichen Prüfungsverfahren, anhand derer die Reliabilität und Validität der Messung empirisch bestimmt werden können. Zudem wird durch die multidimensionale Konzeptionalisierung der integrative Charakter des Strategiekonstrukts erfasst und eine hohe Generalisierbarkeit der Ergebnisse gewährleistet.

Operationali-sierungs-ansatz Bewertungs-kriterien	Narrative Approach	Klassifizierungen		Comparative Approach
		Konzeptionell: Typologie	Empirisch: Taxonomie	
Erfassung des integrativen, holistischen Charakters des Strategiekonstrukts	• Sehr hohe Eignung aufgrund verbaler Darstellung einer komplexen Charakterisierung von Strategie in dem relevanten Umfeld	• Hohe Eignung aufgrund Kombination von Variablen • Oftmals Konstruierung der Typologie nur im Hinblick auf eine oder zwei Variablen • Beschreibung von Zusammenhängen zwischen nicht messbaren Faktoren	• Hohe Eignung durch Widerspiegelung der empirischen Existenz von internen Konfigurationen • Potenzielle Einschränkung aufgrund geringer Variablenzahl	• Sehr hohe Eignung aufgrund Konzeptionalisierung und Operationalisierung von Strategie als mehrdimensionales Konstrukt und Messung der Ausprägungen entlang der einzelnen Dimensionen
Genauigkeit der Messung des Strategiekonstrukts	• Sehr hohe Genauigkeit der verbalen Beschreibung von Strategie aufgrund detaillierter Einblicke • Messung findet jedoch nicht statt	• Geringe Genauigkeit aufgrund unzureichender Variablenzahl und mangelnder Berücksichtigung der Unterschiede zwischen Unternehmen • Willkür bei der Auswahl der Dimensionen	• Hohe Genauigkeit aufgrund empirischer Erhebung • Unterschiede bei Unternehmen innerhalb von Gruppen jedoch nicht abbildbar • Einschränkung durch Selektion von Variablen und Datenauswertung	• Sehr hohe Genauigkeit, da die Unterschiede zwischen den Unternehmen entlang der multiplen Dimensionen auf empirischem Wege gemessen werden können
Möglichkeit der Reliabilitäts- und Validitätsprüfung der Operationalisierung des Strategiekonstrukts	• Ansatz verzichtet auf eine Messung des Strategiekonstrukts • Reliabilitäts- und Validitätsprüfungen sind nicht anwendbar	• Statistische Beschränkungen nominaler Variablen • Reliabilitäts- und Validitätsprüfungen sind nicht anwendbar	• Hohe Eignung für Reliabilitätsprüfungen aufgrund empirischer Erhebung mit multivariaten Analyseverfahren • Validitätsprüfung durch mangelnde theoretische Fundierung beeinträchtigt	• Sehr hohe Eignung aufgrund Einsatzmöglichkeit eines umfassenden Katalogs von Prüfkriterien der ersten und zweiten Generation zur Bestimmung der Reliabilität und Validität
Generalisierbarkeit der Operationalisierung des Strategiekonstrukts	• Keine Generalisierbarkeit der Ergebnisse • Aus forschungsökonomischen Gründen keine ausreichende Menge von Fällen erstellbar • Qualitative Interpretation verhindert Replizierung	• Geringe Generalisierbarkeit aufgrund spezifischen Branchenhintergrunds, unzureichender Variablenanzahl und mangelnder Berücksichtigung der Unterschiede zwischen Unternehmen	• Aufgrund Extrahierung empirischer Muster prinzipiell hohe Generalisierbarkeit • Einschränkung bei der Generalisierbarkeit jedoch durch Selektion der Variablen und des Auswertungsverfahrens sowie instabile Lösungen	• Sehr hohe Generalisierbarkeit der Ergebnisse durch Konzeptionalisierung von Strategie als mehrdimensionales Konstrukt und Konstruktmessung anhand großzahliger Samples

Tab. 5: Vergleichende Bewertung der Operationalisierungsansätze

Hinsichtlich des Narrative Approach ist HAMBRICK zuzustimmen, der ausführt: „Textual operationalizations of the strategy construct are particularly useful in theory building. They are of limited use in theory testing."[464] Seiner Ansicht nach hat der Narrative Approach somit eine gewisse Bedeutsamkeit für konzeptionelle Entwicklungen

---

[464] Hambrick (1980), S. 570.

und die Generierung von Hypothesen, bringt jedoch für das Testen von Theorien, die sich mit der Effektivität von verschiedenen Strategien unter verschiedenen Umwelt- und Unternehmensbedingungen befassen, nur eingeschränkten Nutzen.[465] Ähnlich konstatiert HABEL: „Narrative Beschreibungen individueller Strategien, [...] die zu didaktischen Zwecken wie auch zur Theoriebildung durchaus geeignet erscheinen, versagen ihre Dienste, was die empirische Überprüfung theoretischer Gebäude betrifft."[466] Somit eignet sich der Narrative Approach für die qualitative Strategiemessung und bietet sich für exploratorische Studien an. Da die vorliegende Arbeit jedoch die Zielsetzung verfolgt, einen theoriegeleiteten, hypothesentestenden Beitrag zur empirischen Identifikation und Messung von Strategie zu leisten, wird der Narrative Approach im weiteren Verlauf nicht mehr berücksichtigt.

2.2.2.2 Bestandsaufnahme der Forschungsbeiträge zur Strategieidentifikation und –messung in der empirischen Strategieforschung

Nachdem mit der Diskussion und Bewertung der Datenerhebungsansätze und der Operationalisierungsansätze die zentralen Strukturierungskriterien vorgestellt sind, erfolgt nun die Bestandsaufnahme der Forschungsbeiträge zur empirischen Strategieidentifikation und –messung.[467] Die Beiträge sind hierzu wie folgt ausgewertet: Zunächst wird das Untersuchungsobjekt beschrieben und die organisatorische Ebene festgestellt, auf der die Strategie innerhalb der Untersuchung angesiedelt ist. Darüber hinaus erfolgt eine Analyse der theoretischen Fundierung. Hinsichtlich der empirischen Überprüfung werden der Datenerhebungsansatz, der Operationalisierungsansatz sowie die Vorgehensweise bei der Ermittlung der Strategieelemente, die eingesetzten Analyseverfahren, das Forschungsdesign im Hinblick auf Untersuchungsziel und Aussagenart sowie die Fallzahl erhoben. Abschließend werden die zentralen Ergebnisse der einzelnen Forschungsbeiträge dargestellt. Tab. 6 zeigt einen Auszug aus der chronologisch geordneten Bestandsaufnahme der Forschungsbeiträge zur empirischen Strategieidentifikation und -messung. Die vollständige tabellarische Bestandsaufnahme findet sich im Anhang in Tab. 38.

---

[465] Vgl. Venkatraman (1989a), S. 943. Siehe zur mangelnden Eignung narrativer Beschreibungen im Hinblick auf das Testen wissenschaftlicher Theorien und Hypothesen auch Hempel (1952), S. 20-21.

[466] Habel (1992), S. 142.

[467] Grundlage der Bestandsaufnahme stellen die einschlägigen, wissenschaftlichen Publikationen im strategischen Management ab Anfang der achtziger Jahren dar.

Autoren/Jahr	Untersuchungs-objekt	Theoretische Fundierung	Empirische Überprüfung	Ergebnis
Hatten/ Schendel/ Cooper (1978)	• Spezifizierung und Schätzung eines Strategie-Modells für die Brauerei-Industrie in den USA, 1952-1971 • Geschäftsbereichsstrategie	• Industrieökonomik zur Modellierung der Umweltvariablen • Ableitung der Variablen aus Fallstudien bezüglich der Branche, Interviews und Presse	• Objective Indicators • Taxonomie, datengeleitet, kompositorisch • Clusteranalyse, Regressionsanalyse • Konfirmatorisch-explikativ • Fallzahl: n=13	• Schätzung von einer Regressionsgleichung für das Sample und je einer für 6 strategische Gruppen • Signifikante Unterschiede der Beziehung zwischen Strategie und Erfolg zwischen den Gruppen und Branchen
Grinyer/ Yasai-Ardekani/ Al-Bazzaz (1980)	• Verbindung zwischen (Diversifikations-)Strategie, Struktur, Umwelt und finanziellem Erfolg bei produzierenden und Dienstleistungsunternehmen im UK • Unternehmensstrategie	• Allgemeine Literatur zum strategischen Management	• Self-Typing • Typologie • Korrelationsanalyse • Konfirmatorisch-explikativ • Fallzahl: n=48	• Statistisch hoch signifikante positive Korrelation zwischen Strategie und Struktur • Fit zwischen Strategie und Struktur wird durch ungünstige Umweltbedingungen erzwungen und hilft, in diesen Bedingungen zu agieren
Jauch/ Osborn/ Glueck (1980)	• Auswirkungen von Umweltherausforderungen und strategischen Entscheidungen auf den kurzfristigen Erfolg in den Jahren von 1930-1974 • Geschäftsbereichsstrategie	• Allgemeine Literatur zum strategischen Management	• Investigator Inference (Inhaltsanalyse) • Comparative Approach • Korrelationsanalyse, multiple, lineare Regression • Exploratorisch-explikativ • Fallzahl: n=358	• Nur geringe empirische Unterstützung für Annahme, dass auf gleiche Umweltherausforderungen mit der gleichen Strategie reagiert wird • Umwelt-Strategie-Kombination kein Prädiktor für kurzfristigen Erfolg
Lenz (1980)	• Zusammenhang zwischen Umwelt, Strategie und Organisationsstruktur in der Savings & Loans-Branche • Geschäftsbereichsstrategie	• Industrieökonomik • Strategisches Management • Organisationstheorie	• Objective Indicators • Comparative Approach • Faktorenanalyse, Diskriminanzanalyse • Konfirmatorisch-deskriptiv • Fallzahl: n=80	• Hoch erfolgreiche Unternehmen unterscheiden sich signifikant in der Umwelt-Strategie-Struktur-Kombination von wenig erfolgreichen Unternehmen

Tab. 6: **Bestandsaufnahme der Forschungsbeiträge zur empirischen Strategieidentifikation und –messung (Auszug)**

Der Fokus der Bestandsaufnahme liegt auf der **Methode zur empirischen Messung von Strategie**. Die zentralen Determinanten der Methode zur empirischen Messung sind der Operationalisierungsansatz und der Datenerhebungsansatz der Untersuchung. Die Kombination der beiden Bestimmungsfaktoren beschreibt den Ansatz zur empirischen Strategieidentifikation und –messung. Demnach wird im nächsten Abschnitt eine Auswertung der Forschungsbeiträge hinsichtlich der Kombination von Operationalisierungsansatz und Datenerhebungsansatz vorgenommen. In dem darauf folgenden Abschnitt wird kurz auf den organisatorischen Geltungsbereich eingegangen, der für das Strategiekonstrukt festgelegt wurde. Hieran schließt sich die Auswertung der Forschungsbeiträge im Hinblick auf die theoretische Fundierung an. Dadurch sollen weitere Anhaltspunkte bezüglich der Dimensionen des Strategiekonstrukts gewonnen werden. Abschließend wird eine Auswertung der empirischen Beiträge zur Strategieidentifikation und –messung hinsichtlich des Untersuchungsziels und der Aussagenart vorgenommen.

2.2.2.2.1 Auswertung der Forschungsbeiträge nach der Kombination aus Operationalisierungsansatz und Datenerhebungsansatz

Als Operationalisierungsansätze der empirischen Strategieforschung sind der Narrative Approach, Typologien, Taxonomien und der Comparative Approach diskutiert und beurteilt worden.[468] Für den Narrative Approach ist eine mangelnde Eignung für die quantitative, empirische Strategieforschung konstatiert worden, weshalb er in der folgenden Bestandsaufnahme der empirischen Forschungsbeiträge zur Strategieidentifikation und –messung nicht mehr berücksichtigt wird.[469] Hinsichtlich der Datenerhebungsansätze sind Self-Typing, Investigator Inference, External Assessment und Objective Indicators vorgestellt und bewertet worden.[470] Demnach sind die Kombinationen aus Operationalisierungs- und Datenerhebungsansatz in einer 3 x 4-Matrix darstellbar, welche in Abb. 4 dargestellt ist.

Operationalisierung \ Datenerhebung	Self-Typing	Investigator Inference	External Assessment	Objective Indicators
Narrative Approach (Fallstudien-Ansatz)	Nicht in der Analyse betrachtet			
Typologien (theoriegeleitet, a priori Zuordnung)				
Taxonomien (empirisch, a posteriori Zuordnung; datengeleitete, konzeptgeleitete oder typologiegeleitete Ermittlung)				
Comparative Approach (empirisch, konzeptgeleitete Ermittlung)				

Abb. 4: Ordnungsrahmen zur Systematisierung der Forschungsbeiträge nach Operationalisierungsansatz und Datenerhebungsansatz

Diese Matrix fungiert im folgenden Abschnitt als Ordnungsrahmen zur Systematisierung des Forschungsfelds der empirischen Strategieidentifikation und -messung, wobei die Forschungsbeiträge den Operationalisierungsansätzen wie folgt zugeordnet

---

[468] Vgl. hierzu Abschnitt 2.2.2.1.2.
[469] Siehe hierzu die Ausführungen in Abschnitt 2.2.2.1.2.2.
[470] Siehe hierzu Abschnitt 2.2.2.1.1.

werden.[471] Die Einordnung der Forschungsbeiträge folgt hinsichtlich der Operationalisierungsansätze im Wesentlichen der Systematisierung nach VENKATRAMAN.[472] Dem Operationalisierungsansatz Typologien werden Untersuchungen zugeordnet, die Strategie durch Einordnung der Untersuchungseinheiten in ein typologisches System identifizieren, welches basierend auf theoriegeleiteten Überlegungen deduktiv a priori entwickelt worden ist. Demgegenüber werden Beiträge, welche die Zielsetzung verfolgen, Strategien durch eine empirische Klassifizierung der Untersuchungseinheiten zu identifizieren, den Taxonomien zugerechnet. Hierbei kann die Ermittlung der Strategieelemente sowohl datengeleitet als auch konzeptgeleitet im Sinne von BROCKHOFF/LEKER erfolgen.[473] Darüber hinaus werden Beiträge, die explizit das Ziel verfolgen, eine konzeptionelle Typologie empirisch zu bestätigen oder zu verwenden, ebenfalls den Taxonomien zugeordnet. Forschungsbeiträge, die der Zielsetzung folgen, ein Strategiekonstrukt zu konzeptionalisieren und zu operationalisieren und daher auf konzeptionellen Vorüberlegungen basieren, werden dem Comparative Approach zugeordnet. Charakteristisch für den Comparative Approach ist, dass die Untersuchungsobjekte nicht im Sinne einer Entweder-oder-Orientierung verschiedenen Gruppen zugeordnet werden, sondern dass anhand von Messskalen die Relationen zwischen den Untersuchungsobjekten festgelegt werden.[474]

Im Folgenden wird stellvertretend für jede Zelle dieser Matrix, geordnet nach dem Operationalisierungsansatz, ein Forschungsbeitrag ausführlich vorgestellt, der den jeweiligen Ansatz verfolgt, und auf weitere Arbeiten verwiesen. Hierbei wird vornehmlich auf die empirische Identifikation und Messung der Strategie abgestellt. Nach der systematischen Bestandsaufnahme der Forschungsbeiträge wird eine Synopsis der Beiträge im Hinblick auf Operationalisierungsansatz und Datenerhebungsansatz vorgenommen.[475]

2.2.2.2.1.1 Typologien

Im nächsten Abschnitt werden die Forschungsbeiträge, welche Strategie mittels einer Typologie operationalisieren, geordnet nach ihrer Kombination mit der Datenerhebungsart, kurz vorgestellt.

---

[471] Hierbei sei nochmals auf die Verwendung des Begriffes „Ordnungsrahmen" im Sinne von ERNST verwiesen, wonach die Systematisierung und Strukturierung im Vordergrund stehen, ohne dass der Anspruch einer theoretischen Fundierung der Zuordnungsvorschriften erhoben wird. Siehe hierzu Ernst (2001), S. 15.
[472] Vgl. Venkatraman (1989a), S. 943 ff.
[473] Vgl. Brockhoff/Leker (1998), S. 1202 f.
[474] Vgl. Venkatraman (1989a), S. 943 f.
[475] Siehe hierzu Tab. 7.

- **Typologie / Self-Typing**

Eine Vielzahl von Forschungsbeiträgen in der empirischen Strategieforschung verwendet eine Kombination aus Typologie und Self-Typing. Hierbei wird oft auf bestehende Strategie-Typologien zurückgegriffen. Als bekanntestes Beispiel hierfür ist die **Typologie von MILES/SNOW** anzuführen.[476] SNOW/HREBINIAK messen Strategie über den Self-Typing Paragraph Approach im Hinblick auf die Typologie von MILES/ SNOW.[477] Den befragten Managern werden vier Beschreibungen von Strategien vorgelegt, die den unterschiedlichen Strategietypen entsprechen. Der Manager bewertet seine Strategie, indem er sein Unternehmen der Beschreibung zuordnet, welche die Strategie seines Unternehmens am besten charakterisiert. Die Messung der Strategie erfolgt somit über eine nominale Messskala. In einigen Studien wird der Self-Typing Paragraph Approach zur nominalen Messung der Miles & Snow-Typologie durch die Entwicklung von Multi-Item-Skalen ergänzt, die ebenfalls über Self-Typing erhoben werden.[478]

Neben der Typologie von MILES & SNOW werden in der empirischen Strategieforschung weitere Typologien zur Messung von Strategie eingesetzt. GRINYER/AL-BAZZAZ/YASAI-ARDEKANI bzw. GRINYER/YASAI-ARDEKANI konzeptionalisieren Strategie als Diversifikationsstrategie und nehmen eine ordinale Messung von Strategie gemäß der **Typologie von WRIGLEY** bzw. der **Typologien von WRIGLEY und RUMELT** vor.[479] HITT/IRELAND/STADTER bzw. HITT/IRELAND, in einer Replikationsstudie, legen für ihre Messung von Strategie die **Typologie von GLUECK** zugrunde, wobei Strategie als nominale Variable gemessen wurde.[480] LIAO/GREENFIELD bedienen sich der

---

[476] Vgl. hierzu Miles/Snow (1978), S. 28 ff. Die Autoren identifizieren die vier Unternehmenstypen Defender, Prospector, Analyzer und Reactor, welche sich im Hinblick auf die Strategie unterscheiden, mit der sie auf die Umwelt reagieren. Zentrale Variable ist die Reaktion des Unternehmens auf die Veränderung der Produkte und Märkte. Eine Synopsis der empirischen Forschungsbeiträge, welche die Miles & Snow-Typologie einsetzen, findet sich bei Zahra/Pearce (1990), S. 751 ff.

[477] Vgl. hierzu Snow/Hrebiniak (1980), S. 321. Den gleichen Ansatz zur Messung der Miles & Snow-Typologien verfolgen zudem McDaniel/Kolari (1987), S. 25; McKee/Varadarajan/Pride (1989), S. 26; Zajac/Shortell (1989), S. 419; Dvir/Segev/Shenhar (1993), S. 157; Matsuno/Mentzer (2000), S. 6; Slater/Olson (2001), S. 1061. BUTLER/COATES/PIKE ET AL. erheben mittels Interviews strukturierte quantifizierbare und qualitative Daten und identifizieren dadurch Elemente der Miles & Snow-Typologie. Vgl. Butler/Coates/Pike et al. (1996), S. 336.

[478] Vgl. hierzu Conant/Mokwa/Varadarajan (1990), S. 372 ff.; Shortell/Zajac (1990), S. 821 ff.; James/ Hatten (1995), S. 162 ff.

[479] Siehe hierzu Grinyer/Yasai-Ardekani/Al-Bazzaz (1980), S. 194; Grinyer/Yasai-Ardekani (1981), S. 477. WRIGLEY unterscheidet hierbei zwischen Single Product, Dominant Product, Related Product und Unrelated Product. Siehe hierzu Wrigley (1970), S. 9. RUMELT trifft eine feinere Differenzierung und unterscheidet hinsichtlich Single Business, Dominant Constrained, Dominant Linked, Dominant Unrelated, Related Constrained, Related Linked und Unrelated Strategies. Siehe hierzu Rumelt (1974), S. 29 ff.

[480] Siehe hierzu Hitt/Ireland/Stadter (1982), S. 319; Hitt/Ireland (1985), S. 279. Die Typologie von GLUECK unterscheidet zwischen Stability Strategy, Internal Growth Strategy, External Acquisitive Growth Strategy und Retrenchment Strategy. Siehe hierzu Glueck (1980), S. 203.

Typologie der generischen Wettbewerbsstrategien nach PORTER und erheben die Ausprägungen der Strategien über Self-Typing mit Hilfe eines Fragebogens, der sowohl dichotome Fragen als auch 7-stufige Likert-Skalen enthält.[481]

Schließlich finden sich Forschungsbeiträge, welche nicht auf eine bestehende Typologie rekurrieren, sondern eine eigene entwickeln. Beispielsweise schlagen HERBERT/DERESKY basierend auf einer Auswertung, Synthese und Klassifizierung der Literatur eine Typologie von vier generischen Strategien vor: (1) Develop, (2) Stabilize, (3) Turnaround und (4) Harvest.[482] Ebenso entwickelt MILLER vier Klassen von Strategien: (1) Innovative Differentiation, (2) Marketing Differentiation, (3) Breadth und (4) Control-orientated Conservatism.[483]

- **Typologie / Investigator Inference**

In der durchgeführten Bestandsaufnahme wurde kein Forschungsbeitrag identifiziert, der eine Kombination aus Typologie und Investigator Inference einsetzt.

- **Typologie / External Assessment**

In der empirischen Strategieforschung wird die Miles & Snow-Typologie auch in Verbindung mit der Datenerhebung mittels External Assessment eingesetzt. Beispielsweise lässt HAMBRICK zur Identifikation der beiden Extremausprägungen der Miles & Snow-Typologie, Prospector und Defender, die Unternehmen durch die Einschätzung eines Expertenpanels zuordnen.[484] Ausschlaggebend hierbei ist, dass „[...] they were regarded by industry experts as significantly more Prospector-like than the Defenders."[485]

---

[481] Vgl. Liao/Greenfield (1997), S. 546. Siehe zu den generischen Wettbewerbsstrategien die Ausführungen in Abschnitt 2.3.1.3.2.

[482] Vgl. Herbert/Deresky (1987), S. 136 f. Die Messung der Strategie durch Zuordnung zu den vorgeschlagenen Typen erfolgte über eine Kombination aus Self-Typing Paragraph Approach und objektiven Informationen bezüglich des strategischen Geschäftsfelds. Siehe hierzu Herbert/Deresky (1987), S. 139.

[483] Vgl. Miller (1987), S. 60 ff. Zur Charakterisierung führt MILLER aus: „Our strategic dimensions are really ‚classes' – they are not dimensions in any statistical sense. They constitute a priori combinations of attributes derived from previous theoretical and empirical literature and are designed to reflect particular classes of activity." Miller (1987), S. 64.

[484] Vgl. hierzu Hambrick (1981), S. 259. Zusätzlich stellt die Einführung neuer Produkte und Services, erhoben über veröffentlichte, jährliche Branchenstatistiken, ein Kriterium für die Einordnung dar. Die gleiche Vorgehensweise findet sich bei Hambrick (1982), S. 162.

[485] Hambrick (1981), S. 259. Zur externen Validierung der Einschätzungen des Expertenpanels werden zusätzlich Interviews mit CEOs der ausgewählten Unternehmen geführt.

- **Typologie / Objective Indicators**

Darüber hinaus finden sich in der Literatur zur empirischen Strategieforschung auch Zuordnungen von Unternehmen zu der **Miles & Snow-Typologie** mittels Objective Indicators. Basierend auf der **PIMS-Datenbasis** operationalisiert HAMBRICK die strategischen Typen gemäß der Handlungen in Relation zum Wettbewerb.[486]

Auch wird Strategie anhand der Typologie der **generischen Strategien nach PORTER** mittels Objective Indicators operationalisiert. Zur Klassifizierung von Geschäftsbereichsstrategien spannt WHITE eine 2 x 2-Matrix entlang der Dimensionen Kostenposition und Differenzierungsposition auf, woraus sich die vier generischen Strategien (1) Pure Cost, (2) Cost and Differentiation, (3) No Competitive Advantage und (4) Pure Differentiation ergeben.[487] Die Untersuchungseinheiten werden basierend auf Daten der PIMS-Datenbank bezüglich ihrer relativen Kosten und ihrer relativen Preise den vier generischen Strategien zugeordnet.[488]

In einer ähnlichen Vorgehensweise erweitern MILLER/DESS die Typologie der generischen Strategien nach PORTER und entwickeln eine 3 x 3 x 3-Matrix mit den Dimensionen relative Kosten, relative Differenzierung und relativer Fokus, wobei jede Dimension die Ausprägungen gering, mittel und hoch annehmen kann.[489] Aus den 27 möglichen Kombinationen der Attribute werden nach Plausibilitätsüberlegungen sieben Erfolg versprechende Strategien identifiziert.[490] Die einzelnen Dimensionen werden basierend auf PIMS-Daten operationalisiert.[491] Im Anschluss erfolgt eine Zuordnung der Untersuchungseinheiten gemäß ihrer Ausprägungen entlang der drei

---

[486] Maßgeblich für die Einordnung eines Unternehmens zur Gruppe der Defender ist hierbei eine relative Neu-Produkt-Aktivität von – 5 oder weniger, wohingegen ein Unternehmen mit einer relativen Neu-Produkt-Aktivität von + 5 oder mehr als Prospector eingestuft wird. Vgl. Hambrick (1983a), S. 14. Diese Operationalisierung von Strategie wird jedoch als wenig zweckmäßig erachtet. So konstatiert HAMBRICK selbst: „The strategy measure used was less than ideal in two respects. First, it would have been preferable to have multiple indicators for identifying defenders and prospectors. Second, the cutpoints were not extreme in absolute terms." Hambrick (1983a), S. 15. Eine ähnliche Vorgehensweise wählen Hambrick/MacMillan/Barbosa (1983), S. 768.

[487] Vgl. White (1986), S. 225 f.

[488] Vgl. White (1986), S. 227. Die PIMS-Daten drücken relative Kosten- und relative Preispositionen in Relation zum Durchschnitt der drei größten Wettbewerber aus, wobei 100 Prozent eine Parität angibt. Die für die Zuordnung relevanten Prozentwerte sind die Mediane der Variablen innerhalb des Samples und liegen bei 100 Prozent für die Kostenposition und 102 Prozent für die Preisposition.

[489] Siehe hierzu Miller/Dess (1993), S. 565.

[490] Vgl. Miller/Dess (1993), S. 566. Ausgeklammert werden wenig sinnvolle Kombinationen wie beispielsweise geringe Differenzierung und hohe Kosten. Die verbleibenden sieben Alternativen umfassen zwei hybride Strategien, die vier von Porter vorgeschlagenen Strategien sowie eine Konzeptionalisierung der „stuck-in-the-middle"-Strategie.

[491] Relative Kosten werden hierbei über die PIMS-Variable „relative direct costs", relative Differenzierung über die PIMS-Variable „relative product quality" und relativer Fokus über einen Index von vier PIMS-Variablen gemessen. Vgl. Miller/Dess (1993), S. 567 f.

Dimensionen zu den 27 Zellen der Matrix und demnach den sieben generischen Strategien.[492]

2.2.2.2.1.2 Taxonomien

Es folgt eine Darstellung der Forschungsbeiträge, welche Strategie mittels einer Taxonomie operationalisieren, geordnet nach ihrer Kombination mit der Datenerhebungsart.

- **Taxonomie / Self-Typing**

Die meisten der innerhalb der Bestandsaufnahme identifizierten Forschungsbeiträge operationalisieren Strategie über eine Kombination aus Taxonomie und Self-Typing. Hierbei versucht eine Vielzahl von Forschern, die Existenz strategischer Gruppen empirisch zu belegen.[493] Als Bezugsrahmen für die strategischen Gruppen kommen oftmals konzeptionelle Typologien wie die generischen Strategien nach PORTER oder die Typologie nach MILES/SNOW zum Einsatz.

Beispielsweise gelingt DESS/DAVIS der empirische Nachweis von strategischen Gruppen basierend auf den **generischen Strategien von PORTER**.[494] Hierzu wählten sie die folgende Vorgehensweise: Die erste Phase der Untersuchung diente der Identifikation von Wettbewerbsmethoden, wie beispielsweise Markenpositionierung, Auswahl der Vertriebskanäle, technologische Führerschaft etc., deren Kombination jeweils charakteristisch für eine der generischen Strategien ist.[495] Basierend auf der Analyse des relevanten Schrifttums wurde ein Fragebogen entwickelt, der in Expertengesprächen und semi-strukturierten Interviews modifiziert und verfeinert wurde. Mittels dieses Fragebogens wurden die CEOs gebeten, die Bedeutsamkeit jeder der 21 identifizierten Wettbewerbsmethoden für die Strategie des Unternehmens auf einer 5-stufigen Skala anzugeben. Mit Hilfe der **Faktorenanalyse** erfolgte eine Verdichtung der 21 Wettbewerbsmethoden zu drei Faktoren.[496] Diese Faktoren

---

[492] Siehe hierzu Miller/Dess (1993), S. 566. Vgl. zu einer Klassifizierung von Unternehmen zu strategischen Gruppen anhand objektiver Umsatzanteile auch Frazier/Howell (1983), S. 59 ff.

[493] Siehe zu dem Konzept der strategischen Gruppen beispielsweise Newman (1978), S. 417 ff.; Porter (1979a), S. 214 ff., sowie im Überblick McGee/Thomas (1986), S. 142 ff.; Thomas/Venkatraman (1988), S. 541 ff.; Homburg/Sütterlin (1992), S. 637 ff. und die Ausführungen in Abschnitt 2.3.1.2.

[494] Vgl. Dess/Davis (1984), S. 467 ff.

[495] Vgl. zu den folgenden Ausführungen Dess/Davis (1984), S. 470 ff.

[496] Die ursprüngliche Lösung der Faktorenanalyse nach der Varimax Rotation enthielt fünf signifikante Faktoren (Eigenwerte größer als 1). Es wurden jedoch nur diejenigen drei Faktoren weiter berücksichtigt, welche den größten Anteil an totaler Varianz erklärten. Siehe hierzu Dess/Davis (1984), S. 472.

stellen die Wettbewerbsdimensionen dar und sind als die drei generischen Strategien nach PORTER interpretierbar.[497]

Anhand der Faktorwerte für jede der drei Wettbewerbsdimensionen pro Unternehmen wurde eine **Clusteranalyse** durchgeführt, um die Unternehmen anhand der Wettbewerbsdimensionen strategischen Gruppen zuzuordnen.[498] Hierbei wurde als Ausgangspunkt eine Drei-Cluster-Lösung gewählt, um die Vergleichbarkeit mit den generischen Strategien zu erleichtern. Es zeigte sich jedoch, dass diese Lösung nicht in angemessener Weise zwischen den Clustern trennte. Daher wurde ebenfalls eine Vier-Cluster-Lösung analysiert, wobei eine Varianzanalyse zeigte, dass die so identifizierten Gruppen sich signifikant in Bezug auf die Wettbewerbsdimensionen Differenzierung, Kostenführerschaft und Fokus unterscheiden. Die einzelnen strategischen Gruppen sind damit als Kostenführerschaft, Stuck-in-the-Middle, Fokus und Differenzierung im Sinne PORTERS zu interpretieren.[499] Das von DESS/DAVIS entwickelte Messinstrument und deren Vorgehensweise wurden später in verschiedenen Studien eingesetzt.[500]

Neben den generischen Strategien nach PORTER kommt oftmals die **Miles & Snow-Typologie** als Bezugsrahmen für die empirische Identifikation strategischer Gruppen zum Einsatz. WEISENFELD-SCHENK erhebt 14 Variablen, welche die Muster der Technologiestrategie von Biotechnologie-Unternehmen beschreiben, komprimiert diese mittels Faktorenanalyse und clustert die Unternehmen basierend auf den Faktorwerten in drei strategische Gruppen, welche als Defender, Analyser und Prospector interpretiert werden.[501]

Weitere Untersuchungen innerhalb dieser Zelle der Matrix weisen strategische Gruppen empirisch nach, ohne auf eine bestehende Typologie als Bezugsrahmen zurückzugreifen. HAWES/CRITTENDEN bilden beispielsweise mittels Clusteranalyse vier strategische Gruppen von Herstellern generischer Lebensmittelprodukte hinsichtlich ihrer Marketingstrategie im Einzelhandel ab.[502] BROCKHOFF identifiziert

---

[497] Zur externen Validierung wurde zusätzlich ein Expertenpanel von sieben Akademikern einberufen, welche die Bedeutsamkeit jeder der 21 Wettbewerbsmethoden für die drei generischen Strategien nach Porter auf 5-stufigen Skalen angeben sollte. Vgl. Dess/Davis (1984), S. 474 f.

[498] Vgl. zu den folgenden Ausführungen Dess/Davis (1984), S. 478 ff.

[499] Hierzu führen DESS/DAVIS aus: „Thus, though the three cluster solution was anticipated to parallel Porter's three generic strategies, the four cluster solution affords an interpretation that is more consistent with Porter's framework." Dess/Davis (1984), S. 481.

[500] Vgl. Robinson/Pearce (1988), S. 47 f.; Morrison/Roth (1992), S. 403; Parker/Helms (1992), S. 30 ff.; Green/Lisboa/Yasin (1993), S. 6 ff. Die gleiche Vorgehensweise findet sich zudem bei Kim/Lim (1988), S. 807 ff.; Gaitanides/Westphal (1991), S. 254 ff.

[501] Vgl. Weisenfeld-Schenk (1994), S. 61 f. Vgl. zu einer ähnlichen Vorgehensweise Wright/Kroll/Pray et al. (1995), S. 143 ff.; Rajagopalan (1997), S. 771 ff.

[502] Vgl. Hawes/Crittenden (1984), S. 278 ff. Eine ähnliche Vorgehensweise wählen Meffert/Heinemann (1989), S. 125 ff.; Hooley/Lynch/Jobber (1992), S. 78 ff.; Zahra/Covin (1993), S. 464 ff.;

mittels Faktoren- und Clusteranalyse drei Typen von Marketingstrategien, drei Typen von Beschaffungsstrategien für externes Wissen sowie drei Typen von F&E-Strategien bei Biotechnologieunternehmen.[503]

- **Taxonomie / Investigator Inference**

In der durchgeführten Bestandsaufnahme wurde kein Forschungsbeitrag identifiziert, der eine Kombination aus Taxonomie und Investigator Inference einsetzt.

- **Taxonomie / External Assessment**

Im Gegensatz zu den zuvor dargestellten Taxonomien in Kombination mit Self-Typing, welche einen kompositorischen Charakter aufweisen, sind eine Vielzahl der Taxonomien in Verbindung mit External Assessment **dekompositorischer Natur**. DAVIES ermittelt die Geschäftsbereichsstrategie von Einzelhändlern, indem er Kunden die untersuchten Unternehmen mit einem Idealunternehmen über 7-stufige Skalen vergleichen lässt.[504] Mittels **Multidimensionaler Skalierung** lassen sich die Ähnlichkeitsurteile transformieren und die Unternehmen in Relation zueinander und zu einer idealen Ausprägung darstellen. Unternehmen, die nur eine geringe Distanz entlang der Dimensionen aufweisen, gehören demnach zu einer strategischen Gruppe.

BROCKHOFF/LEKER setzen Steuerberater als externe Sachkundige zur Beurteilung von Bankstrategien im Firmenkundengeschäft ein. Die Experten wurden gebeten, einen paarweisen Vergleich der strategischen Ausrichtung von neun Geschäftsbanken mit Hilfe 7-stufiger Skalen vorzunehmen.[505] Die Ähnlichkeitsurteile wurden ebenfalls mit der Multidimensionalen Skalierung analysiert, woraus ein zweidimensionales Koordinatensystem resultierte, in dem die neun Geschäftsbanken jeweils in Abhängigkeit von der durch die Steuerberater wahrgenommenen Ähnlichkeit der strategischen Ausrichtung im Firmenkundengeschäft platziert wurden. Erkennbar sind hierbei entlang der beiden Dimensionen vier unterschiedliche strategische Gruppen.[506] Gleichzeitig wenden die Autoren einen **kompositorischen Ansatz** an.[507]

Carter/Stearns/Reynolds et al. (1994), S. 28 ff.; Miller/Roth (1994), S. 289 ff.; Raffée/Effenberger/Fritz (1994), S. 386 ff.

[503] Vgl. Brockhoff (1990), S. 455 ff. Die gleiche Vorgehensweise findet sich bei Calori (1985), S. 57 f.; Weisenfeld/Chakrabarti (1990), S. 749 ff.; Ng/Pearson/Ball (1992), S. 355 ff. und Weisenfeld-Schenk (1995), S. 245 ff. Ähnlich gehen auch McDougall/Robinson (1990), S. 454 ff. und Zahra/Covin (1994), S. 45 ff. vor.

[504] Vgl. Davies (1987), S. 135 ff. Den gleichen Ansatz wählen Pegels/Sekar (1989), S. 51 ff.

[505] Vgl. Brockhoff/Leker (1998), S. 1209.

[506] Vgl. Brockhoff/Leker (1998), S. 1213 f. Die Interpretation der Dimensionen erfolgte unter Rückgriff auf die Ergebnisse einer parallel durchgeführten kompositorischen Strategiemessung. Die erste Dimension bringt die Fokussierung der Marktstrategie auf Kunden oder Produkte zum Ausdruck

Hierbei wurde ein zweites Sample von Experten gebeten, die vorgegebenen strategischen Eigenschaften der Banken zu beurteilen. Mittels Faktorenanalyse wurden die 16 strategischen Eigenschaften zu den drei Faktoren (1) Kundenorientierte Strategieausrichtung, (2) Produktorientierte Strategieausrichtung und (3) Unbeständige Strategieausrichtung verdichtet. Anhand der Faktorwerte wurden die Banken mittels Clusteranalyse in drei unterschiedliche Cluster gruppiert.[508]

Der letztgenannte Forschungsbeitrag dieser Zelle verfolgt eine kompositorische Messung von Strategie unter Einsatz von Experten. MEHRA bildet im Bankensektor mit Hilfe von Experteneinschätzungen zum einen ressourcenbasierte, zum anderen marktbasierte strategische Gruppen. Hierbei beurteilten die Experten die von ihnen betreuten Banken hinsichtlich zehn strategischer Kernressourcen.[509] Gleichzeitig wurden hinsichtlich der marktbasierten Strategien elf Variablen über Objective Indicators erhoben.[510] Mittels Clusteranalyse wurden zwei getrennte Sets von strategischen Gruppen gebildet, wobei fünf ressourcenbasierte strategische Gruppen und vier marktbasierte strategische Gruppen identifiziert wurden.[511]

- **Taxonomie / Objective Indicators**

Ein Großteil der analysierten Forschungsbeiträge nimmt eine Operationalisierung von Strategie durch eine Kombination von Taxonomie und Objective Indicators vor. Hierbei steht die empirische Identifikation strategischer Gruppen im Vordergrund. Wie die innerhalb dieser Zelle vorherrschende primär datengeleitete Vorgehensweise vermuten lässt, nehmen die meisten Forschungsbeiträge keinen Bezug zu Theorien oder theoretischen Konzepten. Nur wenige der untersuchten Artikel beziehen sich explizit auf die generischen Strategien nach PORTER oder die Typologie nach MILES/SNOW.

Beispielsweise entwickeln MILLER/FRIESEN eine empirische Taxonomie, um das Vorliegen von **PORTERs generischen Strategien** in der Konsumgebrauchsgüterindustrie nachzuweisen.[512] Die Autoren wählen 29 strategische Variablen der PIMS-Datenbasis aus, anhand derer sie zwei Clusteranalysen durchführen, welche jeweils fünf signifikant unterschiedliche Gruppen extrahieren.[513] Die fünf Cluster sind gemäß

---

und die zweite Dimension bildet eine stetige gegenüber einer unstetigen strategischen Ausrichtung ab.

[507] Vgl. Brockhoff/Leker (1998), S. 1210 ff.
[508] Vgl. Brockhoff/Leker (1998), S. 1212.
[509] Vgl. Mehra (1996), S. 311 f.
[510] Vgl. Mehra (1996), S. 313.
[511] Eine Charakterisierung der strategischen Gruppen findet sich bei Mehra (1996), S. 314 ff.
[512] Vgl. Miller/Friesen (1986a), S. 37.
[513] Vgl. hierzu Miller/Friesen (1986a), S. 43 ff. Die gleiche Vorgehensweise findet sich bei Lawless/Bergh/Wilsted (1989), S. 653 f.; Lawless/Finch (1989), S. 357 und Wright/Kroll/Tu et al. (1991), S. 61 ff.

PORTER als (1) Differenzierung, (2) Kostenführerschaft, (3) Fokus, (4) Undifferenzierter Fokus und (5) Keine Kompetenz zu interpretieren.[514]

DOUGLAS/KEE RHEE beziehen sich bei der Auswahl ihrer 17 Variablen der PIMS-Datenbasis indirekt auf die Typologien von PORTER sowie MILES/SNOW und streben die Erfassung der Komplexität von Marketingstrategien an.[515] Mittels Faktorenanalyse werden die strategischen Variablen zu sieben Faktoren verdichtet, welche als strategische Komponenten interpretierbar sind. Die Faktorwerte dienten als Input für die anschließende Clusteranalyse, welche sechs Cluster für die US-amerikanischen Unternehmen und sechs Cluster für die europäischen Unternehmen extrahierte. RAMASWAMY/THOMAS/LITSCHERT beziehen sich explizit auf die **Miles & Snow-Typologie**, indem sie die strategische Orientierung in der Luftfahrtindustrie anhand der beiden Extremausprägungen Defender und Prospector operationalisieren. Hierzu legen sie sechs Indikatoren einer Defender-Orientierung und vier Indikatoren einer Prospector-Orientierung fest.[516] Basierend auf der Ausprägung der Indikatoren wurden die Unternehmen mittels Clusteranalyse der Defender-Gruppe oder der Prospector-Gruppe zugeordnet.[517]

Die verbleibende Mehrzahl der Beiträge innerhalb dieser Zelle nimmt keinen expliziten Bezug auf eine theoretische Konzeption zur Operationalisierung der Strategie. HATTEN/SCHENDEL/COOPER leiten bei ihrer Analyse von Brauereien eine Vielzahl von Variablen ab, welche die Strategie des Unternehmens beschreiben sollen.[518] Mittels Clusteranalyse werden sechs homogene Gruppen gebildet.[519] GALBRAITH/SCHENDEL entwickeln eine Taxonomie von Geschäftsbereichsstrategien für Konsumgüter- und Investitionsgüterunternehmen. Mit Hilfe der Faktorenanalyse wird zunächst eine Verdichtung der 26 über die PIMS-Datenbasis erhobenen strategischen Variablen vorgenommen.[520] Basierend auf den Faktorwerten ergab die Clusteranalyse sechs

---

[514] Vgl. hierzu Miller/Friesen (1986a), S. 47 ff. Hierbei weisen die strategischen Gruppen Differenzierung, Kostenführerschaft und Fokus einen höheren Erfolg als die strategischen Gruppen Undifferenzierter Fokus und Keine Kompetenz auf. Siehe hierzu Miller/Friesen (1986b), S. 256 ff.
[515] Vgl. Douglas/Kee Rhee (1989), S. 443 ff.
[516] Vgl. Ramaswamy/Thomas/Litschert (1994), S. 66 f.
[517] Vgl. hierzu Ramaswamy/Thomas/Litschert (1994), S. 69 f.
[518] Vgl. Hatten/Schendel/Cooper (1978), S. 599. Hierbei beziehen sie sich auf eine Fallstudie der Branchencharakteristika, Interviews, Beiträge in der Wirtschaftspresse und andere öffentlich verfügbare Dokumente.
[519] Vgl. Hatten/Schendel/Cooper (1978), S. 602 ff. Den gleichen Ansatz wählen Hambrick (1983b), S. 694 ff.; Harrigan (1985), S. 66 ff.; Cool/Schendel (1987), S. 1114 ff.; Amel/Rhoades (1988), S. 686 ff.; Fiegenbaum/Thomas (1990), S. 204 ff.; Lewis/Thomas (1990), S. 389 ff.; Olusoga/Mokwa/Noble (1995), S. 159 ff.; Bierly/Chakrabarti (1996), S. 128 ff.
[520] Vgl. Galbraith/Schendel (1983), S. 161 f. Einen ähnlichen Ansatz wählen Houthoofd/Heene (1997), S. 660 ff.

strategische Gruppen für die Konsumgüterhersteller und vier für die Investitionsgüterhersteller.[521]

Nur wenige Forschungsbeiträge weichen von der dominierenden Methode Clusteranalyse, meistens in Verbindung mit Faktorenanalyse, ab. Beispielsweise entwickeln HINTERHUBER/KIRCHEBNER ein mehrstufiges Verfahren zur Analyse strategischer Gruppen, dessen methodische Basis die **multivariate Regressionsanalyse** darstellt.[522] Hierzu sind in einem ersten Schritt die maßgeblichen Strategiedeterminanten für die entsprechende Branche festzulegen. Anhand der Regressionskoeffizienten werden die drei wichtigsten Determinanten für die Strategie bestimmt, welche als Dimensionen in einem Koordinatensystem fungieren, in dem Unternehmen mit gleichen und ähnlichen Werten abgetragen werden. Mit dieser Methode identifizieren die Autoren fünf strategische Gruppen in der Bauindustrie.[523]

Einen methodisch anderen Ansatz zur Identifizierung strategischer Gruppen wählen DAY/DESARBO/OLIVA. Ausgehend von zehn Variablen der PIMS-Datenbasis, welche die drei Kategorien Differenzierung, Effizienz und Leistungsbreite beschreiben, führen sie eine **Multidimensionale Skalierung** durch.[524] Ergebnis hiervon ist die Positionierung der untersuchten Unternehmen in Relation zueinander und in Relation zur Bedeutung der strategischen Variablen entlang der Erfolgsdimensionen.[525]

FIEGENBAUM/PRIMEAUX wenden die **Theorie der Markov-Ketten** auf die Analyse strategischer Gruppen an.[526] Die Zugehörigkeit zu einer strategischen Gruppe wird hierbei durch den Marktanteil determiniert.[527] Mit Hilfe der Markov-Theorie werden basierend auf Beobachtungen die Wahrscheinlichkeiten bestimmt, mit denen ein Unternehmen sich in eine andere strategische Gruppe bewegt.[528]

---

[521] Vgl. Galbraith/Schendel (1983), S. 164 ff.

[522] Vgl. zu den folgenden Ausführungen Hinterhuber/Kirchebner (1983), S. 857 ff.

[523] Vgl. Hinterhuber/Kirchebner (1983), S. 862. Allerdings üben die Autoren selbst massive Kritik an der von ihnen gewählten Vorgehensweise. Besonders schwerwiegend sind hierbei die von der multivariaten Regressionsanalyse geforderte Unabhängigkeit zwischen den unabhängigen Variablen, die zwischen Strategiedeterminanten selten zu erreichen ist, und die Beschränkung der Methode aus Visualisierungsgesichtspunkten auf drei strategische Determinanten. Vgl. hierzu Hinterhuber/Kirchebner (1983), S. 866.

[524] Vgl. hierzu Day/DeSarbo/Oliva (1987), S. 1542 ff.

[525] Vgl. Day/DeSarbo/Oliva (1987), S. 1543 ff.

[526] Vgl. Fiegenbaum/Primeaux (1987), S. 67. Die Markov-Theorie stochastischer Prozesse beschäftigt sich mit den Wahrscheinlichkeiten der Bewegung von einem Zustand zu einem anderen. Sie wird hier angewendet auf die Bewegung eines Unternehmens von einer strategischen Gruppe zu einer anderen im Zeitablauf.

[527] Vgl. zu den folgenden Ausführungen Fiegenbaum/Primeaux (1987), S. 69 ff.

[528] Als Ergebnis stellen die Autoren eine relativ hohe Stabilität der innerhalb der sieben Branchen identifizierten strategischen Gruppen fest und weisen nach, dass die Wahrscheinlichkeit, sich von einer strategischen Gruppe mit höherem Marktanteil in eine mit geringerem Marktanteil zu

Schließlich wenden BAIRD/SUDHARSHAN/THOMAS eine „**Three-Mode**"-**Faktorenanalyse** zur Untersuchung der zeitlichen Veränderungen der Strategie und der Bedeutung strategischer Elemente bei der Analyse der Struktur von strategischen Gruppen innerhalb von Branchen an.[529] Dies erlaubt, zeitliche Effekte bei der Identifikation strategischer Gruppen zu berücksichtigen. Hinsichtlich der strategischen Dimension extrahierte die Faktorenanalyse drei Faktoren.[530] Zugleich wurden drei Zeitperioden identifiziert. Basierend hierauf konnten in der Analyse acht strategische Gruppen identifiziert werden.[531]

2.2.2.2.1.3 Comparative Approach

Abschließend erfolgt die Vorstellung derjenigen Forschungsbeiträge, welche zur Operationalisierung von Strategie den Comparative Approach verwenden, wiederum geordnet nach der Kombination mit den Datenerhebungsverfahren.

- **Comparative Approach / Self-Typing**

VENKATRAMAN konzeptionalisiert die „Strategic Orientation of Business Enterprises" (STROBE) als Konstrukt mit sechs Dimensionen.[532] Zur Operationalisierung wird ausgehend von einer Liste von 61 Statements in einem zweistufigen Verfahren ein Fragebogen entwickelt.[533] Mittels des **LISREL-Ansatzes der konfirmatorischen Faktorenanalyse** entwickelt der Autor ein Instrument, welches erlaubt, die strategische Orientierung eines Unternehmens anhand der sechs Dimensionen über 29 Indikatoren zu messen.[534] Zur Bestimmung der Güte der Messung werden die Unidimensionalität, die Reliabilität, die Konvergenz- und Diskriminanzvalidität, die nomologische Validität und die Prognosevalidität nachgewiesen.[535]

KOTHA/VADLAMANI setzen ebenfalls den LISREL-Ansatz der konfirmatorischen Faktorenanalyse ein, um die Validität der Typologie von generischen Strategien nach MINTZBERG zu prüfen sowie die deskriptive Stärke dieser mit der der Typologie von

---

bewegen, höher ist als in die entgegengesetzte Richtung. Vgl. Fiegenbaum/Primeaux (1987), S. 84.

[529] Vgl. Baird/Sudharshan/Thomas (1988), S. 425. Siehe zu einer detaillierten Beschreibung der Vorgehensweise Baird/Sudharshan/Thomas (1988), S. 426 ff.
[530] Vgl. Baird/Sudharshan/Thomas (1988), S. 429 f.
[531] Vgl. Baird/Sudharshan/Thomas (1988), S. 431.
[532] Siehe hierzu Venkatraman (1985), S. 25 ff.; Venkatraman (1989a), S. 947 ff. Als Dimensionen werden a priori sechs Dimensionen der strategischen Orientierung abgeleitet: (1) Aggressiveness, (2) Analysis, (3) Defensiveness, (4) Futurity, (5) Proactiveness und (6) Riskiness.
[533] Vgl. Venkatraman (1985), S. 33 ff.; Venkatraman (1989a), S. 950 ff.
[534] Das so entwickelte Messinstrument wurde in späteren Untersuchungen zur Messung der strategischen Orientierung von Unternehmen eingesetzt, beispielsweise bei Lefebvre/Mason/Lefebvre (1997), S. 859.
[535] Siehe hierzu Venkatraman (1985), S. 50 ff.; Venkatraman (1989a), S. 951 ff.

PORTER zu vergleichen.[536] Als Erhebungsinstrument diente ein Fragebogen mit 22 Wettbewerbsmethoden, deren Bedeutung auf 5-stufigen Likert-Skalen angegeben wurde. Basierend auf der Einschätzung von sechs Experten bezüglich der Relevanz der einzelnen Wettbewerbsmethoden für die generischen Strategien nach MINTZBERG wurde ein Messmodell entwickelt.[537] Hierbei demonstrieren die Ergebnisse der konfirmatorischen Faktorenanalyse und der Gütekriterien „strong evidence of a good fit between the model representing Mintzberg's six generic strategies and our sample data."[538] SPANOS/LIOUKAS verwenden den **EQS-Ansatz** der konfirmatorischen Faktorenanalyse zur Operationalisierung von Wettbewerbsstrategien gemäß den generischen Strategien nach PORTER. Hierbei greifen die Autoren auf die Messansätze von DESS/DAVIS und MILLER zurück und erheben die Konstrukte mit 5-stufigen Likert-Skalen.[539] Die Ergebnisse der Validierung der Konstruktmessung deuteten auf eine reliable und valide Messung hin und das Messmodell wies eine hohe Anpassung an die Daten auf.[540] Zudem wurde ein positiver und signifikanter Einfluss von Strategie auf den Markterfolg nachgewiesen.[541]

MILLER konzeptionalisiert Strategie im Hinblick auf die Dimensionen von generischen Strategien nach PORTER und operationalisiert diese über die von HAMBRICK bzw. DESS/DAVIS entwickelten Itembatterien.[542] Zur Analyse der Beziehungen zwischen Umwelt und Strategie respektive Struktur und Strategie wurde eine **multiple Regressionsanalyse** eingesetzt, bei der die Strategie als abhängige Variable fungiert.[543] BATES/AMUNDSON/SCHROEDER ET AL. konzeptionalisieren Produktionsstrategie prozessorientiert über sechs Dimensionen, welche über jeweils mehrere Items von Likert-Skalen abgefragt werden.[544] Für die Skalen wurden sowohl Reliabilität über Cronbachsches Alpha als auch Content Validität mittels Expertenmeinung sowie Konstruktvalidität mittels Faktorenanalyse überprüft.[545] Mittels

---

[536] Vgl. hierzu Kotha/Vadlamani (1995), S. 75 ff. MINTZBERG unterscheidet hierbei zwischen Differenzierung über (1) Preis, (2) Image, (3) Zusätzliche Dienstleistungen, (4) Qualität, (5) Produktdesign und (6) Keine Differenzierung. Siehe Mintzberg (1988), S. 17 ff.; Mintzberg (2003), S. 120 ff. sowie die Ausführungen in Abschnitt 2.3.1.3.2.
[537] Vgl. Kotha/Vadlamani (1995), S. 77 f.
[538] Kotha/Vadlamani (1995), S. 79.
[539] Vgl. Spanos/Lioukas (2001), S. 915. Siehe zu den Messansätzen Dess/Davis (1984), S. 470 ff.; Miller (1988), S. 293 ff.
[540] Vgl. Spanos/Lioukas (2001), S. 917.
[541] Vgl. Spanos/Lioukas (2001), S. 918.
[542] Vgl. hierzu Miller (1988), S. 293. Siehe zu den Itembatterien Hambrick (1983b), S. 694 ff.; Dess/Davis (1984), S. 470 ff.
[543] Vgl. Miller (1988), S. 294 f.
[544] Vgl. hierzu Bates/Amundson/Schroeder et al. (1995), S. 1566 ff.
[545] Vgl. Bates/Amundson/Schroeder et al. (1995), S. 1572 f.

kanonischer **Korrelationsanalyse** weisen die Autoren eine statistisch signifikante Beziehung zwischen Produktionsstrategie und Organisationskultur nach.[546]

- **Comparative Approach / Investigator Inference**

JAUCH/OSBORN/GLUECK kombinieren den Comparative Approach mit einer Form der Investigator Inference über Inhaltsanalyse. Basierend auf der Inhaltsanalyse von 358 Fortune Case Studies wurden die Strategien der Untersuchungsobjekte und deren Bedeutung anhand von 24 Strategien in acht Kategorien erhoben.[547] Hieraus wurden die Bedeutung jeder strategischen Kategorie für das jeweilige Untersuchungsobjekt und die relative Bedeutung jeder strategischen Kategorie über alle Untersuchungsobjekte hinweg bestimmt.[548] Mittels Korrelationsanalyse und multipler linearer Regression wurden die Beziehungen zwischen Umwelt, Strategie und Erfolg ermittelt.[549]

DOWLING/MCGEE operationalisieren die Geschäftsbereichsstrategie und die Technologiestrategie von jungen Unternehmen der Telekommunikations-Ausrüstungsindustrie.[550] Die Daten wurden mittels Investigator Inference über Inhaltsanalysen von IPO-Statements erhoben und hinsichtlich der strategischen Dimensionen kodiert.[551] Basierend hierauf wurde eine multiple Regressionsgleichung formuliert, in der Erfolg als abhängige Variable von den Geschäftsbereichsstrategie- und Technologiestrategie-Variablen spezifiziert wurde.

- **Comparative Approach / External Assessment**

In der durchgeführten Bestandsaufnahme wurde kein Forschungsbeitrag identifiziert, der eine Kombination aus Comparative Approach und External Assessment einsetzt.

- **Comparative Approach / Objective Indicators**

Schließlich setzen einige Autoren zur Operationalisierung von Strategie eine Kombination aus Comparative Approach und Objective Indicators ein. LENZ konzeptionalisiert Strategie als Ressourcenentscheidungen, welche die Wettbewerbsposition eines Unternehmens beeinflussen, und operationalisiert sie über ein Set von durch Objective Indicators erhebbaren Items.[552] Mittels Faktorenanalyse werden die Items

---

[546] Vgl. Bates/Amundson/Schroeder et al. (1995), S. 1576.
[547] Vgl. Jauch/Osborn/Glueck (1980), S. 51 ff.
[548] Vgl. Jauch/Osborn/Glueck (1980), S. 52.
[549] Vgl. Jauch/Osborn/Glueck (1980), S. 53.
[550] Vgl. hierzu Dowling/McGee (1994), S. 1665.
[551] Vgl. Dowling/McGee (1994), S. 1670.
[552] Vgl. Lenz (1980), S. 214.

zu den zwei Faktoren „Marketing Tactics" und „Financial Services Mix" komprimiert. Unter Einsatz der **Diskriminanzanalyse** untersucht der Autor verschiedene Kombinationen von Umwelt, Strategie und Organisationsstruktur, die mit der Gruppe der erfolgreichen und der nicht erfolgreichen Unternehmen in Verbindung stehen, um herauszufinden, ob zwischen den Kombinationen signifikante Unterschiede bestehen.[553] Hierbei werden signifikante Unterschiede zwischen den Konfigurationen von erfolgreichen und nicht erfolgreichen Unternehmen festgestellt und vier Strategievariablen identifiziert, welche signifikant zwischen den beiden Gruppen trennen.[554]

Woo/Cooper setzen ebenfalls die Diskriminanzanalyse ein, um zu untersuchen, ob sich die Wettbewerbsstrategien von erfolgreichen Unternehmen mit geringem Marktanteil signifikant von denen erfolgreicher Unternehmen mit hohem Marktanteil unterscheiden.[555] Mittels der Diskriminanzanalyse wurden lineare Kombinationen der 13 Variablen gebildet, welche die wettbewerbsstrategischen Differenzen zwischen den beiden Gruppen maximieren sollten. Hierbei zeigte sich ein signifikanter Unterschied der Wettbewerbsstrategien zwischen den beiden Gruppen.[556]

Beard/Dess untersuchen den Einfluss von Unternehmensstrategie und Geschäftsbereichsstrategie auf den Unternehmenserfolg mittels einer **multiplen, linearen Regressionsanalyse**.[557] Dabei werden für Unternehmensstrategie und Geschäftsbereichsstrategie ein respektive drei Indikatoren gebildet, die als unabhängige Variablen in die Regressionsgleichung eingehen.[558]

Phillips/Chang/Buzzell setzen den **LISREL-Ansatz der Kausalanalyse** zur Untersuchung des Einflusses der Strategien Produktdifferenzierung und Kostenführerschaft auf den Erfolg ein.[559] Basierend auf PIMS-Daten spezifizieren die Autoren in einem Kausalmodell die direkten und indirekten Beziehungen zwischen den latenten Variablen (1) relative Produktqualität, (2) relative direkte Kosten, (3) relative Marktposition, (4) relativer Preis und (5) Return on Investment.[560] In der Mehrzahl der Fälle

---

[553] Vgl. Lenz (1980), S. 216. Hierzu stellt die Diskriminanzanalyse eine lineare Funktion auf, welche die zwei durch ein gleiches Set an Variablen gemessenen Gruppen optimal trennt.

[554] Vgl. Lenz (1980), S. 216 f. Dies sind im Einzelnen: (1) Anteil der liquiden Mittel, (2) Zinsrate für Einfamilienkredite, (3) Anzahl der Medien für Werbung und (4) Preis für Einfamilienkredite.

[555] Vgl. Woo/Cooper (1981), S. 306 ff.

[556] Vgl. hierzu Woo/Cooper (1981), S. 309.

[557] Vgl. hierzu Beard/Dess (1981), S. 674 ff.

[558] Vgl. Beard/Dess (1981), S. 677 ff. Als Indikator für die Unternehmensstrategie fungiert die Branchenprofitabilität, gemessen als Return on Investment oder als Return on Equity pro Branche. Als Indikatoren für die Geschäftsbereichsstrategie werden (1) das Verhältnis Fremdkapital/Eigenkapital, (2) das Verhältnis Assets/Umsatz und (3) die Umsatzhöhe herangezogen, wobei alle Größen relativ zu dem jeweiligen Branchendurchschnitt berechnet wurden.

[559] Vgl. hierzu Phillips/Chang/Buzzell (1983), S. 28 ff.

[560] Hierbei stellt die relative Produktqualität innerhalb des Modells eine exogene Variable dar, wohingegen die übrigen Variablen als endogene Variablen spezifiziert sind. Siehe hierzu Phillips/Chang/Buzzell (1983), S. 32.

stellen die relativen direkten Kosten eine signifikante Determinante des Erfolgs dar und Produktdifferenzierung durch hohe Produktqualität bestimmt in allen Fällen signifikant den Return on Investment.[561]

PRESCOTT untersucht, ob die Umwelt einen moderierenden Einfluss auf die Beziehung zwischen Strategie und Erfolg hat.[562] Strategie wird anhand von neun Variablen der PIMS-Datenbasis operationalisiert.[563] Mittels **moderierter Regressionsanalyse** und **Korrelationsanalyse** wird der Einfluss der Umwelt auf die Beziehung zwischen Strategie und Erfolg untersucht. Gemäß der Ergebnisse der Regressionsanalyse erklärten die Strategie-Variablen 40 Prozent der Varianz des Return on Investment.[564]

VENKATRAMAN/PRESCOTT wählen ebenfalls eine multiple Regressionsanalyse. Strategie wird als „pattern of strategic resource deployments in key areas"[565] konzeptionalisiert und auf der Basis von PIMS-Daten anhand von 17 Variablen operationalisiert. Die Autoren weisen empirisch nach, „that the attainment of an appropriate match between environment and strategy has systematic implications for performance."[566]

2.2.2.2.1.4 Synopsis der Forschungsbeiträge im Hinblick auf die Kombination von Operationalisierungsansatz und Datenerhebungsansatz

Tab. 7 fasst die Zuordnung und Systematisierung der Forschungsbeiträge hinsichtlich der Kombination von Operationalisierungsansatz und Datenerhebungsansatz zusammen.

---

[561] Hierbei liegt hinsichtlich der Beziehung Produktqualität zu Erfolg jedoch kein direkter Effekt vor, vielmehr beeinflusst die Produktqualität den Marktanteil positiv, was sich wiederum in einem höheren Return on Investment ausdrückt. Vgl. Phillips/Chang/Buzzell (1983), S. 41.

[562] Vgl. Prescott (1986), S. 329 ff.

[563] Die Variablen sind hierbei den theoretischen Dimensionen „Cost Efficiency", „Asset Parsimony", „Differentiation" und „Scale/Scope" zugeordnet. Vgl. Prescott (1986), S. 336. Die gleiche Vorgehensweise wählen Kotha/Nair (1995), S. 507 ff.

[564] Vgl. Prescott (1986), S. 337. Weitere Analysen ergaben, dass die Umwelt die Stärke der Beziehung zwischen Strategie und Erfolg moderiert, nicht aber die Form. Vgl. Prescott (1986), S. 340.

[565] Venkatraman/Prescott (1990), S. 7.

[566] Venkatraman/Prescott (1990), S. 18. Innovativ an der Vorgehensweise ist die Konzeptionalisierung von „coalignment" als „degree of adherence to an ‚ideal' profile specified for a given environment" und die Operationalisierung als „a weighted Euclidean distance from the ideal profile along those variables considered significant within an environment." Venkatraman/Prescott (1990), S. 8.

Operationalisierung \ Datenerhebung	Self-Typing Σ=47	Investigator Inference Σ=2	External Assessment Σ=6	Objective Indicators Σ=33
Narrative Approach (Fallstudien-Ansatz)	Nicht in der Analyse betrachtet			
Typologien (theoriegeleitet, a priori Zuordnung) Σ=25	• Grinyer/Yasai-Ardekani/Al-Bazzaz (1980) • Snow/Hrebiniak (1980) • Grinyer/Yasai-Ardekani (1981) • Hitt/Ireland/Stadter (1982) • Hitt/Ireland (1985) • Herbert/Deresky (1987) • McDaniel/Kolari (1987) • Miller (1987) • McKee/Varadarajan/Pride (1989)	• Zajac/Shortell (1989) • Conant/Mokwa/Varadarajan (1990) • Shortell/Zajac (1990) • Dvir/Segev/Shenhar (1993) • James/Hatten (1995) • Butler/Coates/Pike/Price/Turner (1996) • Liao/Greenfield (1997) • Matsuno/Mentzer (2000) • Slater/Olson (2001) Σ=18	• Keine Forschungsbeiträge Σ=2	• Hambrick (1981) • Hambrick (1982) Σ=2	• Hambrick (1983a) • Frazier/Howell (1983) • Hambrick/MacMillan/Barbosa (1983) • White (1986) • Miller/Dess (1993) Σ=5
Taxonomien (empirisch, a posteriori Zuordnung; datengeleitete, konzeptgeleitete oder typologiegeleitete Ermittlung) Σ=49	• Dess/Davis (1984) • Hawes/Crittenden (1984) • Calori (1985) • Kim/Lim (1988) • Robinson/Pearce (1988) • Meffert/Heinemann (1989) • Brockhoff (1990) • McDougall/Robinson (1990) • Weisenfeld/Chakrabarti (1990) • Gaitanides/Westphal (1991) • Hooley/Lynch/Jobber (1992) • Morrison/Roth (1992) • Ng/Pearson/Ball (1992)	• Parker/Helms (1992) • Green/Lisboa/Yasin (1993) • Zahra/Covin (1993) • Carter/Stearns/Reynolds/Miller (1994) • Miller/Roth (1994) • Raffée/Effenberger/Fritz (1994) • Weisenfeld-Schenk (1994) • Zahra/Covin (1994) • Weisenfeld-Schenk (1995) • Wright/Kroll/Pray/Lado (1995) • Rajagopalan (1997) Σ=24	• Keine Forschungsbeiträge Σ=4	• Davies (1987) • Pegels/Sekar (1989) • Mehra (1996) • Brockhoff/Leker (1998)	• Hatten/Schendel/Cooper (1978) • Galbraith/Schendel (1983) • Hambrick (1983b) • Hinterhuber/Kirchebner (1983) • Harrigan (1985) • Miller/Friesen (1986a/b) • Cool/Schendel (1987) • Day/DeSarbo/Oliva (1987) • Fiegenbaum/Primeaux (1987) • Amel/Rhoades (1988) • Baird/Sudharshan/Thomas (1988) • Douglas/Kee Rhee (1989) • Lawless/Bergh/Wilsted (1989) • Lawless/Finch (1989) • Fiegenbaum/Thomas (1990) • Lewis/Thomas (1990) • Wright/Kroll/Tu/Helms (1991) • Ramaswamy/Thomas/Litschert (1994) • Olusoga/Mokwa/Noble (1995) • Bierly/Chakrabarti (1996) • Houthoofd/Heene (1997) Σ=21
Comparative Approach (empirisch, konzeptgeleitete Ermittlung) Σ=14	• Venkatraman (1985;1989) • Miller (1988) • Bates/Amundson/Schroeder/Morris (1995)	• Kotha/Vadlamani (1995) • Spanos/Lioukas (2001) Σ=5	• Jauch/Osborn/Glueck (1980) • Dowling/McGee (1994) Σ=2	• Keine Forschungsbeiträge	• Lenz (1980) • Beard/Dess (1981) • Woo/Cooper (1981) • Phillips/Chang/Buzzell (1983) • Prescott (1986) • Venkatraman/Prescott (1990) • Kotha/Nair (1995) Σ=7

Tab. 7: **Synopsis des Forschungsstands im Hinblick auf Operationalisierungsansatz und Datenerhebungsansatz**

Aus der Übersicht geht eindeutig hervor, dass die **Taxonomie** die anderen Ansätze klar dominiert. Von den 88 analysierten Forschungsbeiträgen wenden 49 die Taxonomie als Operationalisierungsansatz an. Innerhalb der Taxonomien herrscht der kompositorische Ansatz vor. Lediglich vier der betrachteten Forschungsbeiträge wählen einen dekompositorischen Ansatz.[567] Die geringe Verwendung des dekompositorischen Ansatzes lässt sich mit dem damit verbundenen Erhebungsaufwand erklären. Die Anzahl der durchzuführenden Paarvergleiche steigt mit Zunahme der Untersuchungseinheiten nach der Formel (n x n-1)/2 überproportional an. Folglich bietet sich der dekompositorische Ansatz nur für eine geringe Fallzahl an und scheidet für großzahlige Erhebungen aufgrund der Komplexität der Paarvergleiche und des nicht mehr vertretbaren Erhebungsaufwands aus.[568] Bei dem kompositorischen

---

[567] Vgl. hierzu Davies (1987), S. 135 ff.; Day/DeSarbo/Oliva (1987), S. 1542 ff.; Pegels/Sekar (1989), S. 51 ff.; Brockhoff/Leker (1998), S. 1209 ff.

[568] Dies wird durch die geringen Fallzahlen bestätigt, auf die der Ansatz angewendet wird, welche sich bei den betrachteten Untersuchungen auf n=7, n=14, n=10 und n=9 beliefen. Siehe Davies

Ansatz der Taxonomiebildung überwiegt hinsichtlich der Vorgehensweise die Clusteranalyse, vielfach in Kombination mit einer zuvor durchgeführten Faktorenanalyse. Nur zwei der betrachteten Forschungsbeiträge verzichten bei der Entwicklung von Taxonomien auf die Clusteranalyse.[569]

Am zweithäufigsten werden zur Operationalisierung von Strategie **Typologien** herangezogen. Hierbei wird in den meisten Fällen die Strategie durch eine Zuordnung von Unternehmen in eine bereits vorhandene Typologie über Self-Typing oder Objective Indicators gemessen. Die meisten Forschungsbeiträge greifen auf die Miles & Snow-Typologie zurück. Daneben wird auf die Typologie der generischen Strategien nach PORTER, die Typologie nach GLUECK und die Typologie der Diversifikationsstrategien nach WRIGLEY bzw. RUMELT rekurriert. Drei der analysierten Forschungsbeiträge entwickeln eine eigene Typologie.[570]

Wie die Bestandsaufnahme der Forschungsbeiträge zeigt, wird der **Comparative Approach** in der empirischen Strategieforschung bislang am wenigsten eingesetzt. Die in der vorliegenden Untersuchung angestrebte Operationalisierung von Strategie mittels einer konfirmatorischen Faktorenanalyse kommt lediglich bei vier der untersuchten Forschungsbeiträge zum Einsatz.[571] Darüber hinaus erfolgt bei den übrigen Untersuchungen, welche den Comparative Approach anwenden, die Datenanalyse über Regressions-, Diskriminanz- oder Korrelationsanalysen.

Zur Datenerhebung wird Self-Typing am häufigsten eingesetzt, gefolgt von Objective Indicators. Dem External Assessment kommt nur eine untergeordnete Bedeutung zu. Investigator Inference wird lediglich bei zwei Forschungsbeiträgen eingesetzt, weshalb SNOW/HAMBRICK beizupflichten ist, die hinsichtlich dieser Datenerhebungsart feststellen: „On balance, we have found the method of investigator inference to be a relatively weak measurement approach. It is often less accurate than the approaches described below, and it can be applied only to relatively small samples of organizations."[572]

Zusammenfassend ist festzuhalten, dass innerhalb der analysierten Forschungsbeiträge zur empirischen Strategieidentifikation und –messung eine klare Dominanz von Klassifizierungen zu verzeichnen ist, wobei empirische Klassifizierungen häufiger eingesetzt werden als konzeptionelle. Die Messung von Strategie erfolgt daher vorwiegend in Entweder-oder-Klassifizierungen, welche das Strategiekonstrukt insbesondere innerhalb einer Klasse nicht ausreichend genau erfassen. Demgegenüber

---

(1987), S. 137; Day/DeSarbo/Oliva (1987), S. 1542; Pegels/Sekar (1989), S. 51; Brockhoff/Leker (1998), S. 1208.

[569] Siehe hierzu Hinterhuber/Kirchebner (1983), S. 857 ff.; Fiegenbaum/Primeaux (1987), S. 69 ff.
[570] Vgl. Frazier/Howell (1983), S. 61 ff.; Herbert/Deresky (1987), S. 137 ff.; Miller (1987), S. 64 ff.
[571] Siehe hierzu Phillips/Chang/Buzzell (1983), S. 34 ff.; Venkatraman (1985), S. 35 ff.; Venkatraman (1989a), S. 949 ff.; Kotha/Vadlamani (1995), S. 77 ff.; Spanos/Lioukas (2001), S. 915 ff.
[572] Snow/Hambrick (1980), S. 533.

wird der Comparative Approach, dem eine sehr hohe Genauigkeit bei der Messung des Strategiekonstrukts entlang mehrerer Dimensionen attestiert wird, bisher relativ selten in der empirischen Strategieforschung eingesetzt. Die vergleichende Bewertung der Operationalisierungsansätze zeigt, dass der Comparative Approach den anderen Operationalisierungsansätzen hinsichtlich der für die vorliegende Untersuchung relevanten Bewertungskriterien überlegen ist.[573] Die vorliegende Arbeit strebt an, das bestehende Anwendungsdefizit des Comparative Approach in der empirischen Strategieforschung zu verringern.

Hinsichtlich der Datenerhebungsansätze wurde gezeigt, dass Self-Typing aufgrund der Möglichkeit, eine Vielzahl konzeptionell als relevant erachteter Variablen bei einer großen Anzahl die Strategie maßgeblich beeinflussenden Auskunftspersonen zu erheben, Vorteile gegenüber den anderen Datenerhebungsansätzen aufweist.[574] Entsprechend kommt der Self-Typing-Ansatz in der empirischen Strategieforschung am häufigsten zum Einsatz.

2.2.2.2.2 Synopsis der Forschungsbeiträge nach dem organisatorischen Geltungsbereich des Strategiekonstrukts

Tab. 8 zeigt eine Zuordnung der Forschungsbeiträge zu dem organisatorischen Geltungsbereich, für den das Strategiekonstrukt operationalisiert wurde.

Die Übersicht zeigt deutlich die **Dominanz der Geschäftsbereichsebene** in der empirischen Strategieforschung. Zwölf respektive neun Forschungsbeiträge konzeptionalisieren Strategie auf der Unternehmens- bzw. der Funktionsbereichsebene. Die Sichtung des Forschungsstands der empirischen Strategieforschung demonstriert somit die hohe Relevanz der Geschäftsbereichsebene und stützt damit die in der vorliegenden Untersuchung gewählte organisatorische Ebene für die Konzeptionalisierung und Operationalisierung des Strategiekonstrukts.[575]

---

[573] Vgl. hierzu die Ausführungen in Abschnitt 2.2.2.1.2.2.
[574] Siehe hierzu die Ausführungen in Abschnitt 2.2.2.1.1.2.
[575] Siehe hierzu Abschnitt 1.2.

Unternehmens-strategie	Geschäftsbereichs-strategie		Funktionsbereichs-strategie
• Grinyer/Yasai-Ardekani/Al-Bazzaz (1980) • Grinyer/Yasai-Ardekani (1981) • Hitt/Ireland/Stadter (1982) • Hinterhuber/Kirchebner (1983) • Hitt/Ireland (1985) • Amel/Rhoades (1988) • Pegels/Sekar (1989) • Fiegenbaum/Thomas (1990) • Shortell/Zajac (1990) • Raffée/Effenberger/Fritz (1994) • Kotha/Nair (1995) • Mehra (1996)	• Hatten/Schendel/Cooper (1978) • Jauch/Osborn/Glueck (1980) • Lenz (1980) • Snow/Hrebiniak (1980) • Beard/Dess (1981) • Hambrick (1981) • Woo/Cooper (1981) • Hambrick (1982) • Frazier/Howell (1983) • Galbraith/Schendel (1983) • Hambrick (1983a) • Hambrick (1983b) • Hambrick/MacMillan/Barbosa (1983) • Phillips/Chang/Buzzell (1983) • Dess/Davis (1984) • Calori (1985) • Harrigan (1985) • Venkatraman (1985;1989) • Miller/Friesen (1986a/b) • Prescott (1986) • White (1986) • Cool/Schendel (1987) • Davies (1987) • Day/DeSarbo/Oliva (1987) • Fiegenbaum/Primeaux (1987) • Herbert/Deresky (1987) • Miller (1987) • Baird/Sudharshan/Thomas (1988) • Kim/Lim (1988) • Miller (1988) • Robinson/Pearce (1988) • Douglas/Kee Rhee (1989) • Lawless/Bergh/Wilsted (1989) • Lawless/Finch (1989)	• McKee/Varadarajan/Pride (1989) • Meffert/Heinemann (1989) • Zajac/Shortell (1989) • Conant/Mokwa/Varadarajan (1990) • Lewis/Thomas (1990) • McDougall/Robinson (1990) • Venkatraman/Prescott (1990) • Gaitanides/Westphal (1991) • Wright/Kroll/Tu/Helms (1991) • Morrison/Roth (1992) • Parker/Helms (1992) • Dvir/Segev/Shenhar (1993) • Green/Lisboa/Yasin (1993) • Miller/Dess (1993) • Zahra/Covin (1993) • Carter/Stearns/Reynolds/Miller (1994) • Dowling/McGee (1994) • Ramaswamy/Thomas/Litschert (1994) • Weisenfeld-Schenk (1994) • Zahra/Covin (1994) • James/Hatten (1995) • Kotha/Vadlamani (1995) • Olusoga/Mokwa/Noble (1995) • Wright/Kroll/Pray/Lado (1995) • Bierly/Chakrabarti (1996) • Butler/Coates/Pike/Price/Turner (1996) • Houthoofd/Heene (1997) • Liao/Greenfield (1997) • Rajagopalan (1997) • Brockhoff/Leker (1998) • Matsuno/Mentzer (2000) • Slater/Olson (2001) • Spanos/Lioukas (2001)	• Hawes/Crittenden (1984) • McDaniel/Kolari (1987) • Brockhoff (1990) • Weisenfeld/Chakrabarti (1990) • Hooley/Lynch/Jobber (1992) • Ng/Pearson/Bali (1992) • Miller/Roth (1994) • Bates/Amundson/Schroeder/Morris (1995) • Weisenfeld-Schenk (1995)
Σ=12	Σ=67		Σ=9

Tab. 8: Synopsis der Forschungsbeiträge nach dem organisatorischen Geltungsbereich des Strategiekonstrukts

2.2.2.2.3 Synopsis der Forschungsbeiträge nach der theoretischen Fundierung

Abb. 5 zeigt eine vergleichende Übersicht der theoretischen Fundierung der betrachteten Forschungsbeiträge.

Wie aus der Abbildung ersichtlich, nehmen die meisten der untersuchten Forschungsbeiträge Bezug zum Schrifttum im **strategischen Management** und den dort entwickelten Erklärungsansätzen, ohne explizit auf eine Theorie zu rekurrieren. Hierbei steht oftmals die Anlehnung an Typologien im Vordergrund, allen voran die Miles & Snow-Typologie. Fast ebenso viele Forschungsbeiträge greifen auf die Erkenntnisse der **Industrieökonomik** zurück, die als das dominierende Forschungsparadigma der Strategieforschung in den achtziger und der ersten Hälfte der neunziger Jahre angesehen wird.[576] Vor allem die auf industrieökonomische Überlegungen zurückgehenden Konzepte der strategischen Gruppen und der generischen

---

[576] Vgl. zur Industrieökonomik die Ausführungen in Abschnitt 2.3.1.

Wettbewerbsstrategien nach PORTER werden vielfach als Bezugspunkt für die Konzeptionalisierung und Operationalisierung von Strategie herangezogen.

Industrieökonomik (Strategische Gruppen/Generische Strategien)			Institutionenökonomie	Evolutionstheorie
· Hatten/Schendel/Cooper (1978) · Lenz (1980) · Frazier/Howell (1983) · Hambrick (1983b) · Phillips/Chang/Buzzell (1983) · Dess/Davis (1984) · Harrigan (1985) · Miller/Friesen (1986a/b) · Prescott (1986) · White (1986) · Cool/Schendel (1987) · Day/DeSarbo/Oliva (1987) · Fiegenbaum/Primeaux (1987)	· Amel/Rhoades (1988) · Baird/Sudharshan/Thomas (1988) · Kim/Lim (1988) · Miller (1988) · Douglas/Kee Rhee (1989) · Lawless/Bergh/Wilsted (1989) · Mefert/Heinemann (1989) · Fiegenbaum/Thomas (1990) · Lewis/Thomas (1990) · Gaitanides/Westphal (1991) · Wright/Kroll/Tu/Helms (1991) · Parker/Helms (1992)	· Green/Lisboa/Yasin (1993) · Miller/Dess (1993) · Dowling/McGee (1994) · Raffée/Effenberger/Fritz (1994) · Kotha/Vadlamani (1995) · Olusoga/Mokwa/Noble (1995) · Mehra (1996) · Houthoofd/Heene (1997) · Liao/Greenfield (1997) · Spanos/Lioukas (2001) ∑=35	· Keine Forschungsbeiträge	· Keine Forschungsbeiträge

Resource-based View	Capability-based View	Knowledge-based View
· Lawless/Bergh/Wilsted (1989) · Mehra (1996) · Spanos/Lioukas (2001) ∑=3	· Keine Forschungsbeiträge	· Bierly/Chakrabarti (1996) ∑=1

Schrifttum zum strategischen Management				Keine erkennbare theoretische Fundierung	
· Grinyer/Yasai-Ardekani/ Al-Bazzaz (1980) · Jauch/Osborn/ Glueck (1980) · Snow/Hrebiniak (1980) · Beard/Dess (1981) · Grinyer/Yasai-Ardekani (1981) · Hambrick (1981) · Woo/Cooper (1981) · Hambrick (1982) · Hitt/Ireland/Stadter (1982) · Hambrick (1983a) · Hambrick/MacMillan/ Barbosa (1983)	· Hawes/Crittenden (1984) · Calori (1985) · Hitt/Ireland (1985) · Venkatraman (1985;1989) · Herbert/Deresky (1987) · McDaniel/Kolari (1987) · Miller (1987) · Robinson/Pearce (1988) · Lawless/Finch (1989) · McKee/Varadarajan/ Pride (1989) · Zajac/Shortell (1989) · Conant/Mokwa/ Varadarajan (1990)	· McDougall/Robinson (1990) · Shortell/Zajac (1990) · Venkatraman/Prescott (1990) · Morrison/Roth (1992) · Dvir/Segev/Shenhar (1993) · Zahra/Covin (1993) · Carter/Stearns/Reynolds/ Miller (1994) · Ramaswamy/Thomas/ Litschert (1994) · Weisenfeld-Schenk (1994)	· James/Hatten (1995) · Kotha/Nair (1995) · Weisenfeld-Schenk (1995) · Wright/Kroll/Pray/Lado (1995) · Butler/Coates/Pike/Price/ Turner (1996) · Rajagopalan (1997) · Matsuno/Mentzer (2000) · Slater/Olson (2001) ∑=40	· Galbraith/Schendel (1983) · Hinterhuber/Kirchebner (1983) · Davies (1987) · Pegels/Sekar (1989) · Brockhoff (1990) · Weisenfeld/Chakrabarti (1990) · Hooley/Lynch/Jobber (1992) · Ng/Pearson/Ball (1992) · Miller/Roth (1994) · Zahra/Covin (1994) · Bates/Amundson/ Schroeder/Morris (1995) · Brockhoff/Leker (1998) ∑=12	

Abb. 5: **Synopsis des Forschungsstands im Hinblick auf theoretische Fundierung**

Hingegen hat der seit Mitte der neunziger Jahre in der Strategieforschung verstärkt diskutierte **Ressourcenansatz** mit seinen Ausprägungen Resource-based View, Capability-based View und Knowledge-based View bislang kaum Einzug in die theoretische Fundierung der empirischen Strategieforschung gehalten.[577] Lediglich drei der betrachteten Forschungsbeiträge nehmen zur theoretischen Ableitung ihrer Untersuchung neben der Industrieökonomik Bezug zum Resource-based View.[578]

---

[577] Vgl. zum Ressourcenansatz die Ausführungen in 2.3.3.1.

[578] LAWLESS/BERGH/WILSTED untersuchen neben Branchenstruktur und Zugehörigkeit zu einer strategischen Gruppe die Erfolgswirksamkeit von Unternehmensfähigkeiten. Vgl. Lawless/Bergh/ Wilsted (1989), S. 650. MEHRA vergleicht den Zusammenhang zwischen marktbasierten strategischen Gruppen und ressourcenbasierten strategischen Gruppen mit dem Unternehmenserfolg und belegt eine starke Verbindung zwischen Ressourceneinsatz und Unternehmenserfolg. Siehe hierzu Mehra (1996), S. 308 ff. Spanos/Lioukas untersuchen in einem integrierten Modell den

Nur eine Arbeit bezieht sich auf den Knowledge-based View.[579] Es wurden keine Forschungsbeiträge identifiziert, die eine theoretische Fundierung basierend auf den Erkenntnissen der **Institutionenökonomie**, der **Evolutionstheorie** oder dem **Capability-based View** vornehmen.[580] Bei zwölf der analysierten Beiträge konnte keine erkennbare theoretische Fundierung identifiziert werden.

Zusammenfassend lässt sich bezüglich der theoretischen Fundierung der empirischen Strategieidentifikation und –messung eine klare Dominanz der Industrieökonomik feststellen. Eine deutliche Forschungslücke besteht hinsichtlich der empirischen Überprüfung der ressourcentheoretischen Überlegungen zur Strategieinhaltsforschung. Die Relevanz der Institutionenökonomie und der Evolutionstheorie für die empirische Strategieidentifikation wurde bislang nicht untersucht.

2.2.2.2.4 Synopsis der Forschungsbeiträge nach dem Untersuchungsziel und der Aussagenart

Abschließend sind die Forschungsbeiträge zur empirischen Strategieidentifikation und –messung hinsichtlich des Forschungsdesigns zu systematisieren. FRITZ unterscheidet hierbei zwischen den beiden Dimensionen Untersuchungsziel und Aussagenart.[581] Bezüglich des Untersuchungsziels lassen sich exploratorische Untersuchungen und konfirmatorische Untersuchungen differenzieren. Erstgenannte stellen hierbei auf die Erkundung oder Entdeckung von Strukturen und Zusammenhängen ab, wohingegen letztgenannte sich mit der Prüfung von Hypothesen befassen. Beide Arten von Untersuchungen können auf deskriptive, explikative oder instrumentelle Aussagen abzielen. Die Kombinationen von Untersuchungsziel und Aussagenart sind folglich in einer 3 x 2-Matrix abbildbar. Tab. 9 zeigt die Zuordnung der empirischen Beiträge zur Strategieidentifikation zu den Kombinationen von Untersuchungsziel und Aussagenart.[582]

Einfluss von Strategie, Branchenzugehörigkeit und firmenspezifischen Assets und Fähigkeiten auf den Erfolg. Vgl. hierzu Spanos/Lioukas (2001), S. 908 ff.

[579] Vgl. hierzu Bierly/Chakrabarti (1996), S. 123 ff., die ihre Konzeptionalisierung von Wissensstrategien basierend auf den Erkenntnissen des Knowledge-based View vornehmen.

[580] Vgl. zur Evolutionstheorie und zum Capability-based View respektive Abschnitt 2.3.2 und 2.3.3.2 der vorliegenden Arbeit.

[581] Vgl. zu den folgenden Ausführungen Fritz (1995), S. 60 ff.

[582] Siehe zu dieser Vorgehensweise bei der Strukturierung von empirischen Beiträgen in einem Forschungsfeld auch Wirtz/Krol (2001), S. 346.

Aussagenart \ Untersuchungsziel	Exploratorisch		Konfirmatorisch	
		Σ=49		Σ=39
Deskriptiv	• Frazier/Howell (1983) • Hambrick (1983b) • Hinterhuber/Kirchebner (1983) • Harrigan (1985) • Miller/Friesen (1986a/b) • Davies (1987) • Day/DeSarbo/Oliva (1987) • Fiegenbaum/Primeaux (1987) • Herbert/Deresky (1987) • Amel/Rhoades (1988) • Baird/Sudharshan/Thomas (1988) • Douglas/Kee Rhee (1989) • Meffert/Heinemann (1989) • Pegels/Sekar (1989) Σ=36	• Zajac/Shortell (1989) • Brockhoff (1990) • McDougall/Robinson (1990) • Weisenfeld/Chakrabarti (1990) • Wright/Kroll/Tu/Helms (1991) • Ng/Pearson/Ball (1992) • Green/Lisboa/Yasin (1993) • Carter/Stearns/Reynolds/Miller (1994) • James/Hatten (1995) • Weisenfeld-Schenk (1995) • Brockhoff/Leker (1998) Σ=25	• Lenz (1980) • Woo/Cooper (1981) • Hittlreland/Stadter (1982) • Prescott (1986) • Cool/Schendel (1987) • Miller (1987) • Fiegenbaum/Thomas (1990) • Zahra/Covin (1994) • Bates/Amundson/ Schroeder/Morris (1995) • Kotha/Vadlamani (1995) • Liao/Greenfield (1997) Σ=11	
Explikativ	• Jauch/Osborn/Glueck (1980) • Hambrick (1982) • Galbraith/Schendel (1983) • Dess/Davis (1984) • Hawes/Crittenden (1984) • Calori (1985) • Kim/Lim (1988) • Robinson/Pearce (1988) • Conant/Mokwa/Varadarajan (1990) • Lewis/Thomas (1990) • Venkatraman/Prescott (1990) • Gaitanides/Westphal (1991) • Hooley/Lynch/Jobber (1992) • Morrison/Roth (1992) • Parker/Helms (1992) Σ=52	• Miller/Dess (1993) • Miller/Roth (1994) • Raffée/Effenberger/Fritz (1994) • Ramaswamy/Thomas/Litschert (1994) • Weisenfeld-Schenk (1994) • Bierly/Chakrabarti (1996) • Butler/Coates/Pike/Price/Turner (1996) • Mehra (1996) • Slater/Olson (2001) Σ=24	• Hatten/Schendel/Cooper (1978) • Grinyer/Yasai-Ardekani/ Al-Bazzaz (1980) • Snow/Hrebiniak (1980) • Beard/Dess (1981) • Grinyer/Yasai-Ardekani (1981) • Hambrick (1981) • Hambrick (1983a) • Hambrick/MacMillan/Barbosa (1983) • Phillips/Chang/Buzzell (1983) • Hittlreland (1985) • Venkatraman (1985; 1989) • White (1986) • McDaniel/Kolari (1987) • Miller (1988)	• Lawless/Bergh/Wilsted (1989) • Lawless/Finch (1989) • McKee/Varadarajan/Pride (1989) • Shortell/Zajac (1990) • Dvir/Segev/Shenhar (1993) • Zahra/Covin (1993) • Dowling/McGee (1994) • Kotha/Nair (1995) • Olusoga/Mokwa/Noble (1995) • Wright/Kroll/Pray/Lado (1995) • Houthoofd/Heene (1997) • Rajagopalan (1997) • Matsuno/Mentzer (2000) • Spanos/Lioukas (2001) Σ=28
Instrumentell	• Keine Forschungsbeiträge		• Keine Forschungsbeiträge	

Tab. 9: **Synopsis des Forschungsstands im Hinblick auf Untersuchungsziel und Aussagenart**[583]

Die Tabelle zeigt, dass keiner der untersuchten Forschungsbeiträge auf die Ableitung instrumenteller Aussagen im Sinne von Gestaltungsempfehlungen für das Management abzielt. Vielmehr werden beschreibende Merkmale erfassende oder Zusammenhänge erklärende Aussagen angestrebt. Hierbei zeigt sich ein relativ ausgewogenes Bild. Die hohe Anzahl der im Sinne des Postulats theoriegeleiteter Forschung wünschenswerten konfirmatorischen Forschungsdesigns deutet auf ein fortgeschrittenes Reifestadium der empirischen Strategieforschung hin. Zugleich scheint eine ausgereifte Theoriebasis vorzuliegen, welche eine deduktive, theoriegeleitete Forschung im Sinne des kritischen Rationalismus und der in der vorliegenden Untersuchung formulierten wissenschaftstheoretischen Orientierung prinzipiell ermöglicht.

2.2.2.3 Wertung der bisherigen Forschungsbeiträge zur empirischen Strategieidentifikation und –messung

Die kritische Würdigung der bisherigen Forschungsbeiträge zur empirischen Strategieidentifikation und –messung lässt sich in fünf für die Untersuchung relevanten Ergebnissen zusammenfassen.

---

[583] Die Ableitung der Dimensionen sowie die Kombination ihrer Ausprägungen in einer Matrix erfolgt in Anlehnung an Fritz (1995), S. 60.

1. Im Forschungsfeld der empirischen Strategieforschung erfolgen die Identifikation und Messung von Strategien überwiegend durch Klassifizierungen, wobei eine Dominanz empirischer Klassifizierungen gegenüber konzeptionellen zu erkennen ist. Der Comparative Approach, der eine hohe Genauigkeit, Differenzierungsfähigkeit sowie die Prüfung von Reliabilität und Validität der Messung ermöglicht, den integrativen, holistischen Charakter des Strategiekonstrukts zu erfassen vermag und eine hohe Generalisierbarkeit der Ergebnisse erlaubt, wird hingegen bisher relativ selten zur Operationalisierung von Strategie eingesetzt.

2. Self-Typing, das die Erhebung einer Vielzahl konzeptionell relevanter Variablen bei einer großen Anzahl für die Strategie entscheidender Auskunftspersonen erlaubt, ist der in der empirischen Strategieinhaltsforschung dominierende Datenerhebungsansatz. Insofern wird die in der vorliegenden Untersuchung angestrebte Datenerhebung über Self-Typing unterstützt.

3. Hinsichtlich der organisatorischen Ebene dominiert die Geschäftsbereichsebene, auf der das Strategiekonstrukt auch in der vorliegenden Arbeit angesiedelt ist.

4. Bezüglich der theoretischen Fundierung greifen die meisten der empirischen Beiträge auf das Schrifttum zum strategischen Management zurück. Die Variablen werden hierbei allerdings nicht aus einem in sich schlüssigen Theoriegebäude abgeleitet, sondern eher im Rückgriff auf vereinzelte Konzepte, Erklärungsansätze und Typologien deduziert. Fast genauso viele Untersuchungen beziehen sich auf die Industrieökonomik. Die empirische Überprüfung des Ressourcenansatzes in Form des Resource-based View, Capability-based View oder Knowledge-based View steht in der Strategieinhaltsforschung bisher nahezu vollständig aus. Der Institutionenökonomie und der Evolutionstheorie wurde bislang keine Relevanz als theoretisches Fundament für die empirische Strategieinhaltsforschung beigemessen. Mittels der angestrebten Perspektive des theoretischen Pluralismus strebt die vorliegende Arbeit durch die Integration der verschiedenen Theorien an, einen Forschungsbeitrag hinsichtlich ihrer empirischen Prüfung zu leisten.

5. In puncto Forschungsdesign demonstriert der hohe Anteil an konfirmatorischen Untersuchungen, welche im Sinne theoriegeleiteter Forschung anzustreben sind, das Reifestadium der empirischen Strategieinhaltsforschung. Hierdurch wird die innerhalb der vorliegenden Untersuchung geplante deduktive, theoriegeleitete Vorgehensweise und konfirmatorische Ausrichtung unterstützt.

2.2.3 Synthese des Forschungsstands und Identifikation der Forschungslücke

Der folgende Abschnitt dient abschließend der Synthese der Ergebnisse aus dem inhaltlichen und dem methodischen Teil der Bestandsaufnahme der Forschungsbeiträge. Zudem wird aufgezeigt, wie die vorliegende Untersuchung einen Beitrag zur Verringerung des herausgearbeiteten Forschungsdefizits leisten kann.

Im Schrifttum zu Strategie in High Velocity Märkten wird die Anwendbarkeit bisheriger Strategiekonzeptionen in Frage gestellt und es besteht eine einheitliche Auffassung, dass die Umfeldbedingungen innerhalb der High Velocity Märkte einen neuen Ansatz oder zumindest eine Modifizierung bestehender Ansätze erfordern. Zugleich befassen sich die analysierten Forschungsbeiträge vorwiegend mit Einzelaspekten von Strategie oder einzelnen strategischen Prozessen, eine holistische Konzeptionalisierung und Operationalisierung des Konstrukts Strategie in High Velocity Märkten sowie eine empirische Überprüfung stehen bisher aus. Ebenso wird eine allgemeine Erfolgswirkung von Strategie im Umfeld der High Velocity Märkte postuliert, ein empirischer Nachweis der Beziehung sowie der Einbezug situativer Faktoren wird jedoch nicht erbracht. Die Forschungsbeiträge weisen eine Vielzahl von theoretischen Bezugspunkten und Erklärungsansätzen auf, wobei der Ressourcenansatz im Vordergrund steht. Gleichwohl werden aus den Theorien keine empirisch prüfbaren Hypothesen oder Modelle entwickelt, so dass ein Defizit an konfirmatorischen Untersuchungen hinsichtlich Strategie in High Velocity Märkten festzustellen ist.

Demgegenüber ist die empirische Strategieidentifikation und –messung von einer hohen Anzahl konfirmatorischer Untersuchungen gekennzeichnet. Hypothesen werden hierbei vorwiegend aus dem Schrifttum zum strategischen Management und der Industrieökonomik abgeleitet, die empirische Überprüfung der Aussagen des Ressourcenansatzes hat bisher kaum stattgefunden. Wie die Bestandsaufnahme der Forschungsbeiträge zum Themenfeld Strategie in High Velocity Märkten zeigt, ist gerade bei den ressourcentheoretischen Ansätzen eine hohe Erklärungsrelevanz für Strategie in den veränderten Umfeldbedingungen zu vermuten. Trotz einer hohen empirischen Leistungsfähigkeit ist der Comparative Approach innerhalb der empirischen Strategieidentifikation und –messung bisher selten eingesetzt worden. Strategie wird in den meisten Fällen auf der Geschäftsbereichsebene angesiedelt und die entsprechenden Variablen werden mittels Self-Typing erhoben.

Vor dem skizzierten Hintergrund des Forschungsstands ist der Ansatz der vorliegenden Untersuchung wie folgt zu präzisieren:

1. Inhaltlich bzw. theoretisch-konzeptionell zielt die Arbeit auf die Konzeptionalisierung und Operationalisierung eines auf der Geschäftsbereichsebene angesiedelten mehrdimensionalen Strategiekonstrukts für High Velocity Märkte ab. Hierzu werden die einzelnen Dimensionen - einer Perspektive des theoretischen Pluralismus folgend - deduktiv aus den für das strategische Management relevanten Theorien abgeleitet. Vor dem Hintergrund der vermuteten hohen Erklärungsrelevanz und der bisherigen Vernachlässigung innerhalb der empirischen Strategieinhaltsforschung wird dem Ressourcenansatz eine besondere Beachtung zuteil. Basierend auf dem Messinstrument für Strategie in High Velocity Märkten wird im Anschluss versucht, eine Erfolgswirkung von Strategie innerhalb der veränderten Umfeldbedingungen nachzuweisen. Gemäß des situativen Ansatzes werden hierbei auch die moderierenden Einflüsse interner Kontextfaktoren empirisch überprüft.

2. Methodisch bzw. empirisch strebt die Arbeit an, durch den Einsatz des Comparative Approach in Verbindung mit einer konfirmatorischen Faktorenanalyse und Strukturgleichungsmodellen dessen Leistungsfähigkeit für die empirische Strategieforschung unter Beweis zu stellen. Hierzu wird ein konfirmatorisch-deskriptives und ein konfirmatorisch-explikatives Forschungsdesign gewählt. Die Reliabilität und die Validität der Messung werden basierend auf einer großzahligen Erhebung mittels Self-Typing empirisch nachgewiesen. Zu diesem Zweck wird eine mehrstufige Vorgehensweise mit einem umfassenden Katalog von Gütekriterien der ersten und zweiten Generation entwickelt und eingesetzt.

2.3 Theoretische Bezugspunkte

Die folgenden Ausführungen dienen der Entwicklung eines theoretischen Bezugsrahmens zur Konzeptionalisierung und Operationalisierung von Strategie in High Velocity Märkten. Dem aus dem kritischen Rationalismus abgeleiteten Prinzip des theoretischen Pluralismus folgend werden hierzu verschiedene Theorieströmungen innerhalb des strategischen Managements integriert.[584] Die Auswahl der einzubeziehenden Theorien erfolgt unter der Zielsetzung, ein einheitliches Theoriegebäude sich ergänzender Theorien zu schaffen. Diese Fokussierung auf eine begrenzte Anzahl von Theorien kann mit Foss begründet werden, der ausführt: „I argue here that there are limits on how pluralistic a discipline or a field of knowledge can be if it is to make progress. [...] Too much pluralism - that is, too many theoretical alternatives - may halt the progress of a discipline or scientific field because it harms communication and evaluation of research, and creates conceptual problems."[585] Vor diesem Hintergrund werden im Folgenden die Erkenntnisse der Industrieökonomik, der Evolutionstheorie und der Ressourcentheorie betrachtet.

Sowohl die Industrieökonomik, insbesondere die Übertragung ihrer Erkenntnisse auf das strategische Management in Form des Market-based View, als auch die Ressourcentheorie beschäftigen sich mit der Erklärung von Wettbewerbsvorteilen, die als Voraussetzung für die Erzielung langfristig überdurchschnittlicher Kapitalrenditen interpretiert werden. Hierbei galt der sich auf die Innenverhältnisse des Unternehmens konzentrierende Ressourcenansatz ursprünglich als konzeptionelle Alternative zu den branchenfokussierten Erklärungsmodellen der Industrieökonomik. Der Eindruck eines Gegensatzes zwischen markt- und ressourcenorientierter Sichtweise ist allerdings nicht mehr aufrechtzuerhalten.[586] Vielmehr greifen die beiden Perspektiven in zentralen Punkten ineinander, weisen demnach einen komplementären Charakter auf und befinden sich in einem Integrationsprozess zu einem umfassenderen Ansatz

---

[584] Vgl. hierzu die Ausführungen in Abschnitt 2.1.1.
[585] Foss (1996a), S. 3.
[586] Vgl. Freiling (2001), S. 11. Siehe zu dem Scheingegensatz Barney (1991), S. 91; Bamberger/ Wrona (1996a), S. 130; Ossadnik (2000), S. 276.

des strategischen Managements.[587] Hierzu führen PETERAF/BERGEN aus: „[...] market-based and resource-based theories of rivalry and performance are complementary rather than competing frames. They connect naturally to one another and provide the greatest utility when employed together."[588] Diesbezüglich postuliert BURMANN: „Eine umfassende Verknüpfung von ressourcen- und marktbasiertem Ansatz der strategischen Managementforschung ist für zukünftige Forschungen somit erforderlich."[589]

Durch die Integration industrieökonomischer und ressourcentheoretischer Erkenntnisse soll dieser Forderung in der vorliegenden Untersuchung entsprochen werden. Ergänzt werden die beiden theoretischen Perspektiven durch Überlegungen der Evolutionstheorie, die als Bindeglied zwischen markt- und ressourcenorientierter Sichtweise verstanden wird. Dies ist deshalb zweckmäßig, weil sie sowohl Aspekte industrieökonomischer als auch ressourcentheoretischer Argumentationslinien kombiniert.[590] Zugleich weisen evolutionstheoretische Ansätze aufgrund der expliziten dynamischen Orientierung und der Berücksichtigung von Pfadabhängigkeiten sowie organisationalem Lernen eine Vielzahl von Anknüpfungspunkten und eine hohe Erklärungsrelevanz für das Verhalten und die Strategie von Unternehmen in High Velocity Märkten auf.[591]

Das Konstrukt Strategie in High Velocity Märkten ist auf der Geschäftsbereichsebene angesetzt und zielt daher auf die Erreichung von Wettbewerbsvorteilen als Voraussetzung für eine überdurchschnittliche Profitabilität.[592] Im Mittelpunkt der Betrachtung der folgenden Theorien steht daher ihre Erklärung von Wettbewerbsvorteilen. Basierend auf den theoretischen Ausführungen zur Entstehung von Wettbewerbsvorteilen werden die Dimensionen des Konstrukts deduziert. Abb. 6 zeigt den zugrunde gelegten **theoretischen Bezugsrahmen**, der im Folgenden **gemäß der Erkenntnisse der einzelnen Theorien zu füllen** ist.

---

[587] Vgl. Wernerfelt (1984), S. 171; Bartlett/Ghoshal (1991), S. 11; Collis (1991), S. 65; Mahoney/Pandian (1992), S. 371; Amit/Schoemaker (1993), S. 42 ff.; Rasche/Wolfrum (1994), S. 513; Rühli (1994), S. 51; Seth/Thomas (1994), S. 178; Collis/Montgomery (1995), S. 119; Bamberger/Wrona (1996a), S. 147 ff.; Sanchez/Heene/Thomas (1996), S. 27; Hinterhuber/Friedrich (1997), S. 999; Corsten (1998), S. 20; Cockburn/Henderson/Stern (2000), S. 1127; Freiling (2001), S. 11; Rugman/Verbeke (2002), S. 770.
[588] Peteraf/Bergen (2003), S. 1028.
[589] Burmann (2002a), S. 371.
[590] Vgl. hierzu Foss/Knudsen/Montgomery (1995), S. 2; Freeman (1995), S. 222; Barnett/Burgelmann (1996), S. 17; Welge/Al-Laham (2001), S. 71.
[591] Vgl. hierzu Lengnick-Hall/Wolff (1999), S. 1114; Eisenhardt/Galunic (2000), S. 92.
[592] Vgl. hierzu Abschnitt 1.2.

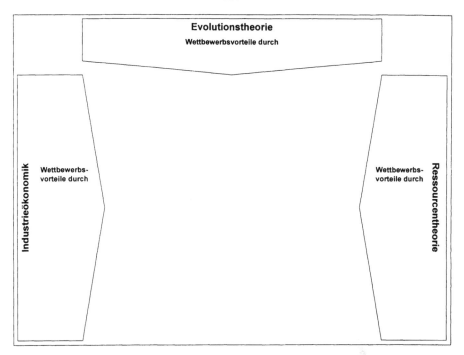

Abb. 6: Grundlegender theoretischer Bezugsrahmen der Untersuchung

2.3.1 Industrieökonomik

SCHMALENSEE beschreibt das Untersuchungsobjekt der Industrieökonomik wie folgt: „A fairly accurate capsule description is that industrial economics is the study of the supply side of the economy, particularly those markets in which business firms are sellers."[593] Die Industrieökonomik ist durch drei thematische Forschungsschwerpunkte gekennzeichnet:[594] Untersucht werden erstens die Determinanten für das Verhalten, die Größe, die Angebotsbreite und die Organisation von Unternehmen, wodurch die Industrieökonomik zu dem Verständnis der Beziehung zwischen Unternehmensstrategie und Organisationsstruktur beiträgt.[595] Zweitens beschäftigt sich die Industrieökonomik mit unvollständigem Wettbewerb und der Frage, wie strategisches Verhalten und Erfolg von der Marktstruktur abhängen. Die Marktstruktur wird durch

---

[593] Schmalensee (1988), S. 643.
[594] Siehe zu den folgenden Ausführungen Schmalensee (1988), S. 643-644.
[595] Siehe hierzu Caves (1980), S. 88. Unternehmensstrategie wird hierbei jedoch ausschließlich im Hinblick auf Diversifizierung konzeptionalisiert.

relativ stabile, beobachtbare Variablen modelliert. Analysiert werden die Festlegung von Preis, Ausbringungsmenge und Kapazität ebenso wie die Auswahl von Produkten, Werbung und der technologische Wandel. Erkenntnisse dieses Forschungszweigs der Industrieökonomik sind insbesondere von PORTER zur Bestimmung der Strategie eingesetzt worden. Drittens stehen wirtschafts- und ordnungspolitische Fragestellungen wie Kartell- und Monopolregulierung, Deregulierung, Liberalisierung von Zutrittsbeschränkungen oder Privatisierung im Fokus der Betrachtungen.[596]

In Anbetracht der Zielsetzung, Erkenntnisse für die Konzeptionalisierung von Strategie in High Velocity Märkten abzuleiten, konzentrieren sich die Ausführungen des folgenden Abschnitts auf den zweiten Forschungsschwerpunkt der Industrieökonomik. Die Ausführungen sind dabei wie folgt strukturiert: Zunächst werden mit der Beschreibung der strukturalistischen Sichtweise der klassischen Industrieökonomik die theoretischen Grundlagen und Konzepte der industrieökonomischen Überlegungen dargelegt. Basierend auf der Kritik gegenüber den frühen industrieökonomischen Konzepten wird im Anschluss die Weiterentwicklung industrieökonomischer Ideen zur verhaltensorientierten Sichtweise der neuen Industrieökonomik skizziert. Diese stellt gleichzeitig das Bindeglied zur Übertragung industrieökonomischer Ansätze und Erkenntnisse auf das strategische Management dar, auf die im Folgenden eingegangen wird. Abschließend erfolgt die Zusammenfassung der Bezugspunkte und des Erkenntnisbeitrags der Industrieökonomik zum Untersuchungsobjekt.

2.3.1.1 Strukturalistische Sichtweise der klassischen Industrieökonomik

Den Ausgangspunkt der klassischen Industrieökonomik bilden die Überlegungen von MASON und deren Weiterentwicklung zum Structure-Conduct-Performance-Paradigma durch BAIN. MASON misst der Marktstruktur eine zentrale Rolle zur Erklärung des Verhaltens von Unternehmen bei.[597] „A careful study of the empirically determinable differences in market structure may go far in explaining observable differences in policy and practice."[598] Die Marktstruktur umfasst alle Charakteristika, die ein Anbieter bei der Festlegung seiner Strategie berücksichtigt: (1) Produktcharakteristika, (2) Kosten- und Produktionsgegebenheiten, (3) Anzahl und relative Größe der Käufer und Verkäufer sowie Markteintrittsbarrieren, (4) Charakteristika der Nachfrage und (5) Unterschiede bezüglich der Vertriebskanäle.[599] Diese Merkmale

---

[596] Analyseschwerpunkt bilden hierbei die normative Frage nach den wohlfahrtstheoretisch optimalen Lösungen sowie die positive Fragestellung nach den Determinanten und den Auswirkungen der Wirtschaftspolitik. Siehe Schmalensee (1988), S. 644.

[597] Vgl. Mason (1939), S. 69 ff. Verhalten von Unternehmen bezieht sich in seinen Überlegungen vornehmlich auf die Preis- und Produktionspolitik. Zugleich wird auch der Einfluss interner Faktoren der Unternehmensorganisation auf die Preispolitik eingeräumt. Als Beispiele werden die Institutionalisierung von Management-Entscheidungen, die Trennung von Besitz und Management und der wachsende Einfluss der Gewerkschaften genannt. Vgl. Mason (1939), S. 63; 66-68.

[598] Mason (1939), S. 69.

[599] Vgl. Mason (1939), S. 69.

erlauben eine Klassifizierung von Unternehmen in bezüglich der Marktstruktur gleiche Gruppen, innerhalb derer Unternehmen eine ähnliche Preisstrategie verfolgen. Daraus ist abzuleiten, dass die Marktstruktur die Preisstrategie der Unternehmen beeinflusst.

BAIN setzt sich ebenfalls mit der Beziehung zwischen Marktstruktur (Structure), strategischem Verhalten (Conduct) und Erfolg bzw. Leistungsfähigkeit (Performance) auseinander. Ausgehend von der Beobachtung, dass bisherige Untersuchungen ausschließlich den etablierten Wettbewerb berücksichtigen und die Bedrohung durch potenzielle Konkurrenz vernachlässigen, konzentriert sich die Analyse zunächst auf Markteintrittsbarrieren als strategische Dimension der Marktstruktur und deren Auswirkungen auf das strategische Verhalten sowie den Erfolg.[600] Markteintrittsbarrieren werden hierbei ausgedrückt durch „the advantages of established sellers in an industry over potential entrant sellers, these advantages being reflected in the extent to which established sellers can persistently raise their prices above a competitive level without attracting new firms to enter the industry."[601] Ihre Höhe wird bestimmt durch das Ausmaß der (1) absoluten Kostenvorteile, (2) Produktdifferenzierungsvorteile und (3) Skalenvorteile der etablierten Unternehmen.[602] Zusätzlich wird die Annahme getroffen, dass Markteintrittsbarrieren und ihre Bestimmungsfaktoren als langfristige, strukturelle Determinanten des strategischen Verhaltens anzusehen sind, welche im Allgemeinen stabil sind, sich im Zeitablauf wenig verändern und wenig anfällig gegenüber dem Einfluss potenzieller Konkurrenten sind.[603] In der Argumentationslinie von BAIN beeinflussen Markteintrittsbarrieren die Preispolitik der Anbieter sowie andere Aspekte des strategischen Verhaltens und damit das Marktergebnis.[604]

Basierend auf diesen Überlegungen hinsichtlich des Einflusses von Markteintrittsbarrieren entwickelt BAIN das **Structure-Conduct-Performance-(SCP-) Paradigma**, in dem die Markstruktur und das Marktverhalten der Unternehmen als zentrale Determinanten des Erfolgs identifiziert werden.[605] Marktstruktur bezieht sich auf die

---

[600] Vgl. Bain (1956), S. 1.
[601] Bain (1956), S. 3.
[602] Vgl. Bain (1956), S. 14-15. Die drei beschriebenen Determinanten sind wiederum auf Eigenschaften der Marktstruktur zurückführbar. Beispielsweise ergeben sich absolute Kostenvorteile aufgrund der Kontrolle der Produktionstechnologie durch etablierte Firmen, dem eingeschränkten Angebot von Produktionsfaktoren und Produktdifferenzierungsvorteilen aufgrund Nachfragepräferenzen für etablierte Markennamen oder der Kontrolle von qualitativ hochwertigem Produktdesign und Vertriebskanalsystemen. Siehe hierzu Bain (1956), S. 15-16.
[603] Vgl. Bain (1956), S. 18. Gleichwohl räumt BAIN ein: „The basic structural characteristics of a market can change, and the condition of entry may then change in response." Bain (1956), S. 17. Die Entdeckung neuer Ressourcen kann absolute Kostenvorteile etablierter Unternehmen reduzieren, die Entwicklung eines neuen Produktdesigns Differenzierungsvorteile verringern und technologische Veränderung Skalenvorteile modifizieren. Vgl. Bain (1956), S. 18.
[604] Vgl. Bain (1956), S. 29.
[605] Vgl. Bain (1968), S. 3.

Eigenschaften des Marktes, welche die Beziehung (1) der Anbieter untereinander, (2) der Nachfrager untereinander, (3) der Anbieter zu den Nachfragern und (4) der etablierten Anbieter zu potenziellen Anbietern bestimmen.[606] Mit Marktverhalten wird das Verhaltensmuster bezeichnet, welches die Unternehmen zur Anpassung an die Marktgegebenheiten verfolgen.[607] Das Marktergebnis bezieht sich auf die aggregierten Endresultate der Verhaltensweisen der Unternehmen.[608]

Dem SCP-Paradigma zufolge übt die Struktur einer Branche bzw. einer Gruppe von konkurrierenden Unternehmen einen erheblichen Einfluss auf die Leistungsfähigkeit der Branche aus, indem sie die unternehmerischen Aktivitäten und ihre Ergebnisse beschränkt und kanalisiert. Darüber hinaus führen Veränderungen der Marktstruktur auch direkt zu Veränderungen des Marktergebnisses. Ferner beeinflusst das Marktverhalten der Marktteilnehmer in Form von strategischen und operativen Anpassungen an die Gegebenheiten des Marktes den Markterfolg.[609] Das SCP-Paradigma impliziert somit eine deterministische Wirkungskette, in der die Marktstruktur das Marktverhalten bestimmt, welches wiederum das Marktergebnis festlegt. Da das Marktverhalten innerhalb dieser Argumentation lediglich eine Reflexion der Marktstruktur darstellt, wird die Auffassung vertreten, Marktverhalten könne gänzlich ignoriert und die Erklärung des Marktergebnisses nur auf die Marktstruktur zurückgeführt werden.[610] Abb. 7 fasst die Argumentation des SCP-Paradigmas und die Analyseschwerpunkte bei MASON und BAIN zusammen.

Implizit liegen dem SCP-Paradigma und der klassischen Industrieökonomik die folgenden Prämissen zugrunde:[611] Grundlegende Annahme ist, dass ein überdurchschnittlicher Erfolg das Ergebnis einer verbesserten Anpassung an die Rahmenbedingungen der Branchenstruktur ist. Dabei wird von einer Homogenität der Unternehmen in einem Branchensegment ausgegangen. Unternehmen unterscheiden sich lediglich hinsichtlich ihrer Größe, verfügen aber über die gleiche Ressourcenausstattung und verfolgen damit auch die gleiche Strategie.[612]

---

[606] Relevante Dimensionen der Marktstruktur sind die Anbieter- und Nachfragerkonzentration, das Ausmaß der Produktdifferenzierung und die Markteintrittsbarrieren. Siehe Bain (1968), S. 7.

[607] Entscheidende Aspekte des Marktverhaltens sind die Festlegung von Preis und Ausbringungsmenge, die Produktpolitik, die Verkaufsförderung sowie die Koordination der einzelnen Maßnahmen konkurrierender Anbieter. Vgl. Bain (1968), S. 9-10.

[608] Hauptdimensionen des Marktergebnisses sind die technologische Effizienz der Produktion, die Gewinnspanne der Branche, die Höhe der Branchenausbringungsmenge, das Verhältnis der Werbekosten zu den Produktionskosten, die Produktcharakteristika und der Entwicklungsfortschritt der Produkt- und Prozesstechnologie. Siehe Bain (1968), S. 10-11.

[609] Vgl. Bain (1968), S. 3.

[610] Vgl. hierzu Scherer (1980), S. 6; Porter (1981), S. 611; Kreps/Spence (1985), S. 341; Oberender/Väth (1989), S. 11; Oberender (1994), S. 67.

[611] Vgl. hierzu Seth/Thomas (1994), S. 169-173; Hitt/Ireland/Hoskisson (1999), S. 19.

[612] Vgl. Newman (1978), S. 417; Porter (1979a), S. 214; Porter (1981), S. 612; Seth/Thomas (1994), S. 169.

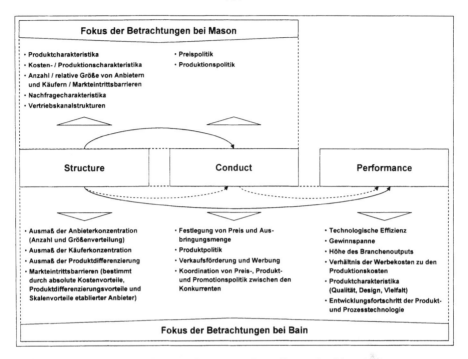

Abb. 7: Structure-Conduct-Performance-Paradigma der klassischen Industrieökonomik[613]

Zugleich wird die Annahme vollkommener Faktormärkte getroffen, so dass die zur Implementierung von Strategien notwendigen Ressourcen über die Unternehmen hinweg betrachtet unendlich mobil sind.[614] Unternehmen werden als allein stehende Einproduktunternehmen konzeptionalisiert, deren Entscheidungsverhalten zentral, rational und im wirtschaftlichen Interesse des Unternehmens ist.[615] Das Modell nimmt eine statische Perspektive ein. Es wird versucht, das Branchenergebnis anhand einer exogen gegebenen, per Definition stabilen Branchenstruktur zu erklären. Hieraus erwächst der streng deterministische Charakter des Modells, in dem die Struktur der Branche sowohl die Strategie als auch das Ergebnis vollständig festlegt. Eine Veränderung der Branchenstruktur durch die Unternehmen wird per Annahme ausgeschlossen.

---

[613] Eigene Darstellung in Anlehnung an Mason (1939), S. 69 ff.; Bain (1956), S. 1 ff.; Bain (1968), S. 3 ff.
[614] Vgl. zu vollkommenen Faktormärkten Barney (1986a), S. 1233.
[615] Vgl. zu den folgenden Ausführungen Porter (1981), S. 612-613.

Diese Prämissen geben Anlass zur Kritik an den klassischen industrieökonomischen Aussagen.[616] Zunächst werden vielfach die exogene, statische Vorgabe der Branchenstruktur und der strukturalistische Determinismus des SCP-Paradigmas als nicht realistisch erachtet.[617] Damit verbunden wird die Annahme der vollkommenen Homogenität der Unternehmen innerhalb einer Branche, sowohl in Bezug auf die Ressourcenausstattung als auch hinsichtlich des oftmals vernachlässigten strategischen Verhaltens, als zu restriktiv beurteilt. Ferner führt die Kombination aus deterministischer Beziehung zwischen Struktur und Ergebnis sowie die Homogenität der Unternehmen dazu, dass durch das SCP-Paradigma Leistungsunterschiede zwischen Branchen erklärt werden können. Der Ansatz reicht allerdings nicht aus, um die empirisch zu beobachtenden Ergebnisunterschiede zwischen Unternehmen innerhalb einer Branche zu erklären.

2.3.1.2 Verhaltensorientierte Sichtweise der neuen Industrieökonomik

Die neue Industrieökonomik versucht, den zuvor angeführten Kritikpunkten der klassischen Industrieökonomik zu begegnen. Zugleich wird durch die Weiterentwicklung und die Abkehr von den restriktiven Annahmen der klassischen Industrieökonomik die Möglichkeit eröffnet, industrieökonomische Erkenntnisse für das strategische Management nutzbar zu machen.

In der Praxis hat eine Vielzahl von strategischen Verhaltensweisen Einfluss auf die Branchenstruktur. Beispielsweise verändern Innovationen oder Produktdifferenzierungen die Markteintrittsbarrieren, vertikale Integration beeinflusst die Konzentrationsrate in einer Branche oder Kooperationen und Allianzen wirken sich auf die Wettbewerbsintensität und –struktur einer Branche aus.[618] Ebenso beeinflusst das vergangene Ergebnis das strategische Verhalten und die strategischen Optionen der Unternehmen.[619] Vor diesem Hintergrund erteilt die neue Industrieökonomik dem statischen Determinismus des klassischen SCP-Paradigmas eine Absage und legt realistischere Annahmen über die Zusammenhänge von Struktur, Verhalten und Ergebnis zugrunde. „The Bain view that strategic choices do not have an important influence on industry structure is nearly dead."[620] Ergebnis dessen ist eine **dynamische Version des SCP-Paradigmas**, in der Feedback-Einflüsse berücksichtigt

---

[616] Siehe zu einer kritischen Auseinandersetzung der Übertragung des SCP-Paradigmas auf das strategische Management McWilliams/Smart (1993), S. 66 ff.
[617] Vgl. Porter (1981), S. 615.
[618] Vgl. Porter (1981), S. 616; Teece (1984), S. 94 und im Überblick Welge/Al-Laham (2001), S. 40. Hinweise auf die Auswirkungen von Innovationen, Veränderungen im Produktdesign und technologischem Wandel auf die Branchenstruktur finden sich schon bei BAIN, werden jedoch innerhalb seiner weiteren Untersuchung nicht mehr berücksichtigt. Vgl. hierzu Bain (1956), S. 18.
[619] Siehe hierzu Porter (1981), S. 616; Teece (1984), S. 94.
[620] Porter (1981), S. 615.

werden. Abb. 8 visualisiert das erweiterte, dynamische Paradigma der neuen Industrieökonomik.

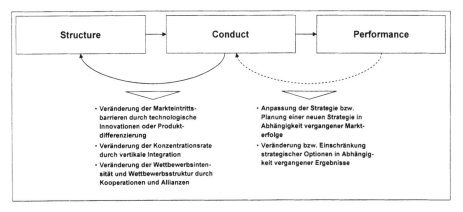

Abb. 8: Dynamisches Structure-Conduct-Performance-Paradigma der neuen Industrieökonomik[621]

Als Konsequenz der Berücksichtigung von Auswirkungen des strategischen Verhaltens findet eine Verschiebung des Analyseschwerpunkts von der Betrachtung der Branchengesamtheit hin zu der Fokussierung auf einzelne Unternehmen und deren Verhalten in einer Branche statt.[622] Die BAIN'sche strukturalistische Sichtweise wird zu Gunsten einer behavioristischen Perspektive aufgegeben.[623] In den Mittelpunkt der Betrachtungen treten strategische Aktionen, welche die Branchenstruktur in einer für das Unternehmen vorteilhaften Weise beeinflussen sollen, um auf diese Weise die Profitabilität zu erhöhen und überdurchschnittliche Renditen zu erwirtschaften.[624] Mittels spieltheoretischer Ansätze werden die Auswirkungen von strategischen Aktionen wie beispielsweise Kapazitätserweiterung, Investitionen in intangibles Kapital, Kontrolle von Informationen, horizontale Unternehmenszusammenschlüsse, Produktstandardisierung oder langfristige Vertragsgestaltung innerhalb konzentrierter Branchen theoretisch analysiert.[625] Hierdurch ergeben sich direkte Bezugspunkte der

---

[621] Eigene Darstellung in Anlehnung an Porter (1981), S. 616.
[622] Vgl. Porter (1981), S. 614 f.; Encaoua/Geroski/Jacquemin (1986), S. 55; Welge/Al-Laham (2001), S. 40. Diese Verschiebung des Untersuchungsobjektes wird auch für die empirische Forschung festgestellt. Vgl. Bresnahan/Schmalensee (1987), S. 374.
[623] Vgl. hierzu Scherer (1980), S. 6-7; Jacquemin (1986), S. 16.
[624] Vgl. Barney (1986b), S. 792.
[625] Einen Überblick der mit Hilfe der Spieltheorie analysierten strategischen Aktionen gibt Shapiro (1989), S. 127 ff. Eine kritische Auseinandersetzung hinsichtlich des Einsatzes der Spieltheorie im strategischen Management findet sich bei Teece/Pisano/Shuen (1997), S. 512, die den Einsatzbereich der Spieltheorie auf den Fall eines balancierten Duopols beschränken und die mangelnde Adäquanz spieltheoretischer Ansätze insbesondere für dynamische Branchen mit rapidem,

industrieökonomischen Überlegungen für die Strategieinhaltsforschung.[626] Zentrales Ergebnis der Analysen ist die Bedeutung eines glaubhaften Commitments des etablierten Unternehmens, den Marktzutritt des potenziellen Konkurrenten mit irreversiblen Investitionen zu verhindern.[627]

Die zunehmende Fokussierung auf die Verhaltenskomponente in Verbindung mit der Beobachtung, dass sich Unternehmen einer Branche signifikant hinsichtlich strategischer Dimensionen unterscheiden und dass eine beachtliche Varianz hinsichtlich der von den Unternehmen einer Branche erwirtschafteten Rendite besteht, führt zu der Aufgabe der Homogenitätsannahme in der neuen Industrieökonomik.[628] Das Untersuchungsobjekt zur Erklärung der Renditen von Unternehmen wird von den branchenweiten Charakteristika der Marktstruktur auf die Strukturen innerhalb der Branchen ausgeweitet.[629]

Mittels der Konzepte der strategischen Gruppen und der Mobilitätsbarrieren wird die Erklärung von stabilen Unterschieden der Wettbewerbsstrategien und der andauernden Erfolgsunterschiede von Unternehmen einer Branche angestrebt. Eine **strategische Gruppe** wird definiert als eine Gruppe von Unternehmen, die ähnliche Strategien hinsichtlich strategischer Schlüsselvariablen verfolgen.[630] Unternehmen in einer strategischen Gruppe weisen demnach eine hohe Ähnlichkeit auf, reagieren in gleicher Weise auf externe Veränderungen, erkennen ihre gegenseitige Abhängigkeit und antizipieren die Reaktionen der anderen Gruppenmitglieder relativ genau.[631] Die Existenz strategischer Gruppen führt dazu, dass die Verteilung der Branchenprofitabilität sowohl von den allgemeinen Charakteristika der Branche als auch der Struktur innerhalb der Branche abhängt. Die Profitabilität des einzelnen Unternehmens bestimmt sich nach seiner Zugehörigkeit zu einer strategischen Gruppe und der Konfiguration von strategischen Gruppen in der Branche.[632]

Die Existenz und die Stabilität strategischer Gruppen werden durch das Konzept der **Mobilitätsbarrieren** erklärt.[633] Mobilitätsbarrieren stellen eine Erweiterung und Verallgemeinerung des Konzeptes der Markteintrittsbarrieren dahingehend dar, dass sie

---

technologischem Wandel herausstellen. Eine ähnlich gelagerte Diskussion findet sich auch bei Rasche (1994), S. 35 f.

[626] Vgl. Seth/Thomas (1994), S. 172; Knyphausen-Aufseß (1995), S. 62.
[627] Siehe hierzu Caves (1984), S. 127 ff.; Shapiro (1989), S. 127; Seth/Thomas (1994), S. 172.
[628] Vgl. Caves/Porter (1977), S. 250-251; Porter (1979a), S. 214.
[629] Vgl. zu den folgenden Ausführungen Porter (1979a), S. 214.
[630] Vgl. Porter (1979a), S. 215. Bestandsaufnahmen der empirischen Forschungsbeiträge zu strategischen Gruppen finden sich bei McGee/Thomas (1986), S. 142 ff.; Thomas/Venkatraman (1988), S. 541 ff.; Homburg/Sütterlin (1992), S. 640 ff. Siehe hierzu auch die Ausführungen in Abschnitt 2.2.2.2.1.2.
[631] Vgl. Caves/Porter (1977), S. 251; Porter (1979a), S. 215.
[632] Siehe hierzu Caves/Porter (1977), S. 251 f.; Porter (1979a), S. 215.
[633] Vgl. zu den folgenden Ausführungen Caves/Porter (1977), S. 252 ff.; Porter (1979a), S. 216.

eine strategische Gruppe sowohl vor dem Marktzutritt von Neueinsteigern als auch vor dem Zutritt etablierter Unternehmen einer anderen strategischen Gruppe schützen. Die Existenz von Mobilitätsbarrieren, beispielsweise in Form von Differenzierung über Werbung oder Produkteigenschaften, absoluten Kosten- oder Skalenvorteilen, verhindert die Bewegung eines Unternehmens aus einer wenig erfolgreichen strategischen Gruppe in eine sehr erfolgreiche strategische Gruppe. Die ursprüngliche Bildung von strategischen Gruppen ist auf anfängliche, zufällige Unterschiede in den Präferenzen und den Kompetenzen sowie den Kapazitäten der Unternehmen zurückzuführen.[634] Unterschiedliche Risikoaversionen bestimmen hierbei die Höhe der Investition in Mobilitätsbarrieren, unterschiedliche Kompetenzen und Vermögensgegenstände die Art der Mobilitätsbarrieren, in die investiert wird.[635] Folglich kann mittels Mobilitätsbarrieren erklärt werden, warum manche Unternehmen in einer Branche ständig höhere Gewinne erwirtschaften als andere und warum Unternehmen verschiedene Strategien verfolgen, obwohl nicht alle Strategien gleich erfolgreich sind.[636] In Abwesenheit von Mobilitätsbarrieren würden erfolgreiche Strategien schnell von anderen Unternehmen imitiert und die Renditen sich angleichen. Zugleich stellt das Konzept der Mobilitätsbarrieren eine theoretische Basis für die **strategische Positionierung** von Unternehmen in einer Branche zur Verfügung.[637] Hohe Mobilitätsbarrieren sind daher als Wettbewerbsvorteile, geringe als Wettbewerbsnachteile zu interpretieren.[638]

2.3.1.3 Übertragung industrieökonomischer Erkenntnisse auf das strategische Management

Die Übertragung industrieökonomischer Ansätze auf das strategische Management erfolgte maßgeblich in den Arbeiten von PORTER, auf die sich die folgenden Ausführungen konzentrieren.[639] Gemäß PORTER ist die Auswahl der Wettbewerbsstrategie von zwei zentralen Fragen geprägt, welche untrennbar miteinander verbunden sind:

---

[634] NEWMAN spricht hier sogar explizit von „heterogeneous and durable firm-specific assets, perhaps originally acquired on a random basis, that create a variance [...] in the rates of return expected from any given incremental commitment of resources in this market." Newman (1978), S. 417. Auch CAVES/GHEMAWAT stellen bei der empirischen Analyse von Renditeunterschieden explizit auf die Heterogenität der Bündel von fixen Kapazitäten ab. Vgl. Caves/Ghemawat (1992), S. 2.
[635] Investitionen in Mobilitätsbarrieren sind risikobehaftet. Demnach wird ein risikoaverses Unternehmen Investitionen in Mobilitätsbarrieren scheuen und sich eher auf natürliche Barrieren verlassen. Unternehmen mit Fähigkeiten in der Produktionstechnologie werden eher in vertikale Integration, solche mit hoher Marketingkompetenz in Produktdifferenzierung investieren. Siehe hierzu Caves/Porter (1977), S. 253; Porter (1979a), S. 217.
[636] Vgl. Porter (1979a), S. 216.
[637] Vgl. Porter (1981), S. 615.
[638] Vgl. Hatten/Hatten (1987), S. 334.
[639] Vgl. Hirsch/Friedman/Koza (1990), S. 87; Minderlein (1990), S. 155; Seth/Thomas (1994), S. 172; Hoskisson/Hitt/Wan et al. (1999), S. 425. Eine kritische Diskussion der Übertragung industrieökonomischer Konzepte auf das strategische Management durch PORTER findet sich bei Foss (1996a), S. 9 ff.

zum einen die Frage nach den Determinanten der Attraktivität einer Branche zur Erreichung langfristiger Profitabilität, zum anderen die Frage nach den Bestimmungsfaktoren einer relativen Wettbewerbsposition in einer Branche.[640] „At the broadest level, firm success is a function of two areas: the attractiveness of the industry in which the firm competes and its relative position in that industry."[641] Zur Beantwortung dieser Fragen hat PORTER das Konzept der **Branchenstrukturanalyse** und das Konzept der **generischen Wettbewerbsstrategien** entwickelt. Ausgangspunkt der Strategieformulierung ist die Analyse der Branchenstruktur als wesentlicher Determinante der Wettbewerbsregeln, der für die Unternehmen verfolgbaren Strategien und der Attraktivität sowie Profitabilität der Branche.[642] Basierend auf der Analyse der Branchenstruktur und ihren Determinanten ist eine verteidigungsfähige Position in einer Branche aufzubauen, welche das Unternehmen vor den fünf Wettbewerbskräften schützt und hierdurch die Erwirtschaftung überdurchschnittlicher Renditen ermöglicht. Eine solche Position ist PORTER zufolge durch drei konsistente, generische Strategien erreichbar.[643] Im Folgenden werden die beiden Konzepte Branchenstrukturanalyse und generische Strategien skizziert.

2.3.1.3.1 Branchenstrukturanalyse anhand der Five Forces

In der Tradition industrieökonomischen Denkens misst auch PORTER der Branchenstruktur einen erheblichen Einfluss auf das strategische Verhalten eines Unternehmens und auf das Ergebnis bei: „The first fundamental determinant of a firm's profitability is industry attractiveness."[644] Folglich stellt die Ausrichtung des Unternehmens an seiner Umwelt einen essenziellen Bestandteil der Strategieformulierung dar.[645] Zur detaillierten Analyse der Branchenstruktur dient das **Konzept der Five Forces.** Demzufolge ist der Wettbewerb in einer Branche von fünf Wettbewerbskräften abhängig, deren gemeinsame Stärke die Möglichkeit der Erzielung von überdurchschnittlichen Renditen und somit die Profitabilität der Branche bestimmt.[646] Neben der Rivalität zwischen den etablierten Unternehmen beeinflussen die Verhandlungsstärke von Lieferanten und Abnehmern ebenso wie die Bedrohung durch neue Anbieter und Substitutionsprodukte die Wettbewerbsintensität in einer Branche.[647] Obwohl die Branchenstruktur als relativ stabil erachtet wird, führen sowohl die allgemeine als auch die relative Veränderung der Stärke der Wettbewerbskräfte zu einer Modifikation der Branchenstruktur. Zugleich beeinflussen Unternehmen durch ihre

---

[640] Vgl. Porter (1985), S. 1.
[641] Porter (1991), S. 99 f.
[642] Siehe hierzu Porter (1979b), S. 137 f.; Porter (1998), S. 3.
[643] Vgl. Porter (1998), S. 34.
[644] Porter (1985), S. 4.
[645] Vgl. Porter (1998), S. 3.
[646] Vgl. Porter (1979b), S. 137; Porter (1985), S. 4; Porter (1998), S. 3.
[647] Siehe Porter (1979b), S. 137; Porter (1998), S. 4.

Strategie die fünf Wettbewerbskräfte.[648] Abb. 9 fasst die fünf Wettbewerbskräfte und ihre Bestimmungsfaktoren zusammen.

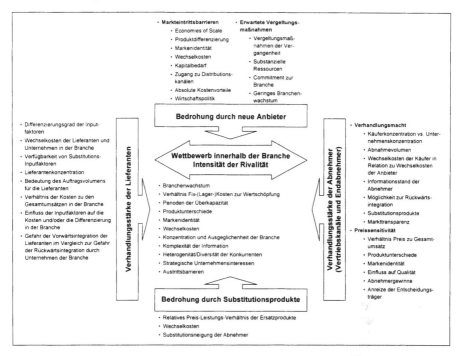

Abb. 9: Die fünf Wettbewerbskräfte und ihre Determinanten[649]

Ein fundiertes Verständnis der fünf Wettbewerbskräfte bildet die Basis der Strategieformulierung, da hierdurch die erfolgsentscheidenden Stärken und Schwächen des Unternehmens sowie dessen Positionierung innerhalb der Branche identifiziert werden. Zudem werden die Bereiche deutlich, in denen Branchentrends die bedeutendsten Chancen und Risiken offenbaren und in denen strategische Veränderungen die höchsten Renditen erbringen.[650] Das Ziel der Strategie besteht nun darin, basierend auf der Einschätzung der eigenen Stärken und Schwächen in Relation zur Branche eine verteidigbare Position gegen die fünf Wettbewerbskräfte zu finden.[651] PORTER identifiziert zur Besetzung einer verteidigungsfähigen Position und der damit

---

[648] Vgl. Porter (1985), S. 7.
[649] Eigene Darstellung in Anlehnung an Porter (1985), S. 6. Eine ausführliche Diskussion der Determinanten der fünf Wettbewerbskräfte findet sich bei Porter (1998), S. 5-32.
[650] Porter (1979b), S. 138; Porter (1998), S. 4.
[651] Siehe zu den folgenden Ausführungen Porter (1979b), S. 143 ff; Porter (1998), S. 29 ff.

verbundenen Erreichung überdurchschnittlicher Profite drei generische Wettbewerbsstrategien, welche im folgenden Abschnitt skizziert werden.

2.3.1.3.2 Generische Strategien

Obwohl Strategie eine für jedes Unternehmen einzigartige Konfiguration darstellt, welche die internen und externen Gegebenheiten reflektiert, können PORTER zufolge auf einer aggregierten Ebene die drei konsistenten, generischen Strategien Kostenführerschaft, Differenzierung und Fokus identifiziert werden, deren Umsetzung zu einem Wettbewerbsvorteil und daher zu einer überdurchschnittlichen Profitabilität führt.[652] Als Quelle von Wettbewerbsvorteilen werden die von einem Unternehmen durchgeführten Aktivitäten innerhalb der Wertschöpfungskette angesehen.[653] Eine Strategie legt folglich die Konfiguration von Aktivitäten fest.[654] Zugleich erfordert die Nachhaltigkeit einer generischen Strategie den Besitz oder die Erhöhung von Barrieren, welche die Imitation der Strategie erschweren.[655]

Die erste Strategie zielt auf die Erreichung der **Kostenführerschaft** in der gesamten Branche ab.[656] Dies erfordert neben einer aggressiven Kapazitätserweiterung und einer konsequenten Ausnutzung von Erfahrungskurveneffekten die ständige Kontrolle und Minimierung der Kosten in allen Bereichen der Wertschöpfungskette. Der Wettbewerbsvorteil entsteht dadurch, dass das Unternehmen die erforderlichen Aktivitäten zu geringeren Kosten als die Konkurrenten durchführt.[657] Die Kostenführerschaft in einer Branche ermöglicht einen Schutz gegenüber den fünf Wettbewerbskräften und somit die Erwirtschaftung einer überdurchschnittlichen Rendite, da die Wettbewerbsintensität die Profite nur so lange erodieren lässt, bis die Gewinne des nächstbesten Konkurrenten eliminiert sind. Trotz der Konzentration auf Kostenaspekte sind Aspekte der Differenzierung nicht zu vernachlässigen. So muss der Kostenführer Parität oder Nähe hinsichtlich der Differenzierung im Vergleich zu seinen Konkurrenten erreichen, um Preise am oder zumindest nahe dem Branchen-

---

[652] Vgl. Porter (1985), S. 11; Porter (1998), S. 34.
[653] Vgl. Porter (1985), S. 33; Porter (1991), S. 102. Hinsichtlich des Inhalts von Aktivitäten führt PORTER aus: „Performing an activity requires tangible and intangible assets that are internal to the firm [...] as well as intangible assets embodied in human resources and technology. Performing an activity, or a group of linked activities, also creates assets in the form of skills, organizational routines, and knowledge." Porter (1991), S. 102. In diesen Ausführungen werden Anknüpfungspunkte zur Ressourcentheorie und zur Evolutionstheorie deutlich. Siehe hierzu Abschnitt 2.3.3.1 respektive 2.3.2.
[654] Vgl. Porter (1991), S. 102.
[655] Vgl. Porter (1985), S. 20. In den Ausführungen zu den Imitationsbarrieren zeigen sich Bezugspunkte zu den Isolationsmechanismen der Ressourcentheorie. Siehe hierzu Abschnitt 2.3.3.1.3.
[656] Vgl. zu den folgenden Ausführungen Porter (1985), S. 11-23; Porter (1998), S. 34-46.
[657] Vgl. Porter (1991), S. 102.

durchschnitt zu erzielen und somit die Kostenvorteile in überdurchschnittliche Gewinne umzuwandeln.[658]

Die generische Strategie der **Differenzierung** zielt auf die branchenweite Erreichung einer von den Kunden wahrgenommenen Einzigartigkeit hinsichtlich einer oder mehrerer von ihnen als bedeutsam erachteten Dimensionen des Leistungsspektrums. Aspekte der Differenzierung stellen auf Qualität und Produkteigenschaften, Technologie, Garantie- und Serviceleistungen sowie Vertriebssystem ab oder versuchen, durch Design und Markenimage eine Präferenz der Kunden für das Leistungsangebot des Unternehmens aufzubauen. Wettbewerbsvorteile resultieren daraus, dass das Unternehmen einige Aktivitäten in einer einzigartigen, für den Kunden wertschöpfenden Weise durchführt, welche die Durchsetzung von Premiumpreisen erlaubt.[659] Differenzierung führt aufgrund der Markenloyalität und der damit verbundenen geringeren Preissensibilität zu einer Abschirmung des Unternehmens gegenüber den fünf Wettbewerbskräften. Die verringerte Preissensitivität der Kunden erlaubt zudem die Erzielung von Premiumpreisen, wodurch sich die Gewinnspanne erhöht und der Kostendruck reduziert wird. Dennoch sind die Kosten zu berücksichtigen, da eine unterlegene Kostenposition den Vorteil des Preispremiums nivelliert. Folglich ist die Differenzierung mit dem Streben nach Parität und Nähe im Vergleich zur Kostenposition der Konkurrenten verbunden, indem Kosten in denjenigen Bereichen reduziert werden, welche die Differenzierung nicht beeinflussen.

Während die beiden zuvor beschriebenen Strategien die Erzielung von branchenweiten Wettbewerbsvorteilen anstreben, konzentriert sich die dritte generische Strategie **Fokus** auf ein Segment einer Branche, beispielsweise eine Käufergruppe, einen Teil der Produktlinie oder einen geographisch begrenzten Markt. Durch die Fokussierung auf ein engeres strategisches Zielobjekt wird versucht, dieses effizienter und effektiver zu bedienen, als es branchenweit agierenden Unternehmen möglich ist. Hierzu werden Differenzierung, Kostenführerschaft oder eine Kombination aus beiden eingesetzt. Überdurchschnittliche Profitabilität resultiert bei Verfolgung der Fokus-Strategie aus der besseren Befriedigung der Kundenbedürfnisse eines enger definierten strategischen Zielobjektes.

Die drei generischen Strategien lassen sich in einer 2 x 2-Matrix mit den Dimensionen strategischer Vorteil und strategisches Zielobjekt abbilden. Abb. 10 fasst die generischen Strategien, ihre Voraussetzungen sowie ihre Risiken in einer solchen Matrix zusammen.

---

[658] Parität („parity") bedeutet, dass entweder ein in der Wahrnehmung der Konsumenten identisches Produkt oder eine gleichsam präferierte unterschiedliche Kombination von Produktattributen angeboten wird. Nähe („proximity") der Differenzierung impliziert, dass der Preisnachlass zur Erreichung eines akzeptablen Marktanteils nicht die Kostenvorteile überkompensiert. Vgl. hierzu Porter (1985), S. 13.

[659] Vgl. Porter (1991), S. 102.

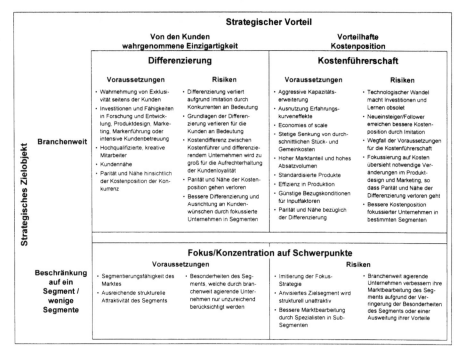

Abb. 10: Generische Strategien und ihre Voraussetzungen und Risiken[660]

Die generischen Strategien basieren auf der Überlegung, dass eine überdurchschnittliche Profitabilität nur aus der Durchsetzung höherer Preise oder einer Position geringerer Kosten resultieren kann.[661] Zugleich ist Strategie immer in Relation zu dem strategischen Zielobjekt zu betrachten. Konsequenz hieraus ist in der Argumentationslinie von PORTER die Notwendigkeit einer bewussten Entscheidung für **eine** der Strategien. Die bei der simultanen Verfolgung verschiedener Wettbewerbsvorteile inhärenten logischen Inkonsistenzen und die Notwendigkeit der Besetzung einer einzigartigen Positionierung innerhalb einer Branche verbieten die gleichzeitige Verfolgung mehrerer generischer Strategien.[662] Unternehmen, welche keine Entscheidung für eine der drei Strategien treffen, sondern mehrere verfolgen, laufen Gefahr,

---

[660] Eigene Darstellung in Anlehnung an Porter (1998), S. 39.
[661] Vgl. Porter (1991), S. 101.
[662] Vgl. Porter (1991), S. 101 f. Gleichwohl räumt PORTER die Möglichkeit einer simultanen Verfolgung von Kostenführerschaft und Differenzierung in Ausnahmefällen ein. Hierzu identifiziert er drei mögliche, allerdings nur temporäre, Bedingungen: (1) Konkurrenz ist selbst „stuck in the middle", (2) Kosten sind in hohem Maße von Marktanteil und Verbundeffekten abhängig und (3) Unternehmen führt eine bahnbrechende Innovation ein. Siehe Porter (1985), S. 17-18.

„**stuck in the middle**" zu agieren und daher keine Wettbewerbsvorteile zu erreichen. Hieraus ergibt sich eine nur unterdurchschnittliche Profitabilität.[663] Die Ausführungen von PORTER hinsichtlich der „stuck in the middle"- bzw. **Fokussierungsthese** lassen sich zu drei Argumenten verdichten: (1) die Konvexitäts- bzw. Marktanteilshypothese, (2) das Konzentrationsprinzip und (3) das Konsistenzprinzip.[664]

Die Vertreter der diametralen **Simultanitätsthese** lehnen hingegen die Unvereinbarkeit von Kostenführerschaft und Differenzierung ab und gehen von der Prämisse aus, eine gleichzeitige Verfolgung beider Strategien sei nicht nur möglich, sondern auch wettbewerbsstrategisch vorteilhaft.[665] Argumentiert wird, dass durch Differenzierung unter bestimmten Kontingenzfaktoren eine Position der geringen Kosten erreicht wird. Darüber hinaus entsteht aufgrund der Tatsache, dass es in jeder Branche nur einen Kostenführer geben kann, oftmals die Notwendigkeit, eine Kostenführerschaftsstrategie durch Differenzierungsaspekte zu ergänzen.[666] Ferner wird durch Veränderungen im Marktumfeld die Notwendigkeit einer simultanen Verfolgung beider Strategien herausgearbeitet, während die prinzipielle Durchführbarkeit einer Kombination der beiden Strategien über Fortschritte in Produktionstechnologie und Informations- und Kommunikationstechnologie belegt wird.[667] Empirische Untersuchungen weisen mitunter die Existenz einer simultanen Verfolgung von Kostenführerschaft und Differenzierung nach, liefern jedoch kein konsistentes Bild hinsichtlich der Erfolgsbeziehung, so dass CAMPBELL-HUNT als Ergebnis seiner Meta-Analyse feststellt: „[...] there is no clear evidence here that no-distinctive-emphasis designs are any more or less capable of above-average performance than other archetypes."[668]

---

[663] Vgl. Porter (1985), S. 16 f.

[664] Kostenführerschaft ist mit einem hohen, Fokus und Differenzierung sind mit einem geringen Marktanteil verbunden. Da nur die drei generischen Strategien überdurchschnittliche Profitabilität versprechen, geht die Konvexitätshypothese von einer kurvilinearen Beziehung zwischen Marktanteil und Rentabilität aus. Die Unvereinbarkeit von Kostenführerschaft und Differenzierung resultiert daher aus vollkommen unterschiedlichem Marktanteilsbesitz. Das in Anlehnung an Simon (1988), S. 469-471 bezeichnete Konzentrationsprinzip besagt, dass ein Unternehmen sämtliche Aktivitäten auf diejenige Wettbewerbsvorteilskategorie ausrichten muss, in der eine Spitzenstellung angestrebt wird. Schließlich drückt das Konsistenzprinzip aus, dass die Maßnahmen zur Verfolgung der Strategien ab einem Punkt in einen Zielkonflikt treten und nicht mehr konsistent sind. Siehe hierzu Fleck (1995), S. 13-14.

[665] Vgl. hierzu Karnani (1984), S. 379; Murray (1988), S. 395 ff.; Hill (1988), S. 401; Boynton/Victor (1991), S. 53; Corsten/Will (1992), S. 189; Corsten/Will (1995), S. 3; Fleck (1995), S. 59 ff.; Proff/Proff (1997), S. 797 f.; Jenner (2000), S. 8.

[666] Vgl. Hill (1988), S. 402 ff.

[667] Siehe hierzu im Überblick Fleck (1995), S. 43-57; Proff/Proff (1997), S. 798; Jenner (1999), S. 141-145. Angeführt werden beispielsweise die Abnahme der optimalen Betriebsgröße, hybrides Kundenverhalten, die Internationalisierung des Wettbewerbs und neuartige Technologien wie Computer Aided Manufacturing.

[668] Campbell-Hunt (2000), S. 149. Siehe hierzu auch die Darstellung von Ergebnissen empirischer Studien bei Fleck (1995), S. 29 ff. und Jenner (2000), S. 10 ff., welche von den Autoren als Beleg

Gleichwohl haben die theoretischen Überlegungen und die empirischen Ergebnisse bezüglich der simultanen Verfolgung mehrerer Strategien teilweise zu einer Veränderung der Interpretation der generischen Strategien geführt.[669] Anstatt der Konzeptionalisierung der drei Strategien als Entweder-oder-Kategorien werden die generischen Strategien als **Dimensionen einer strategischen Positionierung** verstanden.[670] Dies erlaubt die Untersuchung von Kombinationen der generischen Strategien und ihrer Erfolgswirkung. Da auf diese Weise alle strategischen Konfigurationen in Relation zu Kostenposition und Differenzierung gemessen werden, schließt das Vorliegen eines Schwerpunktes die Präsenz eines zweiten nicht aus. Selbst Konfigurationen, welche eindeutig Kostenführerschaft oder Differenzierung betonen, werden in Relation zu der jeweils anderen Dimension beschrieben.[671] Hierdurch wird die Forderung PORTERs nach Parität bzw. Nähe zu der jeweils nicht verfolgten generischen Strategie einbezogen und messbar gemacht. Diesem dimensionalen Verständnis der generischen Strategien wird eine hohe Bedeutung für die Strategieforschung beigemessen, in den Worten von CAMPBELL-HUNT: „The dimensional approach offers a much more powerful language with which to describe competitive strategy."[672]

Neben der dargestellten Modifizierung des kategorialen Verständnisses hin zu einem dimensionalen Verständnis haben die generischen Strategien eine Weiterentwicklung im Sinne einer stärkeren Ausdifferenzierung erfahren, zum einen durch PORTER selbst, zum anderen durch die Ergebnisse anderer theoretischer und empirischer Untersuchungen. So führt PORTER die Unterscheidung zwischen **„operational effectiveness"** und **„strategic positioning"** ein und beschreibt die Verbindung zu den generischen Strategien wie folgt: „The generic strategies remain useful to characterize strategic positions at the simplest and broadest level. [...] The bases for positioning – varieties, needs, and access – carry the understanding to those generic strategies to a greater level of specificity."[673] Operational Effectiveness bedeutet „performing similar activities better than rivals perform them", wohingegen Strategic Positioning „performing different activities from rivals' or performing similar activities

---

für die Existenz sowie die Überlegenheit einer simultanen Verfolgung mehrerer generischer Strategien interpretiert werden.

[669] Vgl. hierzu Miller/Dess (1993), S. 564.

[670] Vgl. Miller/Dess (1993), S. 564. Siehe auch die Ausführungen bei Campbell-Hunt (2000), S. 129-131, der diese Interpretation der taxonomischen, der empirizistischen und der nominalistischen gegenüberstellt. Die Interpretation von generischen Strategien als Dimensionen wird zudem durch die Erkenntnisse bezüglich der Durchführbarkeit von Kombinationen generischer Strategien bei Karnani (1984), S. 377; Hill (1988), S. 402 ff.; Murray (1988), S. 395; Wright/Kroll/Tu et al (1991), S. 58 und Reitsperger/Daniel/Tallman et al. (1993), S. 19 unterstützt. Eine transaktionskostentheoretische Erklärung, welche auf der Konzeptionalisierung von generischen Strategien als hybrider Koordinationsform beruht, findet sich bei Jones/Butler (1988), S. 202.

[671] Vgl. Campbell-Hunt (2000), S. 131.

[672] Campbell-Hunt (2000), S. 150.

[673] Porter (1996), S. 67.

in different ways" beinhaltet. [674] Die Erreichung operationaler Effizienz stellt PORTER zufolge lediglich eine notwendige, aber keine hinreichende Bedingung für die Erreichung einer überlegenen Profitabilität dar, da zum einen Best-Practice-Anwendungen, wie beispielsweise Total-Quality-Management oder Benchmarking, schnell diffundieren und imitiert werden, zum anderen der umfassende Einsatz von Praktiken zur Erhöhung der operationalen Effizienz zu einer Angleichung der Unternehmen und Strategien führt.[675]

Daher führt nur eine strategische Positionierung zu einer einzigartigen Position im Wettbewerb. Hierzu stehen drei unterschiedliche Möglichkeiten offen, welche sich nicht gegenseitig ausschließen:[676] Erstens kann die Positionierung auf dem Angebot einer Untergruppe von Produkten oder Dienstleistungen einer Branche beruhen (variety-based positioning). Zweitens kann die Positionierung auf der Befriedigung aller oder der meisten Bedürfnisse einer Kundengruppe basieren (needs-based positioning). Schließlich kann die Grundlage der Positionierung eine Segmentierung der Kunden nach der Erreichbarkeit sein (access-based positioning). In einer Anwendung dieser Konzepte auf die durch die IuK und das Internet veränderten Marktbedingungen kommt PORTER zu dem Ergebnis, dass die Fortschritte der IuK und des Internet die Erreichung von Wettbewerbsvorteilen auf der Basis von operationaler Effizienz weiter erschweren. Hierdurch erhöht sich die Bedeutung der strategischen Positionierung für die Erlangung von Wettbewerbsvorteilen. Zugleich eröffnen IuK und das Internet eine Vielzahl von Möglichkeiten, eine distinkte strategische Positionierung zu erreichen.[677]

Eine weitere Differenzierung der generischen Strategien stammt von MINTZBERG. Dieser trennt zunächst Fokus von Differenzierung und Kostenführerschaft.[678] Dies begründet er damit, dass sich Fokus auf das angestrebte Marktsegment bezieht, wohingegen die anderen beiden Strategien festlegen, auf welche Weise in dem gewählten Marktsegment Wettbewerbsvorteile erreicht werden. Darüber hinaus argumentiert er, eine reine Kostenführerschaft stelle erst dann einen Wettbewerbsvorteil dar, wenn sie das Angebot von unterdurchschnittlichen Preisen erlaubt, weshalb sie eher als „Differenzierung über Preis" zu bezeichnen ist.[679] Ferner nimmt MINTZBERG eine systematische Disaggregation der Differenzierungsdimension in Differenzierung durch Image, Zusatzleistungen, Qualität und Design vor. Eine

---

[674] Porter (1996), S. 62.
[675] Vgl. Porter (1996), S. 63 f.
[676] Siehe zu den folgenden Ausführungen Porter (1996), S. 65-68.
[677] Vgl. Porter/Millar (1985), S. 157; Porter (2001), S. 70 ff.
[678] Vgl. Mintzberg (1988), S. 14. Die Trennung hat zwei Dimensionen der Geschäftsbereichsstrategie zum Ergebnis, „differentiation" und „scope", für die jeweils eine Typologie generischer Strategien entwickelt wird. Vgl. Mintzberg (1988), S. 16; Mintzberg (2003), S. 120.
[679] Vgl. hierzu Mintzberg (1988), S. 14 ff.; Mintzberg (2003), S. 121.

fehlende Basis für eine Differenzierung oder die freiwillige Verfolgung einer Imitationsstrategie wird als „undifferenziert" bezeichnet.[680]

KOTHA/VADLAMANI weisen in einer empirischen Untersuchung mittels konfirmatorischer Faktorenanalyse die Überlegenheit der Typologie von MINTZBERG gegenüber der von PORTER hinsichtlich der Erfassung von Strategien in einer komplexen Umwelt nach: „Thus, Mintzberg's typology out-performed Porter's typology in its conceptual clarity and descriptive power."[681] Ebenso weist CAMPBELL-HUNT in seiner Meta-Analyse mittels Clusteranalyse sechs unabhängige Meta-Dimensionen nach, die eine hohe konzeptionelle Nähe zu der Typologie von MINTZBERG aufweisen. Die Unterscheidung der einzelnen Arten der Differenzierung ist in gleichem Maße bedeutend wie die Unterscheidung zwischen Differenzierung und Kostenführerschaft.[682] Als Ergebnis dieser jüngeren Untersuchungen ist festzuhalten, dass die drei Dimensionen Kostenführerschaft, Differenzierung und Fokus unzureichend zur Beschreibung der Vielzahl von Wettbewerbsstrategien sind. Durch eine Ausdifferenzierung der strategischen Dimensionen ist eine überlegenere Abbildung und Messung von Strategien möglich.[683]

2.3.1.4 Zusammenfassung der Bezugspunkte und des Erkenntnisbeitrags der Industrieökonomik

Die Bezugspunkte und der Erkenntnisbeitrag der Industrieökonomik zu dem Untersuchungsobjekt Strategie in High Velocity Märkten lassen sich in sechs zentralen Punkten zusammenfassen:

1. Industrieökonomische Überlegungen weisen einen hohen Erklärungsgehalt bezüglich des Inhalts von Strategien auf. Der zentrale Erkenntnisgegenstand der Industrieökonomik ist die Erklärung einer überdurchschnittlichen Profitabilität von Branchen und Unternehmen. Während die klassische Industrieökonomik hierzu die beinahe ausschließlich exogen vorgegebene, relativ stabile Branchenstruktur heranzieht, stellt die neue Industrieökonomik das Verhalten bzw. die Strategie des Unternehmens in den Mittelpunkt der Untersuchungen. Gleichzeitig nimmt sie eine dynamische Perspektive ein und berücksichtigt die Heterogenität von Unternehmen. Aus der Analyse des strategischen Verhaltens und der damit verbundenen Erfolgswirkungen ergeben sich somit direkte Bezugspunkte für die Strategieinhaltsforschung. Allerdings fokussieren sich die Betrachtungen innerhalb der neuen Industrieökonomik auf die spieltheoretische Analyse einzelner strategischer Aktionen in konzentrierten Branchen oder sogar Duopolen, weshalb

---

[680] Vgl. Mintzberg (1988), S. 17-21; Mintzberg (2003), S. 121.
[681] Kotha/Vadlamani (1995), S. 82.
[682] Vgl. Campbell-Hunt (2000), S. 140. Die Meta-Dimensionen werden als (1) Marketing, (2) Sales, (3) Quality Reputation, (4) Product Innovation, (5) Operations und (6) Market Scope bezeichnet.
[683] Siehe hierzu Kotha/Vadlamani (1995), S. 82; Campbell-Hunt (2000), S. 140.

sie für die in der vorliegenden Untersuchung angestrebte Konzeptionalisierung von Strategie in High Velocity Märkten als zu eingeschränkt zu betrachten sind.

2. Mit den Konzepten der strategischen Gruppen und der Mobilitätsbarrieren liefert die Industrieökonomik darüber hinaus die theoretische Basis für die Erklärung der strategischen Positionierung von Unternehmen in einer Branche und damit Anhaltspunkte für die Bestimmung des Inhalts von Strategie. Hohe Mobilitätsbarrieren stellen sowohl auf unterschiedlichen Ausgangsbedingungen als auch auf distinkten Investitionspfaden beruhende Wettbewerbsvorteile von Unternehmen dar. Sie verhindern eine strategische Annäherung anderer Unternehmen, sowohl branchenfremd als auch branchenintern, an die Position des Unternehmens und, damit verbunden, an dessen Profitabilität.

3. Basierend auf industrieökonomischen Überlegungen hinsichtlich der Bedeutung der Branche - resultierend aus dem SCP-Paradigma - und der strategischen Positionierung - als Ergebnis der Konzepte der strategischen Gruppen und der Mobilitätsbarrieren - entwickelt PORTER einen Erklärungsansatz zum grundlegenden Inhalt von Strategien. Seinen Überlegungen zufolge ist durch die Entscheidung für eine der generischen Strategien Kostenführerschaft, Differenzierung oder Fokus in Abhängigkeit von der Branchenstruktur und den Unternehmensressourcen eine eindeutige strategische Positionierung zu erreichen, welche zu einer überdurchschnittlichen Profitabilität führt. In der Anwendung seines Konzeptes unterstreicht PORTER die Bedeutung einer strategischen Positionierung für Unternehmen in High Velocity Märkten. Hieraus wird für die vorliegende Untersuchung abgeleitet, dass die grundlegenden Aspekte der generischen Strategien auch für die Konzeptionalisierung von Strategie in High Velocity Märkten eine hohe Erklärungsrelevanz besitzen.

4. Nachfolgende theoretische sowie empirische Analysen haben allerdings gezeigt, dass das PORTER'sche Verständnis der generischen Strategien hinsichtlich zwei zentraler Aspekte zu modifizieren ist. Zum einen sind aufgrund der in der Simultanitätsthese postulierten prinzipiellen Vereinbarkeit und zunehmenden Notwendigkeit einer Kombination der generischen Strategien diese nicht mehr als sich gegenseitig ausschließende Kategorien, sondern eher als Dimensionen einer strategischen Positionierung zu verstehen. Diese Interpretation weist eine hohe Kompatibilität zu der in der vorliegenden Untersuchung verfolgten Konzeptionalisierung von Strategie als mehrdimensionalem Konstrukt und der Operationalisierung mittels des Comparative Approach auf. Zum anderen sind die generischen Strategien inhaltlich in feinere Dimensionen zu disaggregieren, da hierdurch eine bessere Abbildung der in der Realität verfolgten Strategien erreicht wird.

5. Für die Konzeptionalisierung des Konstrukts Strategie in High Velocity Märkten im Rahmen der vorliegenden Arbeit sind somit auf der Basis industrieökonomischer Überlegungen sowie der Erkenntnisse von PORTER und deren Verfeinerungen die vier Dimensionen (1) **Produkt-Differenzierung**, (2) **Image-Differenzierung**,

(3) **Aggressivität / Differenzierung durch Preis** und (4) **Fokus** abzuleiten (vgl. Abb. 11). Produkt-Differenzierung zielt auf die Alleinstellung durch überlegene Qualität, Produktcharakteristika und einzigartige Funktionalitäten ab, wohingegen Image-Differenzierung das Ausmaß einer psychologischen Differenzierung beinhaltet und Aspekte der Werbung, Markenführung sowie Vertriebskanalsteuerung und -kontrolle umfasst. Die Dimension Aggressivität bezieht sich auf das Ausmaß der auf einer vorteilhaften Kostenposition beruhenden Differenzierung über Preis. Die Dimension Fokus beschreibt das Ausmaß der Konzentration der Marktbearbeitung auf bestimmte Segmente, sowohl in Bezug auf Produktlinien als auch auf Kundengruppen.

6. Abschließend ist im Hinblick auf den hier verfolgten Ansatz des theoretischen Pluralismus, der eine grundsätzliche Vereinbarkeit von Erkenntnisgegenstand und Annahmen voraussetzt, auf die konzeptionelle Nähe industrieökonomischer Ansätze zu der Ressourcen- und Evolutionstheorie hinzuweisen. So ist der oftmals gegenüber industrieökonomischen Überlegungen vorgebrachte Vorwurf der Homogenitätsannahme sowie der Vernachlässigung unternehmensinterner Prozesse im Kontext der Weiterentwicklung der industrieökonomischen Ansätze nicht aufrechtzuerhalten.[684] Mobilitätsbarrieren und damit auch Wettbewerbsvorteile werden auf unterschiedliche Ausgangskonfigurationen von Unternehmen in Bezug auf Präferenzen und tangible sowie intangible Ressourcen und darauf aufbauende Investitionspfade zurückgeführt.[685] Die in diesen Überlegungen zum Ausdruck kommende Berücksichtigung von Heterogenität der Unternehmen und von Pfadabhängigkeiten bildet einen direkten Bezugspunkt zu der Argumentation innerhalb des Ressourcenansatzes. Darüber hinaus werden Pfadabhängigkeiten, welche aus dem für die neue Industrieökonomik zentralen Konstrukt des Commitment resultieren, explizit zur Erklärung der Unternehmenssituation herangezogen.[686]

Schließlich berücksichtigt auch das Konzept der zur Erreichung von Wettbewerbsvorteilen durchzuführenden Aktivitäten die internen Aspekte des Unternehmens. Aktivitäten erfordern interne tangible sowie intangible Ressourcen sowie durch Mitarbeiter verkörperte Fähigkeiten. Zugleich entstehen bei der Durchführung von Aktivitäten durch Lernprozesse Ressourcen in Form von organisationalen Routinen, Fähigkeiten und Wissen.[687] Hier zeigen sich Anknüpfungspunkte zur Evolutionstheorie und zur Ressourcentheorie. Auch wenn die beschriebenen Ansätze nicht im Zentrum industrieökonomischer Analysen stehen,

---

[684] Vgl. zu diesem Vorwurf stellvertretend Barney (1991), S. 100; Rasche/Wolfrum (1994), S. 502; Rühli (1995), S. 93 f.
[685] Vgl. hierzu Caves/Porter (1977), S. 253; Porter (1979a), S. 217.
[686] Vgl. Porter (1991), S. 106. Siehe hierzu auch Schendel (1996), S. 2.
[687] Siehe Porter (1991), S. 102.

belegen sie doch die prinzipielle Vereinbarkeit industrieökonomischer Überlegungen mit der Evolutionstheorie und der Ressourcentheorie.

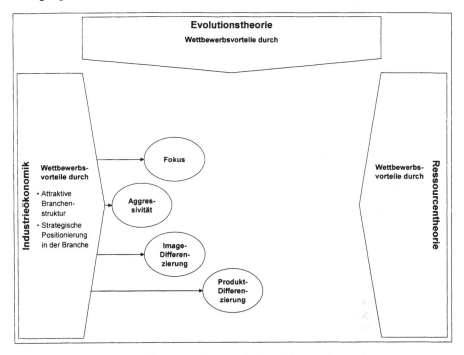

Abb. 11: Theoretischer Bezugsrahmen mit den Erkenntnissen der Industrieökonomik

2.3.2 Evolutionstheorie

Evolutionstheoretische Überlegungen haben sowohl in der Wissenschaft als auch im strategischen Management mittlerweile eine so starke Ausdifferenzierung erreicht, dass kaum noch von einer konsistenten Theorie gesprochen werden kann.[688] Evolutionstheorie ist daher als Überbegriff für verschiedene Theorieansätze zu verstehen, welche sich mit dynamischen Entwicklungsprozessen beschäftigen und durch die folgenden Charakteristika gekennzeichnet sind:[689] Das Erklärungsinteresse

---

[688] Vgl. Müller-Stewens/Lechner (2001), S. 110. Eine kritische Diskussion des evolutorischen Ansatzes und seiner Übertragung auf das strategische Management findet sich bei Schneider (1996), S. 1104 ff.

[689] Siehe zu den folgenden Ausführungen Winter (1988), S. 172 f.; Nelson (1995), S. 56; Dosi/ Nelson (1998), S. 209.

zielt auf die Bewegung bzw. Veränderung einer Variablen im Zeitablauf ab, wobei weniger der statische Zustand in einem Zeitpunkt von Relevanz ist, als vielmehr die Mechanismen und Prozesse, welche dazu geführt haben. Berücksichtigt werden sowohl zufällige Elemente, die eine Variation hervorrufen oder erneuern, als auch Mechanismen, welche systematisch bestehende Variationen selektieren. Folglich beinhalten evolutionstheoretische Modelle zum einen Prozesse unvollkommenen Lernens und Entdeckens, zum anderen Selektionsmechanismen. Zugleich bestehen beharrende bzw. träge Kräfte, welche den die Selektion überlebenden Variablen eine Kontinuität verleihen. Eine Variation der biologischen Denkfigur „Variation – Selektion – Retention" ist demzufolge in allen evolutionstheoretischen Überlegungen enthalten.[690] Darüber hinaus wird der Annahme eines temporären Gleichgewichts im Sinne einer „historical efficiency"[691] eine Absage erteilt.[692] Da organisationale Prozesse positive Feedbacks oder selbstverstärkende Effekte aufgrund von Lernen, Skalenvorteilen oder Netzeffekten aufweisen, werden Pfadabhängigkeiten einbezogen.[693]

Aufgrund der expliziten dynamischen Orientierung und der Berücksichtigung von Pfadabhängigkeiten sowie organisationalem Lernen weisen evolutionstheoretische Ansätze eine Vielzahl von Anknüpfungspunkten und eine hohe Erklärungsrelevanz für das Verhalten und die Strategie von Unternehmen in High Velocity Märkten auf.[694] Darüber hinaus stellen sie ein Bindeglied zwischen der Industrieökonomik und dem Resource-based View dar, indem sie sowohl Aspekte industrieökonomischer als auch ressourcentheoretischer Argumentationslinien kombinieren.[695]

Im Folgenden werden evolutionstheoretische Überlegungen auf ihren Beitrag zur Konzeptionalisierung von Strategie in High Velocity Märkten hin untersucht, wobei zunächst die grundlegenden evolutionstheoretischen Ansätze skizziert werden. Da insbesondere das Konzept der Suchroutinen eine hohe Relevanz für das strategische Verhalten in High Velocity Märkten vermuten lässt, wird dieses im Anschluss auf seinen Erklärungsbeitrag für die Konzeptionalisierung des Strategiekonstrukts hin analysiert. Der Abschnitt schließt mit der Zusammenfassung der Bezugspunkte und des Erkenntnisbeitrags der Evolutionstheorie für das Untersuchungsobjekt.

---

[690] Vgl. Müller-Stewens/Lechner (2001), S. 111.
[691] March/Olsen (1989), S. 8. Die Annahme besagt, dass sich Institutionen und Verhalten in Form eines effizienten, historischen Prozesses entwickeln. Dieser bewegt sich unter dem Einfluss gegenwärtiger Umweltbedingungen, jedoch unabhängig von historischen Entwicklungspfaden, schnell zu einer einzigartigen Gleichgewichtslösung. Siehe hierzu March/Olsen (1989), S. 7-8.
[692] Vgl. Carroll/Harrison (1994), S. 720; Nelson (1995), S. 51.
[693] Vgl. Carroll/Harrison (1994), S. 721 ff.; Nelson (1995), S. 73 ff.; Dosi/Nelson (1998), S. 230 ff.
[694] Vgl. hierzu Lengnick-Hall/Wolff (1999), S. 1114; Eisenhardt/Galunic (2000), S. 92.
[695] Vgl. hierzu Foss/Knudsen/Montgomery (1995), S. 2; Freeman (1995), S. 222; Barnett/Burgelmann (1996), S. 17; Welge/Al-Laham (2001), S. 71.

2.3.2.1 Grundlegende evolutionstheoretische Ansätze

In Anlehnung an die Terminologie der Biologie ist zwischen phylogenetischen und ontogenetischen Ansätzen zu unterscheiden. Erstere beschäftigen sich mit evolutionären Veränderungen auf der Ebene von Populationen, während letztere sich auf die Veränderungen innerhalb eines einzelnen Organismus beziehen.[696] Übertragen auf das strategische Management stellen die phylogenetischen Ansätze eine Population bzw. eine Gruppe von Unternehmen in den Mittelpunkt und konzentrieren sich auf die Analyse des Selektionsumfelds, wobei die einzelne Unternehmung vernachlässigt wird. Demgegenüber betrachten ontogenetische Ansätze die internen Veränderungsprozesse auf der Unternehmensebene und untersuchen beispielsweise Konzepte wie Anpassung, Lernen, Suchverhalten, Anfangsbedingungen und Pfadabhängigkeiten.[697] Im Folgenden werden drei wichtige Ansätze der Evolutionstheorie im Hinblick auf Erklärungsinteresse, Analyseebene sowie zentrale Argumentationslinie skizziert. Da phylogenetische Ansätze Aspekte auf der Unternehmensebene ebenso wenig vernachlässigen können wie ontogenetische Ansätze die Einflüsse der Umwelt, erfolgt die Zuordnung der Ansätze gemäß dem Betrachtungsschwerpunkt.[698]

2.3.2.1.1 Phylogenetische Ansätze

Eine erste Übertragung evolutionstheoretischer Ansätze auf das strategische Management stellt die **Populationsökologie** dar. Zentrales Erklärungsinteresse ist HANNAN/FREEMAN zufolge „[...] to understand the distribution of organizations across environmental conditions and the limitations of organizational structures in different environments, and more generally [...] to answer the question, Why are there so many kinds of organizations?"[699] Den Ausgangspunkt der Überlegungen bildet die Kritik an der Dominanz der **Anpassungsperspektive** innerhalb des strategischen

---

[696] Vgl. im Folgenden Foss/Knudsen/Montgomery (1995), S. 5. Siehe zu den zwei Schulen der evolutionären Organisationstheorie auch Baum/Singh (1994), S. 5; Sachs (1997), S. 93 f.

[697] Ein Beispiel für eine ontogenetische Perspektive stellen die empirischen Studien des Verlaufs von Strategieprozessen bei Burgelmann (1991), S. 240 ff.; Burgelmann (1996), S. 194 ff. und Noda/Bower (1996), S. 160 ff. dar. Hierbei wird gezeigt, dass das Variation-Selektion-Retention-Schema nicht nur auf Populationen von Unternehmen, sondern auch auf einzelne Unternehmen bzw. strategische Geschäftseinheiten anwendbar ist. Siehe hierzu Burgelmann (1991), S. 240; Noda/Bower (1996), S. 160. Ebenfalls auf der Unternehmensebene untersucht Doz den Einfluss von Ausgangsbedingungen im Sinne organisationaler Routinen und von Lernfähigkeit auf die Evolution und den Erfolg strategischer Allianzen. Siehe Doz (1996), S. 56 ff. BARNETT/HANSEN konzeptionalisieren Anpassungsprozesse an den Wettbewerb als organisationale Routinen. Vgl. Barnett/Hansen (1996), S. 142 ff.

[698] Siehe hierzu auch Tab. 10.

[699] Hannan/Freeman (1977), S. 936. Siehe auch Baum/Singh (1994), S. 5; Singh/Lumsden (1990), S. 162.

Managements bei der Untersuchung des Umwelteinflusses auf die Unternehmen.[700] Diese besagt, dass Manager oder dominante Koalitionen innerhalb eines Unternehmens die relevante Umwelt nach Chancen und Risiken analysieren, diesbezüglich strategische Maßnahmen formulieren und die Unternehmensstruktur entsprechend anpassen.

Nach Ansicht der Populationsökologie wird jedoch die Anpassungsfähigkeit von Unternehmen durch eine Vielzahl von Prozessen eingeschränkt, welche eine **organisatorische Trägheit** (structural inertia) hervorrufen.[701] Je stärker die organisatorische Trägheit innerhalb eines Unternehmens ist, desto geringer ist seine Anpassungsfähigkeit und desto höher ist die Angemessenheit einer **Selektionsperspektive** gegenüber einer Anpassungsperspektive zur Erklärung der Beziehung zwischen Umwelt und Unternehmen.[702] In Anbetracht dieser Erkenntnis entwickelt die Populationsökologie die im Folgenden skizzierte, auf Selektionsaspekten basierende Argumentationslinie.[703]

Das Analyseobjekt ist eine Population von Unternehmen, die einer Spezies in der Biologie entspricht.[704] Die Unternehmen einer Population sind durch einen gemeinsamen Entwurf (Blueprint) gekennzeichnet.[705] Im Zeitablauf kommt es zu **Variationen**, die durch Innovationen, technischen Wandel, eine Veränderung der institutionellen Rahmenbedingungen oder Zufall ausgelöst werden.[706] Hierbei rufen die genannten Veränderungen in der Umwelt neue Organisationsformen hervor, entweder durch Neugründungen (Start-ups) oder durch Abspaltungen (Spin-offs), wodurch Variationen entstehen.[707] Innerhalb der Population selektiert die Umwelt nun diejenigen

---

[700] Vgl. zu den folgenden Ausführungen Hannan/Freeman (1977), S. 930. Siehe auch Kieser (1995c), S. 237.

[701] Vgl. Hannan/Freeman (1977), S. 930 f.; Hannan/Freeman (1984), S. 149; Singh/Lumsden (1990), S. 162. Organisatorische Trägheit entsteht sowohl durch interne Faktoren, wie bestehende Investitionen, beschränkte Information, divergente Ziele und die Unternehmensgeschichte als auch durch externe Faktoren wie rechtliche und steuerliche Einschränkungen. Zudem ist sie immer in einer relativen und dynamischen Perspektive zu definieren. Siehe hierzu Hannan/Freeman (1984), S. 151.

[702] Hierzu HANNAN/FREEMAN: „[...] the issue of structural inertia is central to the choice between adaptation and selection models." Hannan/Freeman (1977), S. 931.

[703] Vgl. Hannan/Freeman (1977), S. 934 ff. Eine Bestandsaufnahme der Forschungsergebnisse der Populationsökologie findet sich bei Singh/Lumsden (1990), S. 163 ff.

[704] Vgl. Hannan/Freeman (1977), S. 934.

[705] Vgl. Hannan/Freeman (1977), S. 935. Dieser Blueprint besteht aus Regeln bzw. Prozeduren zur Erlangung von Produktionsmitteln und zur Transformation dieser in Produkte, welche wiederum aus (1) der formalen Struktur des Unternehmens, (2) dem Muster der Aktivitäten innerhalb des Unternehmens oder (3) der normativen Ordnung ableitbar sind.

[706] Vgl. Müller-Stewens/Lechner (2001), S. 111.

[707] Neugründungen zielen oftmals auf die Imitation bestehender erfolgreicher Unternehmen ab. Da eine exakte Imitation oftmals nicht gelingt, kommt es zu Variationen innerhalb einer Population. Ebenso löst die Speziation in Form von Ausgründungen etablierter Unternehmen eine Variation in

Variationen aus, die eine im Konkurrenzkampf um begrenzte Ressourcen geringere Effizienz aufweisen. Ergebnis dieses rein umweltdeterministischen Vorgangs der **Selektion** ist, dass nur Organisationsformen überleben, welche an die Nische einer Population optimal angepasst sind. In der Phase der **Retention** werden die selektierten Variationen durch Mechanismen wie institutionelle Barrieren geschützt und konserviert sowie an weitere Ausgründungen weitergegeben.[708]

Evolutionstheoretische Analysen deuten auf Bevorzugung von Organisationsformen, die eine hohe Verlässlichkeit und eine hohe Verantwortlichkeit aufweisen.[709] Allerdings wird eingeräumt, dass sich in einer durch turbulente und unsichere Veränderungen gekennzeichneten Umwelt kein systematischer Selektionsmechanismus bildet, da sich die begünstigten Charakteristika zu häufig ändern. Dieses Umfeld favorisiert Organisationsformen, die neue Chancen schnell nutzen, und fördert die Herausbildung neuer Organisationsformen.[710]

Während innerhalb des zuvor skizzierten evolutionstheoretischen Ansatzes Organisationsformen die Analyseeinheit darstellen, unterliegen in anderen Beiträgen die **Competences** bzw. **Comps** den Prozessen der Variation, Selektion und Retention. Ausgangspunkt des Comps-Ansatzes ist die Kritik an der im strategischen Management vorherrschenden Beschreibung von Unternehmen, als ob sie entweder alle gleich (all-alike-approach) oder jedes einzigartig seien (all-unique-approach).[711] Zur Erreichung einer höheren Klassifizierbarkeit, Generalisierbarkeit und Vorhersagbarkeit der Ergebnisse als Desideratum wissenschaftlicher Forschung wird die Festlegung homogener Gruppen von Unternehmen vorgeschlagen.[712] Die adäquate Analyseebene bildet eine Population von Unternehmen, die gekennzeichnet ist durch (1) die Ähnlichkeit ihrer Mitglieder, (2) den Austausch von Replikationsmaterial und Competences innerhalb der Population von Unternehmen und (3) dem fehlenden Austausch zwischen Populationen von Unternehmen.[713]

Gegenüber der zuvor beschriebenen Populationsökologie verschiebt sich der Schwerpunkt der Betrachtungen in Richtung Unternehmen und weist daher auch

---

der Population aus. Vgl. Hannan/Freeman (1984), S. 150; Sachs (1997), S. 92; Müller-Stewens/ Lechner (2001), S. 111.
[708] Siehe hierzu Kieser (1995c), S. 243; Müller-Stewens/Lechner (2001), S. 111.
[709] Vgl. Hannan/Freeman (1984), S. 153 f. Voraussetzung hierfür ist die Fähigkeit, die bestehenden Strukturen mit hoher Genauigkeit zu reproduzieren. Vgl. Hannan/Freeman (1984), S. 162.
[710] Vgl. Hannan/Freeman (1984), S. 163.
[711] Vgl. McKelvey/Aldrich (1983), S. 104 ff.
[712] Vgl. McKelvey/Aldrich (1983), S. 107 f.
[713] Vgl. McKelvey/Aldrich (1983), S. 109. Die gewählte Analyseebene der Population verbindet die den beiden zuvor diskutierten Ansätzen zugrunde liegende Logik: Der „all-alike-approach" zeigt sich in der Ähnlichkeit der Mitglieder innerhalb einer Population, während der „all-unique-approach" durch die Unterschiede der Unternehmen zwischen Populationen berücksichtigt wird. Siehe hierzu McKelvey/Aldrich (1983), S. 110.

ontogenetische Aspekte auf. Argumentiert wird, dass Elemente **innerhalb** eines Unternehmens begründen, warum die Organisationsform einer Population über Generationen von Mitarbeitern bestehen bleibt und von anderen Unternehmen in der Population geteilt wird.[714] Zur Erklärung wird das Konzept der „Competence Elements" bzw. Comps eingeführt, die definiert werden als „the elements of knowledge and skill, that, in total, constitute the dominant competence of an organization. Dominant competence is defined as the combined workplace (technological) and organizational knowledge and skills [...] that together are most salient in determining the ability of an organization to survive."[715] Jede Population weist nun eine Menge von Comps auf, die in dem Wissen und den Fähigkeiten der Mitarbeiter von Unternehmen in dieser Population gespeichert sind. Sowohl innerhalb eines Unternehmens als auch innerhalb einer Population werden effektive Comps geteilt.[716] Gleichzeitig verhindern **Isolationsmechanismen,** wie beispielsweise komplizierte und schwierige Lernprozesse, den Austausch von Comps zwischen Populationen.

Die Comps unterliegen der Variation als beabsichtigter oder unbeabsichtigter Veränderung.[717] Erstere entsteht als intendierte Reaktion auf Umwelteinflüsse, wohingegen letztere unabhängig von externem Anpassungsdruck per Zufall auftritt. Einige Variationen stellen sich als besser geeignet zur Akquise von Ressourcen heraus und tragen somit zum Überleben des Unternehmens bei. Unternehmen mit nutzlosen oder nachteiligen Variationen von Comps erhalten weniger Ressourcen und haben damit eine geringere Überlebenschance, so dass die im Zeitablauf überlebenden Unternehmen durch vorteilhafte Variationen gekennzeichnet sind. Förderliche Variationen von Comps werden bewahrt und über Generationen von Mitarbeitern weitergegeben.

Hieraus lässt sich die **zentrale Rolle des Wissensmanagements** ableiten. Ein effektives Unternehmen wird versuchen, seine nützlichen Variationen zu bewahren, indem es die Träger von entscheidenden Comps an das Unternehmen bindet bzw. sicherstellt, dass ausscheidende Mitarbeiter ihr Wissen und ihre Fähigkeiten an die verbleibenden Mitarbeiter weitergegeben haben. Durch Selektion und Retention setzen sich somit effiziente Comps gegenüber nachteiligen durch und verdrängen diese aus dem Comps-Pool der Population. Die Theorie der natürlichen Selektion erklärt daher den Erfolg oder Misserfolg von Unternehmen, wobei sowohl den Handelnden als auch den Umwelteinflüssen eine Rolle beigemessen wird: „Our contention is that people cause variations in individual organizations, but that the process of natural

---

[714] Vgl. McKelvey/Aldrich (1983), S. 112.
[715] McKelvey/Aldrich (1983), S. 112. Comps zeigen sich beispielsweise in Patenten, Produktions- und Produkttechniken, Verfahrensrichtlinien, Arbeitsabläufen, Einstellungs- und Trainingsprozessen, Qualitäts- und Produktivitätsmessung, sowie Controlling. Siehe McKelvey/Aldrich (1983), S. 112; Müller-Stewens/Lechner (2001), S. 111.
[716] Siehe hierzu McKelvey/Aldrich (1983), S. 113.
[717] Vgl. zu den folgenden Ausführungen McKelvey/Aldrich (1983), S. 114-116.

selection leads to the form of those organizations that survive and characterize successful populations."[718]

2.3.2.1.2 Ontogenetische Ansätze

Der im Folgenden skizzierte evolutionstheoretische Ansatz von NELSON/WINTER konzentriert sich ebenfalls auf die Veränderung einer Population von Unternehmen und ist daher prinzipiell phylogenetischer Natur.[719] Gleichwohl sind die Autoren der Auffassung, dass die Modellierung auf der Branchenebene durch eine plausible Theorie der Fähigkeiten und des Verhaltens von Firmen geleitet und beschränkt wird. Daher begründen sie ihre Überlegungen mit Betrachtungen auf der individuellen Unternehmensebene, weshalb der Ansatz ebenso ontogenetische Elemente aufweist.[720] Firmen werden innerhalb des Bezugsrahmens als **pfadabhängige Wissensbasen** konzeptionalisiert, die aus hierarchisch angeordneten **Bündeln** von **Routinen** bestehen.[721] Diese Routinen stellen das analytische Äquivalent zu den Genen in der Biologie dar, das Basismaterial der Evolution von Firmen, und werden zu der zentralen Analyseeinheit des Ansatzes.[722] Somit beziehen die Ausführungen intraorganisationale Prozesse und das Verhalten von Unternehmen mit ein und ebnen den Weg zu einer stärker unternehmensindividuellen Perspektive.[723] Daher werden die Überlegungen von NELSON/WINTER in der vorliegenden Arbeit den ontogenetischen Ansätzen zugeordnet.

Das zentrale Erklärungsinteresse des Ansatzes besteht in den dynamischen Prozessen, durch die das Verhalten von Unternehmen sowie das Marktergebnis im Zeitablauf festgelegt werden.[724] Alle regulären und vorhersehbaren Verhaltensmuster eines Unternehmens drücken sich in **Routinen** aus.[725] „It is that most of what is regular and predictable about business behavior is plausibly subsumed under the heading ‚routine', especially if we understand that term to include the relatively constant dispositions and strategic heuristics that shape the approach of a firm to the nonroutine problems that it faces."[726] Routinen definieren eine Liste von Aktivitäten, die festlegen, wie ein Unternehmen in Reaktion auf eine Vielzahl externer und interner

---

[718] McKelvey/Aldrich (1983), S. 117.
[719] Vgl. Nelson/Winter (1982), S. 18; 36.
[720] Siehe hierzu Nelson/Winter (1982), S. 52. Siehe zur Abgrenzung des Ansatzes von NELSON/ WINTER von anderen Formen evolutionärer Theorien auch Freeman (1995), S. 227 f.
[721] Vgl. Winter (1988), S. 175; Nelson (1991), S. 68; Foss/Knudsen/Montgomery (1995), S. 5; Müller-Stewens/Lechner (2001), S. 111 f.
[722] Vgl. hierzu Nelson/Winter (1982), S. 14; 96; Nelson (1995), S. 68; Müller-Stewens/Lechner (2001), S. 112.
[723] Vgl. hierzu Foss/Knudsen/Montgomery (1995), S. 5 f.; Müller-Stewens/Lechner (2001), S. 112.
[724] Vgl. Nelson/Winter (1982), S. 18.
[725] Vgl. Nelson/Winter (1982), S. 14.
[726] Nelson/Winter (1982), S. 15.

Variablen handelt.[727] Sie beschreiben NELSON zufolge das beabsichtigte Verhalten, welches ohne explizites Nachdenken darüber durchgeführt wird, vergleichbar mit habitualisiertem Verhalten oder Gewohnheiten. Zugleich sind Routinen als angemessenes und effektives Verhalten in den Situationen, in denen sie ausgelöst werden, zu verstehen und daher Ergebnis von Prozessen des profitorientierten Lernens und der Selektion.[728]

Es werden drei Arten von Routinen unterschieden:[729] Zunächst existieren standardisierte, operative Prozeduren (**standard operating procedures**). Diese legen fest, wie und in welchem Umfang ein Unternehmen in Anbetracht seines Kapitalstocks und kurzfristig fixer Beschränkungen produziert. Eine weitere Art von Routinen (**investment routines**) determiniert das Investitionsverhalten eines Unternehmens, wobei sein am Kapitalstock gemessenes Wachsen oder Schrumpfen als Funktion der Gewinne oder anderer Variablen reguliert wird. Die dritte Art von Routinen (**search routines**) fasst diejenigen intendierten Prozesse zusammen, welche eine Suche nach Verbesserungsmöglichkeiten beinhalten. Insbesondere letztgenannte Routinen legen fest, inwieweit sich Unternehmen differenzieren, und stellen daher die Quelle von Wettbewerbsvorteilen und überdurchschnittlicher Profitabilität sowie Wachstum dar.

Routinen sind als Gene der zentrale Bestandteil des Evolutionsprozesses:[730] Sie stellen die beständigen Charakteristika eines Unternehmens dar und bestimmen sein potenzielles Verhalten. Darüber hinaus sind sie vererbbar in dem Sinne, dass Ausgründungen oder Tochterunternehmen eine Vielzahl der Charakteristika des Mutterunternehmens aufweisen. Schließlich unterliegen Routinen auch der Selektion. Sofern Unternehmen mit bestimmten Routinen eine höhere Profitabilität erreichen, nimmt die relative Bedeutung dieser Routinen innerhalb der Population im Zeitablauf zu.

Basierend auf Routinen als zentralem Bestandteil der Unternehmen einer Population läuft eine Iteration innerhalb des Evolutionsprozesses wie folgt ab:[731] Zu einem bestimmten Zeitpunkt sind alle Unternehmen durch ihren Kapitalstock und die vorherrschenden Routinen gekennzeichnet. Die Entscheidungsregeln in Relation zu den Marktbedingungen richten sich nach den Bedingungen der letzten Periode. Alle Unternehmen legen ihren Input und ihren Output fest und der Markt bestimmt die Preise. Aus der verwendeten Technologie und den eingesetzten Routinen leitet sich dann die Profitabilität jedes einzelnen Unternehmens ab. Das regelbasierte Investitionsverhalten (investment routines) determiniert in Abhängigkeit von der Profitabilität,

---

[727] Vgl. Nelson/Winter (1982), S. 16; Nelson (1991), S. 68.
[728] Vgl. Nelson (1995), S. 68.
[729] Vgl. zu den folgenden Ausführungen Nelson/Winter (1982), S. 16-18; Nelson (1995), S. 69.
[730] Vgl. zu den folgenden Ausführungen Nelson/Winter (1982), S. 14.
[731] Vgl. im Folgenden Nelson/Winter (1982), S. 18-19; Nelson (1995), S. 69 f.

wie stark jedes einzelne Unternehmen expandiert oder schrumpft, so dass profitable Unternehmen wachsen, während unprofitable schrumpfen.

Als Konsequenz der veränderten Größe aufgrund der Anpassung des Kapitalstocks der Unternehmen führen die unveränderten standardisierten operativen Prozeduren (standard operating procedures) zu einer veränderten Ausbringungsmenge, woraus wiederum modifizierte Preise und Profitabilitätssignale resultieren. Aufgrund dieses Selektionsprozesses verändern sich die Ausbringungsmenge und das Preisniveau einer Branche, selbst wenn die operativen Prozeduren der einzelnen Firmen konstant bleiben. Allerdings verändern sich die operativen Prozeduren der Unternehmen durch die Suchroutinen (search routines) ebenfalls im Zeitablauf. Suchroutinen konzentrieren sich auf Aspekte der Fähigkeiten und des Verhaltens des Unternehmens und erarbeiten Modifikationen, welche dann eventuell übernommen werden, bevor das System in die nächste Periode eintritt. Suche und Selektion stellen demnach simultane, interagierende Aspekte des Evolutionsprozesses dar: „Through the joint action of search and selection, the firms evolve over time, with the conditions of the industry in each period bearing the seeds of its condition in the following period."[732]

Tab. 10 stellt zusammenfassend das Erklärungsinteresse, das Analyseobjekt, die Verwendung des Variation-Selektion-Retention-Schemas und den Betrachtungsfokus der skizzierten evolutionstheoretischen Ansätze gegenüber.

Die skizzierten evolutionstheoretischen Ansätze erklären die dynamische Entwicklung von Populationen im Zeitablauf unter der Berücksichtigung externer und interner situativer Faktoren und Pfadabhängigkeiten. Der Formulierung und dem Inhalt von Strategien einzelner Unternehmen wird in der Argumentationslinie der vorgestellten Ansätze jedoch keine Aufmerksamkeit zuteil.[733] Gleichwohl sind insbesondere in der **Routinen-Perspektive** der evolutionstheoretischen Ansätze implizit Anknüpfungspunkte für die Konzeptionalisierung von Strategie enthalten. Das dem Ansatz zugrunde liegende Konzept von Strategie besteht in der „articulation of routines in a profit-seeking way."[734] Innerhalb des Ansatzes wird das Konzept jedoch nicht weiter ausdifferenziert.[735] Dennoch wird den Routinen eines Unternehmens eine bedeutende Rolle für die Erreichung von Wettbewerbsvorteilen beigemessen.[736] Hierbei kommt insbesondere den Suchroutinen eine herausragende Stellung zu: „Firms search processes provide the source of differential fitness."[737]

---

[732] Nelson/Winter (1982), S. 19.
[733] Vgl. Foss/Knudsen/Montgomery (1995), S. 5.
[734] Foss/Knudsen/Montgomery (1995), S. 10; ähnlich Rumelt (1997), S. 142.
[735] Vgl. hierzu Foss/Knudsen/Montgomery (1995), S. 10.
[736] Siehe Freeman/Boeker (1984), S. 80; Teece (1984), S. 106; Seth/Thomas (1994), S. 174; Winter (1995), S. 158.
[737] Nelson (1995), S. 69. Siehe auch Müller-Stewens/Lechner (2001), S. 112.

Ansatz \ Aspekte	Erklärungs-interesse	Analyseebene / Analyseobjekt	Variation	Selektion	Retention	Fokus
Populations-ökologie	• Beziehung zwischen Umwelt/Unternehmung • Verteilung von Unternehmen bezüglich Umweltbedingungen • Vielzahl der Arten von Unternehmen	• Populationen als Spezies • Organisationsformen als genetische Struktur	• Variation durch Neugründungen und Ausgründungen aufgrund von Innovationen, technischem Wandel, Veränderung der institutionellen Rahmenbedingungen oder Zufall	• Deterministische Selektion der effizientesten Unternehmen, die am besten an eine Nische der Population angepasst sind, durch die Umwelt	• Schutz und Konservierung der selektierten Varianten durch institutionelle Barrieren und Weitergabe der Varianten an Ausgründungen	Phylo-genetisch
Comps-Perspektive	• Identifikation/Erklärung homogener Gruppen von Unternehmen und deren Stabilität im Zeitablauf • Adäquate Analyseebene für Organisationsforschung	• Populationen als Spezies • Comps als genetische Information	• Variation innerhalb der Comps durch intendierte Anpassung an Umwelteinflüsse oder durch Zufall	• Einige Variationen nützlicher für Ressourcen-Akquise • Nachteilige Comps senken Überlebenschance • Überlebende Unternehmen durch förderliche Comps gekennzeichnet	• Bewahrung und Weitergabe nützlicher Variationen von Comps über Generationen von Mitarbeitern durch systematische Weitergabe von Wissen und Fähigkeiten	
Routinen-Perspektive	• Dynamische Prozesse, welche gemeinsam im Zeitablauf die Verhaltensmuster von Unternehmen und das Marktergebnis festlegen	• Populationen als Spezies • Routinen als analytisches Äquivalent zu den Genen der Biologie	• Variation durch Investitionsroutinen, welche über Kapitalstock die Ausbringungsmenge festlegen, und Suchroutinen, welche zu Innovationen und Verbesserungen führen	• Selektion über Marktmechanismus, der Profitabilität der einzelnen Unternehmen bestimmt • Profitabilität bestimmt über Investitionsroutinen Wachstum	• Branche in Zeitablauf immer stärker durch Routinen der profitablen Unternehmen gekennzeichnet • Vererbung der Routinen	Onto-genetisch

Tab. 10: **Synopsis grundlegender evolutionstheoretischer Ansätze**[738]

Daher befassen sich die folgenden Ausführungen zunächst mit dem Konzept der Routinen und konzentrieren sich danach auf die Suchroutinen und deren Relevanz für die Erlangung von Wettbewerbsvorteilen. Überprüft wird dabei der Erklärungsbeitrag für die Konzeptionalisierung von Strategie in High Velocity Märkten.

2.3.2.2 Bedeutung von Suchroutinen zur Erlangung von Wettbewerbsvorteilen

Wie bereits dargelegt, geht die Evolutionstheorie von der Existenz verschiedener, regelbasierter Verhaltensweisen in Form relativ unveränderlicher Routinen aus, deren Ursprung durch die Lernhistorie der Agierenden, deren Wissen und deren Wertesystem geprägt ist.[739] Den Ausgangspunkt der Diskussion um Routinen stellt die Definition von NELSON/WINTER dar, die das Konzept in einem evolutionstheoretischen Kontext in die Literatur eingeführt haben: „We use ‚routine' in a highly flexible way, much as ‚program' [...] is used in discussion of computer programming. It may

---

[738] Eigene Darstellung in Anlehnung an Hannan/Freeman (1977), S. 934 ff.; Nelson/Winter (1982), S. 14 ff.; McKelvey/Aldrich (1983), S. 109 ff.
[739] Vgl. Dosi/Nelson (1998), S. 220.

refer to a repetitive pattern of activity in an entire organization, to an individual skill, or, as an adjective, to the smooth uneventful effectiveness of such an organizational or individual performance."[740] Diese ursprüngliche Definition wurde aufgrund von empirischen Erkenntnissen sowohl eingeengt als auch erweitert.[741] Eine Einschränkung des Begriffsverständnisses hat insofern stattgefunden, als der Begriff Routine zumeist nur noch auf kollektive und nicht mehr auf individuelle Handlungssequenzen bezogen wird.[742] Zugleich werden auch bewusst ablaufende, nur schwach habitualisierte Handlungssequenzen unter dem Begriff der Routine gefasst. Ferner verändern sich Routinen im Zeitablauf aufgrund von Abweichungen im Sinne von Lerneffekten oder kontextspezifischen Anpassungen.[743] In der einschlägigen evolutionstheoretischen Literatur wird Routine mittlerweile definiert als „an executable capability for repeated performance in some context that has been learned by an organization in response to selective pressures."[744]

In Relation zu den kognitiven Aspekten und der Informationsverarbeitung werden Routinen im weiteren Sinne in zwei Unterkategorien unterteilt:[745] Routinen im engeren Sinne bezeichnen komplexe, hoch automatisiert und daher auch unbewusst ablaufende Verhaltensweisen, die als eine Einheit fungieren und ein hohes Maß an Informationsverarbeitung beinhalten, welches sich bei verschiedenen Abläufen der Routinen wiederholt. Beispiele für Routinen im engeren Sinne sind die Sequenz von Arbeitsschritten bei der Reservierung eines Tickets über ein Flugreservierungssystem sowie die Handlungen eines Teams von Arbeitern an der Fertigungsstation eines Fließbands.

Die zweite Unterkategorie der Routinen im weiteren Sinne kann mit dem Begriff Faustregeln beschrieben werden. Hiermit werden quantitative, relativ einfache Entscheidungsregeln bezeichnet, die bewusst abgerufen werden und nur ein geringes Maß an Informationsverarbeitung erfordern. Faustregeln liefern somit eine erste Annäherung für eine quantitative Fragestellung und beeinflussen das Verhalten lediglich durch die Vorgabe einer Zielgröße oder Norm. Beispiele hierfür stellen Entscheidungsregeln für die Bestimmung des F&E- oder Werbe-Budgets in Prozent vom Umsatz dar.

Routinen bilden eine Form des Gedächtnisses von Unternehmen, da sie die wichtigste Form der Speicherung des spezifischen operativen Wissens eines Unternehmens

---

[740] Nelson/Winter (1982), S. 97.
[741] Vgl. zu den folgenden Ausführungen Burmann (2002a), S. 159 ff.
[742] Vgl. hierzu beispielsweise das Begriffsverständnis bei Cohen/Bacdayan (1994), S. 555.
[743] Vgl. hierzu Nelson (1995), S. 78; Feldman (2000), S. 611 ff.; Narduzzo/Rocco/Warglien (2000), S. 47.
[744] Cohen/Burkhart/Dosi et al. (1996), S. 683.
[745] Vgl. zu dieser Differenzierung und Abgrenzung Cohen/Burkhart/Dosi et al. (1996), S. 663 f.

konstituieren.⁷⁴⁶ Erst die Wiederholung ähnlicher Tätigkeitsabfolgen ermöglicht kollektives, erfahrungsbasiertes Lernen und lässt organisationale Routinen entstehen, in denen die Erfahrung eines Unternehmens zur Lösung von Koordinationsproblemen kodiert ist.⁷⁴⁷ WINTER führt hierzu aus: „[...] ‚routines' connotes a menu of previously learned pattern of actions."⁷⁴⁸ Ferner dienen Routinen der Strukturbildung und fördern somit die effiziente Aufgabenbewältigung.⁷⁴⁹ ARGYRIS/SCHÖN interpretieren Routinen als unternehmensspezifische Handlungstheorien über vermutete Ursache-Wirkungs-Zusammenhänge.⁷⁵⁰ Demnach beruhen sämtliche Regelmäßigkeiten bei der Entscheidungsfindung und Durchführung von Aktivitäten im Unternehmen auf Routinen.⁷⁵¹ Routinen bilden damit das Fundament jeder Unternehmensfähigkeit.⁷⁵² Hieraus ergibt sich, sofern sie nicht direkt imitiert werden können, ihre Wettbewerbsvorteilsrelevanz.⁷⁵³

Zugleich stellen Routinen die Basis für Pfadabhängigkeiten in der Unternehmensentwicklung dar: „[...] organizational routines not only record history, they shape its future course."⁷⁵⁴ Mit jeder Ausübung einer Routine wird das Unternehmen geübter darin und es wird wahrscheinlicher, dass diese Routine auch in der Zukunft wiederholt wird.⁷⁵⁵ Unternehmen werden sich daher in der Zukunft gemäß der Routinen verhalten, die sie in der Vergangenheit angewendet haben.⁷⁵⁶ Während dieser selbstverstärkende Prozess zur Stabilität, Effizienz und Verlässlichkeit des Unternehmens beiträgt, kann er jedoch gleichzeitig zu Kompetenzfallen führen, welche die Erforschung von potenziell attraktiven Alternativen erschweren.⁷⁵⁷ Dies impliziert, dass ein

---

[746] Siehe hierzu Nelson/Winter (1982), S. 99; Nelson/Winter (1997), S. 87. Eine ausführliche Diskussion des Konstrukts „Organizational Memory" findet sich bei Walsh/Ungson (1991), S. 58 ff.

[747] Vgl. Burmann (2002a), S. 158. Siehe auch Nelson/Winter (1982), S. 104 f.

[748] Winter (1995), S. 150. Ähnlich COHEN/BACDAYAN: „By ‚organizational routines', we mean patterned sequences of learned behavior involving multiple actors who are linked by relations of communication and/or authority." Cohen/Bacdayan (1994), S. 555.

[749] Siehe hierzu Gersick/Hackman (1990), S. 68; Cohen/Bacdayan (1994), S. 555; Pentland/Rueter (1994), S. 484; Schreiner (1998), S. 190.

[750] Vgl. Argyris/Schön (1996), S. 14.

[751] Siehe hierzu Nelson/Winter (1982), S. 14; Burmann (2002a), S. 158. MARCH/SIMON führen hierzu aus: „[...] most behavior in organizations is governed by performance programs", wobei „performance programs" inhaltlich den Routinen entsprechen. March/Simon (1993), S. 163.

[752] Vgl. Cohen/Bacdayan (1994), S. 555; Zollo/Winter (2002), S. 341; Helfat/Peteraf (2003), S. 999; Winter (2003), S. 991.

[753] Vgl. Freeman/Boeker (1984), S. 80; Teece (1984), S. 106; Seth/Thomas (1994), S. 174; Montgomery (1995), S. 260; Winter (1995), S. 158.

[754] Baum/Singh (1994), S. 11.

[755] Vgl. Levitt/March (1988), S. 322.

[756] Vgl. Nelson/Winter (1982), S. 134.

[757] Siehe hierzu Levitt/March (1988), S. 322 f.; March (1991), S. 71; Baum/Singh (1994), S. 11.

Unternehmen nicht aus einer Vielzahl von alternativen Optionen auswählen kann, sondern vielmehr durch seine bestehenden Routinen beschränkt wird.[758]

Da jedoch keine Garantie für die Optimalität der bestehenden Routinen gegeben werden kann, ist die theoretische Möglichkeit der Entdeckung überlegener Routinen immer präsent.[759] Hieraus ergibt sich ein permanentes Anwendungsgebiet für die Suche nach Verbesserungsmöglichkeiten und Innovationen, welche sich auf Technologien, Verhaltensweisen und Organisationsstrukturen beziehen. In den Worten von DOSI/NELSON: „[...] the behavioral foundations of evolutionary theories rest on learning processes involving imperfect adaptation and mistake-ridden discoveries."[760] Dieses kontinuierliche Streben nach Verbesserungsmöglichkeiten und Innovationen kommt in dem **Konzept der Suchroutinen** zum Ausdruck. ZOLLO/WINTER führen diesbezüglich aus: „[...] seeks to bring about desirable changes in the existing set of operating [...] routines for the purpose of enhancing profit in the future."[761]

Nach NELSON werden Suchroutinen definiert als: „the deliberative processes of the firm, those that involve searching for better ways of doing things."[762] Während sich die Suchroutinen prinzipiell auf alle in einem Unternehmen vorherrschenden Routinen beziehen können, beispielsweise auf seine Technologie, seine standardisierten operativen Prozesse, seine Investitionsregeln oder sogar seine bestehenden Suchprozesse, wird in den meisten evolutionstheoretischen Modellen angenommen, dass sich die Suche auf die Entdeckung neuer Produktionstechnologien oder auf die Verbesserung vorherrschender Produktionstechnologien richtet.[763]

Suchroutinen spiegeln sich wider in Unternehmensbereichen für Marktforschung, Marktanalysen und Operations Research sowie in F&E-Labors.[764] Neben diesen institutionalisierten Unternehmensbereichen zeigen sie sich auch in periodischen Überprüfungen und Analysen der Prozesse innerhalb eines Unternehmens mit der Zielsetzung, bestehende Abläufe zu revidieren oder radikal zu ändern. Hierbei wird angenommen, dass die Suchprozesse regelbasiert sind und eine Hierarchie von Entscheidungsregeln höherer Ordnung aufweisen, welche wiederum gelegentlich solche mittlerer Ordnung modifizieren.[765]

---

[758] Siehe hierzu Nelson/Winter (1982), S. 134; Teece (1984), S. 106.
[759] Vgl. zu den folgenden Ausführungen Dosi/Nelson (1998), S. 220 f.
[760] Dosi/Nelson (1998), S. 220.
[761] Zollo/Winter (2002), S. 341.
[762] Nelson (1995), S. 69.
[763] Siehe hierzu Nelson (1995), S. 69.
[764] Siehe zu den folgenden Ausführungen Nelson/Winter (1982), S. 17 f.
[765] So führt beispielsweise eine Überprüfung der gegenwärtigen Produktionstechnik zu einer Veränderung der Mischung der eingesetzten Rohmaterialien oder eine Analyse der Werbepolitik zu einer Korrektur der Entscheidungsregel zur Bestimmung der Werbeausgaben.

Dem in organisationalen Routinen kodierten Suchverhalten kommt demnach eine entscheidende Rolle für die Verbesserung bestehender Prozesse zu. Darüber hinaus haben BURMANN zufolge die Suchroutinen einen maßgeblichen Einfluss auf das Erkennen von „productive opportunities"[766].[767] Neue Absatzpotenziale im Sinne von „productive opportunities" beziehen sich hierbei sowohl auf die Identifikation bisher unbearbeiteter Absatzmärkte für bereits existierende Produkte oder Dienstleistungen als auch auf die Chancen für Produktinnovationen. Suchroutinen eines Unternehmens sind demnach als **Proaktivität** im Sinne einer relativ stabilen, strategischen Verhaltenskomponente interpretierbar, welche die kontinuierliche Suche von Verbesserungsmöglichkeiten und innovativen Möglichkeiten der Geschäftstätigkeit beinhaltet. Innerhalb evolutionstheoretischer Überlegungen wird den Suchroutinen im Kontext der dynamischen Entwicklung von Unternehmen und ihrem Umfeld eine hohe Wettbewerbsvorteilsrelevanz zugesprochen.[768] So führen ZOLLO/WINTER aus: „But in a context, where technological, regulatory, and competitive conditions are subject to rapid change, persistence in the same operating routines quickly becomes hazardous."[769] Kontinuierliche Verbesserung und Innovationen sind insbesondere im Kontext der High Velocity Märkte von hohem Gewicht für die Aufrechterhaltung von Wettbewerbsvorteilen und stellen daher eine weitere potenzielle Dimension von Strategie in High Velocity Märkten dar.[770]

2.3.2.3 Zusammenfassung der Bezugspunkte und des Erkenntnisbeitrags der Evolutionstheorie

Die Bezugspunkte und der Erkenntnisbeitrag der Evolutionstheorie zu dem Untersuchungsobjekt Strategie in High Velocity Märkten lassen sich in fünf zentralen Ergebnissen zusammenfassen:

1. Evolutionstheoretische Ansätze lassen aufgrund ihrer dynamischen Orientierung eine Vielzahl von Anknüpfungspunkten und einen hohen Erklärungsbeitrag für das Verhalten und die Strategie von Unternehmen in High Velocity Märkten erkennen. Traditionelle Gleichgewichtsmodelle werden als nicht realistisch erachtet. Zur Erklärung der Entwicklung und des Fortbestands von Unternehmen werden sowohl Ausgangsbedingungen als auch Selektionsphänomene, welche auf beabsichtigten und zufälligen Veränderungen beruhen können, einbezogen. Gleichzeitig werden positive Feedbacks als Resultat von organisationalem Lernen, Skalenvorteilen oder Netzeffekten in Form von Pfadabhängigkeiten berücksichtigt.

---

[766] Penrose (1995), S. 31. PENROSE zufolge umfassen „productive opportunities" alle Möglichkeiten, die ein Unternehmer sieht und nutzen kann. Das Erkennen dieser ist eine erste Determinante des Wachstumspotenzials eines Unternehmens. Siehe hierzu Penrose (1995), S. 31 ff.
[767] Vgl. Burmann (2000), S. 37.
[768] Siehe hierzu Nelson (1995), S. 69; Müller-Stewens/Lechner (2001), S. 112.
[769] Zollo/Winter (2002), S. 341.
[770] Vgl. Hannan/Freeman (1984), S. 163; Bettis/Hitt (1995), S. 14; Chakravarthy (1997), S. 78.

Ferner wird innerhalb der Comps-Perspektive die zentrale Bedeutung des Wissensmanagements herausgearbeitet.

2. Hinsichtlich des Konstrukts Strategie weist die Evolutionstheorie eine hohe Kompatibilität zu dem in der vorliegenden Untersuchung gewählten Strategieverständnis einer realisierten Strategie auf, da sowohl beabsichtigte als auch unbeabsichtigte Aspekte zur Erklärung der Entwicklung von Unternehmen herangezogen werden. Zur Erklärung des Inhalts von Strategien liefern die evolutionstheoretischen Ansätze jedoch wenig Anhaltspunkte. Sie lenken vielmehr das Augenmerk auf die interne Perspektive des strategischen Managements und auf den Einfluss organisationaler Routinen sowie die Bedeutung des intraorganisationalen Wettbewerbs um knappe Ressourcen für die Strategiefindung und –umsetzung.[771] Hieraus ist die Bedeutung von Routinen für die Erlangung von Wettbewerbsvorteilen und einer damit verbundenen überlegenen Profitabilität abzuleiten.

3. Routinen stellen laut evolutionstheoretischen Analysen eine Form des Gedächtnisses eines Unternehmens dar, indem sie das spezifische, operative Wissen und die Fähigkeiten speichern. Hierdurch bilden sie eine Quelle von Wettbewerbsvorteilen, begrenzen jedoch zugleich die dem Unternehmen zur Verfügung stehenden Optionen und begründen damit Pfadabhängigkeiten. Hinsichtlich der Erlangung von Wettbewerbsvorteilen kommt insbesondere den Suchroutinen eine große Bedeutung zu. Sie beinhalten das in organisationalen Routinen kodierte Suchverhalten von Unternehmen, welches sich auf eine Verbesserung bestehender Prozesse und auf eine Identifizierung neuer Absatzpotenziale in Form bisher unbearbeiteter Absatzmärkte oder Produktinnovationen richtet. Suchroutinen liefern somit die theoretische Fundierung für strategische Proaktivität. Zugleich wird innerhalb der Populationsökologie auf die Notwendigkeit einer schnellen Ergreifung neuer Chancen in turbulenten Umfeldern hingewiesen.

4. Für die Konzeptionalisierung des Konstrukts Strategie in High Velocity Märkten ist daher auf der Basis der evolutionstheoretischen Konzeption von Suchroutinen und deren Bedeutsamkeit für turbulente Umfelder die Dimension **Proaktivität** abzuleiten (vgl. hierzu Abb. 12). Diese beinhaltet die kontinuierliche Suche nach Verbesserungsmöglichkeiten und innovativen Möglichkeiten der Geschäftstätigkeit sowie die relativ frühe Verfolgung dieser Möglichkeiten.

5. Durch die stärkere Betrachtung der internen Perspektive des strategischen Managements schlägt die Evolutionstheorie eine wichtige Brücke zu Ansätzen des organisationalen Lernens und des Resource-based View.[772] Als Resultat der Kombination industrieökonomischer und ressourcenorientierter Argumentations-

---

[771] Vgl. Welge/Al-Laham (2001), S. 70.
[772] Siehe hierzu Welge/Al-Laham (2001), S. 71.

linien fungiert die Evolutionstheorie als Bindeglied zwischen Industrieökonomik und Resource-based View.[773]

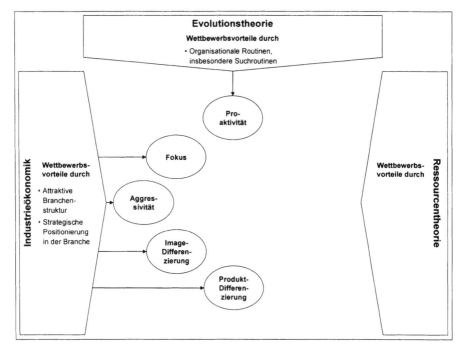

Abb. 12: Theoretischer Bezugsrahmen mit den Erkenntnissen der Evolutionstheorie

2.3.3 Resource-based View

Dem Resource-based View, auch bezeichnet als „resource-based perspective", „resource-based theory" oder „ressourcenbasierter Ansatz", wird seit Anfang der neunziger Jahre ein hohes Interesse und eine hohe Akzeptanz zuteil.[774] Innerhalb der letzten Jahre hat sich der Resource-based View zu der dominierenden

---

[773] Vgl. Foss/Knudsen/Montgomery (1995), S. 2; Freeman (1995), S. 222; Barnett/Burgelmann (1996), S. 17; Welge/Al-Laham (2001), S. 71.

[774] Siehe Freiling (2001), S. 1; Rugman/Verbeke (2002), S. 770. Eine Aufzählung von Gründen für die rasche Verbreitung des Ansatzes findet sich bei Freiling (2001), S. 1 f. In den folgenden Ausführungen werden die Begriffe „Resource-based View", „Ressourcenansatz" und „Ressourcentheorie" synonym verwendet.

Perspektive im strategischen Management entwickelt.[775] Das Erkenntnisinteresse des Ressourcenansatzes lässt sich in Anlehnung an FREILING in eine deskriptive bzw. explikative und in eine normative Komponente unterscheiden.[776] Das Erklärungsziel liegt in der Erforschung der Erfolgsursachen eines Unternehmens. Das Gestaltungsziel verfolgt die Ableitung von Aussagen darüber, welche Maßnahmen ein Unternehmen zum Zweck der Erfolgserzielung ergreifen muss. Hierbei nimmt der Resource-based View eine langfristige und zeitpfadabhängige Perspektive ein. Mit SEISREINER lässt sich das Erkenntnisprogramm des Resource-based View wie folgt beschreiben:[777] Das Explanandum ist in der Tatsache zu sehen, dass zwischen Unternehmen Ergebnisunterschiede bestehen („Unternehmen A ist erfolgreicher als Unternehmen B"). In einer engen Auslegung des Begriffes „Ergebnis" beziehen sich die Unterschiede auf die erwirtschafteten Renditen, in einer weiten Begriffsauslegung werden auch einzigartige Wettbewerbsfähigkeiten bzw. -vorteile darunter gefasst. Das Explanans umfasst erstens die gesetzmäßige Aussage („Wenn Unternehmen A über wirkungsvollere Ressourcen verfügt als Unternehmen B, dann ist A erfolgreicher als B") und zweitens ein System von singulären Aussagen, die sogenannten Randbedingungen („A verfügt über schwieriger zu imitierende Ressourcen als B").

Aufgrund der Fokussierung auf die Erklärung von Wettbewerbsvorteilen und Ergebnisunterschieden zwischen Unternehmen und der Ableitung entsprechender Gestaltungsempfehlungen weist der Resource-based View eine hohe Relevanz für das vorliegende Untersuchungsobjekt auf. Die Analyse des Resource-based View auf seinen Beitrag für die Konzeptionalisierung von Strategie in High Velocity Märkten wird in den folgenden Schritten vorgenommen: Zunächst wird auf den klassischen Ressourcenansatz eingegangen. Im Anschluss wird auf der Basis der Kritik am klassischen Ressourcenansatz seine Weiterentwicklung in Form des Dynamic-Capabilities-View beschrieben, der die Ableitung zentraler Dimensionen von Strategie in High Velocity Märkten ermöglicht. Zur Konzeptionalisierung dieser Dimensionen werden in einem nächsten Schritt die Erkenntnisse des Knowledge-based View herangezogen. Die Ausführungen dieses Kapitels schließen mit der Zusammenfassung der Bezugspunkte und des Erkenntnisbeitrags des Resource-based View zu dem Untersuchungsobjekt.

---

[775] Vgl. Duschek/Sydow (2002), S. 426.
[776] Vgl. zu den folgenden Ausführungen Freiling (2001), S. 5. Siehe zu der Unterscheidung von deskriptiven und normativen Komponenten im Resource-based View auch Rugman/Verbeke (2002), S. 770, welche in der normativen Komponente den Aufbau von Isolationsmechanismen durch firmenspezifische Investitionen in Ressourcen und Fähigkeiten sehen.
[777] Vgl. hierzu Seisreiner (1999), S. 171 f.

2.3.3.1 Der klassische Ressourcenansatz

Der klassische Ressourcenansatz wurde maßgeblich durch die Wachstumstheorie von PENROSE und ihrer Konzeptionalisierung von Unternehmen als Bündel von Ressourcen geprägt.[778] Daher werden einführend die grundlegenden Gedanken von PENROSE skizziert. Anschließend wird die dem Resource-based View zugrunde liegende Argumentation dargestellt, dass Ressourcen die Basis von Wettbewerbsvorteilen sind. Dies bildet den Ausgangspunkt der folgenden Diskussion der Bedingungen, die erfüllt sein müssen, bzw. der Eigenschaften, die Ressourcen aufweisen müssen, um eine Quelle nachhaltiger Wettbewerbsvorteile zu sein. Hierauf aufbauend werden die Implikationen des klassischen Ressourcenansatzes für die Geschäftsbereichsstrategie behandelt. Die Ausführungen schließen mit der Beschreibung der Kritikpunkte am klassischen Ressourcenansatz, von denen eine Vielzahl in der Weiterentwicklung des klassischen Ressourcenansatzes zum Dynamic-Capabilities-View aufgegriffen werden.

2.3.3.1.1 Die Wachstumstheorie von Penrose als Grundlage des ressourcentheoretischen Ansatzes

PENROSE beschäftigt sich in ihrer Monographie „The Theory of the Growth of the Firm" Ende der fünfziger Jahre mit der Erklärung des Wachstums von Unternehmen und der Frage, wodurch die Wachstumsrate eines Unternehmens begrenzt wird.[779] Hierbei nimmt sie explizit eine interne Perspektive ein, welche die internen Ressourcen eines Unternehmens und die darauf beruhenden „productive services" betrachtet.[780] Die Argumentation zur Erklärung des Wachstums von Unternehmen fußt auf der Konzeptionalisierung von Unternehmen als Bündel von Ressourcen: „[...] a firm is more than an administrative unit; it is also a collection of productive resources the disposal of which between different uses and over time is determined by administrative decision."[781] Hinsichtlich der Ressourcen unterscheidet PENROSE zwischen physischen Ressourcen und Humanressourcen.[782]

---

[778] Siehe hierzu Wernerfelt (1984), S. 171; Knyphausen (1993), S. 774 f.; Peteraf (1993), S. 179; Hoskisson/Hitt/Wan et al. (1999), S. 438; Cockburn/Henderson/Stern (2000), S. 1128; Haertsch (2000), S. 87; Freiling (2001), S. 6; Müller-Stewens/Lechner (2001), S. 276; Welge/Al-Laham (2001), S. 49; Burmann (2002a), S. 141. Eine detaillierte Analyse des Einflusses von PENROSE auf den Resource-based View findet sich bei Kor/Mahoney (2000), S. 119 ff. sowie Rugman/Verbeke (2002), S. 769 ff.

[779] Vgl. Penrose (1995), S. xi. Siehe zu einer Anwendung der Überlegungen von PENROSE auch Rubin (1973), S. 937 ff.

[780] Vgl. hierzu Penrose (1995), S. 5.

[781] Penrose (1995), S. 24.

[782] Unter physischen Ressourcen werden tangible Gegenstände wie Fabriken, Anlagen, Land, natürliche Ressourcen, Rohmaterialien, unfertige Erzeugnisse, Nebenprodukte und bisher unverkaufte fertige Erzeugnisse subsumiert. Humanressourcen bezeichnen die in der Firma verfügbaren

Streng genommen sind in den Überlegungen von PENROSE jedoch nicht die Ressourcen per se entscheidend, sondern vielmehr die durch die Ressourcen ermöglichten **Potenziale** und **„Services"**[783], welche von der Nutzung und dem Einsatz abhängig sind: „[...] exactly the same resource when used for different purposes or in different ways and in combination with different types or amounts of other resources provides a different service or set of services."[784] Nach PENROSE ist die Einzigartigkeit eines Unternehmens insbesondere in dieser Unterscheidung begründet, da weniger die Ressourcen als die mit ihrer Hilfe erreichbaren Services ausschlaggebend für die Chancen eines Unternehmens sind.[785] „The fact that most resources can provide a variety of different services is of great importance for the productive opportunity of a firm. It is the heterogenity [...] of the productive services available or potentially available from its resources that gives each firm its unique character."[786] Folglich wird das Wachstum eines Unternehmens wesentlich stärker durch die Art und Weise der Ressourcenkombination, welche ein Ergebnis der Entscheidungen und Tätigkeiten der Mitarbeiter und insbesondere des Managements darstellt, als durch die materiellen Ressourcen selbst bestimmt. Als Konsequenz daraus beschäftigt sich PENROSE fast ausschließlich mit Humanressourcen.[787]

In ihrer weiteren Argumentationslinie kommt den aus den Ressourcen resultierenden Services die entscheidende Bedeutung für das Wachstum eines Unternehmens zu.[788] PENROSE fasst ihre Überlegungen zur fundamentalen und wegweisenden Relevanz von Ressourcen und den daraus entstehenden Potenzialen wie folgt zusammen: „[...] the final products being produced by a firm at any given time merely represent one of several ways in which the firm could be using its resources, an incident in the development of its basic potentialities. Over the years the products change, and there are numerous firms today which produce fewer or none of the products on which their early reputation and success were based. Their basic strength has been

---

Arbeitskräfte in den verschiedenen Bereichen, beispielsweise Verwaltung, Management, Produktion. Siehe hierzu Penrose (1995), S. 24 f.

[783] „Services" werden dabei definiert als „[...] the contribution these resources can make to the productive operations of the firm." Penrose (1997), S. 35.

[784] Penrose (1995), S. 25. Ressourcen bilden demnach ein Bündel potenzieller Services und sind unabhängig von ihrem Einsatz zu definieren, wohingegen Services immer eine bestimmte Aktivität beinhalten und einen klaren Funktionsbezug aufweisen.

[785] Vgl. Penrose (1995), S. 25.

[786] Penrose (1995), S. 75.

[787] Siehe hierzu Burmann (2002a), S. 11.

[788] So stellen nicht ausreichend genutzte Services der im Unternehmen vorhandenen Ressourcen einen Anreiz für eine Expansion und eine potenzielle Quelle von Wettbewerbsvorteilen dar. Vgl. Penrose (1995), S. 67 f. Zugleich determinieren die Ressourcen und die darauf beruhenden Services die Auswahl der relevanten Produkt-Markt-Kombinationen, die Innovationsaktivitäten des Unternehmens sowie das Ausmaß und die Art der Diversifikation. Siehe hierzu Penrose (1995), S. 82-84.

developed above or below the end-product level as it were – in technology of specialized kinds and in market positions."[789]

Auf der Basis der Konzeptionalisierung von Unternehmen als Bündel von Ressourcen erklärt PENROSE dauerhaftes Wachstum durch die zwei zentralen Prozesse **Ressourcenakkumulation** und **administrative Reorganisation**, wobei sie auf letzteren Prozess nicht näher eingeht.[790] Hinsichtlich des Ressourcenakkumulationsprozesses stellt sie vornehmlich auf die Anhäufung von Wissen in Form von Erfahrungswissen ab, dessen Vermehrung sowohl das erworbene Wissen verändert als auch die Fähigkeit es einzusetzen.[791] Aus der Akkumulation von Erfahrungswissen bei bisherigen Tätigkeiten resultieren Effizienzgewinne, welche die verfügbare Arbeitskapazität für neue Aufgabenfelder erhöhen. Die durch zusätzliches Erfahrungswissen und Lerneffekte frei gewordenen Kapazitäten erlauben es dem Management, neue Mitarbeiter einzustellen, erworbenes Wissen zu transferieren und die mit diesem Wissen verbundenen Aufgaben zu delegieren.[792] Hieraus folgert PENROSE: „[...] that a firm's rate of growth is limited by the growth of knowledge within."[793]

Das interne Wissenswachstum manifestiert sich in drei Erscheinungsformen:[794] (1) im Ausmaß an Lerneffekten der im Unternehmen tätigen Manager bei der Ausführung der ihnen zugewiesenen Arbeiten, (2) im Lernprozess bei der Einarbeitung von neu eingestellten Mitarbeitern, somit in der Effizienz und Effektivität des Wissenstransfers, und (3) in der mit zunehmender Mitarbeiterzahl und wachsender Erfahrung der Mitarbeiter verbesserten Fähigkeit zur Generierung und Umsetzung neuer unternehmerischer Ideen. Nach PENROSE liegt die Quelle des Unternehmenswachstums demnach in den Humanressourcen und insbesondere im Wissen und Lernen der Mitarbeiter: „The firm's existing human resources provide both an inducement to expand and a limit to the rate of expansion."[795]

Zusammenfassend haben die Überlegungen von PENROSE zum Unternehmenswachstum in den folgenden Punkten das Fundament für den Resource-based View

---

[789] Penrose (1995), S. 149 f. Hier zeigen sich bemerkenswerte Parallelen zur der Konzeptionalisierung von Core Competencies und deren Verbindung zu Core Products und End Products nach PRAHALAD/HAMEL. Siehe hierzu Prahalad/Hamel (1990), S. 82; 85.

[790] Vgl. Ghoshal/Hahn/Moran (2000), S. 146; Burmann (2002a), S. 12 f. In dem Vorwort zur dritten Auflage räumt PENROSE die Vernachlässigung des Prozesses der administrativen Reorganisation ein: „[...] I argued then, without developing the supporting evidence, that as firms grew larger they apparently did not necessarily become less efficient [...]. With increasing size both the managerial function and the basic administrative structure of firms seemed to undergo an administrative reorganization to enable them to deal with increasing growth." Penrose (1995), S. xvii.

[791] Vgl. Penrose (1995), S. 53.

[792] Siehe hierzu Burmann (2002a), S. 13.

[793] Penrose (1995), S. xvi.

[794] Siehe hierzu Burmann (2002a), S. 15.

[795] Penrose (1995), S. xii.

gelegt.[796] Die Konzeptionalisierung von Unternehmen als Ansammlung von Ressourcen eröffnete eine interne Perspektive und lenkte die Aufmerksamkeit auf die für das Unternehmenswachstum verantwortlichen internen Prozesse. Zugleich wies sie darauf hin, dass nicht die Ressourcen per se, sondern vielmehr die aus ihrem kombinierten Einsatz resultierenden Services die entscheidende Rolle einnehmen. Basierend auf diesen Services und deren Heterogenität, welche sowohl auf heterogenen Ressourcen als auch auf heterogenen Kombinationen und Wissen beruhen, sind die Unterschiede von Unternehmen und deren Wettbewerbsvorteile zu erklären. Mit der Ressourcenakkumulation als dem ausgewogenen Einsatz von internen und externen Ressourcen und der administrativen Reorganisation wurden die zentralen Prozesse für das profitable Wachstum von Unternehmen identifiziert, wobei insbesondere den Human- und Wissensressourcen sowie dem Lernen der Mitarbeiter eine herausragende Bedeutung beigemessen wurde.

2.3.3.1.2 Ressourcen als Grundlage von Wettbewerbsvorteilen

Den Ausgangspunkt des Resource-based View stellt die Beobachtung dar, dass sich Unternehmen hinsichtlich verschiedener Charakteristika mehr oder weniger deutlich unterscheiden.[797] Erstens sind einige Unternehmen gemessen an Rentabilitätskennzahlen in einer langfristigen Perspektive erfolgreicher als andere. Zweitens haben Unternehmen spezifische Wettbewerbsvorteile und -nachteile. Drittens sind Unternehmen eindeutig durch die ihnen zur Verfügung stehenden Inputgüter sowie die durch sie induzierten Prozesse und erstellten Marktleistungen gekennzeichnet.

Da die Heterogenität von Unternehmen sowohl innerhalb von Branchen als auch innerhalb von strategischen Gruppen besteht, ist sie nicht mehr über die Branchenzugehörigkeit bzw. die Zugehörigkeit zu einer Gruppe zu erklären.[798] Stattdessen führen die Vertreter des Resource-based View die Heterogenität eines Unternehmens auf die entsprechende Ausstattung mit Ressourcen zurück und greifen damit die Erkenntnisse von PENROSE und SELZNICK auf, die bereits in den fünfziger Jahren auf die Bedeutung von Ressourcen für die Heterogenität von Unternehmen und deren Wettbewerbsvorteile hingewiesen haben.[799] So widmen sich die Beiträge von WERNERFELT und RUMELT der Analyse von Ressourcen eines Unternehmens und

---

[796] Siehe zu den folgenden Ausführungen auch Rugman/Verbeke (2002), S. 771. Der Beitrag von PENROSE zum Resource-based View beschränkt sich nach RUGMAN/VERBEKE auf dessen deskriptive Komponenten. Eine Ableitung normativer Empfehlungen im Hinblick auf die Generierung von Isolationsmechanismen zur Erzielung von überdurchschnittlichen Renditen, wie sie PENROSE von einer Vielzahl von Autoren attribuiert wird, war von dieser nicht intendiert. Siehe zu einer Argumentation auf der Basis des Rentenverständnisses bei PENROSE und illustriert am Beispiel multinationaler Unternehmen Rugman/Verbeke (2002), S. 771 ff.
[797] Vgl. im Folgenden Freiling (2001), S. 5 f.
[798] Vgl. hierzu Peteraf (1993), S. 186; Rasche (1994), S. 55.
[799] Vgl. hierzu Selznick (1957), S. 139; Penrose (1995), S. 67 f.; 75; Selznick (1997), S. 23.

begründen damit den Resource-based View.[800] Ressourcen bezeichnen nach der weit verbreiteten Begriffsdefinition von BARNEY: „[...] all assets, capabilities, organizational processes, firm attributes, information, knowledge, etc. controlled by a firm that enable the firm to conceive of and implement strategies that improve its efficiency and effectiveness."[801] Diese Begriffsauffassung soll den folgenden Ausführungen zunächst zugrunde gelegt werden, bevor im Kontext der Weiterentwicklung des klassischen Ressourcenansatzes zum Dynamic-Capabilities-Ansatz eine Differenzierung zwischen Ressourcen und Fähigkeiten vorgenommen wird.[802]

Zur Erklärung der Ressourcenheterogenität, welche sich in einer asymmetrischen Ressourcenausstattung zwischen den Unternehmen widerspiegelt, und der damit verbundenen Wettbewerbsvorteile werden **unvollkommene** und **nicht-existierende Faktormärkte** herangezogen. BARNEY setzt zur Implementierung jeder Strategie die Existenz eines strategischen Faktormarktes voraus, auf dem Unternehmen die zur Umsetzung der Strategie notwendigen Ressourcen kaufen und verkaufen.[803] Unter der Annahme vollkommener strategischer Faktormärkte bilden die Akteure exakte Erwartungen hinsichtlich des zukünftigen Wertes von Strategien, welche sich in den Preisen auf den strategischen Faktormärkten widerspiegeln. Folglich entsprechen die Kosten für die zur Implementierung der Strategie notwendigen Ressourcen den zukünftigen Gewinnen, so dass kein Unternehmen überdurchschnittliche Renditen erzielt.[804]

In der Realität ist allerdings von einer Unvollkommenheit der Faktormärkte auszugehen, die ausschließlich auf die **unterschiedlichen Erwartungen** der Unternehmen bezüglich des zukünftigen Wertes von Strategien zurückzuführen ist.[805] Unterschiedliche Erwartungen begründen unterschiedliche Zahlungsbereitschaft und ein unterschiedliches Akquiseverhalten hinsichtlich strategischer Ressourcen, woraus

---

[800] Siehe hierzu Rumelt (1984), S. 557 f.; Wernerfelt (1984), S. 171 ff. Eine ausführliche Dokumentation der Historie des Resource-based View findet sich bei Freiling (2000), S. 20-33.

[801] Barney (1991), S. 101. Eine kritische Auseinandersetzung mit dieser und anderen im Resource-based View verbreiteten Definitionen findet sich bei Freiling (2001), S. 13 ff. Darauf basierend entwickelt er ein engeres Begriffsverständnis, bei dem von Ressourcen im Kontext des Resource-based View zu sprechen ist, „wenn (in Märkten beschaffbare) Inputgüter durch Veredelungsprozesse zu unternehmenseigenen Merkmalen für Wettbewerbsfähigkeit weiterentwickelt worden sind und die Möglichkeit besteht, Rivalen von der Nutzung dieser Ressourcen in nachhaltiger Weise auszuschließen." Freiling (2001), S. 22.

[802] Vgl. hierzu Abschnitt 2.3.3.2.1.

[803] Die Umsetzung einer Innovationsstrategie erfordert beispielsweise Fähigkeiten im F&E-Bereich, welche auf strategischen Faktormärkten wie dem Arbeitsmarkt für Wissenschaftler gehandelt werden. Siehe hierzu Barney (1986a), S. 1232.

[804] Vgl. Barney (1986a), S. 1232 f.

[805] In seiner Argumentation zeigt BARNEY auf, dass auch andere Ursachen von Marktunvollkommenheiten in den strategischen Faktormärkten, wie beispielsweise Konzentration strategischer Ressourcen in wenigen Unternehmen oder Einzigartigkeit der Ressourcenausstattung, lediglich eine Manifestation vorheriger oder derzeitiger unterschiedlicher Erwartungen sind. Siehe Barney (1986a), S. 1234 ff.

wiederum eine heterogene Ressourcenausstattung der Unternehmen resultiert. Überdurchschnittliche Renditen entstehen aus der Differenz zwischen den Kosten der zur Implementierung der Strategie notwendigen Ressourcen und dem zukünftigen Wert der umgesetzten Strategie. Zur Erreichung dieser Rendite muss ein Unternehmen daher hinsichtlich des zukünftigen Wertes von Strategien auf den strategischen Faktormärkten genauere Erwartungen bilden als seine Konkurrenten. Nach BARNEY beruhen die unterschiedlichen Erwartungen entweder auf **Wissensvorsprüngen** oder auf **Glück**.[806]

Während BARNEY von der Prämisse ausgeht, dass alle zur Implementierung von Strategien notwendigen Ressourcen auf unvollkommenen Faktormärkten gehandelt werden, existieren DIERICKX/COOL zufolge für manche Ressourcen keine Faktormärkte.[807] Zum einen sind Ressourcen, wie beispielsweise eine Qualitätsreputation oder das Vertrauen von Kunden, nicht handelbar. Zum anderen sind zur erfolgreichen Umsetzung einer Strategie oftmals unternehmensspezifische Ressourcen erforderlich. Mit WILLIAMSON argumentieren die Autoren: „ [...] the idiosyncratic nature of firm-specific assets precludes their tradeability on open markets."[808] Demnach setzen Unternehmen zur Implementierung ihrer Strategie sowohl handelbare als auch nicht handelbare Ressourcen ein. Erstgenannte werden auf den unvollkommenen Faktormärkten nach BARNEY akquiriert, stellen aufgrund ihrer prinzipiellen Marktfähigkeit jedoch keine Quelle nachhaltiger Wettbewerbsvorteile dar. Für letztgenannte existieren keine Faktormärkte, weshalb sie unternehmensintern aufgebaut und akkumuliert werden müssen.[809] Die Ressourcenheterogenität und die damit verbundenen Ergebnisunterschiede zwischen Unternehmen werden DIERICKX/COOL zufolge durch den Bestand an unternehmensintern entwickelten Ressourcen determiniert, welche wiederum das Resultat der Akkumulationsfähigkeit sind.[810]

Zusammenfassend ist festzuhalten, dass aus der Perspektive des Resource-based View die Einzigartigkeit von Unternehmen in ihrer **spezifischen Ressourcenausstattung** und dem Einsatz **unternehmensspezifischer Ressourcenbündel** begründet ist, welche aus unvollkommenen bzw. nicht vorhandenen Faktormärkten

---

[806] Vgl. Barney (1986a), S. 1232. Vgl. auch Jacobsen (1988), S. 415. Siehe zu einer relativierenden Diskussion dieser Sichtweise Denrell/Fang/Winter (2003), S. 977 ff. Zur Erzielung dieser Wissensvorsprünge diskutiert BARNEY sowohl eine Umweltanalyse als auch eine Analyse der bereits intern vorhandenen Ressourcen. Hierbei misst er der externen Analyse nur eine geringe Relevanz bei und sieht die wesentlichen Potenziale in der Analyse der unternehmensinternen Situation. Vgl. Barney (1986a), S. 1238 ff. Der Aspekt der internen Analyse, insbesondere der einzigartigen Informationen und Fähigkeiten, wird von Denrell/Fang/Winter (2003), S. 988 aufgegriffen und als zentral für die Entdeckung strategischer Chancen herausgestellt.

[807] Vgl. im Folgenden Dierickx/Cool (1989), S. 1505. Siehe zur Handelbarkeit von strategischen Ressourcen und den damit verbundenen Transaktionskostenproblemen auch Chi (1994), S. 272 ff.

[808] Dierickx/Cool (1989), S. 1505. Siehe hierzu auch Williamson (1979), S. 239 ff.

[809] Vgl. hierzu Dierickx/Cool (1989), S. 1505 f.

[810] Vgl. Dierickx/Cool (1989), S. 1510.

resultiert. Den idiosynkratischen Ressourcen wird eine hohe Bedeutung für die Erzielung von Wettbewerbsvorteilen und den damit verbundenen Ergebnisunterschieden zugesprochen. Der Logik dieser „Resources-Conduct-Performance"[811]-Wirkungskette folgend sind ausgehend von den spezifischen Ressourcen eines Unternehmens adäquate Wettbewerbsstrategien für die verschiedenen Tätigkeitsbereiche abzuleiten. Demnach leistet die dauerhafte Ausnutzung unternehmensspezifischer Ressourcen den höchsten Beitrag zur Erzielung nachhaltiger Wettbewerbsvorteile.[812] Da allerdings nicht alle Ressourcen in gleichem Maße zum Aufbau von Wettbewerbsvorteilen beitragen, sind im Folgenden die Bedingungen, die zur Erzielung nachhaltiger Wettbewerbsvorteile notwendig sind, sowie die Wettbewerbsvorteile generierenden Eigenschaften von Ressourcen zu analysieren.

2.3.3.1.3 Bedingungen und Eigenschaften zur Wettbewerbsvorteilsrelevanz von Ressourcen

Im Schrifttum zum Resource-based View beschäftigt sich eine Vielzahl von Autoren mit den Bedingungen und Eigenschaften, die erfüllt sein müssen, damit Ressourcen zur Erreichung von Wettbewerbsvorteilen führen.[813] Die meisten Beiträge beziehen sich hierbei direkt oder indirekt auf den Merkmalskatalog von BARNEY.[814] Darüber hinaus ist dem Modell zur Erklärung des Zusammenhangs zwischen Ressourcen und Wettbewerbsvorteilen von PETERAF eine hohe Aufmerksamkeit zuteil geworden.[815] Zur Ableitung der wettbewerbsvorteilsschaffenden Bedingungen und Eigenschaften von Ressourcen werden im Folgenden die sich teilweise überschneidenden und sich teilweise ergänzenden Aspekte der Beiträge von BARNEY und PETERAF in einen integrierten Bezugsrahmen überführt. Hierbei wird zwischen Bedingungen und Eigenschaften für die Erzielung von Wettbewerbsvorteilen und solchen für deren Nachhaltigkeit unterschieden.

- **Bedingungen für bzw. Eigenschaften von Ressourcen zur Erzielung von Wettbewerbsvorteilen**

Die grundlegende Bedingung für die Erzielung von Wettbewerbsvorteilen besteht nach PETERAF in der **Ressourcenheterogenität**, welche die Existenz von über-

---

[811] Rasche/Wolfrum (1994), S. 502; auch Rühli (1994), S. 42.
[812] Siehe hierzu Rasche/Wolfrum (1994), S. 502; Bamberger/Wrona (1996a), S. 132.
[813] Siehe hierzu Barney (1991), S. 105 ff.; Conner (1991), S. 132 ff.; Grant (1991), S. 123 ff.; Amit/ Schoemaker (1993), S. 37 ff.; Knyphausen (1993), S. 776 ff.; Peteraf (1993), S. 180 ff.; Rasche (1994), S. 68 ff.; Rasche/Wolfrum (1994), S. 503 ff.; Rühli (1994), S. 46 f.; Barney (1995), S. 50 ff.; Collis/Montgomery (1995), S. 120 ff.; Bamberger/Wrona (1996a), S. 135 ff.; Hinterhuber/ Friedrich (1997), S. 994 ff.; Ossadnik (2000), S. 276 f. Vgl. auch den Überblick bei Proff (2000), S. 144.
[814] Siehe hierzu Barney (1991), S. 105 ff.
[815] Vgl. Peteraf (1993), S. 180 ff.

legenen Ressourcen und Fähigkeiten innerhalb einer Branche reflektiert.[816] Diese Ressourcen erlauben die Erzielung von Ricardo-Renten, sofern sie zu einer höheren Effizienz führen, oder die Erwirtschaftung von Monopol-Renten, falls sie eine absichtliche Beschränkung der Ausbringungsmenge ermöglichen. Zudem muss eine **ex ante Beschränkung des Wettbewerbs** auf den Ressourcenmärkten existieren.[817] Diese entsteht durch unvollkommene bzw. nicht-existente Faktormärkte und bildet die Voraussetzung für die Ressourcenheterogenität. Zugleich sichert erst die Beschränkung des Wettbewerbs auf Ressourcenmärkten die Möglichkeit der Erzielung von Wettbewerbsvorteilen, da auf vollkommenen Ressourcenmärkten die Preise der für die Strategieimplementierung notwendigen Ressourcen dem zukünftigen Wert der Strategie entsprechen und somit keine überdurchschnittlichen Renditen entstehen.[818]

Nach BARNEY ist eine wesentliche Eigenschaft einer Ressource zur Erreichung von Wettbewerbsvorteilen ihre **Werthaltigkeit**. Diese bemisst sich nach dem Beitrag der Ressource zur Formulierung und Implementierung von Strategien, welche die Effizienz und Effektivität des Unternehmens verbessern. Ressourcen gelten zudem dann als werthaltig, wenn sie einen Kundennutzen unterstützen, der mit einer Zahlungsbereitschaft verbunden ist.[819] Eine weitere Eigenschaft stellt die **Knappheit** einer Ressource dar. Um Wettbewerbsvorteile zu generieren, dürfen die Ressourcen des Unternehmens nicht jedem derzeitigen oder potenziellen Wettbewerber zur Verfügung stehen. Eine für die Generierung von Wettbewerbsvorteilen ausreichende Knappheit ist hierbei sichergestellt, solange die Anzahl der Unternehmen, welche eine wertvolle Ressource besitzen, geringer ist als die zu einem vollkommenen Wettbewerb notwendige Zahl von Unternehmen.[820] Diese beiden Merkmale von Ressourcen sind auch als Voraussetzung für die Erwirtschaftung der oben angesprochenen Ricardo- oder Monopol-Renten interpretierbar.

- **Bedingungen für bzw. Eigenschaften von Ressourcen für die Nachhaltigkeit von Wettbewerbsvorteilen**

Zur Etablierung eines nachhaltigen Wettbewerbsvorteils sind die Ressourcenheterogenität und insbesondere die knappen und werthaltigen Ressourcen zu bewahren. Eine grundlegende Voraussetzung hierfür stellt die **Langlebigkeit** der Ressourcen dar.[821] Je weniger sich die Ressourcen abnutzen bzw. im Zeitverlauf obsolet werden, desto länger werden die darauf basierenden Wettbewerbsvorteile aufrechterhalten.

---

[816] Vgl. zu den folgenden Ausführungen Peteraf (1993), S. 180 ff.
[817] Siehe Peteraf (1993), S. 185.
[818] Siehe hierzu auch Barney (1986a), S. 1232 f.; Dierickx/Cool (1989), S. 1505 ff. sowie die Ausführungen in Abschnitt 2.3.3.1.2.
[819] Vgl. Burmann (2002a), S. 146.
[820] Vgl. Barney (1991), S. 106 f.
[821] Vgl. Dierickx/Cool (1989), S. 1508; Grant (1991), S. 124; Bamberger/Wrona (1996a), S. 135.

Für PETERAF wird die Nachhaltigkeit der Wettbewerbsvorteile im Wesentlichen durch die **ex post Beschränkung des Wettbewerbs** um die überdurchschnittlichen Renten determiniert.[822] Hierfür sind die Aspekte der begrenzten Imitierbarkeit und der begrenzten Substituierbarkeit ausschlaggebend.[823]

Die **begrenzte Imitierbarkeit** ist in einer der folgenden sechs Ursachen oder deren Kombination begründet:

1. Nach RUMELT schützen **Isolationsmechanismen** Unternehmen vor Imitation und bewahren somit die überdurchschnittliche Rendite.[824] Als Beispiele führt er Verfügungsrechte mit der Möglichkeit zum Ausschluss Dritter, verschiedene Quasi-Rechte in Form von Informationsasymmetrien sowie Lerneffekte, Wechsel- und Suchkosten der Käufer, Reputation und anderen Friktionen an.[825]

2. Sofern ein Unternehmen innerhalb einmaliger, unternehmensspezifischer **historischer Kontextbedingungen** bestimmte Ressourcen akquiriert und aufgebaut hat, können diese nicht von anderen Unternehmen imitiert oder dupliziert werden.[826]

3. Darüber hinaus spielen **Pfadabhängigkeiten** in der individuellen Unternehmensentwicklung eine Rolle für die begrenzte Imitierbarkeit. Zum Aufbau und zur Entwicklung bestimmter Ressourcen oder Fähigkeiten durchlaufen Unternehmen oftmals einen schwierigen, langjährigen Lernprozess, welcher nicht abgekürzt werden kann und somit ohne den Zeiteinsatz und die entsprechende Erfahrung nicht imitierbar ist.[827] DIERICKX/COOL führen in diesem Kontext das Konzept der „time compression diseconomies" bzw. der „zeitinduzierten Ineffizienzen der Ressourcenakkumulation"[828] ein.[829] Diese bezeichnen den Sachverhalt der abnehmenden Grenzerträge bei der Substitution von Zeit durch vermehrt eingesetzte Produktionsfaktoren. Ein Unternehmen erreicht somit selbst bei einer Verdoppelung des Ressourceneinsatzes in einem Jahr nicht den gleichen Know-how-Aufbau wie ein Wettbewerber in zwei Jahren.

---

[822] Vgl. Peteraf (1993), S. 182.
[823] Siehe hierzu Barney (1991), S. 107 ff.; Dierickx/Cool (1989), S. 1507.
[824] Vgl. Rumelt (1984), S. 567 f. Siehe auch die Ausführungen zu „resource position barriers" bei Wernerfelt (1984), S. 173.
[825] Siehe hierzu Rumelt (1987), S. 145 ff. Eine umfassende Diskussion von in der ressourcenorientierten Literatur thematisierten Isolationselementen findet sich bei Freiling (2001), S. 104 ff.
[826] Vgl. hierzu Barney (1991), S. 107 f.; Barney (1999), S. 141.
[827] Vgl. Barney (1999), S. 141. Vgl. hierzu auch die Ausführungen hinsichtlich der „replicability" von Ressourcen bei Grant (1991), S. 127 f.
[828] Rasche (1994), S. 78.
[829] Vgl. Dierickx/Cool (1989), S. 1507.

4. Ferner erschweren **Größenvorteile** innerhalb der bestehenden Ressourcenbasis bzw. „Multiplikatoreffekte bei der Ressourcenakkumulation"[830] die Imitation durch die Konkurrenz. Hinsichtlich dieser „asset mass efficiencies" führen DIERICKX/ COOL aus: „Sustainability will be enhanced to the extent that adding increments to an existing asset stock is facilitated by possessing high levels of that stock."[831] Beispielsweise sind Unternehmen mit einem ausgeprägten Ressourcenpool im F&E-Bereich in einer besseren Position, um weiteres Wissen zu akkumulieren. Ebenso beeinflusst die installierte Kundenbasis die Abverkäufe, insbesondere bei Netzeffekten unterliegenden Produkten.

5. Zudem hängt die Imitierbarkeit einer Ressource von der **Komplexität** ihrer **Interdependenzen** zu anderen Ressourcen und ihrer sozialen Komplexität ab. Je stärker die Wettbewerbsvorteilsrelevanz einer Ressource von anderen zu ihr komplementären Ressourcen bestimmt wird, desto schwieriger ist sie zu imitieren.[832] Insbesondere wenn Ressourcen komplexe, soziale Phänomene außerhalb des systematischen Einflussbereichs des Unternehmens sind, wie beispielsweise die Beziehungen innerhalb des Management-Teams, die Unternehmenskultur oder die Beziehungen zu den Lieferanten, ist die Fähigkeit der Wettbewerber zur Imitation dieser Ressourcen stark beeinträchtigt.[833] Beispielsweise stellt eine am Markt verfügbare Technologie per se eine imitierbare Ressource dar. Das Zusammenspiel zwischen unternehmensspezifischen, sozial komplexen Ressourcen wie sozialen Beziehungen, Unternehmenskultur oder Traditionen und der Technologie kann jedoch zu Wettbewerbsvorteilen führen. Eine Knowledge-Management-Datenbank, gepaart mit den sozial komplexen Ressourcen einer in der Unternehmenskultur verankerten Offenheit sowie Bereitschaft, Wissen zu teilen und die Datenbank zu pflegen, ist demnach nicht durch den reinen Erwerb einer solchen Datenbank zu imitieren.

6. Schließlich trägt die **kausale Mehrdeutigkeit** zur begrenzten Imitierbarkeit von Ressourcen bei.[834] LIPPMAN/RUMELT definieren „causal ambiguity" als „[...] basic ambiguity concerning the nature of the causal connections between actions and results."[835] Beim Vorliegen von kausaler Mehrdeutigkeit ist unklar, auf welchen Ressourcen die Wettbewerbsvorteile beruhen bzw. mit welchen Maßnahmen eine

---

[830] Rasche (1994), S. 80.
[831] Dierickx/Cool (1989), S. 1507.
[832] Vgl. hierzu Dierickx/Cool (1989), S. 1508; Burmann (2002a), S. 148.
[833] Vgl. hierzu Barney (1991), S. 110 f.; Barney (1999), S. 141.
[834] Vgl. Dierickx/Cool (1989), S. 1509; Reed/DeFillippi (1990), S. 90; Barney (1991), S. 108 f.; Peteraf (1993), S. 182 f.; Barney (1999), S. 142. Dieser Aspekt wird von GRANT mit „transparency" bezeichnet. Vgl. Grant (1991), S. 125.
[835] Lippman/Rumelt (1982), S. 418.

Fähigkeit oder Ressource aufzubauen ist.[836] Somit weiß ein Konkurrent nicht, welche Ressourcen zu imitieren sind, um die Strategie eines Unternehmens zu duplizieren. Ein vollständiger Schutz vor der Imitierbarkeit von Ressourcen ist gegeben, wenn selbst die Manager innerhalb des Unternehmens mehrere konkurrierende Hypothesen hinsichtlich der Beziehungen zwischen Ressourcen und Erfolg haben, welche nicht getestet werden können.[837] Sofern das ressourcenkontrollierende Unternehmen ein Verständnis hinsichtlich der Beziehung zwischen Ressourcen und Wettbewerbsvorteilen bzw. der zum Ressourcenaufbau notwendigen Maßnahmen hat, besteht für die Konkurrenz die Möglichkeit, die erfolgreiche Strategie durch Abwerben von Mitarbeitern des Unternehmens zu imitieren.[838]

Selbst wenn die Ressourcen aufgrund einer der beschriebenen Ursachen vor einer Imitation durch die Konkurrenz geschützt sind, stellt die **Substituierbarkeit** durch andere Ressourcen eine Gefahr für die Nachhaltigkeit des Wettbewerbsvorteils dar.[839] Eine erfolgreiche Substitution macht die Ressourcen obsolet und verringert ihre Werthaltigkeit, so dass der ehemals bestehende Wettbewerbsvorteil nicht aufrechterhalten werden kann. Substitution kann sowohl durch ähnliche Ressourcen, welche die Formulierung und Implementierung der gleichen Strategien erlauben, als auch durch andersartige Ressourcen, mit denen das gleiche Ziel erreicht wird, erfolgen.[840] Zur Verteidigung eines nachhaltigen Wettbewerbsvorteils darf der aus dem Einsatz einer Ressource resultierende Nutzen nicht ohne großen Aufwand mit alternativen Ressourcen erreichbar sein.[841]

Als letztgenannte Bedingung für die Nachhaltigkeit von Wettbewerbsvorteilen diskutiert PETERAF die **unvollständige Mobilität** der Ressourcen, welche dafür sorgt, dass

---

[836] Vgl. hierzu Reed/DeFillippi (1990), S. 90; Barney (1991), S. 108 f.; Peteraf (1993), S. 182 f.; Barney (1999), S. 142. Nach REED/DEFILLIPPI beruht kausale Mehrdeutigkeit auf der Impliziertheit von Wissen und Fähigkeiten sowie der Komplexität und der Spezifität von Ressourcen und Fähigkeiten. Siehe hierzu Reed/DeFillippi (1990), S. 91 f. Vgl. zur Beziehung zwischen kausaler Mehrdeutigkeit und Wettbewerbsvorteilen ausführlich Wilcox King/Zeithaml (2001), S. 76 ff.

[837] Vgl. Lippman/Rumelt (1982), S. 418 f.; Reed/DeFillippi (1990), S. 90; Barney (1991), S. 109 f. Obwohl dies wie ein theoretischer Grenzfall anmutet, sind aufgrund der Komplexität und der Interdependenz von Ressourcen durchaus Fälle denkbar, in denen die Ursache-Wirkungs-beziehungen zumindest zu einem gewissen Grad mehrdeutig bzw. unsicher bleiben. DIERICKX/COOL führen hier das Beispiel der pharmazeutischen Industrie an, in welcher der Prozess der Ressourcenakkumulation als stochastisch und diskontinuierlich charakterisiert werden kann, da die relevanten Variablen weder identifiziert noch gesteuert werden können. Siehe hierzu Dierickx/Cool (1989), S. 1509.

[838] Vgl. hierzu Barney (1991), S. 109.

[839] Vgl. Dierickx/Cool (1989), S. 1509.

[840] Vgl. Barney (1991), S. 111. Siehe hierzu auch Peteraf/Bergen (2003), S. 1037, die ausführen: „[...] the scarcity must extend beyond resource type to include a scarcity of equally substitutes as well. This analysis implies a need to expand the notion of resource 'rareness' beyond the confines of 'type,' to include 'use' or 'function' as well."

[841] Vgl. Burmann (2002a), S. 147.

die Ressourcen und die durch sie generierten Renten langfristig in dem Unternehmen verbleiben.[842] Die unvollständige Mobilität der Ressourcen resultiert aus unzureichend definierten Verfügungsrechten, Unternehmensspezifität, Wechselkosten oder prohibitiv hohen Transaktionskosten.

Abb. 13 stellt die einzelnen Aspekte der Wettbewerbsvorteilsrelevanz von Ressourcen und ihre Interdependenzen zusammenfassend in einem integrierten Bezugsrahmen dar.

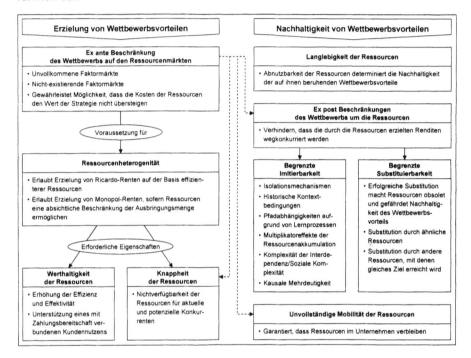

Abb. 13: Integrierter Bezugsrahmen zur Wettbewerbsvorteilsrelevanz von Ressourcen[843]

Nachdem die Bedingungen und Eigenschaften für die Wettbewerbsvorteilsrelevanz von Ressourcen skizziert wurden, sind nun die Implikationen für die Geschäftsbereichsstrategie herauszuarbeiten.

---

[842] Siehe hierzu Peteraf (1993), S. 183 f. GRANT diskutiert diesen Aspekt unter der „transferability" der Ressourcen. Vgl. Grant (1991), S. 126; auch Bamberger/Wrona (1996a), S. 136.

[843] Eigene Darstellung in Anlehnung an Barney (1991), S. 105 ff.; Peteraf (1993), S. 180 ff.

2.3.3.1.4 Implikationen des klassischen Ressourcenansatzes für die Geschäftsbereichsstrategie

Die Überlegungen des Resource-based View werden in einer Vielzahl von Themenfeldern innerhalb des strategischen Managements angewendet.[844] Mit Blick auf die in der vorliegenden Arbeit angestrebte Konzeptionalisierung des Konstrukts Strategie in High Velocity Märkten auf der Geschäftsbereichsebene konzentrieren sich die folgenden Ausführungen auf die Implikationen des Resource-based View für die Geschäftsbereichsebene und die Erzielung von Wettbewerbsvorteilen. Wie bereits dargelegt, entwirft der Resource-based View eine Argumentationslinie der Generierung, Nutzung und Sicherung einer einzigartigen Ressourcenausstattung, welche die Grundlage nachhaltiger Wettbewerbsvorteile darstellt und damit die Basis für langfristige Ergebnisunterschiede in Form differierender Renditen zwischen den Unternehmen bildet. Die Implikationen des klassischen Ressourcenansatzes für die Strategie auf der Geschäftsbereichsebene beziehen sich daher auf die Analyse bestehender Ressourcen sowie deren Verwertung bzw. Nutzung, die Entwicklung neuer Ressourcen und den nachhaltigen Schutz der Ressourcenausstattung.

- **Analyse und Verwertung bestehender Ressourcen**

Den Ausgangspunkt bildet die Analyse der gegenwärtigen Ressourcen nach ihrer Anzahl, Art und Bedeutung.[845] Insbesondere sind die Potenziale der Ressourcen zur Generierung von nachhaltigen Wettbewerbsvorteilen anhand der zuvor diskutierten Kriterien abzuschätzen. Hierdurch sind die Erreichung eines differenzierten Bildes der Ressourcenausstattung des Unternehmens und die Unterscheidung zwischen Ressourcen, welche Wettbewerbsvorteile unterstützen, und solchen, die im Hinblick auf Wettbewerbsvorteile weniger nützlich sind, möglich.[846] Im Schrifttum werden hierzu Instrumente wie Ressourcen- und Kompetenzportfolios sowie ressourcenorientierte Prozesskettenanalysen vorgeschlagen.[847] Basierend auf der Analyse der Ressourcenausstattung ist ein optimales Produkt-Mix-Profil zu entwickeln.[848] Zugleich ist die Ressourcenausstattung ausschlaggebend für die angestrebte Wett-

---

[844] Zu nennen sind hier die Themenfelder Grundausrichtung des strategischen Managements, strategische Planung und Analyse, Bestimmung der Unternehmensgrenzen (Wertschöpfungstiefe, Diversifikation, Fusionen, Spin-offs, Unternehmensübernahmen), Kooperationen, Strategische Netzwerke, Internationalisierung, Unternehmensstruktur, Unternehmenskultur, Organisationsentwicklung, Organisationales Lernen, Qualitätsmanagement, Technologie- und Innovationsmanagement, Produktivitätsmanagement, beschaffungswirtschaftliche Aspekte und absatzwirtschaftliche Aspekte. Siehe hierzu die Übersicht bei Freiling (2001), S. 9-10. Vgl. hierzu auch die Übersicht bei Priem/Butler (2001a), S. 26.
[845] Vgl. Grant (1991), S. 119; Schoemaker/Amit (1994), S. 21; Hinterhuber/Friedrich (1997), S. 1004.
[846] Vgl. hierzu Barney (1991), S.112; Peteraf (1993), S. 187.
[847] Vgl. Kuhn/Manthey (1996), S. 132; Hinterhuber/Friedrich (1997), S. 1004.
[848] Vgl. hierzu Prahalad/Hamel (1990), S. 85; Mahoney/Pandian (1992), S. 371.

bewerbsstrategie, da eine Strategie zu formulieren ist, welche die Ressourcen am effektivsten ausnutzt.[849]

Die bestehenden Ressourcen sind an den Charakteristika und Bedingungen auf den Absatzmärkten zu spiegeln.[850] Anhand eines Ressourcen-Markt-Portfolios werden wettbewerbsvorteilsbegründende Ressourcen und Märkte, jeweils in den Ausprägungen „vorhanden" vs. „neue / nicht vorhanden", in einer Vier-Felder-Matrix gegenübergestellt.[851] Hierauf aufbauend stehen als grundlegende Optionen zur Vertiefung und Verbreiterung der Geschäftstätigkeit und damit verbunden der proaktiven Beeinflussung der Marktverhältnisse das sogenannte „**Competence Leveraging**" und das „**Competence Building**" zur Verfügung.[852] Ausgehend von der bestehenden Ressourcenausstattung bezeichnet ersteres die quantitative Veränderung der Ressourcennutzung, durch die gegebene Kompetenzen und Ressourcen neuen marktlichen Verwendungsmöglichkeiten zugeführt werden. Sofern die Verwertung der Ressourcen auf bisher vom Unternehmen noch nicht bearbeitete Märkte abzielt, kommen unternehmensstrategische Optionen wie Diversifizierung und Internationalisierung zum Einsatz.[853] Competence Building drückt die qualitative Veränderung der Ressourcenbasis durch die Entwicklung neuer Ressourcen aus, die auf die Generierung neuer Handlungsspielräume in der Zukunft abzielt.[854]

- **Entwicklung von Ressourcen**

Neben der Analyse und dem Ausbau bestehender Ressourcen sind in einer zukunftsgerichteten Perspektive Ressourcen zu entwickeln, welche den Bedingungen zur Erzielung von Wettbewerbsvorteilen genügen bzw. die entsprechenden Eigenschaften aufweisen. Grundsätzlich stehen zum Erwerb der Ressourcen drei Möglichkeiten zur Verfügung:[855] (1) die interne Entwicklung bzw. Akkumulation, (2) die Beschaffung der Ressourcen über die strategischen Faktormärkte und (3) die Erlangung von Zugriff auf Ressourcen über hybride Transaktionsformen wie beispielsweise Kooperationen.

---

[849] Vgl. Grant (1991), S. 129; Bamberger/Wrona (1996b), S. 390.
[850] Vgl. Amit/Schoemaker (1993), S. 37 ff.; Seth/Thomas (1994), S. 178.
[851] Vgl. hierzu Hamel/Prahalad (1994), S. 227; Hinterhuber/Friedrich (1997), S. 1007; Ossadnik (2000), S. 278 ff.
[852] Vgl. Sanchez/Heene/Thomas (1996), S. 8; Freiling (2001), S. 166.
[853] Siehe hierzu Chatterjee/Wernerfelt (1991), S. 34 ff.; Collis (1991), S. 50 ff.; Mahoney/Pandian (1992), S. 365; Knyphausen (1993), S. 780; Peteraf (1993), S. 188; Farjoun (1994), S. 186; Markides/Williamson (1994), S. 150 ff.; Rasche/Wolfrum (1994), S. 509 f.; Bamberger/Wrona (1996a), S. 143 ff.; Markides/Williamson (1996), S. 341 ff.; Peng (2001), S. 803 ff.
[854] Vgl. Sanchez/Heene/Thomas (1996), S. 8; Freiling (2001), S. 166.
[855] Vgl. Bamberger/Wrona (1996a), S. 141.

Die **interne Entwicklung** stellt die einzige Möglichkeit zur Erlangung derjenigen Ressourcen dar, für die keine Faktormärkte existieren.[856] Daher bieten intern entwickelte Ressourcen den höchsten Schutz vor Imitation durch die Konkurrenz, beispielsweise aufgrund pfadabhängiger Lernprozesse oder kausaler Mehrdeutigkeit. Ebenso spricht ein hoher Grad an Komplementarität der zu entwickelnden Ressourcen mit bereits vorhandenen Ressourcen für eine interne Entwicklung, da auf diese Weise Synergien erreicht werden, durch die der interne Aufbau kostengünstiger und schneller als die externe Beschaffung wird.[857]

Zugleich werden Unternehmen Ressourcen jedoch auch über **strategische Faktormärkte** beschaffen, sofern sie mangels notwendigen Know-hows, finanzieller Mittel, technischer Ausstattung oder aus Zeitgründen nicht in der Lage sind, die Ressourcen selbst zu entwickeln.[858] Laut ressourcentheoretischer Argumentation führen die so erworbenen Ressourcen jedoch nur zu Wettbewerbsvorteilen und einer höheren Rendite, wenn das Unternehmen effizienter bei der Auswahl der Ressourcen ist als seine Konkurrenz. Voraussetzung für die Erzielung einer Rente ist, dass die Ressourcen für einen geringeren Betrag als die Grenzproduktivität ihres Einsatzes in Kombination mit den im Unternehmen bereits vorhandenen Ressourcen erworben werden. Dies wiederum setzt voraus, dass das Unternehmen genauere Informationen und zutreffendere Erwartungen hinsichtlich des Wertes des Ressourceneinsatzes im Unternehmen bildet oder dass die zu akquirierende Ressource aufgrund der spezifischen Verwendung im Unternehmen oder der komplexen Kombination mit anderen unternehmensindividuellen Ressourcen tatsächlich einen höheren Wert besitzt als in anderen Unternehmen.[859]

Schließlich ist zur Sicherstellung des Zugriffs auf wettbewerbsrelevante Ressourcen das Eingehen von verschiedenen Formen der **Kooperation** zu nennen.[860] Hierbei sind sowohl bilaterale Formen, beispielsweise Joint Ventures oder strategische Allianzen, als auch multilaterale Formen denkbar, beispielsweise Netzwerke. Kooperationen kommen in Betracht, sofern Ressourcen aufgrund von Zeitdruck nicht intern entwickelt werden können und diese sich zugleich aufgrund der Unvollkommenheit der Faktormärkte ausschließlich über organisationale Lernprozesse aneignen lassen.[861] Aus der Perspektive des Ressourcenansatzes werden als Erfolgsdeterminanten von Kooperationen (1) eine direkte Lernorientierung, (2) ein transparenter

---

[856] Vgl. hierzu Dierickx/Cool (1989), S. 1505 ff.
[857] Vgl. Bamberger/Wrona (1996a), S. 141.
[858] Vgl. Bamberger/Wrona (1996a), S. 141; Barney (1999), S. 142 ff.; Ossadnik (2000), S. 283.
[859] Vgl. Barney (1986a), S. 1232 ff.; Bamberger/Wrona (1996a), S. 142; Makadok (2001), S. 387 f.
[860] Vgl. Hamel/Doz/Prahalad (1989), S. 134 ff.; Hamel (1991), S. 84 ff.; Bamberger/Wrona (1996a), S. 142; Barney (1999), S. 142 ff.; Ossadnik (2000), S. 283.
[861] Vgl. hierzu Rasche/Wolfrum (1994), S. 507.

Wissensaustausch und (3) eine hinreichend ausgeprägte Lernfähigkeit zur Diffusion des neu gewonnenen Wissens im eigenen Unternehmen identifiziert.[862]

- **Nachhaltiger Schutz der Ressourcenausstattung**

Zum nachhaltigen Schutz der Ressourcenausstattung und der damit verbundenen Aufrechterhaltung der Wettbewerbsvorteile lässt sich auf die Erkenntnisse des Resource-based View zurückgreifen, welche im Rahmen der Isolationsmechanismen entwickelt worden sind.[863] In diesem Kontext definiert FREILING ein Isolationselement als „Teil einer Wirkungskette, die der Schaffung bzw. Weiterentwicklung von Ressourcen und/oder Kompetenzen dient und damit die Grundlage zur Schaffung nachhaltiger Wettbewerbsvorteile legt. Durch die **Aktivierung von Isolationselementen** werden ressourcenbedingte Wettbewerbsvorteile erhalten, ausgebaut oder erstmalig geschaffen und somit die Voraussetzungen für deren Nachhaltigkeit gelegt. Isolationselemente bewirken einzeln oder im Verbund, daß Bestrebungen der Konkurrenz, die erfolgskritischen Ressourcen zu akquirieren, zu imitieren oder zu substituieren, auf kurze Sicht scheitern und auf lange Sicht in ihrem Erfolg unsicher sind."[864] Anhand der mit Isolationselementen verbundenen Wirkungsketten lassen sich Erkenntnisse gewinnen, (1) über welche ressourcenbedingten Wettbewerbsvorteile ein Unternehmen zum Entscheidungszeitpunkt noch verfügt, (2) wodurch etwaige Ressourcenerosionsprozesse bedingt sind und (3) welche Möglichkeiten bestehen, durch den Prozess der Ressourcenentwicklung eine Stärkung der Wettbewerbsfähigkeit zu erreichen.[865]

2.3.3.1.5 Kritik am klassischen Ressourcenansatz

Die im Schrifttum vorgebrachten Kritikpunkte an dem klassischen Ressourcenansatz beziehen sich zum einen auf den Stand der Theorieentwicklung, zum anderen auf die vorhandenen Defizite bei der Erklärung von Wettbewerbsvorteilen und der Prozesse, die zu diesen führen. Gemäß der Zielsetzung, aus dem Resource-based View Erkenntnisse für die Konzeptionalisierung von Strategie in High Velocity Märkten abzuleiten, werden die Kritikpunkte der erstgenannten Gruppe lediglich skizziert und die Ausführungen konzentrieren sich auf die Defizite bei der Erklärung von Wettbewerbsvorteilen.

Bezüglich des Stands der Theorieentwicklung werden die terminologische Inkonsistenz und die unzureichende Definition zentraler Begriffe kritisiert, wobei die

---

[862] Siehe hierzu Knyphausen (1993), S. 781; Rasche/Wolfrum (1994), S. 508; Ossadnik (2000), S. 283.
[863] Vgl. Bamberger/Wrona (1996a), S. 142; Freiling (2001), S. 167.
[864] Freiling (2001), S. 102.
[865] Vgl. Freiling (2001), S. 103. Eine detaillierte Sammlung und Strukturierung der innerhalb des Resource-based View diskutierten Isolationselemente findet sich bei Freiling (2001), S. 109 ff.

Unklarheit des Ressourcenverständnisses im Vordergrund steht.[866] Ebenso werden unscharfe Aussagen hinsichtlich der zugrunde gelegten Prämissen und der inhaltlichen Bestimmung zentraler Konstrukte beanstandet.[867] Darüber hinaus wird gegenüber ressourcenorientierten Aussagensystemen oftmals der Vorwurf der Tautologie, der Zirkularität sowie des mangelnden empirischen Gehaltes erhoben.[868] Damit verbunden wird auf die unzureichende empirische Absicherung von auf ressourcenorientierter Basis abgeleiteten Aussagen hingewiesen.[869]

Hinsichtlich der Erklärung von Wettbewerbsvorteilen und der damit verbundenen überdurchschnittlichen Profitabilität führen Kritiker an, dass die Ursachenforschung innerhalb der Kausalitätskette lediglich eine Stufe vorverlagert wird. Wenn die Entstehung einer vorteilhaften Wettbewerbsposition über eine einzigartige Ressourcenausstattung erklärt wird, führt dies zwangsläufig zu der Frage, wie die Entstehung dieser einzigartigen Ressourcenausstattung und deren wettbewerbsvorteilsgenerierender Einsatz erklärbar und gestaltbar sind.[870] Während der Resource-based View Erklärungsansätze zur Entstehung einer Ressourcenausstattung liefert, beispielsweise den Entwicklungspfad eines Unternehmens oder das Vorliegen von pfadabhängigen Lernprozessen, sind die Prozesse und Mechanismen, durch die

---

[866] Siehe hierzu Freiling (2001), S. 41 und die dort angeführte Literatur. Dies kommt, etwas überspitzt, in dem folgenden Zitat von WILLIAMSON zum Ausdruck: „This is very nearly circular, in that it comes perilously close to saying that a core competence is a competence that is core." Williamson (1999), S. 1093.

[867] Vgl. Sanchez/Heene/Thomas (1996), S. 2 f.; Freiling (2001), S. 42.

[868] Dies kommt beispielsweise in der stark vereinfachenden Zirkularitätsthese von PORTER zum Ausdruck: „Successful firms are successful because they have unique resources. They should nurture these resources to be successful." Porter (1991), S. 108. Siehe zu einer relativierenden Auseinandersetzung mit dem Vorwurf Freiling (2001), S. 46 f. Vgl. auch Mosakowski/McKelvey (1996), S. 66; Williamson (1999), S. 1093; Eisenhardt/Martin (2000), S. 1106; Müller-Stewens/Lechner (2001), S. 278. PRIEM/BUTLER weisen durch Substitution von Begriffen durch ihre Definitionen nach, dass zentrale Aussagen des Resource-based View lediglich analytische Statements sind, die per Definition immer wahr sind. Vgl. Priem/Butler (2001a), S. 28. Siehe zu einer Replik auf den Tautologievorwurf Barney (2001), S. 41 f. und zu einer erneuten Formulierung und mathematischen Modellierung des Tautologievorwurfs Priem/Butler (2001b), S. 58 ff.

[869] Vgl. Freiling (2001), S. 45 f.

[870] Vgl. Porter (1991), S. 98; Collis (1994), S. 149; Rasche/Wolfrum (1994), S. 512. Hinsichtlich der Gestaltbarkeit weisen PRIEM/BUTLER insbesondere auf die mangelnde operationale Validität des Resource-based View hin, welche nach Thomas/Tymon (1982), S. 348 als „the ability of the practitioner to implement the action implications of a theory by manipulating its causal (or independent) variables" definiert wird. Aufgrund von Einflussfaktoren wie Pfadabhängigkeit, sozialer Komplexität oder kausaler Mehrdeutigkeit entziehen sich bestimmte Ressourcen der aktiven Gestaltbarkeit durch das Management. Vgl. Priem/Butler (2001a), S. 31. In seiner Replik entgegnet BARNEY, dass der Ressourcenansatz, wenngleich sozial komplexe Ressourcen wie Unternehmenskultur nicht vollkommen gestaltbar und schnell entwickelbar sind, dennoch Hinweise hinsichtlich des Schutzes und der Bewahrung solcher Ressourcen geben kann. Vgl. Barney (2001), S. 49 f.

Ressourcen zu einem Wettbewerbsvorteil beitragen, weitgehend unspezifiziert.[871] Hierzu konstatieren PRIEM/BUTLER: „[...] the processes through which particular resources provide competitive advantage remain in a black box. [...] We do not know, for example, how the resources generate sustainable rents, other than through their heterogeneity."[872] Kritiker verweisen diesbezüglich auf die Uneinigkeit in Bezug auf die Selektion der für die Wettbewerbsvorteilsrelevanz einzubeziehenden Beurteilungsfaktoren, deren Redundanzen und die bei wichtigen Merkmalen auftretenden Operationalisierungsprobleme.[873] Ferner werden detaillierte Aussagen über die Konfiguration von Ressourcen oder Kernkompetenzen sowie deren Operationalisierung und Umsetzung auf der Geschäftsfeldebene nicht getroffen.[874]

Darüber hinaus wird der statische Charakter einer Vielzahl ressourcenorientierter Analysen kritisiert, welche jeweils die folgende Argumentationslinie herausarbeiten:[875] Zunächst wird einer bestimmten Ressource die Fähigkeit zur Generierung von Wettbewerbsvorteilen zugesprochen. Danach werden die Heterogenität und damit die Knappheit der Ressource festgestellt. Im Anschluss wird die Werthaltigkeit der Ressource demonstriert, indem behauptet wird, dass sie einen Wettbewerbsvorteil schaffen kann. Abschließend werden Isolationsmechanismen bestätigt, welche die Replizierung der Ressource erschweren, wodurch angedeutet wird, dass der Wettbewerbsvorteil nachhaltig sein wird. Diese statische Argumentationsweise ist rein deskriptiv, da sie lediglich generische Charakteristika rentenschaffender Ressourcen identifiziert, ohne eine Spezifizierung der Kontextbedingungen oder Ressourcencharakteristika vorzunehmen. Darüber hinaus findet eine nachträgliche Identifikation wettbewerbsvorteilsgenerierender Ressourcen statt, welche den Charakter einer ex post Rationalisierung aufweist und ungeeignet für die Prognose zukünftig bedeutsamer Ressourcen ist.[876]

Aus dem statischen Charakter der Analyse leitet sich auch der im Hinblick auf die Zielsetzung der vorliegenden Untersuchung schwerwiegendste Kritikpunkt am klassischen Ressourcenansatz ab: Der klassische Ressourcenansatz leistet keinen Beitrag zum Verständnis, wie und warum bestimmte Unternehmen Wettbewerbs-

---

[871] Vgl. Williamson (1999), S. 1093; Eisenhardt/Martin (2000), S. 1106; Freiling (2001), S. 47; Priem/Butler (2001b), S. 64; Srivastava/Fahey/Christensen (2001), S. 778; Burmann (2002c), S. 229.
[872] Priem/Butler (2001a), S. 33.
[873] Vgl. Rasche (1994), S. 400; Rasche/Wolfrum (1994), S. 512; Bamberger/Wrona (1996a), S. 140; Bamberger/Wrona (1996b), S. 390 f. MOSAKOWSKI/KELVEY stellen im Hinblick darauf fest: „[...] there is no clear or agreed basis for selecting which of the vast number of firm's resources are in fact those that contribute to firm performance." Mosakowski/McKelvey (1996), S. 66.
[874] Vgl. Rasche/Wolfrum (1994), S. 511.
[875] Vgl. zu den folgenden Ausführungen Priem/Butler (2001a), S. 33.
[876] Vgl. hierzu Williamson (1999), S. 1093; Müller-Stewens/Lechner (2001), S. 278; Priem/Butler (2001a), S. 33; Priem/Butler (2001b), S. 64. Siehe zu einer relativierenden Einschätzung des Vorwurfs der mangelnden Prognosevalidität im Resource-based View Freiling (2001), S. 44.

vorteile in Märkten mit rapiden und unvorhersehbaren Veränderungen aufbauen.[877] In den Worten von EISENHARDT/MARTIN: „RBV breaks down in high velocity markets, where the strategic challenge is maintaining competitive advantage when the duration of the advantage is inherently unpredictable, where time is an essential aspect of strategy, and the dynamic capabilities that drive competitive advantage are themselves unstable processes that are challenging to sustain."[878] So kann beispielsweise eine einzigartige, im historischen Kontext gewachsene wettbewerbsvorteilsgenerierende Ressourcenausstattung in dem dynamischen Umfeld der High Velocity Märkte zu einem Nachteil werden.[879]

Zur Erklärung von Wettbewerbsvorteilen in High Velocity Umfeldern wurde aufbauend auf den Überlegungen des klassischen Ressourcenansatzes der Dynamic-Capabilities-Ansatz entwickelt. Dieser wird im Folgenden dargestellt und auf seinen Erkenntnisbeitrag zur Konzeptionalisierung von Strategie in High Velocity Märkten hin analysiert.[880]

2.3.3.2 Dynamic-Capabilities-Ansatz

Einen zentralen Beitrag zur Entwicklung des Dynamic-Capabilities-Ansatzes stellt der Bezugsrahmen von TEECE/PISANO/SHUEN dar, der von einer Vielzahl von Autoren aufgegriffen wurde.[881] Einführend wird die Grundstruktur dieses Ansatzes skizziert. Neben dem Einfluss von Ressourcenausstattungen und historischen Entwicklungspfaden wird insbesondere die Wettbewerbsrelevanz von organisatorischen Prozessen herausgearbeitet, welche im Anschluss detailliert betrachtet werden.

2.3.3.2.1 Grundlegender Bezugsrahmen

Ausgehend von der Kritik am klassischen Ressourcenansatz entwickeln TEECE/ PISANO/SHUEN mit dem Dynamic-Capabilities-Ansatz einen integrierten Bezugsrahmen zur Erklärung von Wettbewerbsvorteilen in High Velocity Märkten: „Our approach is especially relevant in a Schumpeterian world of innovation-based competition, price/performance rivalry, increasing returns, and the ‚creative destruction' of existing competences."[882] Hierbei legen die Autoren die folgende Terminologie zentraler Begriffe zugrunde:[883] **Produktionsfaktoren** bezeichnen undifferenzierte Produktionsmittel, welche in disaggregierter Form über Faktormärkte verfügbar sind

---

[877] Vgl. Teece/Pisano/Shuen (1997), S. 509; Eisenhardt/Sull (2001), S. 108; Fiol (2001), S. 692; Burr (2003), S. 360, anderer Meinung Barney/Wright/Ketchen (2001), S. 630 f.
[878] Eisenhardt/Martin (2000), S. 1106.
[879] Vgl. Leonard-Barton (1992), S. 118.
[880] Siehe Teece/Pisano/Shuen (1997), S. 510 ff.; Eisenhardt/Martin (2000), S. 1106 ff.
[881] Vgl. Teece/Pisano/Shuen (1997), S. 509 ff.
[882] Teece/Pisano/Shuen (1997), S. 509.
[883] Vgl. Teece/Pisano/Shuen (1997), S. 516.

und deren Verfügungsrechte klar definiert sind. Demgegenüber sind **Ressourcen** qua Definition firmenspezifisch, schwierig zu imitieren und aufgrund von Transaktionskosten und des Vorliegens von implizitem Wissen schwierig zu transferieren. **Organisationale Routinen** bzw. **Kompetenzen** bezeichnen bestimmte Aktivitäten, die auf der individuen- und gruppenübergreifenden Zusammenführung von Ressourcen beruhen. **Dynamic Capabilities** werden definiert als „[...] the firm's ability to integrate, build, and reconfigure internal and external competences to address rapidly changing environments. Dynamic capabilities thus reflect an organization's ability to achieve new and innovative forms of competitive advantage given path dependencies and market positions."[884]

Grundlegende Prämisse des Ansatzes ist die Auffassung der Verfasser hinsichtlich der Aufgaben von Unternehmen.[885] Ihrer Ansicht nach ist die Existenz von Unternehmen in der Fähigkeit begründet, solche Aktivitäten in nicht-marktlicher Art und Weise zu koordinieren, die sich einer Steuerung über den Preismechanismus entziehen. Hierbei verweisen sie beispielsweise auf Lernprozesse und internen Technologietransfer. Da wettbewerbsvorteilsgenerierende Ressourcen und Fähigkeiten nicht über Märkte bezogen werden können, lehnen die Autoren die institutionenökonomische Konzeptionalisierung von Unternehmen als „Nexus von Verträgen"[886] ab. Die Existenzberechtigung von Unternehmen leitet sich somit nicht nur aus ihrer transaktionskostensparenden Koordination ab, sondern aus ihren organisationalen Strukturen und den Managementprozessen zum Aufbau wettbewerbsvorteilsrelevanter Ressourcen und Fähigkeiten.[887] In Konsequenz messen TEECE/PISANO/SHUEN internen Prozessen die entscheidende Bedeutung für die Erlangung von Wettbewerbsvorteilen bei, verknüpfen diese aber auch mit der Ressourcenausstattung und der historischen Entwicklung eines Unternehmens: „We thus advance the argument that the competitive advantage of firms lies with its managerial and organizational processes, shaped by its (specific) asset position, and the paths available to it."[888] Die

---

[884] Teece/Pisano/Shuen (1997), S. 516. Eine alternative Definition findet sich bei Zollo/Winter (2002), S. 340.

[885] Vgl. zu den folgenden Ausführungen Teece/Pisano (1994), S. 539 ff.; Teece/Pisano/Shuen (1997), S. 517 f.

[886] Siehe hierzu Williamson (1991), S. 274.

[887] GHOSHAL/MORAN konstatieren diesbezüglich: "Organizations are not mere substitutes for structuring efficient transactions when markets fail; they possess unique advantages for governing certain kinds of economic activities through a logic that is very different from that of a market." Ghoshal/Moran (1996), S. 13. Diese Überlegungen stehen in Einklang mit der „Competence-based"- bzw. „Knowledge-based"-Theory of the Firm, deren Verfechter postulieren, dass die Existenz und die Grenzen von Unternehmen über deren Fähigkeit zum Aufbau und Transfer von Wissen zu erklären ist. Vgl. Kogut/Zander (1992), S. 384; Foss (1993), S. 132 ff.; Conner/Prahalad (1996), S. 477 ff.; Grant (1996a), S. 112 ff.; Kogut/Zander (1996), S. 503 ff.; Hodgson (1998), S. 180 ff.; Nahapiet/Ghoshal (1998), S. 242; Foss/Foss (2000), S. 65. Eine kritische Auseinandersetzung findet sich bei Foss (1996b), S. 470 ff.; Foss (1996c), S. 519 ff.

[888] Teece/Pisano/Shuen (1997), S. 518. Vgl. zur zentralen Bedeutung von Prozessen und deren Transformation in strategische Fähigkeiten auch Stalk/Evans/Shulman (1992), S. 60. DOSI/TEECE

Wettbewerbsvorteilsrelevanz der drei Hauptelemente des Ansatzes, Prozesse, Positionen und Pfade, wird im Folgenden skizziert.

- **Prozesse**

Prozesse werden von den Autoren wie folgt definiert: „By managerial and organizational processes, we refer to the way things are done in the firm, or what might be referred to as its routines, or patterns of current practice and learning."[889] Organisatorische Prozesse haben drei Funktionen, welche auch als zentrale Dimensionen bzw. über einzelnen Prozessen liegende Meta-Fähigkeiten interpretierbar sind: (1) **Coordination/Integration**, (2) **Learning** und (3) **Reconfiguration/Transformation**.[890] Erstgenannte Fähigkeit zielt auf die effiziente Koordination der internen Aktivitäten und die effiziente Integration externer Aktivitäten ab. Lernen bezeichnet den Prozess der Wiederholung und des Experimentierens, durch den eine bessere und schnellere Aufgabenerfüllung erreicht wird. Die Fähigkeit zur Beherrschung von Rekonfigurationsprozessen beschreiben TEECE/PISANO/SHUEN als: „[...] the ability to sense the need to reconfigure the firm's asset structure, and to accomplish the necessary internal and external transformation."[891]

- **Positionen**

Positionen beziehen die Autoren im Kontext ihres Bezugsrahmens auf „current specific endowments of technology, intellectual property, complementary assets, customer base, and [...] external relations with suppliers and complementors."[892] Die aktuelle Ressourcenausstattung und die Stellung am Markt reflektieren die vom Unternehmen derzeit verfolgte Strategie.[893] **Technologische** und dazu **komplementäre** Ressourcen stellen dem Ansatz zufolge einen bedeutenden Differenzierungsfaktor zwischen Unternehmen dar.[894] Ferner haben **finanzielle** Ressourcen, wie beispielsweise die Liquidität und die Kapitalstruktur, Auswirkungen auf die Strategie. Darüber hinaus haben Aspekte der **Organisationsstruktur**, wie die Aufbau- und Ablauforganisation, strategische Implikationen bezüglich der Entwicklung von Fähigkeiten. Eng verbunden damit spielen die **Unternehmensbegrenzungen**, zum Beispiel das Ausmaß an vertikaler, horizontaler und lateraler Integration, eine Rolle für den Zugriff auf Ressourcen und die Art der Koordination.

---

stellen ebenso fest: „Over long periods of time, dynamic capabilities sustain a firm's ability to generate rents." Dosi/Teece (1998), S. 287.
[880] Teece/Pisano/Shuen (1997), S. 518.
[890] Vgl. zu den folgenden Ausführungen Teece/Pisano/Shuen (1997), S. 518 ff. und ausführlich Abschnitt 2.3.3.2.2.
[891] Teece/Pisano/Shuen (1997), S. 520.
[892] Teece/Pisano/Shuen (1997), S. 518.
[893] Vgl. Burmann (2002a), S. 171.
[894] Vgl. im Folgenden Teece/Pisano/Shuen (1997), S. 521 ff.

Neben den skizzierten internen Ressourcen beziehen TEECE/PISANO/SHUEN auch externe Faktoren ein und kommen damit der Forderung einer stärkeren Integration von industrieökonomischen Überlegungen in den Ressourcenansatz nach. Beispielsweise stellt in ihrem Ansatz die **Reputation** eines Unternehmens eine intangible Ressource dar, welche die Zielerreichung des Unternehmens unterstützt und die Reaktion der Nachfrager auf zukünftige Aktivitäten beeinflusst.[895] Ebenso berücksichtigen sie den Einfluss von Aspekten der **Marktstruktur**, wie die Position und den Marktanteil des Unternehmens auf den Produktmärkten. Da in High Velocity Märkten die Abgrenzung eines Marktes Probleme bereitet und Marktpositionen aufgrund des technologischen Wandels einen fragilen Charakter haben, messen die Autoren diesem Aspekt nur eine untergeordnete Bedeutung bei. Schließlich beeinflusst auch das **regulative Umfeld**, zum Beispiel das Patentrecht oder die Wettbewerbsaufsicht, die Erlangung von Wettbewerbsvorteilen.

- **Pfade**

Pfade repräsentieren „the strategic alternatives available to the firm, and the presence or absence of increasing returns and attendant path dependencies."[896] Hiermit werden auf dem historischen Entwicklungspfad beruhende Pfadabhängigkeiten explizit einbezogen. Die **vergangenen Investitionen** und das **Repertoire an Routinen** beschränken das zukünftige Verhalten und damit die Entwicklung des Unternehmens.[897] Dies resultiert aus der Lokalität von Lernprozessen, die darauf beruht, dass sich Chancen für neue Entdeckungen und Lernen immer nahe an den bisherigen Aktivitäten befinden und somit transaktions- und produktspezifisch sind.[898] Durch das Vorliegen von Increasing Returns wird die Bedeutung von Pfadabhängigkeiten verstärkt.[899] Ebenso weisen die technologischen Möglichkeiten Pfadabhängigkeiten auf, da sie eine Funktion der Investitionen in und der Vielfalt der Grundlagenforschung sind. Zugleich besitzen sie einen firmenspezifischen Charakter, da sie von den F&E- und Innovationsaktivitäten des Unternehmens abhängen. Ferner beein-

---

[895] Siehe Teece/Pisano/Shuen (1997), S. 521.
[896] Teece/Pisano/Shuen (1997), S. 518.
[897] Vgl. auch Bercovitz/de Figueiredo/Teece (1997), S. 77.
[898] TEECE führt diesbezüglich aus: „Because a firm's learning domain is defined in part by where it had been, and the technological imperatives and opportunities which that implies, it is readily apparent that a firm has a limited but by no means non-existent ability to change its business. The products it can produce and the technologies it employs are highly path-dependent, at least at the level of an individual business unit." Teece (1988), S. 265. Die Lokalität des Lernens liegt in der Struktur des Lernprozesses begründet, der aus Versuch, Analyse und Evaluation besteht. Wenn zu viele Parameter gleichzeitig verändert werden, beeinträchtigt dies die Möglichkeit, Quasi-Experimente durchzuführen. Ändern sich simultan viele Aspekte der Lernumgebung eines Unternehmens, schmälert dies die Fähigkeit, Ursache-Wirkungsbeziehungen zu ermitteln. Siehe Teece/Pisano/Shuen (1997), S. 523. Vgl. zum kumulativen und pfadabhängigen Charakter des Lernens auch Cohen/Levinthal (1990), S. 131; Kogut/Zander (1992), S. 392.
[899] Vgl. zu Increasing Returns die Ausführungen in 1.1.1.

flussen die Organisationsstrukturen, durch die Institutionen der Grundlagenforschung mit den Unternehmen verbunden sind, die Erkennung der technologischen Möglichkeiten und die vergangenen Erfahrungen des Unternehmens bedingen die technologischen Alternativen, die das Unternehmen verfolgen kann.

Wie die bisherigen Ausführungen gezeigt haben, beruhen Wettbewerbsvorteile innerhalb des Dynamic-Capabilities-Ansatzes primär auf den organisationalen Prozessen des Unternehmens, welche wiederum von den Positionen und den Pfaden beeinflusst werden. Die Nachhaltigkeit der Wettbewerbsvorteile wird zum einen durch die **Replication**, zum anderen durch die **Imitation** bestimmt.[900] Replication beinhaltet den Transfer oder die Verlegung der Fähigkeiten von einer ökonomischen Verwendung zu einer anderen. Hieraus ergeben sich zwei Arten von strategischen Vorteilen: Auf der einen Seite werden durch Replication geographische Expansionen und Ausweitungen des Produktprogramms unterstützt. Auf der anderen Seiten bildet die Replication das Fundament des Lernens und der Prozessverbesserung. Imitation wird als von einem Wettbewerber durchgeführte Replication definiert. Je einfacher und schneller ein Konkurrent wettbewerbsvorteilsschaffende Fähigkeiten imitieren kann, desto weniger sind Wettbewerbsvorteile aufrechtzuerhalten. Die Fähigkeit zur Imitation hängt wiederum von den Isolationselementen ab, beispielsweise dem Ausmaß an implizitem Wissen, sozialer Komplexität und kausaler Mehrdeutigkeit oder dem Schutz des geistigen Eigentums.

Im Dynamic-Capabilities-Ansatz kommt demnach den organisationalen Prozessen bzw. Fähigkeiten die entscheidende Bedeutung für die Erzielung von Wettbewerbsvorteilen zu. Während im klassischen Ressourcenansatz Ricardo-Renten durch die Auswahl effizienterer Ressourcen („resource-picking") vor dem eigentlichen Ressourceneinsatz erzielt werden, werden im Dynamic-Capabilities-Ansatz Schumpeter-Renten durch die effektivere Entwicklung und Kombination von Fähigkeiten („capability-building") nach dem Ressourceneinsatz erwirtschaftet.[901] Im folgenden Abschnitt werden die für die Erlangung von Wettbewerbsvorteilen zentralen Fähigkeiten beschrieben.

Abb. 14 stellt zusammenfassend den integrierten Bezugsrahmen des Dynamic-Capabilities-Ansatzes dar.

---

[900] Vgl. im Folgenden Teece/Pisano/Shuen (1997), S. 525 ff.
[901] Vgl. Makadok (2001), S. 389.

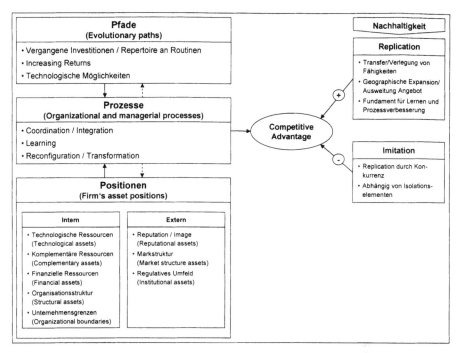

Abb. 14: Integrierter Bezugsrahmen des Dynamic-Capabilities-Ansatzes[902]

2.3.3.2.2 Zentrale Fähigkeiten zur Erlangung von Wettbewerbsvorteilen

Im Schrifttum zum Dynamic-Capabilities-View wird eine Vielzahl von Fähigkeiten auf ihren Beitrag zur Erreichung von Wettbewerbsvorteilen analysiert.[903] Den dynamischen Fähigkeiten liegen nach TEECE/PISANO/SHUEN jedoch die Beherrschung von drei Arten von Prozessen zugrunde: Koordinations- / Integrations-, Rekonfigurations- und Lernprozesse.[904]

---

[902] Eigene Darstellung in Anlehnung an Teece/Pisano/Shuen (1997), S. 518 ff.; Burmann (2002a), S. 172.
[903] Vgl. im Überblick Eisenhardt/Martin (2000), S. 1107.
[904] Vgl. Teece/Pisano/Shuen (1997), S. 518 ff.; Burmann (2002c), S. 230. Eine ähnliche Dreiteilung findet sich bei COLLIS, der organisationalen Prozessen zugrunde liegende Fähigkeiten in „ability to innovate", „ability to learn" und „ability to transfer learning and information within the organization" aufteilt. Siehe hierzu Collis (1996), S. 156.

- **Koordinations- / Integrationsprozesse**

Erstgenannte Prozesse zielen auf die effiziente Koordination der internen Ressourcen und die effiziente Integration externer Ressourcen ab.[905] Wie BURMANN ausführt, ist jedoch in der Koordination von Ressourcen ein generelles Definitionsmerkmal aller Arten organisationaler Fähigkeiten und Prozesse zu sehen, aus dem sich kein konstitutiver Charakter für die „dynamic capabilities" als besondere Form organisatorischer Fähigkeiten und Prozesse ergibt. Nach seiner Analyse ist als Differenzierungsmerkmal von Integrationsprozessen im Sinne von TEECE/PISANO/SHUEN abzuleiten, dass sie sich auf die **wiederholte Bearbeitung bekannter Aufgaben** beziehen.[906] Diese Interpretation wird durch die explizite Erwähnung der Replication, definiert als Transfer, Verlegung oder Multiplikation von bereits vorhandenen Ressourcen und Fähigkeiten, als Voraussetzung für die Nachhaltigkeit von Wettbewerbsvorteilen gestützt.[907]

Replikation bezieht sich demnach auf die Multiplikation vorhandener operativer Prozessfähigkeiten des laufenden Geschäftsbetriebs. Sie erlangt in zweifacher Weise eine ökonomische Bedeutung:[908] Zum einen ermöglicht Replikation ein schnelleres und effizienteres Wachstum durch geographische Expansion oder Ausweitung des Produktprogramms. Zum anderen zeigt die Güte der Replikation, inwieweit ein Unternehmen in der Lage ist, den Aufbau und die Funktion seiner organisationalen Fähigkeiten und Prozesse zu verstehen, und damit die Voraussetzung zur gezielten Verbesserung und Weiterentwicklung der eigenen Fähigkeiten schafft. Wie BURMANN anhand themenbezogener Studien aufzeigt, wurde die positive Beziehung zwischen Replikation und Wettbewerbsvorteilen oftmals empirisch nachgewiesen.[909]

WINTER/SZULANSKI konzeptionalisieren „Replication" als eigenständige Strategie: „Replicators create value by discovering and refining a business model, by choosing the necessary components to replicate that model in suitable geographical locations, by developing capabilities to routinize knowledge transfer, and by maintaining the

---

[905] Vgl. Teece/Pisano/Shuen (1997), S. 518. Siehe hierzu auch Henderson (1994), S. 610; Henderson/Cockburn (1994), S. 66; Iansiti/Clark (1994), S. 568; Galunic/Rodan (1998), S. 1194.

[906] Vgl. Burmann (2002a), S. 174; Burmann (2002c), S. 230. Siehe hierzu auch Florida/Kenney (2000), S. 281 ff.

[907] Vgl. Teece/Pisano/Shuen (1997), S. 525.

[908] Vgl. Teece/Pisano/Shuen (1997), S. 525; Burmann (2002a), S. 174 f.; Burmann (2002c), S. 230.

[909] Vgl. Burmann (2002a), S. 175. Beispielsweise weist TEECE empirisch nach, dass bei dem Transfer technologischer Fähigkeiten von multinationalen Unternehmen zu ihren Tochtergesellschaften mit wachsender Replikationsfähigkeit die Transferkosten sanken und die Qualität des übertragenen Know-hows stieg. Vgl. Teece (1977), S. 259 f. Für die Automobilindustrie konnte empirisch ein positiver Zusammenhang zwischen der Replikationsfähigkeit, ausgedrückt durch die „rapid/concurrent design transfer"-Strategie, und dem Umsatzwachstum nachgewiesen werden. Vgl. Nobeoka/Cusumano (1997), S. 183. Fallstudien in der Halbleiterindustrie deuten darauf hin, dass unterentwickelte Replikationsfähigkeiten zu negativen Wirkungen auf den ökonomischen Erfolg führen. Vgl. Appleyard/Hatch/Mowery (2000), S. 184.

model in operation once it has been replicated."[910] Eine zentrale Voraussetzung ist hierbei ebenfalls das Verständnis der für den Erfolg eines Geschäftsmodells entscheidenden Routinen und Prozesse und der effiziente, breit angelegte Wissenstransfer. Das für die Replikation entscheidende Wissen bündeln die Autoren in dem Konstrukt des sogenannten „Arrow Core", der sich auf „the ideal informational endowment for a replicator of a particular business model"[911] bezieht. Ihre Ausführungen zur Replication-Strategie illustrieren sie am Fallbeispiel der „Banc One", welche durch umfassende und systematische Replikation ihrer zentralen Prozesse innerhalb von acht Jahren 135 übernommene Banken erfolgreich integrieren konnte.[912]

- **Rekonfigurationsprozesse**

Auf die Fähigkeit zur Beherrschung von Rekonfigurationsprozessen gehen TEECE/ PISANO/SHUEN nur kurz ein.[913] Inhaltlich wird sie als die Fähigkeit beschrieben, die Notwendigkeit einer Rekonfiguration der Ressourcenausstattung des Unternehmens möglichst frühzeitig zu erkennen und die erforderliche interne und externe Transformation durchzuführen, indem die notwendigen Ressourcen und Fähigkeiten erworben bzw. erlernt werden. Voraussetzung hierfür ist die kontinuierliche Beobachtung von Märkten und Technologien sowie die Bereitschaft, sich Best-Practice-Erkenntnisse anzueignen, wobei auf die Bedeutung von Benchmarking hingewiesen wird. Die Autoren verweisen auf die besondere Relevanz von Lernprozessen, indem sie die Ausübung von Rekonfiguration und Transformation als eine erlernte Fähigkeit darstellen, welche umso leichter erreicht wird, je öfter sie erprobt wurde. Darüber hinaus bleibt eine konkretere inhaltliche Beschreibung von Rekonfiguration ebenso unbestimmt wie die Möglichkeiten zum Aufbau der Fähigkeit zur effizienten und effektiven Rekonfiguration.[914]

---

[910] Winter/Szulanski (2001), S. 730 f.
[911] Winter/Szulanski (2001), S. 733. Der „Arrow Core" beinhaltet alle für das Wertschöpfungspotenzial eines Geschäftsmodells relevanten Informationen. Er spezifiziert, welche Eigenschaften replizierbar sind, wie diese Attribute entwickelt werden können und unter welchen Umfeldbedingungen ihre Replikation wertstiftend ist.
[912] Vgl. Winter/Szulanski (2001), S. 737 ff. Vgl. zu einer ausführlichen Dokumentation der Fallstudie Szulanski (2000), S. 70 ff. Auch hier wird die Bedeutung des Wissenstransfers betont: „[...] one of the most valuable products of successful innovation is proven team-embodied knowledge which, if adequately leveraged, could generate economic rent. The process of appropriating those rents involves a substantial component of replication [...] of those routines that underlie the success of the organization." Szulanski (2000), S. 69.
[913] Vgl. im Folgenden Teece/Pisano/Shuen (1997), S. 520 ff. Siehe hierzu auch Galunic/Rodan (1998), S. 1195.
[914] Vgl. Burmann (2002a), S. 179; Burmann (2002c), S. 231.

- **Lernprozesse**

Die Ausführungen von TEECE/PISANO/SHUEN bezüglich des organisationalen Lernens sind ebenfalls knapp gehalten und beschränken sich auf allgemeine Ausführungen zum organisationalen Lernen und eine Definition von Lernen als Prozess, „[...] by which repetition and experimentation enable task to be performed better and quicker. It also enables new production opportunities to be defined."[915] Offen bleibt allerdings, wie eine hohe Lernfähigkeit erreicht werden kann und in welchem Zusammenhang die organisationale Lernfähigkeit mit den „dynamic capabilities" steht.[916] Anhand der weiteren Ausführungen ist jedoch abzuleiten, dass die Autoren die Lernfähigkeit als eine bedeutsame Komponente von Replikation und Rekonfiguration erachten. Die Lernfähigkeit der Mitarbeiter wird demnach durch diese beiden Dimensionen der dynamischen Fähigkeiten abgedeckt.

Als Zwischenergebnis ist somit festzuhalten, dass es sich bei der Replikation und der Rekonfiguration um zentrale organisationale Meta-Fähigkeiten handelt. BURMANN weist hinsichtlich der Zusammenfassung und der Aggregation von organisationalen Fähigkeiten eines Unternehmens zu zwei übergeordneten Meta-Fähigkeiten auf Parallelen zu weiteren ressourcentheoretischen Publikationen und Ansätzen in der Organisationstheorie hin:[917] MAHONEY/PANDIAN führen beispielsweise aus: „An optimal growth of the firm involves a balance between exploitation of existing resources and development of new resources."[918] Ähnlichkeiten zeigen sich auch bei den beiden Wachstumsprozessen der Ressourcenakkumulation und der administrativen Reorganisation nach PENROSE.[919] MARCH macht ebenfalls hinsichtlich des Unternehmenswachstums auf die Notwendigkeit einer richtigen Balance zwischen „exploitation" vorhandener und „exploration" neuer Unternehmensfähigkeiten aufmerksam.[920]

Replikation und Rekonfiguration sind daher als Meta-Fähigkeiten bzw. zentrale Dimensionen von dynamischen Fähigkeiten interpretierbar. Aufgrund der Wettbewerbsrelevanz der dynamischen Fähigkeiten kommt den beiden Dimensionen Replikation und Rekonfiguration eine entscheidende Bedeutung für die Konzeptionalisierung von Strategie in High Velocity Märkten zu. Trotz des Konsenses der Ressourcentheorie und der Organisationsforschung hinsichtlich der Strukturierung und der Aggregation von Unternehmensfähigkeiten hat man sich der Operationalisierung der beiden Dimensionen bisher kaum gewidmet. Ein erster umfassender

---

[915] Teece/Pisano/Shuen (1997), S. 520.
[916] Vgl. zu der folgenden Argumentation Burmann (2002a), S. 180 f.; Burmann (2002c), S. 231.
[917] Vgl. hierzu Burmann (2002c), S. 231.
[918] Mahoney/Pandian (1992), S. 366. SANCHEZ/HEENE/THOMAS sprechen in diesem Zusammenhang von „Competence-Leveraging" und „Competence-Building". Vgl. Sanchez/Heene/Thomas (1996), S. 8.
[919] Vgl. hierzu die Ausführungen in Abschnitt 2.3.3.1.1.
[920] Vgl. March (1991), S. 85.

Ansatz hierzu stammt von BURMANN, der eine **wissensbasierte Konzeptionalisierung** und **Operationalisierung** von Replikation und Rekonfiguration vorschlägt.[921] Diese wird im folgenden Abschnitt skizziert.

2.3.3.3 Knowledge-based View

Im vorherigen Abschnitt wurden anhand der Überlegungen des Dynamic-Capabilities-Ansatzes Replikation und Rekonfiguration als wettbewerbsrelevante Dimensionen eines Konstrukts Strategie in High Velocity Märkten herausgearbeitet. Im Folgenden wird nun die wissensbasierte Konzeptionalisierung der beiden Dimensionen nach BURMANN beschrieben. Hierzu werden eingangs die Grundlagen des wissensbasierten Ansatzes dargelegt.

2.3.3.3.1 Grundlagen

Innerhalb des Knowledge-based View wird der Ressource Wissen die zentrale Bedeutung für die Erlangung von Wettbewerbsvorteilen und den daraus resultierenden Renten zugesprochen. Im folgenden Abschnitt werden zunächst die Argumentationslinie des Knowledge-based View skizziert und die Bezugspunkte zur klassischen Ressourcentheorie und zum Dynamic-Capabilities-Ansatz aufgezeigt. Da Wissen das zentrale Objekt des Ansatzes darstellt, ist im Anschluss das Verständnis des Konstrukts zu präzisieren und auf seine Operationalisierung einzugehen.

- **Zentrale Argumentation des Knowledge-based View**

Der wissensbasierte Ansatz bzw. Knowledge-based View fußt ebenfalls auf dem klassischen Ressourcenansatz, entwickelt ihn jedoch in eine eigenständige Richtung weiter.[922] Während Wissen im klassischen Ressourcenansatz als intangible Ressource bzw. immaterieller Vermögensgegenstand zwar erkannt, allerdings gleichberechtigt mit anderen Ressourcen als lediglich eine von vielen potenziellen Quellen für Wettbewerbsvorteile behandelt wurde, wird die Ressource Wissen im Knowledge-based View zum entscheidenden Merkmal von Firmen. Ein Unternehmen wird im wissensbasierten Ansatz nicht mehr als Bündel von Ressourcen oder Fähigkeiten konzeptionalisiert, sondern als „body of knowledge" im Sinne einer sozialen Organi-

---

[921] Siehe hierzu Burmann (2002a), S. 184 ff.; Burmann (2002c), S. 232 ff. Die wissensbasierte Konzeptionalisierung wird ferner durch die Ausführungen einer Vielzahl von Beiträgen zum Dynamic-Capabilities-Ansatz gestützt. Beispielsweise führen IANSITI/CLARK aus: „[...] knowledge and knowledge-creating activities are the foundation of capability." Iansiti/Clark (1994), S. 559. Auch MAHONEY fordert eine stärkere Integration des Resource-based View mit den Erkenntnissen des organisationalen Lernens und Wissens. Vgl. Mahoney (1995), S. 96.
[922] Vgl. im Folgenden Müller-Stewens/Lechner (2001), S. 281 f.

sation, in der Individuen auf der Grundlage ihrer individuellen Wertvorstellungen sowie gemeinsamer Sichtweisen und Deutungsmuster interagieren.[923]

Die Verbindung zwischen Wissen und Wettbewerbsvorteilen kommt innerhalb des Knowledge-based View auf zwei Arten zustande, die deutlich machen, dass der wissensbasierte Ansatz als bewusste Verengung des ressourcen- und fähigkeitsorientierten Ansatzes betrachtet werden kann:[924] Zum einen wird aus einer statischen Perspektive argumentiert, dass Wissen die wichtigste aller Ressourcen ist. Hieraus wird gefolgert, dass sich bei der Auswahl unterbewerteter Ressourcen insbesondere auf Wissen zu konzentrieren ist. Diese Argumentation steht somit im Einklang mit den Überlegungen des klassischen Ressourcenansatzes. Zum anderen nimmt der Knowledge-based View eine dynamische Sichtweise ein, in der die Lokalisierung, Generierung, Nutzung, Transferierung und Sicherung des Wissens zur Basis für jegliches Verhalten in Organisationen und damit auch zur Erlangung von Wettbewerbsvorteilen wird. Hierbei wird dem Wissen die zentrale Rolle für das Verständnis von organisationalen Fähigkeiten und deren Akkumulation beigemessen. Die dynamische Version ist demnach kongruent mit der Argumentationslinie innerhalb des Dynamic-Capabilities-Ansatzes. Vor dem Hintergrund der bisherigen Ausführungen bezüglich der Eignung des Dynamic-Capabilities-Ansatzes zur Erklärung von Wettbewerbsvorteilen und Strategie in High Velocity Märkten folgen die weiteren Ausführungen der dynamischen Interpretation des Knowledge-based View.

Nach Auffassung der Autoren, die den Knowledge-based View herausstellen, werden durch Wissen unterschiedliche Arten von Renten erwirtschaftet:[925] Sofern einzigartiges Wissen zu einer starken Position am Markt führt, welche die Einschränkung der Produktionsmenge erlaubt, können Monopol-Renten erwirtschaftet werden. Aufgrund der Immobilität des einzigartigen Wissens und den daraus resultierenden Effizienzunterschieden zwischen Unternehmen werden Ricardo-Renten generiert. Führt überlegenes und einzigartiges Wissen zu innovativen Lösungen, erlaubt es die Erzielung von Schumpeter-Renten.

- **Operationalisierung des Wissenskonstrukts**

Im Kontext der klassischen ökonomischen Theorien wird Wissen lediglich vereinfacht und einseitig berücksichtigt. In ihrer Kritik an den Annahmen der „orthodox theory" weisen NELSON/WINTER darauf hin, dass Wissen im Kontext klassischer ökonomischer Modelle entweder in kodifizierter Form („book of blueprints" bzw. „symbolic records-metaphor") oder bei unternehmensinternen Spezialisten („knowledge

---

[923] Vgl. Kogut/Zander (1992), S. 384; Lam (1997), S. 975; Floyd/Wooldridge (2000), S. 81.
[924] Vgl. Müller-Stewens/Lechner (2001), S. 282.
[925] Siehe hierzu Müller-Stewens/Lechner (2001), S. 282 f.

specialist-metaphor") vorliegt.[926] Unterstellt wird somit ein vollständig artikuliertes, objektives Wissen als richtiges bzw. wahres Abbild der Realität, welches kontext- und personenunabhängig transferierbar ist: „Implicit in both metaphors [...] is the view that [...] knowledge is both articulable and articulated: you can look it up. At least, you could if you had the appropriate training."[927] Wie BURMANN ausführt, ist diese objektivierte Vorstellung des menschlichen Wissens spätestens seit der grundlegenden Publikation von BERGER/LUCKMANN überholt.[928] Den Autoren zufolge ist Wissen als eine soziale Konstruktion des Menschen von der Realität zu verstehen, welche in der sozialen Interaktion, etwa durch persönlichen Kontakt oder durch Medien, entsteht und darin kontinuierlich geprüft wird, um dann verworfen oder institutionalisiert zu werden.[929] Die Kernelemente der sozial-konstruktivistischen Wissenstheorie haben in den Wirtschaftswissenschaften eine breite Akzeptanz gefunden und sich auch in der Ressourcentheorie durchgesetzt.[930]

Wissen umfasst sämtliche Kenntnisse und Fähigkeiten, die von Individuen zur Lösung von Aufgaben eingesetzt werden, Handlungen ermöglichen und die Interpretation von Informationen erlauben. Zudem ist Wissen sowohl kontext- als auch zeitabhängig.[931] Hierin kommt die Handlungsorientierung als ein in ressourcentheoretischen Untersuchungen wichtiges Merkmal von Wissen zum Ausdruck.[932] Wissen bezieht seine ökonomische Relevanz für Unternehmen aus seinem Beitrag zur Zielerreichung, der wiederum eine direkte oder indirekte Handlungsorientierung des Wissens voraussetzt.[933] Die durch das Wissen ermöglichten Handlungen beziehen sich hierbei auf die Kombination von Produktionsfaktoren und deren Einsatz im Sinne der Unternehmensziele.

---

[926] Vgl. hierzu Nelson/Winter (1982), S. 60 ff.
[927] Nelson/Winter (1982), S. 60.
[928] Vgl. Burmann (2002a), S. 190 f.; Burmann (2002c), S. 233.
[929] Zusammenfassend führen BERGER/LUCKMANN diesbezüglich aus: „The sociology of knowledge understands human reality as socially constructed." Berger/Luckmann (1967), S. 210 f. Siehe hierzu auch von Krogh (1998), S. 134.
[930] Vgl. Burmann (2002a), S. 190 f.; Burmann (2002c), S. 233. Siehe hierzu auch Kogut/Zander (1992), S. 385, die diesbezüglich anführen: „It is important to underline the presumption that the knowledge of the firm must be understood as socially constructed." Siehe auch die Ausführungen zum Wissenstransfer bei Wathne/Roos/von Krogh (1996), S. 58 ff., die ebenfalls auf den Überlegungen von BERGER/LUCKMANN basieren.
[931] Vgl. Nonaka (1994), S. 15; Nonaka/Takeuchi (1995), S. 8; von Krogh/Köhne (1998), S. 236.
[932] Vgl. zu den folgenden Ausführungen Burmann (2002a), S. 192 f.; Burmann (2002c), S. 233.
[933] Eine direkte Handlungsorientierung liegt vor, wenn der Wissensträger selbst sein Wissen in konkrete Handlungen umsetzen kann, die zur Erreichung von Zielen führen. Bei einer indirekten Handlungsorientierung hat der Wissensträger eine Vorstellung davon, welche anderen Personen mit Hilfe seines Wissens zielführende Handlungen durchführen können. Vgl. Burmann (2002a), S. 193; Burmann (2002c), S. 233.

Im Hinblick auf die zugrunde liegende Handlungsorientierung unterscheidet LOASBY unter Bezug auf RYLE zwei Arten von Wissen:[934] „**Knowing that**" bezieht sich auf das Wissen von Fakten und (kausalen) Beziehungen und ist Bestandteil von Nachrichten oder formaler (Aus-)Bildung. Es lässt sich wiederum in „**Knowing what**" und „**Knowing why**" unterteilen. Die Handlungsorientierung und der Zielbezug kommen hingegen eher im „**Knowing how**" zum Ausdruck: „'Knowing how', by contrast, is the ability to perform the appropriate actions to achieve a desired result. It includes skill both in performance and in recognizing when and where this skill should be applied."[935]

Das Merkmal der Handlungsorientierung ist auch in der in vielen ressourcentheoretischen Beiträgen verwendeten Klassifikation von Wissensarten nach POLANYI evident. Ausgangspunkt ist hierbei die Feststellung: „I shall reconsider human knowledge by starting from the fact that we can know more than we can tell"[936], die zu einer Unterscheidung zwischen **explizitem (non-tacit)** und **implizitem (tacit)** Wissen führt. Der Differenzierung des Wissens liegt die Frage nach der Kodifizierbarkeit des Wissens zugrunde.[937] Nach KOGUT/ZANDER bezeichnet Kodifizierbarkeit „the ability of the firm to structure knowledge into a set of identifiable rules and relationships that can be easily communicated."[938] Explizites Wissen zeichnet sich durch seine Kodifizierbarkeit aus: „Fully articulable knowledge [...] can be communicated from its possessor to another person in symbolic form, and the recipient of the communication becomes as much ‚in the know' as the originator."[939] Neben der Kodifizierbarkeit kommt in der Definition zum Ausdruck, dass explizites Wissen keinen personen- oder unternehmensspezifischen Charakter hat: „Such knowledge is not specific or idiosyncratic to the person or firm possessing it."[940] Aufgrund der beiden Charakteristika der Kodifizierbarkeit und Personenunabhängigkeit kann explizites Wissen geteilt und transferiert werden.[941]

Für implizites Wissen ist dagegen die fehlende Kodifizierbarkeit konstitutiv: „People that possess tacit knowledge cannot explain the decision rules that underlie their performance."[942] Implizites Wissen bezieht sich immer auf praktische Fertigkeiten

---

[934] Vgl. Loasby (1998), S. 165. Die grundlegende Unterscheidung zwischen „Knowing how" und „Knowing that" geht auf Ryle (1949), S. 25-61 zurück.

[935] Loasby (1998), S. 165.

[936] Polanyi (1966), S. 4. Siehe hierzu auch Nonaka (1994), S. 16, der konstatiert: „Knowledge that can be expressed in words and numbers only represents the tip of the iceberg of the entire body of possible knowledge."

[937] Vgl. hierzu Freiling (2001), S. 119.

[938] Kogut/Zander (1992), S. 387. Vgl. auch Lam (1997), S. 975.

[939] Winter (1987), S. 171. Siehe auch Nonaka/Konno (1998), S. 42.

[940] Sobol/Lei (1994), S. 170.

[941] Vgl. Ambrosini/Bowman (2001), S. 812.

[942] Ambrosini/Bowman (2001), S. 812. Siehe auch Reed/DeFillippi (1990), S. 91; Freiling (2001), S. 120. Eine ausführliche Diskussion des impliziten Wissens in der betriebswirtschaftlichen

des Menschen und in diesem Bezug zum Können kommt die Handlungsorientierung zum Ausdruck.[943] Hieraus ergibt sich wiederum ein hoher persönlicher Bezug zu dem Wissensträger.[944] Darüber hinaus ist implizites Wissen durch eine hohe Kontextspezifität gekennzeichnet.[945]

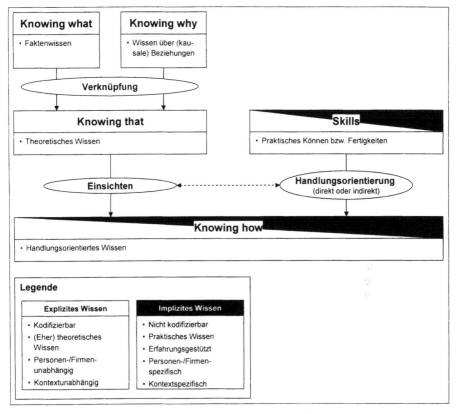

Abb. 15: Abgrenzung des Wissensbegriffs und Wissensarten[946]

Literatur findet sich bei Rüdiger/Vanini (1998), S. 468-470; erste Vorschläge zur Operationalisierung liefern Ambrosini/Bowman (2001), S. 817 ff.

[943] Vgl. hierzu Nonaka (1994), S. 16; Nonaka/Takeuchi (1995), S. 8; Nonaka/Konno (1998), S. 42; Ambrosini/Bowman (2001), S. 813; Burmann (2002a), S. 197; Burmann (2002c), S. 234.

[944] Vgl. Nonaka (1991), S. 98.

[945] Siehe hierzu Nonaka (1991), S. 98, der ausführt: „tacit knowledge is [...] deeply rooted in action and in an individual's commitment to a specific context – a craft or a profession, a particular technology or product market, or the activities of a work group or team."

[946] Modifizierte Darstellung in Anlehnung an Burmann (2002a), S. 198.

Während „Knowing that" als theoretisches Wissen immer einen expliziten Charakter aufweist, besteht „Knowing how" aus expliziten und impliziten Komponenten, da sich bestimmte Entscheidungsregeln oder Handlungsorientierungen einer Kodifizierung entziehen.[947] Den folgenden Ausführungen wird ein handlungsorientiertes Wissensverständnis im Sinne des beschriebenen „Knowing how" zugrunde gelegt. Abb. 15 fasst die Ausführungen zum Konstrukt Wissen zusammen.

2.3.3.3.2 Wissensbasierte Konzeptionalisierung zentraler Dimensionen

Wie die bisherigen Ausführungen gezeigt haben, stellen Replikation und Rekonfiguration die wesentlichen Dimensionen dynamischer Fähigkeiten dar und erlangen dadurch eine entscheidende Bedeutung für Strategie in High Velocity Märkten. Zur wissensbasierten Konzeptionalisierung der beiden Dimensionen greift BURMANN auf die erfahrungsbasierte Lerntheorie und die „Social Learning Cycle"-Theorie von BOISOT zurück, deren Gegenstand die Entstehung und Veränderung von handlungsorientiertem Wissen ist.[948] Hierbei werden der Erwerb und die Veränderung von Know-how als rationaler, zielorientierter und feedback-gesteuerter Prozess modelliert. Den Zusammenhang zwischen der erfahrungsbasierten Lerntheorie und der Ressourcentheorie bringt NANDA zum Ausdruck: „The resource perspective views firms as learning organizations, improving their existing capabilities through experience. A firm is viewed as a social institution whose knowledge is stored in its behavior rules, which are constantly being shaped, preserved and modified."[949] Dem Zitat zufolge geht die Ressourcentheorie wie die erfahrungsbasierte Lerntheorie davon aus, dass Wissen und Fähigkeiten, sowohl individueller als auch kollektiver Natur, erst durch Erfahrungen entstehen und durch diese kontinuierlich verändert werden.

Laut Ressourcentheorie wird Unternehmen eine Lernfähigkeit zugeschrieben, welche die Anpassung an veränderte Umweltbedingungen ermöglicht.[950] Das in organisationalen Fähigkeiten akkumulierte Wissen der Mitarbeiter ist in den „behavior rules" bzw. Routinen des Unternehmens gebündelt. Vor diesem Hintergrund wird im

---

[947] Vgl. von Krogh/Köhne (1998), S. 237; Burmann (2002a), S. 197; Burmann (2002c), S. 234.

[948] Vgl. hierzu Boisot (1995), S. 165 ff. Hiermit wird das Ziel verfolgt, die bisher aus der Ressourcentheorie stammenden Partialaussagen bezüglich der Veränderung organisationaler Fähigkeiten auf eine breitere theoretische Fundierung zu stellen. Die erfahrungsbasierte Lerntheorie bietet sich hierfür an, da sie das Grundgerüst zum bisher am weitesten verbreiteten Theorieansatz zur Erklärung organisationalen Lernens von ARGYRIS/SCHÖN bildet und den Vorteil hat, sowohl das Lernen von Individuen als auch das von Kollektiven zu erfassen. Siehe hierzu Burmann (2002a), S. 207. Vgl. zum organisationalen Lernen Argyris/Schön (1996), S. 15 ff. und zum Zusammenhang zwischen organisationalem Lernen und erfahrungsbasierten Lerntheorien MacIntosh/MacLean (1999), S. 306.

[949] Nanda (1996), S. 98.

[950] Vgl. im Folgenden Burmann (2002a), S. 209.

Folgenden die wissensbasierte Konzeptionalisierung der zentralen Dimensionen Replikation und Rekonfiguration vorgenommen.

2.3.3.3.2.1 Replikation

BURMANN legt der Dimension Replikation die beiden Komponenten Wissenskodifikation und Wissenstransfer zugrunde.[951]

- **Wissenskodifikation**

Durch die Wissenskodifikation wird das beim Mitarbeiter vorhandene Wissen externalisiert, d. h. in explizites Wissen transformiert, welches dadurch auch anderen Mitarbeitern des Unternehmens zugänglich ist.[952] Demnach stellt die Kodifikation die Voraussetzung zur Aneignung des Mitarbeiterwissens durch das Unternehmen dar.[953] Hierdurch wird dem Unternehmen ermöglicht, das Wissen eines Mitarbeiters anderen Mitarbeitern zum produktiven Einsatz zur Verfügung zu stellen, so dass von dem Wissen eines Mitarbeiters auch profitiert wird, wenn dieser das Unternehmen verlassen hat. Ferner stellt die Wissenskodifizierung die Voraussetzung für effiziente gruppen- bzw. teamübergreifende organisationale Lernprozesse dar.

Zur Wissenskodifikation bedarf es gezielter Maßnahmen, die dem Unternehmen Kosten verursachen.[954] Zugleich stößt die Kodifikation des dem Mitarbeiter innewohnenden Wissens auf natürliche Grenzen, die auf der fehlenden Kodifizierbarkeit des impliziten Wissens beruhen. Wissenskodifikation ist daher zwangsläufig unvollständig.[955] Eine hundertprozentige Kodifikation handlungsorientierten Wissens ist somit weder technisch durchführbar noch ökonomisch sinnvoll. Der grundsätzlich mögliche Kodifizierungsgrad hängt von dem Strukturierungsgrad des Wissens ab.[956] Je strukturierter das handlungsorientierte Wissen eines Mitarbeiters ist, desto leichter und genauer lässt es sich kodifizieren. Der Strukturierungsgrad nimmt dabei mit zunehmendem Anteil praktischen Könnens am zu kodifizierenden Wissen ab. Zugleich determinieren auf der einen Seite der Umfang und die Professionalität des Engagements, mit dem sich das Unternehmen der Wissenskodifizierung widmet, und auf der

---

[951] Vgl. Burmann (2002a), S. 207 ff.; Burmann (2002c), S. 234 ff.
[952] Vgl. hierzu Nonaka/Takeuchi (1995), S. 64 ff.
[953] Vgl. Coriat (2000), S. 239 f.
[954] Vgl. Burmann (2002a), S. 211; Burmann (2002c), S. 235.
[955] Vgl. hierzu auch Loasby (1998), S. 172, der feststellt: „Know-how can often be partially codified, even without an understanding of the reasons why the procedures work [...]. But codification of know-how is never complete. Close attention to recipes does not ensure excellent results, and even detailed manuals often make crucial, if unconscious, assumptions about the user's skills."
[956] Vgl. zu den folgenden Ausführungen Burmann (2002a), S. 210 ff.

anderen Seite die Motivation des Mitarbeiters zur Mitwirkung an der Wissenskodifizierung den möglichen Kodifizierungsgrad.[957]

Zur Kodifizierung des unternehmensinternen Wissens werden unterschiedliche Medien eingesetzt. Zunächst stehen eine Vielzahl externer Speichermedien, wie beispielsweise Handbücher, Datenträger der Informationstechnologie oder Wissensdatenbanken zur Verfügung.[958] Ferner ist das Wissen in unternehmensinternen Schulungs- und Weiterbildungsmaßnahmen kodifiziert. Darüber hinaus wird im Schrifttum auf die Kodifizierung des Wissens in Routinen verwiesen.[959] Basierend auf der Prämisse, dass unternehmensinternes Wissen bzw. „organizational memory" nicht an einem Ort gespeichert, sondern über das gesamte Unternehmen verteilt ist, identifizieren WALSH/UNGSON fünf interne „storage bins", welche die Struktur des organisationalen Gedächtnisses konstituieren.[960]

Zunächst liegt das unternehmensinterne Wissen bei den Individuen und kommt in deren Annahmen, kausalen Strukturen und artikulierten Überzeugungen zum Ausdruck. Daneben ist das Wissen in Bestandteilen der Unternehmenskultur kodifiziert, beispielsweise der Sprache, einer gemeinsamen Sichtweise, Symbolen, Geschichten oder Gerüchten. Wissen wird ebenso durch die im Unternehmen durchgeführten Transformationen verkörpert, wie beispielsweise die Gestaltung der Arbeit, die Budgetierung, die Marketingplanung oder die Produktherstellung sowie die Erbringung von Dienstleistungen. Darüber hinaus ist das unternehmensinterne Wissen in der Organisationsstruktur enthalten, welche die Wahrnehmung der Umwelt durch das Unternehmen reflektiert. Schließlich ist das unternehmensinterne Wissen in dem Arbeitsumfeld kodifiziert, beispielsweise in Form der physischen Struktur des Arbeitsplatzes.[961]

---

[957] Hinsichtlich der Motivation der Mitarbeiter sind insbesondere zwei Aspekte zu berücksichtigen: Zum einen erfordert die Wissenskodifikation Zeit und Aufwand, beispielsweise das Verfassen von Handbüchern oder das Einstellen von Ergebnissen in eine Wissensdatenbank und die Pflege dieser, die der Mitarbeiter in der Regel zusätzlich zum Tagesgeschäft erübrigen muss. Zum anderen nimmt mit der Kodifizierung seines Wissens die Bedeutung eines Mitarbeiters für das Unternehmen ab. Daher sind die Mitarbeiter zur Wissenskodifizierung zu motivieren, wofür insbesondere die Unternehmenskultur und der auf dem Prinzip der Gegenseitigkeit beruhende Zugang zum Wissen anderer Mitarbeiter, der wiederum zum erhöhten Lernen und zur Steigerung des eigenen Marktwertes führt, eine Rolle spielen. Siehe hierzu Szulanski (1996), S. 31 ff.; Hauschild/Licht/Stein (2001), S. 76 ff.

[958] Vgl Nelson/Winter (1982), S. 105. ZOLLO/WINTER weisen in diesem Zusammenhang darauf hin, dass schon die Kodifizierung an sich unter Umständen zu einem tieferen Verständnis der kausalen Zusammenhänge führen kann. Vgl. Zollo/Winter (2002), S. 342.

[959] Vgl. Nelson/Winter (1982), S. 104 ff.

[960] Vgl. hierzu im Überblick Walsh/Ungson (1991), S. 63 ff. und ausführlich Lehner (2000), S. 92 ff.

[961] Eine qualitative Studie in der Fast-Food-Industrie deutet darauf hin, dass vor dem Hintergrund der hohen Fluktuationsrate die Kodifizierung von Wissen in der Technologie und der Struktur eine effektive Voraussetzung für den Wissenstransfer ist. Vgl. Argote/Darr (2000), S. 65.

- **Wissenstransfer**

Aus ressourcentheoretischer Perspektive stellt die Wissenskodifikation die Voraussetzung für den Wissenstransfer und damit verbunden für die Möglichkeit dar, sich die aus der Anwendung des Wissens der Mitarbeiter entstehende Wertschöpfung nicht nur kurzfristig, sondern auch langfristig aneignen zu können.[962] Die Kosten der Wissenskodifikation sind ökonomisch nur dann zu rechtfertigen, wenn das kodifizierte Mitarbeiterwissen auch in anderen Unternehmensbereichen genutzt werden und zur Effizienzsteigerung beitragen kann, beispielsweise im Rahmen einer Expansion. Nach BURMANN ist Wissenstransfer als „die von einem Unternehmen initiierte Übertragung von einem Verwendungszweck A zu einem Verwendungszweck B innerhalb oder außerhalb [...] des Unternehmens"[963] zu definieren. Erstgenannte Art der Übertragung wird auch als **interner Wissenstransfer** bezeichnet und findet zwischen Personen, Gruppen/Communities, Abteilungen, Unternehmenseinheiten und Niederlassungen innerhalb der Unternehmensgrenzen statt.[964] Demgegenüber geht der **externe Wissenstransfer** über die Unternehmensgrenzen hinaus und bindet externe Partner, wie beispielsweise andere konkurrierende oder nicht-konkurrierende Unternehmen, Universitäten, F&E-Labore oder Berater, in einer gemeinsamen Kooperation ein.[965]

VON KROGH/KÖHNE beschreiben den Wissenstransfer als einen durch Feedbacks gekennzeichneten, iterativen und kontextabhängigen Prozess, welcher die drei Phasen Initiierung, Wissensfluss und Integration umfasst.[966] Die **Initiierungsphase** beinhaltet hierbei die Zielsetzung des Wissenstransfers, eine Vorselektion der sinnvollen Transfermöglichkeiten und die Identifikation der einzubeziehenden internen Stellen.

Die **Wissensflussphase** beschäftigt sich mit dem Wissenstransfer im engeren Sinne. Die Geschwindigkeit und Effizienz des Wissenstransfers hängen hierbei von dem Kodifizierungsgrad des zu transferierenden Wissens ab: „[...] knowledge that is difficult to codify will be difficult to transfer in order to combine with other knowledge in the firm."[967] Mit zunehmendem Kodifizierungsgrad des Wissens in einem Unternehmen nehmen die Geschwindigkeit und Effizienz des Wissentransfers zu, wobei die geringe Geschwindigkeit bzw. die hohen Kosten des Wissenstransfers bei nicht oder nur in geringem Maße kodifiziertem Wissen auf die aufwendigen Transfer-

---

[962] Vgl. Burmann (2002a), S. 220.
[963] Burmann (2002a), S. 221.
[964] Vgl. von Krogh/Köhne (1998), S. 238.
[965] Vgl. hierzu Leonard-Barton (1995), S. 151 ff.
[966] Vgl. im Folgenden von Krogh/Köhne (1998), S. 238 ff.
[967] Galunic/Rodan (1998), S. 1196. Siehe hierzu auch Teece (1998), S. 63, der feststellt: „Simply stated, the more a given item of knowledge or experience has been codified, the more economically it can be transferred. [...] Uncodified or tacit knowledge, on the other hand, is slow and costly to transmit." Siehe auch Zander/Kogut (1995), S. 87.

formen zurückzuführen sind.[968] Die Kodifizierbarkeit bzw. der Kodifizierungsgrad resultieren hierbei wiederum aus dem Charakter des Wissens, wobei explizites Wissen einen hohen Kodifizierungsgrad besitzt und implizites Wissen aufgrund der mangelnden Kodifizierbarkeit kostenintensive Transfermethoden erfordert.

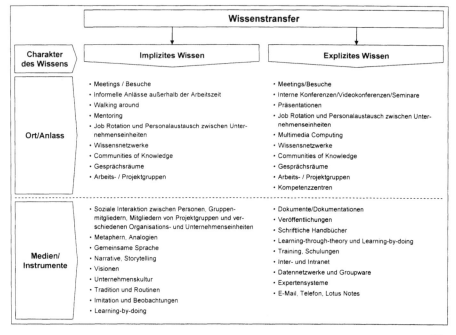

Abb. 16: Möglichkeiten des Transfers von implizitem und explizitem Wissen[969]

Hinsichtlich der Methoden zum Wissenstransfer differenzieren VON KROGH/KÖHNE daher auch zwischen dem Transfer von implizitem und dem von explizitem Wissen.[970] Für den Transfer von implizitem Wissen eignen sich Methoden, die durch persönliche Kontakte und Interaktionen sowie gemeinsame Handlungen der am Wissenstransfer Beteiligten gekennzeichnet sind.[971] Die Geschwindigkeit und Effizienz dieser Methoden sind allerdings begrenzt.[972] Beim Transfer expliziten Wissens können hingegen Methoden eingesetzt werden, die im Vergleich zu denen

---

[968] Vgl. Burmann (2002a), S. 222.
[969] Eigene Darstellung in Anlehnung an von Krogh/Köhne (1998), S. 240.
[970] Vgl. von Krogh/Köhne (1998), S. 240 f.
[971] Vgl. Boisot/Griffiths/Moles (1997), S. 68; Lam (1997), S. 976; Davenport/Prusak (1998), S. 90 ff.
[972] Vgl. Kogut/Zander (1992), S. 390; Boisot/Griffiths/Moles (1997), S. 68.

des impliziten Wissenstransfers unkomplizierter und weniger kontextbezogen sind, eine Vielzahl von Mitarbeitern ansprechen und somit skalierbar sind sowie weniger Mehrdeutigkeiten aufweisen.[973] Abb. 16 stellt dar, welche Orte und Anlässe sowie Medien und Instrumente sich für den Transfer von implizitem respektive explizitem Wissen eignen.

Ein effektiver Wissenstransfer hat stattgefunden, wenn der Empfänger das transferierte Wissen im Sinne des ursprünglichen Wissensträgers versteht, d. h. es reproduzieren, erklären, anwenden und letztlich in seinen Aufgabenbereich eigenständig zur Problemlösung integrieren kann.[974] Der effektive Wissenstransfer wird als Ergebnis eines Übertragungsprozesses und einer Ressourcenneukombination interpretiert.[975] Der Übertragungsprozess nimmt Bezug auf den Übertrag des Wissens von Mitarbeiter A zu Mitarbeiter B. Nach der Übertragung des Wissens findet eine Ressourcenneukombination des transferierten Wissens von A mit dem ursprünglichen Wissen des Empfängers B und den weiteren ihm zur Verfügung stehenden Ressourcen statt. Damit der Übertragungsprozess und der Ressourcenneukombinationsprozess zustande kommen, müssen nach NAHAPIET/GHOSHAL vier Bedingungen erfüllt sein, die nach BURMANN als Determinanten eines effektiven Wissenstransfers interpretiert werden können:[976] (1) Access to Parties, (2) Anticipation of Value, (3) Motivation und (4) Combination Capability.

Die erste Bedingung bezieht sich auf die Zugänglichkeit von Wissensträgern. Die Voraussetzung für einen effektiven Wissenstransfer besteht darin, dass in dem Unternehmen bekannt ist, wo welche Art von Wissen verfügbar ist und dass sowohl seitens des Wissensgebers als auch seitens des Wissensempfängers in ausreichendem Maße zeitliche Ressourcen verfügbar sind. Gemäß der zweiten Bedingung erfolgt ein effektiver Wissenstransfer im Unternehmen nur, wenn die am Wissenstransfer beteiligten Gruppen ex ante einen spezifischen Nutzen durch die Übertragung des Wissens erwarten. Darüber hinaus müssen die am Wissenstransfer beteiligten Personen für einen Wissenstransfer hinreichend motiviert sein.[977] Diese dritte Bedingung ist als erfüllt anzusehen, wenn der sich anzueignende Teil des Transfergesamtnutzens die mit dem Wissenstransfer verbundenen Anstrengungen überkompensiert. Die letztgenannte Bedingung der Combination Capability erfordert vom Wissensempfänger die Fähigkeit, das zu transferierende Wissen aufzunehmen und im Sinne einer umfassenden Wissensbeherrschung zu integrieren.[978]

---

[973] Vgl. Lam (1997), S. 977.
[974] Vgl. hierzu Burmann (2002a), S. 224. Siehe auch Hoerem/von Krogh/Roos (1996), S. 119.
[975] Vgl. Nahapiet/Ghoshal (1998), S: 248 f.
[976] Vgl. im Folgenden Nahapiet/Ghoshal (1998), S. 249 f.; Burmann (2002a), S. 226 ff.
[977] Vgl. auch Hansen (1999), S. 87.
[978] Vgl. Nahapiet/Ghoshal (1998), S. 251 ff.

In diesem Zusammenhang deuten Studien darauf hin, dass die Effektivität des Wissenstransfers durch die Identifikation mit einer Bezugsgruppe, basierend auf einer formalen Teamstruktur oder auf informellen Gruppen, erhöht werden kann.[979] Die Identifikation mit der Bezugsgruppe wird hierbei einerseits durch die Art der Unternehmenskultur, andererseits durch mehrfache, persönliche Interaktionen gefördert. Letztere sind insbesondere im direkten Arbeitsumfeld gegeben. Außerhalb des direkten Arbeitsumfeldes kann die Effektivität des Wissenstransfers durch die Zusammenarbeit an ähnlichen Problemstellungen in funktions- oder projektübergreifenden Gruppen, sogenannten „virtuellen Teams" oder „communities of practice", erreicht werden.

Die letzte Phase des dreistufigen Wissenstransferprozesses, die **Integrationsphase**, beinhaltet die auf der Combinative Capability beruhende Einordnung und Anwendung des transferierten Wissens sowie die Integration in die bestehende Wissensbasis durch den Empfänger.[980] Zudem hat in dieser Phase die Integration des neu erworbenen Wissens in die organisationale Wissensbasis und dessen Institutionalisierung zu erfolgen, um zu verhindern, dass das neu erworbene Wissen auf isolierte Wissensinseln beschränkt bleibt.[981]

Der Replikation als effizienter und schneller Multiplikation der operativen Prozessfähigkeiten eines Unternehmens liegen somit die zwei zentralen Mechanismen der Wissenskodifikation und des Wissenstransfers zugrunde, welche die Effizienz und die Geschwindigkeit des Multiplikatorprozesses fördern. Die Wissenskodifikation stellt hierbei die Voraussetzung für den Wissenstransfer dar. Je höher der Kodifizierungsgrad des zu transferierenden Wissens ist, desto schneller und effizienter kann das Wissen übertragen werden, so dass Investitionen in die Wissenskodifikation zu einer Verringerung der Wissenstransferkosten führen.[982] Zugleich führt die umfassende Kodifizierung des Wissens jedoch zu dem in der Ressourcentheorie unter dem Begriff **Replikationsparadoxon** diskutierten Problem.[983] Da durch die Kodifizierung des Wissens für den Imitationsschutz wichtige Isolationselemente, wie beispielsweise die kausale Mehrdeutigkeit und die soziale Komplexität, reduziert werden, steigt mit wachsendem Kodifizierungsgrad auch die Imitationsgefahr.

---

[979] Vgl. hierzu im Überblick Burmann (2002a), S. 229 f.
[980] Vgl. hierzu von Krogh/Köhne (1998), S. 241.
[981] Vgl. Probst/Raub/Romhardt (1997), S. 290.
[982] Vgl. Burmann (2002a), S. 224.
[983] Vgl. zu den folgenden Ausführungen Burmann (2002a), S. 231 ff. Siehe zum Replikationsparadoxon auch Kogut/Zander (1992), S. 390 f.

Vor diesem Hintergrund vertreten viele ressourcentheoretische Publikationen die Auffassung, dass Wissen sich umso besser zum Aufbau nachhaltiger Wettbewerbsvorteile eignet, je weniger kodifiziert bzw. kodifizierbar es ist.[984] BURMANN weist diesbezüglich allerdings zu Recht darauf hin, dass der Verzicht auf die Kodifizierung und den Transfer von Wissen erstens die Produktivität des Wissens begrenzt und sich das Unternehmen zweitens in eine hohe Abhängigkeit von einzelnen Mitarbeitern begibt. Er kommt daher zu der Schlussfolgerung, dass „die Opportunitätskosten des Verzichts auf gezielte Wissenskodifizierung und Wissenstransfer (Gewinnentgang durch langsameres und weniger effizientes Wachstum) offenbar die Erträge aus einem verbesserten Imitationsschutz übersteigen."[985]

2.3.3.3.2.2 Rekonfiguration

Die Dimension Rekonfiguration ermöglicht einem Unternehmen die Entwicklung neuer organisationaler Fähigkeiten.[986] Neue organisationale Fähigkeiten entstehen zum einen durch die Rekombination des im Unternehmen bereits existierenden Wissens, zum anderen durch die Generierung neuen Wissens. Bereits SCHUMPETER deutete darauf hin, dass Innovationen aus neuen Kombinationen von bereits vorhandenem Wissen und inkrementellem Lernen entstehen: „To produce other things, or the same things by a different method, means to combine these materials and forces differently [...] Development in our sense is then defined by the carrying out of new combinations."[987] Dies entspricht der in der Ressourcentheorie weit verbreiteten Erkenntnis, dass die Entstehung von neuem Wissen in hohem Maße von dem bereits vorhandenen Wissen beeinflusst wird, die beispielsweise bei TEECE/PISANO/SHUEN in der Lokalität des Lernens zum Ausdruck kommt und zu einer Abhängigkeit vom historischen Entwicklungspfad des Unternehmens führt.[988] Vor diesem Hintergrund identifiziert BURMANN den Prozess der Wissensabstraktion und den Prozess der Wissensabsorption als zentrale Mechanismen der Rekonfiguration. Die Güte der Beherrschung dieser beiden in der Praxis interdependenten Prozesse konstituiert die Güte der Rekonfiguration eines Unternehmens.[989]

---

[984] Vgl. zur eingeschränkten Imitierbarkeit impliziten Wissens auch von Krogh/Ichijo/Nonaka (2000), S. 75, die ausführen: „Tacit social or individual knowledge, however, is typically more difficult to imitate than explicit knowledge [...] Either the knowledge is actually impossible to replicate, or the imitation process is so costly that it deprives the imitator of the cost parity it was to achieve."

[985] Burmann (2002a), S. 233. Siehe auch Grant (1996b), S. 380 ff.; Sanchez/Heene (1997), S. 9 f.

[986] Vgl. im Folgenden Burmann (2002a), S. 238 f.; Burmann (2002c), S. 236.

[987] Schumpeter (1934), S. 65 f.

[988] Siehe hierzu Teece/Pisano/Shuen (1997), S. 523. Siehe zu einer lerntheoretischen Begründung Burmann (2002a), S. 239 f.

[989] Vgl. Burmann (2002a), S. 244.

- **Wissensabstraktion**

Die Rekombination des im Unternehmen bereits vorhandenen Wissens erfordert den Prozess der Wissensabstraktion, der nach BOISOT wie folgt definiert wird: „Generalizing the application of newly codified insights into a wider range of situations. This involves reducing them to their most essential features. [...] Abstraction then works by teasing out the underlying structure of phenomena relevant to our purpose. It requires an appreciation of cause-and-effect relationships to an extent that simple acts of codification do not."[990] Aus der Definition geht zunächst die Interdependenz zwischen der Abstraktion und der Kodifikation des Wissens hervor.[991] Die Einfachheit der Abstraktion steigt mit zunehmender Vollständigkeit und Genauigkeit der Kodifizierung des Mitarbeiterwissens. Durch die Abstraktion wird kodifiziertes Wissen auf zugrunde liegende Ursache-Wirkungs-Beziehungen reduziert und schließlich vollständig aus dem ursprünglichen Zusammenhang gelöst. Die Dekontextualisierung führt zu einer Erweiterung des Spektrums an potenziellen Anwendungsfeldern des Wissens. Damit vergrößert sich der Handlungsspielraum für das Unternehmen.

Zur Ableitung weiterführender Aussagen bezüglich der Wissensabstraktion nimmt BURMANN eine ressourcentheoretische Konkretisierung der Ausführungen von BOISOT vor.[992] Aus ressourcentheoretischer Perspektive lassen sich die in der Wissensabstraktion zentralen Ursache-Wirkungs-Beziehungen wie folgt interpretieren: Die angestrebte Wirkung ist im Aufbau von nachhaltigen Wettbewerbsvorteilen zu sehen, die zur Erzielung überdurchschnittlicher Renditen führen sollen. Wettbewerbsvorteile beruhen wiederum auf organisationalen Fähigkeiten, die aus der Integration des Wissens der Mitarbeiter entstehen. Organisationale Fähigkeiten stellen mehr als die Summe der Fähigkeiten der einzelnen Mitarbeiter dar, weil sie kollektives Handeln, d. h. eine im Vergleich zum Marktmechanismus überlegene Koordination und Synergien ermöglichen.[993] Unternehmensspezifisches, gemeinsames Handeln entwickelt sich bei der Zusammenarbeit der Mitarbeiter bei der Lösung ähnlicher, wiederkehrender Probleme und drückt sich in den Routinen des Unternehmens aus.[994]

Nachhaltige Wettbewerbsvorteile sind insbesondere durch die unternehmensinterne Akkumulation von Ressourcen und Fähigkeiten aufzubauen.[995] Routinen erfüllen wiederum die Anforderung der unternehmensinternen Akkumulation, da sie das im Zeitablauf durch die Interaktion der Mitarbeiter entstandene und in bedingten Handlungsregeln zum Ausdruck kommende kollektive Wissen eines Unternehmens repräsentie-

---

[990] Boisot (1998), S. 60; 49.
[991] Vgl. im Folgenden Burmann (2002a), S. 245; Burmann (2002c), S. 236.
[992] Vgl. im Folgenden Burmann (2002a), S. 252 ff.
[993] Siehe hierzu Kogut/Zander (1992), S. 384 ff.; Ghoshal/Moran (1996), S. 13 ff.; Grant (1996a), S. 112 ff.
[994] Vgl. Nelson/Winter (1982), S. 104 f.; Levinthal (2000), S. 363 f.
[995] Vgl. hierzu Dierickx/Cool (1989), S. 1505 f.; Penrose (1995), S. 45 f.

ren. Demnach identifiziert BURMANN die unternehmensspezifischen Routinen als Ursache für die angestrebte Wirkung der nachhaltigen Wettbewerbsvorteile und leitet daraus ab, dass ein Unternehmen hinsichtlich der Wissensabstraktion „nach den Routinen suchen muß, die ‚hinter' dem Wissen der Mitarbeiter stecken und letztendlich die Grundlage organisationaler Fähigkeiten sind."[996] Dies erfordert die möglichst umfassende Einbindung der Mitarbeiter in den durch die Wissensabstraktion ermöglichten Prozess der Identifikation und Erschließung neuer Anwendungsfelder des vorliegenden Wissens durch Wissens- und Routinentransfer. Die Einbindung beschränkt sich hierbei nicht auf die Top-Management-Ebene, sondern bezieht auch die unteren und mittleren Hierarchiestufen mit ein und drückt sich im Führungsstil des Unternehmens, der Strukturierung des Strategieentwicklungsprozesses sowie der Unternehmenskultur aus.

- **Wissensabsorption**

Die Generierung neuen Wissens erfordert den Prozess der Wissensabsorption als Aufnahme neuen Wissens und dessen Verknüpfung mit bereits vorhandenem Wissen.[997] Die Quellen neuer Informationen und neuen Wissens liegen sowohl innerhalb als auch außerhalb der Unternehmensgrenzen.[998] Innerhalb des Unternehmens lässt sich neues Wissen durch gezielte F&E-Bemühungen, Experimente, Tests und auch Zufälle im F&E-Prozess, Reorganisation oder durch den Aufbau sogenannter Inkubatoren oder „Corporate Venturing"-Bereiche generieren. Extern induziertes Lernen erfolgt im Rahmen von Kooperationen wie strategischen Allianzen, Joint Ventures oder Beteiligungen. BOISOT beschreibt die Wissensabsorption als Internalisierung neuen Wissens, die im Bezug auf das hier im Mittelpunkt stehende handlungsorientierte Wissen einen wiederholten Gebrauch und direkte praktische Erfahrungen mit dem neu erworbenen Wissen erfordert.[999]

In dem von NONAKA entwickelten dynamischen Modell der Wissensschaffung spielt die Wissensabsorption als wechselweise Externalisierung und Internalisierung von Wissen ebenfalls eine zentrale Rolle.[1000] NONAKA identifiziert zwei relevante Dimensionen der Wissensgenerierung:[1001] (1) die ontologische Dimension bzw. die Ebene der sozialen Interaktion und (2) die epistemologische Dimension. Erstgenannte fußt auf der grundlegenden Prämisse, dass Wissen nur von Menschen geschaffen wird, durch die soziale Interaktion allerdings verstärkt und verfestigt

---

[996] Burmann (2002a), S. 253. Siehe auch Pisano (1994), S. 86.
[997] Siehe hierzu Kogut/Zander (1992), S. 391, die feststellen: „Creating new knowledge does not occur in abstraction from current abilities."
[998] Vgl. Kogut/Zander (1992), S. 385.
[999] Vgl. Boisot (1995), S. 165; 206.
[1000] Vgl. hierzu Nonaka (1994), S. 18 ff.
[1001] Vgl. im Folgenden Nonaka (1994), S. 16 ff.

wird.[1002] Letztgenannte bezieht sich auf die Unterscheidung zwischen implizitem und explizitem Wissen.[1003]

Die beiden Dimensionen werden von NONAKA in dem Spiralen-Modell der Wissensgenerierung zusammengebracht (vgl. Abb. 17). Neues Wissen entsteht durch die Interaktion zwischen implizitem und explizitem Wissen, welche vier verschiedene Arten der Wissensgenerierung ermöglicht (vgl. hierzu die in Abb. 17 dargestellte Matrix).[1004]

Die erste Möglichkeit ist die Umwandlung von implizitem in implizites Wissen durch die Interaktion zwischen Individuen, die als Sozialisierung bezeichnet wird und auf gemeinsamen Erfahrungen beruht (Quadrant A). Kombination bezeichnet die Umwandlung von explizitem in explizites Wissen (Quadrant B). Über Austauschmechanismen wie Treffen und Telefonkonferenzen wird durch die Rekonfiguration bestehender Informationen neues Wissen geschaffen, beispielsweise in Form eines Sortierens, Ergänzens, Neukategorisierens oder Rekontextualisierens. Die beiden verbleibenden Arten der Wissensgenerierung beinhalten sowohl implizites als auch explizites Wissen und beruhen auf der Idee, dass implizites und explizites Wissen als komplementär anzusehen sind und sich in einem Prozess gegenseitiger Interaktion im Zeitablauf ausweiten. Die Umwandlung von implizitem Wissen in explizites Wissen (Quadrant C) wird als Externalisierung, die Umwandlung von explizitem Wissen in implizites Wissen (Quadrant D) als Internalisierung bezeichnet.

Obwohl die vier Arten der Wissensumwandlung unabhängig voneinander Wissen schaffen können, betont NONAKA die Bedeutung der dynamischen Interaktion zwischen diesen: „[...] knowledge creation centers on the building of both tacit and explicit knowledge and, more importantly, on the interchange between these two aspects of knowledge through internalization and externalization."[1005] Wissen wird in Unternehmen geschaffen, wenn die vier Arten der Wissensgenerierung einen kontinuierlichen Zyklus bilden.[1006] Zugleich weisen NONAKA/TAKEUCHI explizit darauf hin, dass die Verknüpfung des unternehmensinternen Wissens mit Wissensbeständen

---

[1002] Hierzu führt Nonaka (1994), S. 17, aus: „At a fundamental level, knowledge is created by individuals. An organization cannot create knowledge without individuals. The organization supports creative individuals or provides a context for such individuals to create knowledge. Organizational knowledge creation, therefore, should be understood in terms of a process that ‚organizationally' amplifies the knowledge created by individuals, and crystallizes it as a part of the knowledge network of organization." Siehe auch Grant (1996a), S. 112.

[1003] Vgl. zur Unterscheidung zwischen implizitem und explizitem Wissen die Ausführungen in Abschnitt 2.3.3.3.1.

[1004] Vgl. im Folgenden Nonaka (1994), S. 18 f.; Nonaka/Takeuchi (1995), S. 62 ff. Siehe auch ausführlich Nonaka/Konno (1998), S. 42-45.

[1005] Nonaka (1994), S. 20.

[1006] Vgl. hierzu ausführlich Nonaka (1994), S. 20.

außerhalb des Unternehmens eine grundlegende Voraussetzung für die Schaffung neuen Wissens ist.[1007]

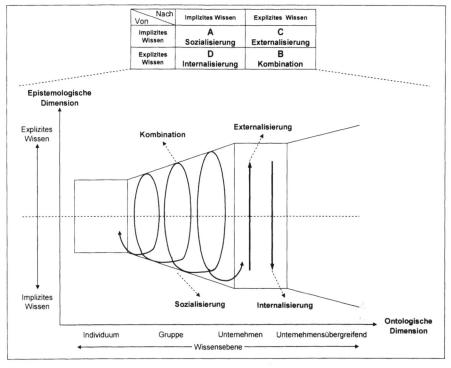

Abb. 17: Spiralen-Modell der organisationalen Wissensgenerierung[1008]

Die Fähigkeit zur Aufnahme von unternehmensexternem Wissen und dessen innovativer Verknüpfung mit im Unternehmen vorhandenem Wissen wird in zahlreichen ressourcen- und evolutionstheoretischen Beiträgen thematisiert.[1009] HENDERSON/ COCKBURN postulieren beispielsweise, dass zwei Arten von „integrative" bzw. „architectural competence" eine besondere Rolle für die Erzielung von Wettbe-

---

[1007] Vgl. Nonaka/Takeuchi (1995), S. 89.

[1008] Eigene Darstellung in Anlehnung an Nonaka (1994), S. 19; 20; Nonaka/Takeuchi (1995), S. 72-73.

[1009] Siehe hierzu Burmann (2002a), S. 257 f. Beispielsweise beschreibt HENDERSON „externally focused integrative competence" als „the ability to move information rapidly across the boundaries of the firm." Henderson (1994), S. 610. IANSITI/CLARK berücksichtigen die Integration des Wissens über Märkte und Kundenbasis sowie über neu entstehende Technologien und die Verknüpfung mit der derzeitigen Wissensbasis des Unternehmens. Vgl. hierzu Iansiti/Clark (1994), S. 570.

werbsvorteilen spielen: „the ability to access new knowledge from outside the boundaries of the organization and the ability to integrate knowledge flexibly across disciplinary [...] boundaries within the organization."[1010] Diese Fähigkeiten hängen von den formalen und informellen Kommunikationskanälen im Unternehmen und zwischen dem Unternehmen und seiner Umwelt, den Anreizsystemen des Unternehmens und der Unternehmenskultur ab.[1011]

Die Absorption unternehmensexternen Wissens wurde anhand der Bedeutung des wissenschaftlichen Rufs und Publikationsverzeichnisses eines Mitarbeiters für seine Beförderung, der geographischen Nähe des Firmenhauptsitzes zu einer Universität und dem Ausmaß der Forschungskooperationen mit einer oder mehreren Universitäten und Forschungseinrichtungen operationalisiert.[1012] Eine große Bedeutung dieser Aspekte deutet auf eine die Wissensabsorption fördernde Unternehmensführung hin, für die wiederum eine positive Beziehung zur Wettbewerbsfähigkeit des Unternehmens nachgewiesen werden kann.[1013]

Die Absorption unternehmensexternen Wissens ist als eine spezifische Form des Wissenstransfers, nämlich als **externer Wissenstransfer** zu interpretieren.[1014] Demnach lassen sich die vier Voraussetzungen für effektiven Wissenstransfer nach NAHAPIET/GHOSHAL, „access to parties", „anticipation of value", „motivation" und „combination capability", auch auf die Wissensabsorption anwenden.[1015] Hinsichtlich der ersten Voraussetzung kommt dem Beziehungsnetzwerk des Unternehmens und seiner Mitarbeiter, welches den zuvor diskutierten Kommunikationskanälen entspricht, eine hohe Bedeutung zu. Die Nutzung des Beziehungsnetzwerks ermöglicht den Zugang zu externen Wissensressourcen. Gemäß der zweiten Bedingung wird die Wissensabsorption nur durchgeführt, wenn ex ante absehbar ist, dass das neu erworbene Wissen zu einem messbaren Nutzen führt, der die dafür notwendigen Aufwendungen übersteigt. Zugleich sind der dritten Bedingung zufolge die Mitarbeiter zur Wissensabsorption zu motivieren. Demnach dürfte der klare Bezug zwischen der Aufnahme neuen Wissens und der Erhöhung der Wettbewerbsfähigkeit des Unter-

---

[1010] Henderson/Cockburn (1994), S. 66.

[1011] Vgl. hierzu Henderson/Cockburn (1994), S. 66. Vgl. zum Zusammenhang zwischen formalen sowie informellen Kommunikationskanälen und „architectural knowledge" Henderson/Clark (1990), S. 15 f.

[1012] Vgl. Henderson/Cockburn (1994), S. 72. Hierbei zeigte sich eine ausgesprochen hohe Korrelation zwischen den drei Indikatoren. Ähnlich operationalisieren KLAVANS/DEEDS „absorptive capacity" über die Anzahl der Forschungs-Communities, an denen die Wissenschaftler und Ingenieure eines Unternehmens teilnehmen. Vgl. hierzu Klavans/Deeds (1997), S. 112.

[1013] Vgl. Henderson/Cockburn (1994), S. 77.

[1014] Vgl. hierzu Burmann (2002a), S. 261. Siehe zur Unterscheidung zwischen internem und externem Wissenstransfer die Ausführungen in Abschnitt 2.3.3.3.2.1.

[1015] Siehe zu der folgenden Argumentation Burmann (2002a), S. 261 f. Vgl. zu den vier Bedingungen des effektiven Wissenstransfers Nahapiet/Ghoshal (1998), S. 249 f. sowie die Ausführungen in Abschnitt 2.3.3.3.2.1.

nehmens in Verbindung mit einer Erfolgsbeteiligung der Mitarbeiter die Bereitschaft zur Wissensabsorption erhöhen.

Die „combination capability" als vierte Voraussetzung ist im Kontext des externen Wissenstransfers als „absorptive capacity" zu interpretieren, welche nach COHEN/ LEVINTHAL definiert wird als „[...] ability of the firm to recognize the value of new, external information, assimilate it, and apply it to commercial ends."[1016] Darüber hinaus konstatieren die Autoren: „[...] absorptive capacity represents an important part of a firm's ability to create new knowledge."[1017] VAN DEN BOSCH/VOLBERDA/ DEBOER zufolge kommt dieser Fähigkeit in High Velocity Märkten eine besondere Bedeutung zu: „[...] firms in turbulent knowledge environments are likely to dedicate efforts exclusively to increasing their absorptive capacity."[1018] Da die Fähigkeit zum Erwerb neuen Wissens nur Individuen zugeschrieben wird, ist die Absorptive Capacity auf die Lernfähigkeit der Mitarbeiter zurückzuführen: „An organization's absorptive capacity will depend on the absorptive capacity of its individual members."[1019] COHEN/LEVINTHAL untersuchen in ihrer Studie den Zusammenhang zwischen den vom Unternehmen durchgeführten Tätigkeiten und der Lernfähigkeit der Mitarbeiter.[1020] Basierend auf einer Übertragung kognitions- und verhaltenswissenschaftlicher Erkenntnisse zur Informationsaufnahme des Menschen auf die Situation in Unternehmen kommen sie zu dem Ergebnis, dass die Wissensabsorption immer dann problematisch ist, wenn das neu aufzunehmende Wissen nur einen geringen Bezug zu den bisherigen Unternehmensaktivitäten hat.[1021] Demnach ist die „absorptive capacity" eines Unternehmens pfadabhängig, d. h. die Aufnahme von neuem, unternehmensexternem Wissen wird in hohem Maße durch die Unternehmensaktivitäten und –erfahrungen in der Vergangenheit beeinflusst.[1022]

[1016] Cohen/Levinthal (1990), S. 128.
[1017] Cohen/Levinthal (1989), S. 570.
[1018] Van den Bosch/Volberda/de Boer (1999), S. 553.
[1019] Cohen/Levinthal (1990), S. 131.
[1020] Vgl. im Folgenden Cohen/Levinthal (1990), S. 131 ff.
[1021] Dieses Ergebnis wird durch die Ergebnisse von LANE/LUBATKIN gestützt. Zur Untersuchung des Einflusses der Charakteristika der Partnerunternehmen auf das unternehmensübergreifende Lernen rekonzeptionalisieren sie das auf der Unternehmensebene angesiedelte Konstrukt „absorptive capacity" als dyadisches Lernkonstrukt „relative absorptive capacity". Die Autoren weisen empirisch einen positiven Effekt der Ähnlichkeit des Grundwissens, des Formalisierungsgrades des unteren Managements, der Forschungszentralisation, der Entlohnungspraxis sowie der Forschungsgemeinschaften auf das Lernergebnis nach. Vgl. Lane/Lubatkin (1998), S. 473 f.
[1022] Vgl. Cohen/Levinthal (1990), S. 135 ff. In Konsequenz führt dies zu einem Lock-out derjenigen Unternehmen, die in der Anfangsphase nicht ausreichend in die „absorptive capacity" investierten. Vgl. Cohen/Levinthal (1990), S. 136 f.; Cohen/Levinthal (1994), S. 228.

Neben dem „level of prior related knowledge"[1023] verweisen COHEN/LEVINTHAL auf weitere interne Mechanismen, welche die Wissensabsorptionsfähigkeit eines Unternehmens beeinflussen.[1024] Genannt werden der Wissenstransfer innerhalb und zwischen Unternehmensbereichen, die Kommunikationsstruktur zwischen dem externen Umfeld und dem Unternehmen, hier beispielsweise der Zentralisierungsgrad der Schnittstelle, ein breites und aktives Netzwerk von internen und externen Beziehungen sowie funktionsübergreifende Schnittstellen. Zugleich weisen die Autoren empirisch nach, dass mit steigendem relativen F&E-Aufwand („R&D intensity") die Fähigkeit des Unternehmens zur Aufnahme neuen Wissens von Wettbewerbern und von Unternehmen außerhalb der eigenen Branche wächst.[1025] PENNINGS/HARIANTO analysieren die „absorptive capacity" bei der Adaption von Video-Banking bei großen amerikanischen Banken und kommen zu dem Ergebnis, dass die Absorptionsfähigkeit durch die kumulative Erfahrung mit Informationstechnologie und die Verbindungen zu anderen Unternehmen beeinflusst wird.[1026] Ferner wird im Schrifttum der Einfluss der Organisationsform und der Kombinationsfähigkeiten diskutiert.[1027]

Darüber hinaus werden zur Verbesserung der Wissensabsorptionsfähigkeit umfassende Corporate Venturing Aktivitäten vorgeschlagen, da diese die Sensibilität für neue technologische Entwicklungen verbessern, die Kommunikationskanäle in die Gründer-Szene erweitern und im Allgemeinen den Informationsfluss zwischen dem Unternehmen und seiner Umwelt intensivieren.[1028] Schließlich können kooperative Unternehmensverbindungen einen Beitrag zur Erhöhung der Wissensabsorptionsfähigkeit leisten.[1029]

2.3.3.4 Zusammenfassung der Bezugspunkte und des Erkenntnisbeitrags der Ressourcentheorie

Die Bezugspunkte und der Erkenntnisbeitrag der Ressourcentheorie zu dem Untersuchungsobjekt Strategie in High Velocity Märkten lassen sich in vier zentralen Ergebnissen zusammenfassen:

[1023] Cohen/Levinthal (1990), S. 128. Dieses umfasst grundlegende Fähigkeiten, eine gemeinsame Sprache oder auch das Wissen hinsichtlich neuartiger wissenschaftlicher oder technologischer Entdeckungen in einem Bereich. Siehe hierzu auch Klavans/Deeds (1997), S. 107.

[1024] Vgl. im Folgenden Cohen/Levinthal (1990), S. 131 ff.

[1025] Vgl. Cohen/Levinthal (1990), S. 138 ff. Der relative F&E-Aufwand bezieht sich hierbei auf den absoluten F&E-Aufwand in Relation zur Unternehmensgröße. Siehe zu einer modelltheoretischen Herleitung dieses Zusammenhangs Cohen/Levinthal (1989), S. 571 ff.

[1026] Vgl. hierzu Pennings/Harianto (1992), S. 375 ff.

[1027] Vgl. Van den Bosch/Volberda/de Boer (1999), S. 554 ff.

[1028] Vgl. Burmann (2002a), S. 264. Vgl. zu Corporate Venturing beispielsweise Eglau/Kluge/Meffert et al. (2000), S. 141 ff.; 187 ff.

[1029] Vgl. Leonard-Barton (1995), S. 151 ff.; Lane/Lubatkin (1998), S. 462 ff.

1. Der klassische Ressourcenansatz erklärt die Einzigartigkeit und die Ergebnisunterschiede zwischen Unternehmen durch deren heterogene Ressourcenausstattung, welche wiederum aus unvollkommenen bzw. nicht-existenten Faktormärkten resultiert. Sind die idiosynkratischen Ressourcen eines Unternehmens werthaltig und knapp, stellen sie die Basis zur Erreichung von Wettbewerbsvorteilen dar. Zur Sicherung der Nachhaltigkeit der Wettbewerbsvorteile müssen die einzigartigen Ressourcen zudem langlebig sein, durch Isolationselemente vor Imitation geschützt werden, begrenzt substituierbar und nur unvollständig mobil sein. Zur Erlangung wettbewerbsvorteilsgenerierender Ressourcen betont der klassische Ressourcenansatz die unternehmensinterne Akkumulation von Ressourcen, da diese aufgrund der inhärenten Isolationselemente, beispielsweise in Form pfadabhängiger Lernprozesse oder kausaler Mehrdeutigkeiten, den höchsten Imitationsschutz aufweist. Ferner erschließt sich ein Unternehmen durch das Eingehen von kooperativen Unternehmensverbindungen die Verfügung über wettbewerbsvorteilsrelevante Ressourcen oder eignet sich diese durch Lernprozesse mittels einer Kooperation sogar an.

2. Neben einer Vielzahl anderer Kritikpunkte ist das für die vorliegende Untersuchung relevanteste Defizit des klassischen Ressourcenansatzes darin zu sehen, dass er aufgrund seines vorwiegend statischen Charakters keinen Beitrag zur Erklärung und zum Verständnis von Wettbewerbsvorteilen in High Velocity Märkten leistet. An dieser Kritik setzt der Dynamic-Capabilities-Ansatz als Weiterentwicklung des klassischen Ressourcenansatzes an. Dessen Vertreter postulieren, dass den organisationalen und Managementprozessen unter dem Einfluss einer spezifischen Ressourcenausstattung und Marktpositionen einerseits sowie Pfadabhängigkeiten andererseits die zentrale Bedeutung für die Erlangung von Wettbewerbsvorteilen in High Velocity Märkten zukommt. Die Prozesse sorgen für eine kontinuierliche Entwicklung, Integration und Rekonfiguration von internen und externen Kompetenzen. Die Vielzahl der organisationalen Prozesse ist auf die zwei Meta-Fähigkeiten Replikation und Rekonfiguration zurückzuführen, die somit als zentrale Dimensionen dynamischer Fähigkeiten zu interpretieren sind. Aufgrund der Wettbewerbsrelevanz der dynamischen Fähigkeiten kommt den beiden Dimensionen eine entscheidende Bedeutung für die Konzeptionalisierung von Strategie in High Velocity-Märkten zu. Allerdings sind mit Hilfe des Dynamic-Capabilities-Ansatzes keine Aussagen zur Konzeptionalisierung und Operationalisierung der beiden Dimensionen abzuleiten.

3. Ein erster Ansatz zur Konzeptionalisierung der beiden Dimensionen Replikation und Rekonfiguration nach BURMANN greift auf die Erkenntnisse des Knowledge-based View zurück. Hiernach liegen der Replikation die beiden Mechanismen Wissenskodifikation und Wissenstransfer zugrunde. Rekonfiguration lässt sich auf die Prozesse der Wissensabstraktion und Wissensabsorption zurückführen.

4. Für die Konzeptionalisierung des Konstrukts Strategie in High Velocity Märkten sind auf der Basis ressourcentheoretischer Überlegungen die drei Dimensionen

(1) **Replikation**, (2) **Rekonfiguration** und (3) **Kooperation** abzuleiten. Die Dimension Replikation stellt hierbei auf das Ausmaß der effizienten und schnellen Multiplikation operativer Prozessfähigkeiten ab. Erforderlich hierfür sind die Kodifizierung des existierenden Wissens und der interne Transfer. Die Dimension Rekonfiguration bezieht sich auf das Ausmaß der Entwicklung neuen Wissens und neuer Fähigkeiten im Unternehmen. Da die Wissensgenerierung sowohl eine Kombination existierenden Wissens als auch eine Aufnahme neuen Wissens voraussetzt, liegen der Dimension die Bestandteile Wissensabstraktion und Wissensabsorption zugrunde. Replikation und Rekonfiguration sind als Maßnahmen eines internen Ressourcen- und Fähigkeitenaufbaus und damit als Voraussetzung für organisches Wachstum zu interpretieren. Die dritte Dimension, Kooperation, beinhaltet hingegen das Ausmaß, in dem das Unternehmen kooperative Unternehmensverbindungen eingeht, um Zugriff zu wettbewerbsvorteilsrelevanten Ressourcen zu erlangen. Abb. 18 stellt zusammenfassend den finalen, um die Erkenntnisse der Ressourcentheorie ergänzten theoretischen Bezugsrahmen dar.

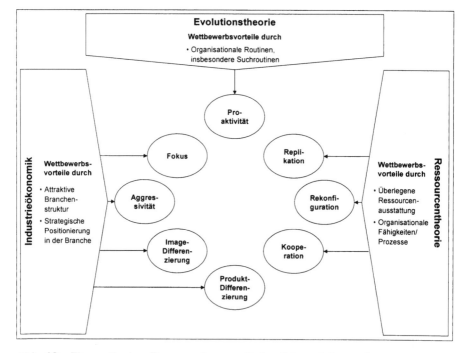

Abb. 18: Theoretischer Bezugsrahmen mit den Erkenntnissen der Ressourcentheorie

3 Konzeptionalisierung des Konstrukts Strategie in High Velocity Märkten und Modellentwicklung

Die vorliegende Untersuchung hat die Zielsetzung, einen konfirmatorischen Beitrag zur empirischen Messung von Strategie und deren Erfolgswirkung in High Velocity Märkten zu leisten. Im folgenden Kapitel wird zunächst das Modell zur Identifizierung und Messung von Strategie in High Velocity Märkten und zur Abschätzung der relativen Bedeutung der einzelnen Strategiedimensionen entwickelt.[1030] In einem nächsten Schritt wird basierend auf der Operationalisierung des in der vorliegenden Untersuchung verwendeten Erfolgskonstrukts das Messmodell für die Beziehung zwischen der Strategie sowie den einzelnen Strategiedimensionen und dem Erfolg abgeleitet.[1031] Vor dem Hintergrund des der Untersuchung zugrunde liegenden situativen Leitprinzips werden im Anschluss situative Faktoren identifiziert, welche die Beziehung zwischen Strategie und Erfolg beeinflussen könnten.[1032] Abschließend werden die Hypothesen für die vorliegende Untersuchung zusammengefasst.

3.1 Konstruktion des Modells Strategie in High Velocity Märkten

Strategie in High Velocity Märkten wird in der vorliegenden Untersuchung als mehrdimensionales Konstrukt konzeptionalisiert, welches auf der Geschäftsbereichsebene angesiedelt ist.[1033] Strategie wird als ex post beobachtbares, realisiertes Entscheidungs- und Handlungsmuster und als Mittel zur Erreichung gesetzter Ziele verstanden.[1034] Im folgenden Abschnitt werden die aus den theoretischen Bezugspunkten und Erklärungsansätzen deduzierten Dimensionen zunächst beschrieben und dann in ein Gesamtmodell überführt.

3.1.1 Konzeptionalisierung der einzelnen Dimensionen

Die folgenden Ausführungen widmen sich der Definition und inhaltlichen Beschreibung der aus den Theorien abgeleiteten acht Dimensionen des in der vorliegenden Arbeit entwickelten Modells von Strategie in High Velocity Märkten. Hierbei werden sowohl Merkmale der einzelnen Dimensionen aufgezeigt als auch ihre Relevanz im Kontext der High Velocity Märkte herausgearbeitet.

[1030] Vgl. hierzu Fragestellung 1 und 2 in Abschnitt 1.1.2.
[1031] Vgl. hierzu Fragestellung 3 in Abschnitt 1.1.2.
[1032] Vgl. hierzu Fragestellung 4 in Abschnitt 1.1.2 und zum situativen Leitprinzip die Ausführungen in Abschnitt 2.1.1.
[1033] Vgl. hierzu die Ausführungen in Abschnitt 1.2.
[1034] Vgl. hierzu Abschnitt 2.1.2.1.

3.1.1.1 Produkt-Differenzierung

Die Dimension Produkt-Differenzierung leitet sich aus den industrieökonomischen Überlegungen hinsichtlich der Differenzierungsstrategie und deren Disaggregation in feinere Subdimensionen im Kontext neuerer Erkenntnisse ab.[1035] Sie beinhaltet das Ausmaß der **Alleinstellung im Wettbewerb** durch **überlegene Qualität** und **einzigartige Aspekte des Leistungsspektrums**. Charakteristisch für diese Dimension ist eine Betonung der Qualität und Leistungsfähigkeit von Produkten und Dienstleistungsangeboten.[1036] Hierzu werden kontinuierlich Qualitätskontrollen hinsichtlich des Leistungsangebotsspektrums durchgeführt. Forschungs- und Entwicklungsanstrengungen zielen vornehmlich auf die Verbesserung und Verfeinerung der Produkte und Dienstleistungen. Weitere Merkmale dieser strategischen Dimension sind hochqualifizierte und gut ausgebildete Mitarbeiter sowie die Betonung des Kundenservice.

PORTER zufolge kommt der Differenzierung und der Einnahme einer eindeutigen strategischen Positionierung in High Velocity Märkten eine große Bedeutung zu.[1037] Diese resultiert einerseits aus der Vielzahl von Möglichkeiten, die Informations- und Kommunikationstechnologien sowie das Internet zur Erreichung oder Verstärkung einer einzigartigen Positionierung bieten. Andererseits erhöht sich aufgrund der leichten Imitierbarkeit von IuK- sowie Internet-basierten Verbesserungen der operativen Effizienz die relative Bedeutung der strategischen Positionierung.[1038] In Konsequenz ergibt sich eine hohe strategische Relevanz der Dimension Differenzierung für High Velocity Märkte, sowohl in Form der hier dargestellten Produkt-Differenzierung als auch in Form der im folgenden Abschnitt zu beschreibenden Image-Differenzierung.

3.1.1.2 Image-Differenzierung

Die Dimension Image-Differenzierung leitet sich ebenfalls aus den industrieökonomischen Ansätzen der Differenzierungsstrategie und deren Disaggregation in feinere Subdimensionen ab.[1039] Sie bezeichnet das Ausmaß der **Alleinstellung im Wettbewerb** aufgrund einer **psychologischen, einstellungsbezogenen Positionierung** und zielt auf die Kreierung wahrgenommener Unterschiede zwischen Produkten und Dienstleistungen durch Marketinginitiativen ab. Ein erstes Merkmal dieser Dimension

---

[1035] Siehe hierzu Miller/Friesen (1986a), S. 40 ff.; Mintzberg (1988), S. 17-21; Kotha/Vadlamani (1995), S. 79; Porter (1998), S. 37 ff.; Campbell-Hunt (2000), S. 140 ff.; Mintzberg (2003), S. 121 sowie die Ausführungen in Abschnitt 2.3.1.3.2.

[1036] Vgl. hierzu Dess/Davis (1984), S. 475 ff.; Porter (1985), S. 14 ff.; Kotha/Vadlamani (1995), S. 79; Porter (1998), S. 37 ff.; Campbell-Hunt (2000), S. 138 ff.

[1037] Vgl. Porter (2001), S. 70 f.

[1038] Vgl. Porter/Millar (1985), S. 157; Porter (2001), S. 70 ff.

[1039] Siehe hierzu Miller/Friesen (1986a), S. 40 ff.; Mintzberg (1988), S. 17-21; Kotha/Vadlamani (1995), S. 79; Porter (1998), S. 37 ff.; Campbell-Hunt (2000), S. 140 ff.; Mintzberg (2003), S. 121 sowie die Ausführungen in Abschnitt 2.3.1.3.2.

ist eine hohe Marketingkompetenz, die sich insbesondere in innovativen Marketingtechniken und -methoden sowie einer hohen Markenführungskompetenz ausdrückt.[1040] Zugleich ist die Verfolgung der Dimension Image-Differenzierung durch ein überdurchschnittlich hohes Marketing- und Werbebudget gekennzeichnet. Die Kommunikationsmaßnahmen sind hierbei langfristig angelegt und konzentrieren sich auf den Aufbau von Markenidentität und –loyalität sowie Reputation. Zugleich wird eine kontinuierliche Werbewirkungskontrolle durchgeführt und versucht, die Qualität der Kommunikationsmaßnahmen beständig zu steigern. Um insbesondere im direkten Kundenkontakt eine konsistente Wahrnehmung des Leistungsangebotes sicherzustellen, ist innerhalb dieser Dimension eine enge Steuerung und Beeinflussung der Vertriebskanäle erforderlich.

Wie bereits dargelegt, ist durch die Image-Differenzierung eine einzigartige strategische Positionierung innerhalb einer Branche erreichbar, der nach PORTER eine hohe Relevanz in High Velocity Märkten zukommt. Zudem resultiert die strategische Relevanz der Image-Differenzierung aus den spezifischen Merkmalen der auf High Velocity Märkten gehandelten Produkte. Diese weisen einen hohen Informations- und Dienstleistungsanteil auf und nehmen daher den Charakter von Erfahrungsgütern an, deren Wert erst nach dem Erwerb beurteilbar ist.[1041] Darüber hinaus sind bei der Entscheidung für ein Netzwerk oder System nicht nur die derzeitigen, tatsächlichen Nutzer ausschlaggebend, sondern auch die Erwartungen bezüglich der zukünftigen Nutzer.[1042] Zum Abbau von Informationsasymmetrien und zur Reduktion der Unsicherheit seitens der Nutzer kommt daher der Reputation und dem Image des Unternehmens eine entscheidende Funktion zu.

3.1.1.3 Aggressivität

Die Dimension Aggressivität leitet sich aus den industrieökonomischen Überlegungen hinsichtlich der Kostenführerschaft bzw. Differenzierung über Preis ab.[1043] Sie bezeichnet das Ausmaß der auf einer **vorteilhaften Kostenposition beruhenden Alleinstellung über Preis**. Hauptmerkmal dieser Dimension ist das Angebot von Produkten und Dienstleistungen zu im Wettbewerbsvergleich unterdurchschnittlichen Preisen.[1044] Dieses basiert wiederum auf einer im Vergleich zur Konkurrenz vorteilhaften Kostenposition. Dazu werden kontinuierlich Kostensenkungsmaßnahmen

---

[1040] Vgl. im Folgenden Kotha/Vadlamani (1995), S. 80.

[1041] Vgl. Picot/Scheuble (2000), S. 249; Picot/Neuburger (2001), S. 28 f.; Wirtz (2001b), S. 166 f. sowie die Ausführungen in Abschnitt 1.1.1.

[1042] Vgl. hierzu Katz/Shapiro (1985), S. 425; Arthur (1989), S. 123; Graumann (1993), S. 1332; Shapiro/Varian (1999), S. 14; 181 sowie die Ausführungen in Abschnitt 1.1.1.

[1043] Vgl. Porter (1985), S. 11 ff.; Mintzberg (1988), S. 14 ff.; Porter (1998), S. 34 ff.; Mintzberg (2003), S. 121 sowie die Ausführungen in Abschnitt 2.3.1.3.2.

[1044] Vgl. im Folgenden Dess/Davis (1984), S. 475 ff.; Kotha/Vadlamani (1995), S. 80 f.; Porter (1998), S. 36.

durchgeführt. Zugleich werden die Erhöhung der Prozesseffizienz und Innovationen zur Verbesserung des Leistungserstellungsprozesses betont. Da die Erreichung einer vorteilhaften Kostenposition durch Skaleneffekte begünstigt wird, ist die Aggressivitäts-Dimension zudem durch eine im Konkurrenzvergleich überdurchschnittliche Absatzmenge gekennzeichnet. Dies erfordert wiederum eine aggressive Kapazitätserweiterung. Zudem wird die Erhöhung der Absatzmenge durch aggressive Absatzwerbung und Absatzförderungsmaßnahmen unterstützt. Die Ausnutzung der Skaleneffekte wird ferner durch einen hohen Standardisierungsgrad der angebotenen Leistungen gefördert.

Wie PORTER ausführt, ergeben sich im Kontext der High Velocity Märkte eine Vielzahl von Möglichkeiten zur Erhöhung der operativen Effizienz, wodurch die Verfolgung der Dimension Aggressivität begünstigt wird.[1045] Allerdings argumentiert er weiter, dass aufgrund der offenen Standards sowie des nicht-proprietären Charakters des Internet und dem daraus resultierenden Mangel an Imitationsbarrieren Verbesserungen der operativen Effizienz leicht kopiert werden können. Aufgrund der vorherrschenden Kostenstruktur in High Velocity Märkten erhalten Skaleneffekte eine besondere Bedeutung, die durch die Verfolgung der Aggressivitäts-Dimension ausgenutzt wird.[1046] Zugleich unterstützt die Dimension Aggressivität das schnelle Erreichen von Netzeffekten aufgrund einer rasch wachsenden und hohen Kundenbasis. Vor dem Hintergrund der Bedeutung von Skalen-, Netz- und Lock-in-Effekten und den daraus entstehenden Increasing Returns in High Velocity Märkten ist von einer strategischen Relevanz der Dimension Aggressivität auszugehen.

3.1.1.4 Fokus

Die Dimension Fokus lässt sich ebenfalls aus den industrieökonomisch geprägten generischen Strategien ableiten. Sie bezieht sich auf das Ausmaß der **Konzentration der Marktbearbeitung** durch das Unternehmen. Hauptmerkmal dieser Dimension ist daher die Fokussierung auf ein enges strategisches Zielobjekt, beispielsweise eine Käufergruppe, einen Teil der Produktlinie oder einen geographisch begrenzten Markt.[1047] Überdurchschnittliche Profitabilität resultiert hierbei aus der effizienteren und effektiveren Befriedigung der Bedürfnisse des Zielsegments im Vergleich zu branchenweit agierenden Unternehmen. Charakteristisch für die Verfolgung dieser Dimension sind ein schmales Produkt- und Dienstleistungsangebot und eine im Vergleich zum Wettbewerb geringe Anzahl von Kunden, die eine hohe Homogenität hinsichtlich ihrer Präferenzen und Bedürfnisse aufweisen. Entsprechend ist der Marketing-Mix auf ein klar abgegrenztes Produkt- bzw. Kundensegment abgestimmt. Die Mitarbeiter des Unternehmens sind Spezialisten für das eng

---

[1045] Vgl. Porter (2001), S. 70.
[1046] Vgl. im Folgenden auch die Ausführungen in Abschnitt 1.1.1.
[1047] Vgl. Porter (1985), S. 15 f.; Porter (1998), S. 38 f. sowie die Ausführungen in Abschnitt 2.3.1.3.2.

abgegrenzte Produkt- bzw. Kundensegment. Die Produkte und Dienstleistungen werden den Präferenzen und Bedürfnissen der Kunden individuell angepasst. Zugleich sind die Kompetenzen des Unternehmens zur Erstellung spezialisierter Produkte bzw. Erbringung spezialisierter Dienstleistungen in Relation zur Konkurrenz überlegen.

Der Fokussierung des Angebotsspektrums kommt im Kontext der High Velocity Märkte eine steigende Bedeutung zu. So konzentrieren sich vor dem Hintergrund der Liquiditätsengpässe und der Baisse an den Technologiebörsen insbesondere kleinere Unternehmen auf einzelne Produkte.[1048]

3.1.1.5 Proaktivität

Die Dimension Proaktivität wurde aus den evolutionstheoretischen Überlegungen hinsichtlich der Bedeutung von Suchroutinen deduziert.[1049] Sie beinhaltet das Ausmaß der **kontinuierlichen Suche nach Verbesserungsmöglichkeiten** und **innovativen Möglichkeiten** der **Geschäftstätigkeit** sowie die **relativ frühe Verfolgung dieser Möglichkeiten**. Hinsichtlich der Suche nach Verbesserungsmöglichkeiten kommt der periodischen Überprüfung und Analyse von Prozessen eine große Bedeutung zu.[1050] Bezogen auf die Suche nach innovativen Möglichkeiten der Geschäftstätigkeit sind vielfältige Marktforschungsaktivitäten relevant, welche die Technologieentwicklung, die Entwicklung des Kaufverhaltens und der Nutzerpräferenzen sowie die Aktionen der Wettbewerber kontinuierlich beobachten und analysieren. Gleichzeitig unterstützen Teams und Organisationseinheiten, welche sich kontinuierlich mit der Suche nach „productive opportunities" beschäftigen, die Dimension Proaktivität. Die Dimension Proaktivität ist zudem durch den im Wettbewerbsvergleich frühen Eintritt in neue Märkte gekennzeichnet. Die Verfolgung dieser Dimension erfordert außerdem eine hohe Risikofreudigkeit.

Im Schrifttum zur Strategie in High Velocity Märkten wird vielfach auf die zentrale Bedeutung von proaktivem strategischem und innovativem Verhalten hingewiesen.[1051] Argumentiert wird, dass Wettbewerbsvorteile aufgrund der ausgeprägten Dynamik und Komplexität der Märkte sowie der verkürzten Produktlebenszyklen nur

---

[1048] Vgl. hierzu Tam (2003), S. A5. So entschied sich beispielsweise Handspring Inc., ein Hersteller von Organizern, die Produktion von herkömmlichen Organizern einzustellen und alle Ressourcen auf die Kombination von Organizern und Mobiltelefonen zu konzentrieren. Ebenso schränkte Openwave Systems Inc. ihren Fokus auf eine Kerntechnologie, die Nutzern von Mobiltelefonen die Nutzung des Internet ermöglicht, zu Lasten anderer Produkte, wie beispielsweise Wireless Messaging ein. Opsware Inc. konzentriert sich ebenfalls nur noch auf Software und stellt Dienstleistungen zur Automatisierung von Web-Seiten ein.
[1049] Vgl. hierzu die Ausführungen in Abschnitt 2.3.2.2.
[1050] Vgl. Nelson/Winter (1982), S. 17 f.
[1051] Vgl. hierzu die Ausführungen in Abschnitt 2.2.1.2.1.

temporär bestehen können.¹⁰⁵² Zur Erreichung einer hohen Profitabilität muss ein Unternehmen daher durch proaktives strategisches Verhalten kontinuierlich First-Mover-Vorteile erreichen.

3.1.1.6 Replikation

Die Dimension Replikation leitet sich aus der wissensbasierten Konzeptionalisierung der zentralen organisationalen Prozesse „Integration/Coordination" des Dynamic-Capabilities-Ansatzes ab.¹⁰⁵³ Sie bezeichnet das Ausmaß der **effizienten** und **schnellen Multiplikation operativer Prozessfähigkeiten**. Der Dimension liegen die Wissenskodifikation und der interne Wissenstransfer zugrunde.¹⁰⁵⁴ Die Wissenskodifikation erfordert zunächst die systematische Erfassung und Aufbereitung der Erfahrungen und des Wissens der Mitarbeiter. Hierzu ist beispielsweise der Einsatz einer zentralen Wissensdatenbank denkbar. Ebenso eignen sich Handbücher, Datenträger der Informationstechnologie sowie Schulungs- und Weiterbildungsmaßnahmen zur Kodifizierung von Wissen.

Effektiver Wissenstransfer erfordert zunächst die Identifikation und den Zugang zu den Wissensträgern. Zugleich muss die Motivation für den Wissenstransfer gewährleistet sein. Hierbei spielen insbesondere die Unternehmenskultur und die Honorierung des Wissenstransfers eine Rolle. Für den internen Wissenstransfer stehen je nach Art des zu transferierenden Wissens unterschiedliche Transferformen und -medien zur Verfügung. Für den Transfer von explizitem Wissen werden Präsentationen, formale Trainings, Schulungen und Weiterbildungsprogramme eingesetzt. Implizites Wissen wird hingegen vorwiegend in der sozialen Interaktion durch Imitation und Beobachtung transferiert. Hierzu eignen sich beispielsweise Mentorenprogramme. Die Ergebnisse von BURMANN weisen darüber hinaus einen signifikant positiven Einfluss der Ausnutzung von „communities of practice" und „virtuellen Teams" auf die Güte des Wissenstransfers nach.¹⁰⁵⁵ Zugleich stellt er empirisch einen negativen Einfluss eines nur auf gemeinsame Projekte beschränkten Wissenstransfers auf die Güte des Wissenstransfers fest.

Replikation als schnelle und effiziente Multiplikation von bestehenden Prozessen, Wissen und Fähigkeiten stellt eine zentrale Voraussetzung für schnelles Wachstum und Expansion dar, woraus die hohe Relevanz dieser strategischen Dimension für Unternehmen in High Velocity Märkten resultiert. Darüber hinaus weisen eine Vielzahl von Autoren im Schrifttum zu High Velocity Märkten auf die Bedeutung von

---

[1052] Vgl. im Folgenden Bettis/Hitt (1995), S. 14; Chakravarthy (1997), S. 78.
[1053] Vgl. hierzu die Ausführungen in Abschnitt 2.3.3.3.2.1.
[1054] Vgl. hierzu Burmann (2002a), S. 207 ff.; Burmann (2002c), S. 234 ff.
[1055] Vgl. im Folgenden Burmann (2002a), S. 302 f.

Flexibilität und Anpassungsfähigkeit hin.[1056] MEFFERT definiert die Flexibilität eines Unternehmens als dessen Handlungsschnelligkeit und dessen Handlungsspielraum bzw. Handlungsbreite.[1057] Nach BURMANN trägt Replikation zu einer Verbesserung der Handlungsschnelligkeit eines Unternehmens bei und steigert somit die Flexibilität.[1058] Die Bedeutung der Dimension Replikation für die Strategie in High Velocity Märkten ergibt sich somit aus ihrem Beitrag zur Erhöhung der Flexibilität. Für die zweite Komponente der Flexibilität, den Handlungsspielraum, ist die im folgenden Abschnitt zu erläuternde Dimension Rekonfiguration ausschlaggebend.

3.1.1.7 Rekonfiguration

Die Dimension Rekonfiguration leitet sich aus der wissensbasierten Konzeptionalisierung des zentralen organisationalen Prozesses „Reconfiguration" des Dynamic-Capabilities-Ansatzes ab.[1059] Sie beinhaltet das Ausmaß der **Entwicklung neuer Fähigkeiten** und **neuen Wissens**. Hierzu ist einerseits die Abstraktion des bestehenden Wissens, andererseits die Absorption von neuem, oftmals unternehmensexternem Wissen erforderlich.[1060] Die Abstraktion von Wissen erfordert, dass die Mitarbeiter ihr Know-how und ihre Projekterfahrungen aus dem spezifischen Anwendungsfall lösen und durch Verallgemeinerung für neue Problemstellungen nutzbar machen.

Die Ergebnisse von BURMANN hinsichtlich der Operationalisierung der Wissensabstraktion weisen darüber hinaus auf einen signifikant positiven Einfluss der Wahrnehmung strategischer Aufgaben durch das Top-Management hin.[1061] Dies drückt sich zum einen darin aus, dass die kritische Reflexion hinsichtlich der Strategie und die strategische Führung beim Vorstand liegen, zum anderen darin, dass dem Top-Management viel Zeit für strategische Aufgaben eingeräumt wird. Zugleich beeinflusst aber auch die Einbindung des mittleren Managements und der unteren Hierarchieebenen bezüglich strategischer Fragen die Güte der Wissensabstraktion positiv.

[1056] Siehe Bettis/Hitt (1995), S. 13; Chakravarthy (1997), S. 77; Eisenhardt/Brown (1999), S. 74 ff.; Yoffie/Cusumano (1999), S. 75 ff.; Eisenhardt/Sull (2001), S. 108; Gomez/Küng (2001), S. 101; Rindova/Kotha (2001), S. 1274 ff.; Willcocks/Plant (2001), S. 58; Lammerskötter (2002), S. 177 sowie die Ausführungen in Abschnitt 2.2.1.2.1. Vgl. darüber hinaus die Diskussion der Bedeutung von Flexibilität im Hyperwettbewerb bei Rasche (2000), S. 89 ff.

[1057] Vgl. Meffert (1985), S. 11 f.

[1058] Vgl. hierzu Burmann (2002a), S. 183; 275.

[1059] Vgl. hierzu die Ausführungen in Abschnitt 2.3.3.3.2.2.

[1060] Vgl. hierzu Burmann (2002a), S. 245; Burmann (2002c), S. 236.

[1061] Vgl. zu den folgenden Ausführungen Burmann (2002a), S. 307 f. Die Güte der Wissensabstraktion wird hierbei stellvertretend durch den Begriff der Strategiekompetenz gemessen. Dieser weist eine hohe konzeptionelle Nähe zur Wissensabstraktion auf und wurde innerhalb der Expertengespräche von den Interviewpartnern eher mit den aus theoretischer Perspektive dahinter liegenden Sachverhalten assoziiert als der Begriff Wissensabstraktion. Siehe hierzu Burmann (2002a), S. 284 f.

Diese drückt sich in einem guten Informationsfluss, sowohl top-down als auch bottom-up, sowie einer schnellen Reaktion auf Veränderungsvorschläge und Kritik der Mitarbeiter aus. Ferner konnte ein positiver Einfluss eines leistungsfähigen Systems zur strategischen Frühaufklärung nachgewiesen werden.

Da die Fähigkeit zum Erwerb neuen Wissens nur Individuen zugeschrieben wird, spiegelt sich die Wissensabsorption in einem Unternehmen in der Motivation zum Lernen und der Lernfähigkeit der Mitarbeiter wider. Hinsichtlich der Wissensabsorption wird im Schrifttum die Bedeutung der geographischen Nähe zu wissenschaftlichen Forschungseinrichtungen und der Kooperation mit sowie der Einbindung der Mitarbeiter in die wissenschaftliche Community herausgestellt.[1062] Ferner wird empirisch nachgewiesen, dass ein hoher relativer F&E-Aufwand mit einer ausgeprägten Fähigkeit zur Aufnahme unternehmensexternen Wissens verbunden ist.[1063]

Wie zuvor bereits beschrieben, nimmt die Flexibilität von Unternehmen in High Velocity Märkten eine entscheidende Bedeutung ein. BURMANN zufolge ermöglicht Rekonfiguration eine Vergrößerung des Handlungsspielraums und der Handlungsbreite als zweitem Bestandteil der Flexibilität.[1064] Die strategische Relevanz der Dimension Rekonfiguration in High Velocity Märkten resultiert daher wiederum aus ihrem Beitrag zur Erhöhung der Flexibilität von Unternehmen. Zudem wird im Schrifttum zu Strategie in High Velocity Märkten die Rekonfiguration explizit betont. So führen BETTIS/HITT aus, dass die strategische Reaktionsfähigkeit auf einer konzeptionellen Ebene die folgenden Fähigkeiten umfassen muss: „(1) sense a change in the environment; (2) conceptualize a response to that change; and (3) reconfigure resources to execute the response."[1065]

3.1.1.8 Kooperation

Aus ressourcentheoretischer Perspektive stellen Kooperationen ein probates Mittel dar, um einen Zugriff auf solche wettbewerbsvorteilsrelevanten Ressourcen zu ermöglichen, die aufgrund von internen Restriktionen nicht selbst aufgebaut werden können und auf Faktormärkten nicht gehandelt werden.[1066] Hieraus leitet sich die strategische Dimension Kooperation ab. Sie bezeichnet das Ausmaß, in dem das Unternehmen **kooperative Unternehmensverbindungen** eingeht. Diese können

---

[1062] Vgl. Henderson/Cockburn (1994), S. 72. Siehe zum Zusammenhang zwischen Absorptionsfähigkeit und dem Austausch mit Wissenschaftlern von Universitäten und Forschungseinrichtungen auch die Fallstudie zum Eintritt des koreanischen Unternehmens Samsung in den Halbleitermarkt bei Kim (2001), S. 281.

[1063] Vgl. hierzu Cohen/Levinthal (1990), S. 138 ff.

[1064] Vgl. hierzu Burmann (2002a), S. 183; 275.

[1065] Bettis/Hitt (1995), S. 16. Auch GOMEZ/KÜNG betonen die kontinuierliche Rekonfiguration von internen und externen Ressourcen. Siehe hierzu Gomez/Küng (2001), S. 107.

[1066] Siehe hierzu die Ausführungen in Abschnitt 2.3.3.1.4.

sowohl bilateraler Natur, so strategische Allianzen oder Joint Ventures, als auch multilateraler Natur sein, so strategische Netzwerke. Ausdruck der Dimension Kooperation ist beispielsweise der Zusammenschluss mit anderen Unternehmen zu gemeinsamen Kompetenzzentren. Darüber hinaus spielt die Zusammenarbeit im F&E-Bereich bei der Entwicklung von Technologien eine entscheidende Rolle. In diesem Kontext sind die Entwicklung und Durchsetzung gemeinsamer Standards von besonderer Bedeutung. Ebenso wichtig ist die Abstimmung mit Anbietern von Komplementärprodukten. Darüber hinaus sind Kooperationen im Marketingbereich denkbar, wie beispielsweise Cross-Promotions oder Cross-Branding, sowie Vertriebspartnerschaften. Schließlich ist die Dimension Kooperation durch eine prinzipielle Offenheit der Organisationsstruktur für Kooperationen gekennzeichnet.

Auf die Bedeutung von Kooperationen wird in vielen Beiträgen zu Strategie in High Velocity Märkten hingewiesen.[1067] Zum einen erleichtert die zunehmende elektronische Vernetzung und Digitalisierung das Eingehen von kooperativen Unternehmensverbindungen.[1068] Zum anderen spielen Aspekte der Standardsetzung sowie der Komplementarität und Kompatibilität von zunehmend modularen Produkt- und Dienstleistungsangeboten eine entscheidende Rolle für die Erreichung von Netz- und Lock-in-Effekten, die wiederum zu Increasing Returns führen.

3.1.2 Strategie in High Velocity Märkten als mehrdimensionales Konstrukt

Die Basishypothese der vorliegenden Arbeit postuliert, dass Strategie in High Velocity Märkten ein mehrdimensionales Konstrukt ist. Diesbezüglich wurden aus der Industrieökonomik, der Evolutionstheorie und der Ressourcentheorie acht grundlegende Dimensionen des Strategiekonstrukts deduziert. In dem vorausgegangenen Abschnitt wurden die acht Dimensionen beschrieben und ihnen charakteristische Merkmale sowie inhaltliche Ausprägungen zugewiesen. Hierbei dominierte die isolierte Betrachtung der einzelnen strategischen Dimensionen. Damit die acht Dimensionen zusammen das Konstrukt Strategie in High Velocity Märkten bilden, muss jedoch ein dimensionenübergreifender Zusammenhang bestehen.[1069] Die einzelnen strategischen Dimensionen stehen demnach in einer grundsätzlich komplementären Beziehung zueinander. Obwohl die Dimensionen und die Annahme ihrer Komplementarität aus der Theorie abgeleitet worden sind, handelt es sich bei den Aussagen zunächst nur um deskriptive Hypothesen, welche der empirischen Prüfung bedürfen, da a priori keineswegs sicher ist, dass die Ausführungen die reale Strategie in High Velocity Märkten hinreichend beschreiben. Folglich leitet sich hieraus die

---

[1067] Vgl. hierzu Yoffie/Cusumano (1999), S. 74; Amit/Zott (2001), S. 505; Böing (2001), S. 165; 172 f.; Lammerskötter (2002), S. 203; 212 sowie die Ausführungen in Abschnitt 2.2.1.2.1.

[1068] Vgl. hierzu Picot/Neuburger (2001), S. 30; Wirtz (2001b), S. 189 ff.

[1069] Vgl. zu einer ähnlichen Vorgehensweise bei der Konzeptionalisierung und Operationalisierung eines Konstrukts Fritz (1995), S. 175 ff.

erste deskriptive Untersuchungshypothese zur Beantwortung der ersten Untersuchungsfragestellung ab, die im weiteren Verlauf empirisch zu überprüfen ist.[1070]

H1: *Das Konstrukt Strategie in High Velocity Märkten weist acht voneinander abgrenzbare, zugleich jedoch in komplementärer Beziehung stehende Dimensionen auf: Produkt-Differenzierung, Image-Differenzierung, Aggressivität, Fokus, Proaktivität, Replikation, Rekonfiguration und Kooperation.*

In einem zweiten Schritt ist festzustellen, ob die aus der Theorie deduzierten acht Dimensionen tatsächlich die Strategie in High Velocity Märkten beschreiben. Hieraus leitet sich die nächste deskriptive Untersuchungshypothese ab.

H2: *Die acht voneinander abgrenzbaren, jedoch in komplementärer Beziehung zueinander stehenden Dimensionen Produkt-Differenzierung, Image-Differenzierung, Aggressivität, Fokus, Proaktivität, Replikation, Rekonfiguration und Kooperation laden auf einen übergeordneten Faktor, der sich inhaltlich als Strategie in High Velocity Märkten interpretieren lässt.*

Zugleich ist gemäß der zweiten Untersuchungsfragestellung der Stellenwert der einzelnen Dimensionen für Strategie in High Velocity Märkten zu identifizieren und zu messen.[1071] Im Schrifttum zu Strategie in High Velocity Märkten weisen eine Vielzahl von Autoren darauf hin, dass die primär marktorientierten, aus industrieökonomischen Überlegungen abgeleiteten Konzepte, die auf eine eindeutige strategische Positionierung abzielen, aufgrund der hohen Dynamik und Komplexität von High Velocity Märkten keine Bedeutung mehr für die Strategie der Unternehmen haben.[1072] In der vorliegenden Konzeptionalisierung von Strategie in High Velocity Märkten kommen die Konzepte der strategischen Positionierung in den aus industrieökonomischen Überlegungen abgeleiteten Dimensionen Produkt-Differenzierung, Image-Differenzierung, Aggressivität und Fokus zum Ausdruck. Zur empirischen Überprüfung der im Schrifttum zu High Velocity Märkten postulierten Irrelevanz der strategischen Positionierung wird die dritte deskriptive Untersuchungshypothese formuliert.

H3: *Strategie in High Velocity Märkten wird in stärkerem Maße durch die Dimensionen Proaktivität, Replikation, Rekonfiguration und Kooperation bestimmt als durch jede der übrigen Dimensionen.*

[1070] Siehe Abschnitt 1.1.2.
[1071] Vgl. hierzu Abschnitt 1.1.2.
[1072] Vgl. Chakravarthy (1997), S. 75-76; Eisenhardt/Brown (1999), S. 76; Haertsch (2000), S. 161 ff.; Eisenhardt/Sull (2001), S. 107 ff.; Lammerskötter (2002), S. 154 ff. und die Ausführungen in Abschnitt 2.2.1.1.

Darüber hinaus wird im Schrifttum zu Strategie in High Velocity Märkten der strategischen Flexibilität und der Anpassungsfähigkeit von Unternehmen an die sich ständig verändernden Bedingungen eine zentrale Bedeutung beigemessen.[1073] BURMANN zufolge wird die strategische Flexibilität eines Unternehmens insbesondere durch die Dimensionen Replikation und Rekonfiguration beeinflusst, da diese die Handlungsschnelligkeit respektive den Handlungsspielraum erhöhen.[1074] Hieraus lässt sich die vierte deskriptive Untersuchungshypothese ableiten.

H4: *Strategie in High Velocity Märkten wird in stärkerem Maße durch die Dimensionen Replikation und Rekonfiguration bestimmt als durch die Dimensionen Proaktivität und Kooperation.*

Zur empirischen Überprüfung der Hypothesen H2 bis H4 wird in Anlehnung an FRITZ eine konfirmatorische Faktorenanalyse zweiter Ordnung durchgeführt, die auf dem Acht-Dimensionen-Modell der Strategie in High Velocity Märkten aufbaut.[1075] Die acht Dimensionen, die Faktoren erster Ordnung darstellen, werden dabei als Indikatoren für einen übergeordneten Faktor betrachtet, der selbst keinen Bezug zur Ebene der empirisch erfassten Variablen hat. Dieser Faktor zweiter Ordnung lässt sich dann inhaltlich als das Konstrukt Strategie in High Velocity Märkten interpretieren. Die Höhe der Ladung der Faktoren erster Ordnung auf den übergeordneten Faktor gibt Aufschluss über die relative Bedeutung der einzelnen Dimensionen innerhalb des Gesamtkonzeptes der Strategie in High Velocity Märkten. Durch die Analyse wird somit einerseits empirisch nachgewiesen, dass die acht Dimensionen wirklich ein übergeordnetes Konstrukt beschreiben, welches sich als Strategie in High Velocity Märkten interpretieren lässt. Andererseits lässt sich durch die Analyse die relative Bedeutung der einzelnen Dimensionen für die Strategie in High Velocity Märkten empirisch prüfen.

3.2 Konzeptionalisierung des strategischen Erfolgs

Strategie wird in der vorliegenden Untersuchung als Mittel zur Erreichung gesetzter Ziele konzeptionalisiert.[1076] Hieraus entsteht die Notwendigkeit, die Erreichung der gesetzten Ziele durch die Strategie auch empirisch zu überprüfen. HELM konstatiert hierzu: „Die Überprüfung des Strategieerfolgs ist der ultimative Test jeder Strategie im Zeitablauf und damit die Zielgröße jeglicher Überlegungen im Bereich des strate-

---

[1073] Siehe Bettis/Hitt (1995), S. 13; Chakravarthy (1997), S. 77; Eisenhardt/Brown (1999), S. 74 ff.; Yoffie/Cusumano (1999), S. 75 ff.; Eisenhardt/Sull (2001), S. 108; Gomez/Küng (2001), S. 101; Rindova/Kotha (2001), S. 1274 ff.; Willcocks/Plant (2001), S. 58; Lammerskötter (2002), S. 177 sowie die Ausführungen in Abschnitt 2.2.1.2.1.
[1074] Vgl. hierzu Burmann (2002a), S. 183; 275.
[1075] Vgl. hierzu Fritz (1995), S. 209 f. sowie zu den methodischen Aspekten die Ausführungen in Abschnitt 4.1.1.2.
[1076] Vgl. hierzu die Ausführungen in Abschnitt 2.1.2.1.

gischen Managements. In der Forschungspraxis wird es durch die verstärkte Entwicklung normativer Theorien und deren empirische Falsifizierungsversuche zunehmend wichtiger, nicht nur die Wahl einer tatsächlich verfolgten Strategie eines Unternehmens oder eines Geschäftsbereichs in einem Modell abzubilden und zu erklären, sondern auch den Erfolg, der damit erzielt wurde, zu messen."[1077]

In der vorliegenden Arbeit widmet sich die dritte Untersuchungsfragestellung dem Zusammenhang zwischen Strategie in High Velocity Märkten und dem Erfolg.[1078] Die empirische Überprüfung der Erfolgswirkung von Strategie in High Velocity Märkten erfordert zunächst eine Konzeptionalisierung und Operationalisierung des Erfolgskonstrukts. Hierzu werden im folgenden Abschnitt die Ansätze zur Erfolgsmessung in der empirischen Strategieforschung skizziert und systematisiert, wobei zunächst auf die grundlegenden Ansätze zur Messung des Unternehmenserfolgs eingegangen wird. Darauf aufbauend wird das in der vorliegenden Untersuchung verwendete zweidimensionale Konstrukt „Strategischer Erfolg" entwickelt. Die Ausführungen dieses Abschnitts enden mit der Ableitung der Hypothesen bezüglich der Erfolgswirkung von Strategie in High Velocity Märkten.

3.2.1 Erfolgsmessung in der empirischen Strategieforschung

In der Literatur zur Evaluation des Unternehmenserfolgs werden auf der Ebene der Gesamtorganisation vier grundlegende Ansätze unterschieden:[1079]

1. Der **Zielansatz** geht davon aus, dass Unternehmen zweckgerichtete Systeme sind, die explizit formulierte oder implizit aus dem Verhalten der Mitarbeiter ableitbare Ziele verfolgen. Der Erfolg wird demnach als Grad der Zielerreichung definiert.[1080]

2. Der **Systemansatz** erweitert die Perspektive des Zielansatzes, indem er die vielfältigen Beziehungen innerhalb und außerhalb des Unternehmens berücksichtigt und insbesondere die Beziehung zwischen einem Unternehmen und seiner Umwelt in den Mittelpunkt rückt. Erfolg wird hierbei nicht mehr auf die Zielerreichung beschränkt, sondern wird als die Fähigkeit des Unternehmens verstanden, sich knappe und wertvolle Ressourcen zu sichern, die interne Systemstabilität zu erhalten und erfolgreich mit der Umwelt zu interagieren.[1081] Der Erfolgsbegriff wird

---

[1077] Helm (1998), S. 225. Siehe auch VENKATRAMAN/RAMANUJAM, die die Bedeutung des strategischen Erfolgs aus theoretischer, empirischer und praktischer Perspektive herleiten. Vgl. Venkatraman/ Ramanujam (1986), S. 801 f. Siehe auch Habel (1992), S. 131.

[1078] Vgl. hierzu Abschnitt 1.1.2.

[1079] Vgl. hierzu Ford/Schellenberg (1982), S. 50; Dess/Robinson (1984), S. 265; Fritz (1995), S. 219; Jenner (1999), S. 238 f.

[1080] Vgl. hierzu Etzioni (1964), S. 8; Bühner (1977), S. 51; Fessmann (1980), S. 213 ff.; Grabatin (1981), S. 21; Mansfield (1986), S. 26.

[1081] Vgl. hierzu Miles (1980), S. 367 ff.

somit zu einem abstrakten, mehrdimensionalen Konstrukt, welches sich der Messung weitgehend entzieht und in dessen Mittelpunkt die langfristige Überlebensfähigkeit der Unternehmung steht.[1082]

3. Der **interessenpluralistische Ansatz**, auch bezeichnet als Interaktions-, Stakeholder-, Koalitions- oder Sozialansatz bzw. „constituency approach", bemisst den Erfolg danach, inwieweit es dem Unternehmen gelingt, die Interessen möglichst aller Mitglieder der externen Koalition (z. B. Kunden, Lieferanten, Geldgeber etc.) und der internen Koalition (z. B. Mitarbeiter, Manager etc.) zufrieden zu stellen.[1083]

4. Der **Kontingenzansatz** betont die Abhängigkeit des Unternehmenserfolgs und der einzelnen Erfolgskriterien von der jeweiligen Situation, in der sich das Unternehmen befindet.[1084]

Die Ausführungen zeigen, dass der interessenpluralistische Ansatz und insbesondere der Systemansatz bei der Analyse des Erfolgs eine breitere Perspektive zugrunde legen als der Zielansatz. In der Forschungspraxis erweisen sich diese angestrebte breite Perspektive und die Einbeziehung verschiedener Anspruchsgruppen und Organisationsteilnehmer aufgrund von Operationalisierungsproblemen jedoch als schwierig.[1085] Daher finden diese beiden Ansätze in der empirischen Strategieforschung kaum Verwendung und sollen auch für die vorliegende Untersuchung nicht weiter betrachtet werden.

Hinsichtlich der Erfolgsmessung in der empirischen Strategieforschung plädieren viele Autoren vor dem Hintergrund der Komplexität und des umfassenden Charakters des Unternehmenserfolgs für die Annahme einer Perspektive des strategischen Managements und der damit verbundenen Fokussierung der Erfolgsmessung, die sich in Konstrukten wie Business Performance oder Business Economic Performance ausdrückt.[1086] HOFER führt diesbezüglich aus: „[...] it seems clear that different fields of study will and should use different measures of organization performance because of the differences in their research questions, as well as in their ultimate purpose."[1087] Das die Perspektive des strategischen Managements reflektierende Konstrukt „Strategischer Erfolg" bzw. Business Performance wird in der empirischen

---

[1082] Vgl. hierzu Bleicher (1979), S. 4; Staehle (1999), S. 445.
[1083] Vgl. hierzu Dlugos (1984), S. 41; Staehle (1984), S. 29; Staehle (1999), S. 449.
[1084] Vgl. hierzu Bühner (1977), S. 52; Macharzina/Oechsler (1979), S. 52.
[1085] Vgl. Dess/Robinson (1984), S. 271; Jenner (1999), S. 239.
[1086] Vgl. hierzu Venkatraman/Ramanujam (1986), S. 802; Venkatraman/Ramanujam (1987), S. 109.
[1087] Hofer (1983), S. 44.

Strategieforschung als Bestandteil des umfassenderen Konstrukts Organizational Effectiveness bzw. Unternehmenserfolg konzeptionalisiert.[1088]

VENKATRAMAN/RAMANUJAM strukturieren ihre Bestandsaufnahme der empirischen Messansätze des strategischen Erfolgs anhand der eher inhaltlichen Dimension „Art und Umfang der Konzeptionalisierung" und der erhebungstechnischen Dimension „Datenquelle".[1089] Erstgenannte Dimension drückt sich in der Auswahl der Indikatoren aus. Eine enge Konzeptionalisierung des Konstrukts zeigt sich in der ausschließlichen Verwendung finanzieller Indikatoren, welche die Erfüllung der ökonomischen Ziele der Unternehmen reflektieren. Zum Einsatz kommen hierbei auf der einen Seite rechnungswesenbasierte Indikatoren wie Umsatzwachstum, Profitabilität, gemessen durch Verhältniszahlen wie Gesamtkapitalrentabilität (Return on Investment, ROI), Eigenkapitalrentabilität (Return on Equity, ROE) sowie Umsatzrentabilität (Return on Sales, ROS), oder Gewinn pro Aktie. Auf der anderen Seite werden vermehrt markt- bzw. wertbasierte Indikatoren herangezogen, wie beispielsweise Tobin's Q als Relation des Marktwertes eines Unternehmens zu den Reproduktionskosten seiner Aktiva. Die Konzentration auf rein finanzielle Indikatoren stellt bisher das dominierende Erfolgsmessungsmodell der empirischen Strategieforschung dar.[1090] Eine breite Konzeptionalisierung des Erfolgskonstrukts drückt sich in der Hinzunahme von nicht-finanziellen Indikatoren aus, welche die „operational performance" messen. Zu nennen sind beispielsweise Marktanteil, die Einführung neuer Produkte, die Produktqualität, die Marketingeffizienz und andere Messgrößen für die technologische Effizienz.

Hinsichtlich der Datenquelle sind die Herkunft der Daten und die Art der Einschätzung bzw. Erhebung zu unterscheiden.[1091] So können die Daten entweder direkt aus dem Unternehmen oder aus unternehmensexternen Quellen gewonnen werden. Die Erfolgsmessung kann auf objektiven Daten, wie beispielsweise Daten des Rechnungswesens, oder auf subjektiven Einschätzungen von Informanten beruhen.

In Bezug auf die Art und den Umfang der Konzeptionalisierung deuten Untersuchungen darauf hin, dass es sich bei dem strategischen Erfolg um ein mehrdimensionales Konstrukt handelt.[1092] Beispielsweise extrahieren WOO/WILLARD aus 14 unterschiedlichen, im Rahmen des PIMS-Projektes erhobenen und in der Strategieforschung verwendeten Erfolgsmaßen vier distinkte Faktoren, die als Hauptdimensionen interpretiert werden können: (1) Rentabilität, (2) relative Wettbewerbsposition,

---

[1000] Vgl. hierzu Venkatraman/Ramanujam (1986), S. 803.
[1089] Vgl. zu den folgenden Ausführungen Venkatraman/Ramanujam (1986), S. 803 ff.
[1090] Vgl. Hofer (1983), S. 45 ff.; Habel (1992), S. 132. Hierfür sprechen auch die Analysen der Beiträge zur empirischen Strategiemessung der vorliegenden Untersuchung. Siehe hierzu Tab. 38 im Anhang.
[1091] Vgl. zu den folgenden Ausführungen Venkatraman/Ramanujam (1987), S. 110 f.
[1092] Vgl. Dess/Robinson (1984), S. 271; Venkatraman/Ramanujam (1986), S. 807.

(3) Veränderung der Rentabilität und des Cashflow sowie (4) Umsatz- und Marktanteilswachstum. Hierbei integriert der Rentabilitätsfaktor die meisten Variablen, wobei ROI, ROS und die Cashflow-Gesamtkapitalrendite die höchsten Faktorladungen aufweisen.[1093]

Hinsichtlich der Datenquelle und der Art der Datenerhebung werden im Schrifttum die folgenden Einwände gegen die ausschließliche Verwendung von objektiven, rechnungswesenbasierten Daten vorgebracht. Zunächst wird der Vergangenheitsbezug rechnungswesenbasierter Daten kritisiert, aus denen sich nur eingeschränkt Aussagen über das Potenzial zukünftiger Leistungen ableiten lassen.[1094] Zudem drücken sich die Auswirkungen von strategischen Entscheidungen oftmals erst mit einer Zeitverzögerung in den Rechnungswesendaten aus, wodurch die Validität der Messung beeinträchtigt wird.[1095] Ferner wird die Validität der Erfolgsmessung durch die mangelnde Objektivität aufgrund unterschiedlicher Bewertungspraktiken und unterschiedlicher Ausnutzung von Bilanzierungsspielräumen eingeschränkt.[1096] Schließlich verbietet die fehlende Zugriffsmöglichkeit auf Daten des Rechnungswesens in vielen Fällen deren Heranziehung zur Bestimmung des strategischen Erfolgs. Dies trifft beispielsweise zu auf nicht oder nur eingeschränkt publizitätspflichtige Unternehmen oder auf Geschäftsbereiche von konglomeraten Unternehmen, deren Ergebnis nicht gesondert ausgewiesen wird.[1097]

Insbesondere vor dem Hintergrund des mangelnden Zugriffs auf objektive Daten schlagen einige Autoren die Ermittlung des strategischen Erfolgs durch eine subjektive Einschätzung hinsichtlich des Zielerreichungsgrads oder der Position in Relation zur Konkurrenz vor.[1098] DESS/ROBINSON weisen empirisch eine signifikante Korrelation zwischen einer subjektiven Einschätzung der Veränderung von Gesamtkapitalrentabilität und Umsatzwachstum im Vergleich zur Konkurrenz mit objektiven Daten nach und folgern daraus: „Although the objective measure(s) would be preferred, this finding suggest that a researcher might consider using a subjective perceptual measure of at least two aspects of organizational performance (return on assets and growth in sales) under two specific conditions: (1) accurate objective measures are unavailable, and (2) the alternative is to remove the consideration of performance

---

[1093] Vgl. Woo/Williard (1983), S. 13 ff.; Chakravarthy (1986), S. 440 f.

[1094] Vgl. hierzu Chakravarthy (1986), S. 444; McGuire/Schneeweis/Hill (1986), S. 149; Habel (1992), S. 132.

[1095] Vgl. Lubatkin (1983), S. 222; Habel (1992), S. 132.

[1096] Vgl. hierzu Dess/Robinson (1984), S. 267; McGuire/Schneeweis/Hill (1986), S. 129; Habel (1992), S. 132 f. TROSTEL/NICHOLS weisen in diesem Zusammenhang empirisch einen Unterschied zwischen börsennotierten Unternehmen und Eigentümerunternehmen nach, welcher darin begründet ist, dass letztgenannte sich eher nach steuerlichen Erwägungen richten, während erstgenannte auch die Außenwirkung berücksichtigen. Vgl. Trostel/Nichols (1982), S. 60.

[1097] Vgl. Dess/Robinson (1984), S. 266.

[1098] Vgl. hierzu auch die Ausführungen zum Self-Typing-Ansatz in Abschnitt 2.2.2.1.1.2.

from the research design."[1099] Zu einem ähnlichen Ergebnis kommen VENKATRAMAN/ RAMANUJAM auf der Basis einer Multitrait-Multimethod-Analyse und einer konfirmatorischen Faktorenanalyse: „There exists a general belief that the use of an informant approach [...] may not be valid because managers are likely to overrate their performance. In the absence of serious research attention, this issue has largely remained an untested proposition. This study provided modest support in establishing that managers tend to be less biased in their assessments of their organizational performance than researchers have tended to give them credit for. It appears that perceptual data from senior managers, which tend to strongly correlate with the secondary data [...], can be employed as acceptable operationalizations of BEP."[1100]

3.2.2 Strategischer Erfolg als zweidimensionales Konstrukt

Vor dem Hintergrund der Ausführungen zur Erfolgsmessung in der empirischen Strategieforschung wird das Konstrukt „Strategischer Erfolg" in der vorliegenden Untersuchung wie folgt konzeptionalisiert und operationalisiert: Die Ausführungen hinsichtlich der empirisch nachgewiesenen Mehrdimensionalität führen zu einer zweidimensionalen Konzeptionalisierung des Konstrukts „Strategischer Erfolg". Unter Bezugnahme auf den Zielansatz werden Wachstum und Profitabilität als die wesentlichen strategischen Ziele auf der Geschäftsbereichsebene definiert. Die zentrale Bedeutung dieser beiden Erfolgsmaßstäbe spiegelt sich in ihrer häufigen Verwendung in der empirischen Strategieforschung wider.[1101] Dies resultiert nicht zuletzt daraus, dass Wachstum zur Bestimmung der Effektivität und Profitabilität zur Messung der Effizienz eines Unternehmens herangezogen werden, so dass die beiden Dimensionen die zentralen Merkmale ökonomischer Geschäftstätigkeit abbilden.[1102] Zugleich reflektieren Effektivität und Effizienz eine langfristige respektive kurzfristige Perspektive.[1103]

Die auf der Geschäftsbereichsebene angesiedelte Analyseebene sowie die Einbeziehung nicht-börsennotierter und nicht oder nur eingeschränkt publizitätspflichtiger Unternehmen in der vorliegenden Untersuchung verhindern einen Rückgriff auf objektive Daten zur Operationalisierung der beiden Dimensionen. Daher erfolgt die Operationalisierung der beiden Dimensionen und des Konstrukts „Strategischer Erfolg" anhand von Indikatoren, die über Self-Typing erhoben werden. Als Indikatoren werden für Wachstum das Umsatzwachstum, das Gewinnwachstum und das Marktanteilswachstum in Relation zu den Hauptkonkurrenten innerhalb der letzten

---

[1099] Dess/Robinson (1984), S. 271.
[1100] Venkatraman/Ramanujam (1987), S. 117.
[1101] Vgl. hierzu Hofer (1983), S. 47 ff.; Dess/Robinson (1984), S. 268; Venkatraman (1985), S. 79; Venkatraman/Ramanujam (1987), S. 111; Venkatraman (1989a), S. 957.
[1102] Vgl. hierzu Dess/Robinson (1984), S. 268; Fredrickson (1984), S. 453; Fritz (1995), S. 218; Jenner (1999), S. 241.
[1103] Vgl. Venkatraman (1985), S. 79.

drei Jahre herangezogen. Zur Messung der Profitabilität werden die Rentabilitätskennzahlen Eigenkapitalrentabilität (ROE), Gesamtkapitalrentabilität (ROI), Umsatzrentabilität (ROS), Cashflow-Eigenkapitalrentabilität (CFOE), Cashflow-Gesamtkapitalrentabilität (CFOI) und Cashflow-Umsatzrentabilität (CFOS) in Relation zu den Hauptkonkurrenten erhoben. Die Konzeptionalisierung umfasst sowohl finanzielle als auch nicht-finanzielle Indikatoren bzw. Indikatoren der „operational performance", wie beispielsweise Marktanteilswachstum.

Aus den Überlegungen zur Konzeptionalisierung des strategischen Erfolgs in High Velocity Märkten leitet sich die nächste deskriptive Untersuchungshypothese ab.

H5: *Das Konstrukt Strategischer Erfolg in High Velocity Märkten weist die zwei voneinander abgrenzbaren, zugleich jedoch in komplementärer Beziehung stehenden Dimensionen Wachstum und Profitabilität auf.*

3.2.3 Beziehung zwischen Strategie in High Velocity Märkten und dem strategischen Erfolg

Nach der Darlegung der Konzeptionalisierung des strategischen Erfolgs kann im Folgenden die Beziehung zwischen Strategie in High Velocity Märkten bzw. den einzelnen Strategiedimensionen und dem strategischen Erfolg untersucht werden. Aus der im Schrifttum postulierten Erfolgswirkung von Strategie leitet sich diesbezüglich zunächst die folgende explikative Ausgangshypothese der vorliegenden Untersuchung ab.

H6: *Das Konstrukt Strategie in High Velocity Märkten trägt zum strategischen Erfolg bei.*

Wie die Analyse der Forschungsbeiträge im Themenfeld Strategie in High Velocity Märkten und die Ausführungen im vorherigen Abschnitt belegen, wird den einzelnen Dimensionen von Strategie in High Velocity Märkten eine unterschiedliche Relevanz beigemessen.[1104] Hieraus lässt sich ableiten, dass die einzelnen Dimensionen den strategischen Erfolg ebenso in unterschiedlich starkem Maße beeinflussen, woraus sich die folgende Untersuchungshypothese ergibt.

H7: *Die einzelnen Dimensionen von Strategie in High Velocity Märkten tragen in unterschiedlich starkem Maße zum strategischen Erfolg bei.*

Wie bereits dargelegt, messen die Forschungsbeiträge zu Strategie in High Velocity Märkten den primär marktorientierten Strategien, die auf eine eindeutige Positionierung innerhalb einer Branche abzielen, eine untergeordnete Bedeutung für die

---

[1104] Vgl. hierzu die Ausführungen in Abschnitt 2.2.1 und 3.1.2.

Strategie und damit auch für den strategischen Erfolg bei.[1105] Diese theoretische Aussage soll durch die folgende explikative Untersuchungshypothese überprüft werden.

H8: *Die Dimensionen Proaktivität, Replikation, Rekonfiguration und Kooperation tragen in stärkerem Maße zum strategischen Erfolg bei als jede der übrigen Dimensionen.*

Schließlich wird bezüglich der Strategie in High Velocity Märkten der strategischen Flexibilität und Anpassungsfähigkeit die zentrale Bedeutung und Erfolgsrelevanz zugesprochen.[1106] Zur empirischen Überprüfung der theoretisch postulierten Dominanz der strategischen Flexibilität dient die folgende Untersuchungshypothese.

H9: *Die Dimensionen Replikation und Rekonfiguration tragen in stärkerem Maße zum strategischen Erfolg bei als die Dimensionen Proaktivität und Kooperation.*

3.3 Spezifizierung und Einfluss situativer Variablen

Die vorliegende Untersuchung unterliegt gemäß der skizzierten wissenschaftstheoretischen Orientierung dem situativen Leitprinzip des kritischen Rationalismus.[1107] Um dem situativen Ansatz zu entsprechen, werden im Folgenden Kontextfaktoren aus theoretischen Überlegungen deduziert und ihr Einfluss auf Strategie in High Velocity Märkten und den strategischen Erfolg modelliert. Grundsätzlich sind unternehmensexterne und unternehmensinterne situative Faktoren zu unterscheiden. Als unternehmensexterne situative Faktoren werden beispielsweise die Umweltdynamik, die Umweltkomplexität, die Umweltunsicherheit, die Wettbewerbsintensität oder die technologische Dynamik herangezogen. Das Untersuchungsobjekt der vorliegenden Ausarbeitung beschränkt sich auf High Velocity Märkte.[1108] Diese sind durch die in Abschnitt 2.1.2.2 beschriebenen Charakteristika gekennzeichnet, insbesondere das gleichzeitige Vorliegen einer hohen Komplexität und einer hohen Dynamik. Folglich ist von einer hohen Homogenität hinsichtlich der externen Umweltfaktoren auszugehen. In Konsequenz ist von der Einbeziehung externer Faktoren nur ein geringfügiger Erklärungsbeitrag zu erwarten, weshalb auf ihre Untersuchung

---

[1105] Vgl. Chakravarthy (1997), S. 75-76; Eisenhardt/Brown (1999), S. 76; Haertsch (2000), S. 161 ff.; Eisenhardt/Sull (2001), S. 107 ff.; Lammerskötter (2002), S. 154 ff. und die Ausführungen in Abschnitt 2.2.1.1 und Abschnitt 3.1.2.

[1106] Siehe Bettis/Hitt (1995), S. 13; Chakravarthy (1997), S. 77; Eisenhardt/Brown (1999), S. 74 ff.; Yoffie/Cusumano (1999), S. 75 ff.; Eisenhardt/Sull (2001), S. 108; Gomez/Küng (2001), S. 101; Rindova/Kotha (2001), S. 1274 ff.; Willcocks/Plant (2001), S. 58; Lammerskötter (2002), S. 177 sowie die Ausführungen in Abschnitt 2.2.1.2.1 und Abschnitt 3.1.2.

[1107] Vgl. hierzu die Ausführungen in Abschnitt 2.1.1.

[1108] Vgl. hierzu Abschnitt 1.2.

verzichtet wird und lediglich unternehmensinterne situative Faktoren einbezogen werden.

Die Auswahl der in die Untersuchung einzubeziehenden unternehmensinternen situativen Faktoren erfolgt basierend auf der Analyse des Schrifttums über High Velocity Märkte. In die Untersuchung aufgenommen werden Faktoren, denen im relevanten Schrifttum auf theoretischen Überlegungen basierend eine Relevanz beigemessen bzw. empirisch nachgewiesen wurde. Von Bedeutung sind insbesondere Aspekte des Strategieprozesses und der Flexibilität der Organisationsstruktur. Im Folgenden werden die situativen Faktoren beschrieben und ihre in der Theorie herausgestellte Relevanz dargestellt. Darauf aufbauend werden die in der vorliegenden Arbeit empirisch zu prüfenden Untersuchungshypothesen formuliert.

3.3.1 Aspekte des Strategieprozesses

Die Forschung im strategischen Management wird in zwei Hauptbereiche eingeteilt:[1109] Die Strategieinhalts-Forschung (Strategy-Content-School) und die Strategieprozess-Forschung (Strategy-Process-School). Erstgenannte Forschungsrichtung untersucht den Inhalt strategischer Entscheidungen, also die Strategie selbst, und versucht, diese mit ökonomischen Strukturen und Ergebnissen strategischer Aktivitäten in Verbindung zu setzen.[1110] Darüber hinaus beschäftigt sie sich mit der Identifikation von Ähnlichkeiten und Unterschieden strategischer Attribute von Unternehmen in verschiedenen Umweltkonstellationen. Strategieprozess-Forschung befasst sich demgegenüber mit denjenigen Aktivitäten, die erst zu strategischen Entscheidungen führen und deren Wirksamwerden unterstützen.[1111] Innerhalb dieser Forschungsströmung werden Planungsmethoden, Aspekte des Entscheidungsverhaltens von Individuen und Gruppen, Charakteristika der Führungspersonen und des Führungsverhaltens sowie Implementierungstaktiken hinsichtlich ihrer Effektivität untersucht.

Die bisherigen Überlegungen und Hypothesen sind der Strategieinhalts-Forschung zuzuordnen. Neuere Untersuchungen weisen jedoch nach, dass sowohl der Strategieinhalt als auch der Strategieprozess sowie die Interaktion der beiden Aspekte die Erklärung des Erfolgs signifikant erhöhen.[1112] Basierend hierauf wird im Schrifttum die integrative Analyse von Inhalts- und Prozessaspekten von Strategie sowie die Berücksichtigung der Synergien zwischen beiden Bereichen zur Erklärung des

---

[1109] Siehe hierzu auch Hofer (1975), S. 784 ff.; Jauch (1983), S. 143; Habel (1992), S. 8; Ketchen/Thomas/McDaniel (1996), S. 231; Rühli/Schmidt (1999), S. 267; Burmann (2002a), S. 94 ff.

[1110] Vgl. im Folgenden Fahey/Christensen (1986), S. 168; Habel (1992), S. 8; Ketchen/Thomas/McDaniel (1996), S. 231; Rühli/Schmidt (1999), S. 267.

[1111] Vgl. zu den folgenden Ausführungen Huff/Reger (1987), S. 212; Habel (1992), S. 8; Ketchen/Thomas/McDaniel (1996), S. 231; Rühli/Schmidt (1999), S. 267;

[1112] Vgl. Ketchen/Thomas/McDaniel (1996), S. 245 ff.

Erfolgs gefordert.[1113] Dieser Forderung soll durch die Einbeziehung von Aspekten des Strategieprozesses als unternehmensinterne situative Faktoren entsprochen werden. Forschungsbeiträge zum Bereich High Velocity Märkte weisen darauf hin, dass diesbezüglich insbesondere dem bestimmenden Einfluss des Top-Managements und der übrigen Organisationsmitglieder auf den Prozess der Strategieschöpfung, dem Ausmaß der politischen Aktivität im Strategieprozess, dem Ausmaß der Informationsnutzung und Informationsverarbeitung und der Geschwindigkeit des strategischen Entscheidungsprozesses eine bedeutende Rolle zukommen.

3.3.1.1 Einfluss des Top-Managements und der übrigen Organisationsmitglieder auf den Prozess der Strategieschöpfung

Zur Beschreibung des Strategieschöpfungsprozesses entwickelt HART eine Typologie von fünf Arten der Strategiefindung.[1114] Hierbei nehmen die Rollenverteilung sowie -verknüpfung und der Stil die zentrale Bedeutung zur Unterscheidung der Arten der Strategieschöpfung ein: „Specifying both who is involved in strategy making and in what manner provides a useful organizing principle for framework development. Juxtaposing these roles makes their interaction clear and facilitates the identification of distinctive modes of strategy making."[1115] Die von HART identifizierten fünf Arten der Strategieschöpfung können hinsichtlich des abnehmenden Einflusses des Top-Managements und des zunehmenden Einflusses der übrigen Organisationsmitglieder in die folgende ordinale Reihenfolge gebracht werden:[1116]

1. **Command Mode:** Hier üben eine dominante Einzelperson oder wenige Top-Manager die totale Kontrolle über das Unternehmen aus. Strategiefindung ist ein bewusster, kontrollierter Prozess, der auf höchster Unternehmensebene zentralisiert wird. Nachdem die strategische Situation analysiert ist, Alternativen formuliert und bewertet sind, entscheidet man sich für den angemessenen Weg und die Strategie wird „top-down" implementiert. Das Top-Management gibt als „Commander" die grundsätzliche Handlungsrichtung vor und übt eine umfassende Kontrolle aus, wohingegen sich die übrigen Organisationsteilnehmer darauf beschränken, als „Soldiers" die Anweisungen entgegenzunehmen und auszuführen.

2. **Rational Mode:** Die rationale Art der Strategieschöpfung ist durch ein hohes Ausmaß an Sammlung und Verarbeitung interner und externer Informationen gekennzeichnet. Formale Planungssysteme und hierarchische Beziehungen

---

[1113] Vgl. hierzu Huff/Reger (1987), S. 227; Ketchen/Thomas/McDaniel (1996), S. 248; Farjoun (2002), S. 562 ff.

[1114] Vgl. Hart (1992), S. 333 ff.

[1115] Hart (1992), S. 333 f. Siehe auch Rühli/Schmidt (1999), S. 277.

[1116] Vgl. zur Beschreibung der inhaltlichen Facetten der einzelnen Typen Hart (1992), S. 334 ff.; Rühli/Schmidt (1999), S. 277 ff.

determinieren den Strategiefindungsprozess. Die Strategieformulierung resultiert aus einer Reihe umfassender Analysen wie Portfolio-, Konkurrenz- und Branchenanalysen. Zur Gewährleistung der effektiven Implementierung steuert und kontrolliert das Top-Management ständig die Aktivitäten der übrigen Organisationsteilnehmer, die für Leistungsabweichungen gegenüber dem strategischen Plan verantwortlich gemacht werden. Das Top-Management bestimmt in der Rolle des „Boss" durch die Gestaltung des formalen Planungssystems maßgeblich die strategische Richtung, wohingegen die Mitarbeiter als „Subordinates" partizipieren und dem handlungsdeterminierenden Planungssystem folgen.

3. **Transactive Mode:** Charakteristisch für diese Form der Strategiefindung sind Interaktion und iterative Lern- und Feedbackschleifen. Die Mitarbeiter werden bewusst in den Strategiefindungsprozess einbezogen. Dem Top-Management kommt dabei die Rolle des „Facilitators" zu, dessen Aufgabe darin zu sehen ist, einen interaktiven Strategieschöpfungsprozess mit allen wichtigen Stakeholdern zu initiieren. Die Mitarbeiter sollen ermutigt und befähigt werden, als aktive Teilnehmer am Strategieprozess zu lernen und Verbesserungen einzubringen.

4. **Symbolic Mode:** Die Führungskräfte tragen mit der Entwicklung einer Vision und der Artikulation einer Mission zum Strategiefindungsprozess bei. Hierbei gibt die Vision den Aktivitäten des Unternehmens Sinn und Gewicht und nimmt eine identitätsstiftende Rolle für die Mitarbeiter ein, indem sie die grundlegende Philosophie und die Werte des Unternehmens definiert. Die langfristige Mission, welche in operative Ziele überführt wird, inspiriert die Mitarbeiter zu einer Leistungssteigerung. Das Top-Management als „Coach" hilft somit, die Handlungen der übrigen Mitglieder der Organisation in Richtung auf ein gemeinsames, übergeordnetes Ziel zu leiten. Mit Hilfe von Leitsätzen und neuen Projekten und unter Verwendung von Symbolen, Metaphern und emotionsgeladenen Appellen wird ein Momentum für kreatives, aber gleichzeitig zielgerichtetes Handeln geschaffen. Hierdurch entsteht ein implizites Kontrollsystem, das lediglich auf gemeinsamen Werten basiert. Die Mitarbeiter verkörpern hierbei den „Player", der auf die sich aus der Vision und Mission ergebenden Herausforderungen aktiv reagiert und sich zur Erreichung der Ziele einsetzt.

5. **Generative Mode:** Zentrales Merkmal dieses Typus ist das autonome Verhalten der Organisationsmitglieder. Strategie entsteht durch unternehmerisches Verhalten und strategische Initiativen der Mitarbeiter, die „bottom-up" in den Strategieschöpfungsprozess einfließen und die strategische Ausrichtung des Unternehmens prägen. Die Rolle des Top-Managements beschränkt sich auf die eines „Sponsors", der Experimentierfreude und Risikobereitschaft der Mitarbeiter anregt und strategisch relevante Projekte identifiziert und mit Ressourcen ausstattet. Darüber hinaus obliegt dem Top-Management die kontinuierliche Modifizierung der Strategie, um eine Übereinstimmung mit den Initiativen der Mitarbeiter zu wahren. Mitarbeiter agieren als „Entrepreneurs" und beeinflussen mit ihren Ideen und Initiativen die Strategiefindung in hohem Maße.

Tab. 11 stellt den Stil, die zentralen Charakteristika sowie die Rolle von Top-Management und Mitarbeitern innerhalb der Typologie von HART zusammenfassend gegenüber.

Typus Aspekte	Command Mode	Rational Mode	Transactive Mode	Symbolic Mode	Generative Mode
Stil	• Imperial	• Analytical	• Procedural	• Cultural	• Organic
Merkmale	• Dominanter Leader/ wenige Top-Manager gestalten Strategie und pushen sie „top-down" durch das Unternehmen • Bewusster, kontrollierter, zentralisierter Prozess	• Formale Analyse • Hohes Ausmaß an Informationsverarbeitung • Formale Planungssysteme und hierarchische Beziehungen • Sorgfältige Kontrolle/ Benchmarking	• Interaktion und Lernen • Strategie entstammt einem kontinuierlichem Dialog mit Key-Stakeholdern • Iterative Herangehensweise	• Leader entwickelt Vision und artikuliert Mission • Kreatives und zielgerichtetes Handeln durch Appelle, Leitsätze, Symbole und Metaphern • Implizites Kontrollsystem auf der Basis gemeinsamer Wertvorstellungen	• Intrapreneurship und autonomes Verhalten der Mitarbeiter • Neue Ideen und strategische Initiativen kommen von den Mitarbeitern und fließen „bottom-up" in den Strategieprozess ein • Kontinuierliche Anpassung der Strategie
Rolle des Top-Managements	• Commander • Richtung vorgeben	• Boss • Bewerten und kontrollieren	• Facilitator • Ermächtigen und befähigen	• Coach • Motivieren und inspirieren	• Sponsor • Billigen und unterstützen
Rolle der Mitarbeiter	• Soldier • Befehlen gehorchen	• Subordinate • Dem System folgen	• Participant • Lernen und verbessern	• Player • Auf die Herausforderungen reagieren	• Entrepreneur • Experimentieren und Risiken eingehen
Einflussverteilung im Strategieschöpfungsprozess	Einfluss des Top-Managements				Einfluss der Mitarbeiter

Tab. 11: Typologie der Strategiefindungsprozesse[1117]

In seiner weiteren Betrachtung postuliert HART, dass der „Symbolic Mode" bei schnell wachsenden bzw. sich neu ausrichtenden Unternehmen vorherrschen wird, die proaktive Strategien in dynamischen Märkten verfolgen. In einem solchen Umfeld ist diese Art des Strategiefindungsprozesses auch mit einem höheren Erfolg verbunden.[1118] Ferner stellt er die These auf, dass der „Generative Mode" am meisten bei Unternehmen verbreitet ist, die in turbulenten, also sowohl dynamischen als auch komplexen, Umfeldern agieren, in denen Vorausschau eine entscheidende Rolle für den Wettbewerbserfolg darstellt. Unter diesen Umfeldbedingungen wird diese Art der Strategiefindung mit einem höheren Erfolg assoziiert sein.[1119]

[1117] Eigene, erweiterte Darstellung in Anlehnung an Hart (1992), S. 334.
[1118] Vgl. Hart (1992), S. 343.
[1119] Vgl. Hart (1992), S. 344.

Für die vorliegende Untersuchung deutet dies darauf hin, dass ein geringer Einfluss des Top-Managements und eine starke Einbindung aller Mitarbeiter von hoher Relevanz für die Strategie in High Velocity Märkten sind. Ferner ist zu vermuten, dass diese Eigenschaften des Strategieprozesses insbesondere einen Einfluss auf die zentralen Dimensionen von Strategie in High Velocity Märkten ausüben und deren Erfolgsbeitrag erhöhen. Hierauf basierend werden die nächsten beiden explikativen Untersuchungshypothesen für die vorliegende Untersuchung formuliert.

H10a: *Je geringer der bestimmende Einfluss des Top-Managements auf den Strategieschöpfungsprozess und je höher die Einbindung der Mitarbeiter in diesen Prozess ist, umso größer ist die Relevanz der Dimensionen Proaktivität, Replikation und Rekonfiguration innerhalb der Strategie in High Velocity Märkten.*

H10b: *Je geringer der bestimmende Einfluss des Top-Managements auf den Strategieschöpfungsprozess und je höher die Einbindung der Mitarbeiter in diesen Prozess ist, umso größer ist der Beitrag der Dimensionen Proaktivität, Replikation und Rekonfiguration zum strategischen Erfolg.*

Wie in Tab. 11 bereits angedeutet, stellen der Einfluss des Top-Managements und die Einbindung der Mitarbeiter die zentralen Aspekte der Typologie nach HART dar, wobei sich die einzelnen Typen entlang dieser Aspekte auf einer **Ordinalskala** anordnen lassen. Folglich wird das Ausmaß des bestimmenden Einflusses des Top-Managements und der Einbindung der Mitarbeiter in den Strategieschöpfungsprozess durch die Zuordnung der Unternehmen über Self-Typing operationalisiert und erhoben.

3.3.1.2 Ausmaß der politischen Aktivität im Strategieprozess

In ihrer empirischen Untersuchung der synergetischen Auswirkungen von Strategieinhalt und Strategieprozess auf den Unternehmenserfolg identifizieren KETCHEN/ THOMAS/MCDANIEL das Ausmaß der politischen Aktivität und das Ausmaß der Informationsnutzung und -verarbeitung (vgl. hierzu Abschnitt 3.3.1.3) als zentrale Aspekte des Strategieprozesses, denen eine entscheidende Erfolgsbedeutung beigemessen wird.[1120] Politische Aktivität bezieht sich hierbei auf das Ausmaß von Lobbyismus, Formierung von Koalitionen, Konflikten und Verhandeln innerhalb und im Umfeld des Strategieprozesses.[1121] Die Autoren postulieren in dem von ihnen untersuchten dynamischen Umfeld eine negative Beziehung zwischen dem Ausmaß

[1120] Vgl. Ketchen/Thomas/McDaniel (1996), S. 233.
[1121] Vgl. Narayanan/Fahey (1982), S. 32. Siehe auch Schreyögg (1999), S. 397.

an politischer Aktivität und dem Erfolg, die allerdings von den empirischen Daten nicht gestützt wird.[1122]

EISENHARDT/BOURGEOIS kommen hingegen auf der Basis detaillierter Fallstudien zu dem Ergebnis, dass der Erfolg eines Unternehmens in High Velocity Märkten umso geringer ist, je höher das Ausmaß an politischer Aktivität innerhalb des Strategieprozesses ist.[1123] Diese negative Beziehung beruht gemäß der Auswertung der Fallstudiendaten auf den folgenden Gründen.[1124] Zunächst fordert das politische Agieren im Strategieprozess Zeit und lenkt die Manager von der Auseinandersetzung mit strategischen Fragestellungen und der Wahrnehmung ihrer funktionalen Verantwortung ab. Darüber hinaus beschränkt politische Aktivität den kontinuierlichen Informationsfluss, dem insbesondere im Umfeld der High Velocity Märkte aufgrund der essenziellen Notwendigkeit akkurater und zeitnaher Informationen eine hohe Relevanz zukommt.[1125] Schließlich beeinträchtigt das Engagement in politischen Aktivitäten auch die Wahrnehmung der Meinungen anderer Teilnehmer des Strategieprozesses und behindert so eine effektive Kommunikation und einen offenen Dialog.

Die Ergebnisse der Forschungsbeiträge weisen auf eine Relevanz der politischen Aktivität für die vorliegende Untersuchung hin. Hierbei ist wiederum davon auszugehen, dass sich die politische Aktivität insbesondere auf die für Strategie in High Velocity Märkten zentralen Dimensionen auswirkt. Zur Überprüfung dieses negativen Zusammenhangs dienen die beiden folgenden explikativen Untersuchungshypothesen.

H11a: Je geringer das Ausmaß politischer Aktivität im Strategieprozess ist, umso größer ist die Relevanz der Dimensionen Proaktivität, Replikation und Rekonfiguration innerhalb der Strategie in High Velocity Märkten.

H11b: Je geringer das Ausmaß politischer Aktivität im Strategieprozess ist, umso größer ist der Beitrag der Dimensionen Proaktivität, Replikation und Rekonfiguration zum strategischen Erfolg.

Das Ausmaß an politischer Aktivität wird über eine Skala mit drei Items operationalisiert, auf der die Befragten angeben, wie stark der Strategiebildungsprozess in ihrem

---

[1122] Vgl. Ketchen/Thomas/McDaniel (1996), S. 245.
[1123] Vgl. Eisenhardt/Bourgeois (1988), S. 760. Siehe auch Bourgeois/Eisenhardt (1988), S. 832.
[1124] Vgl. im Folgenden Eisenhardt/Bourgeois (1988), S. 761 ff.
[1125] Vgl. hierzu auch Bourgeois/Eisenhardt (1987), S. 157.

Unternehmen durch Aktivitäten wie beispielsweise Formierung von Koalitionen, Lobbying oder Konflikt gekennzeichnet ist.[1126]

3.3.1.3 Ausmaß der Informationsnutzung und Informationsverarbeitung

Wie bereits angedeutet, identifizieren KETCHEN/THOMAS/MCDANIEL das Ausmaß der Nutzung und Verarbeitung von Informationen als zweiten zentralen Aspekt des Strategieprozesses, für den sie in dem von ihnen untersuchten dynamischen Umfeld empirisch eine signifikante positive Beziehung zum Erfolg nachweisen.[1127] Das Ausmaß der Informationsnutzung bezieht sich auf den Umfang der verfügbaren Daten, die im Unternehmen innerhalb des Strategiebildungsprozesses verarbeitet werden.[1128] Empirische Untersuchungen belegen diesbezüglich, dass CEOs von sehr erfolgreichen Unternehmen als Reaktion auf strategische Unsicherheit die Umwelt häufiger und gründlicher analysieren als die Führungskräfte in weniger erfolgreichen Unternehmen.[1129] Die Ergebnisse der Fallstudienanalysen von BOURGEOIS/ EISENHARDT unterstützen die Vermutung eines positiven Zusammenhangs zwischen dem Ausmaß der Informationsnutzung und –verarbeitung und dem Erfolg insbesondere für High Velocity Märkte.[1130]

Die empirischen Ergebnisse deuten auf eine Relevanz des Ausmaßes der Informationsnutzung und –verarbeitung für die Strategie in High Velocity Märkten, deren zentrale Dimensionen und die Beziehung zum strategischen Erfolg hin. Diese Vermutung soll mit den folgenden beiden explikativen Untersuchungshypothesen überprüft werden.

H12a: Je umfassender das Ausmaß der Informationsnutzung und Informationsverarbeitung im Strategieprozess ist, umso größer ist die Relevanz der Dimensionen Proaktivität, Replikation und Rekonfiguration innerhalb der Strategie in High Velocity Märkten.

H12b: Je umfassender das Ausmaß der Informationsnutzung und Informationsverarbeitung im Strategieprozess ist, umso größer ist der Beitrag der Dimensionen Proaktivität, Replikation und Rekonfiguration zum strategischen Erfolg.

Das Ausmaß der Informationsnutzung und Informationsverarbeitung im Strategieprozess wird durch eine direkte Abfrage operationalisiert.

[1126] Die verwendete Skala stellt eine Anpassung der von Ketchen/Thomas/McDaniel (1996), S. 242 eingesetzten Skala dar, welche wiederum in Anlehnung an Pfeffer (1981), S. 86 ff. entwickelt wurde.
[1127] Vgl. Ketchen/Thomas/McDaniel (1996), S. 245.
[1128] Vgl. Thomas/McDaniel (1990), S. 289.
[1129] Vgl. Daft/Sormunen/Parks (1988), S. 136.
[1130] Vgl. hierzu Bourgeois/Eisenhardt (1988), S. 826 ff.

3.3.1.4 Geschwindigkeit des strategischen Entscheidungsprozesses

Im Schrifttum zum Strategieprozess in High Velocity Märkten wird zudem die Bedeutung der Geschwindigkeit des strategischen Entscheidungsprozesses untersucht. Die Ergebnisse von EISENHARDT deuten hierbei auf eine positive Beziehung zwischen der Geschwindigkeit des strategischen Entscheidungsprozesses und dem Erfolg in High Velocity Märkten hin.[1131] Begründet wird der Zusammenhang einerseits mit Lerneffekten, die aus strategischen Entscheidungen resultieren. Hierbei wird argumentiert, dass Manager bei einer langsamen Entscheidungsfindung weniger Entscheidungen treffen und somit weniger lernen. Andererseits entstehen und verändern sich Chancen im dynamischen Umfeld der High Velocity Märkte schnell. Eine Ausnutzung dieser Möglichkeiten erfordert eine schnelle Entscheidungsfindung seitens des Managements.[1132]

Die Bedeutung der Geschwindigkeit von strategischen Entscheidungsprozessen ist vor diesem Hintergrund auch in der vorliegenden Untersuchung zu überprüfen, wobei wiederum davon ausgegangen wird, dass die Geschwindigkeit insbesondere die zentralen Dimensionen von Strategie beeinflusst. Hierzu dienen die beiden folgenden explikativen Untersuchungshypothesen.

H13a: Je höher die Geschwindigkeit des strategischen Entscheidungsprozesses ist, umso größer ist die Relevanz der Dimensionen Proaktivität, Replikation und Rekonfiguration innerhalb der Strategie in High Velocity Märkten.

H13b: Je höher die Geschwindigkeit des strategischen Entscheidungsprozesses ist, umso größer ist der Beitrag der Dimensionen Proaktivität, Replikation und Rekonfiguration zum strategischen Erfolg.

Die Geschwindigkeit des strategischen Entscheidungsprozesses wird durch eine direkte Einschätzung operationalisiert und erhoben.

3.3.2 Flexibilität der Organisationsstruktur

Neben dem strategischen Verhalten kommt den Merkmalen und der Struktur von Unternehmen in High Velocity Märkten eine Erfolgsrelevanz zu. Vor diesem Hintergrund beschäftigt sich VOLBERDA mit der Fragestellung „how firms should be organized to cope best with hypercompetitive environments."[1133] Hierzu entwickelt er eine Typologie von Organisationsformen mit unterschiedlichem Flexibilitätsgrad, aus dem eine unterschiedliche Eignung für High Velocity Märkte resultiert.

[1131] Vgl. Eisenhardt (1989a), S. 567 f. Siehe auch Bourgeois/Eisenhardt (1988), S. 829.
[1132] Vgl. Eisenhardt (1989a), S. 569 f.
[1133] Volberda (1996), S. 359.

Ausgangspunkt seiner Überlegungen ist das „Paradox of Flexibility", demzufolge Flexibilität durch eine gewisse Steuerbarkeit bzw. Kontrollierbarkeit der Organisation und ihrer Prozesse ausbalanciert werden muss, die eine schnelle Reaktionsfähigkeit gegenüber veränderten Bedingungen gewährleistet.[1134] Hieraus leitet er das Ausmaß des Flexibilitäts-Mix und die Steuer- bzw. Kontrollierbarkeit der organisationalen Bedingungen als zentrale Dimensionen der organisatorischen Flexibilität ab, anhand derer sich drei idealtypische Formen in eine ordinale Reihenfolge bringen lassen.[1135]

Das Ausmaß des Flexibilitäts-Mix wird hierbei durch die Zusammensetzung unterschiedlicher Flexibilitätsformen determiniert, die wiederum abhängig sind von der Vielfalt (variety) der Fähigkeiten des Managements und der Geschwindigkeit (speed), mit der sie aktiviert werden können.[1136] Durch eine Kombination der beiden Dimensionen mit jeweils den Ausprägungen gering und hoch identifiziert VOLBERDA vier unterschiedliche Arten von Flexibilität (vgl. die Matrix in Abb. 19). Die Steadystate Flexibility ist durch eine geringe Geschwindigkeit und eine geringe Vielfalt von Fähigkeiten gekennzeichnet und besteht aus statischen Prozeduren zur Optimierung der Leistung des Unternehmens bei stabiler Quantität und Qualität der Ausbringungsmenge. Operational Flexibility weist eine geringe Vielfalt in Kombination mit einer hohen Geschwindigkeit auf und besteht aus routinierten Fähigkeiten, die auf gegenwärtigen Strukturen oder Zielen des Unternehmens basieren. Structural Flexibility wird durch eine hohe Vielfalt und eine geringe Geschwindigkeit beschrieben und setzt sich aus Fähigkeiten zusammen, die eine Anpassung der Organisationsstruktur sowie der Entscheidungs- und Kommunikationsprozesse an sich verändernde Bedingungen ermöglichen. Strategische Flexibilität als letztgenannte Art der Flexibilität ist durch eine hohe Vielfalt und eine hohe Geschwindigkeit in der Adaption von Fähigkeiten gekennzeichnet. Sie bezieht sich auf die Ziele der Organisation oder auf die Umwelt und beinhaltet qualitative, radikale Veränderungen der organisationalen Prozesse. Die Steuer- und Kontrollierbarkeit der organisationalen Bedingungen hängt von der Organisationsstruktur und den Bedingungen ab, die im Wesentlichen von der Technologie, der Struktur und der Unternehmenskultur geprägt sind.

Anhand der Art der Flexibilität und der Merkmale der organisationalen Bedingungen beschreibt VOLBERDA drei idealtypische Organisationsformen, für die er jeweils eine unterschiedliche Eignung für High Velocity Märkte postuliert:[1137]

[1134] Vgl. hierzu Volberda (1996), S. 360 f.
[1135] Vgl. Volberda (1996), S. 368.
[1136] Vgl. zu den folgenden Ausführungen Volberda (1996), S. 361 ff.
[1137] Vgl. zu den folgenden Ausführungen Volberda (1996), S. 365 ff. Neben den drei Idealtypen identifiziert VOLBERDA noch die „chaotic form", die durch einen sehr ausgeprägten Flexibilitäts-Mix, aber gleichzeitig durch einen Mangel an Steuerbarkeit sowie an Technologie, Verwaltungsstrukturen und Unternehmenskultur gekennzeichnet ist. Vgl. Volberda (1996), S. 369. Da diese Organisationsform vollkommen durch die Umwelt bestimmt ist und demnach keine idealtypische

1. **Rigid Form:** Die erste Form ist durch einen sehr eingeschränkten Flexibilitäts-Mix gekennzeichnet, bei dem einfache Prozeduren dominieren und der im Wesentlichen durch die Steady-state-Flexibilität charakterisiert ist. Die Steuer- und Veränderbarkeit der Unternehmung sind gering. Darüber hinaus sind die Auswahl- und Variationsmöglichkeiten eingeschränkt und Improvisation ist in der Organisation verboten. Die Technologie in der Organisation ist in der Reifephase und weitgehend routinisiert. Die Struktur ist als mechanistisch zu beschreiben. Sie ist funktional ausgerichtet und weist einen hohen Zentralisierungsgrad mit vielen Hierarchiestufen auf. Die Unternehmenskultur ist konservativ, engstirnig und monoton. Diese Organisationsform wird als optimal für ein einfaches, vorhersehbares und nicht-kompetitives Umfeld angesehen.

2. **Planned Form:** Diese Organisationsform ist durch einen umfassenderen Flexibilitäts-Mix gekennzeichnet, der von operationaler Flexibilität dominiert wird. Er besteht im Wesentlichen aus spezifischen Regeln und detaillierten Prozeduren, die komplex und sehr detailliert sind sowie eine extensive Informationsverarbeitung erfordern. Das Management hat für jede erdenkliche Veränderung eine Routine entwickelt. Dementsprechend weist die Steuer- und Kontrollierbarkeit einen mittleren Grad auf. Die Rigidität der Organisation resultiert nicht aus der Technologie oder der Struktur, sondern aus einer starken Prozessregulierung in Form von Standardisierung, Formalisierung, Spezialisierung und sehr detaillierten Planungs- und Kontrollsystemen. Die Technologie ist nicht routinisiert und die Struktur kann als relativ mechanistisch bezeichnet werden. Die Kultur ist als konservativ zu beschreiben und lässt wenig Spielraum für abweichende Interpretationen der Umwelt. Solange keine unerwarteten Veränderungen auftreten, ist die Steuerbarkeit einer solchen Organisation hoch. Stellen sich jedoch Veränderungen ein, die nicht von dem Planungssystem antizipiert wurden, setzt organisationale Trägheit ein und die Organisation wird rigide. Demnach wird sie als geeignet für ein dynamisches oder komplexes, jedoch größtenteils vorhersehbares und mäßig wettbewerbsintensives Umfeld angesehen.

3. **Flexible Form:** Die dritte Organisationsform ist durch einen breiten und reichhaltigen Flexibilitäts-Mix gekennzeichnet, der durch strategische und strukturelle Flexibilität dominiert wird. Gleichzeitig ist die Steuer- und Kontrollierbarkeit der organisationalen Bedingungen ausreichend hoch. Die Technologie ist nichtroutinisiert, die Struktur organisch und die Unternehmenskultur innovativ. Als Konsequenz können Veränderungen problemlos implementiert werden, indem die aktuelle Technologie angepasst wird. Die flexible Form wird als optimal für ein vollkommen unvorhersehbares Umfeld betrachtet, welches gleichzeitig dynamisch und komplex und somit hyperkompetitiv ist.

Umweltkonfiguration postuliert wurde, wird sie innerhalb der weiteren Untersuchung nicht mehr berücksichtigt.

Abb. 19 visualisiert zusammenfassend die Typologie flexibler Organisationsformen und ihre ordinale Anordnung.

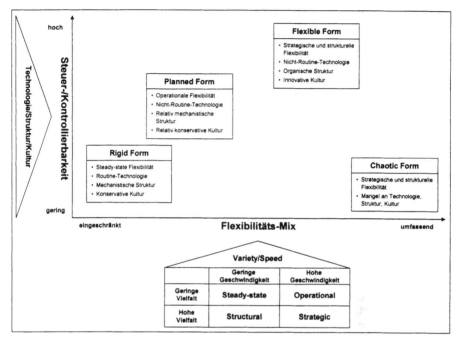

Abb. 19: Typologie flexibler Organisationsformen[1138]

Den Überlegungen von VOLBERDA hinsichtlich der Flexibilität von Organisationsformen zufolge nimmt die Eignung der Organisationsstruktur mit der gleichzeitigen Zunahme des Flexibilitäts-Mix und der Steuer- bzw. Kontrollierbarkeit der organisationalen Bedingungen zu. Hieraus lässt sich eine positive Auswirkung der Flexibilität einer Organisationsform auf Strategie in High Velocity Märkten und insbesondere auf deren zentrale Dimensionen ableiten. Diese Beziehung soll durch die letzten beiden explikativen Untersuchungshypothesen geprüft werden.

H14a: Je umfassender der Flexibilitäts-Mix und je höher die Steuerbarkeit der organisatorischen Bedingungen ist, umso größer ist die Relevanz der Dimensionen Proaktivität, Replikation und Rekonfiguration innerhalb der Strategie in High Velocity Märkten.

[1138] Eigene, modifizierte Darstellung in Anlehnung an Volberda (1996), S. 367.

H14b: Je umfassender der Flexibilitäts-Mix und je höher die Steuerbarkeit der organisatorischen Bedingungen ist, umso größer ist der Beitrag der Dimensionen Proaktivität, Replikation und Rekonfiguration zum strategischen Erfolg.

Wie zuvor bereits erwähnt, lassen sich die drei Idealtypen der Organisationsformen hinsichtlich ihres Ausmaßes des Flexibilitäts-Mix und der Steuer- und Kontrollierbarkeit der organisatorischen Bedingungen in eine ordinale Reihenfolge bringen. Die Operationalisierung der beiden Dimensionen erfolgt demnach über die Zuordnung zu einer der drei Organisationsformen über Self-Typing durch den befragten Unternehmensvertreter.

3.4 Zusammenfassung der Untersuchungshypothesen

Zum Abschluss des dritten Kapitels der Untersuchung und zur Überleitung in den empirischen Teil fasst Tab. 12 die Untersuchungshypothesen zusammen.

Nr.	Hypothese	Art	Abschnitt
H1	Das Konstrukt Strategie in High Velocity Märkten weist acht voneinander abgrenzbare, zugleich jedoch in komplementärer Beziehung stehende Dimensionen auf: Produkt-Differenzierung, Image-Differenzierung, Aggressivität, Fokus, Proaktivität, Replikation, Rekonfiguration und Kooperation.	Deskriptiv	3.1.2
H2	Die acht voneinander abgrenzbaren, jedoch in komplementärer Beziehung zueinander stehenden Dimensionen Produkt-Differenzierung, Image-Differenzierung, Aggressivität, Fokus, Proaktivität, Replikation, Rekonfiguration und Kooperation laden auf einen übergeordneten Faktor, der sich inhaltlich als Strategie in High Velocity Märkten interpretieren lässt.	Deskriptiv	3.1.2
H3	Strategie in High Velocity Märkten wird in stärkerem Maße durch die Dimensionen Proaktivität, Replikation, Rekonfiguration und Kooperation bestimmt als durch jede der übrigen Dimensionen.	Deskriptiv	3.1.2
H4	Strategie in High Velocity Märkten wird in stärkerem Maße durch die Dimensionen Replikation und Rekonfiguration bestimmt als durch die Dimensionen Proaktivität und Kooperation.	Deskriptiv	3.1.2
H5	Das Konstrukt Strategischer Erfolg in High Velocity Märkten weist die zwei voneinander abgrenzbaren, zugleich jedoch in komplementärer Beziehung stehenden Dimensionen Wachstum und Profitabilität auf.	Deskriptiv	3.2.2
H6	Das Konstrukt Strategie in High Velocity Märkten trägt zum strategischen Erfolg bei.	Explikativ	3.2.3
H7	Die einzelnen Dimensionen von Strategie in High Velocity Märkten tragen in unterschiedlich starkem Maße zum strategischen Erfolg bei.	Explikativ	3.2.3
H8	Die Dimensionen Proaktivität, Replikation, Rekonfiguration und Kooperation tragen in stärkerem Maße zum strategischen Erfolg bei als jede der übrigen Dimensionen.	Explikativ	3.2.3
H9	Die Dimensionen Replikation und Rekonfiguration tragen in stärkerem Maße zum strategischen Erfolg bei als die Dimensionen Proaktivität und Kooperation.	Explikativ	3.2.3

Tab. 12: Zusammenfassung der Untersuchungshypothesen

Nr.	Hypothese	Art	Abschnitt
H10a	Je geringer der bestimmende Einfluss des Top-Managements auf den Strategieschöpfungsprozess und je höher die Einbindung der Mitarbeiter in diesen Prozess ist, umso größer ist die Relevanz der Dimensionen Proaktivität, Replikation und Rekonfiguration innerhalb der Strategie in High Velocity Märkten.	Explikativ	3.3.1.1
H10b	Je geringer der bestimmende Einfluss des Top-Managements auf den Strategieschöpfungsprozess und je höher die Einbindung der Mitarbeiter in diesen Prozess ist, umso größer ist der Beitrag der Dimensionen Proaktivität, Replikation und Rekonfiguration zum strategischen Erfolg.	Explikativ	3.3.1.1
H11a	Je geringer das Ausmaß politischer Aktivität im Strategieprozess ist, umso größer ist die Relevanz der Dimensionen Proaktivität, Replikation und Rekonfiguration innerhalb der Strategie in High Velocity Märkten.	Explikativ	3.3.1.2
H11b	Je geringer das Ausmaß politischer Aktivität im Strategieprozess ist, umso größer ist der Beitrag der Dimensionen Proaktivität, Replikation und Rekonfiguration zum strategischen Erfolg.	Explikativ	3.3.1.2
H12a	Je umfassender das Ausmaß der Informationsnutzung und Informationsverarbeitung im Strategieprozess ist, umso größer ist die Relevanz der Dimensionen Proaktivität, Replikation und Rekonfiguration innerhalb der Strategie in High Velocity Märkten.	Explikativ	3.3.1.3
H12b	Je umfassender das Ausmaß der Informationsnutzung und Informationsverarbeitung im Strategieprozess ist, umso größer ist der Beitrag der Dimensionen Proaktivität, Replikation und Rekonfiguration zum strategischen Erfolg.	Explikativ	3.3.1.3
H13a	Je höher die Geschwindigkeit des strategischen Entscheidungsprozesses ist, umso größer ist die Relevanz der Dimensionen Proaktivität, Replikation und Rekonfiguration innerhalb der Strategie in High Velocity Märkten.	Explikativ	3.3.1.4
H13b	Je höher die Geschwindigkeit des strategischen Entscheidungsprozesses ist, umso größer ist der Beitrag der Dimensionen Proaktivität, Replikation und Rekonfiguration zum strategischen Erfolg.	Explikativ	3.3.1.4
H14a	Je umfassender der Flexibilitäts-Mix und je höher die Steuerbarkeit der organisatorischen Bedingungen ist, umso größer ist die Relevanz der Dimensionen Proaktivität, Replikation und Rekonfiguration innerhalb der Strategie in High Velocity Märkten.	Explikativ	3.3.2
H14b	Je umfassender der Flexibilitäts-Mix und je höher die Steuerbarkeit der organisatorischen Bedingungen ist, umso größer ist der Beitrag der Dimensionen Proaktivität, Replikation und Rekonfiguration zum strategischen Erfolg.	Explikativ	3.3.2

Tab. 12: Zusammenfassung der Untersuchungshypothesen (Fortsetzung)

4 Ergebnisse der empirischen Untersuchung

Das folgende Kapitel stellt die Ergebnisse der empirischen Überprüfung des zuvor aus der Theorie deduzierten Hypothesensystems dar. Hierzu wird zunächst auf die Grundlagen, die Methodik und die Vorgehensweise der empirischen Analyse eingegangen. Im Anschluss erfolgt mit der Operationalisierung des mehrdimensionalen Konstrukts Strategie in High Velocity Märkten die Beantwortung der beiden zentralen Untersuchungsfragestellungen nach der Messung von Strategie in High Velocity Märkten und der relativen Bedeutung der einzelnen Dimensionen. Auf der Grundlage des Messmodels für Strategie in High Velocity Märkten wird im Anschluss die dritte Fragestellung nach der Erfolgswirkung untersucht. Den Abschluss der empirischen Analyse bildet die Analyse des Einflusses von Aspekten des Strategieprozesses und der Organisationsstruktur auf die Strategie sowie den strategischen Erfolg gemäß der vierten Untersuchungsfragestellung.

4.1 Grundlagen, Methodik und Vorgehensweise

Die folgenden Abschnitte dienen der Einführung in den empirischen Teil der vorliegenden Ausarbeitung und skizzieren die gewählte Vorgehensweise. Eingangs wird das für diese Untersuchung zentrale multivariate Datenanalyseverfahren vorgestellt. Im Anschluss wird auf der Basis von theoretischen und methodischen Überlegungen das stufenweise Verfahren zur Operationalisierung der einzelnen Dimensionen und des Konstrukts Strategie dargestellt. Abschließend werden die Datengrundlage und die Datenerhebung beschrieben.

4.1.1 Grundlagen von Strukturgleichungsmodellen

Die Zielsetzung der vorliegenden Arbeit besteht in der Konzeptionalisierung und Operationalisierung von Strategie in High Velocity Märkten (Untersuchungsfragestellungen 1 und 2) und der Analyse der Beziehungen zwischen Strategie und strategischem Erfolg (Untersuchungsfragestellung 3) unter dem Einfluss verschiedener situativer Faktoren (Untersuchungsfragestellung 4).[1139] Hierzu wurden die Dimensionen des Konstrukts Strategie aus den zuvor beschriebenen Theorien abgeleitet und ein umfassendes Hypothesensystem hinsichtlich ihrer Wirkungsbeziehungen untereinander und im Hinblick auf den strategischen Erfolg entwickelt.[1140] Die empirische Überprüfung dieses Hypothesensystems erfordert den Einsatz eines multivariaten Datenanalyseverfahrens, welches in der Lage ist, Beziehungen zwischen mehreren theoretischen latenten Konstrukten simultan zu modellieren und zu testen. Diesen Anforderungen entsprechen Strukturgleichungsmodelle, die daher das zentrale Datenanalyseverfahren der vorliegenden Untersuchung sind.

[1139] Vgl. hierzu die Ausführungen in Abschnitt 1.1.2.
[1140] Vgl. hierzu die Zusammenfassung der Hypothesen in Abschnitt 3.4.

Im Folgenden werden die Grundlagen von Strukturgleichungsmodellen vorgestellt.[1141] Hierzu wird zunächst der allgemeine Ansatz von Strukturgleichungsmodellen skizziert. Im Anschluss werden die Ansätze der konfirmatorischen Faktorenanalyse 1. und 2. Ordnung als Spezialfälle von Strukturgleichungsmodellen vorgestellt, denen aufgrund der in der vorliegenden Untersuchung vorgenommenen Schwerpunktsetzung auf die Konzeptionalisierung und Operationalisierung von Strategie in High Velocity Märkten als mehrdimensionales Konstrukt eine besondere Bedeutung zukommt. Abschließend werden die verwendeten Gütekriterien für die globale Anpassung von Strukturgleichungsmodellen sowie die geforderten Mindestwerte für die vorliegende Untersuchung dargestellt.

4.1.1.1 Allgemeiner Ansatz von Strukturgleichungsmodellen

Strukturgleichungsmodelle, auch bezeichnet als Kovarianz-Strukturanalyse, SEM (Structural Equation Modeling) oder Kausalanalyse, überprüfen auf Basis eines theoretisch fundierten Hypothesensystems, ob die aufgrund theoretischer Deduktion aufgestellten Beziehungen zwischen theoretischen Konstrukten mit dem empirisch gewonnenen Datenmaterial übereinstimmen. Sie besitzen demnach konfirmatorischen Charakter und sind den hypothesenprüfenden statistischen Verfahren zuzurechnen.[1142] Ausgangspunkt des Hypothesentests sind die Varianzen und Kovarianzen experimentell oder nicht-experimentell erhobener Daten, mit denen eine als lineares Gleichungssystem formalisierte theoretische Struktur getestet wird. Die theoretische Struktur wird als nicht falsifiziert betrachtet, wenn das zugrunde liegende Modell die Kovarianzen angemessen reproduziert.[1143]

Die Besonderheit von Strukturgleichungsmodellen besteht darin, die wissenschaftstheoretische Konzeption der Zwei-Sprachen-Theorie nach HEMPEL/CARNAP abbilden zu können, welche zwischen einer theoretischen Sprache und einer empirischen Sprache unterscheidet.[1144] Dies erlaubt, explizit zwischen theoretischen und beobachteten Variablen zu trennen, statistisch Substanz- und Messfehleranteile zu separieren und vermutete kausale Beziehungsstrukturen auf der Ebene von theoretischen Variablen zu testen. Ermöglicht wird dies durch die für Strukturgleichungsmodelle charakteristische Kombination einer Faktorenanalyse zum Test von Messhypothesen mit einem Strukturmodell zum Test von Substanzhypothesen.[1145] Demnach setzt sich

---

[1141] Vgl. zu einer ausführlichen Darstellung von Strukturgleichungsmodellen beispielsweise die Monographien von Bollen (1989), Kline (1998) und Byrne (2001).
[1142] Vgl. hierzu Backhaus/Erichson/Plinke et al. (2003), S. 334.
[1143] Vgl. Homburg/Hildebrandt (1998), S. 17.
[1144] Vgl. im Folgenden Homburg/Hildebrandt (1998), S. 17 ff.; Backhaus/Erichson/Plinke et al. (2003), S. 336. Vgl. auch Bagozzi (1982a), S. 20. Siehe zur Zwei-Sprachen-Theorie Hempel (1952), S. 29 ff.; Hempel (1965), S. 22 ff. sowie die Ausführungen in Abschnitt 4.1.2.1.
[1145] Vgl. Homburg/Baumgartner (1995a), S. 1092 f.; Homburg/Hildebrandt (1998), S. 18; Hoyle (1995), S. 3; Hox/Bechger (1998), S. 354; Musil/Jones/Warner (1998), S. 275 f.

ein vollständiges Strukturgleichungsmodell aus den folgenden drei Teilmodellen bzw. Gleichungssystemen zusammen:[1146]

1. Das **Messmodell** der **latenten exogenen Variablen** enthält die empirischen, direkt beobachtbaren Indikatoren, die zur Operationalisierung der latenten exogenen Variablen dienen, und bildet die vermuteten Zusammenhänge zwischen diesen Indikatoren und den exogenen hypothetischen Konstrukten ab. Hierbei werden explizit Messfehler berücksichtigt. Das Messmodell folgt dem Denkansatz der Hauptachsenanalyse der Faktorenanalyse und wird formal durch die folgende Gleichung abgebildet:[1147]

    (1) $X = \Lambda_x \xi + \delta$,

    wobei: X = Vektor der Indikatorvariablen von ξ,
    Λ_x = Matrix der Koeffizienten der Pfade (Faktorladungen) zwischen den Indikatorvariablen x und den ξ-Variablen,
    ξ = Vektor der latenten exogenen Variablen,
    δ = Vektor der Messfehler von x.

2. Das **Messmodell** der **latenten endogenen Variablen** bildet die empirischen, direkt beobachtbaren Indikatoren, die zur Messung der latenten endogenen Variablen herangezogen werden, sowie deren Messfehler ab und spiegelt die vermuteten Zusammenhänge zwischen diesen Indikatoren und den hypothetischen endogenen Konstrukten wider. Dieses Modell folgt wiederum dem Denkansatz der Hauptachsenanalyse der Faktorenanalyse und wird durch die folgende Gleichung wiedergegeben:

    (2) $Y = \Lambda_y \eta + \varepsilon$,

    wobei: Y = Vektor der Indikatorvariablen von η,
    Λ_y = Matrix der Koeffizienten der Pfade (Faktorladungen) zwischen den Indikatorvariablen y und den η-Variablen,
    η = Vektor der latenten endogenen Variablen,
    ε = Vektor der Messfehler von y.

3. Das **Strukturmodell** führt nun die beiden Messmodelle der exogenen und endogenen Variablen zusammen, indem es die aufgrund theoretischer Vorüberlegungen deduzierten Beziehungen zwischen den exogenen und endogenen Variablen abbildet. Dieses Modell folgt dem regressionsanalytischen Denkansatz und wird durch die folgende Gleichung dargestellt:

[1146] Vgl. im Folgenden Backhaus/Erichson/Plinke et al. (2003), S. 344 ff.
[1147] Vgl. zur Zielsetzung und Interpretation der Hauptachsenanalyse im Vergleich zur Hauptkomponentenanalyse bei der Faktorenanalyse Backhaus/Erichson/Plinke et al. (2003), S. 292 f. sowie die Ausführungen in Abschnitt 4.1.2.1.

(3) $\eta = B\eta + \Gamma\xi + \zeta$,

wobei: η = Vektor der latenten endogenen Variablen,
B = Koeffizientenmatrix der postulierten Beziehungen zwischen den η-Variablen,
Γ = Koeffizientenmatrix der postulierten Beziehungen zwischen den ξ- und η-Variablen,
ξ = Vektor der latenten exogenen Variablen,
ζ = Vektor der Residuen zwischen den Beziehungen.

Innerhalb dieser drei Gleichungssysteme sind die x- und y-Variablen direkt beobachtbare Größen, zwischen denen empirische Korrelationen berechnet werden können. Über die Korrelationen der x-Variablen lassen sich die Beziehungen im Messmodell der latenten exogenen Konstrukte bestimmen, während die Korrelationen der y-Variablen die Beziehungen im Messmodell der latenten endogenen Konstrukte berechenbar machen. Mit Hilfe der Korrelationen zwischen den x- und den y-Variablen ist es dann möglich, die durch das theoretische Hypothesensystem postulierten Beziehungen im Strukturmodell auf regressionsanalytischem Weg zu bestimmen.[1148] Hierzu wird mit Hilfe der Parameter iterativ eine modelltheoretische Korrelationsmatrix Σ so geschätzt, dass sie sich möglichst gut an die empirische Korrelationsmatrix R annähert. Die Zielfunktion zur Schätzung der Parameter stellt sich formal wie folgt dar:[1149]

(4) $(R - \Sigma) \to Min!$

Abb. 20 zeigt den grundlegenden Aufbau eines Strukturgleichungsmodells.

[1148] Vgl. Backhaus/Erichson/Plinke et al. (2003), S. 350.
[1149] Vgl. Backhaus/Erichson/Plinke et al. (2003), S. 367.

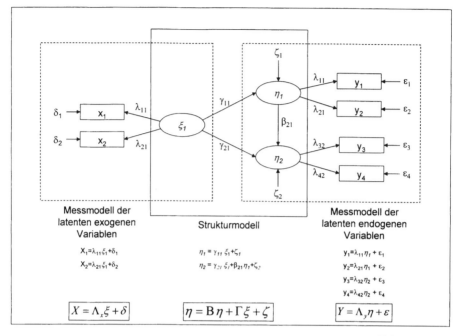

Abb. 20: Grundlegender Aufbau eines Strukturgleichungsmodells[1150]

4.1.1.2 Ansätze der konfirmatorischen Faktorenanalyse

Im Mittelpunkt der vorliegenden Untersuchung steht die Operationalisierung von Strategie in High Velocity Märkten als mehrdimensionales Konstrukt. Die empirische Überprüfung des theoretisch fundierten Messmodells erfolgt hierbei mit den Ansätzen der konfirmatorischen Faktorenanalyse, die Spezialfälle von Strukturgleichungsmodellen darstellen.[1151] Die konfirmatorische Faktorenanalyse erlaubt die Prüfung von Hypothesen über die Anzahl von Dimensionen eines komplexen Konstrukts, über die Beziehung zwischen diesen Dimensionen sowie Beziehungen zwischen den Indikatoren und den Dimensionen.[1152] Im Gegensatz zur exploratorischen Faktorenanalyse, die auf die Entdeckung von Zusammenhängen abzielt, geht die konfirmatorische Faktorenanalyse von a priori Annahmen über die Struktur der Dimensionen

---

[1150] Eigene Darstellung in Anlehnung an Homburg/Hildebrandt (1998), S. 19; Backhaus/Erichson/Plinke et al. (2003), S. 350.
[1151] Vgl. hierzu Fritz (1995), S. 145; Kline (1998), S. 189 ff.; Byrne (2001), S. 58 ff.
[1152] Vgl. Fritz (1995), S. 145.

eines Konstrukts aus und zählt somit zu den hypothesentestenden Verfahren.[1153] Formal lässt sich die Grundstruktur der **konfirmatorischen Faktorenanalyse 1. Ordnung** als Spezialfall eines Strukturgleichungsmodells wie folgt darstellen:[1154]

(5) $X = \Lambda_x \xi + \delta$,

wobei: X = Vektor der Indikatorvariablen von ξ,
Λ_x = Matrix der Koeffizienten der Pfade (Faktorladungen) zwischen den Indikatorvariablen x und den ξ-Variablen,
ξ = Vektor der latenten exogenen Variablen,
δ = Vektor der Messfehler von x.

Eine konfirmatorische Faktorenanalyse 1. Ordnung mit reflektiven Indikatoren geht somit davon aus, dass die Indikatoren durch einen zugrunde liegenden Faktor verursacht werden, so dass die Indikatoren als endogene Variablen und der hypothetische Faktor als exogene Variable modelliert werden.[1155] Mit dem hier dargestellten Ansatz der konfirmatorischen Faktorenanalyse 1. Ordnung lässt sich in der vorliegenden Untersuchung überprüfen, ob die Strategie in High Velocity Märkten tatsächlich die deduzierte Anzahl von Dimensionen aufweist und ob die postulierten Beziehungen zwischen den Dimensionen und den Indikatoren bestehen.[1156] Allerdings lässt sich mit einer konfirmatorischen Faktorenanalyse 1. Ordnung nicht überprüfen, welche Bedeutung die einzelnen Dimensionen von Strategie in High Velocity Märkten haben.[1157]

Die Frage, welche Relevanz die einzelnen Dimensionen für die Strategie in High Velocity Märkten besitzen, kann jedoch mit einer **konfirmatorischen Faktorenanalyse 2. Ordnung** beantwortet werden, welche ebenfalls als Spezialfall eines Strukturgleichungsmodells anzusehen ist.[1158] Die konfirmatorische Faktorenanalyse 2. Ordnung geht von der Annahme aus, dass die Beziehungen zwischen den Faktoren erster Ordnung durch die Existenz übergeordneter Faktoren erklärbar sind, die selbst keine direkte Verbindung zu den Indikatorvariablen aufweisen.[1159] Demnach ist

---

[1153] Vgl. hierzu Bollen (1989), S. 227 f. Siehe ausführlich zur exploratorischen Faktorenanalyse Überla (1971), S. 42 ff.; Backhaus/Erichson/Plinke et al. (2003), S. 260 ff.

[1154] Vgl. Fritz (1995), S. 145 f.

[1155] Vgl. Kline (1998), S. 200. Vgl. zu methodischen Aspekten der Messung sowie ausführlich zu der Unterscheidung zwischen reflektiven und formativen Indikatoren Diamantopoulos/Winklhofer (2001), S. 269 ff. sowie die Ausführungen in Abschnitt 4.1.2.1.

[1156] Siehe zu einer Operationalisierung von Strategie unter Einsatz der konfirmatorischen Faktorenanalyse auch Venkatraman (1985), S. 35 ff.; Venkatraman (1989a), S. 949.

[1157] Vgl. hierzu die zweite Fragestellung der vorliegenden Untersuchung in Abschnitt 1.1.2.

[1158] Vgl. zu der im Folgenden beschriebenen Vorgehensweise Fritz (1995), S. 146 f. Siehe zur konfirmatorischen Faktorenanalyse 2. Ordnung auch Rindskopf/Rose (1988), S. 51 ff.; Bollen (1989), S. 313 ff.; Bagozzi (1994a), S. 339 ff.; Chin (1998), S. x; Kline (1998), S. 233 ff.; Byrne (2001), S. 120 ff.

[1159] Vgl. Bollen (1989), S. 314.

eine konfirmatorische Faktorenanalyse 2. Ordnung als Spezialfall einer konfirmatorischen Faktorenanalyse 1. Ordnung zu interpretieren. Während bei letzterer die Beziehungen zwischen den Faktoren erster Ordnung lediglich als Korrelationen spezifiziert werden, fügt erstere eine zusätzliche Restriktion in die Modellstruktur ein und postuliert, dass die Interkorrelationen zwischen den Faktoren erster Ordnung auf einen übergeordneten Faktor zurückzuführen sind.[1160] Die Faktoren erster Ordnung fungieren damit als Indikatoren für die ihnen zugeordneten Faktoren zweiter Ordnung. Somit erlaubt die konfirmatorische Faktorenanalyse 2. Ordnung die empirische Überprüfung einer hierarchischen Beziehungsstruktur zwischen beobachteten Variablen, Faktoren erster Ordnung und Faktoren zweiter Ordnung. Formal drückt sich die durch eine konfirmatorische Faktorenanalyse 2. Ordnung vermutete Beziehungsstruktur durch die beiden folgenden Gleichungen aus:[1161]

(6) $\eta = \Gamma \xi + \zeta$,

wobei η = Vektor der Faktoren 1. Ordnung (latente endogene Variablen),
Γ = Koeffizientenmatrix der postulierten Beziehungen zwischen den ξ- und η-Variablen (Faktorladungen 2. Ordnung),
ξ = Vektor der Faktoren 2. Ordnung (latente exogene Variablen),
ζ = Vektor der Residuen der Faktoren 1. Ordnung (Messfehler 2. Ordnung).

(7) $Y = \Lambda_y \eta + \varepsilon$,

wobei: Y = Vektor der Indikatorvariablen von η,
Λ_y = Matrix der Koeffizienten der Pfade (Faktorladungen 1. Ordnung) zwischen den Indikatorvariablen y und den η-Variablen,
η = Vektor der Faktoren 1. Ordnung (latente endogene Variablen),
ε = Vektor der Messfehler von y (Messfehler 1. Ordnung).

Beide Gleichungen sind als Messmodelle verschiedener Hierarchiestufen zu interpretieren. Gleichung (6) stellt ein **Messmodell 2. Ordnung** dar, das angibt, in welcher Weise Faktoren erster Ordnung den Faktoren zweiter Ordnung zugeordnet sind. Die in der Matrix Γ zusammengefassten Koeffizienten sind als Faktorladungen zweiter Ordnung zwischen den Faktoren erster Ordnung und den Faktoren zweiter Ordnung zu interpretieren. Anhand ihrer relativen Ausprägungen sind Aussagen über die Relevanz der Faktoren erster Ordnung im Hinblick auf die Faktoren zweiter Ordnung ableitbar. Somit ist in der vorliegenden Untersuchung die relative Bedeutung der acht Dimensionen für Strategie in High Velocity Märkten anhand der Faktorladungen ableitbar. Darüber hinaus ist ein **Messmodell 1. Ordnung** erforderlich, wie es in Gleichung (7) angegeben ist, welches die postulierten Beziehungen zwischen den Indikatoren und den Faktoren erster Ordnung spezifiziert.

[1160] Vgl. Rindskopf/Rose (1988), S. 51; Kline (1998), S. 233; Byrne (2001), S. 138.
[1161] Vgl. Rindskopf/Rose (1988), S. 52 f.; Bollen (1989), S. 314; Bagozzi (1994a), S. 339; Bagozzi/Yi/Nassen (1999), S. 398.

4.1.1.3 Globale Anpassungsmaße zur Beurteilung von Strukturgleichungsmodellen

Wie in Abschnitt 4.1.1.1 bereits dargelegt, erfolgt die iterative Schätzung der Parameter innerhalb von Strukturgleichungsmodellen mit der Zielsetzung, die mit Hilfe der geschätzten Parameter berechenbare modelltheoretische Korrelationsmatrix möglichst gut an die empirische Korrelationsmatrix anzupassen. In diesem Kontext ist die zentrale Fragestellung, ob ein theoretisch spezifiziertes Modell in hinreichendem Umfang mit dem vorliegenden Datensatz konsistent ist.[1162] Zur Beantwortung dieser Fragestellung werden Anpassungsmaße herangezogen, die auf der Basis der Parameterschätzungen die Güte der Anpassung des theoretischen Modells an den vorliegenden Datensatz beurteilen. Hierbei wird zwischen globalen Anpassungsmaßen, welche die Anpassungsgüte des gesamten Modells beurteilen, und lokalen Anpassungsmaßen unterschieden, die sich auf einzelne Modellteile beziehen.[1163] Da letztgenannte insbesondere für die Beurteilung der Messmodelle eine hohe Relevanz aufweisen, werden sie im Zusammenhang mit der Operationalisierung von Konstrukten in Abschnitt 4.1.2.1 eingeführt.

Im Folgenden werden fünf globale Gütekriterien vorgestellt, die im Rahmen praktischer Anwendungen eine besondere Relevanz erlangt haben und auch bei der vorliegenden Untersuchung zur Beurteilung der Anpassung der theoretischen Modellstruktur in ihrer Gesamtheit an die empirischen Daten herangezogen werden.[1164] Die Auswahl der Anpassungsmaße für das Gesamtmodell und die geforderten Mindestwerte entsprechen den Empfehlungen von HOMBURG/BAUMGARTNER, welche im Schrifttum auf eine breite Akzeptanz gestoßen sind.[1165]

1. **Chi-Quadrat-Wert**: Zur Überprüfung der Validität eines Modells kann ein Chi-Quadrat-Anpassungstest als inferenzstatistische Testmethodik herangezogen werden. Geprüft wird hierbei die Nullhypothese, dass die empirische Kovarianzmatrix der modelltheoretischen Kovarianzmatrix entspricht. Kann die Nullhypothese nicht verworfen werden, wird die Modellanpassung als ausreichend gut angenommen. In der Literatur sind allerdings eine Reihe von Schwachpunkten des χ^2-Anpassungstests diskutiert worden, die dessen Adäquanz als inferenz-

---

[1162] Vgl. Homburg/Baumgartner (1995b), S. 162.
[1163] Vgl. Homburg/Baumgartner (1995b), S. 165.
[1164] Vgl. Backhaus/Erichson/Plinke et al. (2003), S. 372. Eine umfassende Systematisierung und Beurteilung einer Vielzahl von unterschiedlichen Anpassungsmaßen findet sich bei Homburg/Baumgartner (1995b), S. 165 ff. Alternative Zusammenstellungen verschiedener globaler Anpassungsmaße finden sich bei Bagozzi/Yi (1988), S. 76 ff.; Tanaka (1993), S. 31 ff.; Bagozzi/Baumgartner (1994), S. 398 ff.; Hoyle/Panter (1995), S. 165 ff.; Hu/Bentler (1995), S. 81 ff.
[1165] Vgl. Homburg/Baumgartner (1995b), S. 172. Siehe zu den entsprechenden Einschätzungen beispielsweise Bauer (2000), S. 87; Böing (2001), S. 102; Peter (2001), S. 149; Burmann (2002a), S. 291.

statistisches Kriterium in Frage stellen.[1166] Daher soll der χ^2-Wert in Einklang mit der gängigen Forschungspraxis in der vorliegenden Arbeit lediglich als deskriptives Anpassungsmaß verwendet werden, indem er durch die Anzahl der Freiheitsgrade (df) dividiert wird.[1167] Dabei gilt: Je geringer der Quotient aus χ^2/df ist, desto besser ist die Modellanpassung. Als Richtwert wird von einem guten Modellfit ausgegangen, wenn das Verhältnis kleiner oder gleich 2,5 ist.[1168]

2. **Goodness-of-Fit-Index (GFI)**: Der GFI misst die relative Menge an Varianz und Kovarianz, der das Modell insgesamt Rechnung trägt, und ist analog dem Bestimmtheitsmaß im Rahmen der Regressionsanalyse zu interpretieren.[1169] Sein Wertebereich liegt zwischen 0 und 1, wobei für einen GFI=1 alle empirischen Varianzen und Kovarianzen durch das Modell exakt wiedergegeben werden und somit eine perfekte Anpassung vorliegt. Für den GFI wird in der vorliegenden Untersuchung ein Mindestwert von 0,9 gefordert.[1170] Wenn die Anzahl der Freiheitsgrade im Vergleich zum Stichprobenumfang relativ hoch ist, weist der GFI allerdings eine systematische Verzerrung auf, die zu niedrigeren Werten führt.[1171] Für diesen Fall empfiehlt STEIGER einen korrigierten GFI (**GFI Hat**), der sich nach der folgenden Formel errechnet:[1172]

(8) $\overline{GFI} = \dfrac{p}{p + 2\hat{F}}$, mit $\hat{F} = \dfrac{C - df}{n - 1}$,

wobei: p = Anzahl der Modellparameter,
C = χ^2-Wert für das Modell,
df = Anzahl der Freiheitsgrade im Modell,
n = Stichprobenumfang.

[1166] Vgl. hierzu Bagozzi/Yi (1988), S. 77; Homburg (1989), S. 46 ff.; Bagozzi/Baumgartner (1994), S. 399; Homburg/Baumgartner (1995b), S. 166; Hu/Bentler (1995), S. 78 ff.; Homburg/Dobratz (1998), S. 455. So weisen beispielsweise BENTLER/BONETT auf die Sensibilität hinsichtlich des Stichprobenumfangs hin, die bei einem hinreichend großen Stichprobenumfang zu einer Ablehnung nahezu jeden Modells führt, wenngleich andererseits ein gewisser Stichprobenumfang erforderlich ist, um die Verwendung dieses Tests theoretisch rechtfertigen zu können. Vgl. Bentler/Bonett (1980), S. 591 ff. Vgl. zur Sensibilität des Tests in Bezug auf den Stichprobenumfang auch Bearden/Sharma/Teel (1982), S. 430; Bagozzi/Yi (1988), S. 77; Gerbing/Anderson (1993), S. 41.

[1167] Vgl. Fritz (1995), S. 125; Homburg/Baumgartner (1995b), S. 170; Backhaus/Erichson/Plinke et al. (2003), S. 373.

[1168] Vgl. hierzu Homburg/Baumgartner (1995b), S. 172. Andere Autoren vertreten hierbei eine weniger restriktive Auffassung und fordern lediglich einen Quotienten von kleiner oder gleich 5, um ein Modell nicht abzulehnen. Vgl. hierzu Balderjahn (1986), S. 109; Fritz (1995), S. 140; Bauer (2000), S. 87; Burmann (2002a), S. 291; Olderog (2003), S. 247.

[1169] Vgl. Backhaus/Erichson/Plinke et al. (2003), S. 374.

[1170] Vgl. Homburg/Baumgartner (1995b), S. 172.

[1171] Vgl. hierzu Steiger (1989), S. 85; Steiger (1990), S. 178; o. V. (2003b), S. 14. Dies ist lediglich für den Fall einer sehr hohen Anzahl zu schätzender Parameter auszuschließen.

[1172] Vgl. Steiger (1989), S. 85 f.; Steiger (1990), S. 178.

In der vorliegenden Untersuchung wird bei den komplexen Modellen mit einer hohen Anzahl von Freiheitsgraden der Empfehlung von STEIGER gefolgt und der GFI (Hat) zur Modellbeurteilung herangezogen.

3. **Adjusted-Goodness-of-Fit (AGFI)**: Der AGFI misst ebenfalls die durch das Modell erklärte Varianz, bezieht zusätzlich allerdings noch die Modellkomplexität ein, indem er die Zahl der Freiheitsgrade berücksichtigt.[1173] Genau wie der GFI weist der AGFI einen Wertebereich von 0 bis 1 auf, wobei die Modellanpassung umso besser ist, je mehr sich der Wert an 1 annähert. In der vorliegenden Untersuchung sollte der AGFI mindestens 0,9 betragen, um ein Modell nicht abzulehnen.[1174] Da sich der AGFI direkt aus dem GFI errechnet, unterliegt auch er unter der zuvor angeführten Voraussetzung einer systematischen Verzerrung. Demnach wird in der vorliegenden Untersuchung bei einer sehr hohen Anzahl von Freiheitsgraden ein korrigierter AGFI, **AGFI (Hat)**, zur Beurteilung der Anpassungsgüte herangezogen, der sich nach der folgenden Formel berechnet:

$$(9) \quad \overline{AGFI} = 1 - \frac{k(k+1)}{2df}(1 - \overline{GFI}),$$

wobei: k = Anzahl der Indikatoren im Modell,
df = Anzahl der Freiheitsgrade im Modell.

4. **Comparative Fit Index (CFI)**: Der CFI nach BENTLER beruht auf dem Normed Fit Index (NFI) nach BENTLER/BONNET, welcher den Minimalwert der Diskrepanzfunktion des aktuellen Modells mit dem eines Basismodells vergleicht.[1175] Zusätzlich berücksichtigt der CFI die Anzahl der Freiheitsgrade. BAGOZZI/BAUMGARTNER sprechen dem CFI die höchste Eignung zur Einschätzung des Gesamtmodellfits zu und betonen seine Unabhängigkeit gegenüber der Stichprobengröße.[1176] In der vorliegenden Untersuchung wird eine Ausprägung des CFI von mindestens 0,9 gefordert.[1177]

[1173] Vgl. Backhaus/Erichson/Plinke et al. (2003), S. 374.

[1174] Vgl. Homburg/Baumgartner (1995b), S. 172. Vereinzelt wird im Schrifttum auch ein Mindestwert von 0,8 als akzeptabel erachtet. Vgl. hierzu Cole (1987), S. 586; Sharma (1996), S. 159; Bauer (2000), S. 87; Olderog (2003), S. 247.

[1175] Vgl. Bentler (1990), S. 241 ff. Als Basismodell fungiert hierbei das schlecht angepasste „Independence Model", in dem alle manifesten Variablen als unkorreliert angenommen werden. Im Gegensatz dazu werden im sogenannten saturierten Modell alle überhaupt möglichen Parameter geschätzt, so dass ein perfekter Fit von 1 erreicht wird. Der NFI gibt nun an, ob das zu beurteilende Modell näher am unabhängigen oder am saturierten Modell liegt, wobei ab einem Mindestwert von 0,9 von einem guten Modellfit ausgegangen wird. Vgl. Bentler/Bonett (1980), S. 600.

[1176] Vgl. hierzu Bagozzi/Baumgartner (1994), S. 400.

[1177] Vgl. Homburg/Baumgartner (1995b), S. 172.

5. **Root Mean Square Error of Approximation (RMSEA)**: Der RMSEA prüft, ob das Modell die Realität hinreichend gut approximiert.[1178] Er ist die Wurzel aus dem um die Modellkomplexität bereinigten, geschätzten Minimum der Diskrepanzfunktion in der Grundgesamtheit.[1179] Nach BROWNE/CUDECK sind die Werte für den RMSEA wie folgt zu interpretieren: Werte kleiner oder gleich 0,05 deuten auf einen guten Modellfit hin, Werte kleiner oder gleich 0,08 zeigen einen akzeptablen Modellfit und Werte größer oder gleich 0,10 sind Ausdruck einer nicht mehr akzeptablen Anpassung.[1180] Entsprechend wird für die vorliegende Untersuchung ein RMSEA von kleiner oder gleich 0,05 gefordert. In Verbindung mit dem RMSEA wird anhand des **p-Wertes (test of close fit)** die Nullhypothese getestet, dass der RMSEA nicht größer als 0,05 ist. Um diese Hypothese nicht ablehnen zu können, muss der p-Wert größer oder gleich 0,05 sein.[1181]

4.1.2 Operationalisierung von Konstrukten

Die vorliegende Untersuchung zielt auf die empirische Überprüfung eines theoretischen Hypothesensystems ab. Dies erfordert, dass die empirisch gemessenen Sachverhalte den spezifizierten theoretischen Konzepten in hohem Maße entsprechen. Hieraus entsteht die Notwendigkeit einer möglichst genauen und richtigen Abbildung der theoretischen Konstrukte. Im folgenden Abschnitt werden daher zunächst die theoretischen und methodischen Aspekte der Operationalisierung von theoretischen Konstrukten aufgezeigt. Aufbauend darauf wird im zweiten Abschnitt die Vorgehensweise bei der Operationalisierung der theoretischen Konstrukte skizziert, wobei auch auf die eingesetzten statistischen Auswertungsverfahren und die geforderten Gütekriterien eingegangen wird.

4.1.2.1 Theoretische und methodische Aspekte

Die empirische Überprüfung von theoretischen Hypothesensystemen erfordert eine Integration der theoretischen Spezifizierung mit dem empirischen Test. BAGOZZI/ PHILLIPS führen diesbezüglich aus: „[...] failure to represent explicitly the degree of correspondence between measurements and concepts undermines the test of the theory. A hypothesis may be rejected because of inadequate theory, a lack of correspondence between measurements and the concepts that the measurements are intended to represent, and/or excessive random error in measurements."[1182] Bevor auf die theoretischen und methodischen Aspekte der Messung eingegangen wird, soll daher zunächst mit dem „Holistic Construal" ein Bezugsrahmen vorgestellt

---

[1178] Vgl. Steiger (1990), S. 176 f.; Browne/Cudeck (1993), S. 142 ff.
[1179] Vgl. Backhaus/Erichson/Plinke et al. (2003), S. 375.
[1180] Vgl. Browne/Cudeck (1993), S. 144.
[1181] Vgl. Burmann (2002a), S. 292.
[1182] Bagozzi/Phillips (1982), S. 459.

werden, der die Verbindungen zwischen theoretischen Konzepten und empirischen Beobachtungen verdeutlicht.[1183] Dieser Bezugsrahmen weist eine hohe konzeptionelle Nähe zu der wissenschaftstheoretischen Orientierung der vorliegenden Untersuchung sowie der Verwendung von Strukturgleichungsmodellen auf.[1184]

Innerhalb des Holistic Construal-Ansatzes werden drei Arten von Konzepten unterschieden:[1185]

1. **Theoretische Konzepte** bzw. **Konstrukte** bezeichnen „an abstract entity which represents the ‚true', nonobservational state or nature of a phenomenon."[1186] Aus der Definition lässt sich ableiten, dass sich theoretische Konstrukte einer direkten Messung entziehen. Sie erhalten ihre Bedeutung sowohl durch eine formale Beziehung zu empirischen Konzepten als auch durch ihre Definition.

2. **Abgeleitete Konzepte** sind ebenfalls nicht beobachtbar, allerdings direkt mit empirischen Konzepten verbunden und weisen eine geringere Abstraktionsebene auf.

3. **Empirische Konzepte** beziehen sich auf die Eigenschaften oder Beziehungen, deren Vorliegen oder Abwesenheit durch direkte Beobachtung intersubjektiv geprüft werden können.[1187] Diese zur Messung von theoretischen Konstrukten herangezogenen empirischen Variablen werden als Indikatoren bezeichnet: „Indikatoren sind unmittelbar messbare Sachverhalte, welche das Vorliegen der gemeinten, aber nicht direkt erfassbaren Phänomene [...] anzeigen."[1188] Beispiele für Indikatoren sind Daten von Experimenten, durch objektive Messinstrumente erhobene Daten oder die Antworten auf Fragen in einem „Key Informant"-Erhebungsdesign.[1189]

Die drei Arten von Konzepten sind nun über vier potenzielle Arten von Beziehungen miteinander verbunden:[1190]

[1183] Vgl. Bagozzi/Phillips (1982), S. 461 ff.; Bagozzi (1994a), S. 318 ff.; Bagozzi (1998), S. 61 ff. Eine Anwendung dieses Bezugsrahmens innerhalb der empirischen Strategieforschung findet sich beispielsweise bei Venkatraman (1985), S. 40 f.

[1184] Bezüglich der wissenschaftstheoretischen Orientierung führen BAGOZZI/PHILLIPS aus: „Our framework adopts Popper's (1968) program for theory validation." Bagozzi/Phillips (1982), S. 467. Vgl. zur wissenschaftstheoretischen Orientierung der vorliegenden Untersuchung die Ausführungen in Abschnitt 2.1.1.

[1185] Vgl. im Folgenden Bagozzi/Phillips (1982), S. 465 ff.; Bagozzi (1998), S. 63 ff.

[1186] Bagozzi/Fornell (1982), S. 24.

[1187] Siehe hierzu Hempel (1965), S. 22.

[1188] Kroeber-Riel/Weinberg (2003), S. 31.

[1189] Vgl. Bagozzi/Phillips (1982), S. 465.

[1190] Vgl. hierzu Bagozzi/Phillips (1982), S. 466 f.

1. **Nicht-beobachtbare Hypothesen** verbinden theoretische Konzepte mit anderen theoretischen Konzepten.

2. **Theoretische Definitionen** verbinden ein theoretisches Konstrukt mit einem abgeleiteten Konzept.

3. **Korrespondenzregeln** drücken die Beziehung zwischen unbeobachtbaren Konzepten, also theoretischen Konstrukten oder abgeleiteten Konzepten, und empirischen Konzepten, also Indikatoren, aus.

4. **Empirische Definitionen** stellen die Bedeutung eines empirischen Konzepts dar, indem sie seine Existenz mit dem tatsächlichen Auftreten physischer Ereignisse bzw. Beobachtungen gleichsetzen.

Abb. 21 fasst die Bestandteile des Holistic Construal und ihre Beziehungen in der zuvor eingeführten formalen Notation von Strukturgleichungsmodellen zusammen.

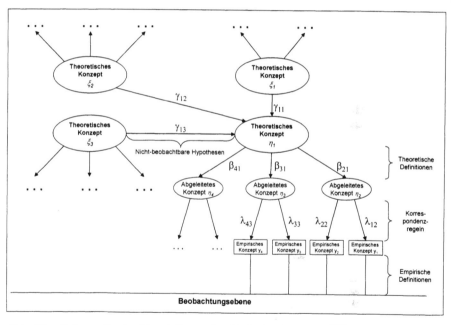

Abb. 21: Schematische Darstellung des Holistic Construal[1191]

[1191] Eigene Darstellung in Anlehnung an Bagozzi/Phillips (1982), S. 462; Bagozzi (1998), S. 62.

Die Ausführungen zeigen, dass die Operationalisierung theoretischer Konzepte über die Spezifizierung von empirischen Definitionen und Korrespondenzregeln die zentrale Voraussetzung für die empirische Überprüfung theoretischer Hypothesensysteme darstellt, da sie die Verbindung zwischen der empirischen Beobachtungsebene und der theoretischen Ebene herstellt.[1192] Infolgedessen beschäftigen sich die Wirtschaftswissenschaften, aufbauend auf den Erkenntnissen der Psychologie und Psychometrie, seit geraumer Zeit ausgiebig mit der Problematik der Messung komplexer theoretischer Konstrukte.[1193] Hierbei besteht mittlerweile Einigkeit hinsichtlich der Vorzüge der Messung komplexer theoretischer Konstrukte über **mehrere** Indikatoren.[1194]

Hinsichtlich der Korrespondenzregeln und der Beziehung zwischen den Indikatoren und dem theoretischen Konstrukt ist zwischen formativen und reflektiven Indikatoren zu unterscheiden.[1195] **Formative** Indikatoren, auch bezeichnet als „cause" oder „causal indicators", beruhen auf der Annahme, dass die Indikatoren einen Effekt auf das theoretische Konstrukt ausüben bzw. es verursachen. Demnach gilt das theoretische Konstrukt als Funktion der beobachtbaren Indikatoren und wird als lineare Summe eines Satzes von Messungen definiert. Das Messmodell stellt somit einen Index dar.[1196] **Reflektive** Indikatoren hingegen basieren auf der Annahme, das theoretische Konstrukt verursache die beobachtbaren Variablen, weshalb sie auch als „effect variables" bezeichnet werden. Das Messmodell entspricht hierbei dem einer Skala.[1197] Letztendlich ist die vermutete Kausalität zwischen beobachtbaren Variablen und theoretischen Konstrukten entscheidend für die Auswahl der Indikatoren: „The choice of a formative versus a reflective specification thus depends on the causal priority between the indicator and the latent variable."[1198]

Aus den zugrunde liegenden Annahmen resultieren unterschiedliche Eigenschaften der beiden Arten von Indikatoren, die Auswirkungen auf die Prüfung der Reliabilität und Validität haben. Reflektive Indikatoren sind austauschbar, so dass die Entfer-

---

[1192] Siehe hierzu auch Bagozzi (1982a), S. 14, der ausführt: „The key element in the holistic construal is the idea of correspondence rules."

[1193] Vgl. hierzu Jacoby (1978), S. 91 ff.; Churchill (1979), S. 65 ff.; Peter (1979), S. 6 ff.; Peter (1981), S. 134 ff.; Bagozzi (1982a), S. 14 ff.; Venkatraman (1989a), S. 942; Bagozzi/Yi/Phillips (1991), S. 421 ff. Vgl. ausführlich zur Psychometrie Nunnally (1978), S. 35 ff.

[1194] Vgl. Jacoby (1978), S. 93; Peter (1979), S. 7; Churchill (1979), S. 66; Bagozzi/Yi/Phillips (1991), S. 421; Kline (1998), S. 190.

[1195] Vgl. Bagozzi (1982a), S. 15 f.; Blalock (1982), S. 247 ff.; Fornell (1982), S. 8; Fornell/Bookstein (1982), S. 441; Bagozzi (1994a), S. 331 f.; Bollen/Lennox (1991), S. 305 ff.; MacCallum/Browne (1993), S. 533 ff.; Homburg/Giering (1996), S. 6; Chin (1998), S. ix; Homburg (1998), S. 69 f.; Diamantopoulos/Winklhofer (2001), S. 269 ff.; Burke Jarvis/MacKenzie/Podsakoff (2003), S. 199 ff.

[1196] Vgl. Bagozzi (1994a), S. 332.

[1197] Vgl. hierzu Blalock (1982), S. 242 ff.; Bollen/Lennox (1991), S. 306; Bagozzi (1994a), S. 331; Diamantopoulos/Winklhofer (2001), S. 269.

[1198] Diamantopoulos/Winklhofer (2001), S. 270.

nung eines Indikators nicht den Charakter des zugrunde liegenden theoretischen Konstrukts verändert.[1199] Hingegen bedeutet die Auslassung eines formativen Indikators die Auslassung eines Teils des theoretischen Konstrukts.[1200] Darüber hinaus werden die Korrelationen bei formativen Indikatoren nicht durch das Messmodell erklärt, da die Indikatoren exogen determiniert sind, weshalb die Überprüfung ihrer Reliabilität und Validität problematisch ist: „Reliability in the internal consistency sense and construct validity in terms of convergent and discriminant validity are not meaningful when indexes are formed as a linear sum of measurements."[1201] Ferner haben formative Indikatoren, im Gegensatz zu reflektiven Indikatoren, keine Fehlerterme, so dass ihnen implizit die Annahme zugrunde liegt, die relevanten Facetten eines theoretischen Konstrukts fehlerfrei zu messen.[1202]

In der vorliegenden Untersuchung werden **ausschließlich reflektive Indikatoren** zur Operationalisierung komplexer theoretischer Konstrukte verwendet. Diese stehen im Einklang mit der Konzeptionalisierung von Strategie als theoretischem Konstrukt, welches die Ausprägungen verschiedener beobachtbarer Variablen im Sinne eines ex post beobachtbaren Entscheidungs- und Handlungsmusters beeinflusst.[1203] Darüber hinaus entsprechen lediglich reflektive Indikatoren dem Denkansatz von faktorenanalytischen Messmodellen innerhalb von Strukturgleichungsmodellen.[1204] Letztlich ist innerhalb der Wirtschafts- und Sozialwissenschaften im Allgemeinen und innerhalb der empirischen Strategieforschung im Besonderen nicht von einer fehlerfreien Messung theoretischer Konzepte auszugehen, so dass reflektive Indikatoren als fehlerbehaftete Messung theoretischer Konstrukte adäquater

---

[1199] Vgl. hierzu Diamantopoulos/Winklhofer (2001), S. 271; Burke Jarvis/MacKenzie/Podsakoff (2003), S. 200.

[1200] Vgl. Bollen/Lennox (1991), S. 308. Siehe hierzu auch Burke Jarvis/MacKenzie/Podsakoff (2003), S. 202, die ausführen: „Thus, dropping a causal indicator may omit a unique part of the composite latent construct and change the meaning of the variable. Therefore, for formative indicators, following standard scale development procedures – for example, dropping items that possess low item-to-total correlations – will remove precisely those items that would most alter the empirical meaning of the composite latent construct."

[1201] Bagozzi (1994a), S. 333. Siehe hierzu auch Bollen (1989), S. 222, der ausführt: „Unfortunately, traditional validity assessments and classical test theory do not cover cause indicators" und Diamantopoulos/Winklhofer (2001), S. 271, die konstatieren: „[...] conventional procedures used to assess the validity and reliability of scales composed of reflective indicators (e.g., factor analysis and assessement of internal consistency) are not appropriate for composite variables (i.e. indexes) with formative indicators."

[1202] Vgl. Homburg (1998), S. 70; Diamantopoulos/Winklhofer (2001), S. 271.

[1203] Siehe hierzu die Ausführungen zu dem der vorliegenden Untersuchung zugrunde gelegten Strategieverständnis in Abschnitt 2.1.2.1. Siehe hierzu und im Folgenden auch den Kriterienkatalog zur Entscheidung zwischen reflektiven gegenüber formativen Indikatoren bei Burke Jarvis/MacKenzie/Podsakoff (2003), S. 202 ff.

[1204] Vgl. hierzu MacCallum/Browne (1993), S. 534, die feststellen: „[...] causal indicators are not indicators in the conventional sense as defined in factor analysis or covariance structure modeling. Rather, they are exogenous measured variables that influence the composite defined as a causally indicated variable."

erscheinen, zumal durch die Spezifizierung von faktorenanalytischen Messmodellen der Einfluss von Messfehlern isolierbar ist.[1205]

Die Qualität der Erfassung eines theoretischen Konstrukts über mehrere Indikatoren wird bestimmt durch die **Reliabilität (Zuverlässigkeit)** und die **Validität (Gültigkeit)** der Messung.[1206] PETER definiert Reliabilität als „the degree to which measures are free from error and therefore yield consistent results" und Validität als „the degree to which instruments truly measure the constructs which they are intended to measure."[1207] Reliabilität bezieht sich somit auf das Ausmaß, in dem Messungen frei von zufälligen Fehlern sind, und demnach schätzen Gütemaße für die Reliabilität das Ausmaß der systematischen Varianz einer Messung.[1208] Entsprechend ist davon auszugehen, dass die einzelnen Indikatoren verlässliche Messungen des theoretischen Konstrukts darstellen, wenn ein wesentlicher Anteil ihrer Varianz durch die Assoziation mit dem Faktor erklärt wird. Je bedeutender der Einfluss von Messfehlern ist, desto geringer ist die Reliabilität des entsprechenden Indikators zu beurteilen.[1209]

Validität bezeichnet die konzeptionelle Richtigkeit einer Messung: „A measure is valid when the differences in observed scores reflect true differences on the characteristics one is attempting to measure and nothing else."[1210] Während die Reliabilität die Abwesenheit von Zufallsfehlern voraussetzt, fordert die Validität, dass eine Messung frei von systematischen Fehlern ist.[1211] Demnach stellt die Reliabilität eine notwendige, aber nicht hinreichende Bedingung für die Validität dar.[1212]

Im Schrifttum werden zahlreiche Ausprägungen des Validitätsbegriffs diskutiert.[1213] Für die vorliegende Untersuchung sind insbesondere die folgenden vier Validitätsarten relevant:

1. **Konvergenzvalidität**: Sie bezeichnet das Ausmaß der Übereinstimmung von zwei oder mehreren unterschiedlichen Messungen eines theoretischen Konstrukts.[1214] Sollen zwei oder mehrere Messungen tatsächlich Indikatoren eines

---

[1205] Vgl. Fornell (1982), S. 3.
[1206] Vgl. Jacoby (1978), S. 91; Carmines/Zeller (1979), S. 11 f.; Peter (1979), S. 6; Peter (1981), S. 133; Churchill (1979), S. 65; Hildebrandt (1984), S. 41 f.; Homburg/Giering (1996), S. 6 f.
[1207] Peter (1979), S. 6.
[1208] Vgl. hierzu Peter/Churchill (1986), S. 4.
[1209] Vgl. Peter (1979), S. 7.
[1210] Churchill (1979), S. 65.
[1211] Eine formale Ableitung dieses Zusammenhangs findet sich bei Churchill (1979), S. 65 f.
[1212] Vgl. Carmines/Zeller (1979), S. 13; Churchill (1979), S. 65; Peter (1979), S. 6.
[1213] Vgl. Jacoby (1978), S. 91 f.; Carmines/Zeller (1979), S. 17 f.; Bagozzi (1980), S. 114 f.; Peter (1981), S. 136 ff.; Bailey (1982), S. 69 ff.; Hildebrandt (1984), S. 42 f.; Bagozzi (1994b), S. 19 ff.
[1214] Vgl. Campbell/Fiske (1959), S. 81; Peter (1981), S. 136; Bagozzi/Phillips (1982), S. 468; Peter/Churchill (1986), S. 4; Bagozzi/Yi/Phillips (1991), S. 425.

Konstrukts sein, müssen sie zwingend hoch korreliert sein. Diese Annahme ist konsistent mit den zuvor skizzierten Korrespondenzregeln reflektiver Indikatoren, die beinhalten, dass das theoretische Konstrukt gemeinsam diejenigen Beobachtungen verursacht, die es reflektieren sollen.[1215]

2. **Diskriminanzvalidität**: „Discriminant validity is the degree to which measures of distinct concepts differ."[1216] Die Erreichung einer hohen Diskriminanzvalidität setzt voraus, dass die Indikatoren unterschiedlicher theoretischer Konstrukte nur eine geringe gemeinsame Varianz aufweisen. Hierbei wird gefordert, dass die Assoziation zwischen Indikatoren, die verschiedene Konstrukte messen sollen, geringer ist als die Assoziation zwischen Indikatoren, die dem gleichen Faktor zugeordnet sind.[1217]

3. **Inhaltsvalidität**: „Content validity [...] is the degree to which the domain of properties of characteristics of a concept one desires to measure are in fact captured by the measure(s)."[1218] Inhaltsvalidität ist gekennzeichnet durch das Ausmaß, in dem die Indikatorenstichprobe einer Skala aus dem inhaltlich-semantischen Bereich des Konstrukts repräsentativ ist und die konstruierten Indikatoren alle Bedeutungsinhalte der Facetten eines Konstrukts abbilden.[1219]

4. **Nomologische Validität**: Nomologische Validität bezeichnet das Ausmaß, in dem Vorhersagen bezüglich eines theoretischen Konzepts im Kontext einer übergeordneten Theorie bestätigt werden.[1220] Die Betrachtung der nomologischen Validität setzt demnach eine theoriegeleitete Deduktion der Konzepte und deren Einbindung in einen übergeordneten theoretischen Rahmen voraus.[1221] Nomologische Validität liegt vor, wenn sich von einer übergeordneten Theorie postulierte Beziehungen zwischen dem interessierenden Konstrukt und anderen Konstrukten nachweisen lassen.[1222]

Zur Überprüfung der Reliabilität und Validität von Messinstrumenten stehen verschiedene Methoden zur Verfügung, die in Reliabilitäts- und Validitätskriterien der **ersten**

[1215] Vgl. Bagozzi/Phillips (1982), S. 468.

[1216] Bagozzi/Phillips (1982), S. 469.

[1217] Vgl. Campbell/Fiske (1959), S. 81; Peter (1981), S. 137; Bagozzi/Phillips (1982), S. 469; Peter/Churchill (1986), S. 4; Bagozzi/Yi/Phillips (1991), S. 425; Homburg/Giering (1996), S. 7.

[1218] Bagozzi (1994b), S. 19. Ähnlich führen Carmines/Zeller (1979), S. 20: „[...] content validity depends on the extent to which an empirical measurement reflects a specific domain of content."

[1219] Vgl. hierzu Bohrnstedt (1970), S. 92. Inhaltsvalidität wird oftmals mit der „Face-Validity" gleichgesetzt, welche die logische und inhaltliche Beurteilung einer Skala durch Experten beinhaltet. Siehe hierzu Churchill (1979), S. 69; Hildebrandt (1984), S. 42; Bollen (1989), S. 185; Bagozzi (1994b), S. 19.

[1220] Vgl. Bagozzi (1982a), S. 14; Hildebrandt (1984), S. 44.

[1221] Vgl. Hildebrandt (1984), S. 44; Peter/Churchill (1986), S. 5.

[1222] Vgl. Campbell (1960), S. 547; Peter (1981), S. 135; Pedhazur/Pedhazur Schmelkin (1991), S. 72.

und **zweiten Generation** unterteilt werden.[1223] Erstgenannte stellen vornehmlich in der Psychometrie entwickelte Ansätze zur Beurteilung der Reliabilität und Validität von Messinstrumenten dar, wohingegen letztgenannte auf dem Ansatz der konfirmatorischen Faktorenanalyse beruhen.[1224] Im Folgenden werden die in der vorliegenden Untersuchung angewendeten Prüfmethoden der ersten und zweiten Generation vorgestellt.[1225]

Von den Methoden der ersten Generation kommen die folgenden Ansätze zur Anwendung:

1. **Cronbachsches Alpha**: Das Cronbachsche Alpha misst die Reliabilität einer Gruppe von Indikatoren, die einen Faktor abbilden sollen.[1226] Es stellt den Mittelwert aller Korrelationen dar, die sich ergeben, wenn die dem Faktor zugeordneten Indikatoren auf alle möglichen Arten in zwei Hälften geteilt werden und die Summen der resultierenden Variablenhälften anschließend miteinander korreliert werden.[1227] Somit stellt es ein Maß für die interne Konsistenz der Indikatoren eines Faktors dar. Berechnet wird das Cronbachsche Alpha nach der folgenden Formel:[1228]

$$(10) \quad \alpha = \frac{k}{k-1}\left(1 - \frac{\sum_{i=1}^{k}\sigma_i^2}{\sigma_t^2}\right),$$

wobei: k = Anzahl der Indikatoren, die einem Faktor zugeordnet sind,
σ_i^2 = Varianz des i-ten Indikators,
σ_t^2 = Varianz der Summe aller Indikatoren des Faktors.

Das Cronbachsche Alpha nimmt einen Maximalwert von 1 an, wobei hohe Werte auf eine hohe Reliabilität hindeuten. Als Richtwert für eine akzeptable Reliabilität wird oftmals der Empfehlung von NUNNALLY gefolgt, der einen Mindestwert von

---

[1223] Vgl. hierzu Homburg (1998), S. 72 f.
[1224] Vgl. Homburg/Giering (1996), S. 8 f.; Homburg (1998), S. 72 f.
[1225] Die verwendeten Methoden und Kriterien sind an den Empfehlungen von Homburg/Giering (1996), S. 8 f.; Homburg (1998), S. 84 ff. angelehnt, die sich wiederum hinsichtlich der Prüfkriterien der ersten Generation an Churchill (1979), S. 66 ff. und in Bezug auf die Kriterien der zweiten Generation an Gerbing/Anderson (1988), S. 187 ff. orientieren.
[1226] Vgl. Cronbach (1951), S. 297 ff.; Nunnally (1978), S. 230; Carmines/Zeller (1979), S. 44 f.; Churchill (1979), S. 68 f.; Peter (1979), S. 8 f.; Gerbing/Anderson (1988), S. 190; Cortina (1993), S. 98 ff.; Peterson (1994), S. 382.
[1227] Vgl. Carmines/Zeller (1979), S. 45; Homburg/Giering (1996), S. 8.
[1228] Vgl. Peter (1979), S. 8.

0,7 fordert.[1229] Dieser Wert soll auch der vorliegenden Untersuchung zugrunde gelegt werden.

Das Cronbachsche Alpha ist der am häufigsten angewandte Reliabilitätskoeffizient der ersten Generation.[1230] Gleichwohl wird seine Aussagekraft durch die folgenden Nachteile beeinträchtigt: Der Berechnung liegt die implizite Annahme zugrunde, dass alle einem Faktor zugeordneten Indikatoren ein eindimensionales Set beschreiben und die gleiche Reliabilität aufweisen.[1231] Darüber hinaus ist eine inferenzstatistische Beurteilung auf Basis eines Tests nicht möglich und die Höhe des Koeffizienten hängt positiv von der Anzahl der Indikatoren ab.[1232]

2. **Item-to-Total-Korrelationen:** Die Item-to-Total-Korrelation (ITK) eines Indikators bezeichnet die Korrelation dieses Indikators mit der Summe der einem Faktor zugeordneten Indikatoren. Je stärker die Korrelation eines Indikators mit der Gesamtheit der Indikatoren, desto höher ist seine Reliabilität.[1233] Aus diesem Grund soll in der vorliegenden Untersuchung der Empfehlung von CHURCHILL gefolgt werden, im Falle eines zu niedrigen Cronbachschen Alpha den Indikator mit der geringsten Item-to-Total-Korrelation zu entfernen.[1234]

3. **Exploratorische Faktorenanalyse:** Mit Hilfe der exploratorischen Faktorenanalyse wird eine Gruppe von Indikatoren auf ihre zugrunde liegende Faktorenstruktur untersucht. Hierbei zielt die Hauptachsenanalyse der Faktorenanalyse auf die Erklärung der Varianz der Indikatoren durch hypothetische Größen. Durch eine Hauptachsenanalyse extrahierte Faktoren lassen sich somit als Ursachen für die Varianz der Indikatorvariablen interpretieren und entsprechen somit dem Ansatz reflektiver Messmodelle für theoretische Konstrukte innerhalb von Strukturgleichungsmodellen.[1235] Die durch die exploratorische Faktorenanalyse erhaltene Zuordnung der Indikatoren zu Faktoren gibt erste Hinweise auf die

---

[1229] Vgl. Nunnally (1978), S. 245; Peterson (1994), S. 381.
[1230] Vgl. Peter (1979), S. 8 sowie die Ergebnisse der Meta-Analyse von Peterson (1994), S. 382.
[1231] Vgl. Gerbing/Anderson (1988), S. 190.
[1232] Vgl. Cortina (1993), S. 101 ff.
[1233] Vgl. hierzu Nunnally (1978), S. 279, der ausführt „[...] the items that correlate most highly with total scores are the best items for a general-purpose test [...] Compared to items with relatively low correlations with total scores, those that have higher correlations with total scores have more variance relating to the common factor among the items, and they add more to the test reliability."
[1234] Vgl. Churchill (1979), S. 68. Siehe zu dieser Vorgehensweise auch Homburg (1998), S. 86.
[1235] Im Gegensatz dazu nimmt die Hauptkomponentenanalyse der Faktorenanalyse keine kausale Interpretation der Faktoren vor, sondern zielt auf eine Verdichtung der Daten durch eine möglichst umfassende Reproduktion der Datenstruktur durch möglichst wenige Faktoren. Obwohl beide Verfahren in Bezug auf ihre Rechentechnik identisch sind, gehen sie von vollkommen unterschiedlichen theoretischen Modellen aus, so dass die Auswahl des Verfahrens alleine aufgrund sach-inhaltlicher Überlegungen erfolgen muss. Siehe hierzu Backhaus/Erichson/Plinke et al. (2003), S. 292 f.

Konvergenz- und Diskriminanzvalidität der theoretischen Konstrukte.[1236] So sollte im Hinblick auf die Konvergenzvalidität eine exploratorische Faktorenanalyse über die einem theoretischen Konstrukt zugeordneten Indikatoren zur Extraktion nur eines Faktors führen. Hierbei wird zudem gefordert, dass der extrahierte Faktor mindestens 50 Prozent der Varianz der zugehörigen Indikatoren erklärt und die Faktorladungen der einzelnen Indikatoren mindestens 0,4 betragen.[1237] Bei der simultanen Betrachtung aller Dimensionen eines Konstrukts erfolgt eine erste Prüfung der Konvergenz- und Diskriminanzvalidität dadurch, dass die durch die Theorie postulierte Faktorenstruktur tatsächlich erkannt wird. Dies erfordert die Extraktion der vermuteten Anzahl an Faktoren und darüber hinaus, dass die einem Faktor zugeordneten Indikatoren auf diesen Faktor hoch laden und in Bezug auf die anderen Faktoren nur eine geringe Ladung aufweisen.

Die Kritik an den zuvor beschriebenen Kriterien der ersten Generation und die verbesserten Validierungsmöglichkeiten durch den Einsatz der konfirmatorischen Faktorenanalyse führten zur Entwicklung von Reliabilitäts- und Validitätskriterien der zweiten Generation.[1238] In der vorliegenden Untersuchung gelangen die folgenden Kriterien zur Anwendung:[1239]

1. **Indikatorreliabilität**: Die Indikatorreliabilität gibt für jeden einzelnen Indikator an, welcher Anteil seiner Varianz durch den zugehörigen Faktor erklärt wird, wobei davon ausgegangen wird, dass die übrige Varianz durch den Messfehler erklärt wird.[1240] Sie entspricht der quadrierten standardisierten Faktorladung eines Indikators und berechnet sich daher für den Fall standardisierter Pfadkoeffizienten nach der folgenden Formel:[1241]

(11) $p_x = \lambda_x^2$,

wobei: λ_x = Standardisierte Faktorladung des Indikators x.

[1236] Vgl. Churchill (1979), S. 69; Homburg (1998), S. 86.
[1237] Vgl. Homburg/Giering (1996), S. 12.
[1238] Zentrale Ansatzpunkte der Kritik sind, dass eine differenzierte Untersuchung der einzelnen Indikatoren im Hinblick auf Messfehlereinflüsse mit Kriterien der ersten Generation nicht möglich ist. Darüber hinaus basieren die Empfehlungen für die Beurteilung der Reliabilität und Validität im Wesentlichen auf Faustregeln und nicht auf inferenzstatistischen Prüfungen. Siehe hierzu Bagozzi/Phillips (1982), S. 459; Hildebrandt (1984), S. 44; Gerbing/Anderson (1988), S. 189 f.; Homburg/Giering (1996), S. 9; Homburg (1998), S. 87.
[1239] Die verwendeten Kriterien orientieren sich an den Empfehlungen von Homburg/Giering (1996), S. 10 ff.; Homburg (1998), S. 88 ff. Zugleich entsprechen die Auswahl der Kriterien und die geforderten Mindestwerte den von Homburg/Baumgartner (1995b), S. 172 aufgestellten Empfehlungen hinsichtlich der lokalen Anpassungsmaße in Messmodellen.
[1240] Vgl. Balderjahn (1986), S. 117; Homburg (1998), S. 88.
[1241] Vgl. hierzu Fritz (1995), S. 131.

Der Wertebereich der Indikatorreliabilität liegt zwischen 0 und 1, wobei für einen Wert von 1 von einer perfekten Messung ohne Einflüsse von Messfehlern ausgegangen werden kann.[1242] Die Sinnhaftigkeit eines pauschalen Mindestwertes für die Indikatorreliabilität und seine Höhe sind im relevanten Schrifttum umstritten.[1243] Gleichwohl hat sich mittlerweile als Konvention die Forderung nach einer Indikatorreliabilität von mindestens 0,4 herauskristallisiert, die auch der vorliegenden Untersuchung zugrunde gelegt wird.[1244]

2. **Faktorreliabilität**: Die Faktorreliabilität (FR), auch bezeichnet als „construct reliability" oder „composite reliability", beantwortet die Frage, wie gut der Faktor durch die Gesamtheit der Indikatoren gemessen wird.[1245] Für standardisierte Variablen berechnet sich die Faktorreliabilität wie folgt:[1246]

(12) $$p_c(\xi) = \frac{\left(\sum_{i=1}^{q} \lambda_i\right)^2}{\left(\sum_{i=1}^{q} \lambda_i^2\right) + \sum_{i=1}^{q} \text{var}(\delta_i)},$$

wobei: λ_i = Standardisierte Faktorladung des Indikators x_i,
δ_i = Messfehler von x_i,
q = Anzahl der Indikatorvariablen.

Zur Absicherung einer ausreichenden Konvergenzvalidität wird in der vorliegenden Untersuchung ein Mindestwert von 0,6 für die Faktorreliabilität gefordert.[1247]

3. **Durchschnittlich erfasste Varianz**: Die durchschnittlich erfasste Varianz (DEV) gilt ebenfalls als Maß dafür, wie gut der Faktor durch die Gesamtheit seiner Indikatoren gemessen wird. Für den Fall standardisierter Variablen berechnet sie sich

---

[1242] Vgl. Homburg/Giering (1996), S. 10.
[1243] So führen Bagozzi/Yi (1988), S. 80 aus: „Individual item reliabilities will be lower than the composite, but it is not possible to suggest even loose rules-of-thumb as to adequate sizes." Siehe auch die diesbezügliche Diskussion bei Balderjahn (1986), S. 117. So werden vereinzelt geringere Indikatorreliabilitäten als 0,3 als ausreichend zuverlässige Messungen akzeptiert. Siehe hierzu beispielsweise Balderjahn (1985), S. 257; Balderjahn (1986), S. 169; Eggert (1999), S. 106; Herrmann/Huber (2000), S. 42; Peter (2001), S. 149.
[1244] Vgl. beispielsweise Bagozzi/Baumgartner (1994), S. 402; Fritz (1995), S. 132; Homburg/Baumgartner (1995b), S. 170; Homburg (1998), S. 88.
[1245] Vgl. Bagozzi/Yi (1988), S. 80; Bagozzi/Baumgartner (1994), S. 402 f.
[1246] Vgl. Fritz (1995), S. 134.
[1247] Vgl. hierzu Bagozzi/Yi (1988), S. 80; Bagozzi/Baumgartner (1994), S. 402; Fritz (1995), S. 134; Homburg/Baumgartner (1995b), S. 170; Homburg (1998), S. 89.

nach der folgenden Formel als Durchschnitt der Indikatorreliabilitäten der einem Faktor zugeordneten Indikatoren:[1248]

(13) $p_{\tilde{v}}(\xi) = \dfrac{\sum_{i=1}^{q} \lambda_i^2}{q}$,

wobei: λ_i = Standardisierte Faktorladung des Indikators x_i,
q = Anzahl der Indikatorvariablen.

Eine Messung eines Faktors gilt als ausreichend konvergent valide, wenn sie mehr als die Hälfte der Varianz der beobachteten Variablen erklärt, weshalb eine durchschnittlich erfasste Varianz von mindestens 0,5 gefordert wird.[1249]

4. **Fornell/Larcker-Kriterium**: Zur Sicherstellung der Diskriminanzvalidität eines Konstrukts muss gewährleistet sein, dass die gemeinsame Varianz zwischen ihm und seinen Indikatoren größer ist als die Varianz, die es mit anderen Konstrukten teilt.[1250] Demnach erachten FORNELL/LARCKER das Kriterium der Diskriminanzvalidität dann als vollständig erfüllt, wenn die durchschnittlich erfasste Varianz eines Faktors größer ist als jede quadrierte Korrelation dieses Faktors mit einem anderen Faktor.[1251]

5. **Globale Anpassungsmaße des Strukturgleichungsmodells**: Zusätzlich zu den bisher vorgestellten lokalen Anpassungsmaßen zur Prüfung der Reliabilität und der Validität werden in der vorliegenden Untersuchung die in Abschnitt 4.1.1.3 vorgestellten globalen Anpassungsmaße zur Beurteilung der Strukturgleichungsmodelle herangezogen.

Tab. 13 fasst die in der vorliegenden Untersuchung herangezogenen Reliabilitätsbzw. Validitätskriterien und Anpassungsmaße sowie die hieran gestellten Mindestanforderungen zusammen. Bei der Beurteilung der Strukturgleichungsmodelle wird den diesbezüglichen Empfehlungen im Schrifttum auch insoweit gefolgt, als das Unterschreiten einzelner geforderter Werte nicht zwangsläufig zur Ablehnung des Modells führt. Entscheidend für die Nicht-Ablehnung eines Strukturgleichungsmodells sind vielmehr inhaltliche Überlegungen und der durch die Gesamtheit der in Tab. 13 zusammengestellten Gütekriterien vermittelte Eindruck.[1252] Schon BAGOZZI führt aus:

[1248] Vgl. Fritz (1995), S. 134.
[1249] Vgl. hierzu Bagozzi/Yi (1988), S. 80; Bagozzi/Baumgartner (1994), S. 402; Fritz (1995), S. 134; Homburg/Baumgartner (1995b), S. 170; Homburg (1998), S. 89.
[1250] Vgl. Fornell/Gur-Arie (1983), S. 255; Fritz (1995), S. 137.
[1251] Vgl. Fornell/Larcker (1981), S. 46.
[1252] Siehe hierzu beispielsweise Fritz (1995), S. 141 ff.; Homburg/Baumgartner (1995b), S. 172; Homburg (1998), S. 90; Burmann (2002a), S. 292.

„[...] the interpretation of structural equation models should be regarded as an holistic, as opposed to atomistic research endeavor."[1253]

Kriterium/Methode	Generation	Bezugsebene	Anforderungen
Cronbachsches Alpha	1. Generation	Faktor	$\geq 0{,}7$
Item-to-Total-Korrelation (ITK)	1. Generation	Indikator	• Geringe Item-to-Total-Korrelation als Indiz für die Entfernung eines Indikators
Exploratorische Faktorenanalyse	1. Generation	Faktor	• Extraktion eines Faktors • Mindestens 50% Varianzerklärung • Faktorladungen der Indikatoren $\geq 0{,}4$
		Gesamtmodell	• Erkennen der vermuteten Faktorenstruktur • Faktorladungen der Indikatoren auf die zugeordneten Faktoren $\geq 0{,}4$
Indikatorreliabilität	2. Generation	Lokale Anpassung: Indikator	$\geq 0{,}4$
Faktorreliabilität (FR)	2. Generation	Lokale Anpassung: Faktor	$\geq 0{,}6$
Durchschnittlich erfasste Varianz (DEV)	2. Generation	Lokale Anpassung: Faktor	$\geq 0{,}5$
Fornell/Larcker-Kriterium	2. Generation	Globale Anpassung: Gesamtmodell	• Durchschnittlich erfasste Varianz eines Konstrukts größer als quadrierte Korrelation dieses Konstrukts mit jedem anderen
χ^2/df	2. Generation	Globale Anpassung: Gesamtmodell	$\leq 2{,}5$
GFI/GFI (Hat)	2. Generation	Globale Anpassung: Gesamtmodell	$\geq 0{,}9$
AGFI/AGFI (Hat)	2. Generation	Globale Anpassung: Gesamtmodell	$\geq 0{,}9$
CFI	2. Generation	Globale Anpassung: Gesamtmodell	$\geq 0{,}9$
RMSEA	2. Generation	Globale Anpassung: Gesamtmodell	$\leq 0{,}05$
p (test of close fit)	2. Generation	Globale Anpassung: Gesamtmodell	$\geq 0{,}05$

Tab. 13: Zusammenfassung der Gütemaße und Mindestanforderungen

4.1.2.2 Vorgehensweise bei der Operationalisierung von theoretischen Konstrukten und Aspekte der statistischen Auswertungsverfahren

Aufbauend auf den theoretischen und methodischen Überlegungen des vorherigen Abschnitts wird im Folgenden die Vorgehensweise bei der Operationalisierung von theoretischen Konstrukten skizziert, wobei abschließend auch auf die statistischen Auswertungsverfahren eingegangen wird. Der Ablauf der Operationalisierung orientiert sich an den grundlegenden Empfehlungen von HOMBURG/GIERING, ist jedoch im Hinblick auf die spezifischen Fragestellungen der vorliegenden Untersuchung modifiziert und weiterentwickelt worden.[1254] Die in den Empfehlungen enthaltene Kombina-

---

[1253] Bagozzi (1981a), S. 375.
[1254] Vgl. Homburg/Giering (1996), S. 12 f.; Homburg (1998), S. 84 ff. Diese Empfehlungen stellen wiederum eine Synthese und Weiterentwicklung der Methoden der ersten Generation nach

tion von Methoden ist im Schrifttum bereits vielfältig eingesetzt worden.[1255] In der Regel führen diese Methoden zu einer **erheblichen Reduktion** der **anfänglichen Indikatorvariablen.**[1256]

Ausgangspunkt der Operationalisierung von Strategie in High Velocity Märkten ist die sukzessive Betrachtung der einzelnen Dimensionen des Konstrukts. Hierzu werden basierend auf der jeweiligen Konzeptionalisierung Indikatoren für alle acht Dimensionen entwickelt.[1257] Für jede Dimension werden zunächst das Cronbachsche Alpha für die zugeordneten Indikatoren und die Item-to-Total-Korrelation jedes Indikators berechnet.[1258] Solange der geforderte Mindestwert des Cronbachschen Alpha von 0,7 nicht erreicht ist, wird sukzessive derjenige dem Faktor zugeordnete Indikator mit der geringsten Item-to-Total-Korrelation aus der weiteren Analyse ausgeschlossen.[1259]

Im Anschluss wird für die verbleibenden Indikatoren des Konstrukts eine exploratorische Faktorenanalyse durchgeführt.[1260] Die Anwendung dieses Verfahrens setzt eine Prüfung der Eignung der Korrelationsmatrix voraus. Hierzu empfehlen BACKHAUS/ERICHSON/PLINKE ET AL. die Prüfgröße „Measure of Sampling Adequacy" (MSA), auch bezeichnet als „Kaiser-Meyer-Olkin-Kriterium" (KMO), welche auch in der vorliegenden Untersuchung angewendet wird.[1261] Das KMO zeigt an, in welchem Umfang die Ausgangsvariablen zusammengehören und dient daher als Hinweis dafür, ob eine Faktorenanalyse sinnvoll erscheint. Sein Wertebereich liegt zwischen

---

CHURCHILL und der Methoden der zweiten Generation nach GERBING/ANDERSON dar. Siehe hierzu Churchill (1979), S. 68 ff.; Gerbing/Anderson (1988), S. 187 ff.

[1255] Siehe beispielsweise die Entwicklung einer Skala zur Messung von Dienstleistungsqualität bei Parasuraman/Zeithaml/Berry (1988), S. 17 ff. und Parasumaran/Berry/Zeithaml (1991), S. 424 ff. oder die Vorgehensweise bei Eggert (1999), S. 108 ff.; Bauer (2000), S. 80 ff.; Peter (2001), S. 176 ff.; Olderog (2003), S. 243 ff. Eine ähnliche Vorgehensweise findet sich im Bereich der empirischen Strategieforschung bei Venkatraman (1985), S. 30 ff.

[1256] Vgl. Homburg (1998), S. 85.

[1257] Vgl. zu der Konzeptionalisierung der einzelnen Dimensionen die Ausführungen in Abschnitt 3.1.1. Der Prozess der Entwicklung der Indikatoren wird detailliert in Abschnitt 4.1.3.2 im Kontext der Entwicklung des Erhebungsinstruments beschrieben.

[1258] Siehe hierzu auch Churchill (1979), S. 68, der ausführt: „Coefficient alpha absolutely should be the first measure one calculates to assess the quality of the instrument."

[1259] Vgl. hierzu Churchill (1979), S. 68; Homburg/Giering (1996), S. 12.

[1260] Diese Vorgehensweise folgt der Empfehlung von Churchill (1979), S. 69, der diesbezüglich ausführt: „[...] theoretical arguments support the iterative process of the calculation of coefficient alpha, the elimination of items, and the subsequent calculation of alpha until a satisfactory coefficient is achieved. Factor analysis then can be used to confirm whether the number of dimensions conceptualized can be verified empirically."

[1261] Vgl. Backhaus/Erichson/Plinke et al. (2003), S. 276. Siehe hierzu auch Dziuban/Shirkey (1974), S. 360 f. und Stewart (1981), S. 57, der feststellt: „[...] the MSA may be the best of the methods currently available."

0 und 1, wobei Werte von mindestens 0,8 wünschenswert sind und Werte kleiner als 0,5 als nicht mehr akzeptabel gelten.[1262]

Um ein sinnvolles Maß an Konvergenzvalidität zu erreichen, darf mittels der exploratorischen Faktorenanalyse auf der Ebene der Dimensionen nach dem Kaiser-Kriterium nur ein Faktor extrahiert werden.[1263] In Einklang mit den theoretischen Vorüberlegungen verwenden alle in der vorliegenden Untersuchung vorgenommenen exploratorischen Faktorenanalysen die Hauptachsenanalyse als Extraktionsverfahren.[1264] Zusätzlich wird gefordert, dass der extrahierte Faktor mindestens 50 Prozent der Varianz der zugehörigen Indikatoren erklärt. Gegebenenfalls ist auf dieser Stufe wiederum eine Elimination von Indikatoren vorzunehmen, wobei geringe Faktorladungen, beispielsweise unter dem Wert von 0,4, als Indizien herangezogen werden.[1265]

Die nach den bisherigen Untersuchungsstufen verbliebenen Indikatoren werden im Anschluss mit einer konfirmatorischen Faktorenanalyse untersucht, wobei eine einfaktorielle Struktur postuliert wird. Die Anpassung des theoretischen Messmodells an die empirisch erhobenen Daten wird anhand der lokalen und globalen Gütekriterien aus Tab. 13 beurteilt. Sofern mehrere dieser Anpassungsmaße deutlich verletzt werden, sind weitere Indikatoren aus der Analyse zu entfernen. Als Kriterium für die Elimination von Indikatoren werden geringe Indikatorreliabilitäten herangezogen. Entsprechen die lokalen und globalen Gütemaße überwiegend den geforderten Mindestwerten, enthält die analysierte Dimension eine im Hinblick auf Reliabilität und Konvergenzvalidität bereinigte Indikatormenge.[1266]

Sind diese Untersuchungsschritte für alle Dimensionen des Konstrukts Strategie in High Velocity Märkten abgeschlossen, erfolgt die Analyse des gesamten Messmodells. Um erste Hinweise auf die Konvergenz- und Diskriminanzvalidität der Dimensionen zu erhalten, wird zunächst mit einer exploratorischen Faktorenanalyse überprüft, ob die postulierte Faktorenstruktur erkannt wird. Dies erfordert zum einen, dass die Anzahl extrahierter Faktoren der vermuteten Anzahl entspricht, zum anderen, dass die einem Faktor zugeordneten Indikatoren auf diesen Faktor

---

[1262] Vgl. Kaiser (1970), S. 405; Cureton/D'Agostino (1983), S. 389-391. Eine differenziertere Beurteilung schlagen Kaiser/Rice (1974), S. 111 ff. vor, die Werte kleiner als 0,5 als „unacceptable", von größer als 0,5 als „miserable", größer als 0,6 als „mediocre", größer als 0,7 als „middling", größer als 0,8 als „meritorious" und größer als 0,9 schließlich als „marvelous" bezeichnen.

[1263] Vgl. hierzu Homburg/Giering (1996), S. 12. Siehe hierzu auch Gerbing/Anderson (1988), S. 190; Robinson/Shaver/Wrightsman (1991), S. 13; Bearden/Netemeyer/Mobley (1993), S. 4. Nach dem Kaiser-Kriterium entspricht die Zahl der zu extrahierenden Faktoren der Zahl der Faktoren mit Eigenwerten größer 1. Vgl. Backhaus/Erichson/Plinke et al. (2003), S. 295.

[1264] Siehe hierzu die Ausführungen in Abschnitt 4.1.2.1.

[1265] Vgl. hierzu Homburg/Giering (1996), S. 12. Nach einer Elimination von Indikatoren auf dieser Stufe ist das Cronbachsche Alpha für die verbleibenden Indikatoren neu zu berechnen. Vgl. Churchill (1979), S. 69.

[1266] Vgl. Homburg/Giering (1996), S. 12.

wesentlich höher laden als auf alle anderen. Nicht eindeutig zugeordnete Indikatoren sind gegebenenfalls zu eliminieren. Da die acht Dimensionen zusammen das Konstrukt Strategie in High Velocity Märkten beschreiben sollen, ist nicht von ihrer Unabhängigkeit auszugehen. Entsprechend ist keine Orthogonalität der Faktoren anzunehmen, weshalb eine schiefwinklige OBLIMIN-Rotation eingesetzt wird.[1267]

Im nächsten Schritt werden im Kontext des Gesamtmodells die vermutete Dimensionalität und die Zuordnung der einzelnen Indikatoren zu den entsprechenden Dimensionen mittels einer konfirmatorischen Faktorenanalyse geprüft. Zur Beurteilung der Anpassungsgüte werden wiederum die globalen und lokalen Anpassungsmaße herangezogen. Darüber hinaus wird die Diskriminanzvalidität über das Fornell/ Larcker-Kriterium geprüft. Sofern die Diskriminanzvalidität nicht erfüllt ist, lässt sich zunächst einmal die Konsequenz ziehen, dass die im Hypothesensystem aufgestellten Beziehungen hinsichtlich der Dimensionalität von Strategie in High Velocity Märkten nicht mit den erhobenen Daten übereinstimmen und somit aus empirischer Sicht zu verwerfen sind.[1268] Für diesen Fall schlägt FRITZ unter der Voraussetzung einer den globalen Gütekriterien entsprechenden Anpassung und einer nur geringen Verletzung einzelner lokaler Anforderungsmaße eine eingehende Analyse der Schwachstellen vor, die auf eine theoriegeleitete Modifikation und erneute Überprüfung der Modellstruktur abzielt.[1269] Hierbei ist darauf hinzuweisen, dass die Analyse von Strukturgleichungsmodellen in diesem Falle streng genommen ihren konfirmatorischen Charakter verliert und zu einem exploratorischen Datenanalyseinstrument wird.[1270] Sind allerdings die globalen und lokalen Anpassungsmaße sowie das Fornell/Larcker-Kriterium für alle Dimensionen erfüllt, kann das Modell auf dieser Stufe nicht abgelehnt werden.

Abschließend wird eine konfirmatorische Faktorenanalyse 2. Ordnung durchgeführt, um zu überprüfen, ob die identifizierten Dimensionen tatsächlich Bestandteil eines übergeordneten Konstrukts sind, das inhaltlich als Strategie in High Velocity Märkten zu interpretieren ist. Hierzu wird zunächst die globale und lokale Anpassung des als konfirmatorische Faktorenanalyse 2. Ordnung spezifizierten Messmodells geprüft. Im Anschluss sind die in dem Messmodell 2. Ordnung modellierten Faktorladungen zwischen den einzelnen Dimensionen und dem übergeordneten Konstrukt Strategie auf

---

[1267] Vgl. Homburg (1998), S. 86; Backhaus/Erichson/Plinke et al. (2003), S. 300.

[1268] Vgl. Backhaus/Erichson/Plinke et al. (2003), S. 378.

[1269] Vgl. Fritz (1995), S. 142 ff. und die innerhalb der Untersuchung durchgeführte Modellmodifikation S. 186 ff.

[1270] Vgl. Backhaus/Erichson/Plinke et al. (2003), S. 378; 410. Siehe zu dieser Thematik auch Cliff (1983), S. 124; Hoyle/Panter (1995), S. 172 f. Im Schrifttum werden diesbezüglich allerdings auch die Probleme einer streng konfirmatorischen Anwendung von Strukturgleichungsmodellen sowie deren exploratorische Einsatzmöglichkeiten bei der Modellmodifikation diskutiert. Siehe hierzu Jöreskog (1977), S. 273; Homburg (1989), S. 46; Jöreskog (1993), S. 295 ff.; Homburg/Dobratz (1998), S. 456 ff.; Homburg/Hildebrandt (1998), S. 30 f. Siehe hierzu auch die Ergebnisse der Meta-Analyse bei Homburg/Baumgartner (1995b), S. 1099.

ihre Signifikanz zu prüfen. Anhand der Faktorladung der einzelnen Dimensionen ist schließlich ihre Bedeutung für das Konstrukt Strategie in High Velocity Märkten abzuleiten. Sofern einzelne Dimensionen keine signifikante Faktorladung zu dem Konstrukt zweiter Ordnung aufweisen, stehen sie in keinem Zusammenhang zur Strategie in High Velocity Märkten und sind demnach von der weiteren Analyse auszuschließen. Hiermit sind die Konzeptionalisierung und Operationalisierung von Strategie in High Velocity Märkten abgeschlossen und die ersten beiden Untersuchungsfragestellungen beantwortet.[1271]

Die Entwicklung des Messmodells stellt zugleich die Voraussetzung für die Überprüfung des Einflusses von Strategie auf den Erfolg ohne und mit Einbezug situativer Variablen mit Hilfe von Strukturgleichungsmodellen dar: „Convergence in measurement should be considered a criterion to apply before performing a causal analysis because it represents a condition that must be satisfied as a matter of logical necessity."[1272] Die Analysen beantworten einerseits die beiden verbleibenden Untersuchungsfragestellungen und geben andererseits erste Hinweise bezüglich der nomologischen Validität des Konstrukts Strategie in High Velocity Märkten.[1273]

Abb. 22 fasst die sukzessive Vorgehensweise zur Operationalisierung des mehrdimensionalen Konstrukts Strategie in High Velocity Märkten zusammen.

[1271] Siehe hierzu die erste und zweite Untersuchungsfragestellung in Abschnitt 1.1.2.
[1272] Bagozzi (1981a), S. 376. Siehe hierzu auch Anderson/Gerbing (1982), S. 453, die ausführen: „[...] the reason for drawing a distinction between the measurement model and the structural model is that proper specification of the measurement model is necessary before meaning can be assigned to the analysis of the structural model. That is, good measurement of latent variables is prerequiste to the analysis of causal relations among the latent variables." und Mulaik/James (1995), S. 135 f., die eine Überprüfung des Messmodells ebenfalls als grundlegende Voraussetzung für den Test des gesamten Strukturgleichungsmodells betrachten.
[1273] Vgl. die dritte und vierte Untersuchungsfragestellung in Abschnitt 1.1.2.

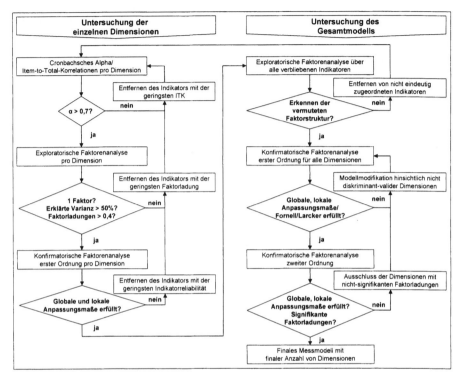

Abb. 22: Vorgehensweise zur Operationalisierung des Konstrukts Strategie in High Velocity Märkten

In der vorliegenden Untersuchung werden alle Methoden und Gütekriterien der ersten Generation, also Cronbachsches Alpha, Item-to-Total-Korrelation und exploratorische Faktorenanalyse, mit Hilfe der Software SPSS 11.0 berechnet. Für die Berechnung der konfirmatorischen Faktorenanalysen und der Strukturgleichungsmodelle wird die Software AMOS 4.0 verwendet.[1274] Als Schätzverfahren zur Parameterberechnung wird die **Maximum-Likelihood-Methode (ML)** eingesetzt.[1275] Diese liefert die effizientesten und präzisesten Schätzwerte.[1276] Der ML-Ansatz geht

---

[1274] Vgl. Arbuckle/Wothke (1999), S. 9 ff.; Byrne (2001), S. 15 ff.; Backhaus/Erichson/Plinke et al. (2003), S. 383 ff. Eine Diskussion der Vorteile von AMOS findet sich bei Böing (2001), S. 100.

[1275] Vgl. zu verschiedenen Parameterschätzverfahren Bollen (1989), S. 107 ff.; Homburg/Sütterlin (1990), S. 186 f.; Kline (1998), S. 144 f.; Backhaus/Erichson/Plinke et al. (2003), S. 362 ff.

[1276] Vgl. hierzu Chou/Bentler (1995), S. 54; Homburg/Baumgartner (1995a), S. 1102; Backhaus/Erichson/Plinke et al. (2003), S. 365.

allerdings von der Annahme multivariat normalverteilter Indikatorvariablen aus.[1277] Eine Analyse der Histogramme der einzelnen Indikatorvariablen der vorliegenden Untersuchung zeigt, dass bei einigen Variablen nicht von einer Normalverteilung ausgegangen werden kann. Im Schrifttum ist jedoch in verschiedenen Untersuchungen belegt worden, dass der ML-Ansatz auch bei Verstößen gegen die Normalverteilungsannahme valide Parameterschätzungen erzeugt: „[...] one can be reassured by simulation evidence that indicates that normal theory ML estimators are almost always acceptable even when data are nonnormally distributed."[1278] So stellen CHOU/BENTLER als Ergebnis ihrer Literaturanalyse bezüglich der Auswirkungen von Verletzungen der Verteilungsannahme fest: „ML estimates have been found to be quite robust to the violation of normality. That is, the estimates are good estimates, even when the data are not normally distributed."[1279] Insofern erscheint die Verwendung des ML-Ansatzes in der vorliegenden Untersuchung grundsätzlich gerechtfertigt.

In der Literatur wird darüber hinaus bei Verletzungen der Annahme multivariat normalverteilter Daten die Verwendung des **„Bootstrapping"**-Verfahrens empfohlen.[1280] Diesem Verfahren liegt die Annahme zugrunde, dass die Verteilung einer empirischen Stichprobe basierend auf Daten einer einzigen Stichprobe approximiert werden kann, indem wiederholt Stichproben gleicher Größe mit Zurücklegen aus der Originalstichprobe gezogen werden.[1281] Dies erlaubt eine Überprüfung der geschätzten Modellparameter.[1282] In der vorliegenden Untersuchung wurden bei allen Strukturgleichungsmodellen 500 Bootstrap-Stichproben gezogen und deren Parameterschätzungen mit den Originalschätzungen verglichen.[1283] Die Tatsache, dass keine nennenswerten Unterschiede zwischen den Originalschätzungen und den Mittelwerten der Bootstrap-Schätzungen erkennbar waren, deutet auf die Stabilität der Parameterschätzungen hin und unterstützt die Verwendung des ML-Ansatzes zusätzlich.

[1277] Vgl. Backhaus/Erichson/Plinke et al. (2003), S. 364.

[1278] Bentler/Chou (1987), S. 89. Siehe auch Chou/Bentler/Satorra (1991), S. 355; Homburg/Baumgartner (1995a), S. 1102 und West/Finch/Curran (1995), S. 74, die für den Fall mittlerer Stichprobengrößen und unter der Voraussetzung, dass keine starke Verletzung der Normalverteilungsannahme vorliegt, ebenfalls die Verwendung des ML-Ansatzes empfehlen.

[1279] Chou/Bentler (1995), S. 38. Ähnlich führen Bagozzi/Baumgartner (1994), S. 396 aus: "Simulation work has shown that ML [...] is robust to violations of the normality assumptions."

[1280] Vgl. West/Finch/Curran (1995), S. 66 f.; Yung/Bentler (1996), S. 196 ff.; Byrne (2001), S. 268 ff. Siehe grundsätzlich zur Idee des Bootstrappings Efron (1979), S. 2 ff.; Stine (1990), S. 244 ff.

[1281] Vgl. hierzu West/Finch/Curran (1995), S. 66.

[1282] Vgl. Byrne (2001), S. 269.

[1283] Vgl. zu diesem Vorgehen mit AMOS Arbuckle/Wothke (1999), S. 359 ff.; Byrne (2001), S. 272 ff.

4.1.3 Datengrundlage und Datenerhebung

Im folgenden Abschnitt werden die Charakteristika der Datenerhebung und der Datenbasis der vorliegenden Untersuchung beschrieben. Einführend wird die Festlegung der Grundgesamtheit beschrieben. Im Anschluss wird der mehrstufige Prozess der Entwicklung der Indikatoren und des Erhebungsinstruments für die Befragung dargestellt. Die Ausführungen des Abschnitts schließen mit der Skizzierung der Vorgehensweise bei der Haupterhebung der vorliegenden Untersuchung und mit einer Beschreibung der Charakteristika der Datenbasis.

4.1.3.1 Grundgesamtheit der Erhebung

Die vorliegende Untersuchung beschäftigt sich mit der Strategie von Unternehmen in Märkten, die durch die zunehmende Diffusion und kommerzielle Nutzung von Informations- und Kommunikationstechnologie einer erhöhten Komplexität und Dynamik unterliegen.[1284] Mit den Auswirkungen der zunehmenden Nutzung der Informations- und Kommunikationstechnologie beschäftigt sich auch die amtliche Statistik in Deutschland.[1285] Obwohl die durch die Informations- und Kommunikationstechnologie induzierten Veränderungen in den Ergebnissen der amtlichen Statistik teilweise enthalten sind, existiert bislang kein umfassender Ansatz zur differenzierten statistischen Betrachtung und wirtschaftlichen Erfassung der Effekte.[1286] Demnach existiert auch keine amtliche Klassifizierung derjenigen Branchen, die den skizzierten Umweltveränderungen am stärksten unterliegen und auf die zur Abgrenzung der Grundgesamtheit der vorliegenden Untersuchung zurückgegriffen werden könnte.

Die Identifikation der für die vorliegende Untersuchung relevanten Grundgesamtheit erfolgt daher anhand der bestehenden Klassifikation der Wirtschaftszweige aus dem Jahre 1993 (WZ 93) des Statistischen Bundesamtes.[1287] Als Grundgesamtheit der vorliegenden Untersuchung sollen die im Wirtschaftszweig 72 der Klassifikation des Statistischen Bundesamtes zusammengefassten deutschen Unternehmen gelten.[1288] Bei den in dieser Abteilung zusammengefassten Unternehmen ist von einer zentralen Bedeutung der Informations- und Kommunikationstechnologie für ihr Leistungsspektrum auszugehen.[1289] Darüber hinaus stellt die Festlegung der Grundgesamtheit

---

[1284] Siehe hierzu die Ausführungen in Abschnitt 1.1.1 und 2.1.2.2.
[1285] Vgl. Köhler/Kopsch (1997), S. 751 ff.; Schnorr-Bäcker (2001), S. 165 ff.; Fischer (2003), S. 314 ff.
[1286] Vgl. Köhler/Kopsch (1997), S. 755; Schnorr-Bäcker (2001), S. 175.
[1287] Vgl. Statistisches Bundesamt (1994), S. 9 ff. Mittlerweile ist die Klassifikation der Wirtschaftszweige vom Statistischen Bundesamt für das Jahr 2003 überarbeitet worden (WZ 2003). Da zum Zeitpunkt der Erhebung die relevanten Datenbanken noch nach der WZ 93-Systematik strukturiert waren und sich zudem auf der Ebene der Abteilungen und der Gruppen für die vorliegende Untersuchung keine Veränderungen ergaben, wird die Klassifikation nach WZ 93 verwendet.
[1288] Vgl. Statistisches Bundesamt (1994), S. 388-391.
[1289] Vgl. hierzu das der Untersuchung zugrunde liegende Begriffsverständnis in Abschnitt 2.1.2.2.

auf der Abteilungsebene der Klassifikation der Wirtschaftszweige eine hinreichende Homogenität der Grundgesamtheit sicher.[1290] Ferner beschränkt sich die Untersuchung auf Unternehmen, die mindestens 20 Mitarbeiter haben. Vor dem Hintergrund der noch recht jungen Branchen und der Vielzahl von Start-up-Unternehmen erscheint diese Einschränkung gerechtfertigt. Demnach bilden alle deutschen Unternehmen, die nach der WZ 93 der Abteilung 72 zugeordnet sind und mindestens 20 Mitarbeiter haben, die Grundgesamtheit der vorliegenden Untersuchung. Tab. 14 stellt die Abteilung 72 mit den entsprechenden Gruppen, Klassen und Unterklassen dar.

Gliederungs-ebene WZ 93	Code WZ 93	Beschreibung
Abteilung	**72**	**Datenverarbeitung und Datenbanken**
Gruppe	72.1	Hardwareberatung
Gruppe	72.2	Softwarehäuser
Unterklasse	72.20.1	Softwareberatung
Unterklasse	72.20.2	Softwareentwicklung
Gruppe	72.3	Datenverarbeitungsdienste
Unterklasse	72.30.1	Datenerfassungsdienste
Unterklasse	72.30.2	Datenverarbeitungs- und Tabellierungsdienste
Unterklasse	72.30.3	Bereitstellungsdienste für Teilnehmersysteme
Unterklasse	72.30.4	Sonstige Datenverarbeitungsdienste
Gruppe	72.4	Datenbanken
Gruppe	72.5	Instandhaltung und Reparatur von Datenverarbeitungsgeräten
Gruppe	72.6	Sonstige mit der Datenverarbeitung verbundene Tätigkeiten
Unterklasse	72.60.1	Informationsvermittlung
Unterklasse	72.60.2	Mit der Datenverarbeitung verbundene Tätigkeiten

Tab. 14: **Grundgesamtheit der Untersuchung nach der WZ 93-Klassifikation des Statistischen Bundesamtes**[1291]

Nachdem die Grundgesamtheit festgelegt wurde, ist nun ein möglichst umfassendes Verzeichnis der in der Grundgesamtheit enthaltenen Unternehmen zu identifizieren. Da von Seiten der amtlichen Statistik kein vollständiges, aktuelles Verzeichnis von

---

[1290] Die Klassifikation der Wirtschaftszweige des Statistischen Bundesamtes stellt ein hierarchisches Gliederungssystem dar, welches auf der höchsten Ebene Abschnitte umfasst, welche sich wiederum in Unterabschnitte unterteilen. Innerhalb der Unterabschnitte werden insgesamt 60 Abteilungen unterschieden. Diese werden wiederum auf den folgenden Gliederungsebenen in Gruppen, Klassen und Unterklassen unterschieden. Vgl. Statistisches Bundesamt (1994), S. 14.

[1291] Vgl. Statistisches Bundesamt (1994), S. 388-391. In der Abteilung 72 findet keine Differenzierung auf der Ebene der Klassen statt, so dass die Klassen den Gruppen entsprechen. Abgebildet sind jeweils die höchsten Gliederungsebenen, auf denen eine Differenzierung erfolgt.

Unternehmen innerhalb der einzelnen Abteilungen, Gruppen und Unterklassen vorliegt, wurde eine namhafte Adressdatenbank zur Annäherung an die Grundgesamtheit herangezogen. Diese ermöglicht eine Strukturierung und Selektion der enthaltenen Unternehmen auf der Basis der WZ 93, enthält die für die Ansprache erforderlichen Kontaktinformationen und benennt in ca. 85 Prozent der Fälle einen Ansprechpartner in dem Unternehmen. Die aufgeführten Ansprechpartner sind in der Regel Mitglieder der Geschäftsleitung und stellen somit die in der vorliegenden Untersuchung zu befragenden Key Informants dar.[1292]

4.1.3.2 Datenerhebungsmethode und Entwicklung des Erhebungsinstruments

Hinsichtlich der Datenerhebungsmethode wird in der vorliegenden Untersuchung der Self-Typing-Ansatz durch eine Befragung von Key Informants eingesetzt.[1293] Obwohl im Schrifttum Informationsverzerrungen in verschiedenen Bereichen erwähnt werden, erscheint der Einsatz aus den folgenden Gründen gerechtfertigt:[1294] Zunächst stellt der Self-Typing-Ansatz die einzige Möglichkeit dar, eine hohe Anzahl der für die vorliegende Untersuchung und die angestrebte Operationalisierung von Strategie benötigten Daten zu erheben. Darüber hinaus beeinflusst die Geschäftsführung und deren Wahrnehmung die Strategie eines Unternehmens in hohem Maße, so dass lediglich die Geschäftsführung einen detaillierten Einblick in strategische Entscheidungen hat und entsprechende Einschätzungen abgeben kann.[1295] Als Konsequenz führt GOLDEN hinsichtlich der Befragung mehrerer Informanten, die vielfach als Abhilfe für das Problem der Informationsverzerrung vorgeschlagen wird, aus: „Thus, the benefit of using multiple respondents has to be balanced against the possibility of introducing greater systematic error into the measurement of certain phenomena."[1296] Schließlich ist die Informationsverzerrung in der empirischen Strategieforschung, beispielsweise hinsichtlich der Beurteilung des strategischen Erfolgs, bisher empirisch noch nicht nachgewiesen worden.[1297]

Die Entwicklung des Erhebungsinstruments erfolgte in einem mehrstufigen Prozess, der die Durchführung von **Experteninterviews**, den **speziellen Pretest nach ANDERSON/GERBING** und die Durchführung eines **Pretests** beinhaltete und im

---

[1292] Vgl. zum Key Informants-Ansatz die Ausführungen in Abschnitt 2.2.2.1.1.1.
[1293] Vgl. hierzu die Bewertung des Ansatzes in Abschnitt 2.2.2.1.1.2. Vgl. zur Erhebungsmethode der Befragung und der Online-Befragung Berekoven/Eckert/Ellenrieder (2001), S. 112 ff.
[1294] Vgl. beispielsweise zu Verzerrungen in Bezug auf Unternehmenscharakteristika Phillips (1981), S. 409, für die Interorganisationsforschung Kumar/Stern/Anderson (1993), S. 1645 und für die Neuproduktentwicklung Ernst (2001), S. 315.
[1295] Vgl. Hambrick/Snow (1977), S. 110; Snow/Hambrick (1980), S. 533; Golden (1992), S. 855; Carter/Stearns/Reynolds et al. (1994), S. 27; James/Hatten (1995), S. 161; Kotha/Vadlamani (1995), S. 77; Spanos/Lioukas (2001), S. 916 f.
[1296] Golden (1992), S. 855.
[1297] Vgl. hierzu Dess/Robinson (1984), S. 271; Venkatraman/Ramanujam (1987), S. 117 sowie die Ausführungen in Abschnitt 3.2.1.

Folgenden skizziert wird.[1298] In einem frühen Untersuchungsstadium wurden im März 2002 auf der Messe CeBIT 2002 zehn qualitative Interviews mit Experten aus der Praxis durchgeführt.[1299] Die Gespräche zielten auf die Ergänzung der theoretischen Überlegungen durch die Praxisperspektive sowie die Prüfung der Verständlichkeit und der Relevanz des der Arbeit zugrunde gelegten Strategieverständnisses und der entwickelten Einzeldimensionen. Darüber hinaus wurden die inhaltlichen Facetten der einzelnen Dimensionen erörtert und potenzielle Indikatoren zur Messung der Dimensionen diskutiert. Die Gespräche wurden anhand eines Gesprächsleitfadens geführt, der sowohl offene als auch halb-strukturierte Fragen beinhaltete. Die Ergebnisse der Gespräche unterstützten die Konzeptionalisierung von Strategie als realisiertes Handlungs- und Entscheidungsmuster. Zugleich wurden die aus der Theorie deduzierten Dimensionen als relevant gewertet und die Diskussion von potenziellen Indikatoren ergab erste Hinweise für die Operationalisierung.

Zur Vorhersage der Leistungsfähigkeit von Indikatoren in einer konfirmatorischen Faktorenanalyse haben ANDERSON/GERBING eine spezielle Form eines Pretests entwickelt, die in der vorliegenden Untersuchung als zweiter Schritt bei der Entwicklung des Messinstruments eingesetzt wurde.[1300] Der Test zielt auf die Ermittlung der „**substantive validity**" für jeden Indikator ab, die definiert wird als „the extent to which that measure is judged to be reflective of, or theoretically linked to, some construct of interest."[1301] Die substanzielle Validität eines einzelnen Indikators wird hierbei als notwendige Voraussetzung für die Validität einer Mehrzahl von Indikatoren hinsichtlich der Messung eines Konstrukts interpretiert.[1302] Zur Ermittlung der substantiven Validität erhalten die Probanden, welche Experten und Key Informants der anvisierten Grundgesamtheit sein können, zunächst eine kurze Definition der theoretischen Konstrukte und eine zufällige Anordnung aller Indikatoren, die der Messung der theoretischen Konstrukte dienen sollen. Die einzelnen Indikatoren sind demjenigen Konstrukt zuzuordnen, zu dem sie nach Ansicht der Befragten am besten passen.[1303]

[1298] Vgl. Anderson/Gerbing (1991), S. 732 ff. Siehe zu der mehrstufigen Vorgehensweise auch Abb. 23.
[1299] Eine Auflistung der geführten Experteninterviews findet sich in im Anhang.
[1300] Vgl. Anderson/Gerbing (1991), S. 732 ff. Siehe zum Einsatz dieses Verfahrens bei der Entwicklung von Erhebungsinstrumenten beispielsweise Eggert (1999), S. 114 ff.
[1301] Anderson/Gerbing (1991), S. 732.
[1302] Vgl. Anderson/Gerbing (1991), S. 732.
[1303] Vgl. Anderson/Gerbing (1991), S. 734.

Zur Ermittlung der substanziellen Validität schlagen die Autoren die beiden Indices „proportion of substantive agreement" und „substantive-validity coefficent" vor:[1304]

(14) $p_{sa} = \dfrac{n_c}{N}$,

wobei: n_c = Anzahl der richtigen Zuordnungen,
N = Anzahl der Testpersonen, die den Indikator zugeordnet haben.

Die „proportion of substantive agreement" bezeichnet den Anteil der Personen, die den jeweiligen Indikator dem richtigen Konstrukt zugeordnet haben. Sein Wertebereich liegt zwischen 0 und 1, wobei gilt: Je näher der p_{sa} an 1 liegt, desto höher ist die substanzielle Validität. Während der Index Aufschluss darüber gibt, wie gut ein Indikator das intendierte Konstrukt widerspiegelt, zeigt er nicht an, wie stark der Indikator sich auf ein anderes, ihm nicht zugeordnetes Konstrukt bezieht. Hierzu wird der „substantive-validity coefficient" berechnet:

(15) $c_{sv} = \dfrac{n_c - n_o}{N}$,

wobei: n_c = Anzahl der richtigen Zuordnungen,
n_o = Anzahl der höchsten Zuordnungen zu einem anderen Konstrukt,
N = Anzahl der Testpersonen, die den Indikator zugeordnet haben.

Der Wertebereich liegt hier zwischen -1 und 1, wobei gilt: Je näher der c_{sv} an 1, desto höher die substanzielle Validität, und je näher der c_{sv} an -1, desto eher spiegelt der Indikator ein anderes Konstrukt wider. Für den Wert c_{sv} schlagen ANDERSON/ GERBING zudem einen Test auf statistische Signifikanz vor.[1305] Ausgangspunkt ist ein Szenario, in dem ein Indikator in gleichem Maße zu zwei Konstrukten zugeordnet wird, so dass die Wahrscheinlichkeit einer richtigen Zuordnung gleich 0,5 ist. Mit Hilfe der Binominalverteilung kann die kritische Anzahl richtiger Zuordnungen berechnet werden, ab der die substanzielle Validität des Indikators statistisch signifikant ist.[1306]

Im Juli 2003 wurde der Pretest nach ANDERSON/GERBING für die vorliegende Untersuchung durchgeführt. Neben der Ermittlung der substanziellen Validität der Indikatoren zur Prognose der Konvergenz-, Diskriminanz- und Inhaltsvalidität bestand die Zielsetzung hierbei in der Überprüfung der Verständlichkeit und Eindeutigkeit der Indikatoren und der Definitionen der Dimensionen. An dem Test beteiligten sich 22 Experten aus Wissenschaft und Praxis. Als Ausgangspunkt des Pretests wurden

---

[1304] Vgl. im Folgenden Anderson/Gerbing (1991), S. 734.
[1305] Vgl. Anderson/Gerbing (1991), S. 734 f.
[1306] Getestet wird hierbei die Nullhypothese, dass die Wahrscheinlichkeit einer richtigen Zuordnung kleiner als 0,5 ist. Ist c_{sv} größer als der kritische Wert, kann die Nullhypothese auf dem gewählten Signifikanzniveau abgelehnt werden. Vgl. hierzu ausführlich Anderson/Gerbing (1991), S. 734.

basierend auf der Konzeptionalisierung der einzelnen Dimensionen in Abschnitt 3.1.1 für jede Dimension zehn Indikatoren formuliert. Die Probanden erhielten eine zufällige Anordnung der 80 Indikatoren sowie die Definition der Dimensionen mit der Bitte, diese zuzuordnen. Im Anschluss wurden die Angaben ausgewertet, indem die zuvor beschriebenen Kennzahlen p_{sa} und c_{sv} berechnet sowie der zugehörige Test durchgeführt wurden. Die Ergebnisse dieser Auswertungen wurden mit einem Teil der Probanden sowie drei weiteren Experten aus der Wissenschaft diskutiert. Basierend auf den Auswertungen und der anschließenden Diskussion wurden insgesamt elf Indikatoren aus der weiteren Analyse ausgeschlossen und vier Indikatoren einer anderen Dimension zugeordnet. Zusätzlich wurden drei neue Indikatoren formuliert. Darüber hinaus wurden die Indikatoren teilweise basierend auf den Anmerkungen hinsichtlich der Eindeutigkeit und Verständlichkeit kürzer und prägnanter formuliert.

Aufbauend auf der durch die Ergebnisse des ersten Pretests nach ANDERSON/ GERBING bereinigten Indikatormenge wurde der Fragebogen für die Haupterhebung entwickelt. Hierzu wurden die Indikatoren verschiedenen Themengebieten zugeordnet und über 7-stufige Skalen abgefragt.[1307] Aus der gemäß Abschnitt 4.1.3.1 festgelegten Grundgesamtheit wurde aus der Adressdatenbank mittels des Verfahrens der **systematischen Zufallsauswahl** eine Stichprobe von 180 Unternehmen für den Pretest gezogen.[1308] Die Zielsetzung des Pretests bestand in einer ersten Abschätzung der Reliabilität und Validität der Indikatoren mittels der Verfahren der ersten Generation.[1309] Zudem war die Überprüfung der Verständlichkeit und Eindeutigkeit der Indikatoren von Interesse. Letztlich sollte der Pretest auch dazu dienen, eventuell bestehende technische Probleme bei der Internet-gestützten Befragung aufzudecken, die auch innerhalb der Haupterhebung angeboten wurde.

Mit Hilfe der Informationen der Datenbank und einer Internet-Recherche wurden die Unternehmen der Stichprobe Anfang August 2003 telefonisch kontaktiert. In dem Telefongespräch wurde das Forschungsvorhaben kurz vorgestellt und um die Unterstützung durch Ausfüllen eines Online-Fragebogens gebeten. Hierbei wurde als Anreiz eine Zusammenfassung der Forschungsergebnisse in Aussicht gestellt und die Anonymität der Auswertung zugesichert. Sofern Interesse bestand, wurde dem Unternehmen eine E-Mail gesendet. Diese enthielt weitere Informationen und einen

---

[1307] Die Verwendung 7-stufiger Skalen zielte darauf ab, eine hinreichende Differenzierung und Präzision der Antworten zu ermöglichen, zugleich jedoch die Diskriminierungsfähigkeit der Befragten nicht zu überfordern. Siehe hierzu Berekoven/Eckert/Ellenrieder (2001), S. 76. Siehe hierzu auch die Ergebnisse von Alwin (1997), S. 333 f., der zwar eine Überlegenheit 11-stufiger Skalen gegenüber 7-stufigen nachweist, zugleich aber auf die potenzielle Impraktikabilität von und die Notwendigkeit einer theoretischen Rechtfertigung für Skalen mit mehr als sieben Stufen hinweist.

[1308] Hierzu wird bei der Ziehung einer Stichprobe vom Umfang n aus N Untersuchungseinheiten zunächst per Zufallsauswahl ein Startpunkt t aus den ersten N/n-Elementen bestimmt und davon ausgehend jedes s=N/n-te Element gezogen. Vgl. Berekoven/Eckert/Ellenrieder (2001), S. 52.

[1309] Vgl. hierzu die Ausführungen in Abschnitt 4.1.2.1. Vgl. zur Bedeutung des Pretests und den entsprechenden Auswertungen auch Bagozzi (1994b), S. 42 f.

Link auf die Internet-Adresse, unter welcher der Fragebogen online beantwortet werden konnte. Innerhalb des telefonischen Kontakts wurde versucht, direkt mit dem richtigen Ansprechpartner verbunden zu werden. Sofern dies nicht möglich war, wurde versucht, die E-Mail direkt an diesen zu adressieren.

Nach drei Wochen konnte auf diese Weise ein Rücklauf von 14 verwertbaren Fragebögen erreicht werden. Basierend auf den Daten wurden für die einzelnen Dimensionen das Cronbachsche Alpha und die Item-to-Total-Korrelationen berechnet sowie einfaktorielle Faktorenanalysen durchgeführt. In Anlehnung an die in Abschnitt 4.1.2.2 skizzierte Vorgehensweise sollten hierdurch erste Hinweise auf die Reliabiliät und Validität der Indikatoren und Dimensionen gewonnen werden. Die entsprechenden Analysen führten zu einer Eliminierung von 21 Indikatoren. Vor dem Hintergrund der Fragebogenlänge und Beantwortungszeit wurden lediglich zwölf Indikatoren neu aufgenommen. Der so überarbeitete Fragebogen stellt das Erhebungsinstrument der Haupterhebung dar und umfasst insgesamt 89 Variablen, die zwölf thematischen Schwerpunkten zugeordnet sind.[1310] Darüber hinaus zeigte der Pretest, dass einige der in der Datenbank geführten Unternehmen mittlerweile nicht mehr am Markt agieren oder hinsichtlich ihres Hauptbetätigungsfeldes einer anderen Klassifikation zuzuordnen sind.

Abb. 23 stellt die drei Schritte bei der Entwicklung des Erhebungsinstruments zusammenfassend dar.

[1310] Vgl. hierzu den Fragebogen der Haupterhebung im Anhang.

	Qualitative Expertengespräche (März 2002)	Pretest nach Anderson/Gerbing (Juli 2003)	Pretest (August 2003)
Ziel	• Ergänzung der theoretischen Überlegungen durch Praxisperspektive • Prüfung der Verständlichkeit und Relevanz des Strategieverständnisses und der Dimensionen • Erörterung der inhaltlichen Facetten der Dimensionen • Diskussion von Indikatoren zur Messung der Dimensionen	• Überprüfung der substanziellen Validität der Indikatoren zur Prognose der Konvergenz-, Diskriminanz- und Inhaltsvalidität • Überprüfung der Verständlichkeit und der Eindeutigkeit der Indikatoren • Überprüfung der Angemessenheit, Verständlichkeit und Eindeutigkeit der Definitionen der Dimensionen	• Überprüfung der Reliabilität und Validität der einzelnen Items • Überprüfung der Verständlichkeit der einzelnen Indikatoren • Identifikation von eventuell auftretenden technischen Problemen bei der Durchführung der Erhebung, beispielsweise bei Online-Erhebungen
Teilnehmer	• 10 Key Informants und sonstige Experten aus der Praxis	• 22 Experten aus Wissenschaft und Praxis	• Kleine Stichprobe aus Grundgesamtheit • 14 verwertbare Rückläufer
Ausgestaltung	• Qualitative, anhand eines Gesprächsleitfadens halb-strukturierte Interviews	• Kurze Erläuterung der Konstrukte • Zufällige Anordnung der Indikatoren • Testpersonen werden gebeten, die Indikatoren eindeutig den Konstrukten zuzuordnen • Zusätzlich sind mehrdeutige oder unverständliche Formulierungen anzumerken	• Testpersonen werden gebeten, den vollständigen Fragebogen auszufüllen • Zusätzlich ist auf weitere Hinweise bezüglich der Formulierung und Verständlichkeit der Indikatoren zu achten
Auswertungen	• Qualitative Auswertungen zur Identifikation von Strukturen und Gemeinsamkeiten	• Proportion of substantive agreement • Substantive-validity coeffecient • Hypothesentest	• Cronbachsches Alpha und Item-to-Total-Korrelation zur Abschätzung der Reliabilität der einzelnen Indikatoren • Einfaktorielle exploratorische Faktoranalyse zur Abschätzung der Konvergenzvalidität
Ergebnis	• Unterstützung der Konzeptionalisierung von Strategie • Erste Hinweise für Operationalisierung der Dimensionen	• Eliminierung von elf Indikatoren • Veränderung der Zuordnung von vier Indikatoren • Formulierung drei neuer Indikatoren	• Eliminierung von 21 Indikatoren • Formulierung von zwölf neuen Indikatoren

Abb. 23: Mehrstufige Vorgehensweise der Entwicklung des Erhebungsinstruments

4.1.3.3 Verfahren der Haupterhebung und Charakteristika der Datenbasis

Wie bereits ausgeführt, stellt die Abteilung 72 der WZ 93 die Grundgesamtheit der vorliegenden Untersuchung dar. Abzüglich der Unternehmen, die schon für den Pretest kontaktiert wurden, und derjenigen, die durch Internet-Recherche oder bei telefonischer Anfrage als nicht mehr am Markt agierend bzw. gemäß ihres Hauptbetätigungsfelds als einer anderen Klasse zugehörig identifiziert wurden, umfasst die der Untersuchung zugrunde gelegte Datenbank noch 1.349 relevante Unternehmen. Um eine für die geplanten Analyseverfahren ausreichend hohe Datenbasis zu erhalten, wurde eine **Vollerhebung** durchgeführt.

Ende August 2003 wurden zunächst die Unternehmen mit mehr als fünfzig Mitarbeitern angeschrieben. In einem direkt an den Ansprechpartner gerichteten Begleitschreiben wurde das Forschungsprojekt vorgestellt und um die Unterstützung durch

Beantwortung des Fragebogens gebeten.[1311] Hierzu wurden den Befragten drei Möglichkeiten angeboten: Sie konnten den Fragebogen entweder per Post in dem frankierten Rückumschlag oder per Fax zurücksenden. Zugleich wurde in dem Anschreiben auf eine Internet-Adresse hingewiesen, unter welcher der Fragebogen online beantwortet werden konnte. Als Anreiz für die Beteiligung an der Erhebung wurde eine exklusive Zusammenfassung der Ergebnisse angeboten. Zugleich wurde den Unternehmen die vertrauliche Behandlung der Daten und die anonyme Auswertung garantiert. Mitte September 2003 wurde ein Erinnerungsschreiben an die Unternehmen gerichtet, in dem auf die Bedeutung der Mitarbeit für das Gelingen des Forschungsprojektes hingewiesen wurde.[1312]

Anfang Oktober 2003 wurden die Unternehmen nochmals telefonisch kontaktiert. Hierbei wurde zunächst nachgefragt, ob die Unterlagen den Ansprechpartner erreicht haben und ob noch Interesse an der Beantwortung besteht. Darüber hinaus wurde angeboten, nochmals eine E-Mail mit dem Anschreiben und dem Link zu verschicken, an die zusätzlich der Fragebogen als Datei angehängt war. Parallel hierzu wurden die bisher noch nicht angesprochenen Unternehmen ebenfalls per Telefon kontaktiert.[1313] Auch hier wurde bei Interesse eine E-Mail an den Ansprechpartner versendet, die das Begleitschreiben und den Link enthielt und an die der Fragebogen als Datei angehängt war. Die Adressaten wurden hierbei ausdrücklich auf die Möglichkeiten der Beantwortung per Internet oder per Fax hingewiesen. Mitte Oktober wurde allen Unternehmen, die zuvor eine E-Mail-Adresse angegeben und noch nicht geantwortet hatten, eine weitere E-Mail geschickt, in der insbesondere auf die Bedeutung einer hohen Anzahl von teilnehmenden Unternehmen für das Gelingen des Dissertationsprojekts aufmerksam gemacht wurde. Abschließend wurde eine letzte E-Mail versendet, die darauf hinwies, dass eine Teilnahme an der Erhebung noch bis zum 31. Oktober 2003 möglich sei.

Durch die Ansprache der Unternehmen und die Nachfassaktionen konnte ein Rücklauf von **268 verwertbaren Fragebögen** erreicht werden. Dies entspricht einer **Rücklaufquote** von **rund 20 Prozent**. Angesichts der Tatsache, dass die anvisierten Key Informants der Erhebung Mitglieder der Geschäftsleitung sind, die am stärksten auf ein effizientes Zeitmanagement angewiesen sind, stellt die erzielte Rücklaufquote einen guten Wert dar. Die Auswertung der Angaben hinsichtlich der Position im Unternehmen zeigt, dass bei der Erhebung überwiegend die relevanten Key Informants

---

[1311] Vgl. hierzu das Begleitschreiben im Anhang. Bei Unternehmen, für die in der Datenbank kein Ansprechpartner genannt war, wurden die Mitglieder der Geschäftsleitung mittels Internet-Recherche bzw. telefonischer Nachfrage identifiziert.

[1312] Vgl. hierzu das Erinnerungsschreiben im Anhang. Siehe zur Durchführung und Bedeutung von Nachfassaktionen bei schriftlichen Befragungen Kanuk/Berenson (1975), S. 441; Friedrichs (1990), S. 239; Berekoven/Eckert/Ellenrieder (2001), S. 116 f.

[1313] Der T-Test für die Mittelwertgleichheit zeigt in diesem Zusammenhang, dass zwischen den beiden Gruppen von Unternehmen hinsichtlich der relevanten Variablen größtenteils keine signifikanten Unterschiede bestehen, so dass sie als eine Stichprobe aufgefasst werden können.

erreicht wurden. Hierbei gaben 164 Befragte (61,2 Prozent) an, Mitglieder der Geschäftsleitung zu sein, 68 Befragte (25,4 Prozent) bekleiden eine leitende Position, die sich mit strategischen Aufgaben beschäftigt, und lediglich 36 Befragte (13,4 Prozent) sind in einer anderen Position tätig.[1314] Von den Teilnehmern zeigten 82,1 Prozent Interesse an der Zusammenfassung der Untersuchungsergebnisse und machten die erforderlichen Angaben. Dies kann als Hinweis auf ein hohes Involvement der Befragten gedeutet werden.

Abb. 24 zeigt die Verteilung der teilnehmenden Unternehmen im Hinblick auf die Mitarbeitergrößenklasse und das vorwiegende Betätigungsfeld.[1315]

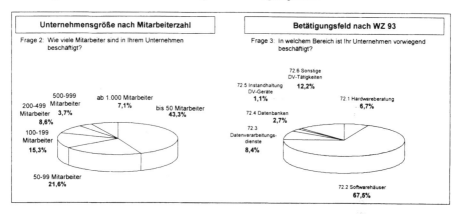

Abb. 24: **Mitarbeiterzahl und vorwiegendes Betätigungsfeld der untersuchten Unternehmen**

Obwohl die Rücklaufquote von 20 Prozent einen relativ guten Wert darstellt, kann eine Verzerrung der Ergebnisse aufgrund der Nicht-Teilnahme von Unternehmen („Nonresponse Bias") nicht ausgeschlossen werden. Diesbezüglich wird im Schrifttum von der Annahme ausgegangen, dass die Befragten, die erst relativ spät antworten, in höherem Maße denjenigen ähneln, die gar nicht antworten, als diejenigen, die direkt antworten.[1316] Basierend auf dieser Annahme wurden zur Abschätzung und Kontrolle des Nonresponse Bias die Unternehmen, die relativ früh

---

[1314] Vgl. hierzu Frage 1 des Fragebogens.
[1315] Vgl. hierzu Frage 2 und Frage 3 des Fragebogens. Da von Seiten der amtlichen Statistik kein aktuelles, vollständiges Verzeichnis der Grundgesamtheit nach Mitarbeitern und Einordnung auf der Gruppenebene der Grundgesamtheit vorliegt, und die Grundgesamtheit daher durch die verwendete Datenbank lediglich angenähert wird, kann keine Repräsentativitätsprüfung hinsichtlich der Verteilung der Merkmale Mitarbeitergrößenklasse und Gruppenzugehörigkeit erfolgen.
[1316] Vgl. Kanuk/Berenson (1975), S. 449; Armstrong/Overton (1977), S. 397.

antworteten mit denen verglichen, die erst sehr spät reagierten. Erste Gruppe umfasste dabei die 22 Unternehmen, die vor dem ersten Erinnerungsschreiben geantwortet hatten und somit lediglich durch das Begleitschreiben kontaktiert wurden. Die Gruppe der Nachzügler bestand aus den 22 Unternehmen, die erst nach der letzten Erinnerungs-E-Mail antworteten. Der T-Test für die Mittelwertgleichheit zeigt, dass zwischen den beiden Gruppen hinsichtlich der relevanten Variablen größtenteils keine signifikanten Unterschiede bestehen. Demnach ist nicht von einem Nonresponse Bias auszugehen.

Das Problem der unvollständig beantworteten Fragebögen wurde in der vorliegenden Untersuchung wie folgt gehandhabt. Zunächst wurden Fragebögen, bei denen mehr als 10 Prozent der Fragen nicht beantwortet waren, aus der weiteren Analyse ausgeschlossen. Hinsichtlich fehlender Werte stellt das Programm SPSS drei Optionen zur Auswahl:[1317] Die Option „Listenweiser Fallausschluss" führt dazu, dass bei Fehlen einer Variablen der gesamte Fragebogen aus der weiteren Analyse ausgeschlossen wird. Damit geht insbesondere bei Auswertungen mit einer hohen Anzahl von Variablen oftmals eine erhebliche Reduktion der Fallzahl und ein daraus resultierender Informationsverlust einher.[1318] Der „Paarweise Fallausschluss" entfernt bei fehlenden Werten nicht den gesamten Fragebogen, sondern nur die betroffene Variable. Somit wird nicht die Fallzahl insgesamt reduziert, aber bei der Durchschnittsbildung liegen pro Variable unterschiedliche Fallzahlen vor, wodurch eine Ungleichgewichtung der Variablen entstehen kann. Die letzte Option ist das Ersetzen der fehlenden Variablen durch Mittelwerte. Hierdurch werden allerdings die Varianz und damit verbunden die Korrelationen zwischen den Variablen verringert.[1319] AMOS wählt einen anderen Weg und schätzt über die Option „Estimate means and intercepts" die fehlenden Werte mit einem Maximum-Likelihood-Ansatz.[1320] Nachteilig hierbei ist, dass bei Auswahl der entsprechenden Option der GFI und der AGFI nicht berechnet werden, welche in der vorliegenden Untersuchung zur Beurteilung der globalen Anpassung herangezogen werden.[1321]

SCHAFER/GRAHAM schlagen für die Behandlung fehlender Werte vor, den fehlenden Wert eines Indikators durch den Mittelwert der übrigen Indikatoren dieses Falls zu ersetzen, die zusammen einem Konstrukt zugeordnet sind. Voraussetzung hierfür ist allerdings eine ausreichend hohe Reliabilität der dem Konstrukt zugeordneten

---

[1317] Vgl. Backhaus/Erichson/Plinke et al. (2003), S. 325. Eine Diskussion der Optionen findet sich auch bei Arbuckle (1996), S. 244 ff.; Kline (1998), S. 74 ff.; Arbuckle/Wothke (1999), S. 331 f.; Byrne (2001), S. 289 ff.; Schafer/Graham (2002), S. 155 ff.

[1318] Vgl. hierzu Byrne (2001), S. 290.

[1319] Vgl. hierzu und zu einer Diskussion weiterer Verfahren, fehlende Werte zu ersetzen Byrne (2001), S. 291.

[1320] Vgl. hierzu ausführlich Arbuckle (1996), S. 246 ff.; Arbuckle/Wothke (1999), S. 332 ff.; Byrne (2001), S. 292 ff.

[1321] Siehe hierzu die Ausführungen in Abschnitt 4.1.1.3.

Indikatoren. Diesbezüglich geben die Autoren für das Cronbachsche Alpha einen Mindestwert von 0,7 an.[1322] In der vorliegenden Untersuchung wird dieser Empfehlung gefolgt, wobei die nachstehende Vorgehensweise gewählt wurde: Für die Berechnung der Gütekriterien der ersten Generation, also das Cronbachsche Alpha, die Item-to-Total-Korrelation und die einfaktorielle Faktorenanalyse, wurde das Verfahren des listenweisen Fallausschlusses gewählt. Dies führte auf der Ebene der einzelnen Dimensionen des Konstrukts Strategie in High Velocity Märkten maximal zum Ausschluss von acht Fällen pro Konstrukt (3 Prozent), so dass der durch dieses Verfahren entstehende Informationsverlust als vertretbar erachtet wurde. Nachdem die Analyse der Reliabilität und Validität mittels der Verfahren der ersten Generation auf der einfaktoriellen Ebene abgeschlossen war und somit für alle Indikatoren ein Cronbachsches Alpha größer als 0,7 in Bezug auf das intendierte Konstrukt erreicht war, wurde die von SCHAFER/GRAHAM empfohlene Vorgehensweise angewendet.[1323] Für die weiteren Analysen wurden für die noch verbliebenen Indikatoren die fehlenden Werte durch die Mittelwerte der dem entsprechenden Konstrukt zugeordneten übrigen Indikatoren ersetzt.[1324]

4.2 Operationalisierung von Strategie in High Velocity Märkten

Im folgenden Abschnitt wird die Operationalisierung des mehrdimensionalen Konstrukts Strategie in High Velocity Märkten dargestellt, die der in Abschnitt 4.1.2.2 skizzierten und in Abb. 22 zusammengefassten Vorgehensweise folgt. Hierzu werden im ersten Abschnitt zunächst die Reliabilität und die Validität der einzelnen Dimensionen des Strategiekonstrukts geprüft. Ergebnis dieser Prüfung stellt die reliable und valide Indikatormenge für jede der acht Dimensionen dar. Mit Hilfe dieser Indikatoren erfolgt im zweiten Abschnitt im Kontext des Totalmodells die Beantwortung der Frage, ob die acht Dimensionen tatsächlich konvergent und diskriminant valide ein übergeordnetes Konstrukt Strategie in High Velocity Märkten beschreiben.

4.2.1 Operationalisierung der einzelnen Dimensionen

Im folgenden Abschnitt wird zunächst die Prüfung der Reliabilität und Validität der einzelnen Dimensionen des Konstrukts Strategie in High Velocity Märkten vorge-

---

[1322] Vgl. hierzu Schafer/Graham (2002), S. 158.

[1323] Vgl. Schafer/Graham (2002), S. 158. Siehe zur Prüfung der Reliabilität und Validität mittels Verfahren der ersten Generation die Ausführungen in Abschnitt 4.1.2.2 und insbesondere den Überblick in Abb. 22.

[1324] Insgesamt wurden auf diese Weise für die Analysen mit Strukturgleichungsmodellen hinsichtlich der verbliebenen Indikatoren auf den acht Dimensionen des Strategiekonstrukts 32 fehlende Werte (0,4 Prozent), in Bezug auf die Erfolgskonstrukte 73 fehlende Werte (4,5 Prozent) und in Bezug auf die situativen Variablen 18 fehlende Werte (1,1 Prozent) ersetzt. In den Ausnahmefällen, in denen alle Indikatoren eines Konstrukts fehlende Werte hatten, und für den Fall der direkten Messungen über einen Indikator wurden die fehlenden Werte durch Mittelwerte ersetzt.

nommen. Hierzu werden für jede Dimension des Konstrukts die Prüfkriterien der ersten und zweiten Generation dargestellt.

4.2.1.1 Produkt-Differenzierung

Für die Dimension Produkt-Differenzierung wurden acht Indikatoren formuliert, deren Cronbachsches Alpha bei rund 0,81 lag.[1325] Die exploratorische Faktorenanalyse über die acht Indikatoren demonstrierte jedoch eine unzureichende Konvergenzvalidität. Die Entfernung von vier Indikatoren führte zur Extrahierung eines Faktors, der rund 53 Prozent der Varianz erklärte. Das daraufhin mit vier Indikatoren spezifizierte Messmodell wurde im Anschluss mit der konfirmatorischen Faktorenanalyse geprüft. Hierbei erfüllten allerdings der Quotient aus χ^2/df, der AGFI und der RMSEA sowie zwei Indikatorreliabilitäten die geforderten Mindestkriterien nicht, so dass das spezifizierte Modell abgelehnt wurde und der Indikator mit der geringsten Indikatorreliabilität aus der weiteren Analyse ausgeschlossen wurde. Das Cronbachsche Alpha für die verbliebenen drei Indikatoren liegt nun bei rund 0,79 und die erklärte Varianz des Faktors erhöht sich durch die Elimination eines Indikators auf 58 Prozent. Tab. 15 stellt die Gütekriterien der ersten Generation für die Indikatoren der Dimension Produkt-Differenzierung dar.

Produkt-Differenzierung	• Ausmaß der Alleinstellung im Wettbewerb durch überlegene Qualität und einzigartige Aspekte des Leistungsspektrums		
	Indikator	Item-to-Total-Korrelation	Faktorladung (exploratorisch)
5.c	Die Alleinstellung im Wettbewerb über die Gestaltung und die Funktionsweise unserer Produkte und Dienstleistungen nimmt für uns eine hohe strategische Priorität ein	0,7058	0,854
5.b	Für die Positionierung unseres Unternehmens im Wettbewerb sind die einzigartigen Eigenschaften und Funktionalitäten unserer Produkte/Dienstleistungen ausschlaggebend	0,7000	0,832
5.d	Die überlegene Qualität unserer Produkte und Dienstleistungen hebt unser Unternehmen positiv von unseren Konkurrenten ab	0,5165	0,566
	Deskriptive Beurteilungskennzahl		
Cronbachsches Alpha		0,7909	
	Ergebnisse der exploratorischen Faktorenanalyse		
Kaiser-Meyer-Olkin-Kriterium (KMO)	0,662	Anzahl extrahierter Faktoren	1 extrahierter Faktor
Extraktionsmethode	Hauptachsenanalyse	Erklärte Varianz	58,087%

Tab. 15: Reliabilitäts- und Validitätskriterien der ersten Generation für die Dimension Produkt-Differenzierung[1326]

[1325] Siehe hierzu die Fragen 5.a, 5.b, 5.c, 5.d, 5.e, 5.g, 5.h und 5.i im Fragebogen.

[1326] Bei den folgenden Darstellungen der Kriterien der ersten Generation sind die Indikatoren nach der Höhe der Faktorladungen der exploratorischen Faktorenanalyse geordnet.

Mit den verbliebenen drei Indikatoren wurde im Anschluss eine konfirmatorische Faktorenanalyse durchgeführt. Ein Messmodell mit nur drei Indikatoren ist genau identifiziert und verfügt über keine Freiheitsgrade. Das Gleichungssystem ist in diesem Fall eindeutig lösbar. Allerdings werden alle empirischen Informationen zur Berechnung der Parameter benötigt, so dass keine Informationen mehr zur Verfügung stehen, um die Modellstruktur zu testen.[1327] Demnach sind die globalen Anpassungsmaße aufgrund der perfekten Anpassung bedeutungslos. Gleichwohl vermittelt die Analyse der lokalen Anpassungsmaße eines derart spezifizierten Messmodells wichtige Informationen hinsichtlich der Reliabilität und Validität.[1328] Diese deuten für das mit drei Indikatoren spezifizierte Messmodell auf eine hohe Reliabilität und Validität der Messung auf Konstruktebene hin. Sowohl die Faktorreliabilität als auch die durchschnittlich erfasste Varianz liegen über den geforderten Mindestwerten. Allerdings erreicht die Indikatorreliabilität des Indikators 5.d den erforderlichen Mindestwert von 0,4 nicht. Trotz dieser Verletzung soll das Messmodell aufgrund des Gesamteindrucks der lokalen Anpassungsmaße nicht abgelehnt werden.[1329] Die Dimension Produkt-Differenzierung wird somit durch drei Indikatoren gemessen, welche insbesondere die einzigartigen Eigenschaften und Funktionalitäten sowie die Qualität der Produkte und Dienstleistungen betonen. Abb. 25 stellt das Messmodell der konfirmatorischen Faktorenanalyse sowie die lokalen Anpassungsmaße dar.

[1327] Vgl. hierzu Backhaus/Erichson/Plinke et al. (2003), S. 360.
[1328] Vgl. hierzu Homburg (1998), S. 103. Siehe zum Zusammenhang zwischen der Anzahl von Indikatoren und der zum Test der Modellstruktur verfügbaren Freiheitsgrade auch Anderson/ Gerbing/Hunter (1987), S. 434 f.
[1329] Siehe hierzu die Ausführungen in Abschnitt 4.1.2.2 und insbesondere die Ausführungen bezüglich Tab. 13.

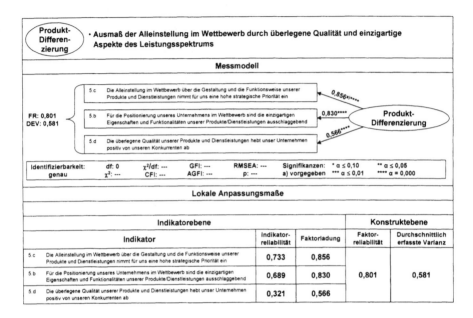

Abb. 25: Messmodell und Anpassungsmaße der konfirmatorischen Faktorenanalyse für die Dimension Produkt-Differenzierung[1330]

[1330] Da latente Variablen nicht beobachtbar sind und somit keine vorgegebene metrische Skala aufweisen, muss die Skala bestimmt werden. In AMOS erfolgt dies, indem jeweils einer Faktorladung ein fester Parameter von 1 zugewiesen wird. Vgl. Byrne (2001), S. 36. Siehe hierzu auch Bagozzi (1982b), S. 577. In den folgenden Abbildungen ist die so fixierte Faktorladung mit einem a) gekennzeichnet. In allen folgenden Strukturgleichungsmodellen sind die standardisierten Koeffizienten abgebildet.

4.2.1.2 Image-Differenzierung

Zur Operationalisierung der Dimension Image-Differenzierung wurden sieben Indikatoren entwickelt, für die ein Cronbachsches Alpha von rund 0,81 berechnet wurde.[1331] Die exploratorische Faktorenanalyse deutete allerdings auf eine unzureichende Konvergenzvalidität hin. Die Elimination des Indikators mit der geringsten Faktorladung führte zu der Extraktion eines Faktors, der allerdings weniger als die geforderten 50 Prozent der Varianz erklärte. Durch den Ausschluss von zwei weiteren Indikatoren aus der Analyse konnten die Extraktion eines Faktors, der rund 55 Prozent der Varianz erklärte, und ein Cronbachsches Alpha von rund 0,82 erreicht werden. Das mit vier Indikatoren spezifizierte Messmodell deutete jedoch auf eine unzureichende Modellanpassung hin. Hinsichtlich der globalen Anpassungsmaße erreichten der Quotient aus χ^2/df, der AGFI und der RMSEA nicht die geforderten Mindestwerte. In Bezug auf die lokalen Anpassungsmaße lagen die Faktorreliabilität, die durchschnittlich erfasste Varianz sowie drei von vier Indikatorreliabilitäten mitunter deutlich über den geforderten Werten. Eine Indikatorreliabilität unterschritt mit einer Ausprägung von 0,28 den geforderten Mindestwert jedoch sehr klar. Da diesbezüglich vermutet werden kann, dass die Fehlspezifizierung des Modells teilweise auf diesen Indikator zurückzuführen ist, wurde er aus der weiteren Analyse ausgeschlossen. Die verbliebenen drei Indikatoren erreichten ein Cronbachsches Alpha von rund 0,82 und der extrahierte Faktor erklärte fast zwei Drittel der Varianz. Tab. 16 fasst die Indikatoren und die Gütemaße der ersten Generation für die Dimension Image-Differenzierung zusammen.

Image-Differenzierung	• Ausmaß der Alleinstellung im Wettbewerb aufgrund einer psychologischen, einstellungsbezogenen Positionierung		
	Indikator	Item-to-Total-Korrelation	Faktorladung (exploratorisch)
7.f	Im Wettbewerbsvergleich weisen wir eine hohe Marketing-Kompetenz auf	0,7399	0,884
7.g	Zur Vermarktung unseres Leistungsangebotes setzen wir in hohem Maße innovative Marketing-Methoden ein	0,7264	0,861
7.c	Mit unseren absatzmarktbezogenen Kommunikationsmaßnahmen streben wir den Aufbau eines unverwechselbaren Images an	0,5628	0,605
Deskriptive Beurteilungskennzahl			
Cronbachsches Alpha		0,8191	
Ergebnisse der exploratorischen Faktorenanalyse			
Kaiser-Meyer-Olkin-Kriterium (KMO)	0,673	Anzahl extrahierter Faktoren	1 extrahierter Faktor
Extraktionsmethode	Hauptachsenanalyse	Erklärte Varianz	62,997%

Tab. 16: Reliabilitäts- und Validitätskriterien der ersten Generation für die Dimension Image-Differenzierung

---

[1331] Siehe hierzu die Fragen 7.a, 7.c, 7.e, 7.f, 7.g, 7.h und 7.I im Fragebogen.

Das mit den verbleibenden drei Indikatoren spezifizierte Messmodell für die Dimension Image-Differenzierung sowie die lokalen Anpassungsmaße sind in Abb. 26 dargestellt. Die Faktorreliabilität, die durchschnittlich erfasste Varianz sowie zwei von drei Indikatorreliabilitäten übersteigen die geforderten Mindestausprägungen deutlich. Lediglich ein Indikator erreicht die geforderte Indikatorreliabilität von 0,4 nicht. Vor dem Hintergrund der hohen Ausprägungen der lokalen Anpassungsmaße auf Konstruktebene soll dieser Indikator trotz des Unterschreitens der Anforderung beibehalten werden. Image-Differenzierung wird somit durch drei Indikatoren reliabel und valide gemessen, die sich auf die Marketingkompetenz, innovative Marketingmethoden und den Aufbau eines unverwechselbaren Images über absatzmarktbezogene Kommunikationsmaßnahmen beziehen.

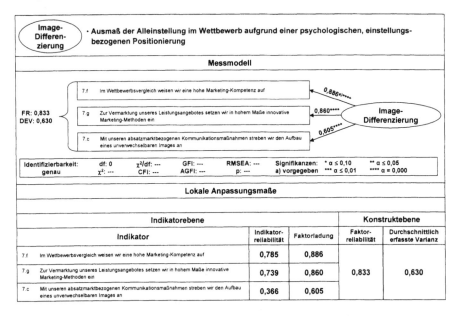

Abb. 26: Messmodell und Anpassungsmaße der konfirmatorischen Faktorenanalyse für die Dimension Image-Differenzierung

4.2.1.3 Aggressivität

Zur Operationalisierung der Dimension Aggressivität wurden insgesamt neun Indikatoren formuliert, deren Cronbachsches Alpha rund 0,71 betrug.[1332] Die exploratorische Faktorenanalyse deutete allerdings auf eine unzureichende Konvergenzvalidität der neun Indikatoren hin. Nach dem Kriterium der geringsten Faktorladungen wurden sukzessive vier Indikatoren eliminiert. Die verbliebenen fünf Indikatoren bildeten dann einen Faktor, dessen Varianzerklärung allerdings unter dem geforderten Mindestwert von 50 Prozent lag. Zur Erreichung des geforderten Mindestwertes an erklärter Varianz mussten wiederum zwei Indikatoren entfernt werden. Das Cronbachsche Alpha der verbliebenen drei Indikatoren weist mit 0,76 einen guten Wert aus, die erklärte Varianz von ca. 51 Prozent liegt allerdings nur leicht über dem geforderten Mindestwert. Tab. 17 stellt zusammenfassend die verbliebenen Indikatoren und die Gütekriterien der ersten Generation für die Dimension Aggressivität dar.

Aggressivität	• Ausmaß der auf einer vorteilhaften Kostenposition beruhenden Alleinstellung über Preis		
	Indikator	Item-to-Total-Korrelation	Faktorladung (exploratorisch)
7.m	Unsere vorteilhafte Kostenposition erlaubt es uns, die Preise unserer Konkurrenten mit einer aggressiven Preispolitik zu unterbieten	0,6133	0,765
7.d	Wir bieten unsere Produkte und Dienstleistungen im Vergleich mit unseren Wettbewerbern zu unterdurchschnittlichen Preisen an	0,5774	0,699
7.k	In unseren absatzmarktbezogenen Kommunikationsmaßnahmen betonen wir die preisbezogenen Aspekte unseres Leistungsangebotes	0,5642	0,675
Deskriptive Beurteilungskennzahl			
Cronbachsches Alpha		0,7556	
Ergebnisse der exploratorischen Faktorenanalyse			
Kaiser-Meyer-Olkin-Kriterium (KMO)	0,690	Anzahl extrahierter Faktoren	1 extrahierter Faktor
Extraktionsmethode	Hauptachsenanalyse	Erklärte Varianz	50,989%

Tab. 17: Reliabilitäts- und Validitätskriterien der ersten Generation für die Dimension Aggressivität

---

[1332] Vgl. hierzu die Fragen 5.k, 6.a, 6.b, 6.e, 7.b, 7.d, 7.i, 7.k und 7.m des Fragebogens.

Die Prüfung mittels konfirmatorischer Faktorenanalyse zeigt, dass die Indikatorreliabilitäten der drei Indikatoren deutlich über dem geforderten Mindestwert von 0,4 liegen und auch die Faktorreliabilität den Mindestwert von 0,6 weit übersteigt. Die durchschnittlich erfasste Varianz liegt ebenfalls, wenn auch nur knapp, über dem Mindestwert von 0,5. Insgesamt ist nach Abschluss des mehrstufigen Prüfungsverfahrens von einer ausreichend reliablen und validen Messung der Dimension Aggressivität auszugehen, bei der insbesondere Aspekte der auf der vorteilhaften Kostenposition beruhenden Preispolitik und deren Kommunikation gegenüber den Abnehmern betont werden. Abb. 27 stellt das Messmodell der konfirmatorischen Faktorenanalyse für die Dimension Aggressivität und die Anpassungsmaße im Überblick dar.

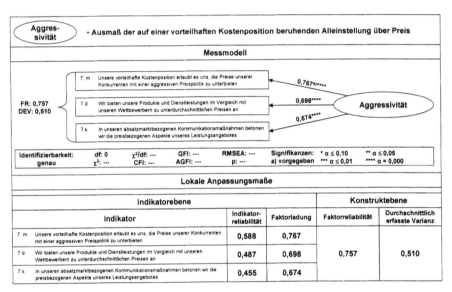

Abb. 27: **Messmodell und Anpassungsmaße der konfirmatorischen Faktorenanalyse für die Dimension Aggressivität**

4.2.1.4 Fokus

Die Dimension Fokus sollte in der vorliegenden Untersuchung über sieben Indikatoren gemessen werden.[1333] Um den geforderten Mindestwert für das Cronbachsche Alpha zu erreichen, wurden zunächst zwei Indikatoren aus der weiteren Analyse ausgeschlossen. Zur Erreichung einer hinreichenden Konvergenzvalidität wurden zwei weitere Indikatoren entfernt. Als Ergebnis der Prüfung der Kriterien der ersten Generation weisen drei Indikatoren ein Cronbachsches Alpha von rund 0,74 auf und extrahieren einen Faktor, der rund 52 Prozent der Varianz erklärt. Die entsprechenden Ergebnisse sind in Tab. 18 abgebildet.

Fokus	• Ausmaß der Konzentration der Marktbearbeitung		
	Indikator	Item-to-Total-Korrelation	Faktorladung (exploratorisch)
4 c	Bei der Marktbearbeitung konzentrieren wir uns auf bestimmte Produkte und/oder Kundensegmente	0,6450	0,822
4 d	Unsere Geschäftstätigkeit richtet sich an ein enges, klar abgegrenztes Marktsegment	0,5830	0,705
4 j	Unsere Produkte und Dienstleistungsangebote zeichnen sich durch eine hohe Fokussierung aus	0,5188	0,615
Deskriptive Beurteilungskennzahl			
Cronbachsches Alpha		0,7385	
Ergebnisse der exploratorischen Faktorenanalyse			
Kaiser-Meyer-Olkin-Kriterium (KMO)	0,675	Anzahl extrahierter Faktoren	1 extrahierter Faktor
Extraktionsmethode	Hauptachsenanalyse	Erklärte Varianz	51,655%

Tab. 18: Reliabilitäts- und Validitätskriterien der ersten Generation für die Dimension Fokus

Die Prüfung des Messmodells mit drei Indikatoren mittels konfirmatorischer Faktorenanalyse deutet auf ein ausreichendes Ausmaß an Reliabilität und Validität hin. Lediglich eine Indikatorreliabilität liegt knapp unter dem geforderten Mindestwert von 0,4. Demnach wird die Dimension Fokus über drei Indikatoren gemessen, die eine Konzentration innerhalb der Marktbearbeitung auf bestimmte Produkte bzw. Kundensegmente und eine Fokussierung innerhalb des Leistungsspektrums zum Ausdruck bringen. Abb. 28 stellt zusammenfassend das Messmodell und die lokalen Anpassungsmaße der konfirmatorischen Faktorenanalyse dar.

[1333] Siehe hierzu die Fragen 4.a, 4.b, 4.c, 4.d, 4.e, 4.j und 7.j im Fragebogen. Hierbei stellen die Indikatoren 4.b und 4.e gedrehte Indikatoren dar, so dass eine hohe Zustimmung zu diesen Aussagen durch eine geringe Ausprägung der Dimension Fokus verursacht wird.

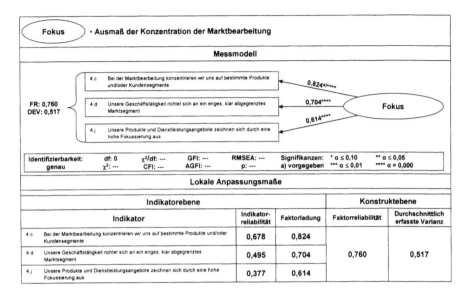

Abb. 28: Messmodell und Anpassungsmaße der konfirmatorischen Faktorenanalyse für die Dimension Fokus

4.2.1.5 Proaktivität

Zur Operationalisierung der Dimension Proaktivität wurden neun Indikatoren formuliert.[1334] Zur Erreichung des Mindestwertes von 0,7 für das Cronbachsche Alpha mussten zunächst zwei Indikatoren eliminiert werden. Das Erreichen einer hinreichenden Konvergenzvalidität in Form eines Faktors, der rund 54 Prozent der Varianz erklärte, erforderte das Entfernen von vier weiteren Indikatoren. Die verbleibenden drei Indikatoren zur Messung der Dimension Proaktivität sind mit den Ergebnissen der Reliabilitäts- und Validitätsprüfung der ersten Generation in Tab. 19 dargestellt.

[1334] Siehe hierzu die Fragen 4.f, 4.g, 4.h, 4.i, 4.k, 5.f, 5.j, 6.c und 6.d im Fragebogen. Die Indikatoren 4.h, 4.i und 6.d sind gedreht. Eine hohe Zustimmung zu diesen Fragen wird durch ein geringes Maß an Proaktivität verursacht.

Proakti-vität	• Ausmaß der kontinuierlichen Suche nach Verbesserungsmöglichkeiten und innovativen Möglichkeiten der Geschäftstätigkeit sowie frühe Verfolgung dieser Möglichkeiten		
	Indikator	Item-to-Total-Korrelation	Faktorladung (exploratorisch)
5.j	Im Vergleich zu unseren Wettbewerbern ist der Anteil neuer Produkte und Dienstleistungen an unserem Angebotsspektrum überdurchschnittlich hoch	0,6568	0,803
5.f	Bezüglich der Einführung neuer Produkte nehmen wir gewöhnlich die Rolle des First Mover ein	0,6501	0,798
4.k	Hinsichtlich der Marktbearbeitung agiert unser Unternehmen in hohem Maße vorausschauend sowie proaktiv und verfolgt entstehende Chancen früh	0,5162	0,585
Deskriptive Beurteilungskennzahl			
Cronbachsches Alpha		0,7696	
Ergebnisse der exploratorischen Faktorenanalyse			
Kaiser-Meyer-Olkin-Kriterium (KMO)	0,672	Anzahl extrahierter Faktoren	1 extrahierter Faktor
Extraktionsmethode	Hauptachsenanalyse	Erklärte Varianz	54,142%

Tab. 19: Reliabilitäts- und Validitätskriterien der ersten Generation für die Dimension Proaktivität

Die konfirmatorische Faktorenanalyse unterstützt die Ergebnisse der ersten Generation. Hinsichtlich der lokalen Anpassungsmaße bleibt lediglich eine Indikatorreliabilität unter dem geforderten Mindestwert. Die Dimension Proaktivität wird in der folgenden Untersuchung demnach über drei Indikatoren gemessen, welche insbesondere auf das Angebotsspektrum und die vorausschauende Marktbearbeitung abstellen. Abb. 29 stellt die Ergebnisse der konfirmatorischen Faktorenanalyse dar.

Proakti-vität	• Ausmaß der kontinuierlichen Suche nach Verbesserungsmöglichkeiten und innovativen Möglichkeiten der Geschäftstätigkeit sowie frühe Verfolgung dieser Möglichkeiten			
Messmodell				
FR: 0,777 DEV: 0,542	5.j Im Vergleich zu unseren Wettbewerbern ist der Anteil neuer Produkte und Dienstleistungen an unserem Angebotsspektrum überdurchschnittlich hoch	$0{,}886_{a)****}$		
	5.f Bezüglich der Einführung neuer Produkte nehmen wir gewöhnlich die Rolle des First Mover ein	$0{,}860****$		Proaktivität
	4.k Hinsichtlich der Marktbearbeitung agiert unser Unternehmen in hohem Maße vorausschauend sowie proaktiv und verfolgt entstehende Chancen früh	$0{,}605****$		
Identifizierbarkeit: genau	df: 0 χ^2: ---	χ^2/df: --- CFI: ---	GFI: --- AGFI: ---	RMSEA: --- p: ---	Signifikanzen: a) vorgegeben	* α ≤ 0,10 *** α ≤ 0,01	** α ≤ 0,05 **** α = 0,000
Lokale Anpassungsmaße				

	Indikatorebene		Konstruktebene	
Indikator	Indikator-reliabilität	Faktorladung	Faktorreliabilität	Durchschnittlich erfasste Varianz
5.j Im Vergleich zu unseren Wettbewerbern ist der Anteil neuer Produkte und Dienstleistungen an unserem Angebotsspektrum überdurchschnittlich hoch	0,647	0,804	0,777	0,542
5.f Bezüglich der Einführung neuer Produkte nehmen wir gewöhnlich die Rolle des First Mover ein	0,638	0,799		
4.k Hinsichtlich der Marktbearbeitung agiert unser Unternehmen in hohem Maße vorausschauend sowie proaktiv und verfolgt entstehende Chancen früh	0,341	0,584		

Abb. 29: Messmodell und Anpassungsmaße der konfirmatorischen Faktorenanalyse für die Dimension Proaktivität

4.2.1.6 Replikation

Die Dimension Replikation wird über die Bestandteile Wissenskodifikation und Wissenstransfer konzeptionalisiert.[1335] Zur Operationalisierung der Replikation wurden für jeden der Teilbereiche jeweils vier Indikatoren entwickelt.[1336] Diese acht Indikatoren weisen ein Cronbachsches Alpha von rund 0,83 auf. Die exploratorische Faktorenanalyse erkannte jedoch eine zweifaktorielle Struktur, in der die theoretische Herleitung von Replikation über Wissenskodifikation und Wissenstransfer zum Ausdruck kommt. Demnach wurden zwei Faktoren extrahiert, die insgesamt rund 53 Prozent der Varianz erklären. Die Ergebnisse der Prüfkriterien der ersten Generation sind in Tab. 20 abgebildet.

Replikation	• Ausmaß der effizienten und schnellen Multiplikation operativer Prozessfähigkeiten			
	Indikator	Item-to-Total-Korrelation	Faktor I	Faktor II
8.c	Unser Unternehmen besitzt eine zentrale Wissensdatenbank/ ein Informationssystem, welches von unseren Mitarbeitern ständig gepflegt und umfassend genutzt wird	0,6807	0,881	
8.d	Aufgrund der umfassenden Dokumentation von Wissens-/Kompetenzbereichen können unsere Mitarbeiter den Experten für das jeweilige Wissensgebiet schnell identifizieren	0,7291	0,818	
8.a	Das in unserem Unternehmen vorhandene Wissen ist umfassend in Handbüchern, auf Datenträgern und/oder in Schulungs- und Weiterbildungsmaßnahmen festgehalten	0,5929	0,818	
8.b	Die kontinuierliche und systematische Erfassung und Aufbereitung von Wissen ist für unsere Mitarbeiter ein bedeutsamer Bestandteil des Tagesgeschäftes	0,6775	0,723	
10.b	Das Engagement unserer Mitarbeiter, mit dem sie ihre Fähigkeiten und ihr Wissen an Kollegen weitergeben, stellt einen wichtigen Faktor in ihrer Leistungsbeurteilung dar	0,4676		0,738
10.c	In unserem Unternehmen herrscht eine Kultur der Offenheit und des Vertrauens, die den Austausch zwischen Mitarbeitern und den Transfer von Wissen und Erfahrungen fördert	0,3431		0,623
10.a	Die informelle Weitergabe von Erfahrungswissen ist in unserem Unternehmen durch institutionalisierte Mentorenprogramme und Job Rotation und/oder Personalaustausch gewährleistet	0,3803		0,528
10.d	Wir messen der betriebsspezifischen Weiterbildung unserer Mitarbeiter durch unternehmensinterne Präsentationen, Seminare, Work-Shops/Trainings eine hohe Bedeutung bei	0,5163		0,446
		Erklärte Varianz	41,108%	11,858%
	Deskriptive Beurteilungskennzahl			
Cronbachsches Alpha		0,8255		
Ergebnisse der exploratorischen Faktorenanalyse				
Kaiser-Meyer-Olkin-Kriterium (KMO)	0,822	Anzahl extrahierter Faktoren	2 extrahierte Faktoren	
Extraktionsmethode	Hauptachsenanalyse	Erklärte Varianz (kumuliert)	52,966%	

Tab. 20: Reliabilitäts- und Validitätskriterien der ersten Generation für die Dimension Replikation mit den Bestandteilen Wissenskodifikation und Wissenstransfer

Im Folgenden wurde geprüft, ob die Dimension Replikation tatsächlich zwei konvergent sowie diskriminant valide Faktoren aufweist, die inhaltlich als Wissenskodifikation und Wissenstransfer zu interpretieren sind. Hierzu wurde eine konfirmatorische Faktorenanalyse mit zwei Faktoren spezifiziert, die jeweils über vier

---

[1335] Siehe hierzu die Ausführungen in Abschnitt 2.3.3.3.2.1 und Abschnitt 3.1.1.6.
[1336] Siehe hierzu die Fragen 8.a-d respektive 10.a-d des Fragebogens.

Indikatoren gemessen wurden und miteinander in Verbindung stehen. Abb. 30 zeigt das Messmodell und die globalen Anpassungsmaße.

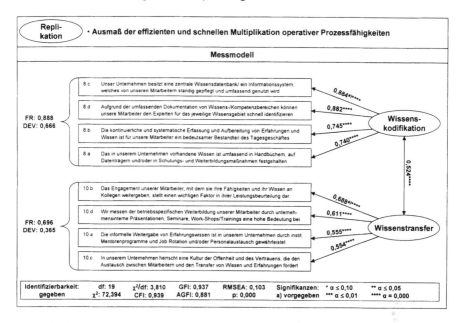

Abb. 30: Messmodell der konfirmatorischen Faktorenanalyse für eine zweifaktorielle Struktur der Dimension Replikation

Die Analyse der globalen Anpassungsmaße deutet auf eine unzureichende Modellanpassung hin. Der Quotient aus χ^2/df, der AGFI sowie der RMSEA erfüllen die geforderten Mindestkriterien nicht. Die in Tab. 21 aufgeführten lokalen Anpassungsmaße geben weitere Hinweise auf eine Fehlspezifikation. Alle lokalen Anpassungsmaße der sich auf den Aspekt der Wissenskodifikation beziehenden Indikatoren liegen deutlich über den geforderten Mindestwerten. Dies trifft für die dem Aspekt des Wissenstransfers zugeordneten Indikatoren nicht zu. Während die Faktorreliabilität noch über dem geforderten Mindestwert liegt, unterschreitet die durchschnittlich erfasste Varianz mit 0,365 die kritische Anforderung von 0,5 deutlich. Dies ist auf die geringen Indikatorreliabilitäten der vier Indikatoren zurückzuführen, von denen drei, mitunter deutlich, unter der Anforderung von 0,4 liegen.

Replikation	• Ausmaß der effizienten und schnellen Multiplikation operativer Prozessfähigkeiten				
Lokale Anpassungsmaße					
	Indikatorebene			Konstruktebene	
	Indikator	Indikator-reliabilität	Faktorladung	Faktor-reliabilität	Durchschnittlich erfasste Varianz
8.c	Unser Unternehmen besitzt eine zentrale Wissensdatenbank/ ein Informationssystem, welches von unseren Mitarbeitern ständig gepflegt und umfassend genutzt wird	0,782	0,884	0,888	0,666
8.d	Aufgrund der umfassenden Dokumentation von Wissens-/Kompetenzbereichen können unsere Mitarbeiter den Experten für das jeweilige Wissensgebiet schnell identifizieren	0,778	0,882		
8.b	Die kontinuierliche und systematische Erfassung und Aufbereitung von Erfahrungen und Wissen ist für unsere Mitarbeiter ein bedeutsamer Bestandteil des Tagesgeschäftes	0,556	0,745		
8.a	Das in unserem Unternehmen vorhandene Wissen ist umfassend in Handbüchern, auf Datenträgern und/oder in Schulungs- und Weiterbildungsmaßnahmen festgehalten	0,547	0,740		
10.b	Das Engagement unserer Mitarbeiter, mit dem sie ihre Fähigkeiten und ihr Wissen an Kollegen weitergeben, stellt einen wichtigen Faktor in ihrer Leistungsbeurteilung dar	0,473	0,688	0,696	0,365
10.d	Wir messen der betriebsspezifischen Weiterbildung unserer Mitarbeiter durch unternehmensinterne Präsentationen, Seminare, Work-Shops/Trainings eine hohe Bedeutung bei	0,374	0,611		
10.a	Die informelle Weitergabe von Erfahrungswissen ist in unserem Unternehmen durch instit. Mentorenprogramme und Job Rotation und/oder Personalaustausch gewährleistet	0,308	0,555		
10.c	In unserem Unternehmen herrscht eine Kultur der Offenheit und des Vertrauens, die den Austausch zwischen Mitarbeitern und den Transfer von Wissen und Erfahrungen fördert	0,307	0,554		
	Diskriminanzvalidität nach Fornell/Larcker-Kriterium	Quadrierte Korrelation			0,275

Tab. 21: Lokale Anpassungsmaße der konfirmatorischen Faktorenanalyse für eine zweifaktorielle Struktur der Dimension Replikation

Die Ergebnisse deuten darauf hin, dass die Operationalisierung des Teilaspektes Wissenstransfer der Dimension Replikation im Hinblick auf die herangezogene empirische Basis unter Reliabilitäts- und Validitätsgesichtspunkten unzureichend ist. In Konsequenz werden die vier Indikatoren, die dem Wissenstransfer zugeordnet sind, aus der weiteren Analyse ausgeschlossen. Die verbleibenden vier Indikatoren weisen ein Cronbachsches Alpha von rund 0,89 auf und extrahieren einen Faktor, der zwei Drittel der Varianz erklärt. Die Ergebnisse der konfirmatorischen Faktorenanalyse führen allerdings zur Ablehnung des Messmodells mit vier Indikatoren, da die Anforderungen an den Quotienten aus χ^2/df, den AGFI sowie den RMSEA klar verletzt sind. Somit wird der Indikator mit der geringsten Indikatorreliabilität aus der weiteren Messung ausgeschlossen. Die verbleibenden drei Indikatoren weisen ein Cronbachsches Alpha von rund 0,87 auf und extrahieren einen Faktor, der 70 Prozent der Varianz erklärt. Tab. 22 fasst die Ergebnisse der Reliabilitäts- und Validitätsprüfungen der ersten Generation für die Dimension Replikation zusammen.

Repli-kation	• Ausmaß der effizienten und schnellen Multiplikation operativer Prozessfähigkeiten		
	Indikator	Item-to-Total-Korrelation	Faktorladung (exploratorisch)
8.c	Unser Unternehmen besitzt eine zentrale Wissensdatenbank/ ein Informationssystem, welches von unseren Mitarbeitern ständig gepflegt und umfassend genutzt wird	0,8095	0,916
8.d	Aufgrund der umfassenden Dokumentation von Wissens-/Kompetenzbereichen können unsere Mitarbeiter den Experten für das jeweilige Wissensgebiet schnell identifizieren	0,7899	0,876
8.a	Das in unserem Unternehmen vorhandene Wissen ist umfassend in Handbüchern, auf Datenträgern und/oder in Schulungs- und Weiterbildungsmaßnahmen festgehalten	0,6650	0,704
Deskriptive Beurteilungskennzahl			
Cronbachsches Alpha		0,8689	
Ergebnisse der exploratorischen Faktorenanalyse			
Kaiser-Meyer-Olkin-Kriterium (KMO)	0,705	Anzahl extrahierter Faktoren	1 extrahierter Faktor
Extraktionsmethode	Hauptachsenanalyse	Erklärte Varianz	70,059%

Tab. 22: Reliabilitäts- und Validitätskriterien der ersten Generation für die Dimension Replikation

Die Ergebnisse der konfirmatorischen Faktorenanalyse unterstützen die hohe Reliabilität und Validität. Alle lokalen Anpassungsmaße liegen deutlich über den geforderten Mindestwerten. So wird in der folgenden Analyse die Dimension Replikation über drei Indikatoren abgebildet. Kritisch ist hierbei anzumerken, dass der aus der Theorie abgeleitete Bestandteil des Wissenstransfers in der vorgenommenen Operationalisierung in der empirischen Datenbasis nicht ausreichend reliabel und valide erkannt wurde. So findet sich in der Operationalisierung der Dimension Replikation die Wissenskodifikation als Voraussetzung für die effiziente und schnelle Multiplikation operativer Prozessfähigkeiten wieder, die Übertragung des Wissens ist allerdings nur indirekt über die Identifikation der Wissensträger und Experten für einen Bereich (Indikator 8.d) enthalten. Abb. 31 fasst das Messmodell und die lokalen Anpassungsmaße der konfirmatorischen Faktorenanalyse zusammen.

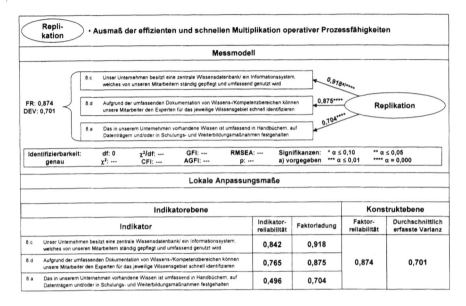

Abb. 31: Messmodell und Anpassungsmaße der konfirmatorischen Faktorenanalyse für die Dimension Replikation

4.2.1.7 Rekonfiguration

Zur Operationalisierung der Dimension Rekonfiguration wurden insgesamt neun Indikatoren entwickelt, in denen sowohl Aspekte der Wissensabstraktion als auch der Wissensabsorption enthalten sind.[1337] Die neun Indikatoren wiesen ein Cronbachsches Alpha von rund 0,85 auf, allerdings deutete die exploratorische Faktorenanalyse auf eine unzureichende Konvergenzvalidität hin, so dass vier Indikatoren eliminiert werden mussten. Das Cronbachsche Alpha für die verbleibenden fünf Indikatoren beträgt rund 0,84 und die exploratorische Faktorenanalyse extrahiert einen Faktor, der rund 52 Prozent der Varianz erklärt. Tab. 23 stellt die Ergebnisse der Reliabilitäts- und Validitätsprüfung der ersten Generation dar.

[1337] Vgl. hierzu die Fragen 12.a-12.i im Fragebogen. Siehe zur theoretischen Herleitung der Dimension Rekonfiguration und ihren Bestandteilen Wissensabstraktion und Wissensabsorption die Ausführungen in Abschnitt 2.3.3.3.2.2 und Abschnitt 3.1.1.7.

Rekonfiguration	• Ausmaß der Entwicklung neuer Fähigkeiten und neuen Wissens		
	Indikator	Item-to-Total-Korrelation	Faktorladung (exploratorisch)
12.d	Wir binden unsere Mitarbeiter intensiv in die Diskussion neuer Anwendungsfelder für das in unserem Unternehmen vorhandene Wissen und die vorhandenen Fähigkeiten ein	0,7021	0,786
12.h	Wir wenden das in unserem Unternehmen erfasste Wissen und die Fähigkeiten unserer Mitarbeiter regelmäßig auf neue Problemstellungen an	0,6645	0,736
12.f	Wir reagieren schnell auf Vorschläge unserer Mitarbeiter hinsichtlich strategischer Fragestellungen und setzen uns intensiv mit diesen auseinander	0,6588	0,735
12.c	Nach Abschluss eines Projektes werden die Erkenntnisse unserer Mitarbeiter aus dem konkreten Anwendungsfall gelöst, um sie für neue Problemstellungen nutzbar zu machen	0,6252	0,689
12.e	Im Vergleich zum Wettbewerb ist die Lernfähigkeit unserer Mitarbeiter klar überlegen	0,5945	0,656
	Deskriptive Beurteilungskennzahl		
Cronbachsches Alpha		0,8415	
Ergebnisse der exploratorischen Faktorenanalyse			
Kaiser-Meyer-Olkin-Kriterium (KMO)	0,852	Anzahl extrahierter Faktoren	1 extrahierter Faktor
Extraktionsmethode	Hauptachsenanalyse	Erklärte Varianz	52,119%

Tab. 23: **Reliabilitäts- und Validitätskriterien der ersten Generation für die Dimension Rekonfiguration**

Die Ergebnisse der konfirmatorischen Faktorenanalyse bestätigen die Ergebnisse der ersten Generation. Sowohl die globalen als auch die lokalen Anpassungsmaße erfüllen die geforderten Mindestwerte. Folglich wird das Messmodell für die Dimension Rekonfiguration mit den fünf Indikatoren, die sowohl Aspekte der Wissensabstraktion als auch der Wissensabsorption abbilden, nicht abgelehnt. Abb. 32 stellt die Spezifizierung des Messmodells und die globalen und lokalen Anpassungsmaße zusammenfassend dar.

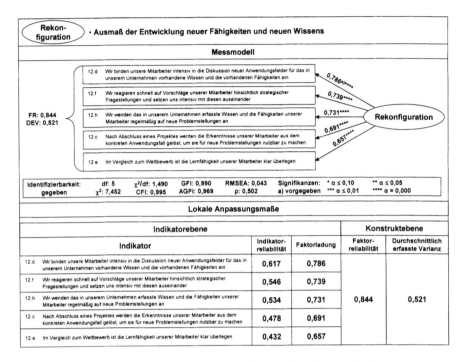

Abb. 32: Messmodell und Anpassungsmaße der konfirmatorischen Faktorenanalyse für die Dimension Rekonfiguration

4.2.1.8 Kooperation

Die Dimension Kooperation wurde über sieben Indikatoren operationalisiert.[1338] Diese Indikatoren erzielten ein Cronbachsches Alpha von rund 0,91 und extrahierten einen Faktor, der knapp 60 Prozent der Varianz erklärt. Somit bestand basierend auf den Kriterien der ersten Generation keine Notwendigkeit zur Elimination eines Indikators. Tab. 24 fasst die Ergebnisse der Prüfverfahren der ersten Generation für die Dimension Kooperation zusammen.

[1338] Vgl. hierzu die Fragen 14.a-14.g im Fragebogen.

Koope-ration	• Ausmaß der kooperativen Unternehmensverbindungen		
	Indikator	Item-to-Total-Korrelation	Faktorladung (exploratorisch)
14 b	Im Wettbewerbsvergleich ist unser Unternehmen überdurchschnittlich stark in ein strategisches Netzwerk eingebunden	0,7595	0,803
14 d	Im F&E-Bereich arbeiten wir hinsichtlich der Technologieentwicklung und –weiterentwicklung intensiv mit anderen Unternehmen zusammen	0,7593	0,802
14 g	Im Vergleich zur Konkurrenz beteiligen wir uns an überdurchschnittlich vielen strategischen Allianzen	0,7555	0,799
14 a	Zur Entwicklung und Durchsetzung gemeinsamer Standards arbeiten wir umfassend mit einer Vielzahl von Unternehmen zusammen	0,7272	0,769
14 e	Unser Unternehmen engagiert sich mit anderen Unternehmen beim Aufbau gemeinsamer Kompetenz-Zentren für spezifische Bereiche	0,7158	0,755
14 c	Unser Entwicklungs- und Herstellungsprozess ist durch eine intensive Einbindung von und Abstimmung mit Herstellern von Komplementärprodukten gekennzeichnet	0,6984	0,737
14 f	Unsere Ablauforganisation und unsere Teams zeichnen sich durch eine große Offenheit und Flexibilität hinsichtlich der Zusammenarbeit mit anderen Unternehmen aus	0,6763	0,712
Deskriptive Beurteilungskennzahl			
Cronbachsches Alpha		0,9093	
Ergebnisse der exploratorischen Faktorenanalyse			
Kaiser-Meyer-Olkin-Kriterium (KMO)	0,911	Anzahl extrahierter Faktoren	1 extrahierter Faktor
Extraktionsmethode	Hauptachsenanalyse	Erklärte Varianz	59,116%

Tab. 24: Reliabilitäts- und Validitätskriterien der ersten Generation für die Dimension Kooperation

Die Ergebnisse der konfirmatorischen Faktorenanalyse deuten ebenfalls auf die Reliabilität und Validität einer Messung über sieben Indikatoren hin. Wie Abb. 33 zeigt, sind die globalen Anpassungsmaße überwiegend erfüllt. Der Quotient aus χ^2/df übersteigt zwar den in der vorliegenden Untersuchung geforderten Höchstwert, liegt aber noch deutlich unter der in anderen Untersuchungen zugrunde gelegten Anforderung von 5.[1339] Auch der RMSEA übersteigt die geforderte Höchstausprägung, liegt aber noch unter dem Grenzwert von 0,10, ab dem die Modellanpassung als nicht mehr akzeptabel gilt.[1340]

[1339] Siehe hierzu Balderjahn (1986), S. 109; Fritz (1995), S. 140; Burmann (2002a), S. 291; Olderog (2003), S. 247.
[1340] Vgl. hierzu Browne/Cudeck (1993), S. 144.

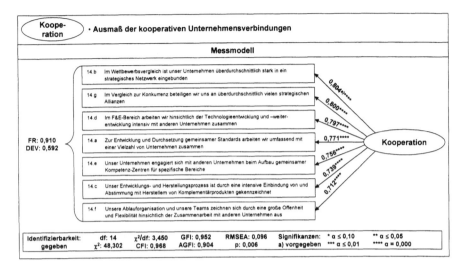

Abb. 33: Messmodell und globale Anpassungsmaße der konfirmatorischen Faktorenanalyse für die Dimension Kooperation

Wie Tab. 25 zeigt, liegen die lokalen Anpassungsmaße ausnahmslos über den geforderten Mindestwerten. Vor dem Hintergrund des Gesamteindrucks der überwiegend erfüllten globalen Anpassungsmaße und der vollständig erfüllten lokalen Anpassungsmaße wird das Messmodell für die Dimension Kooperation mit sieben Indikatoren nicht zurückgewiesen.

Kooperation – Ausmaß der kooperativen Unternehmensverbindungen				
Lokale Anpassungsmaße				
Indikatorebene			**Konstruktebene**	
Indikator	Indikator-reliabilität	Faktorladung	Faktor-reliabilität	Durchschnittlich erfasste Varianz
14.b Im Wettbewerbsvergleich ist unser Unternehmen überdurchschnittlich stark in ein strategisches Netzwerk eingebunden	0,646	0,804		
14.g Im Vergleich zur Konkurrenz beteiligen wir uns an überdurchschnittlich vielen strategischen Allianzen	0,640	0,800		
14.d Im F&E-Bereich arbeiten wir hinsichtlich der Technologieentwicklung und -weiterentwicklung intensiv mit anderen Unternehmen zusammen	0,634	0,797		
14.a Zur Entwicklung und Durchsetzung gemeinsamer Standards arbeiten wir umfassend mit einer Vielzahl von Unternehmen zusammen	0,595	0,771	0,910	0,592
14.e Unser Unternehmen engagiert sich mit anderen Unternehmen beim Aufbau gemeinsamer Kompetenz-Zentren für spezifische Bereiche	0,571	0,756		
14.c Unser Entwicklungs- und Herstellungsprozess ist durch eine intensive Einbindung von und Abstimmung mit Herstellern von Komplementärprodukten gekennzeichnet	0,546	0,739		
14.f Unsere Ablauforganisation und unsere Teams zeichnen sich durch eine große Offenheit und Flexibilität hinsichtlich der Zusammenarbeit mit anderen Unternehmen aus	0,506	0,712		

Tab. 25: Lokale Anpassungsmaße der konfirmatorischen Faktorenanalyse für die Dimension Kooperation

4.2.2 Untersuchung des Gesamtmodells Strategie in High Velocity Märkten

Die im vorangegangenen Abschnitt durchgeführte Reliabilitäts- und Validitätsprüfung führte zu einer Bereinigung der Ausgangsmenge an Indikatoren. Zur Untersuchung des Gesamtmodells wurde eine exploratorische Faktorenanalyse über die verbliebenen 30 Indikatoren durchgeführt, um erste Hinweise hinsichtlich der vermuteten Faktorenstruktur und der Konvergenz- bzw. Diskriminanzvalidität zu erhalten. Der KMO-Wert von 0,84 demonstriert eine „verdienstvolle" Eignung der Korrelationsmatrix. Zur Extraktion wurde wiederum die Hauptachsenanalyse eingesetzt und die Rotation erfolgte über die schiefwinklige OBLIMIN-Methode.

Allerdings wurden nach dem Kaiser-Kriterium nicht die vermuteten acht Dimensionen extrahiert, sondern lediglich sieben, wobei deutlich wurde, dass die den Dimensionen Produkt-Differenzierung und Proaktivität zugeordneten Indikatoren auf den gleichen Faktor luden. Inhaltlich ist dies vermutlich auf den starken Produkt- und Dienstleistungsbezug der Indikatoren für die Dimension Proaktivität zurückzuführen. Gleichwohl sind die beiden Dimensionen basierend auf den theoretischen Vorüberlegungen als eigenständig zu interpretieren. Daher wurde zur genaueren Prüfung der Struktur und Beziehung zwischen den beiden Dimensionen eine exploratorische Faktorenanalyse für die sechs Indikatoren gerechnet, die Produkt-Differenzierung und Proaktivität messen sollen. Hierbei wurden zwei Faktoren extrahiert, die zusammen über 58 Prozent der Varianz erklären und auf die jeweils die drei Indikatoren gemäß der postulierten Beziehung mit Faktorladungen von deutlich über 0,4 luden. Die Struktur wurde auch durch eine zweifaktorielle konfirmatorische Faktorenanalyse bestätigt, wobei das Fornell/Larcker-Kriterium auf eine ausreichende Diskriminanzvalidität zwischen den beiden Konstrukten hindeutete.

Das Erkennen der postulierten Faktorenstruktur konnte durch ein Abweichen von dem Kaiser-Kriterium erreicht werden, indem der zur Extraktion erforderliche Eigenwert eines Faktors herabgesenkt wurde.[1341] Tab. 26 bildet die auf diese Weise extrahierte Faktorenstruktur ab.

[1341] Vgl. zu dieser Vorgehensweise und deren Rechtfertigung auch Olderog (2003), S. 258.

Indikator	Faktor 1	Faktor 2	Faktor 3	Faktor 4	Faktor 5	Faktor 6	Faktor 7	Faktor 8
12 f	**0,799**	0,089	0,102	-0,050	0,014	0,069	-0,069	-0,060
12 d	**0,789**	-0,066	-0,072	-0,029	-0,024	-0,016	0,096	0,038
12 h	**0,677**	-0,108	0,005	0,054	0,021	-0,061	0,036	0,047
12 e	**0,575**	-0,046	-0,008	0,023	-0,015	-0,045	-0,090	0,058
12 c	**0,525**	-0,035	-0,006	0,022	0,005	-0,277	-0,029	0,059
14 d	-0,177	**-0,821**	-0,093	-0,036	0,011	-0,013	-0,030	0,027
14 a	-0,075	**-0,769**	0,107	0,035	-0,020	-0,117	0,043	-0,038
14 c	0,013	**-0,761**	-0,117	-0,057	-0,015	-0,028	0,043	0,094
14 b	0,030	**-0,759**	0,120	0,014	-0,030	-0,042	-0,047	-0,050
14 g	0,048	**-0,741**	0,133	-0,033	0,052	0,080	-0,097	0,010
14 e	-0,052	**-0,718**	0,109	0,073	-0,007	-0,032	-0,060	0,012
14 f	0,214	**-0,693**	-0,091	0,026	0,030	0,080	0,024	0,000
7 g	0,006	-0,007	**0,878**	-0,015	0,036	-0,009	0,087	0,034
7 f	0,030	-0,083	**0,847**	0,010	0,022	-0,005	0,025	0,004
7 c	-0,002	0,005	**0,504**	-0,042	0,018	-0,043	-0,097	0,123
4 c	0,037	-0,046	0,027	**-0,783**	0,017	-0,023	0,005	-0,029
4 d	-0,057	0,021	-0,017	**-0,771**	-0,015	0,010	0,090	0,076
4 j	0,065	0,040	0,037	**-0,540**	-0,022	-0,019	-0,283	-0,084
7 m	0,036	-0,040	-0,032	-0,020	**0,759**	-0,026	-0,061	-0,026
7 d	0,064	0,114	-0,021	0,053	**0,728**	-0,003	0,017	0,026
7 k	-0,104	-0,081	0,099	-0,028	**0,660**	0,011	0,026	0,012
8 c	-0,024	-0,017	0,066	0,000	-0,045	**-0,893**	0,009	0,009
8 d	0,090	0,008	0,011	0,061	0,000	**-0,865**	-0,012	-0,058
8 a	-0,010	0,010	-0,047	-0,067	0,055	**-0,711**	-0,017	0,035
5 b	-0,018	-0,025	-0,023	-0,031	0,053	-0,003	**-0,826**	-0,009
5 c	-0,019	-0,082	-0,050	0,010	-0,003	-0,039	**-0,770**	0,117
5 d	0,147	0,023	0,055	-0,071	-0,078	-0,090	**-0,431**	0,125
4 k	0,085	-0,042	0,206	-0,005	-0,082	-0,015	-0,285	0,269
5 f	0,005	-0,044	-0,018	-0,070	0,036	-0,012	-0,042	**0,852**
5 j	0,066	0,034	0,215	0,097	-0,024	-0,006	-0,077	**0,588**
Erklärte Varianz	23,200%	9,736%	7,210%	6,273%	4,924%	4,235%	2,928%	1,546%
KMO: 0,842	Extraktionsverfahren: Hauptachsenanalyse				Rotationsmethode: OBLIMIN (schiefwinklig)			

Tab. 26: Ergebnisse der exploratorischen Faktorenanalyse für das Konstrukt Strategie in High Velocity Märkten

Wie aus Tab. 26 ersichtlich, wird die postulierte Faktorenstruktur mit acht Dimensionen erkannt und alle Indikatoren laden mit Werten über dem geforderten Mindestwert von 0,4 auf den ihnen zugeordneten Faktor. Einzige Ausnahme bildet der Indikator 4.k, der in etwa gleicher Höhe auf die Faktoren 7 und 8 lädt und bei beiden die Mindestanforderung von 0,4 nicht erfüllt. Trotz der Unterschreitung des Kaiser-Kriteriums und der nicht eindeutigen Zuordnung eines Indikators soll die Faktorenlösung aus den folgenden Gründen vorläufig akzeptiert werden. So weist beispielsweise ÜBERLA insbesondere für die Extraktion über Hauptachsenanalyse darauf hin, dass es sich bei der Extraktion von Faktoren mit einem Eigenwert von mehr als 1 um ein absolutes Kriterium handelt und die Größe der Eigenwerte von der Variablenzahl abhängt. Dies führt bei einer kleinen Variablenzahl dazu, dass zu wenig Faktoren extrahiert werden.[1342] Zudem haben sowohl die zweifaktorielle exploratorische als auch die zweifaktorielle konfirmatorische Faktorenanalyse die Diskriminanzvalidität der beiden Konstrukte gestützt und gezeigt, dass der Indikator 4.k mit einer Faktorladung von über 0,4 eindeutig der Dimension Proaktivität zugeordnet wird. Ferner wird die vermutete Faktorenstruktur in dem Gesamtmodell nun mit dem leistungsfähigeren Verfahren der konfirmatorischen Faktorenanalyse geprüft. Hierbei wird anhand des Fornell/Larcker-Kriteriums insbesondere getestet, ob die Dimensionen Produkt-Differenzierung und Proaktivität auch in dem Gesamtmodell ausreichend diskriminant valide sind. Zugleich wird für den der Dimension Proaktivität zugeordneten Indikator 4.k zu prüfen sein, ob er über eine ausreichend hohe Indikatorreliabilität verfügt.

Das zur Überprüfung der vermuteten Struktur der Dimensionen von Strategie in High Velocity Märkten spezifizierte Modell weist 377 Freiheitsgrade auf. Da demnach die Anzahl der Freiheitsgrade im Vergleich zur Fallzahl sehr hoch ist, ist von einem Vorliegen der von STEIGER benannten Voraussetzungen für eine systematische, negative Verzerrung der Gütekriterien GFI und AGFI auszugehen. Wie bereits in Abschnitt 4.1.1.3 ausgeführt, werden für die Beurteilung der globalen Anpassung des Strukturgleichungsmodells daher die korrigierten Gütekriterien GFI (Hat) und AGFI (Hat) herangezogen. Abb. 34 zeigt die konfirmatorische Faktorenanalyse 1. Ordnung für das acht Dimensionen umfassende Messmodell für Strategie in High Velocity Märkten.

[1342] Vgl. Überla (1971), S. 125.

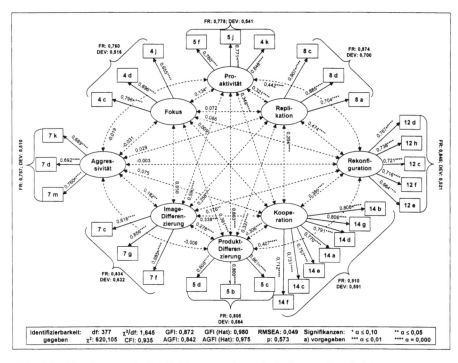

Abb. 34: Konfirmatorische Faktorenanalyse 1. Ordnung des Acht-Dimensionen-Modells für Strategie in High Velocity Märkten

Die globalen Anpassungsmaße des Modells erfüllen bei allen Gütekriterien die gestellten Anforderungen klar. Dies deutet vor dem Hintergrund der Modellkomplexität auf eine beachtlich hohe Anpassungsgüte der Modellstruktur hin. Die Analyse der lokalen Anpassungsmaße, die überwiegend erfüllt sind, bestätigt dieses Bild. Auf der Ebene der einzelnen Konstrukte erfüllen alle Faktorreliabilitäten und alle Werte für die durchschnittlich erfasste Varianz die geforderten Mindestausprägungen deutlich. Auf der Ebene der Indikatoren unterschreiten lediglich zwei von 30 Indikatoren (Indikator 5.d und 7.c) mit Ausprägungen von 0,37 und 0,38 den geforderten Mindestwert von 0,4 leicht. Hingegen bestätigt die konfirmatorische Faktorenanalyse, dass der Indikator 4.k, der auf der Ebene der exploratorischen Faktorenanalyse noch auf zwei Faktoren lud, mit einer Indikatorreliabilität von 0,42 die Dimension Proaktivität ausreichend reliabel misst. Darüber hinaus entsprechen die lokalen Anpassungsmaße der einzelnen Dimensionen im Totalmodell den Werten für die lokale Anpassung auf der

Ebene der Dimensionen.[1343] Demnach ist von einer hohen Stabilität und Robustheit der Parameterschätzungen auszugehen. Die in dem spezifizierten Modell abgebildeten Messmodelle erfüllen somit das Kriterium der Konvergenzvalidität.

Zur Überprüfung der Diskriminanzvalidität sind nun nach dem Fornell/Larcker-Kriterium die quadrierten Korrelationen der einzelnen Dimensionen ihren jeweiligen durchschnittlich erfassten Varianzen gegenüberzustellen. Der Vergleich der entsprechenden Werte ist in Tab. 27 abgebildet.

Dimensionen	Dimensionen	Produkt-Differenzierung	Image-Differenzierung	Aggressivität	Fokus	Proaktivität	Replikation	Rekonfiguration	Kooperation
Dimensionen	Durchschnittlich erfasste Varianz	0,584	0,632	0,510	0,516	0,541	0,700	0,521	0,591
Produkt-Differenzierung	0,584								
Image-Differenzierung	0,632	0,077							
Aggressivität	0,510	0,000	0,033	Quadrierte Korrelationen der Dimensionen					
Fokus	0,516	0,153	0,003	0,001					
Proaktivität	0,541	0,440	0,348	0,000	0,018				
Replikation	0,700	0,114	0,067	0,001	0,005	0,103			
Rekonfiguration	0,521	0,166	0,031	0,000	0,007	0,195	0,225		
Kooperation	0,591	0,094	0,114	0,006	0,000	0,122	0,042	0,149	

Tab. 27: **Überprüfung der Diskriminanzvalidität des Acht-Dimensionen-Modells für Strategie in High Velocity Märkten nach dem Fornell/Larcker-Kriterium**

Der Vergleich der quadrierten Korrelationen zwischen den Dimensionen mit den entsprechenden durchschnittlich erfassten Varianzen zeigt, dass das Fornell/Larcker-Kriterium für alle Paare von Dimensionen erfüllt ist: Keine quadrierte Korrelation zwischen zwei Dimensionen übersteigt die durchschnittlich erfasste Varianz der jeweiligen Dimensionen. Wie schon aufgrund der Ergebnisse der exploratorischen Faktorenanalyse vermutet, weisen die beiden Dimensionen Produkt-Differenzierung und Proaktivität mit 0,44 eine vergleichsweise hohe quadrierte Korrelation auf. Gleichwohl liegt der Wert noch deutlich unter den durchschnittlich erfassten

---

[1343] Vgl. hierzu die Ergebnisse der einfaktoriellen Prüfungen der Dimensionen in den Abschnitten 4.2.1.1 bis 4.2.1.8.

Varianzen von 0,58 respektive 0,54 der beiden Dimensionen, so dass nach dem Fornell/Larcker-Kriterium eine ausreichende Diskriminanzvalidität sichergestellt ist. Darüber hinaus deuten die Ergebnisse auf eine hohe Diskriminanzvalidität der beiden Dimensionen Produkt-Differenzierung und Image-Differenzierung hin. Somit unterstützen die Ergebnisse der vorliegenden Analyse die jüngsten Forschungsergebnisse im Bereich der generischen Strategien, denen zufolge durch eine Ausdifferenzierung der generischen Strategien eine genauere Abbildung und Messung von Strategien erfolgen kann.[1344] Insgesamt ist das vorliegende Acht-Dimensionen-Modell für Strategie in High Velocity Märkten aufgrund der vollständigen Erfüllung der globalen Gütemaße, der überwiegenden Erfüllung der lokalen Gütemaße und der vollständigen Erfüllung des Fornell/Larcker-Kriteriums hinsichtlich der Diskriminanzvalidität nicht abzulehnen.

Die weitere Analyse der in Abb. 34 eingezeichneten Korrelationen zeigt jedoch, dass die Dimension Aggressivität lediglich mit der Dimension Image-Differenzierung signifikant korreliert und die Dimension Fokus nur mit den beiden Dimensionen Produkt-Differenzierung und Proaktivität in signifikantem Zusammenhang steht. Fraglich ist daher, ob die Dimensionen Aggressivität und Fokus tatsächlich zu dem übergeordneten Konstrukt Strategie in High Velocity Märkten gehören, welches durch die acht Dimensionen beschrieben werden soll. Dies kann über die nun durchzuführende konfirmatorische Faktorenanalyse 2. Ordnung geprüft werden, die anhand der Signifikanz der Faktorladungen zum einen prüft, ob die acht Dimensionen wirklich ein übergeordnetes Konstrukt zweiter Ordnung beschreiben, zum anderen die Relevanz der Dimensionen für dieses Konstrukt misst. Abb. 35 stellt das Modell der konfirmatorischen Faktorenanalyse 2. Ordnung sowie die globalen und lokalen Anpassungsmaße dar.

[1344] Siehe hierzu Mintzberg (1988), S. 17 ff.; Kotha/Vadlamani (1995), S. 82; Campbell-Hunt (2000), S. 140; Mintzberg (2003), S. 121 ff. sowie die Ausführungen in Abschnitt 2.3.1.3.2.

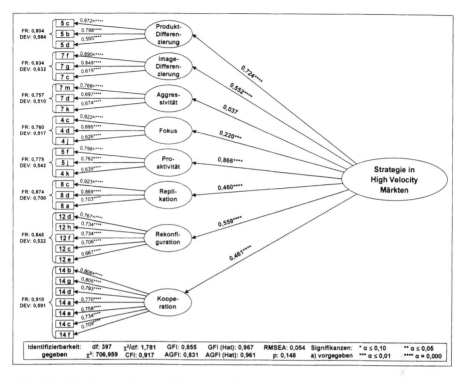

Abb. 35: Konfirmatorische Faktorenanalyse 2. Ordnung des Acht-Dimensionen-Modells für Strategie in High Velocity Märkten[1345]

Die Analyse der globalen und lokalen Anpassungsmaße zeigt, dass das vorliegende Modell nicht abgelehnt werden kann. Den Faktorladungen ist zu entnehmen, dass sieben der acht Dimensionen signifikant auf den übergeordneten Faktor Strategie in High Velocity Märkten laden. Während auch die Dimension Fokus eine signifikante Faktorladung aufweist, ist der Pfadkoeffizient von Strategie in High Velocity Märkten auf die Dimension Aggressivität nicht signifikant. Folglich zeigen die Ergebnisse der konfirmatorischen Faktorenanalyse 1. Ordnung und der konfirmatorischen Faktorenanalyse 2. Ordnung, dass die Dimension Aggressivität in einem statistisch nicht ausreichend starken Zusammenhang zu den anderen Dimensionen und zu dem übergeordneten Konstrukt zweiter Ordnung steht, welches inhaltlich aufgrund der theore-

---

[1345] Da der Faktor zweiter Ordnung eine latente Variable darstellt, muss auch seine Skala durch Fixierung eines Parameters bestimmt werden. Hierzu wurde der diesbezüglichen Empfehlung im Schrifttum gefolgt, nicht eine der Faktorladungen zu den Konstrukten erster Ordnung zu fixieren, die ja im Zentrum der Analyse stehen, sondern die Varianz des Konstrukts zweiter Ordnung auf 1 zu setzen. Siehe hierzu Kline (1998), S. 235 f.

tischen Vorüberlegungen als Strategie in High Velocity Märkten zu interpretieren ist. Demnach reflektieren die Ergebnisse der vorliegenden Untersuchung die Einschätzung PORTERS, der zwar auf die vielfältigen Möglichkeiten zur Erhöhung der operativen Effizienz und damit der Erreichung einer Kostenführerposition durch die Informations- und Kommunikationstechnologie hinweist, zugleich aber anführt, dass aufgrund offener und nicht-proprietärer Standards diesbezügliche Vorteile leicht kopiert werden können und folglich nicht als alleinige Basis für nachhaltige Wettbewerbsvorteile ausreichen.[1346] Somit sind aufgrund der Ergebnisse der letzten beiden Prüfstufen die beiden deskriptiven Untersuchungshypothesen *H1* und *H2* abzulehnen.

H1: *Das Konstrukt Strategie in High Velocity Märkten weist acht voneinander abgrenzbare, zugleich jedoch in komplementärer Beziehung stehende Dimensionen auf: Produkt-Differenzierung, Image-Differenzierung, Aggressivität, Fokus, Proaktivität, Replikation, Rekonfiguration und Kooperation.*

H2: *Die acht voneinander abgrenzbaren, jedoch in komplementärer Beziehung zueinander stehenden Dimensionen Produkt-Differenzierung, Image-Differenzierung, Aggressivität, Fokus, Proaktivität, Replikation, Rekonfiguration und Kooperation laden auf einen übergeordneten Faktor, der sich inhaltlich als Strategie in High Velocity Märkten interpretieren lässt.*

Die Ergebnisse deuten vielmehr darauf hin, dass Strategie in High Velocity Märkten lediglich sieben Dimensionen umfasst. Dies soll im Folgenden wiederum zunächst mittels einer konfirmatorischen Faktorenanalyse 1. Ordnung und im Anschluss mit einer konfirmatorischen Faktorenanalyse 2. Ordnung geprüft werden.[1347]

Die Ergebnisse der konfirmatorischen Faktorenanalyse 1. Ordnung für das Sieben-Dimensionen-Modell von Strategie in High Velocity Märkten demonstrieren eine beachtliche Anpassung. Die globalen Anpassungsmaße sind ausnahmslos erfüllt. Hinsichtlich der lokalen Anpassungsmaße auf der Konstruktebene übersteigen die Faktorreliabilitäten und die durchschnittlich erfassten Varianzen aller sieben Dimensionen die geforderten Mindestwerte größtenteils deutlich. Lediglich die Indikatorreliabilitäten von Indikator 5.d und 7.c unterschreiten mit einer Ausprägung von 0,37 respektive 0,38 den geforderten Mindestwert von 0,4 leicht, die verbleibenden 25 Indikatorreliabilitäten überschreiten den Wert klar. Abb. 36 stellt die Spezifizierung des Modells sowie die Anpassungsmaße dar.

[1346] Vgl. hierzu Porter (2001), S. 70 sowie die Ausführungen in Abschnitt 1.1.1.

[1347] Siehe zur erneuten Prüfung eines mehrdimensionalen Konstrukts nach dem Entfernen einer Dimension Venkatraman (1985), S. 46; Fritz (1995), S. 193.

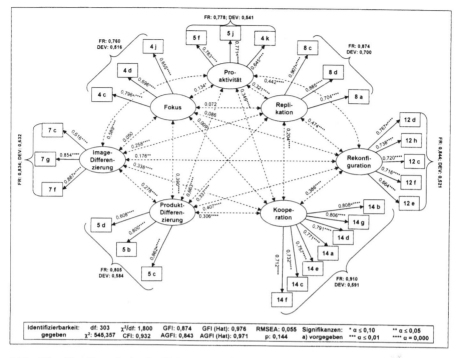

Abb. 36: Konfirmatorische Faktorenanalyse 1. Ordnung des Sieben-Dimensionen-Modells für Strategie in High Velocity Märkten

Zur Überprüfung der Diskriminanzvalidität wird wiederum das Fornell/Larcker-Kriterium herangezogen. Der Vergleich der quadrierten Korrelationen mit den durchschnittlich erfassten Varianzen der einzelnen Dimensionen ist in Tab. 28 dargestellt. Die Ergebnisse zeigen, dass die Diskriminanzvalidität für alle Dimensionen erfüllt ist.

Dimensionen	Dimensionen Durchschnittlich erfasste Varianz	Produkt-Differenzierung	Image-Differenzierung	Fokus	Proaktivität	Replikation	Rekonfiguration	Kooperation
Dimensionen		0,584	0,632	0,516	0,541	0,700	0,521	0,591
Produkt-Differenzierung	0,584							
Image-Differenzierung	0,632	0,077	Quadrierte Korrelationen der Dimensionen					
Fokus	0,516	0,152	0,003					
Proaktivität	0,541	0,440	0,347	0,018				
Replikation	0,700	0,114	0,067	0,005	0,103			
Rekonfiguration	0,521	0,166	0,031	0,007	0,195	0,225		
Kooperation	0,591	0,094	0,114	0,000	0,122	0,042	0,149	

Tab. 28: Überprüfung der Diskriminanzvalidität des Sieben-Dimensionen-Modells für Strategie in High Velocity Märkten nach dem Fornell/Larcker-Kriterium

Basierend auf den globalen und lokalen Anpassungsmaßen sowie der Prüfung der Diskriminanzvalidität über das Fornell/Larcker-Kriterium wird das Sieben-Dimensionen-Modell von Strategie in High Velocity Märkten nicht abgelehnt. Anhand der Faktorladungen der konfirmatorischen Faktorenanalyse 2. Ordnung wird nun wiederum überprüft, ob die sieben Dimensionen tatsächlich zusammen ein übergeordnetes Konstrukt Strategie beschreiben und wie hoch die relative Bedeutung der einzelnen Dimensionen ist. Abb. 37 zeigt das entsprechende Messmodell und die globalen und lokalen Anpassungsmaße.

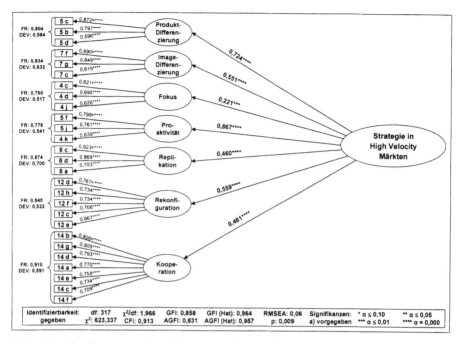

Abb. 37: Konfirmatorische Faktorenanalyse 2. Ordnung des Sieben-Dimensionen-Modells für Strategie in High Velocity Märkten

Die überwiegende Erfüllung der globalen Anpassungsmaße deutet auf eine gute Modellanpassung hin. Lediglich der RMSEA übersteigt den geforderten Mindestwert von 0,05 für eine gute Modellanpassung leicht, liegt aber gleichwohl noch deutlich unter dem für eine akzeptable Modellanpassung zugrunde gelegten Wert von 0,08.[1348] Ebenso sind die lokalen Anpassungsmaße auf der Ebene der Konstrukte erster Ordnung überwiegend erfüllt, lediglich die Indikatoren 4.j, 7.c und 5.d verfehlen mit den Ausprägungen von 0,39, 0,38 und 0,36 die geforderte Indikatorreliabilität von 0,4 knapp. Auf Basis der globalen und lokalen Anpassungsmaße wird das Modell nicht abgelehnt. Zugleich wird deutlich, dass die verbleibenden sieben Dimensionen ausnahmslos eine signifikante Faktorladung auf das übergeordnete Konstrukt Strategie in High Velocity Märkten aufweisen. Hieraus ist abzuleiten, dass die sieben theoretisch deduzierten Dimensionen Bestandteil von Strategie in High Velocity Märkten sind und zusammen das übergeordnete Konstrukt beschreiben.

[1348] Vgl. Browne/Cudeck (1993), S. 144.

Für die vorliegende Datenbasis kann davon ausgegangen werden, dass Strategie in High Velocity Märkten ein Konstrukt mit den sieben Dimensionen Produkt-Differenzierung, Image-Differenzierung, Fokus, Proaktivität, Replikation, Rekonfiguration und Kooperation darstellt, welches über 27 Indikatoren reliabel und valide gemessen werden kann. Die Konzeptionalisierung und Operationalisierung von Strategie in High Velocity Märkten ist somit abgeschlossen. Tab. 29 stellt zusammenfassend die Indikatoren und ihre Dimensionen für das finale Messmodell sowie die auf einfaktorieller Ebene berechneten Gütekriterien der ersten Generation und die in der konfirmatorischen Faktorenanalyse 1. Ordnung berechneten lokalen Anpassungsmaße dar.

Dimension	Indikator	Item-to-Total-Korrelation	Cronbachsches Alpha	Erklärte Varianz (expl.)	Indikatorreliabilität	Faktorladung	Faktorreliabilität (FR)	Durch. erfass. Varianz (DEV)
Produkt-Differenzierung	5 c	0,7058	0,7909	58,087%	0,743	0,862	0,805	0,584
	5 b	0,7000			0,640	0,800		
	5 d	0,5165			0,370	0,608		
Image-Differenzierung	7 f	0,7399	0,8191	62,997%	0,787	0,887	0,834	0,632
	7 g	0,7264			0,730	0,854		
	7 c	0,5628			0,380	0,616		
Fokus	4 c	0,6450	0,7385	51,655%	0,633	0,796	0,760	0,516
	4 d	0,5830			0,484	0,696		
	4 j	0,5188			0,429	0,655		
Proaktivität	5 f	0,6501	0,7696	54,142%	0,613	0,783	0,778	0,541
	5 j	0,6568			0,594	0,771		
	4 k	0,5162			0,416	0,645		
Replikation	8 c	0,8095	0,8689	70,059%	0,823	0,907	0,874	0,700
	8 d	0,7899			0,783	0,885		
	8 a	0,6650			0,496	0,704		
Rekonfiguration	12 d	0,7021	0,8415	52,119%	0,589	0,767	0,844	0,521
	12 h	0,6645			0,545	0,738		
	12 c	0,6252			0,518	0,720		
	12 f	0,6588			0,513	0,716		
	12 e	0,5945			0,441	0,664		
Kooperation	14 b	0,7595	0,9093	59,116%	0,653	0,808	0,910	0,591
	14 g	0,7555			0,650	0,806		
	14 d	0,7593			0,626	0,791		
	14 a	0,7272			0,594	0,771		
	14 e	0,7158			0,573	0,757		
	14 c	0,6984			0,536	0,732		
	14 f	0,6763			0,507	0,712		

Tab. 29: Zusammenfassung der Reliabilitäts- und Validitätsmaße des Sieben-Dimensionen-Modells für Strategie in High Velocity Märkten

Nachdem die Reliabilitäts- und Validitätsprüfung für das Messmodell von Strategie in High Velocity Märkten abgeschlossen ist, wird anhand der Höhe der Faktorladungen die Bedeutung der einzelnen Dimensionen für Strategie in High Velocity Märkten abgeleitet. Diesbezüglich wurden die folgenden beiden deskriptiven Untersuchungshypothesen formuliert:

H3: *Strategie in High Velocity Märkten wird in stärkerem Maße durch die Dimensionen Proaktivität, Replikation, Rekonfiguration und Kooperation bestimmt als durch jede der übrigen Dimensionen.*

H4: *Strategie in High Velocity Märkten wird in stärkerem Maße durch die Dimensionen Replikation und Rekonfiguration bestimmt als durch die Dimensionen Proaktivität und Kooperation.*

Um *H3* nicht abzulehnen, müsste somit gelten:

γProaktivität, Strategie, γReplikation, Strategie, γRekonfiguration, Strategie, γKooperation, Strategie > γProdukt-Differenzierung, Strategie, γImage-Differenzierung, Strategie, γFokus, Strategie

Darüber hinaus müsste gelten, um *H4* nicht ablehnen zu können:

γReplikation, Strategie, γRekonfiguration, Strategie > γProaktivität, Strategie, γKooperation, Strategie

Die Ergebnisse der konfirmatorischen Faktorenanalyse 2. Ordnung zeigen allerdings die folgende Reihenfolge der Faktorladungen:

γProaktivität, Strategie > γProdukt-Differenzierung, Strategie > γRekonfiguration, Strategie > γImage-Differenzierung, Strategie > γKooperation, Strategie > γReplikation, Strategie > γFokus, Strategie

Proaktivität stellt demnach basierend auf der Faktorladung die bedeutendste Dimension für Strategie in High Velocity Märkten dar. Demnach unterstützen die Ergebnisse die große Bedeutung, die der Proaktivität und der Erzielung von First-Mover-Vorteilen im Schrifttum zu High Velocity Märkten beigemessen wird.[1349] An zweiter Stelle folgt allerdings die Produkt-Differenzierung, die somit entgegen dem in *H3* postulierten Zusammenhang eine höhere Bedeutung als Rekonfiguration, Kooperation und Replikation hat. Ebenso hat Image-Differenzierung an vierter Stelle eine höhere Bedeutung als Kooperation und Replikation. Die Ergebnisse der empirischen Untersuchung reflektieren somit die Argumentation von PORTER, für den die Erreichung einer distinkten strategischen Positionierung auf der Basis von Differenzierung gerade im Kontext der High Velocity Märkte die zentrale Bedeutung für Strategie einnimmt.[1350] Zugleich werden die Einschätzungen im Schrifttum hinsichtlich der strategischen Irrelevanz einer einzigartigen Positionierung in der vorliegenden Untersuchung nicht bestätigt.[1351] Basierend auf den empirischen Ergebnissen sind *H3* und *H4* demnach abzulehnen. Abb. 38 visualisiert die relative Bedeutung der sieben Dimensionen für das Konstrukt Strategie in High Velocity Märkten.

[1349] Vgl. Bettis/Hitt (1995), S. 14; Chakravarthy (1997), S. 78 sowie die Ausführungen in Abschnitt 2.2.1.2.1.

[1350] Vgl. hierzu Porter/Millar (1985), S. 157; Porter (2001), S. 70 f. sowie die Ausführungen in den Abschnitten 1.1.1 und 2.3.1.3.2.

[1351] Vgl. hierzu Chakravarthy (1997), S. 75-76; Eisenhardt/Brown (1999), S. 76; Haertsch (2000), S. 161 ff.; Eisenhardt/Sull (2001), S. 107 ff.; Lammerskötter (2002), S. 154 ff. und die Ausführungen in Abschnitt 2.2.1.1.

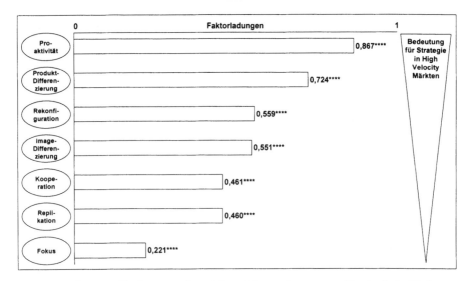

Abb. 38: Relative Bedeutung der sieben Dimensionen von Strategie in High Velocity Märkten gemäß den Faktorladungen

Mit der konfirmatorischen Faktorenanalyse 1. Ordnung und 2. Ordnung des Sieben-Dimensionen-Modells von Strategie in High Velocity Märkten sind die beiden ersten Untersuchungsfragestellungen beantwortet und damit das zentrale Erklärungsziel der vorliegenden Arbeit erreicht.[1352] Strategie in High Velocity Märkten stellt ein mehrdimensionales Konstrukt dar, welches über 27 Indikatoren reliabel und valide gemessen werden kann. Hierbei weist Proaktivität die höchste Bedeutung für Strategie in High Velocity Märkten auf, gefolgt von Produkt-Differenzierung, Rekonfiguration, Image-Differenzierung, Kooperation, Replikation und Fokus. Mit der reliablen und validen Operationalisierung des Strategiekonstrukts ist zugleich die zentrale Voraussetzung für die Überprüfung des Einflusses von Strategie auf den strategischen Erfolg geschaffen, die im nächsten Abschnitt erfolgt.

4.3 Erfolgswirkung von Strategie in High Velocity Märkten

Der folgende Abschnitt beantwortet die dritte Untersuchungsfragestellung der vorliegenden Untersuchung, die sich mit dem Zusammenhang zwischen Strategie in High Velocity Märkten und strategischem Erfolg sowie der Erfolgsrelevanz der einzelnen Dimensionen des Strategiekonstrukts beschäftigt.[1353] Zugleich geben die Analysen erste Hinweise auf die nomologische Validität des im vorherigen Abschnitt ent-

---

[1352] Vgl. hierzu die Ausführungen in Abschnitt 1.1.2.
[1353] Siehe hierzu die Ausführungen in Abschnitt 1.1.2.

wickelten Messinstruments von Strategie in High Velocity Märkten, indem es in ein theoretisch deduziertes Hypothesensystem integriert wird. Die Überprüfung der Erfolgswirkung von Strategie setzt zunächst eine reliable und valide Messung des strategischen Erfolgs voraus, welche im nächsten Abschnitt vorgenommen wird. Im zweiten Abschnitt werden dann das Messmodell von Strategie und das des strategischen Erfolgs zusammengeführt, um mit einem Strukturgleichungsmodell die Beziehung zwischen den beiden Konstrukten zu testen.

4.3.1 Operationalisierung des strategischen Erfolgs

Strategischer Erfolg wird in der vorliegenden Untersuchung als zweidimensionales Konstrukt mit den Bestandteilen Wachstum und Profitabilität konzeptionalisiert.[1354] Zur Operationalisierung der Dimensionen Wachstum und Profitabilität wurden drei respektive sechs Indikatoren formuliert.[1355] Darüber hinaus wurde eine globale Einschätzung des strategischen Erfolgs in Relation zu den eingesetzten Ressourcen und im Hinblick auf die verfolgten Ziele abgefragt.[1356] Die neun Indikatoren wiesen gemeinsam ein Cronbachsches Alpha von 0,94 auf und die postulierte zweifaktorielle Struktur wurde in der exploratorischen Faktorenanalyse erkannt, wobei beide Faktoren zusammen über drei Viertel der Varianz erklärten. Allerdings lud der Indikator 20.b „Gewinnwachstum" auf beide Faktoren. Dies ist theoretisch erklärbar, da Gewinn ein Ausdruck für Profitabilität ist. In Kombination mit Wachstum wird die Variable demnach sowohl durch die Dimension Profitabilität als auch durch die Dimension Wachstum beeinflusst. Aufgrund der stärkeren Ladung zum Faktor Profitabilität wurde der Indikator in der folgenden konfirmatorischen Faktorenanalyse dem Faktor Profitabilität zugeordnet.

Trotz der vollständigen Erfüllung der lokalen Anpassungsmaße musste das in der konfirmatorischen Faktorenanalyse spezifizierte Modell aufgrund der Verletzung von vier globalen Anpassungsmaßen abgelehnt werden. Hierbei lag die Vermutung nahe, dass der nicht eindeutig zuordenbare Indikator „Gewinnwachstum" teilweise für die Fehlspezifizierung verantwortlich ist. In Konsequenz wurde er aus den weiteren Analysen ausgeschlossen. Zugleich zeigte sich, dass die cashfloworientierten Profitabilitätskennziffern eine höhere Eignung zur Messung von Profitabilität aufwiesen. Theoretisch ist dies damit zu erklären, dass der Cashflow aufgrund der Bereinigung um nicht-zahlungswirksame Leistungen wie Rücklagen, Rückstellungen und Abschreibungen die tatsächliche Ertragskraft und Profitabilität eines Unternehmens genauer abbildet als der Jahresüberschuss, auf den sich die übrigen erhobenen Profitabilitätskennziffern beziehen. Folglich werden in der weiteren Analyse die auf dem Jahresüberschuss basierenden Kennzahlen ausgeschlossen.

[1354] Vgl. hierzu die Ausführungen in Abschnitt 3.2.2.
[1355] Vgl. hierzu die Fragen 20.a-c und 20.d-i im Fragebogen.
[1356] Vgl. hierzu Frage 21 im Fragebogen.

Zur Operationalisierung des strategischen Erfolgs verblieben demnach fünf Indikatoren, die zusammen ein Cronbachsches Alpha von rund 0,88 erzielten. Die explorative Faktorenanalyse erkannte die postulierte Faktorenstruktur und die beiden Faktoren erklärten mehr als vier Fünftel der Varianz. Tab. 30 fasst die Ergebnisse der Reliabilitäts- und Validitätsprüfungen der ersten Generation für den strategischen Erfolg zusammen.

Strategischer Erfolg				
Indikator		Item-to-Total-Korrelation	Faktor I	Faktor II
20.h Cashflow-Eigenkapitalrentabilität CFOE im Vergleich zum Wettbewerb		0,7881	0,960	
20.i Cashflow-Umsatzrentabilität CFOS im Vergleich zum Wettbewerb		0,8028	0,945	
20.g Cashflow-Gesamtkapitalrentabilität CFOI im Vergleich zum Wettbewerb		0,8235	0,922	
20.c Marktanteilswachstum im Vergleich zum Wettbewerb		0,5708		0,848
20.a Umsatzwachstum im Vergleich zum Wettbewerb		0,6048		0,789
		Erklärte Varianz	65,727%	14,724%
Deskriptive Beurteilungskennzahl				
Cronbachsches Alpha		0,8787		
Ergebnisse der exploratorischen Faktorenanalyse				
Kaiser-Meyer-Olkin-Kriterium (KMO)	0,790	Anzahl extrahierter Faktoren	2 extrahierte Faktoren	
Extraktionsmethode	Hauptachsenanalyse	Erklärte Varianz (kumuliert)	80,451%	

Tab. 30: Reliabilitäts- und Validitätskriterien der ersten Generation für den strategischen Erfolg

Die Ergebnisse der konfirmatorischen Faktorenanalyse unterstützen die Konzeptionalisierung des strategischen Erfolgs als zweidimensionales Konstrukt. Die globalen Anpassungsmaße deuten überwiegend auf eine gute Anpassung hin, lediglich der RMSEA weist nur auf eine akzeptable Modellanpassung hin. Abb. 39 stellt das Messmodell und die globalen Anpassungsmaße dar.

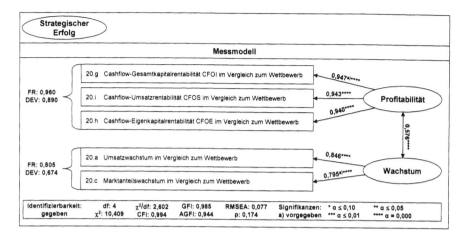

Abb. 39: **Messmodell und globale Anpassungsmaße der konfirmatorischen Faktorenanalyse für den strategischen Erfolg**

Auch die lokalen Anpassungsmaße zeigen eine reliable und valide Messung. Alle Faktorreliabilitäten, durchschnittlich erfassten Varianzen und Indikatorreliabilitäten übersteigen die geforderten Mindestwerte deutlich. Zugleich liegt die quadrierte Korrelation zwischen den beiden Dimensionen weit unter den durchschnittlich erfassten Varianzen, wodurch nach dem Fornell/Larcker-Kriterium eine hohe Diskriminanzvalidität sichergestellt ist. Tab. 31 fasst die lokalen Anpassungsmaße für den strategischen Erfolg zusammen.

Strategischer Erfolg				
Lokale Anpassungsmaße				
Indikatorebene			Konstruktebene	
Indikator	Indikatorreliabilität	Faktorladung	Faktorreliabilität	Durchschnittlich erfasste Varianz
20.g Cashflow-Gesamtkapitalrentabilität CFOI im Vergleich zum Wettbewerb	0,897	0,947	0,960	0,890
20.i Cashflow-Umsatzrentabilität CFOS im Vergleich zum Wettbewerb	0,890	0,943		
20.h Cashflow-Eigenkapitalrentabilität CFOE im Vergleich zum Wettbewerb	0,883	0,940		
20.a Umsatzwachstum im Vergleich zum Wettbewerb	0,716	0,846	0,805	0,674
20.c Marktanteilswachstum im Vergleich zum Wettbewerb	0,632	0,795		
Diskriminanzvalidität nach Fornell/Larcker-Kriterium	Quadrierte Korrelation			0,332

Tab. 31: **Lokale Anpassungsmaße der konfirmatorischen Faktorenanalyse für den strategischen Erfolg**

Um Aufschluss über die Inhaltsvalidität der Operationalisierung des strategischen Erfolgs und einen Bezug der beiden Dimensionen zu den Auswirkungen der Strategie zu erhalten, wurde zusätzlich ein Strukturgleichungsmodell gerechnet, in dem die globale Bewertung des Erfolgs der Strategie als endogene Variable spezifiziert wurde, die über einen Indikator gemessen wird. Diese Messung enthält die implizite Annahme, dass die globale Einschätzung des Erfolgs der Strategie vollständig über einen Indikator abgebildet wird.[1357] Die globalen und lokalen Anpassungsmaße des in Abb. 40 wiedergegebenen Strukturgleichungsmodells, die vollständig und deutlich erfüllt sind, deuten auf eine sehr gute Anpassung hin, so dass das Modell nicht abgelehnt wird.

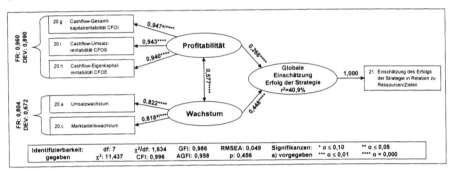

Abb. 40: **Strukturgleichungsmodell zum strategischen Erfolg**

Die Ergebnisse zeigen, dass sowohl die Profitabilität als auch das Wachstum in einer signifikanten Beziehung zu der globalen Einschätzung des Erfolgs der Strategie stehen. Die beiden Konstrukte erklären hierbei rund 41 Prozent der Varianz der Einschätzung des strategischen Erfolgs. Basierend auf dem durch die Ergebnisse der konfirmatorischen Faktorenanalyse und des Strukturgleichungsmodells erzielten Nachweis der Reliabilität, Konvergenz-, Diskriminanz- und Inhaltsvalidität ist demnach die deskriptive Untersuchungshypothese H5 nicht abzulehnen.

H5: *Das Konstrukt Strategischer Erfolg in High Velocity Märkten weist die zwei voneinander abgrenzbaren, zugleich jedoch in komplementärer Beziehung stehenden Dimensionen Wachstum und Profitabilität auf.*

Hiermit ist die Konzeptionalisierung und Operationalisierung des strategischen Erfolgs abgeschlossen und das entwickelte Messmodell kann im folgenden Abschnitt

---

[1357] Hierbei wird die Faktorladung des Indikators auf 1 und die Varianz des Messfehlers auf 0 gesetzt. Siehe hierzu Backhaus/Erichson/Plinke et al. (2003), S. 354 f.; 388. Siehe zur Validität einer subjektiven, globalen Erfolgsmessung auch Helm (1998), S. 228 f.

zur Überprüfung des Zusammenhangs zwischen Strategie und strategischem Erfolg eingesetzt werden.

4.3.2 Untersuchung der Erfolgswirkung von Strategie in High Velocity Märkten

Zur Überprüfung der Erfolgswirkung von Strategie in High Velocity Märkten wurde zunächst ein Strukturgleichungsmodell 1. Ordnung spezifiziert. Sowohl die globalen als auch die lokalen Anpassungsmaße weisen eine hohe Anpassungsgüte auf. Abb. 41 zeigt die spezifizierte Modellstruktur und die Anpassungsmaße.

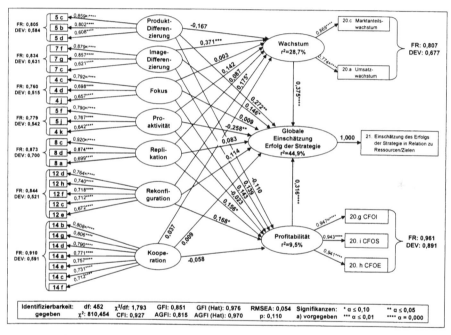

Abb. 41: Strukturgleichungsmodell 1. Ordnung zum Einfluss der sieben Dimensionen des Strategiekonstrukts auf den strategischen Erfolg[1358]

Die Ergebnisse der Analyse zeigen, dass die sieben Dimensionen des Strategiekonstrukts rund 29 Prozent der Varianz des latenten endogenen Konstrukts Wachstum und rund 10 Prozent des latenten endogenen Konstrukts Profitabilität erklären.

[1358] Aus Übersichtlichkeitsgründen wurden die Korrelationen zwischen den latenten exogenen Konstrukten nicht abgebildet. Siehe hierzu Tab. 32.

In Verbindung mit Profitabilität und Wachstum erklären die sieben Dimensionen rund 45 Prozent der Varianz der globalen Einschätzung des strategischen Erfolgs. Gleichwohl sind lediglich sieben der Pfadkoeffizienten zwischen den Strategiedimensionen und den Erfolgsvariablen signifikant und die Dimension Proaktivität weist eine negative Beziehung zu der globalen Einschätzung des Erfolgs der Strategie auf.

Die Ergebnisse lassen auf das Vorliegen eines methodischen Problems schließen, welches sich aus den zum Teil sehr hohen Korrelationen zwischen den exogenen latenten Variablen ergibt.[1359] Hieraus kann ein **Multikollinearitätsproblem** entstanden sein, welches innerhalb des Strukturgleichungsmodells zu einer verzerrten Schätzung der Strukturkoeffizienten führt.[1360] Unter Umständen kann sich hierdurch sogar das Vorzeichen der Strukturkoeffizienten ändern.[1361] Obwohl dieses Problem bei Strukturgleichungsmodellen in der Regel erst auftritt, wenn die Multikollinearität eine mäßige Ausprägung überschritten hat, ist der von OPP/SCHMIDT vorgeschlagene Grenzwert von maximal 0,6 für die Ausprägung bivariater und multivariater Korrelationen, bei dessen Überschreiten Multikollinearität nicht mehr toleriert werden sollte, auch auf die Analyse von Strukturgleichungsmodellen übertragbar.[1362] Die Analyse der in Tab. 32 dargestellten Korrelationen zeigt, dass die Korrelation zwischen Produkt-Differenzierung und Proaktivität diesen Grenzwert deutlich überschreitet und die Korrelation zwischen Image-Differenzierung und Proaktivität nur gering darunter liegt. Darüber hinaus liegen drei weitere Korrelationen über dem Wert von 0,4. Infolgedessen kann ein die Parameterschätzung verzerrender Multikollinearitätseffekt nicht mit Sicherheit ausgeschlossen werden.[1363]

FRITZ schlägt zur Lösung des Problems der Multikollinearität in Strukturgleichungsmodellen ein Strukturgleichungsmodell höherer Ordnung vor, in diesem Fall eine konfirmatorische Faktorenanalyse 2. Ordnung, welche auf der Interkorrelation der Faktoren erster Ordnung aufbaut und daraus deren Faktorladungen auf den übergeordneten Faktor schätzt.[1364] Ähnlich betont BAGOZZI die Eignung der konfirmatorischen Faktorenanalyse 2. Ordnung bei dem Vorliegen eines Multikollinearitätsproblems: „A final advantage of the second-order CFA model is that it can reveal the separate effects of the subdimensions of a construct on a dependent variable. This can be accomplished with a model containing a path from the second-order factor to a dependent variable. [...] The second-order CFA overcomes problems of multi-

---

[1359] Vgl. zu diesem Problem auch Fritz (1995), S. 258.
[1360] Vgl. hierzu Bagozzi (1985), S. 52.
[1361] Vgl. Opp/Schmidt (1976), S. 169; Jagpal (1982), S. 431
[1362] Vgl. hierzu Opp/Schmidt (1976), S. 171; Fritz (1995), S. 258.
[1363] Vgl. zu dieser Argumentation auch Fritz (1995), S. 258.
[1364] Vgl. Fritz (1995), S. 259. Siehe hierzu auch Weeks (1980), S. 358 ff.; Bagozzi (1981b), S. 339; Bagozzi (1981c), S. 616 ff.; Bentler (1982), S. 140; Jagpal (1982), S. 432.

collinearity which occur when a dependent variable is regressed directly on subdimensions."[1365]

Dimensionen	Produkt-Differenzierung	Image-Differenzierung	Fokus	Proaktivität	Replikation	Rekonfiguration	Kooperation
Produkt-Differenzierung							
Image-Differenzierung	0,280****						
Fokus	0,393****	0,050					
Proaktivität	0,663****	0,589****	0,135*				
Replikation	0,337****	0,262****	0,074	0,322****			
Rekonfiguration	0,409****	0,175**	0,085	0,442****	0,466****		
Kooperation	0,305****	0,337****	0,008	0,349****	0,205***	0,386****	
Signifikanzen:	* α ≤ 0,10	** α ≤ 0,05	*** α ≤ 0,01	**** α = 0,000			

Korrelationen der Dimensionen

Tab. 32: Korrelationen der sieben Dimensionen von Strategie in High Velocity Märkten

Die Vorgehensweise ist in der vorliegenden Untersuchung gerechtfertigt, da das Konstrukt Strategie in High Velocity Märkten bereits mittels einer konfirmatorischen Faktorenanalyse 2. Ordnung modelliert und geprüft wurde.[1366] In einem Strukturgleichungsmodell 2. Ordnung lässt sich nun der Einfluss von Strategie als übergeordnetem Faktor, der durch die sieben Dimensionen als Faktoren erster Ordnung repräsentiert wird, auf den strategischen Erfolg überprüfen.[1367] Zugleich ist anhand der Faktorladungen das Gewicht der einzelnen Dimensionen von Strategie in High Velocity Märkten und demnach ihr aufgrund der Modellstrukturierung zweiter Ordnung allerdings nur **indirekter** Einfluss auf den strategischen Erfolg ableitbar. Somit wird eine Beurteilung des indirekten relativen Beitrags der einzelnen Dimensionen zum Einfluss der Strategie auf den strategischen Erfolg ermöglicht. Je höher die Faktorladung ist, umso stärker wird die Strategie durch die entsprechende Dimension

---

[1365] Bagozzi (1994a), S. 341. Siehe auch Bagozzi (1985), S. 55. Eine entsprechende Anwendung findet sich bei Bagozzi (1982b), S. 577 ff.
[1366] Siehe hierzu die Ausführungen in Abschnitt 4.2.2.
[1367] Vgl. im Folgenden die Vorgehensweise und Argumentation bei Fritz (1995), S. 267 f.

repräsentiert und umso größeren Anteil hat diese Dimension auch am Zustandekommen des Einflusses der Strategie in High Velocity Märkten auf den strategischen Erfolg.

Ferner ist die gewählte Vorgehensweise auch aus theoretischer Perspektive sinnvoll und gerechtfertigt. So wird in der Literatur stets der integrative und holistische Charakter von Strategie betont und postuliert, dass Strategie erst im simultanen Zusammenspiel ihrer einzelnen Bestandteile erfolgsrelevant ist.[1368] Abb. 42 stellt das Strukturgleichungsmodell 2. Ordnung sowie die Anpassungsmaße dar.

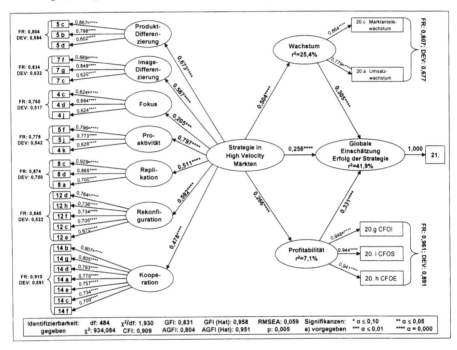

Abb. 42: Strukturgleichungsmodell 2. Ordnung zum Einfluss des Strategiekonstrukts auf den strategischen Erfolg

Die globalen und lokalen Anpassungsmaße deuten auf eine beachtliche Güte der Modellanpassung hin. Lediglich der RMSEA liegt minimal über dem für eine gute Modellanpassung geforderten Mindestwert von 0,05. Folglich wird das vorliegende Modell nicht abgelehnt.

[1368] Vgl. hierzu Galbraith/Schendel (1983), S. 156; Venkatraman/Prescott (1990), S. 2 f.; Habel (1992), S. 144.

Die Ergebnisse zeigen, dass Strategie in High Velocity Märkten einen signifikanten direkten Effekt in Höhe von 0,266 auf die Erfolgsdimension Profitabilität hat und rund 7 Prozent der Varianz dieser latenten endogenen Variablen erklärt. Darüber hinaus hat Strategie einen noch stärkeren signifikanten direkten Effekt in Höhe von 0,504 auf die Erfolgsdimension Wachstum, deren Varianz sie zu rund 25 Prozent erklärt. Schließlich zeigen die Ergebnisse, dass Strategie einen signifikanten direkten Effekt auf die globale Erfolgsbeurteilung von Strategie in Höhe von 0,256 besitzt. Hinzu kommt ein signifikanter indirekter Effekt von Strategie über die beiden endogenen Variablen Profitabilität und Wachstum in Höhe von 0,242. Der direkte und der indirekte Effekt addieren sich demnach zu einem signifikanten Totaleffekt von Strategie auf die globale Erfolgsbeurteilung in Höhe von 0,498. Insgesamt erklären die in dem Modell spezifizierten latenten Konstrukte Strategie, Wachstum und Profitabilität rund 42 Prozent der Varianz der globalen Erfolgseinschätzung der verfolgten Strategie.

Basierend auf den Ergebnissen des Strukturgleichungsmodells 2. Ordnung wird die explikative Untersuchungshypothese *H6* nicht abgelehnt.

H6: *Das Konstrukt Strategie in High Velocity Märkten trägt zum strategischen Erfolg bei.*

Wie bereits erwähnt, lässt sich mit Hilfe der Faktorladungen über die relative Bedeutung der Dimensionen indirekt auch ihr Gewicht für den strategischen Erfolg ableiten. Es wird deutlich, dass die einzelnen Dimensionen unterschiedlich stark auf das übergeordnete Konstrukt Strategie laden und demnach einen unterschiedlich hohen indirekten Einfluss auf den strategischen Erfolg haben. Daher wird die explikative Untersuchungshypothese *H7* nicht abgelehnt.

H7: *Die einzelnen Dimensionen von Strategie in High Velocity Märkten tragen in unterschiedlich starkem Maße zum strategischen Erfolg bei.*

Wie aus der Höhe der Faktorladungen ersichtlich wird, hat die Dimension Proaktivität die höchste Bedeutung für Strategie und somit auch indirekt für den strategischen Erfolg, gefolgt von Produkt-Differenzierung, Rekonfiguration, Image-Differenzierung, Replikation, Kooperation und Fokus.[1369] In Konsequenz sind die beiden explikativen Untersuchungshypothesen *H8* und *H9* abzulehnen.

H8: *Die Dimensionen Proaktivität, Replikation, Rekonfiguration und Kooperation tragen in stärkerem Maße zum strategischen Erfolg bei als jede der übrigen Dimensionen.*

[1369] Vgl. zu dieser Interpretation der Faktorladungen und der entsprechenden Argumentationslinie Fritz (1995), S. 268.

H9: Die Dimensionen Replikation und Rekonfiguration tragen in stärkerem Maße zum strategischen Erfolg bei als die Dimensionen Proaktivität und Kooperation.

Abb. 43 zeigt den indirekten, relativen Einfluss der sieben Dimensionen des Konstrukts Strategie in High Velocity Märkten auf den strategischen Erfolg.

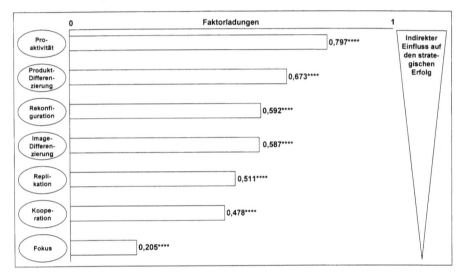

Abb. 43: Indirekter, relativer Einfluss der sieben Dimensionen des Konstrukts Strategie in High Velocity Märkten auf den strategischen Erfolg gemäß den Faktorladungen

Mit der Analyse des Strukturgleichungsmodell 2. Ordnung ist die dritte Untersuchungsfragestellung beantwortet.[1370] Es konnte ein signifikanter Einfluss des durch die sieben Dimensionen repräsentierten Konstrukts zweiter Ordnung, welches als Strategie in High Velocity Märkten zu interpretieren ist, auf die beiden Dimensionen des strategischen Erfolgs Wachstum und Profitabilität sowie auf die globale Erfolgseinschätzung nachgewiesen werden. Hierbei zeigte sich, dass die Dimension Proaktivität die indirekt höchste Erfolgsrelevanz besitzt, gefolgt von Produkt-Differenzierung, Rekonfiguration, Image-Differenzierung, Replikation, Kooperation und Fokus. Darüber hinaus lassen die Ergebnisse insofern erste Rückschlüsse auf die nomologische Validität des entwickelten Messmodells für Strategie zu, als dass die in der Theorie postulierte Erfolgsrelevanz von Strategie empirisch nachgewiesen wurde.

[1370] Vgl. hierzu Abschnitt 1.1.2.

4.4 Einfluss situativer Variablen

Der folgende Abschnitt widmet sich der vierten und letzten Untersuchungsfragestellung der vorliegenden Untersuchung.[1371] Vor dem Hintergrund der wissenschaftstheoretischen Leitidee des situativen Ansatzes wird der Einfluss interner Kontingenzfaktoren auf die Strategie, den strategischen Erfolg und auf die Beziehung zwischen Strategie und Erfolg analysiert.[1372] Die Überprüfung erfolgt hierbei durch eine Aufnahme der jeweiligen situativen Variable in das Strukturgleichungsmodell und durch eine Modellierung ihres Einflusses auf das Strategiekonstrukt und die Erfolgsdimensionen.[1373] Vor dem Hintergrund der zunehmend geforderten Integration von Strategieinhalts- und Strategieprozess-Forschung wurden vier Aspekte des Strategieprozesses als situative Variablen identifiziert.[1374] Der Einfluss dieser Aspekte wird im folgenden Abschnitt zunächst untersucht. Darüber hinaus wurde ein Einfluss der Charakteristika der Organisationsstruktur theoretisch abgeleitet, der im Anschluss geprüft wird.[1375] Abschließend werden in einem Totalmodell alle Einflussgrößen spezifiziert und simultan analysiert.

4.4.1 Aspekte des Strategieprozesses

In Abschnitt 3.3.1 der vorliegenden Untersuchung wurden basierend auf der Analyse des Schrifttums vier zentrale Aspekte des Strategiefindungsprozesses identifiziert, denen im Kontext der High Velocity Märkte eine hohe Erfolgsrelevanz beigemessen wird. Entsprechend wurden für das Ausmaß des bestimmenden Einflusses des Top-Managements, das Ausmaß der politischen Aktivität im Strategiefindungsprozess, das Ausmaß der Informationsnutzung und Informationsverarbeitung sowie die Geschwindigkeit des Entscheidungsfindungsprozesses Hypothesen hinsichtlich ihres Einflusses auf das Strategiekonstrukt und dessen Erfolgswirkung deduziert. Diese werden in den folgenden Abschnitten mittels Strukturgleichungsmodellen 2. Ordnung überprüft.

[1371] Vgl. hierzu Abschnitt 1.1.2.

[1372] Vgl. zum situativen Ansatz die Ausführungen in Abschnitt 2.1.1.

[1373] Vgl. zu dieser Vorgehensweise Fritz (1995), S. 273 ff. Anzumerken ist, dass bei der gewählten Vorgehensweise nicht der Einfluss der situativen Variable auf die Wirkungsbeziehung zwischen Strategie und Erfolg untersucht wird. Dies ist lediglich mit einer multiplen Regressionsanalyse möglich, welche wiederum keine simultane Überprüfung kausaler Zusammenhänge zwischen latenten Konstrukten erlaubt. Ein alternatives Verfahren im Kontext von Strukturgleichungsmodellen ist die Mehr-Gruppen-Strukturgleichungsanalyse, welche allerdings eine ausreichend hohe Fallzahl in jeder Gruppe voraussetzt. Diese konnte in der vorliegenden Untersuchung vor dem Hintergrund der Komplexität der Strukturgleichungsmodelle nicht erreicht werden. Siehe zur Mehr-Gruppen-Strukturgleichungsanalyse beispielsweise Byrne (2001), S. 173 ff.; Yuan/Bentler (2001), S. 36 ff.

[1374] Siehe hierzu Abschnitt 3.3.1.

[1375] Siehe hierzu die Ausführungen in Abschnitt 3.3.2.

4.4.1.1 Einfluss des Top-Managements und der übrigen Organisationsmitglieder auf den Prozess der Strategieschöpfung

In Abschnitt 3.3.1.1 wurde zur Abbildung unterschiedlicher Konstellationen des bestimmenden Einflusses von Top-Management und den übrigen Organisationsmitgliedern die Typologie von HART eingeführt.[1376] Die fünf Typen können gemäß des abnehmenden bestimmenden Einflusses des Top-Managements und des zunehmenden Einflusses der übrigen Organisationsmitglieder in eine ordinale Reihenfolge gebracht werden. Diese Ordinalskala wird zur Operationalisierung der Variable des bestimmenden Einflusses des Top-Managements und der übrigen Organisationsmitglieder auf den Strategieprozess herangezogen, indem sie über den „Self-Typing-Paragraph-Approach" abgefragt wird. Hierzu wurden basierend auf den Ausführungen von HART Beschreibungen der fünf Typen entwickelt, von denen die Befragten diejenige auswählen mussten, die ihr Unternehmen am besten charakterisiert.[1377]

Die globalen und lokalen Anpassungsmaße des spezifizierten Strukturgleichungsmodells 2. Ordnung deuten auf eine gute Anpassung hin, lediglich der RMSEA liegt leicht über dem Grenzwert für eine gute Modellanpassung. Folglich wird das in Abb. 44 dargestellte Modell nicht abgelehnt. Die Analyse der Pfadkoeffizienten zeigt allerdings, dass die situative Variable weder auf die Strategie noch auf eine der Erfolgsdimensionen einen signifikanten Einfluss hat. Dies zeigt sich auch dadurch, dass sowohl die erklärten Varianzen der endogenen Konstrukte als auch die übrigen Pfadkoeffizienten die gleichen Werte haben wie in dem Modell, in dem die situative Variable nicht spezifiziert wurde.[1378] Als Ergebnis der Untersuchung sind daher die beiden explikativen Untersuchungshypothesen H10a und H10b zu verwerfen.

H10a: Je geringer der bestimmende Einfluss des Top-Managements auf den Strategieschöpfungsprozess und je höher die Einbindung der Mitarbeiter in diesen Prozess ist, umso größer ist die Relevanz der Dimensionen Proaktivität, Replikation und Rekonfiguration innerhalb der Strategie in High Velocity Märkten.

H10b: Je geringer der bestimmende Einfluss des Top-Managements auf den Strategieschöpfungsprozess und je höher die Einbindung der Mitarbeiter in diesen Prozess ist, umso größer ist der Beitrag der Dimensionen Proaktivität, Replikation und Rekonfiguration zum strategischen Erfolg.

[1376] Vgl. Hart (1992), S. 333 ff.; Rühli/Schmidt (1999), S. 277.

[1377] Vgl. Frage 15 im Fragebogen. Siehe zu weiteren Anwendungen des „Self-Typing-Paragraph-Approach" in der empirischen Strategieforschung beispielsweise Snow/Hrebiniak (1980), S. 321; McDaniel/Kolari (1987), S. 25; McKee/Varadarajan/Pride (1989), S. 26; Zajac/Shortell (1989), S. 419; Conant/Mokwa/Varadarajan (1990), S. 368 f.; Dvir/Segev/Shenhar (1993), S. 157; James/Hatten (1995), S. 161 ff.; Matsuno/Mentzer (2000), S. 6; Slater/Olson (2001), S. 1061.

[1378] Vgl. hierzu Abb. 42.

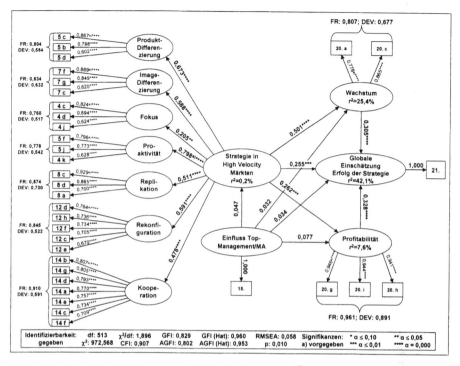

Abb. 44: Strukturgleichungsmodell 2. Ordnung zur Überprüfung des bestimmenden Einflusses des Top-Managements[1379]

Ein möglicher Erklärungsansatz liegt in der unter Umständen unzureichenden Operationalisierung des bestimmenden Einflusses des Top-Managements und der übrigen Mitarbeiter, welcher in der Zuordnung zu den Beschreibungen möglicherweise nicht hinreichend differenziert abgebildet wurde.

[1379] Zur Bestimmung der Skala des Konstrukts zweiter Ordnung ist wiederum die Fixierung eines Parameters erforderlich. Da das Konstrukt zweiter Ordnung als endogene Variable modelliert ist, kann seine Varianz nicht auf 1 gesetzt werden. Daher wird eine Faktorladung auf ein Konstrukt erster Ordnung auf 1 fixiert, die in dieser und den folgenden Abbildungen mit einem a) gekennzeichnet ist.

4.4.1.2 Ausmaß der politischen Aktivität im Strategieprozess

Das Ausmaß der politischen Aktivität im Strategieprozess und dessen Konsequenzen im Kontext der High Velocity Märkte wurde in der vorliegenden Untersuchung in Abschnitt 3.3.1.2 diskutiert. Die Operationalisierung der politischen Aktivität wurde an eine Skala von KETCHEN/THOMAS/MCDANIEL angelehnt, welche sich wiederum an den Ausführungen von PFEFFER orientiert.[1380] Die Reliabilitäts- und Validitätskriterien der ersten Generation deuteten auf die Notwendigkeit der Eliminierung eines Indikators hin, so dass das Ausmaß an politischer Aktivität über zwei Indikatoren erfasst wurde. Abb. 45 zeigt das Strukturgleichungsmodell 2. Ordnung sowie die globalen und lokalen Anpassungsmaße.

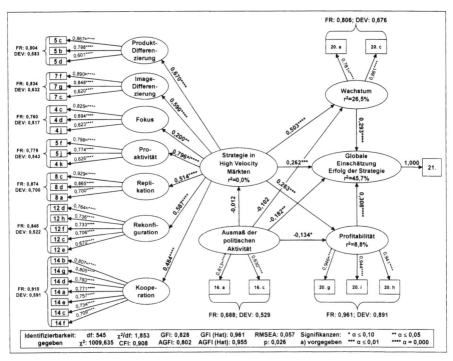

Abb. 45: Strukturgleichungsmodell 2. Ordnung zur Überprüfung des Einflusses der politischen Aktivität

---

[1380] Vgl. hierzu Pfeffer (1981), S. 86 ff.; Ketchen/Thomas/McDaniel (1996), S. 242. Siehe auch die Fragen 16.a-16.c im Fragebogen.

Die globalen und lokalen Anpassungsmaße deuten darauf hin, dass das Strukturgleichungsmodell 2. Ordnung nicht abgelehnt werden kann. Gleichwohl besteht kein signifikanter Effekt zwischen dem Ausmaß der politischen Aktivität und der Strategie. Dementsprechend sind die explikativen Untersuchungshypothesen *H11a* und *H11b* abzulehnen.

H11a: *Je geringer das Ausmaß politischer Aktivität im Strategieprozess ist, umso größer ist die Relevanz der Dimensionen Proaktivität, Replikation und Rekonfiguration innerhalb der Strategie in High Velocity Märkten.*

H11b: *Je geringer das Ausmaß politischer Aktivität im Strategieprozess ist, umso größer ist der Beitrag der Dimensionen Proaktivität, Replikation und Rekonfiguration zum strategischen Erfolg.*

Die weitere Analyse der Pfadkoeffizienten zeigt, dass das Ausmaß der politischen Aktivität sowohl die Erfolgsdimension Profitabilität als auch die globale Einschätzung des Erfolgs der Strategie signifikant negativ beeinflusst. Die Ergebnisse des Strukturgleichungsmodells stehen somit in Einklang mit früheren, fallstudienbasierten Forschungsergebnissen, welche im Kontext der High Velocity Märkte ebenfalls eine negative Beziehung zwischen dem Ausmaß an politischer Aktivität im Strategieprozess und dem Erfolg identifiziert haben.[1381]

[1381] Siehe hierzu Bourgeois/Eisenhardt (1988), S. 832; Eisenhardt/Bourgeois (1988), S. 760 sowie die Ausführungen in Abschnitt 3.3.1.2.

4.4.1.3 Ausmaß der Informationsnutzung und Informationsverarbeitung

Die Relevanz des Ausmaßes an Informationsnutzung und Informationsverarbeitung für den Strategieprozess und den Erfolg in High Velocity Märkten wurde in Abschnitt 3.3.1.3 dargestellt. Operationalisiert wurde die Variable durch eine direkte Abfrage der Einschätzung des Ausmaßes der Informationsnutzung und Informationsverarbeitung.[1382] Aufgrund der globalen und lokalen Anpassungsmaße, die auf eine gute Anpassung hindeuten, wird das in Abb. 46 dargestellte Strukturgleichungsmodells 2. Ordnung nicht abgelehnt.

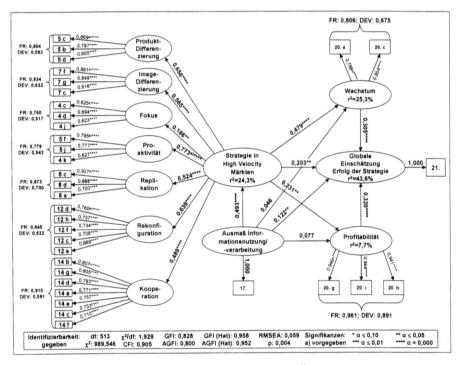

Abb. 46: Strukturgleichungsmodell 2. Ordnung zur Überprüfung des Einflusses der Informationsnutzung und Informationsverarbeitung

---

[1382] Siehe hierzu Frage 17 im Fragebogen.

Die Analyse der Pfadkoeffizienten zeigt einen signifikanten positiven Einfluss des Ausmaßes der Informationsnutzung und Informationsverarbeitung auf die Strategie, durch den knapp 25 Prozent der Varianz des Konstrukts zweiter Ordnung erklärt werden. Zugleich nimmt unter dem Einfluss der Informationsnutzung und -verarbeitung die relative Bedeutung der Dimensionen Replikation und Rekonfiguration für die Strategie und somit auch indirekt für die Beziehung zwischen Strategie und Erfolg zu. Deutlich wird dies an der Erhöhung der Faktorladungen der beiden Dimensionen im Vergleich zu dem Modell ohne situative Variable, die sich im Falle der Replikation von 0,511 auf 0,524, im Falle der Rekonfiguration von 0,592 auf 0,639 erhöht.[1383] Dies trifft allerdings für die Dimension Proaktivität nicht zu, da sich hier die Faktorladung von 0,797 auf 0,773 verringert. Somit kann die postulierte Beziehung hinsichtlich der Veränderung der Bedeutung nur für zwei der drei Dimensionen empirisch belegt werden, weshalb die explikativen Untersuchungshypothesen *H12a* und *H12b* abgelehnt werden.

H12a: Je umfassender das Ausmaß der Informationsnutzung und Informationsverarbeitung im Strategieprozess ist, umso größer ist die Relevanz der Dimensionen Proaktivität, Replikation und Rekonfiguration innerhalb der Strategie in High Velocity Märkten.

H12b: Je umfassender das Ausmaß der Informationsnutzung und Informationsverarbeitung im Strategieprozess ist, umso größer ist der Beitrag der Dimensionen Proaktivität, Replikation und Rekonfiguration zum strategischen Erfolg.

Die weitere Analyse der Pfadkoeffizienten zeigt, dass ein signifikanter Einfluss des Ausmaßes der Informationsverarbeitung und Informationsnutzung auf die globale Einschätzung des Erfolgs von Strategie besteht. Hierbei addieren sich der signifikante direkte Effekt von 0,122 und die signifikanten indirekten Effekte über die Strategie von 0,209 zu einem signifikanten Totaleffekt von 0,331.[1384] Zugleich besteht ein signifikanter indirekter Effekt über die Strategie auf die Dimensionen Wachstum und Profitabilität in Höhe von 0,231 respektive 0,114. Die Ergebnisse der vorliegenden Untersuchung unterstützen demnach die im Schrifttum postulierte positive Beziehung zwischen dem Ausmaß der Informationsnutzung und Informationsverarbeitung und dem Erfolg im Kontext der High Velocity Märkte.[1385]

[1383] Vgl. hierzu auch Abb. 42.
[1384] Zur Berechnung der indirekten Effekte wurden ausschließlich signifikante Koeffizienten herangezogen.
[1385] Siehe hierzu Bourgeois/Eisenhardt (1988), S. 826 ff. sowie die Ausführungen in Abschnitt 3.3.1.3.

4.4.1.4 Geschwindigkeit des strategischen Entscheidungsprozesses

Die Operationalisierung der Geschwindigkeit des strategischen Entscheidungsprozesses, deren Bedeutung in High Velocity Märkten in Abschnitt 3.3.1.4 dargestellt wurde, erfolgte über eine direkte Abfrage.[1386] Der Einfluss der Geschwindigkeit des strategischen Entscheidungsprozesses wurde wiederum mit einem Strukturgleichungsmodell 2. Ordnung überprüft, welches in Abb. 47 dargestellt ist.

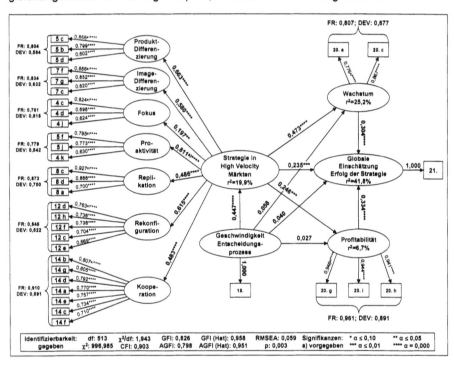

Abb. 47: Strukturgleichungsmodell 2. Ordnung zur Überprüfung des Einflusses der Geschwindigkeit des Entscheidungsprozesses

---

[1386] Siehe hierzu Frage 18 des Fragebogens.

Wie die globalen und lokalen Anpassungsmaße zeigen, ist das Modell nicht abzulehnen. Zugleich wurde ein signifikanter positiver Effekt zwischen der Geschwindigkeit des Entscheidungsprozesses und der Strategie nachgewiesen. Hierdurch werden knapp 20 Prozent der Varianz des Konstrukts Strategie erklärt. Zugleich erhöht sich die relative Bedeutung der Dimension Proaktivität und die der Dimension Rekonfiguration, da die Faktorladungen im Vergleich zu dem Modell ohne die Spezifizierung einer situativen Variable von 0,797 auf 0,811 respektive von 0,592 auf 0,615 steigen.[1387] Im Gegensatz dazu verringerte sich die Bedeutung der Dimension Replikation, da ihre Faktorladung von 0,511 auf 0,486 fällt. Somit verändern sich die relative Bedeutung und damit der indirekte Einfluss auf den strategischen Erfolg nur bei zwei der drei Dimensionen in der vermuteten Richtung, so dass die beiden explikativen Untersuchungshypothesen H13a und H13b abgelehnt werden.

H13a: Je höher die Geschwindigkeit des strategischen Entscheidungsprozesses ist, umso größer ist die Relevanz der Dimensionen Proaktivität, Replikation und Rekonfiguration innerhalb der Strategie in High Velocity Märkten.

H13b: Je höher die Geschwindigkeit des strategischen Entscheidungsprozesses ist, umso größer ist der Beitrag der Dimensionen Proaktivität, Replikation und Rekonfiguration zum strategischen Erfolg.

Darüber hinaus übt die Geschwindigkeit des strategischen Entscheidungsprozesses über die Strategie einen signifikanten indirekten Effekt auf die Erfolgsdimensionen Wachstum, Profitabilität und die globale Einschätzung des Erfolgs in Höhe von 0,211 respektive 0,11 und 0,206 aus. Dieses Ergebnis steht im Einklang mit den bisherigen Forschungsergebnissen im Kontext von High Velocity Märkten.[1388]

[1387] Vgl. hierzu Abb. 42.

[1388] Siehe Bourgeois/Eisenhardt (1988), S. 829; Eisenhardt (1989a), S. 567 f. sowie die Ausführungen in Abschnitt 3.3.1.4.

4.4.2 Flexibilität der Organisationsstruktur

In Abschnitt 3.3.2 wurde eine Typologie verschiedener Organisationsformen vorgestellt. Die drei Typen lassen sich gemäß ihrer unterschiedlichen Ausprägungen von Flexibilität in eine ordinale Reihenfolge bringen.[1389] Die Operationalisierung der Variable Flexibilität der Organisationsstruktur erfolgte anhand dieser Typologie. Dazu wurden basierend auf den Ausführungen von VOLBERDA Beschreibungen der drei Typen von Organisationsformen entwickelt, denen sich die Befragten zuordnen mussten.[1390] Abb. 48 zeigt das Strukturgleichungsmodell 2. Ordnung mit der situativen Variable Flexibilität der Organisationsstruktur.

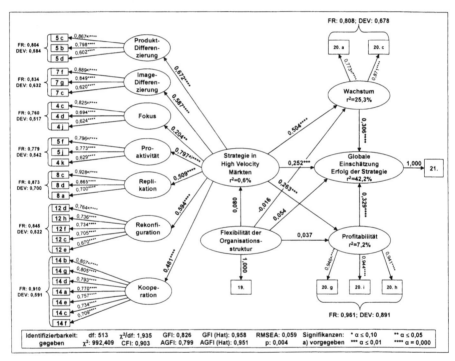

Abb. 48: Strukturgleichungsmodell 2. Ordnung zur Überprüfung des Einflusses der Flexibilität der Organisationsstruktur

---

[1389] Siehe Volberda (1996), S. 368 f. sowie die Ausführungen in Abschnitt 3.3.2.
[1390] Siehe hierzu Volberda (1996), S. 365 ff. sowie Frage 19 im Fragebogen.

Auf der Basis der globalen und lokalen Anpassungsmaße wird das Modell nicht abgelehnt. Die Analyse der Pfadkoeffizienten zeigt jedoch, dass die Flexibilität der Organisationsstruktur in der vorgenommenen Operationalisierung keine signifikante Beziehung zu den endogenen Variablen aufweist. Folglich sind die beiden explikativen Untersuchungshypothesen H14a und H14b abzulehnen.

H14a: *Je umfassender der Flexibilitäts-Mix und je höher die Steuerbarkeit der organisatorischen Bedingungen ist, umso größer ist die Relevanz der Dimensionen Proaktivität, Replikation und Rekonfiguration innerhalb der Strategie in High Velocity Märkten.*

H14b: *Je umfassender der Flexibilitäts-Mix und je höher die Steuerbarkeit der organisatorischen Bedingungen ist, umso größer ist der Beitrag der Dimensionen Proaktivität, Replikation und Rekonfiguration zum strategischen Erfolg.*

Die fehlende Signifikanz der Flexibilität der Organisationsstruktur könnte wiederum auf die Operationalisierung über den Self-Typing-Paragraph-Approach zurückzuführen sein, der möglicherweise die Variable nicht ausreichend differenziert abbildet. Eine deskriptive Analyse der Häufigkeiten unterstützt diese Vermutung: Hierbei zeigte sich, dass sich lediglich 21 Unternehmen (7,8 Prozent) respektive 37 Unternehmen (13,8 Prozent) den Typen A und B zugeordnet haben, wohingegen 210 Unternehmen (78,4 Prozent) den Typ C angegeben haben.

4.4.3 Simultane Betrachtung aller situativen Variablen

Nachdem in den vorherigen Abschnitten die situativen Variablen einzeln analysiert wurden, wird im Folgenden der simultane Einfluss aller situativen Variablen auf die Strategie und auf die Erfolgsdimensionen des strategischen Erfolgs untersucht. Hierzu wird ein Strukturgleichungsmodell spezifiziert, in dem der Einfluss aller in der vorliegenden Untersuchung erhobenen situativen Variablen abgebildet wird. Überprüft wird damit, welchen Erklärungsbeitrag die Kombination von Aspekten des Strategieinhalts, des Strategieprozesses und der Organisationsstruktur hinsichtlich des strategischen Erfolgs liefert. Das Strukturgleichungsmodell 2. Ordnung ist in Abb. 49 dargestellt.

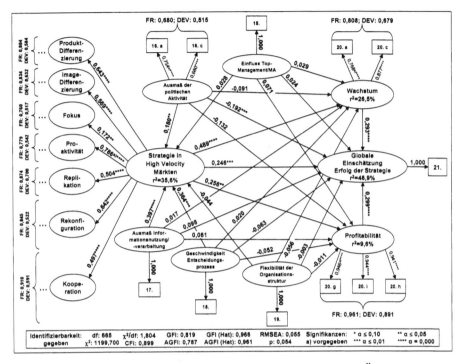

Abb. 49: Strukturgleichungsmodell 2. Ordnung zur simultanen Überprüfung des Einflusses aller situativen Variablen[1391]

Die globalen und lokalen Anpassungsmaße deuten auf eine vor dem Hintergrund der Modellkomplexität erstaunliche Anpassung der Daten hin. Lediglich der CFI und der RMSEA unter- bzw. überschreiten die Anforderungen minimal. Dementsprechend wird das Modell nicht abgelehnt. Tab. 33 fasst die in dem Strukturmodell als signifikant nachgewiesenen Effekte zusammen.

[1391] Aus Übersichtlichkeitsgründen wurde auf die Darstellung der Messmodelle erster Ordnung und der Korrelationen zwischen den exogenen Variablen verzichtet. Letztere sind in Tab. 34 dargestellt.

nach von	Strategie in High Velocity Märkten			Wachstum			Profitabilität			Globale Einschätzung des Erfolgs der Strategie		
	Direkter Effekt	Indirekter Effekt	Totaleffekt	Direkter Effekt	Indirekter Effekt	Totaleffekt	Direkter Effekt	Indirekter Effekt	Totaleffekt	Direkter Effekt	Indirekter Effekt	Totaleffekt
Einfluss Top-Management/Mitarbeiter	Nicht signifikant		Nicht signifikant	Nicht signifikant	Nicht signifikant	Nicht signifikant	Nicht signifikant	Nicht signifikant	Nicht signifikant	Nicht signifikant	Nicht signifikant	Nicht signifikant
Ausmaß politischer Aktivität	0,180**		0,180**	Nicht signifikant	0,088**	0,088**	Nicht signifikant	0,046**	0,046**	-0,192***	0,084**	-0,108**
Ausmaß Informationsnutzung	0,397****		0,397****	Nicht signifikant	0,194****	0,194****	Nicht signifikant	0,102****	0,102****	Nicht signifikant	0,185****	0,185****
Geschwindigkeit Entscheidungen	0,364****		0,364****	Nicht signifikant	0,178****	0,178****	Nicht signifikant	0,093****	0,093****	Nicht signifikant	0,167****	0,167****
Flexibilität Organisationsstruktur	Nicht signifikant		Nicht signifikant	Nicht signifikant	Nicht signifikant	Nicht signifikant	Nicht signifikant	Nicht signifikant	Nicht signifikant	Nicht signifikant	Nicht signifikant	Nicht signifikant
Strategie in High Velocity Märkten				0,489****		0,489****	0,256**		0,256**	0,246***	0,220**	0,466**
Wachstum							0,293**		0,293**			
Profitabilität										0,299**		0,299**

Signifikanzen: * α ≤ 0,10   ** α ≤ 0,05   *** α ≤ 0,01   **** α = 0,000

Tab. 33: Zusammenfassung der signifikanten Effekte bei der simultanen Analyse aller situativen Variablen[1392]

Die Ergebnisse zeigen, dass die situativen Variablen des bestimmenden Einflusses des Top-Managements und der Flexibilität der Organisationsstruktur in keiner signifikanten Beziehung zu den latenten endogenen Variablen stehen. Hierbei liegt die Vermutung nahe, dass die Operationalisierung über den Self-Typing-Paragraph-Approach der Komplexität dieser Variablen nicht gerecht wird. Die hier vorgenommene Operationalisierung ermöglichte keine zum empirischen Nachweis von signifikanten Effekten hinreichende Differenzierung zwischen den Unternehmen.

Während bei der einzelnen Analyse die politische Aktivität keine signifikante Beziehung zu dem Konstrukt Strategie aufwies, wird im Kontext des Totalmodells nun eine signifikante positive Beziehung nachgewiesen. Darüber hinaus wurde eine signifikante negative Beziehung zwischen der politischen Aktivität und der globalen Einschätzung des Erfolgs der Strategie nachgewiesen. Diese wird zwar teilweise durch die positive Beziehung zur Strategie und die damit verbundenen indirekten Effekte abgemildert, der Totaleffekt bleibt allerdings negativ. So zeigt sich auch bei

---

[1392] Zur Berechnung der indirekten Effekte wurden ausschließlich signifikante Beziehungen herangezogen.

der simultanen Betrachtung aller situativen Variablen der im Schrifttum bereits nachgewiesene negative Effekt von politischer Aktivität auf den Erfolg.[1393] Die quantitative Prüfung unterstützt demnach die fallstudienbasierten Ergebnisse.

Hinsichtlich des Ausmaßes der Informationsnutzung und Informationsverarbeitung zeigt sich ein signifikanter positiver Effekt auf die Strategie. Hieraus ergeben sich signifikante indirekte positive Effekte auf die Erfolgsdimensionen Wachstum, Profitabilität und globale Einschätzung des strategischen Erfolgs, welche wiederum die diesbezüglichen Einschätzungen im Schrifttum unterstützen.[1394] Eine ähnliche Konstellation zeichnet sich hinsichtlich der situativen Variable Geschwindigkeit des Entscheidungsprozesses ab, welche ebenfalls einen signifikanten positiven Einfluss auf die Strategie hat. Hierdurch ergeben sich wiederum signifikante indirekte positive Effekte auf die Erfolgsdimensionen. Auch diese Ergebnisse unterstützen die bisherigen Forschungsergebnisse zu High Velocity Märkten, die eine Erfolgsrelevanz der Geschwindigkeit des strategischen Entscheidungsprozesses postulieren.[1395] Somit stärken und ergänzen die quantitativen Ergebnisse der vorliegenden Untersuchung die bisher fallstudienbasierten Erkenntnisse hinsichtlich der Erfolgsrelevanz der Informationsnutzung und -verarbeitung sowie der Geschwindigkeit der Entscheidungsfindung im Strategieprozess.

Schließlich wurde in dem Totalmodell ein signifikanter direkter Einfluss von Strategie in High Velocity Märkten in Höhe von 0,489 respektive 0,256 für die beiden Erfolgsdimensionen Wachstum und Profitabilität empirisch nachgewiesen. Darüber hinaus beeinflusst die Strategie die globale Einschätzung des Erfolgs der Strategie direkt in Höhe von 0,246 und indirekt über die Beziehung zu Wachstum und Profitabilität in Höhe von 0,220, so dass sich ein signifikanter, positiver Totaleffekt von Strategie in High Velocity Märkten auf die globale Einschätzung des Erfolgs der Strategie in Höhe von 0,466 ergibt. Wachstum und Profitabilität haben demgegenüber einen direkten positiven Einfluss auf die globale Einschätzung des Erfolgs der Strategie in Höhe von 0,293 respektive 0,299.

Insgesamt erklären die in dem Modell spezifizierten Variablen rund 36 Prozent der Varianz der Strategie, rund 27 Prozent des Wachstums, rund 10 Prozent der Profitabilität und rund 47 Prozent der globalen Einschätzung des Erfolgs der Strategie. Obwohl das entwickelte Konstrukt Strategie in High Velocity Märkten den bei weitem höchsten Anteil an der Varianzerklärung der endogenen Erfolgsvariablen hat, zeigen die Ergebnisse, dass der Anteil an erklärter Varianz durch die Hinzunahme von Aspekten des Strategieprozesses, hier der politischen Aktivität, des Ausmaßes an

---

[1393] Siehe hierzu Bourgeois/Eisenhardt (1988), S. 832 f.; Eisenhardt/Bourgeois (1988), S. 760 sowie die Ausführungen in Abschnitt 3.3.1.2.

[1394] Vgl. hierzu Bourgeois/Eisenhardt (1988), S. 826 und die Ausführungen in Abschnitt 3.3.1.3.

[1395] Siehe Bourgeois/Eisenhardt (1988), S. 829; Eisenhardt (1989a), S. 567 f. sowie die Ausführungen in Abschnitt 3.3.1.4.

Informationsnutzung und Informationsverarbeitung und der Geschwindigkeit des strategischen Entscheidungsprozesses, noch erhöht werden kann.[1396] Die Resultate der empirischen Analyse stützen somit die Forderung innerhalb der Strategieforschung, zur Erklärung des Erfolgs auf eine integrative Analyse von Strategieinhalts- und Strategieprozesskomponenten zurückzugreifen und die Synergien zwischen den beiden Bereichen explizit zu berücksichtigen.[1397]

Tab. 34 stellt abschließend die Korrelationen zwischen den exogenen Variablen dar. Auch diese unterstützen die im Schrifttum zu High Velocity Märkten bereits in Fallstudien nachgewiesenen Zusammenhänge. So weist beispielsweise schon EISENHARDT einen positiven Zusammenhang zwischen dem Ausmaß an Informationsnutzung und Informationsverarbeitung und der Geschwindigkeit des strategischen Entscheidungsprozesses nach, der auch in der vorliegenden Untersuchung besteht.[1398] Darüber hinaus wird auf einen negativen Zusammenhang der politischen Aktivität mit dem Ausmaß der Informationsnutzung und Informationsverarbeitung sowie der Geschwindigkeit der Entscheidungsfindung hingewiesen, der sich in der vorliegenden Untersuchung ebenfalls zeigt.[1399]

[1396] Vgl. hierzu die Ergebnisse des Strukturgleichungsmodells 2. Ordnung ohne die Spezifizierung von situativen Variablen in Abb. 42.
[1397] Vgl. hierzu Huff/Reger (1987), S. 227; Ketchen/Thomas/McDaniel (1996), S. 248; Farjoun (2002), S. 562 ff.
[1398] Vgl. Eisenhardt (1989a), S. 551.
[1399] Siehe hierzu Bourgeois/Eisenhardt (1987), S. 157.

Exogene Konstrukte	Einfluss Top Management/ Mitarbeiter	Politische Aktivität	Ausmaß Informations- nutzung und -verarbeitung	Geschwindig- keit Ent- scheidungs- prozess	Flexibilität Organisations- struktur
Einfluss Top Management/ Mitarbeiter	\multicolumn{5}{c}{Korrelationen der exogenen Konstrukte}				
Politische Aktivität	-0,090				
Ausmaß Informations- nutzung und -verarbeitung	0,019	-0,191**			
Geschwindig- keit Ent- scheidungs- prozess	0,126**	-0,332****	0,384****		
Flexibilität Organisations- struktur	0,198***	-0,232***	0,225****	0,217***	
Signifikanzen:	* α ≤ 0,10	** α ≤ 0,05	*** α ≤ 0,01	**** α = 0,000	

Tab. 34: Zusammenfassung der Korrelationen zwischen den situativen Variablen

Mit der Interpretation der Ergebnisse des Totalmodells ist auch die vierte Untersuchungsfragestellung nach dem Einfluss situativer Variablen auf die Beziehung zwischen Strategie und strategischem Erfolg beantwortet. Hierbei zeigte sich, dass das Ausmaß der politischen Aktivität, das Ausmaß der Informationsnutzung und Informationsverarbeitung sowie die Geschwindigkeit des Entscheidungsprozesses einen signifikanten Einfluss auf Strategie sowie strategischen Erfolg besitzen. Hingegen konnten für den bestimmenden Einfluss des Top-Managements und der Mitarbeiter sowie die Flexibilität der Organisationsstruktur, möglicherweise aufgrund einer unzureichenden Operationalisierung, keine empirisch signifikanten Effekte nachgewiesen werden.

5 Zusammenfassung und Implikationen der Untersuchung

Der folgende Abschnitt stellt zunächst die wesentlichen Ergebnisse der Untersuchung dar. Für die theoretische und empirische betriebswirtschaftliche Forschung können daraus sowie aus der gewählten Vorgehensweise eine Reihe von Implikationen in diesem noch jungen Forschungsfeld abgeleitet werden. Diese werden im Anschluss aufgezeigt. Die Zusammenfassung schließt mit den Erkenntnissen der Analyse für die Unternehmenspraxis.

5.1 Zusammenfassung der wesentlichen Ergebnisse

Den Ausgangspunkt der vorliegenden Untersuchung bilden die durch die schnelle Diffusion und den umfassenden Einsatz von Informations- und Kommunikationstechnologie verursachten strukturellen Veränderungen in der Wirtschaft. Diese haben zur Entstehung von High Velocity Märkten geführt, welche durch das gleichzeitige Vorliegen einer hohen Komplexität und einer hohen Dynamik hinsichtlich der für das strategische Management relevanten Parameter wie Nachfrage, Wettbewerb und Technologie gekennzeichnet sind. In der Praxis ist zu beobachten, dass nach einer anfänglichen Euphorie viele unternehmerische Aktivitäten in diesem Bereich, sowohl seitens neu gegründeter als auch seitens etablierter Unternehmen, hinter den Erwartungen geblieben sind, wobei als potenzielle Ursache die Abwesenheit einer Strategie diagnostiziert worden ist.

Neben diesen Beobachtungen aus der Unternehmenspraxis wird aus theoretischer Perspektive der Stellenwert von Strategie innerhalb dieser veränderten Kontextbedingungen diskutiert. Einige Autoren plädieren diesbezüglich für die Notwendigkeit einer Modifikation bestehender Strategiekonzepte, andere weisen deren Anwendbarkeit vollständig zurück. Wie die systematische Bestandsaufnahme der Forschungsbeiträge zeigt, stehen umfassende, konfirmatorische Untersuchungen von Strategie für die veränderten Kontextbedingungen allerdings bisher vollständig aus.

Vor dem Hintergrund der Diskussion des Inhalts und des Stellenwertes von Strategie innerhalb der veränderten Umfeldbedingungen und der bestehenden Forschungslücke lag das zentrale Erklärungsinteresse der vorliegenden Arbeit in der Konzeptionalisierung und Operationalisierung von Strategie in High Velocity Märkten. Der wissenschaftstheoretischen Ausrichtung am kritischen Rationalismus folgend wurden zunächst theoretische Modelle und Hypothesen entwickelt und im Anschluss empirisch überprüft. Hierbei zielten die beiden ersten Untersuchungsfragestellungen auf die Identifikation und Messung der Elemente von Strategie und deren relativer Bedeutung ab. Ferner sollte die Erfolgswirkung der Strategie und ihrer Bestandteile sowie der Einfluss interner Kontingenzfaktoren auf die Strategie und den strategischen Erfolg theoretisch hergeleitet und empirisch überprüft werden.

Hinsichtlich der Konzeptionalisierung und Operationalisierung von Strategie postulierte die Basishypothese der Untersuchung, dass Strategie in High Velocity Märkten ein mehrdimensionales Konstrukt ist. Die Grundlage für die Konzeptionalisierung und

Operationalisierung bildete die Verankerung des Konstrukts auf der Geschäftsbereichsebene und die Festlegung des Strategieverständnisses in Bezug auf den Bewusstseins- und Phasenbezug. Strategie wurde als ein aus den Zielen abgeleitetes, ex post beobachtbares, realisiertes Entscheidungs- und Handlungsmuster definiert. Darüber hinaus beinhaltet Strategie nicht die Zielformulierung, sondern stellt ein Mittel zur Erreichung gesetzter Ziele dar.

Die systematische Aufbereitung der empirischen Strategieforschung zeigte, dass die Industrieökonomik in diesem Forschungsfeld die dominierende theoretische Perspektive darstellt. Demgegenüber steht die Überprüfung der Evolutionstheorie und des Resource-based View innerhalb der empirischen Strategieforschung fast vollständig aus. Dieses Ergebnis steht im starken Widerspruch zu der vermuteten hohen Relevanz der beiden Theorien hinsichtlich der Erklärung von Wettbewerbsvorteilen, auf die auch im Schrifttum zu High Velocity Märkten hingewiesen wird. Somit wurde der Leitidee des theoretischen Pluralismus und den entsprechenden Forderungen im Schrifttum zur Strategieforschung gefolgt und ein theoretischer Bezugsrahmen aus den Überlegungen der Industrieökonomik, der Evolutionstheorie und des Resource-based View sowie seiner Weiterentwicklungen in Form des Dynamic-Capabilities-Ansatzes und des Knowledge-based View gebildet. Hieraus wurden acht Dimensionen für das Konstrukt Strategie in High Velocity Märkten deduziert.

Zur empirischen Überprüfung des Modells wurde durch eine Auswahl, Synthese und Weiterentwicklung bestehender Verfahren eine mehrstufige Vorgehensweise zur Operationalisierung des mehrdimensionalen Konstrukts Strategie entwickelt. Die Reliabilität und Validität der Messung wurden mit Hilfe eines umfassenden Kriterienkatalogs beurteilt und sichergestellt. Als Zwischenergebnis des Operationalisierungsprozesses wurde eine reliable und valide Messung der acht Dimensionen des Konstrukts Strategie in High Velocity Märkten erreicht. In Bezug auf die Dimension Replikation ist allerdings kritisch anzumerken, dass der theoretisch abgeleitete Bestandteil Wissenstransfer anhand der entwickelten Indikatoren in der vorliegenden Datenbasis nicht ausreichend reliabel und valide gemessen werden konnte. Zwar finden sich in den zur Messung von Replikation verbliebenen Indikatoren Hinweise auf die Übertragung des Wissens, es ist jedoch nicht auszuschließen, dass die Wissenstransfer-Komponente der Replikation unter Umständen durch die Messung nicht ausreichend abgebildet wird.

Die Zusammenführung der acht einzelnen Dimensionen in ein Totalmodell für das mehrdimensionale Konstrukt Strategie in High Velocity Märkten demonstrierte eine hohe konvergente und diskriminante Validität der Messung. Allerdings zeigten insbesondere die Ergebnisse der konfirmatorischen Faktorenanalyse 2. Ordnung, dass die Dimension Aggressivität in der vorliegenden Operationalisierung in einem statistisch nicht ausreichend starken Zusammenhang zu den anderen Dimensionen und dem übergeordneten Konstrukt Strategie in High Velocity Märkten steht. Eine darauf ausgerichtete Überprüfung zeigte, dass die verbleibenden sieben Dimensionen das Konstrukt konvergent und diskriminant valide abbilden und eine signifikante Faktorladung auf das übergeordnete Konstrukt Strategie in High Velocity Märkten haben. Hierbei nimmt die Dimension Proaktivität die höchste Bedeutung ein, gefolgt von Produkt-Differenzierung, Rekonfiguration, Image-Differenzierung, Kooperation, Replikation und Fokus. Als Ergebnis der zentralen Untersuchungsfragestellung ist somit festzuhalten, dass Strategie in High Velocity Märkten sieben Dimensionen beinhaltet.

Die Ergebnisse der empirischen Überprüfung hinsichtlich der Dimension Aggressivität unterstützen die Position PORTERS, der zwar auf die Möglichkeiten zur Erhöhung der operativen Effizienz und der Erreichung einer Kostenführerschaft durch Informations- und Kommunikationstechnologie aufmerksam macht, zugleich aber die schnelle Imitierbarkeit und daher mangelnde Nachhaltigkeit dieser Effekte herausstellt. Diese führen seiner Ansicht nach zu einer Erhöhung der relativen Bedeutung einer strategischen Positionierung: „As it becomes harder to sustain operational advantages, strategic positioning becomes all the more important."[1400] Basierend auf den empirischen Ergebnissen ist Aggressivität somit als notwendige Bedingung für die Erzielung von Wettbewerbsvorteilen im Sinne der Parität und Nähe der generischen Strategien zu interpretieren.[1401] Sie stellt allerdings keine hinreichende Bedingung für die Erzielung von Wettbewerbsvorteilen und überlegener Profitabilität dar und ist demnach keine Dimension des Konstrukts Strategie in High Velocity Märkten. Zugleich spiegeln die Ergebnisse die Argumentation PORTERS wider, dass die generischen Strategien auch im Bereich der High Velocity Märkte eine Bedeutung haben.[1402] Die Einschätzung anderer Autoren, nach der eine strategische Positionierung im Kontext von High Velocity Märkten ihre Bedeutung für die Erreichung von Wettbewerbsvorteilen verliert, wird von den Ergebnissen der vorliegenden Untersuchung nicht gestützt.[1403]

Zur Beantwortung der dritten Untersuchungsfragestellung nach der Erfolgswirkung des Konstrukts Strategie in High Velocity Märkten wurde zunächst der strategische Erfolg anhand der beiden Dimensionen Wachstum und Profitabilität operationalisiert und zu einer globalen Einschätzung des Erfolgs der Strategie in Beziehung gesetzt. Darauf aufbauend wurde empirisch ein signifikanter Einfluss des Konstrukts Strategie in High Velocity Märkten auf das Wachstum, die Profitabilität und die globale Einschätzung des Erfolgs der Strategie nachgewiesen.

Abschließend wurde dem situativen Leitprinzip folgend zur Beantwortung der vierten Untersuchungsfragestellung der Einfluss verschiedener Aspekte des Strategie-

---

[1400] Porter (2001), S. 71. Siehe auch Porter (1996), S. 63 ff.
[1401] Vgl. Porter (1985), S. 14 sowie die Ausführungen in Abschnitt 2.3.1.3.2.
[1402] Vgl. Porter (2001), S. 70 f.
[1403] Vgl. Chakravarthy (1997), S. 75-76; Eisenhardt/Brown (1999), S. 76; Haertsch (2000), S. 161 ff.; Eisenhardt/Sull (2001), S. 107 ff.; Lammerskötter (2002), S. 154 ff. und die Ausführungen in Abschnitt 2.2.1.1.

prozesses und der Flexibilität der Organisationsstruktur auf das Konstrukt Strategie in High Velocity Märkten und den strategischen Erfolg analysiert. Hierbei zeigte sich, dass der bestimmende Einfluss des Top-Managements in Relation zu dem Einfluss der Mitarbeiter weder das Konstrukt Strategie in High Velocity Märkten noch eine der Erfolgsdimensionen signifikant beeinflusst. Gleiches gilt für die Flexibilität der Organisationsstruktur. Auf der Basis der vorliegenden Daten kann diesbezüglich nur vermutet werden, dass die Operationalisierung dieser beiden Konstrukte über die Zuordnung zu Beschreibungen einer Typologie ihren komplexen Charakter nicht hinreichend abbildete und daher nicht ausreichend zwischen den Unternehmen differenzierte, um signifikante Effekte aufdecken zu können.

Die politische Aktivität im Strategieprozess beeinflusst zwar die Strategie und damit indirekt die globale Einschätzung des Erfolgs der Strategie signifikant positiv, der Effekt wird allerdings durch den signifikant negativen Effekt zwischen dem Ausmaß an politischer Aktivität und der globalen Einschätzung des Erfolgs überlagert. Sowohl das Ausmaß der Informationsnutzung und -verarbeitung als auch die Geschwindigkeit des Entscheidungsprozesses beeinflussen das Konstrukt Strategie und damit indirekt auch alle Dimensionen des strategischen Erfolgs signifikant positiv.

5.2 Implikationen für weiterführende betriebswirtschaftliche Forschungen

Die vorliegende Untersuchung stellt einen ersten umfassenden, konfirmatorischen Forschungsbeitrag zum Themenkomplex Strategie in High Velocity Märkten dar. Aus den im vorherigen Abschnitt zusammengefassten Resultaten der Untersuchung ergeben sich für die weiterführende betriebswirtschaftliche Forschung im strategischen Management Implikationen, die sowohl theoretisch-konzeptioneller als auch empirischer bzw. methodischer Art sind.[1404] Diese werden im Folgenden skizziert.

- **Theoretisch-konzeptionelle Implikationen**

Aus theoretischer Perspektive deuten die Ergebnisse zunächst darauf hin, dass die auf der Industrieökonomik beruhenden generischen Strategien nach PORTER, entgegen anders lautender Einschätzungen, grundsätzlich auch im Kontext der High Velocity Märkte noch eine große Bedeutung haben. Gleichwohl werden die im Schrifttum teils von PORTER selbst, teils von anderen Autoren diskutierten Akzentverschiebungen und Ausdifferenzierungen durch die vorliegenden empirischen Ergebnisse gestützt. So scheint Aggressivität im Sinne einer Kostenführerschaft im Kontext der High Velocity Märkte aufgrund der hohen Dynamik und des Mangels an Imitationsbarrieren lediglich eine notwendige, jedoch keine hinreichende Bedingung zur Erlangung von nachhaltigen Wettbewerbsvorteilen zu sein. Folglich erhöht sich die relative Bedeutung der Differenzierung gegenüber der Kostenführerschaft. In

---

[1404] Siehe hierzu auch den Ansatz der vorliegenden Untersuchung in Abschnitt 2.2.3.

diesem Kontext bestätigte sich auch die Einschätzung, dass eine Aufspaltung der Differenzierungsstrategie eine genauere Messung der Strategie ermöglicht. Produkt-Differenzierung und Image-Differenzierung wurden als diskriminant valide gemessen und beiden Dimensionen wurde eine relativ hohe Relevanz für die Strategie in High Velocity Märkten und für den strategischen Erfolg nachgewiesen. Ebenso wurde die, wenngleich untergeordnete, Bedeutung der Dimension Fokus empirisch nachgewiesen.

Damit zeigt die vorliegende Untersuchung, dass den generischen Strategien in ihrer Weiterentwicklung, die ein dimensionales Verständnis gegenüber einem kategorialen widerspiegelt und einzelne Dimensionen disaggregiert, auch unter den veränderten Umfeldbedingungen eine hohe Erklärungsrelevanz für die Wettbewerbsvorteile zukommt. In weiterführenden Forschungsvorhaben sollten die hier herausgestellten Dimensionen der generischen Strategien herangezogen, empirisch überprüft und gegebenenfalls weiterentwickelt werden.

Zugleich demonstrieren die Ergebnisse der Untersuchung die hohe Erklärungsrelevanz der bisher in der empirischen Strategieforschung weitgehend vernachlässigten Evolutions- und Ressourcentheorie bezüglich der Erreichung von Wettbewerbsvorteilen. Die aus dem Konzept der Suchroutinen der Evolutionstheorie deduzierte Dimension Proaktivität nimmt in der vorliegenden Konzeptionalisierung von Strategie in High Velocity Märkten die höchste Bedeutung und die höchste Erfolgsrelevanz ein. Zukünftige Forschungsfragestellungen könnten, basierend auf den theoretisch-konzeptionellen Erklärungsansätzen der Suchroutinen aus der Evolutionstheorie und deren Verknüpfung mit den jüngsten Erkenntnissen des Dynamic-Capabilities-Ansatzes, eine differenziertere Herausarbeitung der Aspekte und Determinanten von Proaktivität zum Gegenstand haben.

Die beiden Dimensionen Replikation und Rekonfiguration, die auf der wissensbasierten Konzeptionalisierung der strategischen Flexibilität von BURMANN aufbauen, nehmen eine wichtige, wenngleich keine dominante Rolle für die Strategie in High Velocity Märkten ein. Folglich stützen die vorliegenden Ergebnisse die Konzeptionalisierung von Replikation und Rekonfiguration über Wissenskodifikation und Wissenstransfer respektive Wissensabstraktion und Wissensabsorption, indem sie die beiden Konstrukte als Dimensionen der Strategie in High Velocity Märkte integrieren und ihre Zugehörigkeit empirisch nachweisen. Allerdings ergaben sich Hinweise darauf, dass der Aspekt des Wissenstransfers über die hierzu formulierten Indikatoren nicht ausreichend verlässlich und valide gemessen werden konnte. Künftige Forschungsvorhaben in diesem Kontext könnten sich mit der Weiterentwicklung der Operationalisierung dieses Aspekts beschäftigen.

Schließlich zeigte sich auch die Relevanz der aus der Ressourcentheorie abgeleiteten Dimension Kooperation zur Erreichung eines Zugriffs auf wettbewerbsrelevante Ressourcen. Weitere Forschungsfragestellungen könnten diesbezüglich auf ein tiefergehendes Verständnis der Mechanismen und Prozesse des unternehmensübergreifenden Wissens- und Fähigkeitentransfers zielen.

Wenngleich die drei beschriebenen Theorien per se eine hohe Relevanz zur Erklärung von Phänomenen im strategischen Management haben, demonstriert die vorgenommene Konzeptionalisierung und Operationalisierung von Strategie in High Velocity Märkten darüber hinaus deutlich, dass insbesondere durch die Integration der komplementären theoretischen Perspektiven deren gemeinsamer Erklärungsbeitrag in der Strategieforschung noch gesteigert werden kann. Somit unterstützen die Ergebnisse der vorliegenden Untersuchung zum einen die Einnahme einer Perspektive des komplementären theoretischen Pluralismus für das strategische Management im Allgemeinen, zum anderen die Forderung nach einer verstärkten Integration markt- und ressourcenbasierter Erklärungsansätze im Speziellen. Ferner zeigte sich, dass die Aufnahme von Aspekten des Strategieprozesses zur Erklärung des strategischen Erfolgs beitrug. Hierdurch wird die Forderung nach einer Abkehr von der im strategischen Management vorherrschenden artifiziellen Trennung zwischen Strategieinhalt und Strategieprozess gestärkt. Für die zukünftige empirische Strategieforschung ist demzufolge eine stärkere Integration der Aspekte des Strategieinhalts und des Strategieprozesses wünschenswert.

- **Empirische bzw. methodische Implikationen**

Aus methodischer Perspektive unterstreichen die Ergebnisse der Untersuchung die hohe Leistungsfähigkeit des Comparative Approach für die empirische Strategieforschung. Zum Einsatz des Comparative Approach und zur Konstruktoperationalisierung wurde ein mehrstufiger Prozess entwickelt, der auf der Prüfung der Reliabilität und Validität anhand eines umfassenden Katalogs von Gütekriterien der ersten und zweiten Generation sowie auf einem sukzessiven Einsatz der konfirmatorischen Faktorenanalyse 1. und 2. Ordnung beruht. Hierdurch konnte im Anschluss an die Prüfung der Reliabilität und Validität der einzelnen Dimensionen ebenfalls ihre Beziehung zu dem übergeordneten Konstrukt Strategie in High Velocity Märkten und damit dessen Dimensionalität empirisch nachgewiesen werden.

Abweichend davon wurden die Aspekte des Strategieprozesses und der Organisationsstruktur durch die Zuordnung der Unternehmen zu Beschreibungen von Typen bzw. durch eine direkte Abfrage anhand eines Indikators gemessen. Hierbei wiesen die über den Self-Typing-Paragraph-Approach gemessenen Konstrukte zu keinem der anderen theoretischen Konstrukte eine signifikante Beziehung auf. Hier kann vermutet werden, dass die Zuordnung zu einem Typ die Komplexität der Konstrukte nicht hinreichend abbildete und nicht in genügendem Maße zwischen den Unternehmen differenzierte. Hingegen zeigten die durch direkte Abfrage gemessenen Aspekte des Ausmaßes der Informationsnutzung und -verarbeitung sowie der Geschwindigkeit des Entscheidungsprozesses signifikante Beziehungen. Hieraus kann wiederum abgeleitet werden, dass eine direkte Abfrage der Variablen lediglich für wenig komplexe Konstrukte zweckmäßig ist.

Zusammenfassend ist festzuhalten, dass die Verbindung der theoretischen Ebene mit der empirischen Ebene durch adäquate Korrespondenzregeln und die Prüfung von Reliabilität und Validität der Operationalisierung die essenzielle Voraussetzung für die empirische Überprüfung theoretischer Modelle darstellen. Die Ergebnisse der Prüfung verschiedener Aspekte des Strategieprozesses lassen darauf schließen, dass diese Verbindung durch Zuordnung zu bestimmten Typen möglicherweise nur unzureichend erfasst wird. Somit sollte sich die empirische Strategieforschung, sowohl im Strategieinhalts- als auch im Strategieprozessbereich, auch weiterhin intensiv mit der Operationalisierung komplexer Konstrukte beschäftigen. Eine leistungsstarke und zielorientierte Vorgehensweise hierzu, die den Anforderungen nach einer umfassenden Prüfung der Reliabilität und Validität gerecht wird, ist in der vorliegenden Untersuchung zum Einsatz gekommen.

5.3 Implikationen für die Unternehmenspraxis

Die vorliegende Untersuchung ist durch eine explikative Ausrichtung gekennzeichnet und zielt daher nicht auf die Entwicklung instrumenteller Handlungsempfehlungen ab. Gleichwohl lassen sich aus den Ergebnissen erste Implikationen für Strategie in High Velocity Märkten sowie die Erlangung von Wettbewerbsvorteilen für die Unternehmenspraxis ableiten.

Auch in dem turbulenten und dynamischen Umfeld der High Velocity Märkte kommt der Ausrichtung an einer ganzheitlichen, mehrdimensionalen Strategie eine signifikante Erfolgsbedeutung zu. Hierbei deuten die empirischen Analysen auf eine hohe Relevanz des Produkt- und Dienstleistungsspektrums hin. So weist die bei weitem dominierende Dimension Proaktivität einen starken Leistungsprogrammbezug auf, der beispielsweise in einen hohen Anteil neuer Produkte und Dienstleistungen am Angebotsspektrum sowie einer First-Mover-Position hinsichtlich der Einführung neuer Produkte zum Ausdruck kommt. An zweiter Stelle folgt hinsichtlich der Relevanz die Produkt-Differenzierung, die wiederum auf die einzigartigen Funktionalitäten und die überlegene Qualität des Leistungsprogramms abstellt. Flankiert werden die beiden leistungsprogrammorientierten Dimensionen durch die Image-Differenzierung an vierter Stelle, mit der basierend auf einer überlegenen Marketingkompetenz und innovativen Marketingmethoden der Aufbau eines unverwechselbaren Images angestrebt wird. Der Fokussierung des Leistungsspektrums auf eng abgegrenzte Segmente kommt hingegen eine vergleichsweise geringe Bedeutung zu.

Auch wenn die zuvor beschriebenen absatzmarktorientierten Dimensionen vorherrschen, haben die ressourcenorientierten Dimensionen gleichwohl einen maßgeblichen Einfluss auf die Strategie in High Velocity Märkten. Hierbei nimmt die Ressource Wissen eine zentrale Stellung ein. Die Dimension Rekonfiguration steht hinsichtlich der Bedeutung für Strategie an der dritten Stelle. Sie beschäftigt sich mit der Entwicklung neuer Fähigkeiten und neuen Wissens und kommt beispielsweise in der Einbindung der Mitarbeiter in die Diskussion neuer Anwendungsfelder des Wissens und der Fähigkeiten sowie strategischer Fragestellungen zum Ausdruck. Zugleich ist das Ausmaß der Rekonfiguration in der Herauslösung von Wissen und Fähigkeiten aus dem konkreten Anwendungsfall und der Übertragung auf neue Problemstellungen sowie der Lernfähigkeit der Mitarbeiter erkennbar. Die Dimension Replikation drückt sich in der hier vorliegenden Operationalisierung insbesondere im Wissensmanagement aus, welches sich in der umfassenden Kodifizierung von Wissen und der Identifizierung von Wissensträgern zum Wissenstransfer widerspiegelt. Schließlich zeigt sich in Bezug auf die Generierung wettbewerbsvorteilsrelevanter Ressourcen auch die Bedeutung der Dimension Kooperation. Diese wird durch eine Vielzahl verschiedener kooperativer Unternehmensverbindungen herausgestellt, welche auf die Akquise von nicht marktfähigen Ressourcen abzielen.

Die Analyse der Erfolgswirkungen zeigt, dass die sieben Dimensionen simultan, gebündelt in einem übergeordneten Rahmen, der die Strategie in High Velocity Märkten darstellt, eine signifikante Auswirkung auf das Wachstum, die Profitabilität und die globale Einschätzung des Erfolgs der Strategie haben. Zugleich macht die Untersuchung deutlich, dass auch Aspekte des Strategieprozesses nicht vernachlässigt werden dürfen. Somit trägt ein hohes Ausmaß an Informationsnutzung und -verarbeitung, gepaart mit einer schnellen Entscheidungsfindung im Strategieprozess, signifikant zur globalen Einschätzung des Erfolgs der Strategie bei. Demgegenüber wirkt sich ein zu starkes politisches Agieren im Strategieprozess signifikant negativ aus.

Das in der vorliegenden Untersuchung entwickelte Konstrukt Strategie in High Velocity Märkten kann dem strategischen Management als Orientierungsrahmen dienen. Dieser wird in Anlehnung an die empirisch nachgewiesene Reihenfolge des indirekten Einflusses der einzelnen Dimensionen auf den strategischen Erfolg als **ProPRIReKoF** (**Pro**aktivität, **P**rodukt-Differenzierung, **R**ekonfiguration, **I**mage-Differenzierung, **R**eplikation, **Ko**operation, **F**okus) bezeichnet. Mit Hilfe von ProPRIReKoF ist die strategische Ausrichtung hinsichtlich ihrer Priorisierung, Ressourcenzuteilung und Vollständigkeit zu prüfen und zu steuern. Es ist darauf zu achten, dass beispielsweise die Verfolgung einer absatzmarktorientierten strategischen Profilierung, ausgedrückt durch Proaktivität und Produkt-Differenzierung, nicht zu einer Vernachlässigung der Ressourcenentwicklung, ausgedrückt durch Replikation, Rekonfiguration oder Kooperation, führt. Die Tatsache, dass die ständige Replikation und Rekonfiguration des Wissens und der Fähigkeiten die Voraussetzung für Proaktivität und eine einzigartige Positionierung auf den Absatzmärkten über Produkt-Differenzierung darstellt, zeigt die Verflechtungen der einzelnen Dimensionen, in denen sich der integrative Charakter des Konstrukts Strategie in High Velocity Märkten manifestiert. Darüber hinaus kann ProPRIReKoF als strategischer Kompass für ein Strategie-Benchmarking fungieren, um zum einen Chancen zu entdecken, zum anderen strategische Lücken in Relation zum Wettbewerb zu identifizieren und so die Ressourcenentwicklung und −allokation zielgerichtet zu gestalten. Somit kann die kontinuierliche Prüfung der strategischen Ausrichtung anhand der Dimensionen des in der vorliegenden Untersuchung entwickelten Konstrukts Strategie in High Velocity Märkten dazu dienen, dass sich die Unternehmen in einem weiterhin dynamischen und turbulenten Umfeld in Zukunft weniger dem Vorwurf ausgesetzt sehen, keine klare, stimmige, langfristige Strategie zu verfolgen.

Anhang

Ergänzende Tabellen

Datenerhebungs-ansatz Kriterien	Self-Typing	Investigator Inference	External Assessment	Objective Indicators
Beschreibung	• Manager charakterisiert die Unternehmensstrategie • Ermittlung der Strategie erfolgt durch Selbsteinschätzung des Unternehmens	• Forscher selbst schätzt die Strategie eines Unternehmens ein • Vorwiegender Einsatz bei Fallstudien	• Einschätzung von externen Sachverständigen wie Wettbewerbern, Beratern, Analysten oder sonstigen Experten	• Heranziehen von objektiven Indikatoren, z.B. Absatzzahlen, Angaben zum Produktprogramm, Anzahl der Kooperationen
Vorteile	• Generierung einer großen Datenbasis zum Testen von Hypothesen möglich • Wahrnehmung und Meinung von Top-Managern bestimmen Strategie in hohem Maße • Möglichkeit, die strategische Absicht und eine interne, aktuelle Sichtweise zu erheben	• Relativ hoher Informationsstand des Forschers • Kombination von Information, theoretischem Bezugsrahmen und objektiver Sichtweise erlaubt relativ genaue Identifikation der Unternehmensstrategie • Erhoben wird eher die realisierte als die intendierte Strategie	• Objektivere Einschätzung und externe Bestätigung/Korrektur der Einschätzung des Managers/Forschers • Ermöglicht eine große Datenbasis, da Experten sich mit einer Vielzahl von Unternehmen beschäftigen • Expertenurteile eignen sich zur Erhebung der realisierten Strategie	• Kontrolle potenzieller Wahrnehmungsverzerrungen • Einschränkung der auf Interpretation beruhenden Verzerrungen • Es werden objektivere Aspekte der Strategie gemessen • Hohe Eignung zur Erhebung von realisierten Strategien
Nachteile	• Mangel an externer und objektiver Bestätigung • Mangelnde Bereitschaft, die Strategie des eigenen Unternehmens zu klassifizieren • Keine Offenlegung der tatsächlich verfolgten Strategie • Unterschiedliche Wahrnehmungen innerhalb eines Unternehmens bezüglich der Strategie • Wahrnehmungsverzerrung der eigenen Strategie • Manager berichten oftmals eher intendierte als realisierte Strategien	• Sehr eingeschränkte Möglichkeit, eine große Fallzahl zu generieren • Keine vollständigen Informationen, insbesondere kein Zugang zu strategischen Schlüsselentscheidungen • Potenzielle Wahrnehmungsverzerrung seitens des Forschers • Gefahr der Interpretation gemäß impliziter Theorie	• Bei Einsatz zur externen Bestätigung oftmals Diskrepanzen, die den Forscher zwingen, sich für eine Einschätzung zu entscheiden • Oftmals nur unvollkommene und überholte Informationen bezüglich der strategischen Orientierung eines Unternehmens	• Mangelnde Verfügbarkeit der Daten und Informationen • Daten und Informationen sind unter Umständen nicht für alle relevanten Unternehmen zugänglich • Zeitliche Verzögerung der Verfügbarkeit und mangelnde Aktualität der Daten • Unzureichende Aufbereitung der Daten

Tab. 35: Gegenüberstellung der Charakteristika sowie der Vor- und Nachteile der Datenerhebungsansätze[1405]

[1405] Eigene Darstellung in Anlehnung an Snow/Hambrick (1980), S. 532-537; MacCrimmon (1993), S. 121-122.

Kriterien \ Operationalisierungsansatz	Narrative Approach	Klassifizierungen Konzeptionell: Typologie	Klassifizierungen Empirisch: Taxonomie	Comparative Approach
Beschreibung	• Erfassung der Singularität von Strategie durch verbale Beschreibungen innerhalb ausführlicher Fallstudien • Keine Messung von Strategie	• Zuordnung von Unternehmen zu Gruppen, die aufgrund theoriegeleiteter, deduktiv a priori anhand von mindestens zwei Merkmalen gebildeter Gruppen	• Zuordnung von Unternehmen zu empirisch, induktiv a posteriori mittels multivariater Datenanalyseverfahren gebildeter Gruppen	• Identifikation und Messung der Schlüsselcharakteristika des Strategiekonstrukts
Vorteile	• Strategie kann als Prediktor-, Mediator- oder Kriteriumsvariable aufgefasst werden • Berücksichtigt den integrativen Charakter und die interne Logik von Strategie • Hohe Eignung für explorative Untersuchungsphase bei der Theoriebildung	• Konzeptionelle Eleganz und hohe Praktikabilität • Strategie als Prediktor-, Mediator- o. Kriteriumsvariable • Berücksichtigung des integrativen, holistischen Charakters und der Reichhaltigkeit von Strategie • Darstellung von Idealtypen und Equifinality • Unabhängigkeit von Empirie	• Hoher Realitätsbezug durch Reflexion der empirischen Existenz von intern konsistenten Konfigurationen • Berücksichtigung des integrativen, holistischen Charakters von Strategie • Erfassung von Kombinationen von Ausprägungen • Abbildung von Equifinality	• Genauere / feinere Messung des Konstrukts, die Abbildung der Unterschiede in einer Kategorie erlaubt • Abbildung der Relationen der Untersuchungsobjekte untereinander • Berücksichtigung des integrativen holistischen Charakters von Strategie • Abbildung von Equifinality
Nachteile	• Keine Eignung für das Testen von Theorien oder Hypothesen • Aufgrund hoher Spezifität und kleiner Fallzahl keine Generalisierbarkeit der Ergebnisse möglich • Aufgrund mangelnder Operationalisierung und Messung keine Möglichkeit eines reliablen Vergleiches über Unternehmen hinweg oder Replizierung durch andere Forscher möglich • Hohe Subjektivität durch qualitative Interpretation	• Geringe Anzahl an Variablen führt zu unzureichender Abbildung der Realität/der Unterschiede zwischen Unternehmen • Unbrauchbarkeit für empirische Forschung • Hohe Subjektivität durch Willkür bei Auswahl der Dimensionen • Eingeschränkte erklärende/ vorhersehende Aussagekraft • Beschränkung nominaler Variablen	• Keine Reflexion der Differenzen der Unternehmen innerhalb der Gruppen • Hohe Subjektivität durch Auswahl der Dimensionen und Selektion sowie Ausgestaltung des Datenanalyseverfahrens • Vorwurf der Theorielosigkeit beschränkt Einsatz auf frühe, exploratorische Forschungsphasen • Gefahr nicht-interpretierbarer und nicht-stabiler Dimensionen • Interpretationsspielraum	• Höherer Forschungsaufwand bezüglich theoretischer Herleitung der Dimensionen sowie Operationalisierung und Messung • Keine Eignung für frühe Forschungsstadien

Tab. 36: Gegenüberstellung der Charakteristika sowie der Vor- und Nachteile der Operationalisierungsansätze[1406]

[1406] Eigene Darstellung in Anlehnung an Miles/Snow/Meyer et. al. (1978), S. 550; Carper/Snizek (1980), S. 70 ff.; Hambrick (1980), S. 569 ff.; McKelvey (1982), S. 40 ff.; Ginsberg (1984), S. 550; Hambrick (1984), S. 28 ff.; Venkatraman (1989a), S. 943 f.; Rich (1992), S. 760; Doty/Glick (1994), S. 232 ff.; Brockhoff/Leker (1998), S. 1202 ff.; Jenner (1999), S. 34 ff.

Autoren/Jahr	Untersuchungs-objekt	Theoretische Fundierung	Empirische Überprüfung	Ergebnis
• Bettis/ Hitt (1995)	• Wettbewerbslandschaft in der New Economy und ihre Auswirkungen auf das strategische Management	• Bezugspunkte zu Capability-based View und Knowledge-based View	• Empirische Überprüfung findet nicht statt	• Zunahme von Risiko und Unsicherheit und Abnahme von Prognostizierbarkeit • Bedeutung von Fähigkeiten und Lernen sowie flexibler Reaktion und Rekonfiguration
• Chakravarthy (1997)	• Prüfung der Anwendbarkeit von Strategie-Konzepten in turbulenten Märkten • Entwicklung eines Strategie-Frameworks für Turbulenz	• Market-based View (Porter Framework) • Resource-based View (Hamel/Prahalad Approach) • Hypercompetition (D'Aveni Framework)	• Verdeutlichung anhand einzelner Unternehmensbeispiele • Empirische Überprüfung findet nicht statt	• Bisherige Strategie-Konzepte nicht anwendbar • Entscheidend: Wiederholter First-Mover, Management von Netzeffekten • Wettbewerbsvorteile durch organisationale Fähigkeiten
• Kotha (1998)	• Veränderung der Branchenstruktur und Wettbewerbsregeln durch das Internet und technologische Innovationen	• Resource-based View	• Fallstudie Amazon.com/ Bucheinzelhandel • Empirische Überprüfung findet nicht statt	• Physischer Standort als Wettbewerbsvorteil • Wichtigkeit des Community-Building • Fähigkeiten des Unternehmens, das Medium auszunutzen, als Quelle von Wettbewerbsvorteilen
• Sampler (1998)	• Art der Branchenstruktur für informationsintensive Branchen und ihr Einfluss auf das Wettbewerbsverhalten von Unternehmen	• Industrieökonomik/ Market-based View • Resource-based View • Knowledge-based View • Institutionenökonomie/ Transaktionskostentheorie	• Überlegungen werden an einzelnen Unternehmensbeispielen deutlich gemacht • Aufstellen von Thesen • Empirische Überprüfung findet nicht statt	• Einführung der Konzepte der Information Separability und Information Specifity • Neudefinition der Branchengrenzen, -konzentration, Diversifikation und Innovation

Tab. 37: Bestandsaufnahme der Forschungsbeiträge zu Strategie in High Velocity Märkten

Autoren/Jahr	Untersuchungs-objekt	Theoretische Fundierung	Empirische Überprüfung	Ergebnis
• Eisenhardt/ Brown (1999)	• Patching zum Aufbau von temporären Strukturen zur Erhöhung der Flexibilität und Beschleunigung des Wandels von Unternehmen, um in turbulenten Märkten erfolgreich zu sein	• Bezugspunkte zum Capability-based View • Bezugnahme auf Chaos- und Komplexitätstheorie	• Verdeutlichung anhand einzelner Unternehmensbeispiele, z.B. Dell und Cisco Systems • Empirische Überprüfung findet nicht statt	• Unternehmensstrategie sollte sich eher auf strategische Prozesse als auf eine strategische Positionierung konzentrieren • Strategische Prozesse erlauben Flexibilität, Wechsel und dynamische Repositionierung
• Evans/ Wurster (1999)	• Strategien zur Generierung von Wettbewerbsvorteilen im Electronic Commerce	• Keine erkennbare theoretische Fundierung	• Verdeutlichung anhand einzelner Unternehmensbeispiele • Empirische Überprüfung findet nicht statt	• Internet erlaubt Navigation als alleinstehendes Geschäft • Wettbewerbsvorteile entstehen durch Navigation entlang der Dimensionen Reach, Richness und Affilation
• Piller/ Schoder (1999)	• Zusammenhang zwischen verfolgter Wettbewerbsstrategie und Electronic Commerce/Mass Customization • Stand der Umsetzung von Mass Customization/ Beziehungsmanagement	• Market-based View (Porters generische Strategien, hybride Wettbewerbsstrategien) • Beziehungsmanagement • One-to-One Marketing	• Empirische Studie „Electronic Commerce Enquête 97/98"; 914 Unternehmen in D • Exploratorisch-deskriptiv • Kein Testen von Hypothesen	• Nutzung von Electronic Commerce-Potenzialen eher durch Differenzierung als durch Kostensenkungspotenziale bestimmt • Geringer Anteil gibt hybride Wettbewerbsstrategie an
• Yoffie/ Cusumano (1999)	• Judo-Strategie als Wettbewerbsstrategie in turbulenten, technologiegetriebenen Internet-Märkten	• Keine erkennbare theoretische Fundierung	• Fallstudien: Verdeutlichung des Konzeptes anhand des strategischen Verhaltens von Netscape und Microsoft • Empirische Überprüfung findet nicht statt	• Wettbewerbsvorteile beruhen auf schnellem Agieren, Flexibilität und Leverage • Wettbewerbsvorteile können schnell entstehen und wieder obsolet werden

Tab. 37: Bestandsaufnahme der Forschungsbeiträge zu Strategie in High Velocity Märkten (Blatt 2 von 5)

Autoren/Jahr	Untersuchungs-objekt	Theoretische Fundierung	Empirische Überprüfung	Ergebnis
• Eisenhardt/ Galunic (2000)	• Coevolving als strategischer Prozess, der den Geschäftsbereichen eine hohe Flexibilität und Reaktionsfähigkeit in dynamischen Märkten bringt und Synergien freisetzt	• Bezugspunkte zum Capability-based View • Bezüge zu Evolutions- und Komplexitätstheorie	• Verdeutlichung anhand einzelner Unternehmensbeispiele, z.B. Hewlett-Packard • Empirische Überprüfung findet nicht statt	• Ständige Prüfung und Rekonfiguration der Verbindungen zwischen Geschäftsbereichen und interner Wettbewerb entscheidend in dynamischen Märkten • Multi-business Teams und Anreizsysteme müssen Coevolving unterstützen
• Haertsch (2000)	• Wettbewerbsstrategien für Electronic Commerce • Anwendbarkeit klassischer Strategiekonzepte, insbesondere Market- und Resource-based View, auf die Digital Economy	• Market-based View (MBV) • Resource-based View (RBV)	• Zwei deskriptive Fallstudien in Form des Single-Case Designs (Charles Schwab; Musikbranche MP3) • Aufstellen von Thesen • Empirische Überprüfung findet nicht statt	• MBV und RBV bei evolutionären Veränderungen noch leicht modifiziert anwendbar • MBV bei revolutionärer Veränderung nicht mehr anwendbar; RBV nur eingeschränkt
• Scott (2000)	• Disintermediation aufgrund des Internets in der PC-Branche • Strategische Transformationspotenziale für bedrohte Intermediäre basierend auf ihren Fähigkeiten	• Institutionenökonomie/ Transaktionskostentheorie • Capability-based View/ Dynamic Capabilities Framework	• Verdeutlichung anhand einzelner Unternehmensbeispiele, z.B. Dell • Empirische Überprüfung findet nicht statt	• Erweiterung / Integration des „Four-Outcomes"-Framework mit dem „Dynamic Capability"-Framework • Optionen für bedrohte Intermediäre abhängig von ihren Fähigkeiten
• Werbach (2000)	• Konzept der Syndication und seine Implikationen auf die Wettbewerbsstrategie von Unternehmen in der New Economy	• Keine erkennbare theoretische Fundierung	• Verdeutlichung anhand einzelner Unternehmensbeispiele, z.B. Amazon.com • Empirische Überprüfung findet nicht statt	• Entstehung von Syndication Netzwerken mit Originators, Syndicators und Distributors • Da Wettbewerbsvorteile nicht nachhaltig zu schützen sind, Verkauf anstatt Schutz von Capabilities

Tab. 37: Bestandsaufnahme der Forschungsbeiträge zu Strategie in High Velocity Märkten (Blatt 3 von 5)

Autoren/Jahr	Untersuchungs-objekt	Theoretische Fundierung	Empirische Überprüfung	Ergebnis
• Amit/ Zott (2001)	• Wertschöpfung im Electronic Business	• Wertkettenanalyse • Schumpetersche Innovation • Resource-based View • Strategische Netzwerke • Transaktionskostentheorie	• Induktiver Fallstudienansatz • Offene Interviews mit 59 E-Business-Unternehmen • Replication Logic (Reihe von Fällen als Reihe von Experimenten)	• Quellen der Wertschöpfung im E-Business sind Effizienz, Komplementarität, Lock-in und Innovation • Geschäftsmodell als Analyseeinheit für Wertschöpfung
• Böing (2001)	• Erfolgsfaktoren im B2C-E-Commerce • Berücksichtigung von wettbewerbsstrategischer Grundhaltung, allgemeinen Strategiedimensionen und absatzmittlergerichteten Strategien als Erfolgsfaktoren	• Entscheidungsorientierter Ansatz • Literatur zum strategischen Marketing	• Konfirmatorisch-explikatives Forschungsdesign • Schriftliche und Online-Befragung bei 135 Unternehmen • Testen der Hypothesen mit Kausalanalyse und bivariaten Korrelationsanalysen	• Signifikanter Einfluss von Technologie-, Kunden- u. Konkurrenzorientierung • Kooperationsbereitschaft hat signifikanten Einfluss auf Erfolg • Positiver Einfluss von Konflikt- und Kooperationsstrategie
• Eisenhardt/ Sull (2001)	• Zentrale Bedeutung von Schlüsselprozessen und einfachen Regeln für die Strategie in der New Economy	• Bezugspunkte zum Capability-based View	• Verdeutlichung anhand einzelner Unternehmensbeispiele, z.B. Yahoo!, Amazon.com, eBay • Empirische Überprüfung findet nicht statt	• Umwelt ist zu dynamisch und zu komplex, um auf sie mit differenzierten Strategien und strategischen Positionen zu reagieren • Konzentration auf entscheidende strategische Prozesse und einige einfache Regeln
• Gomez/ Küng (2001)	• Wertschöpfung in der New Economy • Anwendbarkeit von „old"-Economy-Management-Tools für die „New Economy"	• VIP-Cycle-Modell (Gomez, 1998) • Analytisches Tool, das Vielzahl von Unternehmenskonzepten verbindet	• Verdeutlichung anhand einzelner Unternehmensbeispiele • Empirische Überprüfung findet nicht statt	• Angepasstes VIP-Modell für die New Economy • Gleiche Komponenten, andere Konstellation • Höhere Flexibilität notwendig • Betonung von Real Options

Tab. 37: Bestandsaufnahme der Forschungsbeiträge zu Strategie in High Velocity Märkten (Blatt 4 von 5)

Autoren/Jahr	Untersuchungs-objekt	Theoretische Fundierung	Empirische Überprüfung	Ergebnis
• Porter (2001)	• Strategie im Internet	• Industrieökonomik • Branchenstrukturanalyse (5-Forces-Modell) • Wertschöpfungsketten-analyse	• Empirische Überprüfung findet nicht statt	• Auch in New Economy wird Profitabilität durch Branchenstruktur und nachhaltige Wettbewerbsvorteile bestimmt • Diese werden durch operationale Effektivität und strategische Positionierung erreicht
• Rindova/ Kotha (2001)	• Continuous Morphing als Prozess der kontinuierlichen, tiefgreifenden Tranformation von Angebotsprogramm, Ressourcen- und Fähigkeitsausstattung sowie Struktur zur Erreichung von Wettbewerbsvorteilen	• Bezugspunkte zur Evolutionstheorie • Bezugspunkte zum Capability-based View	• Induktiver Fallstudienansatz • Detaillierte Fallstudien von Yahoo! und Excite	• Continuous Morphing als simultane Transformation von Form, Funktion und Struktur • Einfluss dynamischer Fähigkeiten und strategischer Flexibilität • Prozess führt zu kontinuierlichen Wettbewerbsvorteilen
• Willcocks/ Plant (2001)	• Strategien zur Nutzung des Internet von führenden B2C-Unternehmen zur Kundenakquisition und zur Steigerung des Marktanteils	• Keine erkennbare theoretische Fundierung	• Qualitative Interviews mit Executives von 58 großen B2C-Unternehmen in den USA, Europa und Asien • Subjektive Einschätzungen der Befragten	• Unterteilung in 15 Leader, 25 Nachzügler und 18 Middle-Performer • Führende Unternehmen zeichnet aus, Information und Technologie nutzenstiftend mit Marketing und Service zu integrieren
• Lammerskötter (2002)	• Strategie in turbulenten Märkten • Anwendbarkeit und Relevanz bestehender Strategietheorien (Market-based View und Resource-based View) auf den Kontext turbulenter Märkte	• Market-based View (MBV) • Resource-based View (RBV)	• Verdeutlichung der Überlegungen anhand der Mobilfunkindustrie und einem Fallbeispiel von Nokia • Empirische Überprüfung findet nicht statt	• Anwendung des MBV unterliegt teilweise Einschränkungen • Relativ hohe Anwendbarkeit des RBV

Tab. 37: Bestandsaufnahme der Forschungsbeiträge zu Strategie in High Velocity Märkten (Blatt 5 von 5)

Autoren/Jahr	Untersuchungs- objekt	Theoretische Fundierung	Empirische Überprüfung	Ergebnis
• Hatten/ Schendel/ Cooper (1978)	• Spezifizierung und Schätzung eines Strategie-Modells für die Brauerei-Industrie in den USA, 1952-1971 • Geschäftsbereichsstrategie	• Industrieökonomik zur Modellierung der Umweltvariablen • Ableitung der Variablen aus Fallstudien bezüglich der Branche, Interviews und Presse	• Objective Indicators • Taxonomie, datengeleitet, kompositorisch • Clusteranalyse, Regressionsanalyse • Konfirmatorisch-explikativ • Fallzahl: n=13	• Schätzung von einer Regressionsgleichung für das Sample und je einer für 6 strategische Gruppen • Signifikante Unterschiede der Beziehung zwischen Strategie und Erfolg zwischen den Gruppen und Branchen
• Grinyer/ Yasai-Ardekani/ Al-Bazzaz (1980)	• Verbindung zwischen (Diversifikations-)Strategie, Struktur, Umwelt und finanziellem Erfolg bei produzierenden und Dienstleistungsunternehmen im UK • Unternehmensstrategie	• Allgemeine Literatur zum strategischen Management	• Self-Typing • Typologie • Korrelationsanalyse • Konfirmatorisch-explikativ • Fallzahl: n=48	• Statistisch hoch signifikante positive Korrelation zwischen Strategie und Struktur • Fit zwischen Strategie und Struktur wird durch ungünstige Umweltbedingungen erzwungen und hilft, in diesen Bedingungen zu agieren
• Jauch/ Osborn/ Glueck (1980)	• Auswirkungen von Umweltherausforderungen und strategischen Entscheidungen auf den kurzfristigen Erfolg in den Jahren von 1930-1974 • Geschäftsbereichsstrategie	• Allgemeine Literatur zum strategischen Management	• Investigator Inference (Inhaltsanalyse) • Comparative Approach • Korrelationsanalyse, multiple, lineare Regression • Exploratorisch-explikativ • Fallzahl: n=358	• Nur geringe empirische Unterstützung für Annahme, dass auf gleiche Umweltanforderungen mit der gleichen Strategie reagiert wird • Umwelt-Strategie-Kombination ist kein Prediktor für kurzfristigen Erfolg
• Lenz (1980)	• Zusammenhang zwischen Umwelt, Strategie und Organisationsstruktur in der Savings & Loans-Branche • Geschäftsbereichsstrategie	• Industrieökonomik • Strategisches Management • Organisationstheorie	• Objective Indicators • Comparative Approach • Faktorenanalyse, Diskriminanzanalyse • Konfirmatorisch-deskriptiv • Fallzahl: n=80	• Hoch erfolgreiche Unternehmen unterscheiden sich signifikant in der Umwelt-Struktur-Strategie-Kombination von wenig erfolgreichen Unternehmen

Tab. 38: Bestandsaufnahme der Forschungsbeiträge zur empirischen Strategieidentifikation und –messung

Autoren/Jahr	Untersuchungs-objekt	Theoretische Fundierung	Empirische Überprüfung	Ergebnis
• Snow/ Hrebiniak (1980)	• Zusammenhang zwischen Strategie, distinkten Kompetenzen und Erfolg in der Plastik-, Halbleiter-, Automobil- und Luftfahrtbranche • Geschäftsbereichsstrategie	• Allgemeine Literatur zum strategischen Management • Miles & Snow-Typologie	• Self-Typing • Typologie • Multiple Varianzanalyse (MANOVA), Faktorenanalyse • Konfirmatorisch-explikativ • Fallzahl: n=88	• Klare Muster von Kompetenzen bei Defenders / Prospectors, wohingegen diese bei Analyzern nicht eindeutig sind • Kein Muster von Kompetenzen bei Reactors, die auch bezüglich des Erfolgs unterlegen sind
• Beard/ Dess (1981)	• Empirische Überprüfung der relativen Bedeutung von Unternehmensstrategie und Geschäftsbereichsstrategie für den Profit des Unternehmens • Unternehmensstrategie, Geschäftsbereichsstrategie	• Allgemeine Literatur zum strategischen Management • Konzept von Corporate-level Strategy und Business-level Strategy nach Hofer/ Schendel (1978)	• Objective Indicators • Comparative Approach • Multiple Regressionsanalyse • Konfirmatorisch-explikativ • Fallzahl: n=40	• Sowohl Unternehmens- als auch Geschäftsbereichsstrategie erklären Erfolgsunterschiede • Ergebnisse der relative Bedeutung von Unternehmens- vs. Geschäftsbereichsstrategie sind jedoch mehrdeutig
• Grinyer/ Yasai-Ardekani (1981)	• Zusammenhang zwischen (Diversifikations-)Strategie, Struktur, Größe und Bürokratie bei Elektronik-Unternehmen im UK • Unternehmensstrategie	• Allgemeine Literatur zum strategischen Management	• Self-Typing • Typologie • Korrelationsanalyse • Konfirmatorisch-explikativ • Fallzahl: n=40	• Empirischer Nachweis einer starken Beziehung zwischen Strategie und Struktur • Hohe Korrelation zwischen Diversifikation und Bürokratie • Beziehungsgeflecht zwischen Strategie-Struktur-Bürokratie ist abhängig von der Größe
• Hambrick (1981)	• Auswirkungen der entscheidenden Kontingenzfaktoren Strategie und Umwelt auf die Macht-Muster im Top-Management bei Krankenhäusern, Versicherern und Colleges • Geschäftsbereichsstrategie	• Allgemeine Literatur zum strategischen Management • Miles & Snow-Typologie	• External Assessment (Objective Indicators/ Self-Typing) • Typologie • Korrelationsanalysen • Konfirmatorisch-explikativ • Fallzahl: n=17	• Umwelt und Strategie können als Quellen kritischer Kontingenzfaktoren angesehen und konzeptionell sowie empirisch unterschieden werden

Tab. 38: Bestandsaufnahme der Forschungsbeiträge zur empirischen Strategieidentifikation und –messung (Blatt 2 von 22)

Autoren/Jahr	Untersuchungs-objekt	Theoretische Fundierung	Empirische Überprüfung	Ergebnis
• Woo/ Cooper (1981)	• Strategien von effektiven Unternehmen mit geringem Marktanteil • Unternehmensstrategie/ Geschäftsbereichsstrategie	• Allgemeine Literatur zum strategischen Management	• Objective Indicators • Comparative Approach • Clusteranalyse, Diskriminanzanalyse • Konfirmatorisch-deskriptiv • Fallzahl: n=126	• Effektive Low-share-Firmen konzentrieren sich in bestimmten Produkt-Markt-Bereichen • Effektive Low-share-Firmen zeichnen sich in Wettbewerbsstrategie durch Fokus auf Stärken aus
• Hambrick (1982)	• Beziehung zwischen den Umwelt-Scanning-Aktivitäten des Top-Managements und der Strategie des Unternehmens bei Colleges, Krankenhäusern u. Lebensversicherungen • Geschäftsbereichsstrategie	• Allgemeine Literatur zum strategischen Management • Miles & Snow-Typologie	• External Assessment (Objective Indicators/ Self-Typing) • Typologie • Mittelwertvergleiche • Exploratorisch-explikativ • Fallzahl: n=17	• Top-Management weist keine konsistente, konzentrierte Tendenz auf, das Umfeld entsprechend der gewählten Strategie zu scannen • Nur vereinzelte Belege einer Beziehung zwischen Strategie und Scanning
• Hitt/ Ireland/ Stadter (1982)	• Einfluss von Grand Strategy und Branchentyp als moderierende Variablen auf die Beziehung zwischen funktionaler Struktur und Erfolg • Unternehmensstrategie	• Industrieökonomik • Allgemeine Literatur zum strategischen Management • Ableitung der Grand Strategy gemäß Typologie nach Glueck (1976; 1980)	• Self-Typing/ Objective Indicators • Typologie • Moderierende Regressionsanalyse • Konfirmatorisch-deskriptiv • Fallzahl: n=93	• Sowohl Grand Strategy als auch Branchentyp haben einen signifikanten Einfluss auf die Beziehung zwischen der Bedeutung einzelner Funktionsbereiche und dem Erfolg
• Frazier/ Howell (1983)	• Beziehung zwischen Mitgliedschaft in strategischer Gruppe und strategischen sowie operationalen Variablen und des Erfolgs bei Händlern für medizinische Ausrüstung • Geschäftsbereichsstrategie	• Industrieökonomik • Konzept der strategischen Gruppen • Ableitung der Gruppenmitgliedschaft gemäß des Market-Boundary-Definitions-Bezugsrahmens nach Abell	• Objective Indicators • Typologie • Mittelwertvergleiche • Exploratorisch-deskriptiv • Fallzahl: n=129	• Signifikante Unterschiede zwischen den gemäß der Business Definition gebildeten strategischen Gruppen in Bezug auf Erfolgsvariablen und die Betonung von strategischen und operativen Variablen

Tab. 38: Bestandsaufnahme der Forschungsbeiträge zur empirischen Strategieidentifikation und –messung (Blatt 3 von 22)

Autoren/Jahr	Untersuchungs-objekt	Theoretische Fundierung	Empirische Überprüfung	Ergebnis
• Galbraith/ Schendel (1983)	• Identifizierung von strategischen Typen von Konsumgüter- und Investitionsgüterunternehmen • Geschäftsbereichsstrategie	• Keine erkennbare theoretische Fundierung • Darstellung verschiedener Strategie-Typologien aus der strategischen Management-Forschung	• Objective Indicators • Taxonomie, datengeleitet, kompositorisch • Clusteranalyse • Exploratorisch-explikativ • Fallzahl: k.A.	• Identifizierung von 6 Clustern von Strategien für die Konsumgüter-Unternehmen • Identifizierung von 4 Clustern von Strategien für die Investitionsgüter-Unternehmen • Moderierender Einfluss von relativer Wettbewerbsstärke
• Hambrick (1983a)	• Erweiterung der Miles & Snow-Typologie in Bezug auf Performance-Tendenzen in unterschiedlichen Umfeldern und auf funktionale Attribute • Geschäftsbereichsstrategie	• Allgemeine Literatur zum strategischen Management • Miles & Snow-Typologie	• Objective Indicators • Typologie • Multiple Regressionsanalyse • Konfirmatorisch-explikativ • Fallzahl: n=850/74	• Signifikante Performance-Unterschiede zwischen Prospectors und Defenders • Nachweis der Entrepreneur-Orientierung der Prospectors und der Effizienz-Orientierung der Defenders
• Hambrick (1983b)	• Strategien von erfolgreichen Unternehmen in 2 verschiedenen Umfeldern von reifen Industriegüter-Branchen • Geschäftsbereichsstrategie	• Industrieökonomik • Generische Strategien nach Porter	• Objective Indicators • Taxonomie, datengeleitet, kompositorisch • Faktorenanalyse, Clusteranalyse • Exploratorisch-deskriptiv • Fallzahl: n=164	• Identifikation von je 3 Clustern von erfolgreichen und je 2 Clustern von nicht erfolgreichen Unternehmen für die beiden Umfelder • Unterschiedliche Strategien führen zum Erfolg
• Hambrick/ MacMillan/ Barbosa (1983)	• Strategie als eine von mehreren Determinanten der F&E-Intensität bei Investitionsgüterunternehmen • Geschäftsbereichsstrategie	• Allgemeine Literatur zum strategischen Management • Miles & Snow-Typologie	• Objective Indicators • Typologie • Multiple Regression • Konfirmatorisch-explikativ • Fallzahl: n=242	• Prospectors ändern ihre F&E-Intensität nicht gegenüber steigendem Wettbewerbsdruck, sondern gegenüber fallendem

Tab. 38: Bestandsaufnahme der Forschungsbeiträge zur empirischen Strategieidentifikation und –messung (Blatt 4 von 22)

Autoren/Jahr	Untersuchungs-objekt	Theoretische Fundierung	Empirische Überprüfung	Ergebnis
• **Hinterhuber/ Kirchebner (1983)**	• Strategische Gruppen von Unternehmungen in der Bauindustrie • Unternehmensstrategie	• Keine erkennbare theoretische Fundierung	• Objective Indicators • Taxonomie, datengeleitet, kompositorisch • Multivariate Regressionsanalyse • Exploratorisch-deskriptiv • Fallzahl: n=18	• Identifizierung von 5 strategischen Gruppen • Preispolitik, Spezialisierungsgrad und Verhältnis zu Abnehmern als wichtigste Strategiedeterminanten
• **Phillips/ Chang/ Buzzel (1983)**	• Zusammenhang zwischen Produktqualität, Kostenposition und Erfolg • Geschäftsbereichsstrategie	• Industrieökonomik • Generische Strategien nach Porter	• Objective Indicators • Comparative Approach • LISREL-Ansatz der Kausalanalyse • Konfirmatorisch-explikativ • Fallzahl: n=623	• Sowohl relative direkte Kostenposition als auch Produktdifferenzierung über hohe Qualität als signifikante Determinanten des Erfolgs • Qualität wirkt indirekt über Marktposition und ist mit Kostenposition vereinbar
• **Dess/ Davis (1984)**	• Zugehörigkeit zu strategischen Gruppen basierend auf Porters generischen Strategien in der Farben-Industrie; Zusammenhang mit Performance • Geschäftsbereichsstrategie	• Industrieökonomik • Konzept der strategischen Gruppen • Generische Strategien nach Porter	• Self-Typing; Investigator Inference zur Validierung • Taxonomie, typologiegeleitet, kompositorisch • Faktoren-, Clusteranalyse • Exploratorisch-explikativ • Fallzahl: n=15	• Nachweis von 4 Clustern anhand 4 Faktorwerten von 3 Faktoren gemäß Porter (Kostenführerschaft, Differenzierung, Fokus, „stuck-in-the-middle") • Teilweise signifikante Performance-Unterschiede zugunsten reiner Strategien
• **Hawes/ Crittenden (1984)**	• Retail-Marketing-Strategien für generische Lebensmittel bei U.S. Supermarktketten • Funktionsbereichsstrategie	• Allgemeine Literatur zum strategischen Management • Industrieökonomik • Konzept der strategischen Gruppen	• Self-Typing • Taxonomie, typologiegeleitet, kompositorisch • Clusteranalyse, multiple Varianzanalyse (MANOVA) • Exploratorisch-explikativ • Fallzahl: n=181	• Identifikation von 4 strategischen Gruppen bezüglich der Marketing-Strategie von generischen Lebensmitteln • Aggressive Initiators sind erfolgreicher als die anderen strategischen Gruppen

Tab. 38: Bestandsaufnahme der Forschungsbeiträge zur empirischen Strategieidentifikation und –messung (Blatt 5 von 22)

Autoren/Jahr	Untersuchungs- objekt	Theoretische Fundierung	Empirische Überprüfung	Ergebnis
• Calori (1985)	• Strategien in emerging industries (Solar-Heiz-Branche und Solar-Elektrizitäts-Branche) in Frankreich • Geschäftsbereichsstrategie	• Allgemeine Literatur zum strategischen Management	• Self-Typing • Taxonomie, datengeleitet, kompositorisch • Faktorenanalyse, Clusteranalyse • Exploratorisch-explikativ • Fallzahl: n=59	• Identifikation von orthogonalen Dimensionen zur Beschreibung von Strategien • Identifikation von 7 strategischen Gruppen (Strategien) • Effektivste Strategie ist eine der Differenzierungsstrategie nach Porter ähnliche
• Harrigan (1985)	• Identifikation von strategischen Gruppen im Einzelhandel mittels Clusteranalyse • Geschäftsbereichsstrategie	• Industrieökonomik • Konzept der strategischen Gruppen	• Objective Indicators • Taxonomie, datengeleitet, kompositorisch • Clusteranalyse • Exploratorisch-deskriptiv • Fallzahl: n=92	• Identifikation von 7 relativ homogenen strategischen Gruppen entlang von 4 Dimensionen • Identifikation von Mobilitätsbarrieren in Form der Dimensionen
• Hitt/ Ireland (1985)	• Beziehung zwischen distinkten Kompetenzen auf Unternehmensebene, Unternehmensstrategie, Branchentyp und Unternehmenserfolg • Unternehmensstrategie	• Allgemeine Literatur zum strategischen Management • Ableitung der Grand Strategy gemäß Typologie nach Glueck (1980)	• Self-Typing/ Objective Indicators • Typologie • Moderierte Regressionsanalyse • Konfirmatorisch-explikativ • Fallzahl: n=185	• Grand Strategy hat einen starken moderierenden Einfluss auf die Beziehung zwischen Kompetenzen und Erfolg • Bedeutung der Entwicklung von Kompetenzen für Implementierung der Strategie
• Venkatraman (1985;1989)	• Konzeptionalisierung und Operationalisierung des Konstrukts „Strategic Orientation of Business Enterprises" • Geschäftsbereichsstrategie	• Allgemeine Literatur zum strategischen Management	• Self-Typing • Comparative Approach, konzeptgeleitet • Konfirmatorische Faktorenanalyse • Konfirmatorisch-explikativ • Fallzahl: n=93/110	• Konzeptionalisierung und Operationalisierung der Strategischen Orientierung eines Geschäftsbereichs als 6-dimensionales Konstrukt • Entwicklung eines reliablen und validen Messinstruments

Tab. 38: Bestandsaufnahme der Forschungsbeiträge zur empirischen Strategieidentifikation und –messung (Blatt 6 von 22)

Autoren/Jahr	Untersuchungs-objekt	Theoretische Fundierung	Empirische Überprüfung	Ergebnis
• Miller/ Friesen (1986a/b)	• Existenz der generischen Strategien nach Porter in der Konsumgebrauchsgüter-branche • Geschäftsbereichsstrategie	• Industrieökonomik • Generische Strategien nach Porter	• Objective Indicators • Taxonomie, typologiegeleitet, datengeleitet, kompositorisch • Clusteranalyse • Exploratorisch-deskriptiv • Fallzahl: n=102	• Identifikation von 5 Clustern, 3 davon gemäß generischer Strategien • Empirischer Hinweis auf hybride Strategie-Typen • Unternehmen mit Differenzierung, Kostenführerschaft, Fokus sind erfolgreicher
• Prescott (1986)	• Einfluss der Umwelt als moderierende Variable auf die Form und die Stärke des Zusammenhangs zwischen Strategie und Erfolg • Geschäftsbereichsstrategie	• Industrieökonomik	• Objective Indicators • Comparative Approach • Regressionsanalyse • Konfirmatorisch-deskriptiv • Fallzahl: n=1.638	• Umwelt moderiert die Stärke, aber nicht die Form der Beziehung zwischen Strategie und Erfolg • Strategie-Variablen, die signifikant mit Erfolg verbunden sind, variieren über Umweltzustände
• White (1986)	• Zusammenhang zwischen generischen Strategien, organisatorischen Kontext und dem Erfolg • Geschäftsbereichsstrategie	• Industrieökonomik • Generische Strategien nach Porter	• Objective Indicators • Typologie • Varianzanalyse • Konfirmatorisch-explikativ • Fallzahl: n=69	• Existenz einer Beziehung zwischen Strategie, organisationalem Kontext und Erfolg • Kostenführerschaft mit geringer Autonomie hat höheren ROI • Differenzierung mit starker Koordination erfolgreicher
• Cool/ Schendel (1987)	• Strategische Gruppen in der U.S. pharmazeutischen Industrie in den Jahren 1963-1982 • Geschäftsbereichsstrategie	• Industrieökonomik • Konzept der strategischen Gruppen	• Objective Indicators • Taxonomie, datengeleitet, kompositorisch • Clusteranalyse • Konfirmatorisch-deskriptiv • Fallzahl: n=22	• Identifizierung von 4 signifikanten Zeitperioden mit unterschiedlicher Struktur strategischer Gruppen • Nachweis von 6, 5, 4, 6 strategischen Gruppen • Signifikanter Zusammenhang mit Marktanteil

Tab. 38: Bestandsaufnahme der Forschungsbeiträge zur empirischen Strategieidentifikation und –messung (Blatt 7 von 22)

Autoren/Jahr	Untersuchungs-objekt	Theoretische Fundierung	Empirische Überprüfung	Ergebnis
• Davies (1987)	• Strategie von Department Stores in Manchester • Geschäftsbereichsstrategie	• Keine erkennbare theoretische Fundierung	• External Assessment • Taxonomie, datengeleitet, dekompositorisch • Multidimensionale Skalierung • Exploratorisch-deskriptiv • Fallzahl: n=7	• Positionierung der betrachteten Unternehmen in Relation zueinander und zu einer Idealausprägung anhand verschiedener Attribute
• Day/ DeSarbo/ Oliva (1987)	• Entwicklung einer strategischen Karte, die Unternehmen zueinander und zu Performance sowie Strategie-Variablen in Beziehung setzt • Geschäftsbereichsstrategie	• Industrieökonomik	• Objective Indicators • Taxonomie, datengeleitet, kompositorisch • Multidimensionale Skalierung • Exploratorisch-deskriptiv • Fallzahl: n=14	• Positionierung der untersuchten Unternehmen relativ zu ihrer Performance und den verfolgten Strategien • Aufzeigen der Beziehung zwischen den einzelnen Strategie-Variablen und der Performance
• Fiegenbaum/ Primeaux (1987)	• Strategische Gruppen, deren Stabilität und Mobilitätsbarrieren in neun verschiedenen Branchen • Geschäftsbereichsstrategie	• Industrieökonomik • Markov Chain Theory	• Objective Indicators • Taxonomie, datengeleitet, kompositorisch • Markov-Ketten • Exploratorisch-deskriptiv • Fallzahl: n=218	• Marktanteil als Kriterium für Zugehörigkeit zu einer strategischen Gruppe • Hohe Stabilität der strategischen Gruppen • Tendenz, sich in eine niedrigere Gruppe zu bewegen, ist stärker als in eine höhere
• Herbert/ Deresky (1987)	• Empirische Überprüfung der Validität und des Strategieinhalts einer Typologie generischer Strategien über verschiedene Branchen hinweg bei kanadischen Unternehmen • Geschäftsbereichsstrategie	• Allgemeine Literatur zum strategischen Management • Entwicklung einer Typologie aus der Synthese der Literatur zu Strategie-Klassifizierungen	• Self-Typing (Objective Indicators/External Assessment) • Typologie, Synthese aus verschiedenen Typologien • Keine Analyseverfahren • Exploratorisch-deskriptiv • Fallzahl: n=34	• 4 unabhängige, generische Strategien definieren Haupt-Typen, anhand derer strategische Operationen identifiziert und untersucht werden können • Existenz und Charakteristika wurden empirisch überprüft

Tab. 38: Bestandsaufnahme der Forschungsbeiträge zur empirischen Strategieidentifikation und –messung (Blatt 8 von 22)

Autoren/Jahr	Untersuchungs-objekt	Theoretische Fundierung	Empirische Überprüfung	Ergebnis
• McDaniel/ Kolari (1987)	• Auswirkungen der Miles & Snow-Typologie auf die Marketing-Strategien von U.S. Banken • Funktionsbereichsstrategie	• Literatur zu strategischem Management, Organizational Behavior und strategischem Marketing • Miles & Snow-Typologie	• Self-Typing • Typologie • Multiple Diskriminanzanalyse • Konfirmatorisch-explikativ • Fallzahl: n=279	• Defender, Prospectors und Analyzer unterscheiden sich signifikant in der Mehrzahl der Marketing-Elemente • Strategie-Typen unterscheiden sich auch signifikant hinsichtlich Diversifizierungsstrategien
• Miller (1987)	• Beziehung von Strategieinhalt und Unternehmensstruktur • Geschäftsbereichsstrategie	• Allgemeine Literatur zum strategischen Management	• Self-Typing • Typologie • Korrelationsanalysen • Konfirmatorisch-deskriptiv • Fallzahl: n=55	• Hinweis auf einen Zusammenhang zwischen Strategie und Struktur sowie Strategie und Umwelt • Bestimmte Strategien und Strukturen treten zusammen auf und sind oftmals in bestimmten Umfeldern zu finden
• Amel/ Rhoades (1988)	• Strategische Gruppen im Bankenbereich • Unternehmensstrategie	• Industrieökonomik • Konzept der strategischen Gruppen	• Objective Indicators • Taxonomie, datengeleitet, kompositorisch • Clusteranalyse • Exploratorisch-deskriptiv • Fallzahl: k.A. (Banken in 16 regionalen Märkten)	• Identifikation von 6 strategischen Gruppen, die relativ stabil im Zeitverlauf sind • Strategische Gruppen basieren auf Portfolio-Entscheidungen, die auf bestimmte Spezialisierungen hindeuten
• Baird/ Sudharshan/ Thomas (1988)	• Strategische Gruppen und ihre Veränderung im Zeitverlauf in der Computer-Branche • Geschäftsbereichsstrategie	• Industrieökonomik • Konzept der strategischen Gruppen	• Objective Indicators • Taxonomie, datengeleitet, kompositorisch • Faktorenanalyse (Three-Mode) • Exploratorisch-deskriptiv • Fallzahl: n=46	• Identifikation von 3 Dimensionen des finanziellen Risikos und 3 zeitlichen Dimensionen • Identifikation von 8 strategischen Gruppen • Identifikation von Markteintritts- und Mobilitätsbarrieren

Tab. 38: Bestandsaufnahme der Forschungsbeiträge zur empirischen Strategieidentifikation und –messung (Blatt 9 von 22)

Autoren/Jahr	Untersuchungs-objekt	Theoretische Fundierung	Empirische Überprüfung	Ergebnis
• Kim/ Lim (1988)	• Beziehung zwischen wahrgenommener Umwelt, generischen Strategien und Unternehmenserfolg in der Elektronik-Branche in Korea • Geschäftsbereichsstrategie	• Industrieökonomik • Konzept der strategischen Gruppen • Generische Strategien nach Porter	• Self-Typing • Taxonomie, typologiegeleitet, kompositorisch • Faktorenanalyse, Clusteranalyse • Exploratorisch-explikativ • Fallzahl: n=54	• 4 Umweltcluster gemäß Faktorwerten von 5 extrahierten Umweltfaktoren • 4 strategische Gruppen gemäß Faktorwerten von 4 Strategie-Dimensionen • Generische Strategie sind hybriden Strategien überlegen
• Miller (1988)	• Beziehung zwischen generischen Strategien, Umwelt und Organisationsstruktur in verschiedenen Branchen • Geschäftsbereichsstrategie	• Industrieökonomik • Generische Strategien nach Porter	• Self-Typing • Comparative Approach, typologiegeleitet, konzeptgeleitet • Multiple Regressionsanalyse • Konfirmatorisch-explikativ • Fallzahl: n=89	• Beziehung zwischen generischen Strategien und Umwelt, insbesondere bei erfolgreichen Unternehmen • Wahl einer Strategie reduziert Beziehung zwischen Umwelt und Struktur
• Robinson/ Pearce (1988)	• Beziehung zwischen der strategischen Orientierung und der Natur des strategischen Planungsprozesses und dem Erfolg von produzierenden Unternehmen • Geschäftsbereichsstrategie	• Allgemeine Literatur zum strategischen Management • Typologien nach Miles/Snow (1978); Hofer/Schendel (1978); Porter (1980)	• Self-Typing • Taxonomie, konzeptgeleitet, kompositorisch • Faktorenanalyse, Clusteranalyse • Exploratorisch-explikativ • Fallzahl: n=97	• Identifikation von 5 Clustern von strategischer Orientierung, die unterschiedliche Bedeutung bei 4 strategischen Verhaltensmuster reflektieren • Unterschiede bzgl. Erfolg, Planung moderierend
• Douglas/ Kee Rhee (1989)	• Unterschiede in den Dimensionen von generischen Wettbewerbsstrategien zwischen U.S. und europäischen Industriegüter-Unternehmen • Geschäftsbereichsstrategie	• Industrieökonomik • Allgemeine Literatur zum strategischen Management • Ableitung der Variablen für die Strategiemessung aus den generischen Strategien nach Porter und der Miles & Snow-Typologie	• Objective Indicators • Taxonomie, typologiegeleitet, datengeleitet, kompositorisch • Faktoren-, Clusteranalyse • Exploratorisch-deskriptiv • Fallzahl: n=250/187	• Identifikation von 6 Clustern von Strategie anhand von 7 Dimensionen • Bestandteile und generische Wettbewerbsstrategien sind für U.S. und europäische Unternehmen gleich

Tab. 38: Bestandsaufnahme der Forschungsbeiträge zur empirischen Strategieidentifikation und –messung (Blatt 10 von 22)

Autoren/Jahr	Untersuchungs-objekt	Theoretische Fundierung	Empirische Überprüfung	Ergebnis
• Lawless/ Bergh/ Wilsted (1989)	• Beziehung von Zugehörigkeit zu strategischer Gruppe, individuellen Fähigkeiten und Performance in vier homogenen Branchen • Geschäftsbereichsstrategie	• Resource-based View zur Ableitung der Bedeutung von Fähigkeiten • Industrieökonomik zur Ableitung der Branchencharakteristika • Generische Strategien zur Gruppenbildung	• Objective Indicators • Taxonomie, typologie- und datengeleitet, kompositorisch • Clusteranalyse, multiple Regressionsanalyse • Konfirmatorisch-explikativ • Fallzahl: n=55	• Identifizierung von 2 strategischen Gruppen • Empirischer Nachweis von Fähigkeits- und Performance-Unterschieden innerhalb der Gruppen • Hohe Korrelation zwischen Fähigkeiten / Performance
• Lawless/ Finch (1989)	• Überprüfung des Strategy-Environment Fit anhand eines empirischen Tests des Hrebiniak & Joyce Frameworks • Geschäftsbereichsstrategie	• Allgemeine Literatur zum strategischen Management • Environment: Framework von Hrebiniak/Joyce (1985) u. Dess/Beard (1984) • Strategie: Typologie von Miller (1986)	• Objective Indicators • Taxonomie, typologiegeleitet, datengeleitet, kompositorisch • Clusteranalyse, ANOVA • Konfirmatorisch-explikativ • Fallzahl: n=146	• Empirische Identifikation von 5 unterschiedlichen Strategie-Typen • Teilweise empirische Unterstützung für die Beziehung zwischen Strategy-Environment Fit und Erfolg
• McKee/ Varadarajan/ Pride (1989)	• Zusammenhang zwischen strategischer Orientierung, Marketing-Anstrengungen, Marktumfeld und Erfolg in der Banken-Branche • Geschäftsbereichsstrategie	• Allgemeine Literatur zum strategischen Management • Miles & Snow-Typologie	• Self-Typing • Typologie • Varianzanalyse • Konfirmatorisch-explikativ • Fallzahl: n=333	• Miles & Snow-Typologie. bei Rangordnung nach Anpassungsfähigkeit, korrelieren mit Marketing-Anstrengungen, auch in verschiedenen Umfeldern • Markt-Volatilität moderiert die Strategie-Erfolg-Beziehung
• Meffert/ Heinemann (1989)	• Empirischer Nachweis von strategischen Gruppen im textilen Facheinzelhandel • Geschäftsbereichsstrategie	• Industrieökonomik • Konzept der strategischen Gruppen • Geschäftsfeldansatz zur empirischen Ermittlung strategischer Gruppen im Handel	• Self-Typing • Taxonomie, kompositorisch • Clusteranalyse, Diskriminanzanalyse • Exploratorisch-deskriptiv • Fallzahl: n=55	• Identifikation von 6 Clustern, die eine spezifische Struktur aufweisen • Geschäftsfeldansatz geeignete theoretische Grundlage zur empirischen Ermittlung trennscharfer strategischer Gruppen

Tab. 38: Bestandsaufnahme der Forschungsbeiträge zur empirischen Strategieidentifikation und –messung (Blatt 11 von 22)

Autoren/Jahr	Untersuchungsobjekt	Theoretische Fundierung	Empirische Überprüfung	Ergebnis
Pegels/ Sekar (1989)	• Bildung strategischer Gruppen für 10 regionale Krankenhäuser • Unternehmensstrategie	• Keine erkennbare theoretische Fundierung	• External Assessment • Taxonomie, datengeleitet, dekompositorisch • Multidimensionale Skalierung • Exploratorisch-deskriptiv • Fallzahl: n=10	• Identifizierung von 3 strategischen Gruppen, in die die 10 Krankenhäuser eingeteilt werden konnten • Extrahierung von 3 Dimensionen zur Einteilung in strategische Gruppen
Zajac/ Shortell (1989)	• Wechsel von generischen Strategien in der Health Care-Industrie • Geschäftsbereichstrategie	• Allgemeine Literatur zum strategischen Management • Miles & Snow-Typologie	• Self-Typing • Typologie • Häufigkeitsanalysen, Diskriminanzanalyse, multiple Regressionsanalyse • Exploratorisch-deskriptiv • Fallzahl: n=570	• Unternehmen wechseln die Strategie als Reaktion auf Umweltveränderungen • Vorherige Strategie diskriminiert zwischen Firmen, Veränderungen folgen Mustern • Defenders wechseln am häufigsten
Brockhoff (1990)	• Marketing- und Technologiestrategien in der Biotechnologie • Funktionsbereichstrategie	• Keine erkennbare theoretische Fundierung • Ableitung der Strategievariablen aus Literatur zum strategischen Management	• Self-Typing • Taxonomie, konzeptgeleitet, kompositorisch • Faktorenanalyse, Clusteranalyse • Exploratorisch-deskriptiv • Fallzahl: n=16	• 3 Marketing-Strategien gemäß Faktorwerten von 3 Faktoren • Je 3 Strategien für unternehmensexterne und unternehmensinterne Wissensbeschaffung gemäß der Faktorwerten von 3 Faktoren
Conant/ Mokwa/ Varadarajan (1990)	• Erweiterung der Operationalisierung der Miles & Snow-Typologie und Untersuchung der Beziehung zwischen strategischen Typen, diskinkten Marketing-Kompetenzen und Erfolg in der HMO-Branche • Geschäftsbereichstrategie	• Allgemeine Literatur zum strategischen Management • Miles & Snow-Typologie	• Self-Typing • Typologie • Varianzanalyse (ANOVA) • Exploratorisch-explikativ • Fallzahl: n=150	• Entwicklung eines detaillierten, Multi-Item-Messinstruments • Prospectors sind hinsichtlich Marketing-Kompetenzen überlegen • Reactors bezogen auf den Erfolg unterlegen

Tab. 38: Bestandsaufnahme der Forschungsbeiträge zur empirischen Strategieidentifikation und –messung (Blatt 12 von 22)

Autoren/Jahr	Untersuchungs-objekt	Theoretische Fundierung	Empirische Überprüfung	Ergebnis
• Fiegenbaum/ Thomas (1990)	• Untersuchung von strategischen Gruppen und Erfolg in der Versicherungsbranche, 1970-1984 • Unternehmensstrategie	• Industrieökonomik • Konzept der strategischen Gruppen	• Objective Indicators • Taxonomie, datengeleitet, kompositorisch • Clusteranalyse • Konfirmatorisch-deskriptiv • Fallzahl: n=33	• Identifikation von 3 strategischen Gruppen, die über Zeitraum stabil waren • Erfolgsunterschiede zwischen den strategischen Gruppen in einer Zeitperiode und über mehrere hinweg
• Lewis/ Thomas (1990)	• Beziehung zwischen strategischen Gruppen und Erfolg bei Einzelhandels-Unternehmen im UK • Geschäftsbereichsstrategie	• Industrieökonomik • Konzept der strategischen Gruppen	• Objective Indicators • Taxonomie, datengeleitet, kompositorisch • Faktoren-, Cluster-, Diskriminanzanalyse • Exploratorisch-explikativ • Fallzahl: n=16	• Identifizierung von strategischen Gruppen basierend auf der Größe und Strategie-Variablen • Schwacher Nachweis von Erfolgs-Unterschieden • Strategie-Variablen trennen zwischen Erfolgs-Gruppen
• McDougall/ Robinson (1990)	• Empirische Identifikation von Grundformen von Wettbewerbsstrategien bei neu gegründeten Unternehmen in der Informationsverarbeitungsindustrie • Geschäftsbereichsstrategie	• Literatur zum Gründungsmanagement • Allgemeine Literatur zum strategischen Management	• Self-Typing • Taxonomie, konzeptgeleitet, kompositorisch • Faktorenanalyse, Clusteranalyse • Exploratorisch-deskriptiv • Fallzahl: n=247	• Extrahierung von 9 Faktoren von Wettbewerbsmethoden • Empirische Identifikation von 8 Clustern distinkter und unterschiedlicher Wettbewerbsstrategien
• Shortell/ Zajac (1990)	• Reliabilität und Validität der Miles & Snow-Typologie am Beispiel von Krankenhäusern • Unternehmensstrategie	• Allgemeine Literatur zum strategischen Management • Miles & Snow-Typologie	• Self-Typing/ Objective Indicators • Typologie • Varianzanalyse (ANOVA) • Konfirmatorisch-explikativ • Fallzahl: n=447/407	• Starke Unterstützung der Validität der Miles & Snow-Typologie • Selbsteinschätzung der CEOs zur Klassifizierung der betrachteten Organisationen ermöglicht valide Typenbildung

Tab. 38: Bestandsaufnahme der Forschungsbeiträge zur empirischen Strategieidentifikation und –messung (Blatt 13 von 22)

Autoren/Jahr	Untersuchungsobjekt	Theoretische Fundierung	Empirische Überprüfung	Ergebnis
• Venkatraman/ Prescott (1990)	• Konzeptionalisierung des Fit zwischen Umwelt und Strategie als Abweichung von einem idealen Muster des Ressourceneinsatzes und Überprüfung der Erfolgswirkung • Geschäftsbereichsstrategie	• Allgemeine Literatur zum strategischen Management	• Objective Indicators • Comparative Approach • Regressionsanalyse • Exploratorisch-explikativ • Fallzahl: n=1.638/821	• Operationalisierung des Fit zwischen Strategie und Umwelt als Abweichung vom Idealprofil des Ressourceneinsatzes in einem Umfeld • Empirischer Nachweis der Erfolgswirkungen des Fits zwischen Strategie/Umfeld
• Weisenfeld/ Chakrabarti (1990)	• Technologie- und Marketingstrategien in der Biotechnologie in Deutschland und den USA • Funktionsbereichsstrategie	• Keine erkennbare theoretische Fundierung	• Self-Typing • Taxonomie, konzeptgeleitet, kompositorisch • Faktorenanalyse, Clusteranalyse • Exploratorisch-deskriptiv • Fallzahl: n=96/16	• Betonung angewandter Forschung • Identifikation von Differenzierung und Kostenführerschaft als Dimensionen • Kein signifikanter Zusammenhang zwischen Funktionsbereichsstrategien
• Gaitanides/ Westphal (1991)	• Beziehung von (Kombinationen von) Wettbewerbsstrategien und Erfolg in der Automobil-Zulieferindustrie • Geschäftsbereichsstrategie	• Industrieökonomik • Konzept der strategischen Gruppen • Branchenanalyse gemäß 5-Forces-Model (Porter) • Generische Strategien nach Porter	• Self-Typing • Taxonomie, typologiegeleitet, kompositorisch • Clusteranalyse, Varianzanalyse • Exploratorisch-explikativ • Fallzahl: n=135	• Identifizierung von 6 strategischen Gruppen • Überwiegend horizontale strategische Ausrichtung am erfolgreichsten; überwiegend vertikale strategische Ausrichtung am wenigsten erfolgreich
• Wright/ Kroll/ Tu/ Helms (1991)	• Generische Strategien und ihre Erfolgsauswirkungen in der Schrauben-Maschinen-Industrie • Geschäftsbereichsstrategie	• Industrieökonomik • Generische Strategien nach Porter	• Objective Indicators/ Self-Typing • Taxonomie, datengeleitet, kompositorisch • Cluster-, Varianzanalyse • Exploratorisch-deskriptiv • Fallzahl: n=56	• Identifikation von 3 Clustern generischer Strategien (Kostenführerschaft, hybride Strategie, Differenzierung) • Kostenführerschaft weist die geringste Profitabilität auf, hybride Strategie die höchste

Tab. 38: Bestandsaufnahme der Forschungsbeiträge zur empirischen Strategieidentifikation und -messung (Blatt 14 von 22)

Autoren/Jahr	Untersuchungs- objekt	Theoretische Fundierung	Empirische Überprüfung	Ergebnis
• **Hooley/ Lynch/ Jobber (1992)**	• Generische Marketing-Strategien in nicht diversifizierten Unternehmen im UK • Funktionsbereichsstrategie	• Keine erkennbare theoretische Fundierung • Ableitung der Variablen für die Strategiemessung durch Experteninterviews	• Self-Typing • Taxonomie, kompositorisch • Clusteranalyse, Diskriminanzanalyse • Exploratorisch-explikativ • Fallzahl: n=616	• Identifikation von 5 Clustern generischer Marketing-Strategien • Zusammenhang zwischen generischen Marketing-Strategien und Markt-Typ, Unternehmenseinstellung und Performance
• **Morrison/ Roth (1992)**	• Wettbewerbspositionierung und Internationalisierungs-Strategien von Unternehmen in 11 globalen Branchen • Geschäftsbereichsstrategie	• Allgemeine Literatur zum strategischen Management • Orientierung bei der Messung der Wettbewerbsposition an den Typologien von Hofer/Schendel (1978); Miles/Snow (1978); Porter (1980)	• Self-Typing • Taxonomie, typologiegeleitet, kompositorisch • Faktorenanalyse, Clusteranalyse • Exploratorisch-explikativ • Fallzahl: n=115	• Identifikation von 4 Clustern von globalen Strategien • Signifikant höherer Return-on-Assets bei Unternehmen mit quasi-globalen Strategien vs. Domestic Strategien
• **Ng/ Pearson/ Ball (1992)**	• Technologie-, F&E- und Marketing-Strategien von Biotechnologie-Unternehmen im U.K. • Funktionsbereichsstrategie	• Keine erkennbare theoretische Fundierung	• Self-Typing • Taxonomie, konzeptgeleitet, kompositorisch • Clusteranalyse • Exploratorisch-deskriptiv • Fallzahl: n=23	• Identifikation von je 3 Clustern von Technologie-Akquise, Marketing- und Technologie-Management-Strategien • Kein Erfolgsbezug/Zusammenhang zwischen Marketing- u. Technologie-Strategie
• **Parker/ Helms (1992)**	• Zusammenhang zwischen generischen Strategien und Unternehmenserfolg in schrumpfenden Branchen am Beispiel von Textilfabriken in den USA und dem UK • Geschäftsbereichsstrategie	• Industrieökonomik • Generische Strategien nach Porter	• Self-Typing • Taxonomie, typologiegeleitet, kompositorisch • Faktorenanalyse • Exploratorisch-explikativ • Fallzahl: n=48 (USA)/ n=39 (UK)	• Identifikation von 3 Faktoren, die die generischen Strategien reflektieren (Differenzierung, Kostenführerschaft und Fokus) • Keine Unterschiede zwischen den einzelnen Strategien in Bezug auf den Erfolg

Tab. 38: Bestandsaufnahme der Forschungsbeiträge zur empirischen Strategieidentifikation und –messung (Blatt 15 von 22)

Autoren/Jahr	Untersuchungs-objekt	Theoretische Fundierung	Empirische Überprüfung	Ergebnis
• Dvir/ Segev/ Shenhar (1993)	• Zusammenhang zwischen Technologie und Erfolg in Abhängigkeit von der Strategie von Unternehmen in der Elektronik- und Computer-Industrie • Geschäftsbereichsstrategie	• Allgemeine Literatur zum strategischen Management • Miles & Snow-Typologie	• Self-Typing • Typologie • Korrelationsanalysen • Konfirmatorisch-explikativ • Fallzahl: n=76	• Prospectors investieren stark in Technologie und profitieren davon nur langfristig • Defenders investieren nur in Technologie nahe ihres Kernbereichs und profitieren kurz- und langfristig davon
• Green/ Lisboa/ Yasin (1993)	• Wettbewerbsstrategien gemäß der generischen Strategien von Porter bei produzierenden Unternehmen in Portugal • Geschäftsbereichsstrategie	• Industrieökonomik • Generische Strategien nach Porter	• Self-Typing • Taxonomie, typologiegeleitet, kompositorisch • Faktorenanalyse • Exploratorisch-deskriptiv • Fallzahl: n=68	• Identifikation von 4 Faktoren (Klassische Differenzierung, Kostenführerschaft, Fokus/ Differenzierung und Service-Orientierung) • Eignung der Typologie nach Porter zur Beschreibung der strategischen Orientierung
• Miller/ Dess (1993)	• Bewertung und empirischer Test der Einfachheit, der Genauigkeit und der Verallgemeinerbarkeit des Porter Bezugsrahmens der generischen Strategien • Geschäftsbereichsstrategie	• Industrieökonomik • Generische Strategien nach Porter	• Objective Indicators • Typologie • Varianzanalyse (ANOVA) • Exploratorisch-explikativ • Fallzahl: n=715	• Typologie von Porter geeignet, um komplexe Strategien zu beschreiben • Hybride Strategien können auch profitabel sein • Fragwürdig, ob die Strategien wirklich generisch sind
• Zahra/ Covin (1993)	• Beziehung zwischen Geschäftsbereichsstrategie, Technologie-Politik und Erfolg bei Unternehmen aus 28 reifen Branchen • Geschäftsbereichsstrategie	• Allgemeine Literatur zum strategischen Management	• Self-Typing • Taxonomie, konzeptgeleitet, kompositorisch • Korrelationen, Clusteranalyse • Konfirmatorisch-explikativ • Fallzahl: n=103	• Identifikation von 5 Clustern von Strategien • Cluster unterscheiden sich stark hinsichtlich ihrer Technologie-Ausrichtung • Strategie moderiert Beziehung zwischen Technologie und Erfolg

Tab. 38: Bestandsaufnahme der Forschungsbeiträge zur empirischen Strategieidentifikation und –messung (Blatt 16 von 22)

Autoren/Jahr	Untersuchungs-objekt	Theoretische Fundierung	Empirische Überprüfung	Ergebnis
Carter/ Stearns/ Reynolds/ Miller (1994)	• Strategie von New Ventures • Geschäftsbereichsstrategie	• Allgemeine Literatur zum strategischen Management	• Self-Typing • Taxonomie, konzeptgeleitet, kompositorisch • Faktorenanalyse, Clusteranalyse • Exploratorisch-deskriptiv • Fallzahl: n=2.578	• Identifikation von 6 Faktoren des strategischen Fokus und 6 Clustern von Strategien basierend auf den Faktorwerten • Entscheidende Dimensionen sind Breite der Segmentierung und Betonung von Produkt / Marketing
Dowling/ McGee (1994)	• Auswirkungen von Technologie- und Geschäftsbereichsstrategien auf die Performance von Neugründungen in der Telekommunikations-Equipment-Branche der U.S.A. • Geschäftsbereichsstrategie	• Industrieökonomik • Generische Strategien nach Porter	• Investigator Inference • Comparative Approach • Regressionsanalyse • Konfirmatorisch-explikativ • Fallzahl: n=52	• Keine First-Mover-Vorteile • Kostenführerschaft-Strategie erfolgreicher • Unternehmen mit hohen F&E-Ausgaben erfolgreicher, insbesondere in Verbindung mit einer breiten Marktbearbeitung
Miller/ Roth (1994)	• Produktionsstrategien von Geschäftsbereichen in der amerikanischen verarbeitenden Industrie • Funktionsbereichsstrategie	• Keine erkennbare theoretische Fundierung • Bezug auf Wettbewerbsfähigkeiten als Basis für die Bildung der strategischen Gruppen	• Self-Typing • Taxonomie, kompositorisch • Clusteranalyse • Exploratorisch-explikativ • Fallzahl: n=164	• Empirischer Nachweis von 3 Clustern von Produktionsstrategien gemäß der Bedeutung von Wettbewerbsfähigkeiten • Cluster unterscheiden sich in Bezug auf Aktionsprogramme und Leistungsmessung
Raffée/ Effenberger/ Fritz (1994)	• Empirischer Nachweis der Existenz unterschiedlicher Strategiekombinationen/ Strategieprofilen bei westdeutschen Industrieunternehmen • Unternehmensstrategie	• Industrieökonomik • Ableitung der Strategieelemente mit Verweisen auf generische Strategien von Porter und Ansoff-Matrix	• Self-Typing • Taxonomie, typologiegeleitet, kompositorisch • Clusteranalyse • Exploratorisch-explikativ • Fallzahl: n=116	• Nachweis von 3 Clustern von Strategieprofilen (Strategie-Ignorant, Strategie-Spezialist und Strategie-Generalist) • Signifikante Dominanz des Erfolgs des Clusters der Generalisten gegenüber den beiden anderen

Tab. 38: Bestandsaufnahme der Forschungsbeiträge zur empirischen Strategieidentifikation und –messung (Blatt 17 von 22)

Autoren/Jahr	Untersuchungs-objekt	Theoretische Fundierung	Empirische Überprüfung	Ergebnis
• **Ramaswamy/ Thomas/ Litschert (1994)**	• Beziehung zwischen Strategie und Erfolg in einer hoch regulierten Branche am Beispiel der Luftfahrtindustrie in den USA in den Jahren 1965-1970 • Geschäftsbereichsstrategie	• Allgemeine Literatur zum strategischen Management • Miles & Snow-Typologie	• Objective Indicators • Taxonomie, datengeleitet, typologiegeleitet, kompositorisch • Clusteranalyse • Exploratorisch-explikativ • Fallzahl: n=20	• Identifikation von einem Cluster von Prospectoren und einem Cluster von Defendern • Defenders sind signifikant erfolgreicher als Prospectoren • Durch Management steuerbare Faktoren erklären signifikanten Anteil des Erfolgs
• **Weisenfeld-Schenk (1994)**	• Existenz unterschiedlicher strategischer Typen und die Auswirkungen auf Erfolg und Wahrnehmung der Umwelt bei Biotechnologieunternehmen in Deutschland und dem UK • Geschäftsbereichsstrategie	• Allgemeine Literatur zum strategischen Management • Miles & Snow-Typologie	• Self-Typing • Taxonomie, typologiegeleitet, kompositorisch • Faktorenanalyse, Clusteranalyse • Exploratorisch-explikativ • Fallzahl: n=18 (D)/n=23 (UK)	• Identifikation von 3 Clustern von Technologie-Strategien (Defender, Analyzer und Prospector) • Analyzer sind im ersten Jahr zufriedener mit Projekt-Performance und Prospectors empfinden Risiko geringer
• **Zahra/ Covin (1994)**	• Internationalisierungs-Strategien und Technologie-Strategien von U.S. Elektronik-Unternehmen • Geschäftsbereichsstrategie	• Keine erkennbare theoretische Fundierung • Ableitung der Items basierend auf Literaturrecherche	• Self-Typing • Taxonomie, kompositorisch • Faktorenanalyse, Clusteranalyse • Konfirmatorisch-deskriptiv • Fallzahl: n=181	• Identifizierung von 4 Clustern unterschiedlicher Wettbewerbsschwerpunkte • 4 Cluster unterscheiden sich signifikant hinsichtlich ihrer Technologiestrategie sowie hinsichtlich Umsatzwachstum und Umsatz
• **Bates/ Amundson/ Schroeder/ Morris (1995)**	• Zusammenhang zwischen Produktionsstrategie (-prozess) und Unternehmenskultur • Funktionsbereichsstrategie	• Keine erkennbare theoretische Fundierung • Ableitung der Variablen zur Skalenbildung aus Produktionslehre- und Organisationslehre-Literatur	• Self-Typing • Comparative Approach, Konstrukt- und Skalenbildung, (Likert-)Skalenbildung, Kanonische Korrelation • Konfirmatorisch-deskriptiv • Fallzahl: n=41	• Empirischer Nachweis eines Zusammenhangs zwischen einer gut ausgerichteten Produktionsstrategie und einer Clan-orientierten Unternehmenskultur

Tab. 38: Bestandsaufnahme der Forschungsbeiträge zur empirischen Strategieidentifikation und -messung (Blatt 18 von 22)

Autoren/Jahr	Untersuchungs-objekt	Theoretische Fundierung	Empirische Überprüfung	Ergebnis
James/ Hatten (1995)	• Validität des Self-Typing-Paragraph-Approach der Miles & Snow-Typologie in der Banken-Branche • Geschäftsbereichsstrategie	• Allgemeine Literatur zum strategischen Management • Miles & Snow-Typologie	• Self-Typing • Typologie • Diskriminanzanalyse • Exploratorisch-deskriptiv • Fallzahl: n=390	• Diskriminanzanalyse deutet auf eine hohe konvergente Validität des Self-Typing-Paragraph-Approach hin
Kotha/ Nair (1995)	• Einfluss des Umfelds und der realisierten Strategien auf die Performance von japanischen Unternehmen im Maschinenbau, 1979-92 • Unternehmensstrategie	• Allgemeine Literatur zum strategischen Management • Generische Strategien nach Hambrick (1983)	• Objective Indicators • Comparative Approach • Regressionsanalyse • Konfirmatorisch-explikativ • Fallzahl: n=25	• Kostenführerschaft, basierend auf Effizienz und exportgetriebenen Skalen, wirkt sich positiv auf ROS aus • Differenzierungsstrategie, basierend auf Werbungs-Intensität, wirkt sich negativ auf ROS aus
Kotha/ Vadlamani (1995)	• Vergleich der Typologie von generischen Strategien von Porter mit der von Mintzberg bei Unternehmen der verarbeitenden Industrie • Geschäftsbereichsstrategie	• Industrieökonomik • Generische Strategien nach Porter • Generische Strategien nach Mintzberg	• Self-Typing • Comparative Approach, typologiegeleitet • Konfirmatorische Faktorenanalyse • Konfirmatorisch-deskriptiv • Fallzahl: n=160	• Analyse weist eine starke Unterstützung für Mintzbergs Typologie auf • Erhöhte Komplexität der Umwelt verlangt nach feineren Differenzierungen von Strategien
Olusoga/ Mokwa/ Noble (1995)	• Strategische Gruppen und Mobilitätsbarrieren in der Parfüm- und Kosmetikindustrie • Geschäftsbereichsstrategie	• Industrieökonomik • Konzept der strategischen Gruppen	• Objective Indicators • Taxonomie, datengeleitet, kompositorisch • Clusteranalyse • Konfirmatorisch-explikativ • Fallzahl: n=16	• Identifikation von 2 strategischen Zeitperioden • Identifikation von 3 strategischen Clustern in der ersten und 5 in der zweiten Periode • Signifikante Performance-Unterschiede

Tab. 38: Bestandsaufnahme der Forschungsbeiträge zur empirischen Strategieidentifikation und –messung (Blatt 19 von 22)

Autoren/Jahr	Untersuchungs-objekt	Theoretische Fundierung	Empirische Überprüfung	Ergebnis
• Weisenfeld-Schenk (1995)	• Identifizierung von Techno-logie- und Marketingstra-tegien sowie Analyse des Kontexts für die Strategien und des Erfolgsbezugs in der Biotechnologie-Branche • Funktionsbereichsstrategie	• Allgemeine Literatur zum Strategischen Management sowie Marketing- und Technologiestrategien	• Self-Typing • Taxonomie, konzeptgeleitet, kompositorisch • Faktorenanalyse, Clusteranalyse • Exploratorisch-deskriptiv • Fallzahl: 154	• Identifizierung von 4 Clustern unterschiedlicher Technolo-giestrategien • Identifizierung von 5 Clustern unterschiedlicher Marketing-strategien
• Wright/ Kroll/ Pray/ Lado (1995)	• Strategische Orientierung und Performance sowie Risiko von Unternehmen, die strategische Gruppen in der Automobilzubehörbranche bilden • Geschäftsbereichsstrategie	• Allgemeine Literatur zum strategischen Management	• Self-Typing/ Objective Indicators • Taxonomie, datengeleitet, kompositorisch • Faktoren-, Clusteranalyse • Konfirmatorisch-explikativ • Fallzahl: n=79	• Identifikation von 3 Clustern von Unternehmen (internal orientation, external orienta-tion und dual emphasis) • Dual Emphasis mit höchstem ROI und geringstem syste-matischen und unsystema-tischen Risiko
• Bierly/ Chakrabarti (1996)	• Generische Wissens-strategien in der pharma-zeutischen Industrie in den USA, 1977-1991 • Geschäftsbereichsstrategie	• Knowledge-based View	• Objective Indicators • Taxonomie, datengeleitet, kompositorisch • Clusteranalyse • Exploratorisch-explikativ • Fallzahl: n=21	• Empirischer Nachweis von 4 verschiedenen Gruppen von Wissensstrategien (Innova-tors, Loners, Exploiters, Ex-plorer) • Innovatoren und Explorer haben höhere Margen
• Butler/ Coates/ Pike/ Price/ Turner (1996)	• Beziehung zwischen Stra-tegie, Technologie und Erfolg bei Unternehmen der Poly-merverarbeitungsbranche in dem UK • Geschäftsbereichsstrategie	• Allgemeine Literatur zum strategischen Management • Miles & Snow-Typologie	• Self-Typing • Typologie • Mittelwertvergleiche • Exploratorisch-explikativ • Fallzahl: n=20	• Identifikation von 5 Arten von Strategien, die isoliert oder in Kombination von den unter-suchten Unternehmen ver-folgt werden • Prospector erweist sich den anderen Strategien als über-legen

Tab. 38: Bestandsaufnahme der Forschungsbeiträge zur empirischen Strategieidentifikation und –messung (Blatt 20 von 22)

Autoren/Jahr	Untersuchungs-objekt	Theoretische Fundierung	Empirische Überprüfung	Ergebnis
• Mehra (1996)	• Strategische Gruppen in der U.S. Banken-Branche • Unternehmensstrategie	• Industrieökonomik • Konzept der strategischen Gruppen • Resource-based View	• External Assessment/ Objective Indicators • Taxonomie, datengeleitet, kompositorisch • Clusteranalyse • Exploratorisch-explikativ • Fallzahl: n=45	• Identifizierung von 5 Clustern auf der Basis der Ressourcen-Ausstattung • Identifizierung von 4 Clustern auf der Basis der strategischen Ausrichtung • Ressourcen-Cluster erklären mehr Performance-Varianz
• Houthoofd/ Heene (1997)	• Strategische Scope-Gruppen und strategische Gruppen in der belgischen Brauerei-Branche • Geschäftsbereichsstrategie	• Anlehnung an das Konzept der strategischen Gruppen	• Objective Indicators • Taxonomie, datengeleitet, kompositorisch • Faktorenanalyse, Clusteranalyse • Konfirmatorisch-explikativ • Fallzahl: n=36	• Identifikation von 4 strategischen Scope-Gruppen, die sich signifikant in Bezug auf die Performance unterscheiden • Identifizierung von 5 strategischen Gruppen für eine der strategischen Scope-Gruppen
• Liao/ Greenfield (1997)	• Einfluss von generischen Wettbewerbsstrategien auf die Ausrichtung von F&E-Anstrengungen in japanischen Technologieunternehmen • Geschäftsbereichsstrategie	• Industrieökonomik • Generische Strategien nach Porter	• Self-Typing • Typologie • Varianzanalyse • Konfirmatorisch-deskriptiv • Fallzahl: n=85	• Generische Strategien haben starken Einfluss auf die Ausrichtung von F&E • Differenzierungsstrategie dominiert • F&E-Strategie muss aus Wettbewerbsstrategie abgeleitet werden
• Rajagopalan (1997)	• Erfolgsauswirkungen des Fits zwischen strategischer Orientierung und Anreizsystemen bei Elektrizitätsversorgern • Geschäftsbereichsstrategie	• Allgemeine Literatur zum strategischen Management • Miles & Snow-Typologie • Principal-Agent-Theorie	• Self-Typing • Taxonomie, typologiegeleitet, kompositorisch • Faktoren-, Cluster-, Regressionsanalyse • Konfirmatorisch-explikativ • Fallzahl: n=50	• Identifikation von 3 Clustern strategischer Orientierung (Prospectors, Defenders, Reactors) • Positive Erfolgswirkung von Anreizsystemen, sofern sie zu Motivations-/ Kontrollerfordernissen des Kontext passen

Tab. 38: Bestandsaufnahme der Forschungsbeiträge zur empirischen Strategieidentifikation und –messung (Blatt 21 von 22)

Autoren/Jahr	Untersuchungs-objekt	Theoretische Fundierung	Empirische Überprüfung	Ergebnis
Brockhoff/ Leker (1998)	• Bankstrategien im Firmenkundengeschäft aller neun in Schleswig-Holstein tätigen Geschäftsbanken • Geschäftsbereichsstrategie	• Keine erkennbare theoretische Fundierung • Ableitung der Strategieelemente für kompositorische Strategiebestimmung konzeptgeleitet gemäß Literaturanalyse und Experteninterviews	• External Assessment • Taxonomie, konzeptgeleitet, kompositorisch; datengeleitet, dekompositorisch. • Faktorenanalyse, Clusteranalyse, MDS • Exploratorisch-deskriptiv • Fallzahl: n=9	• Kompositorisch: Nachweis von 3 inhaltlich interpretierbaren Strategietypen gemäß Faktorwerten von 3 extrahierten Faktoren • Dekompositorisch: Platzierung der Banken anhand 2 Dimensionen
Matsuno/ Mentzer (2000)	• Moderierender Einfluss des Strategie-Typs auf die Beziehung zwischen Marktorientierung und Erfolg bei produzierenden Unternehmen in den USA • Geschäftsbereichsstrategie	• Allgemeine Literatur zum strategischen Management • Miles & Snow-Typologie	• Self-Typing • Typologie • Moderierende Regressionsanalyse, Kausalanalyse (LISREL) • Konfirmatorisch-explikativ • Fallzahl: n=364	• Strategie-Typ moderiert die Beziehung zwischen Marktorientierung und Erfolg signifikant • Prospector mit einer hohen Markt-Orientierung weisen die positivste Performance-Kontingenz-Beziehung auf
Slater/ Olson (2001)	• Auswirkung des Fit zwischen Marketing-Strategie und Geschäftsbereichsstrategie auf den Erfolg bei produzierenden Unternehmen und Dienstleistungs-Unternehmen • Geschäftsbereichsstrategie	• Allgemeine Literatur zum strategischen Management • Ableitung einer Typologie von Geschäftsbereichsstrategien nach Miles & Snow und Porter	• Self-Typing • Typologie (Taxonomie für Marketing-Strategie) • Faktorenanalyse, Clusteranalyse, Varianzanalyse (ANOVA) • Exploratorisch-explikativ • Fallzahl: n=208	• Identifikation von 4 Clustern von Marketing-Strategien • Erhöhung des Erfolgs von Unternehmen, wenn spezifische Geschäftsbereichsstrategien und Marketing-Strategien konsistent kombiniert werden
Spanos/ Lioukas (2001)	• Empirische Überprüfung des Einflusses von Strategie, Branchencharakteristika und firmenspezifischen Assets auf den Erfolg bei produzierenden Unternehmen • Geschäftsbereichsstrategie	• Industrieökonomik, insbesondere Porter's Competitive Strategy Framework zur theoretischen Herleitung der Strategie • Resource-based View	• Self-Typing • Comparative Approach, typologiegeleitet • Konfirmatorische Faktorenanalyse • Konfirmatorisch-explikativ • Fallzahl: n=147	• Signifikanter positiver Einfluss von Strategie auf Markt-Erfolg • Signifikanter negativer Effekt von Wettbewerbsintensität auf Markt-Erfolg • Signifikanter Einfluss von Firmen-Assets auf Markt-Erfolg

Tab. 38: Bestandsaufnahme der Forschungsbeiträge zur empirischen Strategieidentifikation und –messung (Blatt 22 von 22)

Unternehmen	Gesprächs-datum	Gesprächs-zeit	Gesprächs-ort	Gesprächs-partner	Funktion/Position
Sun Microsystems	18. März 2002	10.40 h - 11.15 h	CeBIT 2002	Herr Dr. Rainer Eschrich	Bereich iPlanet/Sun One; Pre-Sales im Partnerbereich
Microsoft	18. März 2002	12.30 h - 13.15 h	CeBIT 2002	Herr Walter Seemayer	Director .Net Strategy & Developer Group
IBM Global Services	18. März 2002	13.40 h - 14.00 h	CeBIT 2002	Herr Dr.-Ing. Uwe Neumann	Berater Versorgungsunternehmen
Cisco Systems	18. März 2002	16.00 h - 16.30 h	CeBIT 2002	Herr Harald Zapp	Director Marketing
i2 Technologies	19. März 2002	09.00 h - 10.00 h	CeBIT 2002	Frau Iris Hauter-Heinke	Business Development Managerin
PeopleSoft	19. März 2002	11.15 h - 11.45 h	CeBIT 2002	Herr Dieter Roskoni	Director Marketing
Navision	19. März 2002	15.30 h - 16.25 h	CeBIT 2002	Herr Heiko Elmsheuser	PR-Manager
econia.com AG	19. März 2002	17.00 h - 17.30 h	CeBIT 2002	Herr Christian R. Schulte	Vorstand
Bäurer AG	20. März 2002	09.00 h - 10.15 h	CeBIT 2002	Herr Ulrich Aberle Frau Nicole Fischer	Leiter Produktmarketing Marketing Communications Manager
net-m	02. April 2002	11.20 h - 12.00 h	Telefonisch	Herr Dr. Hubertus Weid	Vorstand

Tab. 39: Auflistung der auf der CeBIT 2002 geführten Experteninterviews

Fragebogen[1407] und Begleitschreiben

Strategie in High Velocity Märkten

A. Allgemeine Fragen

1. Welche Position bekleiden Sie in Ihrem Unternehmen?
   - Geschäftsführung [1]
   - Leitende Position, die sich mit strategischen Aufgaben beschäftigt [2]
   - Sonstige [3]

2. Wie viele Mitarbeiter sind in Ihrem Unternehmen beschäftigt?
   - bis 50 [1]
   - 50-98 [2]
   - 100-199 [3]
   - 200-499 [4]
   - 500-999 [5]
   - ab 1.000 [6]

3. In welchem Bereich ist Ihr Unternehmen vorwiegend tätig?
   - Hardwareberatung [1]
   - Softwareberatung/-entwicklung [2]
   - Datenverarbeitungsdienste [3]
   - Datenbanken [4]
   - Instandhaltung DV-Geräte [5]
   - Sonstige DV-Tätigkeiten [6]

B. Fragen zur Marktbearbeitung

4. Inwieweit treffen die folgenden Aussagen zu Aspekten der **Marktbearbeitung** durch Ihr Unternehmen im Hinblick auf die letzten 3 Jahre zu?

(Skala: Trifft gar nicht zu [1] – Trifft in sehr geringem Maße zu [2] – Trifft in geringem Maße zu [3] – Weder hoch noch gering [4] – Trifft in hohem Maße zu [5] – Trifft in sehr hohem Maße zu [6] – Trifft vollkommen zu [7])

- 4.a Alle Mitarbeiter unseres Unternehmens sind Spezialisten für ein eng abgegrenztes Produkt- und/oder Kundensegment [1][2][3][4][5][6][7]
- 4.b Die kontinuierliche Ausweitung des Leistungsangebotes und die Erschließung neuer Kundengruppen leisten einen entscheidenden Beitrag zum Unternehmenswachstum [1][2][3][4][5][6][7]
- 4.c Bei der Marktbearbeitung konzentrieren wir uns auf bestimmte Produkte und/oder Kundensegmente [1][2][3][4][5][6][7]
- 4.d Unsere Geschäftstätigkeit richtet sich an ein enges, klar abgegrenztes Marktsegment [1][2][3][4][5][6][7]
- 4.e Wir bieten im Vergleich zu unseren Wettbewerbern ein überdurchschnittlich breites Produkt- und Dienstleistungsspektrum an [1][2][3][4][5][6][7]
- 4.f In unserem Unternehmen beschäftigen sich organisatorische Einheiten intensiv mit der Ausweitung der Geschäftstätigkeiten und der Entwicklung neuer Geschäftsmöglichkeiten [1][2][3][4][5][6][7]
- 4.g Wir sind ständig auf der Suche nach innovativen Möglichkeiten zur Erweiterung oder Ergänzung unseres Leistungsangebotes [1][2][3][4][5][6][7]
- 4.h Der Eintritt in neue Geschäftsfelder erfolgt in unserem Unternehmen erst, wenn wir Signale aus dem Marktumfeld und Erfahrungen der Konkurrenz analysieren können [1][2][3][4][5][6][7]
- 4.i In unserem Unternehmen werden insbesondere diejenigen Projekte unterstützt, die eine hohe Planungssicherheit und sichere Renditen garantieren [1][2][3][4][5][6][7]
- 4.j Unsere Produkte und Dienstleistungsangebote zeichnen sich durch eine hohe Fokussierung aus [1][2][3][4][5][6][7]
- 4.k Hinsichtlich der Marktbearbeitung agiert unser Unternehmen in hohem Maße vorausschauend sowie proaktiv und verfolgt entstehende Chancen früh [1][2][3][4][5][6][7]

C. Fragen zum Produkt- und Dienstleistungsangebot

5. Inwieweit treffen die folgenden Aussagen zu Aspekten des **Produkt- und Dienstleistungsangebotes** Ihres Unternehmens im Hinblick auf die letzten 3 Jahre zu?

- 5.a Wir legen größten Wert auf die Qualität und Leistungsfähigkeit unserer Produkte und Dienstleistungen [1][2][3][4][5][6][7]
- 5.b Für die Positionierung unseres Unternehmens im Wettbewerb sind die einzigartigen Eigenschaften und Funktionalitäten unserer Produkte/Dienstleistungen ausschlaggebend [1][2][3][4][5][6][7]
- 5.c Die Alleinstellung im Wettbewerb über die Gestaltung und die Funktionsweise unserer Produkte und Dienstleistungen nimmt für uns eine hohe strategische Priorität ein [1][2][3][4][5][6][7]

Adresse für Rückantworten: Universität Witten/Herdecke, Forschungsprojekt Strategie in High Velocity Märkten, Lehrstuhl für Allg. BWL, Unternehmensführung und Unternehmensentwicklung, Prof. Dr. Bernd W. Wirtz/Dipl.-Kfm. Alexander Mathieu M.B.A. (USA), Alfred-Herrhausen-Str. 50, 58448 Witten

---

[1407] Frage 22 des Fragebogens orientiert sich an dem Self-Typing-Paragraph-Approach für die Miles & Snow-Typologie bei Snow/Hrebiniak (1980), S. 335 f.

Ein Forschungsprojekt an der Privaten Universität Witten/Herdecke

		1	2	3	4	5	6	7
5.d	Die überlegene Qualität unserer Produkte und Dienstleistungen hebt unser Unternehmen positiv von unseren Konkurrenten ab	☐	☐	☐	☐	☐	☐	☐
5.e	Ein umfassender und leistungsstarker Kundenservice gehört selbstverständlich zu unserem Leistungsangebot	☐	☐	☐	☐	☐	☐	☐
5.f	Bezüglich der Einführung neuer Produkte nehmen wir gewöhnlich die Rolle des First Mover ein	☐	☐	☐	☐	☐	☐	☐
5.g	Unsere Produkte und Leistungsangebote werden den Bedürfnissen und Präferenzen der Kunden individuell angepasst	☐	☐	☐	☐	☐	☐	☐
5.h	Unsere Fähigkeiten zur Erstellung spezialisierter Produkte bzw. zur Erbringung spezialisierter Dienstleistungen sind im Wettbewerbsvergleich klar überlegen	☐	☐	☐	☐	☐	☐	☐
5.i	Wir arbeiten ständig an der Verbesserung und Verfeinerung unserer Leistungsangebote und deren Qualität sowie Funktionsweise	☐	☐	☐	☐	☐	☐	☐
5.j	Im Vergleich zu unseren Wettbewerbern ist der Anteil neuer Produkte und Dienstleistungen an unserem Angebotsspektrum überdurchschnittlich hoch	☐	☐	☐	☐	☐	☐	☐
5.k	Unser Leistungsangebot ist durch einen hohen Standardisierungsgrad gekennzeichnet	☐	☐	☐	☐	☐	☐	☐

D. Fragen zur Leistungserstellung

6. Inwieweit treffen die folgenden Aussagen zu Aspekten der **Leistungserstellung** Ihres Unternehmen im Hinblick auf die letzten 3 Jahre zu?

		Trifft gar nicht zu	Trifft in sehr geringem Maße zu	Trifft in geringem Maße zu	Weder hoch noch gering	Trifft in hohem Maße zu	Trifft in sehr hohem Maße zu	Trifft vollkommen zu
6.a	Forschung und Entwicklung beschäftigen sich bei uns vornehmlich mit der Verbesserung der Effizienz des Leistungserstellungsprozesses	☐	☐	☐	☐	☐	☐	☐
6.b	Die kontinuierliche Durchführung von Kostensenkungsmaßnahmen nimmt in unserem Unternehmen eine hohe strategische Priorität ein	☐	☐	☐	☐	☐	☐	☐
6.c	Wir suchen kontinuierlich nach Verbesserungsmöglichkeiten unserer Arbeitsabläufe und setzen diese zügig um	☐	☐	☐	☐	☐	☐	☐
6.d	Hinsichtlich der in unserem Unternehmen vorherrschenden Prozesse verlassen wir uns in hohem Maße auf bewährte Methoden	☐	☐	☐	☐	☐	☐	☐
6.e	Unser Unternehmen baut seine Leistungserstellungskapazitäten ständig aggressiv aus	☐	☐	☐	☐	☐	☐	☐

E. Fragen zum Marketing

7. Inwieweit treffen die folgenden Aussagen zu Aspekten des **Marketing** in Ihrem Unternehmen im Hinblick auf die letzten 3 Jahre zu?

		Trifft gar nicht zu	Trifft in sehr geringem Maße zu	Trifft in geringem Maße zu	Weder hoch noch gering	Trifft in hohem Maße zu	Trifft in sehr hohem Maße zu	Trifft vollkommen zu
7.a	Die Positionierung unseres Unternehmens im Wettbewerb beruht maßgeblich auf unserem Image	☐	☐	☐	☐	☐	☐	☐
7.b	Aggressive Preiskämpfe mit unseren Konkurrenten stellen für unser Unternehmen eine Erfolg versprechende Wettbewerbsmethode dar	☐	☐	☐	☐	☐	☐	☐
7.c	Mit unseren absatzmarktbezogenen Kommunikationsmaßnahmen streben wir den Aufbau eines unverwechselbaren Images an	☐	☐	☐	☐	☐	☐	☐
7.d	Wir bieten unsere Produkte und Dienstleistungen im Vergleich zu unseren Wettbewerbern zu unterdurchschnittlichen Preisen an	☐	☐	☐	☐	☐	☐	☐
7.e	Die kontinuierliche Verbesserung der Qualität und Wirkung unserer absatzmarktgerichteten Kommunikationsmaßnahmen ist für unser Unternehmen von großer Bedeutung	☐	☐	☐	☐	☐	☐	☐
7.f	Im Wettbewerbsvergleich weisen wir eine hohe Marketing-Kompetenz auf	☐	☐	☐	☐	☐	☐	☐
7.g	Zur Vermarktung unseres Leistungsangebotes setzen wir in hohem Maße innovative Marketing-Methoden ein	☐	☐	☐	☐	☐	☐	☐

Schneller geht's per Fax: 02302-926-557

Strategie in High Velocity Märkten

7.h	Wir differenzieren uns im Wettbewerb in hohem Maße über unser Image	[1] [2] [3] [4] [5] [6] [7]
7.i	Absatzförderungsmaßnahmen, wie z. B. Rabatte, sind zentrale Marketing-Maßnahmen unseres Unternehmens	[1] [2] [3] [4] [5] [6] [7]
7.j	Unsere Marketing-Maßnahmen sind auf ein klar abgegrenztes Produkt- und/oder Kundensegment abgestimmt	[1] [2] [3] [4] [5] [6] [7]
7.k	In unseren absatzmarktbezogenen Kommunikationsmaßnahmen betonen wir die preisbezogenen Aspekte unseres Leistungsangebotes	[1] [2] [3] [4] [5] [6] [7]
7.l	Um eine konsistente Wahrnehmung des Leistungsangebotes zu gewähren, stellen wir diesbezüglich detaillierte Anforderungen an unsere Vertriebspartner und kontrollieren deren Einhaltung	[1] [2] [3] [4] [5] [6] [7]
7.m	Unsere vorteilhafte Kostenposition erlaubt es uns, die Preise unserer Konkurrenten mit einer aggressiven Preispolitik zu unterbieten	[1] [2] [3] [4] [5] [6] [7]

F. Fragen zur Erfassung und Kodifizierung von Wissen

8. Die Erfassung und Kodifizierung von Wissen im Unternehmen erleichtert dessen Nutzung. Inwieweit treffen die folgenden Aussagen zu Aspekten der **Wissenserfassung** und der **Wissenskodifizierung** in Ihrem Unternehmen im Hinblick auf die letzten 3 Jahre zu?

		Trifft gar nicht zu	Trifft in sehr geringem Maße zu	Trifft in geringem Maße zu	Weder hoch noch gering	Trifft in hohem Maße zu	Trifft in sehr hohem Maße zu	Trifft vollkommen zu
8.a	Das in unserem Unternehmen vorhandene Wissen ist umfassend in Handbüchern, auf Datenträgern und/oder in Schulungs- und Weiterbildungsmaßnahmen festgehalten	[1]	[2]	[3]	[4]	[5]	[6]	[7]
8.b	Die kontinuierliche und systematische Erfassung und Aufbereitung von Erfahrungen und Wissen ist für unsere Mitarbeiter ein bedeutsamer Bestandteil des Tagesgeschäftes	[1]	[2]	[3]	[4]	[5]	[6]	[7]
8.c	Unser Unternehmen besitzt eine zentrale Wissensdatenbank/ ein Informationssystem, welches von unseren Mitarbeitern ständig gepflegt und umfassend genutzt wird	[1]	[2]	[3]	[4]	[5]	[6]	[7]
8.d	Aufgrund der umfassenden Dokumentation von Wissens-/Kompetenzbereichen können unsere Mitarbeiter den Experten für das jeweilige Wissensgebiet schnell identifizieren	[1]	[2]	[3]	[4]	[5]	[6]	[7]

9. Wie würden Sie die Erfassung und Kodifizierung von Wissen in Ihrem Unternehmen zusammenfassend bewerten? Denken Sie dabei bitte an Schulnoten.

Sehr gut	Gut	Befriedigend	Ausreichend	Mangelhaft	Ungenügend
[1]	[2]	[3]	[4]	[5]	[6]

G. Fragen zum Transfer von Wissen, Fähigkeiten und Erfahrungen

10. Inwieweit treffen die folgenden Aussagen zu Aspekten des **Transfers** von **Wissen, Fähigkeiten** und **Erfahrungen** in Ihrem Unternehmen im Hinblick auf die letzten 3 Jahre zu?

		Trifft gar nicht zu	Trifft in sehr geringem Maße zu	Trifft in geringem Maße zu	Weder hoch noch gering	Trifft in hohem Maße zu	Trifft in sehr hohem Maße zu	Trifft vollkommen zu
10.a	Die informelle Weitergabe von Erfahrungswissen ist in unserem Unternehmen durch institutionalisierte Mentorenprogramme und Job Rotation und/oder Personalaustausch gewährleistet	[1]	[2]	[3]	[4]	[5]	[6]	[7]
10.b	Das Engagement unserer Mitarbeiter, mit dem sie ihre Fähigkeiten und ihr Wissen an Kollegen weitergeben, stellt einen wichtigen Faktor in ihrer Leistungsbeurteilung dar	[1]	[2]	[3]	[4]	[5]	[6]	[7]
10.c	In unserem Unternehmen herrscht eine Kultur der Offenheit und des Vertrauens, die den Austausch zwischen Mitarbeitern und den Transfer von Wissen und Erfahrungen fördert	[1]	[2]	[3]	[4]	[5]	[6]	[7]
10.d	Wir messen der betriebsspezifischen Weiterbildung unserer Mitarbeiter durch unternehmensinterne Präsentationen, Seminare, Work-Shops/Trainings eine hohe Bedeutung bei	[1]	[2]	[3]	[4]	[5]	[6]	[7]

11. Wie würden Sie den Transfer von Wissen, Fähigkeiten und Erfahrungen in Ihrem Unternehmen zusammenfassend bewerten? Denken Sie dabei bitte an Schulnoten.

Sehr gut	Gut	Befriedigend	Ausreichend	Mangelhaft	Ungenügend
[1]	[2]	[3]	[4]	[5]	[6]

Adresse für Rückantworten: Universität Witten/Herdecke, Forschungsprojekt Strategie in High Velocity Märkten,
Lehrstuhl für Allg. BWL, Unternehmensführung und Unternehmensentwicklung, Prof. Dr. Bernd W. Wirtz/Dipl.-Kfm. Alexander Mathieu M.B.A. (USA),
Alfred-Herrhausen-Str. 50, 58448 Witten

Ein Forschungsprojekt an der Privaten Universität Witten/Herdecke

H. Fragen zur Entwicklung neuen Wissens und neuer Fähigkeiten

12. Inwieweit treffen die folgenden Aussagen zu Aspekten der **Entwicklung neuen Wissens** und **neuer Fähigkeiten** in Ihrem Unternehmen im Hinblick auf die letzten 3 Jahre zu?

		Trifft gar nicht zu	Trifft in sehr geringem Maße zu	Trifft in geringem Maße zu	Weder noch/ hoch noch gering	Trifft in hohem Maße zu	Trifft in sehr hohem Maße zu	Trifft vollkommen zu
12.a	Unsere Mitarbeiter sind angehalten, ihr Wissen und ihre Projekterfahrungen so zu verallgemeinern, dass beides auch auf neue Anwendungsfelder übertragen werden kann	1	2	3	4	5	6	7
12.b	Die Einbindung unserer Mitarbeiter in die wissenschaftliche Community, z. B. durch Publikationen oder Teilnahme an Kongressen, wird bei uns gezielt gefördert und honoriert	1	2	3	4	5	6	7
12.c	Nach Abschluss eines Projektes werden die Erkenntnisse unserer Mitarbeiter aus dem konkreten Anwendungsfall gelöst, um sie für neue Problemstellungen nutzbar zu machen	1	2	3	4	5	6	7
12.d	Wir binden unsere Mitarbeiter intensiv in die Diskussion neuer Anwendungsfelder für das in unserem Unternehmen vorhandene Wissen und die vorhandenen Fähigkeiten ein	1	2	3	4	5	6	7
12.e	Im Vergleich zum Wettbewerb ist die Lernfähigkeit unserer Mitarbeiter klar überlegen	1	2	3	4	5	6	7
12.f	Wir reagieren schnell auf Vorschläge unserer Mitarbeiter hinsichtlich strategischer Fragestellungen und setzen uns intensiv mit diesen auseinander	1	2	3	4	5	6	7
12.g	Wir sind im Vergleich zum Wettbewerb in überdurchschnittlich vielen Kooperationen mit Universitäten und anderen wissenschaftlichen Instituten engagiert	1	2	3	4	5	6	7
12.h	Wir wenden das in unserem Unternehmen erfasste Wissen und die Fähigkeiten unserer Mitarbeiter regelmäßig auf neue Problemstellungen an	1	2	3	4	5	6	7
12.i	Wir legen in unserem Unternehmen einen hohen Wert auf einen sehr guten Informationsfluss, sowohl zwischen Hierarchiestufen als auch zwischen Funktionsbereichen	1	2	3	4	5	6	7

		Sehr gut	Gut	Befriedigend	Ausreichend	Mangelhaft	Ungenügend
13.	Wie würden Sie die Entwicklung neuen Wissens und neuer Fähigkeiten in Ihrem Unternehmen zusammenfassend bewerten? Denken Sie dabei bitte an Schulnoten.	1	2	3	4	5	6

I. Fragen zu Kooperationen

14. Inwieweit treffen die folgenden Aussagen zu Aspekten **kooperativer Unternehmensverbindungen** Ihres Unternehmens im Hinblick auf die letzten 3 Jahre zu?

		Trifft gar nicht zu	Trifft in sehr geringem Maße zu	Trifft in geringem Maße zu	Weder noch/ hoch noch gering	Trifft in hohem Maße zu	Trifft in sehr hohem Maße zu	Trifft vollkommen zu
14.a	Zur Entwicklung und Durchsetzung gemeinsamer Standards arbeiten wir umfassend mit einer Vielzahl von Unternehmen zusammen	1	2	3	4	5	6	7
14.b	Im Wettbewerbsvergleich ist unser Unternehmen überdurchschnittlich stark in ein strategisches Netzwerk eingebunden	1	2	3	4	5	6	7
14.c	Unser Entwicklungs- und Herstellungsprozess ist durch eine intensive Einbindung von und Abstimmung mit Herstellern von Komplementärprodukten gekennzeichnet	1	2	3	4	5	6	7
14.d	Im F&E-Bereich arbeiten wir hinsichtlich der Technologieentwicklung und -weiterentwicklung intensiv mit anderen Unternehmen zusammen	1	2	3	4	5	6	7
14.e	Unser Unternehmen engagiert sich mit anderen Unternehmen beim Aufbau gemeinsamer Kompetenz-Zentren für spezifische Bereiche	1	2	3	4	5	6	7
14.f	Unsere Ablauforganisation und unsere Teams zeichnen sich durch eine große Offenheit und Flexibilität hinsichtlich der Zusammenarbeit mit anderen Unternehmen aus	1	2	3	4	5	6	7
14.g	Im Vergleich zur Konkurrenz beteiligen wir uns an überdurchschnittlich vielen strategischen Allianzen	1	2	3	4	5	6	7

Schneller geht's per Fax: 02302-926-557

Strategie in High Velocity Märkten

J. Fragen zum Strategieprozess und zur Organisationsstruktur

15. In dem Prozess der **Strategiefindung** und **–bildung** kommen der Geschäftsführung und den Mitarbeitern oftmals unterschiedliche Rollen zu. Bitte wählen Sie diejenige der folgenden fünf Beschreibungen aus, welche den Einfluss und die Rollenverteilung zwischen Geschäftsführung und Mitarbeitern in Ihrem Unternehmen am besten charakterisiert. Bitte beachten Sie dabei, dass keiner der aufgeführten Typen an sich „gut" oder „schlecht" ist.

Typ A Die Strategiefindung ist in unserem Unternehmen ein bewusster, kontrollierter, zentralisierter Prozess. Die Geschäftsführung gestaltet die Strategie und kommuniziert sie von den oberen Hierarchiestufen an die unteren. Hierbei gibt die Geschäftsführung die Strategie vor und die Mitarbeiter führen sie aus. [1]

Typ B Strategiefindung ist in unserem Unternehmen maßgeblich durch formale Analysen, formale Planungssysteme und ein hohes Ausmaß an Informationsverarbeitung gekennzeichnet. Innerhalb der hierarchischen Beziehungen bewertet und kontrolliert die Geschäftsführung die Ergebnisse, während die Mitarbeiter dem formalen Planungssystem folgen. [2]

Typ C Die Strategie entstammt in unserem Unternehmen dem kontinuierlichen Dialog aller Beteiligten. Der Strategiefindungsprozess ist durch Interaktion und Lernen sowie eine schrittweise, wiederholende Herangehensweise gekennzeichnet. Die Geschäftsführung ermächtigt und befähigt hierbei die Mitarbeiter, welche kontinuierlich lernen und den Prozess verbessern. [3]

Typ D Ausgangspunkt ist die von der Geschäftsführung entwickelte Vision und die artikulierte Mission. Der Strategiefindungsprozess ist durch kreatives Handeln gekennzeichnet, welches durch Appelle, Leitsätze, Symbole und Metaphern an gemeinsamen Zielen ausgerichtet wird. Die Geschäftsführung motiviert und inspiriert die Mitarbeiter, welche auf die Herausforderungen reagieren. [4]

Typ E Die Strategiefindung ist durch Unternehmertum und autonomes Verhalten der Mitarbeiter charakterisiert. Diese bringen neue Ideen und strategische Initiativen in den Prozess ein. Zudem wird die Strategie kontinuierlich angepasst. Die Geschäftsführung unterstützt die Initiativen und teilt Ressourcen zu, die Mitarbeiter experimentieren und gehen Risiken ein. [5]

16. Inwieweit treffen die folgenden Aussagen zum Ausmaß der **politischen Aktivität** innerhalb des Strategieprozesses Ihres Unternehmens im Hinblick auf die letzten 3 Jahre zu?

	Trifft gar nicht zu	Trifft in sehr geringem Maße zu	Trifft in geringem Maße zu	Weder hoch noch gering	Trifft in hohem Maße zu	Trifft in sehr hohem Maße zu	Trifft vollkommen zu
16.a Der strategische Entscheidungsfindungsprozess in unserem Unternehmen ist durch ein ständiges "Hin- und Her" der verschiedenen Anspruchsgruppen gekennzeichnet	[1]	[2]	[3]	[4]	[5]	[6]	[7]
16.b Innerhalb des strategischen Entscheidungsfindungsprozesses in unserem Unternehmen ist das offene Austragen von Konflikten eine akzeptierte Herangehensweise	[1]	[2]	[3]	[4]	[5]	[6]	[7]
16.c Der strategische Entscheidungsfindungsprozess in unserem Unternehmen kann als eine Übung in Feilschen, Verhandeln und Eingehen von Kompromissen bezeichnet werden	[1]	[2]	[3]	[4]	[5]	[6]	[7]

	Sehr gering	Gering	Weder gering noch Umfassend	Umfassend	Sehr umfassend
17. Wie beurteilen Sie das Ausmaß der Informationsnutzung und Informationsverarbeitung im Strategieprozess Ihres Unternehmens in den letzten 3 Jahren?	[1]	[2]	[3]	[4]	[5]

	Sehr langsam	Langsam	Weder schnell noch langsam	Schnell	Sehr schnell
18. Wie schätzen Sie die Geschwindigkeit des strategischen Entscheidungsfindungsprozesses in Ihrem Unternehmen in den letzten 3 Jahren ein?	[1]	[2]	[3]	[4]	[5]

19. Der **Organisationsstruktur** und deren **Flexibilität** werden oftmals auch eine Relevanz für die Strategie beigemessen. Bitte wählen Sie diejenige der folgenden drei Charakterisierungen aus, welche die Organisationsstruktur Ihres Unternehmens am besten beschreibt. Bitte beachten Sie dabei, dass keiner der aufgeführten Typen an sich „gut" oder „schlecht" ist.

Typ A Die Flexibilität innerhalb dieses Unternehmens beschränkt sich auf Prozeduren, welche die Leistung des Unternehmens bei stabiler Auslastung und stabilen Umfeldbedingungen optimieren. Die Organisationsstruktur ist nach Funktionen ausgerichtet, zentralisiert und weist viele Hierarchiestufen auf. Die Unternehmenskultur ist als konservativ zu beschreiben. [1]

Typ B Innerhalb dieses Unternehmens besteht die Flexibilität darin, auf erwartete Veränderungen mit spezifischen Regeln und detaillierten Prozeduren zu reagieren, welche sehr komplex sind und ein hohes Ausmaß an Informationsverarbeitung erfordern. Die Struktur und die Abläufe sind durch Standardisierung, Formalisierung, Spezialisierung sowie detaillierte Kontroll- und Planungssysteme charakterisiert. [2]

Typ C Die Flexibilität dieses Unternehmens erlaubt eine schnelle Anpassung der Organisationsstruktur sowie der Entscheidungs- und Kommunikationsprozesse an veränderte Umfeldbedingungen und veränderte Zielsetzungen. Veränderungen können durch Anpassung der aktuellen Technologie und der organischen Organisationsstruktur schnell umgesetzt werden. [3]

Adresse für Rückantworten: Universität Witten/Herdecke, Forschungsprojekt Strategie in High Velocity Märkten, Lehrstuhl für Allg. BWL, Unternehmensführung und Unternehmensentwicklung, Prof. Dr. Bernd W. Wirtz/Dipl.-Kfm. Alexander Mathieu M.B.A. (USA), Alfred-Herrhausen-Str. 50, 58448 Witten

Ein Forschungsprojekt an der Privaten Universität Witten/Herdecke

K. Fragen zum Strategischen Erfolg

20. Wie schätzen Sie Ihr Unternehmen hinsichtlich der folgenden Aspekte im **Vergleich zu Ihren Hauptwettbewerbern** innerhalb der letzten 3 Jahre ein?

		Viel schlechter	Schlechter	Gleich	Besser	Viel besser
20.a	Umsatzwachstum	1	2	3	4	5
20.b	Gewinnwachstum	1	2	3	4	5
20.c	Marktanteilswachstum	1	2	3	4	5
20.d	Gesamtkapitalrentabilität (Return on Investment ROI)	1	2	3	4	5
20.e	Eigenkapitalrentabilität (Return on Equity ROE)	1	2	3	4	5
20.f	Umsatzrentabilität (Return on Sales ROS)	1	2	3	4	5
20.g	Cash-Flow-Gesamtkapitalrentabilität (Cash-Flow on Investment CFOI)	1	2	3	4	5
20.h	Cash-Flow-Eigenkapitalrentabilität (Cash-Flow on Equity CFOE)	1	2	3	4	5
20.i	Cash-Flow-Umsatzrentabilität (Cash-Flow on Sales CFOS)	1	2	3	4	5
20.j	Einführung neuer Produkte	1	2	3	4	5

21. In Relation zu den eingesetzten Ressourcen und im Hinblick auf die von unserem Unternehmen verfolgten Ziele bewerten wir unsere Strategie zusammenfassend als in...

sehr geringem Maße erfolgreich	geringem Maße erfolgreich	weder geringem noch in hohem Maße erfolgreich	hohem Maße erfolgreich	sehr hohem Maße erfolgreich
1	2	3	4	5

L. Fragen zur Strategie

22. Abschließend möchten wir Sie bitten, aus den folgenden vier Beschreibungen zur **Strategie** von **Unternehmen** diejenige auszuwählen, die Ihr Unternehmen im Vergleich zu anderen Unternehmen Ihrer Branche am besten charakterisiert. Bitte beachten Sie dabei, dass keiner der aufgeführten Typen an sich „gut" oder „schlecht" ist.

Typ A — Dieses Unternehmen versucht, eine sichere Nische in einem relativ stabilen Produkt- und Dienstleistungsumfeld zu lokalisieren und zu besetzen. Das Unternehmen tendiert dazu, ein eingeschränkteres Ausmaß von Produkten und Dienstleistungen als seine Wettbewerber anzubieten und versucht, seinen Marktbereich durch das Angebot höherer Qualität, überlegenem Service und geringeren Preisen zu schützen. Diese Art von Unternehmen befindet sich oftmals nicht in vorderster Reihe von Entwicklungen in der Branche – es neigt dazu, Veränderungen in der Branche, die keinen direkten Einfluss auf das aktuelle Betätigungsfeld haben, zu ignorieren und konzentriert sich eher darauf, die bestmöglichste Leistung in dem abgegrenzten Segment zu erbringen. [1]

Typ B — Dieses Unternehmen operiert typischerweise innerhalb eines weit gefassten Produkt-Markt-Bereiches, welcher regelmäßig neu definiert wird. Das Unternehmen legt hohen Wert darauf, als Erster in neuen Produkt- und Marktbereichen zu agieren, selbst wenn sich nicht alle dieser Vorstöße als hoch profitabel herausstellen. Das Unternehmen reagiert schnell auf frühe Signale aus dem Marktumfeld, die auf neue Chancen hindeuten, und diese Reaktionen führen oftmals zu neuen Wettbewerbsmethoden. Allerdings vermag das Unternehmen nicht in allen Bereichen, in die es eintritt, Marktstärke aufrecht zu erhalten. [2]

Typ C — Dieses Unternehmen versucht, eine stabile, eingeschränkte Linie von Produkten und Dienstleistungen anzubieten. Zugleich verlässt es angestammte Betätigungsfelder schnell, um in einen sorgfältig ausgewählten Bereich vielversprechender neuer Entwicklungen innerhalb der Branche einzutreten. Das Unternehmen ist selten der Erste in neuen Produkt- oder Dienstleistungsbereichen. Durch die sorgfältige Überwachung des Agierens der Hauptkonkurrenten in Bereichen, die kompatibel mit seiner stabilen Produkt-Markt-Basis sind, gelingt es dem Unternehmen allerdings oft, als schneller Zweiter mit einem kosteneffizienteren Produkt oder Service in einen Markt einzutreten. [3]

Typ D — Dieses Unternehmen scheint keine konsistente Produkt-Markt-Orientierung aufzuweisen. Das Unternehmen ist weder so aggressiv in der Aufrechterhaltung etablierter Produkte und Märkte wie einige seiner Wettbewerber noch ist es bereit, so viele Risiken wie andere Konkurrenten einzugehen. Das Unternehmen reagiert vielmehr in den Bereichen, in denen Veränderungen des Umfeldes es dazu zwingen. [4]

✂ --

☐ Ja, ich bin an der Zusammenfassung der Forschungsergebnisse interessiert

Vor- und Zuname: _____

Firma: _____

E-Mail-Adresse: _____

Schneller geht's per Fax: 02302-926-557

Private Universität Witten/Herdecke gGmbH, 58448 Witten
«Firma1» «Firma2»
«Firma3»
«Titel»«Vorname» «Nachname»
«Strasse»

«PLZ» «Ort»

Fakultät für Wirtschaftswissenschaft
Prof. Dr. Bernd W. Wirtz
Lehrstuhl für Allgemeine
Betriebswirtschaftslehre,
insb. Unternehmensführung und Unternehmensentwicklung
Alfred-Herrhausen-Str. 50
D-58448 Witten
Telefon 02302/926-545
Fax 02302/926-557

25. August 2003

Forschungsprojekt Strategie in High Velocity Märkten

«BriefAnr»«Titel» «Nachname»,

in dem dynamischen Umfeld der Informations- und Kommunikationsmärkte kommt der Erzielung von Wettbewerbsvorteilen eine steigende Bedeutung zu. Daher untersuchen wir im Rahmen des **Forschungsprojekts "Strategie in High Velocity Märkten"** die Strategie und deren Erfolgswirkung bei Unternehmen in diesen Märkten. Die Ergebnisse unserer Untersuchung sollen einen Beitrag zur Erklärung von Wettbewerbsvorteilen und deren Erfolgswirkung leisten, der nicht nur von wissenschaftlichem Interesse, sondern insbesondere für das strategische Management von hoher Relevanz ist.

Eine solche Untersuchung bedarf ganz entscheidend der Informationen aus möglichst vielen Unternehmen. Daher möchten wir Sie bitten, sich ca. 20 Minuten Zeit zu nehmen, um den beiliegenden Fragebogen auszufüllen. Den ausgefüllten Fragebogen können Sie uns gerne in dem frankierten Rückumschlag oder per Fax (02302-926-557) zurücksenden. Zusätzlich haben Sie die Möglichkeit, die Fragen im Internet unter www.eclab.de/strategie zu beantworten. Selbstverständlich gewährleisten wir, dass Ihre Angaben streng vertraulich behandelt und ausschließlich für unsere wissenschaftliche Untersuchung erhoben werden.

Als Dank für Ihre wertvolle Unterstützung stellen wir den teilnehmenden Unternehmen eine exklusive Zusammenfassung der Forschungsergebnisse zur Verfügung, von der wir hoffen, dass sie auch für Ihr Unternehmen von Interesse sein wird.

Für Rückfragen steht Ihnen Herr Dipl.-Kfm. Alexander Mathieu M.B.A. (USA) unter 0221-2406698 bzw. alexander.mathieu@uni-wh.de jederzeit gerne zur Verfügung.

Mit herzlichem Dank für Ihre Bemühungen verbleibe ich mit freundlichen Grüßen

Prof. Dr. Bernd W. Wirtz

Private Universität Witten/Herdecke gGmbH, 58448 Witten

«Firma1» «Firma2»
«Firma3»
«Titel»«Vorname» «Nachname»
«Strasse»

«PLZ» «Ort»

Fakultät für Wirtschaftswissenschaft
Prof. Dr. Bernd W. Wirtz
Lehrstuhl für Allgemeine
Betriebswirtschaftslehre,
insb. Unternehmensführung und Unternehmensentwicklung
Alfred-Herrhausen-Str. 50
D-58448 Witten
Telefon 02302/926-545
Fax 02302/926-557

12. September 2003

Forschungsprojekt Strategie in High Velocity Märkten

«BriefAnr»«Titel» «Nachname»,

mit dem Schreiben vom 25. August diesen Jahres habe ich Ihnen einen Fragebogen zum Thema „Strategie in High Velocity Märkten" mit der Bitte übersandt, diesen auszufüllen und an meinen Lehrstuhl zurückzusenden. Sollten Sie dies bereits getan haben, danke ich Ihnen sehr herzlich für Ihre Zeit und Hilfe. Ansonsten hat die Urlaubszeit Sie sicherlich daran gehindert, dieser Bitte nachzukommen.

Da es für unsere Untersuchung und die Güte der Ergebnisse von großer Wichtigkeit ist, von möglichst jedem der angeschriebenen Unternehmen Informationen zu erhalten, darf ich Sie noch einmal bitten, den Ihnen übersandten Fragebogen auszufüllen und möglichst bis zum 2. Oktober 2003 zurückzusenden oder an 02302-926-557 zu faxen. Gerne können Sie auch die Möglichkeit nutzen, die Fragen im Internet unter www.eclab.de/strategie zu beantworten.

Ich weiß, dass Sie als Mitglied der Geschäftsleitung in besonderem Maße auf ein effizientes Zeitmanagement angewiesen sind und Ihnen meine Bitte deshalb nicht gerade gelegen kommen wird. Haben Sie aber bitte auch Verständnis dafür, dass die betriebswirtschaftliche Forschung immer wieder auf die Informationen aus der Praxis angewiesen ist, sofern sie praxisrelevante Forschungsergebnisse erzielen möchte. Sollten Ihre zeitlichen Verpflichtungen die Beantwortung der Fragen nicht zulassen, möchte ich Sie daher bitten, das Ausfüllen des Fragebogens einem qualifizierten Mitarbeiter Ihres Unternehmens zu übertragen.

Wiederum versichere ich Ihnen, dass Ihre Angaben streng vertraulich behandelt werden und ausschließlich für die Zwecke unserer wissenschaftlichen Untersuchung erhoben werden. Als kleine Gegenleistung für Ihre Hilfe erhalten Sie von uns nach Abschluss der Untersuchung eine exklusive Zusammenfassung der Forschungsergebnisse.

Mit herzlichem Dank für Ihre wertvolle Unterstützung verbleibe ich mit freundlichen Grüßen

Prof. Dr. Bernd W. Wirtz

Literaturverzeichnis

ABEL, B. (1979): Machttheoretische Modelle und Individualismus als Ansatzpunkte der unternehmungsbezogenen Konfliktforschung, in: Unternehmensbezogene Konfliktforschung - Methodologische und forschungsprogrammatische Grundfragen (Hrsg.: Dlugos, G.), Stuttgart 1979, S. 45-67.

ABEL, B. (1981): Grundlagen der Erklärung in der Betriebswirtschaftslehre – Überlegungen zu einer Kontroverse zwischen Konstruktivisten und kritischen Rationalisten, Mannheim 1981.

ALBACH, H. (1993): Betriebswirtschaftslehre als Wissenschaft – Entwicklungstendenzen in der modernen Betriebswirtschaftslehre, in: Zeitschrift für Betriebswirtschaft, 63. Jg., 1993, Ergänzungsheft 3/93, S. 7-26.

ALBERT, H. (1987): Kritik der reinen Erkenntnislehre - Das Erkenntnisproblem in realistischer Perspektive, Tübingen 1987.

ALBERT, H. (1991): Traktat über kritische Vernunft, 5. Aufl., Tübingen 1991.

ALDRICH, H. E. (1979): Organizations and Environments, Englewood Cliffs 1979.

ALWIN, D. F. (1997): Feeling Thermometers Versus 7-Point Scales - Which are Better?, in: Sociological Methods and Research, 25. Jg., 1997, Nr. 3, S. 318-340.

AMBROSINI, V./BOWMAN, C. (2001): Tacit Knowledge: Some Suggestions for Operationalization, in: Journal of Management Studies, 38. Jg., 2001, Nr. 6, S. 811-829.

AMEL, D. F./RHOADES, S. A. (1988): Strategic Groups in Banking, in: Review of Economics and Statistics, 70. Jg., 1988, Nr. 4, S. 685-689.

AMIT, R./SCHOEMAKER, P. J. (1993): Strategic Assets and Organizational Rent, in: Strategic Management Journal, 14. Jg., 1993, Nr. 1, S. 33-46.

AMIT, R./ZOTT, C. (2001): Value Creation in E-Business, in: Strategic Management Journal, 22. Jg., 2001, Nr. 6-7, S. 493-520.

ANDERSON, J. C./GERBING, D. W. (1982): Some Methods for Respecifying Measurement Models to Obtain Unidimensional Construct Measurement, in: Journal of Marketing Research, 19. Jg., 1982, Nr. 4, S. 453-460.

ANDERSON, J. C./GERBING, D. W. (1991): Predicting the Performance of Measures in a Confirmatory Factor Analysis With a Pretest Assessment of Their Substantive Validities, in: Journal of Applied Psychology, 76. Jg., 1991, Nr. 5, S. 732-740.

ANDERSON, J. C./GERBING, D. W./HUNTER, J. E. (1987): On the Assessment of Unidimensional Measurement: Internal and External Consistency, and Overall Consistency Criteria, in: Journal of Marketing Research, 24. Jg., 1987, Nr. 4, S. 432-437.

ANDERSON, P. F. (1983): Marketing, Scientific Progress, and Scientific Method, in: Journal of Marketing, 47. Jg., 1983, Nr. 4, S. 18-31.

ANDERSON, P./TUSHMAN, M. L. (1990): Technological Discontinuities and Dominant Designs: A Cyclical Model of Technological Change, in: Administrative Science Quarterly, 35. Jg., 1990, Nr. 4, S. 604-633.

ANDREWS, K. R. (1987): The Concept of Corporate Strategy, 3. Aufl., Homewood 1987.

ANSOFF, H. I. (1965): Corporate Strategy - An Analytic Approach to Business Policy for Growth and Expansion, New York – San Francisco – Toronto 1965.

APPLEYARD, M. M./HATCH, N. W./MOWERY, D. C. (2000): Managing the Development and Transfer of Process Technologies in the Semiconductor Manufacturing Industry, in: The Nature and Dynamics of Organizational Capabilities (Hrsg.: Dosi, G./Nelson, R. R./Winter, S. G.), Oxford 2000, S. 183-207.

ARBUCKLE, J. L. (1996): Full Information Estimation in the Presence of Incomplete Data, in: Advanced Structural Equation Modeling - Issues and Techniques (Hrsg.: Marcoulides, G. A./Schumacker, R. E.), Mahwah 1996, S. 243-277.

ARBUCKLE, J. L./WOTHKE, W. (1999): Amos 4.0 User's Guide, Chicago 1999.

ARGOTE, L./DARR, E. (2000): Repositories of Knowledge in Franchise Organizations: Individual, Structural, and Technological, in: The Nature and Dynamics of Organizational Capabilities (Hrsg.: Dosi, G./Nelson, R. R./Winter, S. G.), Oxford 2000, S. 51-68.

ARGYRIS, C./SCHÖN, D. A. (1996): Organizational Learning II, Reading – Menlo Park – New York 1996.

ARMSTRONG, J. S./OVERTON, T. S. (1977): Estimating Nonresponse Bias in Mail Surveys, in: Journal of Marketing Research, 14. Jg., 1977, Nr. 3, S. 396-402.

ARTHUR, W. B. (1989): Competing Technologies, Increasing Returns, and Lock-in by Historical Events, in: The Economic Journal, 99. Jg., 1989, Nr. 1, S. 116-131.

ARTHUR, W. B. (1990): Positive Feedbacks in the Economy, in: Scientific American, o. Jg., 1990, Nr. 2, S. 80-85.

ARTHUR, W. B. (1994): Positive feedbacks in the economy, in: The McKinsey Quarterly, o. Jg., 1994, Nr. 1, S. 81-95.

ARTHUR, W. B. (1996): Increasing Returns and the New World of Business, in: Harvard Business Review, 74. Jg., 1996, Nr. 4, S. 100-109.

ATHANASSIADES, J. C. (1973): The Distortion of Upward Communication in Hierarchical Organizations, in: Academy of Management Journal, 16. Jg., 1973, Nr. 2, S. 207-226.

BACKHAUS, K./ERICHSON, B./PLINKE, W. ET AL. (2003): Multivariate Analysemethoden, 10. Aufl., Berlin – Heidelberg – New York et al. 2003.

BAGOZZI, R. P. (1980): Causal Models in Marketing, New York – Chichester – Brisbane et al. 1980.

BAGOZZI, R. P. (1981a): Evaluating Structural Equation Models With Unobservable Variables and Measurement Error: A Comment, in: Journal of Marketing Research, 18. Jg., 1981, Nr. 3, S. 375-381.

BAGOZZI, R. P. (1981b): An Examination of the Validity of Two Models of Attitude, in: Multivariate Behavioral Research, 16. Jg., 1981, Nr. 3, S. 323-359.

BAGOZZI, R. P. (1981c): Attitudes, Intentions, and Behavior: A Test of Some Key Hypotheses, in: Journal of Personality and Social Psychology, 41. Jg., 1981, Nr. 4, S. 607-627.

BAGOZZI, R. P. (1982a): The Role of Measurement in Theory Construction and Hypothesis Testing: Toward a Holistic Model, in: A Second Generation of Multivariate Analysis - Volume 2 - Measurement and Evaluation (Hrsg.: Fornell, C.), New York 1982, S. 5-23.

BAGOZZI, R. P. (1982b): A Field Investigation of Causal Relations Among Cognitions, Affect, Intentions, and Behavior, in: Journal of Marketing Research, 19. Jg., 1982, Nr. 4, S. 562-584.

BAGOZZI, R. P. (1985): Expectancy-value attitude models: An analysis of the critical theoretical issues, in: International Journal of Research in Marketing, 2. Jg., 1985, Nr. 1, S. 43-60.

BAGOZZI, R. P. (1994a): Structural Equation Models in Marketing Research: Basic Principles, in: Principles of Marketing Research (Hrsg.: Bagozzi, R. P.), Cambridge – Oxford, S. 317-385.

BAGOZZI, R. P. (1994b): Measurement in Marketing Research: Basic Principles of Questionnaire Design, in: Principles of Marketing Research (Hrsg.: Bagozzi, R. P.), Cambridge – Oxford 1994, S. 1-49.

BAGOZZI, R. P. (1998): A Prospectus for Theory Construction in Marketing: Revisited and Revised, in: Die Kausalanalyse (Hrsg.: Hildebrandt, L./Homburg, C.), Stuttgart 1998, S. 45-81.

BAGOZZI, R. P./BAUMGARTNER, H. (1994): The Evaluation of Structural Equation Models and Hypothesis Testing, in: Principles of Marketing Research (Hrsg.: Bagozzi, R. P.), Cambridge – Oxford 1994, S. 386-422.

BAGOZZI, R. P./FORNELL, C. (1982): Theoretical Concepts, Measurement and Meaning, in: A Second Generation of Multivariate Analysis - Volume 2 - Measurement and Evaluation (Hrsg.: Fornell, C.), New York 1982, S. 24-38.

BAGOZZI, R. P./PHILLIPS, L. W. (1982): Representing and Testing Organizational Theories: A Holistic Construal, in: Administrative Science Quarterly, 27. Jg., Nr. 2, S. 459-489.

BAGOZZI, R. P./YI, Y. (1988): On the Evaluation of Structural Equation Models, in: Journal of the Academy of Marketing Science, 16. Jg., 1988, Nr. 1, S. 74-94.

BAGOZZI, R. P./YI, Y./NASSEN, K. D. (1999): Representation of measurement error in marketing variables: Review of approaches and extension to three-facet designs, in: Journal of Econometrics, 89. Jg., 1999, Nr. 2, S. 393-421.

BAGOZZI, R. P./YI, Y./PHILLIPS, L. W. (1991): Assessing Construct Validity in Organizational Research, in: Administrative Science Quarterly, 36. Jg., 1991, Nr. 3, S. 421-458.

BAILEY, K. D. (1982): Methods of Social Research, 2. Aufl., New York – London 1982.

BAIN, J. S. (1956): Barriers to New Competition, Cambridge 1956.

BAIN, J. S. (1968): Industrial Organization, 2. Aufl., New York – London – Sydney 1968.

BAIRD, I. S./SUDHARSHAN, D./THOMAS, H. (1988): Addressing Temporal Change in Strategic Group Analysis: A Three-Mode Factor Analysis Approach, in: Journal of Management, 14. Jg., 1988, Nr. 3, S. 425-439.

BAIRD, I. S./THOMAS, H. (1985): Toward a Contingency Model of Strategic Risk Taking, in: Academy of Management Review, 10. Jg., 1985, Nr. 2, S. 230-243.

BAKOS, J. Y./TREACY, M. E. (1986): Information Technology and Corporate Strategy: A Research Perspective, in: MIS Quarterly, 10. Jg., 1986, Nr. 2, S. 107-119.

BAKOS, Y./BRYNJOLFSSON, E. (1999): Bundling Information Goods: Pricing, Profits, and Efficiency, in: Management Science, 45. Jg., 1999, Nr. 12, S. 1613-1630.

BAKOS, Y./BRYNJOLFSSON, E. (2000): Bundling and Competition on the Internet, in: Marketing Science, 19. Jg., 2000, Nr. 1, S. 63-82.

BALDERJAHN, I. (1985): Strukturen sozialen Konsumbewußtseins - Reanalyse und Versuchung einer Bestimmung, in: Marketing - Zeitschrift für Forschung und Praxis, 6. Jg., 1985, Nr. 4, S. 253-262.

BALDERJAHN, I. (1986): Das umweltbewußte Konsumentenverhalten - Eine empirische Studie, Berlin 1986.

BAMBERGER, I./WRONA, T. (1996a): Der Ressourcenansatz und seine Bedeutung für die Strategische Unternehmensführung, in: Zeitschrift für betriebswirtschaftliche Forschung, 48. Jg., 1996, Nr. 2, S. 130-153.

BAMBERGER, I./WRONA, T. (1996b): Der Ressourcenansatz im Rahmen des Strategischen Managements, in: Wirtschaftswissenschaftliches Studium, 25. Jg., 1996, Nr. 8, S. 386-391.

BANBURY, C. M./MITCHELL, W. (1995): The Effect of Introducing Important Incremental Innovations on Market Share and Business Survival, in: Strategic Management Journal, 16. Jg., 1995, Special Issue Summer 1995, S. 161-182.

BARNETT, W. P./BURGELMANN, R. A. (1996): Evolutionary Perspectives on Strategy, in: Strategic Management Journal, 17. Jg., 1996, Special Issue Summer 1996, S. 5-19.

BARNETT, W. P./HANSEN, M. T. (1996): The Red Queen in Organizational Evolution, in: Strategic Management Journal, 17. Jg., 1996, Special Issue Summer 1996, S. 139-157.

BARNEY, J. B. (1986a): Strategic Factor Markets: Expectations, Luck, and Business Strategy, in: Management Science, 32. Jg., 1986, Nr. 10, S. 1231-1241.

BARNEY, J. B. (1986b): Types of Competition and the Theory of Strategy: Toward an Integrative Framework, in: Academy of Management Review, 11. Jg., Nr. 4, S. 791-800.

BARNEY, J. B. (1991): Firm Resources and Sustained Competitive Advantage, in: Journal of Management, 17. Jg., 1991, Nr. 1, S. 99-120.

BARNEY, J. B. (1995): Looking inside for competitive advantage, in: Academy of Management Executive, 9. Jg., 1995, Nr. 4, S. 49-61.

BARNEY, J. B. (1999): How a Firm's Capabilities Affect Boundary Decisions, in: Sloan Management Review, 40. Jg., 1999, Nr. 3, S. 137-145.

BARNEY, J. B. (2001): Is the Resource-Based "View" a Useful Perspective for Strategic Management Research? Yes, in: Academy of Management Review, 26. Jg., 2001, Nr. 1, S. 41-56.

BARNEY, J. B./WRIGHT, M./KETCHEN, D. J. (2001): The resource-based view of the firm: Ten years after 1991, in: Journal of Management, 27. Jg., 2001, Nr. 6, S. 625-641.

BARTLETT, C. A./GHOSHAL, S. (1991): Global Strategic Management: Impact on the New Frontiers of Strategy Research, in: Strategic Management Journal, 12. Jg., 1991, Special Issue Summer 1991, S. 5-16.

BARTUNEK, J. M. (1984): Changing Interpretative Schemes and Organizational Restructuring: The Example of a Religious Order, in: Administrative Science Quarterly, 29. Jg., 1984, Nr. 3, S. 355-372.

BATES, K. A./AMUNDSON, S. D./SCHROEDER, R. G. ET AL. (1995): The Crucial Interrelationship Between Manufacturing Strategy and Organizational Culture, in: Management Science, 41. Jg., 1995, Nr. 10, S. 1565-1580.

BAUER, M. (2000): Kundenzufriedenheit in industriellen Geschäftsbeziehungen – Kritische Ereignisse, nichtlineare Zufriedenheitsbildung und Zufriedenheitsdynamik, Wiesbaden 2000.

BAUM, J. A. C./SINGH, J. V. (1994): Organizational Hierarchies and Evolutionary Processes: Some Reflections on a Theory of Organizational Evolution, in: Evolutionary Dynamics of Organizations (Hrsg.: Baum, J. A. C./Singh, J. V.), New York – Oxford 1994, S. 3-20.

BEARD, D. W./DESS, G. G. (1981): Corporate-Level Strategy, Business-Level Strategy, and Firm Performance, in: Academy of Management Journal, 24. Jg., 1981, Nr. 4, S. 663-688.

BEARDEN, W. O./NETEMEYER, R. G./MOBLEY, M. F. (1993): Handbook of Marketing Scales - Multi-Item Measures for Marketing and Consumer Behavior Research, Newbury Park – London – New Delhi 1993.

BEARDEN, W. O./SHARMA, S./TEEL, J. E. (1982): Sample Size Effects on Chi Square and Other Statistics Used in Evaluating Causal Models, in: Journal of Marketing Research, 19. Jg., 1982, Nr. 4, S. 425-430.

BEINHOCKER, E. D. (1999): Robust Adaptive Strategies, in: Sloan Management Review, 40. Jg., 1999, Nr. 3, S. 95-106.

BENTLER, P. M. (1982): Multivariate Analysis with Latent Variables: Causal Modeling, in: A Second Generation of Multivariate Analysis - Volume 1 - Methods (Hrsg.: Fornell, C.), New York 1982, S. 121-177.

BENTLER, P. M. (1990): Comparative Fit Indexes in Structural Models, in: Psychological Bulletin, 107. Jg., 1990, Nr. 2, S. 238-246.

BENTLER, P. M./BONETT, D. G. (1980): Significance Tests and Goodness of Fit in the Analysis of Covariance Structures, in: Psychological Bulletin, 88. Jg., 1980, Nr. 3, S. 588-606.

BENTLER, P. M./CHOU, C. P. (1987): Practical Issues in Structural Modeling, in: Sociological Methods and Research, 16. Jg., 1987, Nr. 1, S. 78-117.

BERCOVITZ, J. E./DE FIGUEIREDO, J. M./TEECE, D. J. (1997): Firm capabilities and managerial decision making: A theory of innovation biases, in: Technological Innovation: Oversights and Foresights (Hrsg.: Garud, R./Nayyar, P. R./Shapira, Z. B.), Cambridge 1997, S. 233-259.

BEREKOVEN, L./ECKERT, W./ELLENRIEDER, P. (2001): Marktforschung - Methodische Grundlagen und praktische Anwendung, 9. Aufl., Wiesbaden 2001.

BERGER, P. L./LUCKMANN, T. (1967): The Social Construction of Reality, London 1967.

BETTIS, R. A./HITT, M. A. (1995): The New Competitive Landscape, in: Strategic Management Journal, 16. Jg., 1995, Special Issue Summer 1995, S. 7-19.

BIERLY, P./CHAKRABARTI, A. (1996): Generic Knowledge Strategies in the U.S. Pharmaceutical Industry, in: Strategic Management Journal, 17. Jg., 1996, Special Issue Winter 1996, S. 123-135.

BLALOCK, H. M. (1982): Conceptualization and Measurement in the Social Sciences, Beverly Hills – London – New Delhi 1982.

BLEICHER, K. (1979): Unternehmensentwicklung und organisatorische Gestaltung, Stuttgart – New York 1979.

BOGNER, W. C./BARR, P. S. (2000): Making Sense in Hypercompetitive Environments: A Cognitive Explanation for the Persistence of High Velocity Competition, in: Organization Science, 11. Jg., 2000, Nr. 2, S. 212-226.

BOHNEN, A. (1975): Individualismus und Gesellschaftstheorie - Eine Betrachtung zu zwei rivalisierenden soziologischen Erkenntnisprogrammen, Tübingen 1975.

BOHRNSTEDT, G. W. (1970): Reliability and Validity Assessment in Attitude Measurement, in: Attitude Measurement (Hrsg.: Summers, G. F.), Chicago 1970, S. 80-99.

BÖING, C. (2001): Erfolgsfaktoren im Business-to-Consumer-E-Commerce, Wiesbaden 2001.

BOISOT, M. H. (1995): Information Space - A Framework for Learning in Organizations, Institutions and Culture, London - New York 1995.

BOISOT, M. H. (1998): Knowledge Assets - Securing Competitive Advantage in the Information Economy, Oxford – New York 1998.

BOISOT, M./GRIFFITHS, D./MOLES, V. (1997): The Dilemma of Competence: Differentiation versus Integration in the Pursuit of Learning, in: Strategic Learning and Knowledge Management (Hrsg.: Sanchez, R./Heene, A.), Chichester – New York – Brisbane et al. 1997, S. 65-82.

BOLLEN, K. A. (1989): Structural Equations with Latent Variables, New York – Chichester – Brisbane 1989.

BOLLEN, K./LENNOX, R. (1991): Conventional Wisdom on Measurement: A Structural Equation Perspective, in: Psychological Bulletin, 110. Jg., 1991, Nr. 2, S. 305-314.

BOROWICZ, F./SCHERM, E. (2001): Standardisierungsstrategien: Eine erweiterte Betrachtung des Wettbewerbs auf Netzeffektmärkten, in: Zeitschrift für betriebswirtschaftliche Forschung, 53. Jg., 2001, Nr. 6, S. 391-416.

BOSEMAN, G./PHATAK, A. (1989): Strategic Management - Text and Cases, 2. Aufl., New York – Chichester – Brisbane et al. 1989.

BOURGEOIS, L. J. (1980): Strategy and Environment: A Conceptual Integration, in: Academy of Management Review, 5. Jg., 1980, Nr. 1, S. 25-39.

BOURGEOIS, L. J./EISENHARDT, K. M. (1987): Strategic Decision Processes in Silicon Valley: The Anatomy of a "Living Dead," in: California Management Review, 30. Jg., 1987, Nr. 1, S. 143-159.

BOURGEOIS, L. J./EISENHARDT, K. M. (1988): Strategic Decision Processes in High Velocity Environments: Four Cases in the Microcomputer Industry, in: Management Science, 34. Jg., 1988, Nr. 7, S. 816-835.

BOYNTON, A. C./VICTOR, B. (1991): Beyond Flexibility: Building and Managing the Dynamically Stabel Organization, in: California Management Review, 34. Jg., 1991, Nr. 1, S. 53-66.

BRACKER, J. (1980): The Historical Development of the Strategic Management Concept, in: Academy of Management Review, 5. Jg., 1980, Nr. 2, S. 219-224.

BRESNAHAN, T. F./SCHMALENSEE, R. (1987): The Empirical Renaissance in Industrial Economics: An Overview, in: Journal of Industrial Economics, 35. Jg., 1987, Nr. 4, S. 371-378.

BRIEF, A. P./DOWNEY, H. K. (1983): Cognitive and Organizational Stuctures: A Conceptual Analysis of Implicit Organizing Theories, in: Human Relations, 36. Jg., 1983, Nr. 12, S. 1065-1090.

BROCKHOFF, K. (1990): Funktionsbereichsstrategien, Wettbewerbsvorteile und Bewertungskriterien, in: Zeitschrift für Betriebswirtschaft, 60. Jg., 1990, Nr. 4, S. 451-472.

BROCKHOFF, K./LEKER, J. (1998): Zur Identifikation von Unternehmensstrategien, in: Zeitschrift für Betriebswirtschaft, 68. Jg., 1998, Nr. 11, S. 1201-1223.

BROWNE, M. W./CUDECK, R. (1993): Alternative Ways of Assessing Model Fit, in: Testing Structural Equation Models (Hrsg.: Bollen, K. A./Long, J. S), Newsbury Park – London – New Delhi 1993, S. 136-162.

BRUHN, M. (1997): Hyperwettbewerb - Merkmale, treibende Kräfte und Management einer neuen Wettbewerbsdimension, in: Die Unternehmung, 51. Jg., 1997, Nr. 5, S. 339-357.

BÜHNER, R. (1977): Messung des Erfolgs von Organisationen unter Berücksichtigung situativer Einflussfaktoren, in: Management International Review, 17. Jg., 1977, Nr. 3, S. 51-59.

BUNN, M. D. (1993): Taxonomy of Buying Decision Approaches, in: Journal of Marketing, 57. Jg., 1993, Nr. 1, S. 38-56.

BURGELMANN, R. A. (1991): Intraorganizational Ecology of Strategy Making and Organizational Adaptation: Theory and Field Research, in: Organization Science, 2. Jg., 1991, Nr. 3, S. 239-262.

BURGELMANN, R. A. (1996): A Process Model of Strategic Business Exit: Implications for an Evolutionary Perspective on Strategy, in: Strategic Management Journal, 17. Jg., 1996, Special Issue Summer 1996, S. 193-214.

BURKE JARVIS, C./MACKENZIE, S. B./PODSAKOFF, P. M. (2003): A Critical Review of Construct Indicators and Measurement Model Misspecification in Marketing and Consumer Research, in: Journal of Consumer Research, 30. Jg., 2003, Nr. 3, S. 199-218.

BURMANN, C. (2000): Strategiewechsel in turbulenten Märkten - Neue theoretische Ansätze zur Unternehmensflexibilität, Arbeitspapier Nr. 134 der Wissenschaftlichen Gesellschaft für Unternehmensführung und Marketing e.V., (Hrsg.: Meffert, H./Backhaus, K./Becker, J.), Münster 2000.

BURMANN, C. (2001): Strategische Flexibilität und Strategiewechsel in turbulenten Märkten, in: Die Betriebswirtschaft, 61. Jg., 2001, Nr. 2, S. 169-188.

BURMANN, C. (2002a): Strategische Flexibilität und Strategiewechsel als Determinanten des Unternehmenswertes, Wiesbaden 2002.

BURMANN, C. (2002b): Messung und Wirkung von Strategieveränderungen, in: Marketing - Zeitschrift für Forschung und Praxis, 24. Jg., 2002, Nr. 1, S. 67-79.

BURMANN, C. (2002c): Immaterielle Unternehmensfähigkeiten als Komponenten des Unternehmenswertes: Operationalisierung und empirische Messung, in: Die Unternehmung, 56. Jg., 2002, Nr. 4, S. 227-245.

BURR, W. (2003): Das Konzept des verteidigungsfähigen Wettbewerbsvorteils - Ansatzpunkte zur Dynamisierung und Operationalisierung, in: Die Unternehmung, 57. Jg., 2003, Nr. 5, S. 357-373.

BUTLER, R. J./COATES, P. D./PIKE, R. H. ET AL. (1996): Competitive Strategies and new technology: an empirical investigation in the UK polymer processing industry, in: R&D Management, 26. Jg., 1996, Nr. 4, S. 335-343.

BUXMANN, P. (2002): Strategien von Standardsoftware-Anbietern: Eine Analyse auf der Basis von Netzeffekten, in: Zeitschrift für betriebswirtschaftliche Forschung, 54. Jg., 2002, Nr. 5, S. 442-457.

BYRNE, B. M. (2001): Structural Equation Modeling with AMOS - Basic Concepts, Applications and Programming, Mahwah 2001.

CALORI, R. (1985): Effective Strategies in Emerging Industries, in: Long Range Planning, 18. Jg., 1985, Nr. 3, S. 55-61.

CAMPBELL, D. T. (1960): Recommendations for APA Test Standards Regarding Construct, Trait, or Discriminant Validity, in: The American Psychologist, 15. Jg., 1960, Nr. 8, S. 546-553.

CAMPBELL, D. T./FISKE, D. W. (1959): Convergent and Discriminant Validation by the Multitrait-Multimethod Matrix, in: Psychological Bulletin, 56. Jg., 1959, Nr. 2, S. 81-105.

CAMPBELL-HUNT, C. (2000): What Have We Learned about Generic Competitive Strategy? A Meta-Analysis, in: Strategic Management Journal, 21. Jg., 2000, Nr. 2, S. 127-154.

CANNELL, C. F./OKSENBERG, L./CONVERSE, J. M. (1977): Striving for Response Accuracy: Experiments in New Interviewing Techniques, in: Journal of Marketing Research, 14. Jg., 1977, Nr. 3, S. 306-315.

CANNON, J. T. (1968): Business Strategy and Policy, New York – Chicago – San Francisco et al. 1968.

CARMINES, E. G./ZELLER, R. A (1979): Reliability and Validity Assessment, Beverly Hills – London 1979.

CARNAP, R. (1950): Logical Foundations of Probability, Chicago 1950.

CARNAP, R. (1995): An Introduction to the Philosophy of Science, New York 1995.

CARPER, W. B./SNIZEK, W. E. (1980): The Nature and Types of Organizational Taxonomies: An Overview, in: Academy of Management Review, 5. Jg., 1980, Nr. 1, S. 65-75.

CARROLL, G. R./HARRISON, J. R. (1994): On the Historical Efficiency of Competition between Organizational Populations, in: American Journal of Sociology, 100. Jg., 1994, Nr. 3, S. 720-749.

CARTER, N. M./STEARNS, T. M./REYNOLDS, P. D. ET AL. (1994): New Venture Strategies: Theory Development with an Empirical Base, in: Strategic Management Journal, 15. Jg., 1994, Nr. 1, S. 21-41.

CAVES, R. E. (1980): Industrial Organization, Corporate Strategy and Structure, in: Journal of Economic Literature, 18. Jg., 1980, Nr. 1, S. 64-92.

CAVES, R. E. (1984): Economic Analysis and the Quest for Competitive Advantage, in: American Economic Review, 74. Jg., 1984, Nr. 2, S. 127-132.

CAVES, R. E./GHEMAWAT, P. (1992): Identifying Mobility Barriers, in: Strategic Management Journal, 13. Jg., 1992, Nr. 1, S. 1-12.

CAVES, R. E./PORTER, M. E. (1977): From Entry Barriers to Mobility Barriers: Conjectural Decisions and Contrived Deterrence to New Competition, in: Quarterly Journal of Economics, 91. Jg., 1977, Nr. 2, S. 241-261.

CHAKRAVARTHY, B. S. (1986): Measuring Strategic Performance, in: Strategic Management Journal, 7. Jg., 1986, Nr. 5, S. 437-458.

CHAKRAVARTHY, B. S. (1997): A New Strategy Framework for Coping with Turbulence, in: Sloan Management Review, 38. Jg., 1997, Nr. 2, S. 69-82.

CHALMERS, A. F. (1986): Wege der Wissenschaft - Einführung in die Wissenschaftstheorie, Berlin – Heidelberg – New York et al. 1986.

CHANDLER, A. D. (1962): Strategy and Structure - Chapters in the History of the Industrial Enterprise, Cambridge – London 1962.

CHATTERJEE, S./WERNERFELT, B. (1991): The Link Between Resources and Type of Diversification: Theory and Evidence, in: Strategic Management Journal, 12. Jg., 1991, Nr. 1, S. 33-48.

CHATTOPADHYAY, P./GLICK, W. H./MILLER, C. C. ET AL. (1999): Determinants of Executive Beliefs: Comparing Functional Conditioning and Social Influence, in: Strategic Management Journal, 20. Jg., 1999, Nr. 8, S. 763-789.

CHI, T. (1994): Trading in Strategic Resources: Necessary Conditions, Transaction Cost Problems, and Choice of Exchange Structure, in: Strategic Management Journal, 15. Jg., 1994, Nr. 4, S. 271-290.

CHILD, J. (1972): Organizational Structure, Environment and Performance: The Role of Strategic Choice, in: Sociology, 6. Jg., 1972, Nr. 1, S. 1-22.

CHIN, W. W. (1998): Issues and Opinion on Structural Equation Modeling, in: MIS Quarterly, 22. Jg., 1998, Nr. 1, S. VII-XVI.

CHMIELEWICZ, K. (1994): Forschungskonzeptionen der Wirtschaftswissenschaft, 3. Aufl., Stuttgart 1994.

CHOU, C. P./BENTLER, P. M. (1995): Estimates and Tests in Structural Equation Modeling, in: Structural Equation Modeling - Concepts, Issues, and Applications (Hrsg.: Hoyle, R. H.), Thousand Oaks – London – New Delhi, S. 37-55.

CHOU, C. P./BENTLER, P. M./SATORRA, A. (1991): Scaled test statistics and robust standard errors for non-normal data in covariance structure analysis: A Monte Carlo Study, in: British Journal of Mathematical and Statistical Psychology, 44. Jg., 1991, Nr. 2, S. 347-357.

CHURCHILL, G. A. (1979): A Paradigm for Developing Better Measures of Marketing Constructs, in: Journal of Marketing Research, 16. Jg., 1979, Nr. 1, S. 64-73.

CLEMENT, M./LITFIN, T./PETERS, K. (2001): Netzeffekte und Kritische Masse, in: Marketing mit Interaktiven Medien (Hrsg.: Albers, S./Clement, M./Peters, K./Skiera, B.), Frankfurt am Main 2001, S. 101-115.

CLIFF, N. (1983): Some Cautions Concerning the Application of Causal Modeling Methods, in: Multivariate Behavioral Research, 18. Jg., 1983, Nr. 1, S. 115-126.

COCKBURN, I. M./HENDERSON, R. M./STERN, S. (2000): Untangling the Origins of Competitive Advantage, in: Strategic Management Journal, 21. Jg., 2000, Special Issue October-November 2000, S. 1123-1145.

COHEN, A. R. (1958): Upward Communication in Experimentally Created Hierarchies, in: Human Relations, 11. Jg., 1958, Nr. 1, S. 41-53.

COHEN, M. D./BACDAYAN, P. (1994): Organizational Routines Are Stored as Procedural Memory: Evidence from a Laboratory Study, in: Organization Science, 5. Jg., 1994, Nr. 4, S. 554-568.

COHEN, M. D./BURKHART, R./DOSI, G. ET AL. (1996): Routines and Other Recurring Action Patterns of Organizations: Contemporary Research Issues, in: Industrial and Corporate Change, 5. Jg., 1996, Nr. 3, S. 653-698.

COHEN, W. M./LEVINTHAL, D. A. (1989): Innovation and Learning: The Two Faces of R&D, in: The Economic Journal, 99. Jg., 1989, Nr. 3, S. 569-596.

COHEN, W. M./LEVINTHAL, D. A. (1990): Absorptive Capacity: A New Perspective on Learning and Innovation, in: Administrative Science Quarterly, 35. Jg., 1990, Special Issue, S. 128-152.

COHEN, W. M./LEVINTHAL, D. A. (1994): Fortune Favors the Prepared Firm, in: Management Science, 40. Jg., 1994, Nr. 2, S. 227-251.

COLE, D. A. (1987): Utility of Confirmatory Factor Analysis in Test Validation Research, in: Journal of Consulting and Clinical Psychology, 55. Jg., 1987, Nr. 4, S. 584-594.

COLLIS, D. J. (1991): A Resource-Based Analysis of Global Competition: The Case of the Bearings Industry, in: Strategic Management Journal, 12. Jg., 1991, Special Issue Summer 1991, S. 49-68.

COLLIS, D. J. (1994): Research Note: How Valuable are Organizational Capabilities, in: Strategic Management Journal, 15. Jg., 1994, Special Issue Winter 1994, S. 143-152.

COLLIS, D. J. (1996): Organizational Capability as a Source of Profit, in: Organizational Learning and Competitive Advantage (Hrsg.: Moingeon, B./ Edmondson, A.), London – Thousand Oaks – New Delhi 1996, S. 139-163.

COLLIS, D. J./MONTGOMERY, C. A. (1995): Competing on Resources: Strategy in the 1990s, in: Harvard Business Review, 73. Jg., 1995, Nr. 4, S. 118-128.

CONANT, J. S./MOKWA, M., P./VARADARAJAN, P. R. (1990): Strategic Types, Distinctive Marketing Competencies and Organizational Performance: A Multiple Measures-Based Study, in: Strategic Management Journal, 11. Jg., 1990, Nr. 5, S. 365-383.

CONNER, K. R. (1991): A Historical Comparison of Resource-Based Theory and Five Schools of Thought Within Industrial Organization Economics: Do We Have a New Theory of the Firm?, in: Journal of Management, 17. Jg., 1991, Nr. 1, S. 121-154.

CONNER, K. R./PRAHALAD, C. K. (1996): A Resource-based Theory of the Firm: Knowledge Versus Opportunism, in: Organization Science, 7. Jg., 1996, Nr. 5, S. 477-501.

COOL, K. O./SCHENDEL, D. (1987): Strategic Group Formation and Performance: The Case of the U.S. Pharmaceutical Industry, 1963-1982, in: Management Science, 33. Jg., 1987, Nr. 9, S. 1102-1124.

CORIAT, B. (2000): The 'Abominable Ohne Production System'. Competences, Monitoring, and Routines in Japanese Production Systems, in: The Nature and Dynamics of Organizational Capabilities (Hrsg.: Dosi, G./Nelson, R. R./ Winter, S. G.), Oxford 2000, S. 213-243.

CORSTEN, H. (1998): Grundlagen der Wettbewerbsstrategie, Stuttgart – Leipzig 1998.

CORSTEN, H./WILL, T. (1992): Das Konzept generischer Wettbewerbsstrategien - Kennzeichen und kritische Analyse, in: Das Wirtschaftsstudium, 21. Jg., 1992, Nr. 3, S. 185-191.

CORSTEN, H./WILL, T. (1995): Wettbewerbsvorteile durch strategiegerechte Produktorganisation - Von der Alternativ- zur Simultaneitätshypothese, in: Produktion als Wettbewerbsfaktor (Hrsg.: Corsten, H.), Wiesbaden 1995, S. 1-13.

CORTINA, J. M. (1993): What is Coefficient Alpha? An Examination of Theory and Applications, in: Journal of Applied Psychology, 78. Jg., 1993, Nr. 1, S. 98-104.

CRONBACH, L. J. (1951): Coefficient Alpha and the Internal Structure of Tests, in: Psychometrika, 16. Jg., 1951, Nr. 3, S. 297-334.

CURETON, E. E./D'AGOSTINO, R. B. (1983): Factor Analysis - An Applied Approach, Hillsdale 1983.

DAFT, R. L./SORMUNEN, J./PARKS, D. (1988): Chief Executive Scanning, Environmental Characteristics, and Company Performance: an Empirical Study, in: Strategic Management Journal, 9. Jg., 1988, Nr. 2, S. 123-139.

DAFT, R. L./WEICK, K. E. (1984): Toward a Model of Organizations as Interpretative Systems, in: Academy of Management Review, 9. Jg., 1984, Nr. 2, S. 284-295.

D'AVENI, R. A. (1994): Hypercompetition - Managing the Dynamics of Strategic Maneuvering, New York – Toronto – Oxford 1994.

D'AVENI, R. A. (1995): Coping with hypercompetition: Utilizing the new 7S's framework, in: Academy of Management Executive, 9. Jg., 1995, Nr. 3, S. 45-60.

DAVENPORT, T. H./PRUSAK, L. (1998): Working Knowledge - How Organizations Manage What They Know, Boston 1998.

DAVIES, G. (1987): Monitoring Retailing Strategy by Measuring Customer Perception, in: Business Strategy and Retailing (Hrsg.: Johnson, G.), Chichester – New York – Brisbane 1987, S. 133-152.

DAY, D. L./DESARBO, W. S./OLIVA, T. A. (1987): Strategy Maps: A Spatial Representation of Intra-Industry Competitive Strategy, in: Management Science, 33. Jg., 1987, Nr. 12, S. 1534-1551.

DENRELL, J./FANG, C./WINTER, S. G. (2003): The Economics of Strategic Opportunity, in: Strategic Management Journal, 24. Jg., 2003, Nr. 10, S. 977-990.

DESS, G. G./BEARD, D. W. (1984): Dimensions of Organizational Task Environments, in: Administrative Science Quarterly, 29. Jg., 1984, Nr. 1, S. 52-73.

DESS, G. G./DAVIS, P. S. (1984): Porter's (1980) Generic Strategies as Determinants of Strategic Group Membership and Organizational Performance, in: Academy of Management Journal, 27. Jg., 1984, Nr. 3, S. 467-488.

DESS, G. G./GUPTA, A./HENNART, J. F. ET AL. (1995): Conducting and Integrating Strategy Research at the International, Corporate and Business Levels: Issues and Directions, in: Journal of Management, 21. Jg., 1995, Nr. 3, S. 357-393.

DESS, G. G./ROBINSON, R. B. (1984): Measuring Organizational Performance in the Absence of Objective Measures: The Case of the Privately-held Firm and Conglomerate Business Unit, in: Strategic Management Journal, 5. Jg., 1984, Nr. 3, S. 265-273.

DIAMANTOPOULOS, A./WINKLHOFER, H. M. (2001): Index Construction with Formative Indicators: An Alternative to Scale Development, in: Journal of Marketing Research, 38. Jg., 2001, Nr. 2, S. 269-277.

DIERICKX, I./COOL, K. O. (1989): Asset Stock Accumulation and Sustainability of Competitive Advantage, in: Management Science, 35. Jg., 1989, Nr. 12, S. 1504-1514.

DIETL, H. M./ROYER, S. (2003): Indirekte Netzeffekte und Wertschöpfungsorganisation, in: Zeitschrift für Betriebswirtschaft, 73. Jg., 2003, Nr. 4, S. 407-429.

DLUGOS, G. (1984): Unternehmenseffizienz und Interessenpluralität, in: Probleme der Unternehmungseffizienz im Systemvergleich (Hrsg.: Dlugos, G./Napierala, M.), Bad Honnef 1984, S. 41-59.

DOSI, G./NELSON, R. R. (1998): Evolutionary Theories, in: Markets and Organization (Hrsg.: Arena, R./Longhi, C.), Berlin – Heidelberg – New York 1998, S. 205-234.

DOSI, G./TEECE, D. J. (1998): Organizational Competencies and the Boundaries of the Firm, in: Markets and Organization (Hrsg.: Arena, R./Longhi, C.), Berlin – Heidelberg – New York 1988, S. 281-302.

DOTY, D. H./GLICK, W. H. (1994): Typologies As a Unique Form of Theory Building: Toward Improved Understanding and Modeling, in: Academy of Management Review, 19. Jg., 1994, Nr. 2, S. 230-251.

DOUGLAS, S. P./KEE RHEE, D. (1989): Examining Generic Competitive Strategy Types in U.S. and European Markets, in: Journal of International Business Studies, 20. Jg., 1989, Nr. 3, S. 437-463.

DOWLING, M. J./MCGEE, J. E. (1994): Business and Technology Strategies and New Venture Performance: A Study of the Telecommunications Equipment Industry, in: Management Science, 40. Jg., 1994, Nr. 12, S. 1663-1677.

DOZ, Y. L. (1996): The Evolution of Cooperation in Strategic Alliances: Initial Conditions or Learning Processes?, in: Strategic Management Journal, 17. Jg., 1996, Special Issue Summer 1996, S. 55-83.

DUGAN, I. J. (2003): Dot-Com Déjà Vu: theglobe.com Tries a Comeback, in: The Wall Street Journal Europe, 21. Jg., 2003, Nr. 213 v. 02.12.2003, S. A10.

DUNCAN, R. B. (1972): Characteristics of Organizational Environments and Perceived Environmental Uncertainty, in: Administrative Science Quarterly, 17. Jg., 1972, Nr. 3, S. 313-327.

DUSCHEK, S./SYDOW, J. (2002): Ressourcenorientierte Ansätze des strategischen Managements - Zwei Perspektiven auf Unternehmenskooperation, in: Wirtschaftswissenschaftliches Studium, 31. Jg., 2002, Nr. 8, S. 426-431.

DVIR, D./SEGEV, E./SHENHAR, A. (1993): Technology's Varying Impact on the Success of Strategic Business Units Within the Miles and Snow Typology, in: Strategic Management Journal, 14. Jg., 1993, Nr. 2, S. 155-162.

DZIUBAN, C. D./SHIRKEY, E. C. (1974): When is a Correlation Matrix Appropriate for Factor Analysis? Some Decision Rules, in: Psychological Bulletin, 81. Jg., 1974, Nr. 6, S. 358-361.

ECONOMIDES, N. (1996): The Economics of networks, in: International Journal of Industrial Organization, 14. Jg., 1996, Nr. 6, S. 673-699.

EFRON, B. (1979): Bootstrap Methods: Another Look at the Jackknife, in: The Annals of Statistics, 7. Jg., 1979, Nr. 1, S. 1-26.

EGGERT, A. (1999): Kundenbindung aus Kundensicht - Konzeptualisierung, Operationalisierung, Verhaltenswirksamkeit, Wiesbaden 1999.

EGLAU, H. O./KLUGE, J./MEFFERT, J. ET AL. (2000): Durchstarten zur Spitze – McKinsey Strategien für mehr Innovation, Frankfurt – New York 2000.

EISENHARDT, K. M. (1989a): Making Fast Strategic Decisions in High-Velocity Environments, in: Academy of Management Journal, 32. Jg., 1989, Nr. 3, S. 543-576.

EISENHARDT, K. M. (1989b): Building Theories from Cases Study Research, in: Academy of Management Review, 14. Jg., 1989, Nr. 4, S. 532-550.

EISENHARDT, K. M./BOURGEOIS, L. J. (1988): Politics of Strategic Decision Making in High-Velocity Environments: Toward a Midrange Theory, in: Academy of Management Journal, 31. Jg., 1988, Nr. 4, S. 737-770.

EISENHARDT, K. M./BROWN, S. L. (1999): Patching: Restitching Business Portfolios in Dynamic Markets, in: Harvard Business Review, 77. Jg., 1999, Nr. 3, S. 72-82.

EISENHARDT, K. M./GALUNIC, D. C. (2000): Coevolving: At Last, a Way to Make Synergies Work, in: Harvard Business Review, 78. Jg., 2000, Nr. 1, S. 91-101.

EISENHARDT, K. M./MARTIN, J. A. (2000): Dynamic Capabilities: What are they?, in: Strategic Management Journal, 21. Jg., 2000, Special Issue October-November 2000, S. 1105-1121.

EISENHARDT, K. M./SULL, D. N. (2001): Strategy as Simple Rules, in: Harvard Business Review, 79. Jg., 2001, Nr. 1, S. 106-116.

EMERY, F. E./TRIST, E. L. (1965): The Causal Texture of Organizational Environments, in: Human Relations, 18. Jg., 1965, Nr. 1, S. 21-32.

ENCAOUA, D./GEROSKI, P./JACQUEMIN, A. (1986): Strategic Competition and the Persistence of Dominant Firms: a Survey, in: New Developments in the Analysis of Market Structure (Hrsg.: Stiglitz, J. E./Mathewson, G. F.), Houndsmills – Basingstoke – Hampshire 1986, S. 55-89.

ERNST, H. (2001): Erfolgsfaktoren neuer Produkte - Grundlagen für eine valide empirische Forschung, Wiesbaden 2001.

ETZIONI, A. (1964): Modern Organizations, Englewood Cliffs 1964.

EVANS, P./WURSTER, T. S. (1999): Getting Real About Virtual Commerce, in: Harvard Business Review, 77. Jg., 1999, Nr. 6, S. 84-94.

FAHEY, L./CHRISTENSEN, H. K. (1986): Evaluating the Research on Strategy Content, in: Journal of Management, 12. Jg., 1986, Nr. 2, S. 167-183.

FARJOUN, M. (1994): Beyond Industry Boundaries: Human Expertise, Diversification and Resource-related Industry Groups, in: Organization Science, 5. Jg., 1994, Nr. 2, S. 185-199.

FARJOUN, M. (2002): Towards an Organic Perspective on Strategy, in: Strategic Management Journal, 23. Jg., 2002, Nr. 7, S. 561-594.

FELDMAN, M. S. (2000): Organizational Routine as a Source of Continuous Change, in: Organization Science, 11. Jg., 2000, Nr. 6, S. 611-629.

FELDMAN, M. S./MARCH, J. G. (1981): Information in Organizations as Signal and Symbol, in: Administrative Science Quarterly, 26. Jg., 1981, Nr. 2, S. 171-186.

FESSMANN, K.-D. (1980): Organisatorische Effizienz in Unternehmungen und Unternehmungsteilbereichen - Kritische Bestandsaufnahme und Ergebnisse einer empirisch-explorativen Untersuchung, Düsseldorf 1980.

FEYERABEND, P. K. (1965a): Problems of Empiricism, in: Beyond the Edge of Certainty - Essays in the Contemporary Science and Philosophy (Hrsg.: Colodny, R. G.), Lanham – London 1965, S. 145-260.

FEYERABEND, P. K. (1965b): Reply to Criticism, in: Boston Studies in the Philosophy of Science Vol. II In Honor of Philipp Frank (Hrsg.: Cohen, R. S./Wartofsky, M. W.), New York 1965, S. 223-261.

FEYERABEND, P. K. (1967): Bemerkungen zur Geschichte und Systematik des Empirismus, in: Grundfragen der Wissenschaften und ihre Wurzeln in der Metaphysik (Hrsg.: Weingartner, P.), Salzburg – München 1967, S. 136-180.

FEYERABEND, P. K. (1970): Consolations for the Specialist, in: Criticism and the Growth of Knowledge (Hrsg.: Lakatos, I./Musgrave, A.), London 1970, S. 197-230.

FIEGENBAUM, A./PRIMEAUX, W. J. (1987): Strategic Groups and Mobility Barriers: The Level of Struggle in an Industry, in: Journal of Behavioral Economics, 16. Jg., 1987, Nr. 3, S. 67-92.

FIEGENBAUM, A./THOMAS, H. (1990): Strategic Groups and Performance: The U.S. Insurance Industry, 1970-1984, in: Strategic Management Journal, 11. Jg., 1990, Nr. 3, S. 197-215.

FIOL, C. M. (2001): Revisiting an identity-based view of sustainable competitive advantage, in: Journal of Management, 27. Jg., 2001, Nr. 6, S. 691-699.

FISCHER, I. (2003): Zur Beobachtung der Entwicklung des E-Commerce, in: Wirtschaft und Statistik, o. Jg., 2003, Nr. 4, S. 314-318.

FISCHER, L./WISWEDE, G. (1997): Grundlagen der Sozialpsychologie, München 1997.

FISCHER-WINKELMANN, W. F. (1971): Methodologie der Betriebswirtschaftslehre, München 1971.

FISCHHOFF, B. (1982): For those condemned to study the past: Heuristics and biases in hindsight, in: Judgement under uncertainty: Heuristics and biases (Hrsg.: Kahneman, D./Slovic, P./Tversky, A.), Cambridge – London – New York et al. 1982, S. 335-351.

FISCHHOFF, B./BEYTH, R. (1975): "I Knew It Would Happen" - Remembered Probabilities of Once-Future Things, in: Organizational Behavior and Human Performance, 13. Jg., 1975, Nr. 1, S. 1-16.

FLECK, A. (1995): Hybride Wettbewerbsstrategien, Wiesbaden 1995.

FLORIDA, R./KENNEY, M. (2000): Transfer and Replication of Organizational Capabilities: Japanese Transplant Organizations in the United States, in: The Nature and Dynamics of Organizational Capabilities (Hrsg.: Dosi, G./ Nelson, R. R./Winter, S. G.), Oxford 2000, S. 281-307.

FLOYD, S. W./WOOLDRIDGE, B. (2000): Building Strategy from the Middle - Reconceptualizing Strategy Process, Thousand Oaks – London – New Delhi 2000.

FORD, J. D./SCHELLENBERG, D. A. (1982): Conceptual Issues of Linkage in the Assessment of Organizational Performance, in: Academy of Management Review, 7. Jg., 1982, Nr. 1, S. 49-58.

FORNELL, C. (1982): A Second Generation of Multivariate Analysis - An Overview, in: A Second Generation of Multivariate Analysis - Volume 1 - Methods (Hrsg.: Fornell, C.), New York 1982, S. 1-21.

FORNELL, C./BOOKSTEIN, F. L. (1982): Two Structural Equation Models: LISREL and PLS Applied to Consumer Exit-Voice Theory, in: Journal of Marketing Research, 19. Jg., 1982, Nr. 4, S. 440-452.

FORNELL, C./GUR-ARIE, O. (1983): Validity Assessment in Covariance Structure Analysis via Selection Procedures, in: Resarch Methods and Causal Modeling in Marketing (Hrsg.: Darden, W. R./Monroe, K. B./Dillon, W. R.), Chicago 1983, S. 253-258.

FORNELL, C./LARCKER, D. F. (1981): Evaluating Structural Equation Models with Unobservable Variables and Measurement Error, in: Journal of Marketing Research, 18. Jg., 1981, Nr. 1, S. 39-50.

FOSS, K./FOSS, N. J. (2000): The Knowledge-Based Approach and Organizational Economics: How much do they really Differ? And how does it matter?, in: Competence, Governance, and Entrepreneurship - Advances in Economic Strategy Research (Hrsg.: Foss, N. J./Mahnke, V.), Oxford – New York 2000, S. 55-79.

FOSS, N. J. (1993): Theories of the firm: contractual and competence perspectives, in: Journal of Evolutionary Economics, 3. Jg., 1993, Nr. 1, S. 127-144.

FOSS, N. J. (1996a): Research in Strategy, Economics, and Michael Porter, in: Journal of Management Studies, 33. Jg., 1996, Nr. 1, S. 1-24.

FOSS, N. J. (1996b): Knowledge-based Approaches to the Theory of the Firm: Some Critical Comments, in: Organization Science, 7. Jg., 1996, Nr. 5, S. 470-476.

FOSS, N. J. (1996c): More Critical Comments on Knowledge-based Theories of the Firm, in: Organization Science, 7. Jg., 1996, Nr. 5, S. 519-523.

FOSS, N. J./KNUDSEN, C./MONTGOMERY, C. A. (1995): An Exploration of Common Ground: Integrating Evolutionary and Strategic Theories of the Firm, in: Resource-Based and Evolutionary Theories of the Firm: Towards a Synthesis (Hrsg.: Montgomery, C. A.), Boston – Dordrecht – London 1995, S. 1-17.

FOSTER, R. N./KAPLAN, S. (2001): Creative Destruction, New York – London – Toronto et al. 2001.

FRAZIER, G. L./HOWELL, R. D. (1983): Business Definition and Performance, in: Journal of Marketing, 47. Jg., 1983, Nr. 2, S. 59-67.

FREDRICKSON, J. W. (1984): The Comprehensiveness of Strategic Decision Processes: Extension, Observations, Future Directions, in: Academy of Management Journal, 27. Jg., 1984, Nr. 3, S. 445-466.

FREEMAN, C. (1974): The Economics of Industrial Innovation, Middlesex 1974.

FREEMAN, J. (1995): Business Strategy from the Population Level, in: Resource-Based and Evolutionary Theories of the Firm: Towards a Synthesis (Hrsg.: Montgomery, C. A.), Boston – Dordrecht – London 1995, S. 219-250.

FREEMAN, J./BOEKER, W. (1984): The Ecological Analysis of Business Strategy, in: California Management Review, 26. Jg., 1984, Nr. 3, S. 73-86.

FREILING, J. (2000): Entwicklungslinien und Perspektiven des Strategischen Kompetenz-Managements, in: Die Ressourcen - und Kompetenzperspektive des Strategischen Managements (Hrsg.: Hammann, P./Freiling, J.), Wiesbaden 2000, S. 13-45.

FREILING, J. (2001): Resource-based View und ökonomische Theorie - Grundlagen und Positionierung des Ressourcenansatzes, Wiesbaden 2001.

FRESE, E. (1995): Grundlagen der Organisation, 6. Aufl., Wiesbaden 1995.

FRIEDRICHS, J. (1990): Methoden empirischer Sozialforschung, 14. Aufl., Opladen 1990.

FRITZ, W. (1984): Warentest und Konsumgüter-Marketing - Forschungskonzeption und Ergebnisse einer empirischen Untersuchung, Wiesbaden 1984.

FRITZ, W. (1995): Marketing-Management und Unternehmenserfolg, 2. Aufl., Stuttgart 1995.

FRITZ, W. (2000): Markteintrittsstrategien in der Internet-Ökonomie, in: Markteintritts-Management - Probleme, Strategien, Erfahrungen (Hrsg.: von der Oelsnitz, D.), Stuttgart 2000, S. 223-238.

GAITANIDES, M./WESTPHAL, J. (1991): Strategische Gruppen und Unternehmenserfolg - Ergebnisse einer empirischen Studie, in: Zeitschrift für Planung, 2. Jg., 1991, Nr. 3, S. 247-265.

GALBRAITH, C./SCHENDEL, D. (1983): An Empirical Analysis of Strategy Types, in: Strategic Management Journal, 4. Jg., 1983, Nr. 2, S. 153-173.

GALBRAITH, J. R./KAZANJIAN, R. K. (1986): Strategy Implementation - Structure, Systems, and Process, 2. Aufl., St. Paul – New York – Los Angeles et al. 1986.

GALUNIC, D. C./RODAN, S. (1998): Resource Combinations in the Firm: Knowledge Structure and the Potential for Schumpeterian Innovation, in: Strategic Management Journal, 19. Jg., 1998, Nr. 12, S. 1193-1201.

GÄLWEILER, A. (1990): Strategische Unternehmensführung, 2. Aufl., Frankfurt – New York 1990.

GARUD, R./KUMARASWAMY, A. (1993): Changing Competitive Dynamics in Network Industries: An Exploration of Sun Microsystems' Open Systems Strategy, in: Strategic Management Journal, 14. Jg., 1993, Nr. 5, S. 351-369.

GELMAN, J. R./SALOP, S. C. (1983): Judo economics: capacity limitation and coupon competition, in: The Bell Journal of Economics, 14. Jg., 1983, Nr. 3, S. 315-325.

GERBING, D. W./ANDERSON, J. C. (1988): An Updated Paradigm for Scale Development Incorporating Unidimensionality and Its Assessment, in: Journal of Marketing Research, 25. Jg., 1988, Nr. 2, S. 186-192.

GERBING, D. W./ANDERSON, J. C. (1993): Monte Carlo Evaluations of Goodness-of-Fit Indices for Structural Equation Models, in: Testing Structural Equation Models (Hrsg.: Bollen, K. A./Long, J. S.), Newsbury Park – London – New Delhi 1993, S. 40-65.

GERSICK, C. J./HACKMAN, J. R. (1990): Habitual Routines in Task-Performing Groups, in: Organizational Behaviour and Human Decision Processes, 47. Jg., 1990, Nr. 1, S. 65-97.

GHOSHAL, S./HAHN, M./MORAN, P. (2000): Organizing for Firm Growth: the Interaction between Resource-Accumulating and Organizing Processes, in: Competence, Governance, and Entrepreneurship (Hrsg.: Foss, N. J./Mahnke, V.), Oxford – New York 2000, S. 146-167.

GHOSHAL, S./MORAN, P. (1996): Bad for Practice: A Critique of the Transaction Cost Theory, in: Academy of Management Review, 21. Jg., 1996, Nr. 1, S. 13-47.

GINSBERG, A. (1984): Operationalizing Organizational Strategy: Toward an Integrative Framework, in: Academy of Management Review, 9. Jg., 1984, Nr. 3, S. 548-557.

GINSBERG, A./VENKATRAMAN, N. (1985): Contingency Perspectives of Organizational Strategy: A Critical Review of the Empirical Research, in: Academy of Management Review, 10. Jg., 1985, Nr. 3, S. 421-434.

GLUECK, W. F. (1980): Strategic Management and Business Policy, New York - St. Louis - San Francisco 1980.

GOLDEN, B. R. (1992): The Past Is the Past - Or Is It? The Use of Retrospective Accounts as Indicators of Past Strategy, in: Academy of Management Journal, 35. Jg., 1992, Nr. 4, S. 848-860.

GOMEZ, P. (1998): Ganzheitliches Wertmanagement - Von der Vision zur Prozessorganisation, in: IO Management, 67. Jg., 1998, Nr. 3, S. 62-65.

GOMEZ, P./KÜNG, L. (2001): Creating value in the new economy. Do 'old' economy management concepts have a future?, in: Die Unternehmung, 55. Jg., 2001, Nr. 2, S. 97-109.

GRABATIN, G. (1981): Effizienz von Organisationen, Berlin – New York 1981.

GRANT, J. H./KING, W. R. (1982): The Logic of Strategic Planning, Boston – Toronto 1982.

GRANT, R. M. (1991): The Resource-Based Theory of Competitive Advantage: Implications for Strategy Formulation, in: California Management Review, 33. Jg., 1991, Nr. 3, S. 114-135.

GRANT, R. M. (1996a): Toward a Knowledge-based Theory of the Firm, in: Strategic Management Journal, 17. Jg., 1996, Special Issue Winter 1996, S. 109-122.

GRANT, R. M. (1996b): Prospering in Dynamically-competitive Environments: Organizational Capability as Knowledge Integration, in: Organization Science, 7. Jg., 1996, Nr. 4, S. 375-387.

GRAUMANN, M. (1993): Die Ökonomie von Netzprodukten, in: Zeitschrift für Betriebswirtschaft, 63. Jg., 1993, Nr. 12, S. 1331-1355.

GREEN, R. F./LISBOA, J./YASIN, M. M. (1993): Porter's (1980) Generic Strategies in Portugal, in: European Business Review, 93. Jg., 1993, Nr. 2, S. 3-10.

GRINYER, P. H./YASAI-ARDEKANI, M. (1981): Strategy, Structure, Size and Bureaucracy, in: Academy of Management Journal, 24. Jg., 1981, Nr. 3, S. 471-486.

GRINYER, P. H./YASAI-ARDEKANI, M./AL-BAZZAZ, S. (1980): Strategy, Structure, the Environment, and Financial Performance in 48 United Kingdom Companies, in: Academy of Management Journal, 23. Jg., 1980, Nr. 2, S. 193-220.

HABEL, S. (1992): Strategische Unternehmensführung im Lichte der empirischen Forschung - Bestandsaufnahme und kritische Würdigung eines komplexen Forschungsfeldes, München 1992.

HAERTSCH, P. (2000): Wettbewerbsstrategien für Electronic Commerce, Lohmar – Köln 2000.

HAMBRICK, D. C. (1980): Operationalizing the Concept of Business-Level Strategy in Research, in: Academy of Management Journal, 5. Jg., 1980, Nr. 4, S. 567-575.

HAMBRICK, D. C. (1981): Environment, Strategy, and Power Within Top Management Teams, in: Administrative Science Quarterly, 26. Jg., 1981, Nr. 2, S. 253-276.

HAMBRICK, D. C. (1982): Environmental Scanning and Organizational Strategy, in: Strategic Management Journal, 3. Jg., 1982, Nr. 2, S. 159-174.

HAMBRICK, D. C. (1983a): Some Tests of the Effectiveness and Functional Attributes of Miles and Snow's Strategic Types, in: Academy of Management Journal, 26. Jg., 1983, Nr. 1, S. 5-26.

HAMBRICK, D. C. (1983b): High Profit Strategies in Mature Capital Goods Industries: A Contingency Approach, in: Academy of Management Journal, 26. Jg., 1983, Nr. 4, S. 687-707.

HAMBRICK, D. C. (1984): Taxonomic Approaches to Studying Strategy: Some Conceptual and Methodological Issues, in: Journal of Management, 10. Jg., 1984, Nr. 1, S. 27-41.

HAMBRICK, D. C./LEI, D. (1985): Toward an Empirical Priorization of Contingency Variables for Business Strategy, in: Academy of Management Journal, 28. Jg., 1985, Nr. 4, S. 763-788.

HAMBRICK, D. C./MACMILLAN, I. C./BARBOSA, R. R. (1983): Business Unit Strategy and Changes in the Product R&D Budget, in: Management Science, 29. Jg., 1983, Nr. 7, S. 757-769.

HAMBRICK, D. C./SNOW, C. C. (1977): A Contextual Model of Strategic Decision Making in Organizations, in: Academy of Management Proceedings, 37. Jg., 1977, S. 109-112.

HAMEL, G. (1991): Competition for Competence and Inter-Partner Learning Within International Strategic Alliances, in: Strategic Management Journal, 12. Jg., 1991, Special Issue Summer 1991, S. 83-103.

HAMEL, G./DOZ, Y. L./PRAHALAD, C. K. (1989): Collaborate with Your Competitors - and Win, in: Harvard Business Review, 67. Jg., 1989, Nr. 1, S. 133-139.

HAMEL, G./PRAHALAD, C. K. (1989): Strategic Intent, in: Harvard Business Review, 67. Jg., 1989, Nr. 3, S. 63-76.

HAMEL, G./PRAHALAD, C. K. (1993): Strategy as Stretch and Leverage, in: Harvard Business Review, 71. Jg., 1993, Nr. 2, S. 75-84.

HAMEL, G./PRAHALAD, C. K. (1994): Competing for the Future, Boston 1994.

HANNAN, M. T./FREEMAN, J. (1977): The Population Ecology of Organizations, in: American Journal of Sociology, 82. Jg., 1977, Nr. 5, S. 929-964.

HANNAN, M. T./FREEMAN, J. (1984): Structural Inertia and Organizational Change, in: American Sociological Review, 49. Jg., 1984, Nr. 2, S. 149-164.

HANSEN, M. T. (1999): The Search-Transfer Problem: The Role of Weak Ties in Sharing Knowledge across Organizational Subunits, in: Administrative Science Quarterly, 44. Jg., 1999, Nr. 1, S. 82-111.

HANSSEN-BAUER, J./SNOW, C. C. (1996): Responding to Hypercompetition: The Structure and Process of a Regional Learning Network Organization, in: Organization Science, 7. Jg., 1996, Nr. 4, S. 413-427.

HARRIGAN, K. R. (1985): An Application of Clustering for Strategic Group Analysis, in: Strategic Management Journal, 6. Jg., 1985, Nr. 1, S. 55-73.

HART, S. L. (1992): An Integrative Framework for Strategy-Making Processes, in: Academy of Management Review, 17. Jg., 1992, Nr. 2, S. 327-351.

HART, S./BANBURY, C. (1994): How Strategy-making Processes Can Make a Difference, in: Strategic Management Journal, 15. Jg., 1994, Nr. 4, S. 251-269.

HATTEN, K. J./HATTEN, M. L. (1987): Strategic Groups, Asymmetrical Mobility Barriers and Contestability, in: Strategic Management Journal, 8. Jg., 1987, Nr. 4, S. 329-342.

HATTEN, K. J./SCHENDEL, D. E./COOPER, A. C. (1978): A Strategic Model of the U.S. Brewing Industry: 1952-1971, in: Academy of Management Journal, 21. Jg., 1978, Nr. 4, S. 592-610.

HAUSCHILD, S./LICHT, T./STEIN, W. (2001): Creating a knowledge culture, in: The McKinsey Quarterly, o. Jg., 2001, Nr. 1, S. 74-81.

HAWES, J. M./CRITTENDEN, W. F. (1984): A Taxonomy of Competitive Retailing Strategies, in: Strategic Management Journal, 5. Jg., 1984, Nr. 3, S. 275-287.

HAX, A. C./MAJLUF, N. S. (1984): Strategic Management: An Integrative Perspective, Englewood Cliffs 1984.

HAX, A. C./MAJLUF, N. S. (1988): The Concept of Strategy and the Strategy Formation Process, in: Interfaces, 18. Jg., 1988, Nr. 3, S. 99-109.

HELFAT, C. E./PETERAF, M. A. (2003): The Dynamic Resource-based View: Capability Lifecylces, in: Strategic Management Journal, 24. Jg., 2003, Nr. 10, S. 997-1010.

HELM, R. (1998): Empirische Forschung und die Erfolgsmessung von Strategien, in: Marketing - Zeitschrift für Forschung und Praxis, 20. Jg., 1998, Nr. 4, S. 225-235.

HEMPEL, C. G. (1952): Fundamentals of Concept Formation in Empirical Science, Chicago 1952.

HEMPEL, C. G. (1965): Aspects of Scientific Explanation, New York 1965.

HEMPEL, C. G./OPPENHEIM, P. (1948): Studies in the Logic of Explanation, in: Philosophy of Science, 15. Jg., 1948, Nr. 2, S. 135-175.

HENDERSON, R. M. (1994): The Evolution of Integrative Capability: Innovation in Cardiovascular Drug Discovery, in: Industrial and Corporate Change, 3. Jg., 1994, Nr. 3, S. 607-630.

HENDERSON, R. M./CLARK, K. B. (1990): Architectural Innovation: The Reconfiguration of Existing Product Technologies and the Failure of Established Firms, in: Administrative Science Quarterly, 35. Jg., 1990, Special Issue, S. 9-30.

HENDERSON, R./COCKBURN, I. (1994): Measuring Competence? Exploring Firm Effects in Pharmaceutical Research, in: Strategic Management Journal, 15. Jg., 1994, Special Issue Winter 1994, S. 63-84.

HERBERT, T. T./DERESKY, H. (1987): Generic Strategies: An Empirical Investigation of Typology Validity and Strategy Content, in: Strategic Management Journal, 8. Jg., 1987, Nr. 2, S. 135-147.

HERRMANN, A./HUBER, F. (2000): Determinanten des Erfolgs von quality function deployment-Projekten, in: Zeitschrift für Betriebswirtschaft, 70. Jg., 2000, Nr. 1, S. 27-53.

HESS, T. (2000): Netzeffekte. Verändern neue Informations- und Kommunikationstechnologien das klassische Marktmodell?, in: Wirtschaftswissenschaftliches Studium, 29. Jg., 2000, Nr. 2, S. 96-98.

HILDEBRANDT, L. (1984): Kausalanalytische Validierung in der Marketingforschung, in: Marketing - Zeitschrift für Forschung und Praxis, 5. Jg., 1984, Nr. 1, S. 41-51.

HILL, C. W. (1988): Differentiation Versus Low Cost or Differentiation and Low Cost: A Contingency Framework, in: Academy of Management Review, 13. Jg., 1988, Nr. 3, S. 401-412.

HINTERHUBER, H. H. (1990): Wettbewerbsstrategie, 2. Aufl., Berlin – New York 1990.

HINTERHUBER, H. H./FRIEDRICH, S. A. (1997): Markt- und ressourcenorientierte Sichtweise zur Steigerung des Unternehmenswertes, in: Strategische Unternehmensplanung – Strategische Unternehmensführung (Hrsg.: Hahn, D./ Taylor, B.), Heidelberg 1997, S. 988-1016.

HINTERHUBER, H. H./KIRCHEBNER, M. (1983): Die Analyse strategischer Gruppen von Unternehmungen, in: Zeitschrift für Betriebswirtschaft, 53. Jg., 1983, Nr. 9, S. 854-868.

HIRSCH, P. M./FRIEDMAN, R./KOZA, M. P. (1990): Collaboration or Paradigm Shift?: Caveat Emptor and the Risk of Romance with Economic Models for Strategy and Policy Research, in: Organization Science, 1. Jg., Nr. 1, S. 87-97.

HITT, M. A./IRELAND, R. D. (1985): Corporate Distinctive Competence, Strategy, Industry and Performance, in: Strategic Management Journal, 6. Jg., 1985, Nr. 3, S. 273-293.

HITT, M. A./IRELAND, R. D./HOSKISSON, R. E. (1999): Strategic Management – Competitiveness and Globalization, 3. Aufl., Cincinnati – Albany – Boston et al. 1999.

HITT, M. A./IRELAND, R. D./STADTER, G. (1982): Functional Importance and Company Performance: Moderating Effects of Grand Strategy and Industry Type, in: Strategic Management Journal, 3. Jg., 1982, Nr. 4, S. 315-330.

HODGSON, G. M. (1998): Competence and contract in the theory of the firm, in: Journal of Economic Behavior & Organization, 35. Jg., 1998, Nr. 1, S. 179-201.

HÖFT, U. (1992): Lebenszykluskonzepte - Grundlage für das strategische Marketing- und Technologiemanagement, Berlin 1992.

HOEREM, T./VON KROGH, G./ROOS, J. (1996): Knowledge-Based Strategic Change, in: Managing Knowledge - Perspectives on cooperation and competition (Hrsg.: von Krogh, G./Roos, J.), London – Thousand Oaks – New Delhi 1996, S. 116-136.

HOFER, C. W. (1975): Toward a Contingency Theory of Business Strategy, in: Academy of Management Journal, 18. Jg., 1975, Nr. 4, S. 784-810.

HOFER, C. W. (1983): ROVA: A New Measure for Assessing Organizational Performance, in: Advances in Strategic Management (Hrsg.: Lamb, R.), 2. Jg., Greenwich – London 1983, S. 43-55.

HOFER, C. W./MURRAY, E. A./CHARAN, R. ET AL. (1980): Strategic Management: A Casebook in Business Policy and Planning, St. Paul – New York – Los Angeles et al. 1980.

HOFER, C. W./SCHENDEL, D. (1978): Strategy Formulation: Analytical Concepts, St. Paul – New York – Los Angeles et al. 1978.

HOMBURG, C. (1989): Exploratorische Ansätze der Kausalanalyse als Instrument der Marketingplanung, Frankfurt am Main – Bern – New York et al. 1989.

HOMBURG, C. (1998): Kundennähe von Industriegüterunternehmen, 2. Aufl., Wiesbaden 1998.

HOMBURG, C./BAUMGARTNER, H. (1995a): Die Kausalanalyse als Instrument der Marketingforschung - Eine Bestandsaufnahme, in: Zeitschrift für Betriebswirtschaft, 65. Jg., 1995, Nr. 10, S. 1091-1108.

HOMBURG, C./BAUMGARTNER, H. (1995b): Beurteilung von Kausalmodellen. Bestandsaufnahme und Anwendungsempfehlungen, in: Marketing - Zeitschrift für Forschung und Praxis, 17. Jg., 1995, Nr. 3, S. 162-176.

HOMBURG, C./DOBRATZ, A. (1998): Iterative Modellselektion in der Kausalanalyse, in: Die Kausalanalyse (Hrsg.: Hildebrandt, L./Homburg, C.), Stuttgart 1998, S. 447-474.

HOMBURG, C./GIERING, A. (1996): Konzeptualisierung und Operationalisierung komplexer Konstrukte, in: Marketing - Zeitschrift für Forschung und Praxis, 18. Jg., 1996, Nr. 1, S. 5-24.

HOMBURG, C./HILDEBRANDT, L. (1998): Die Kausalanalyse: Bestandsaufnahme, Entwicklungsrichtlinien, Problemfelder, in: Die Kausalanalyse (Hrsg.: Hildebrandt, L./Homburg, C.), Stuttgart 1998, S. 15-43.

HOMBURG, C./KROHMER, H./WORKMAN, J. P. (1999): Strategic Consensus and Performance: The Role of Strategy Type and Market-Related Dynamism, in: Strategic Management Journal, 20. Jg., 1999, Nr. 4, S. 339-357.

HOMBURG, C./SÜTTERLIN, S. (1990): Kausalmodelle in der Marketingforschung. EQS als Alternative zu LISREL?, in: Marketing - Zeitschrift für Forschung und Praxis, 12. Jg., 1990, Nr. 3, S. 181-192.

HOMBURG, C./SÜTTERLIN, S. (1992): Strategische Gruppen: Ein Survey, in: Zeitschrift für Betriebswirtschaft, 62. Jg., 1992, Nr. 6, S. 635-662.

HOOLEY, G. J./LYNCH, J. E./JOBBER, D. (1992): Generic marketing strategies, in: International Journal of Research in Marketing, 9. Jg., 1992, Nr. 1, S. 75-89.

HOSKISSON, R. E./HITT, M. A./WAN, W. P. ET AL. (1999): Theory and research in strategic management: Swings of a pendulum, in: Journal of Management, 25. Jg., 1999, Nr. 3, S. 417-456.

HOUTHOOFD, N./HEENE, A. (1997): Strategic Groups as Subsets of Strategic Scope Groups in the Belgian Brewing Industry, in: Strategic Management Journal, 18. Jg., 1997, Nr. 8, S. 653-666.

HOX, J. J./BECHGER, T. M. (1998): An Introduction to Structural Equation Modeling, in: Family Science Review, 11. Jg., 1998, Nr. 2, S. 354-373.

HOYLE, R. H. (1995): The Structural Equation Modeling Approach: Basic Concepts and Fundamental Issues, in: Structural Equation Modeling - Concepts, Issues, and Applications (Hrsg.: Hoyle, R. H.), Thousand Oaks – London – New Delhi 1995, S. 1-15.

HOYLE, R. H./PANTER, A. T. (1995): Writing About Structural Equation Models, in: Structural Equation Modeling - Concepts, Issues, and Applications (Hrsg.: Hoyle, R. H.), Thousand Oaks – London – New Delhi 1995, S. 158-176.

HU, L. T./BENTLER, P. M. (1995): Evaluating Model Fit, in: Structural Equation Modeling - Concepts, Issues, and Applications (Hrsg.: Hoyle, R. H.), Thousand Oaks – London – New Delhi 1995, S. 76-99.

HUBER, G. P./POWER, D. J. (1985): Retrospective Reports of Strategic-level Managers: Guidelines for Increasing their Accuracy, in: Strategic Management Journal, 6. Jg., 1985, Nr. 2, S. 171-180.

HUFF, A. S./REGER, R. K. (1987): A Review of Strategic Process Research, in: Journal of Management, 13. Jg., 1987, Nr. 2, S. 211-236.

HUNT, S. D. (1990): Truth in Marketing Theory and Research, in: Journal of Marketing, 54. Jg., 1990, Nr. 3, S. 1-15.

HUNT, S. D. (1991): Modern Marketing Theory - Critical Issues in the Philosophy of Marketing Science, Cincinnati 1991.

IANSITI, M. (1995): Shooting the Rapids: Managing Product Development in Turbulent Environments, in: California Management Review, 38. Jg., 1995, Nr. 1, S. 37-58.

IANSITI, M./CLARK, K. B. (1994): Integration and Dynamic Capability: Evidence from Product Development in Automobiles and Mainframe Computers, in: Industrial and Corporate Change, 3. Jg., 1994, Nr. 3, S. 557-605.

IANSITI, M./MACCORMACK, A. (1997): Developing Products on Internet Time, in: Harvard Business Review, 75. Jg., 1997, Nr. 5, S. 108-117.

IANSITI, M./MACCORMACK, A. (1998): Product Development on the Internet, in: Sense & Respond: Capturing Value in the Network Era (Hrsg.: Bradley, S. P./ Nolan, R. L.), Boston 1998, S. 175-200.

ILINITCH, A. Y./D'AVENI, R. A./LEWIN, A. Y. (1996): New Organizational Forms and Strategies for Managing in Hypercompetitive Environments, in: Organization Science, 7. Jg., 1996, Nr. 3, S. 211-220.

JACOBSEN, R. (1988): The Persistence of Abnormal Returns, in: Strategic Management Journal, 9. Jg., 1988, Nr. 5, S. 415-430.

JACOBY, J. (1978): Consumer Research: A State of the Art Review, in: Journal of Marketing, 42. Jg., 1978, Nr. 2, S. 87-96.

JACQUEMIN, A. (1986): Industrieökonomik: Strategie und Effizienz des modernen Unternehmens, Frankfurt am Main – New York 1986.

JAGPAL, H. S. (1982): Multicollinearity in Structural Equation Models With Unobservable Variables, in: Journal of Marketing Research, 19. Jg., 1982, Nr. 4, S. 431-439.

JAMES, W. L./HATTEN, K. J. (1995): Further Evidence on the Validity of the Self Typing Paragraph Approach: Miles and Snow Strategic Archetypes in Banking, in: Strategic Management Journal, 16. Jg., 1995, Nr. 2, S. 161-168.

JAUCH, L. R. (1983): An Inventory of Selected Academic Research on Strategic Management, in: Advances in Strategic Management (Hrsg.: Lamb, R.), 2. Jg., Greenwich – London, S. 141-175.

JAUCH, L. R./KRAFT, K. L. (1986): Strategic Management of Uncertainty, in: Academy of Management Review, 11. Jg., 1986, Nr. 4, S. 777-790.

JAUCH, L. R./OSBORN, R. N./GLUECK, W. F. (1980): Short Term Financial Success in Large Business Organizations: The Environment - Strategy Connection, in: Strategic Management Journal, 1. Jg., 1980, Nr. 1, S. 49-63.

JENNER, T. (1999): Determinanten des Unternehmenserfolges, Stuttgart 1999.

JENNER, T. (2000): Hybride Wettbewerbsstrategien in der deutschen Industrie, in: Die Betriebswirtschaft, 60. Jg., 2000, Nr. 1, S. 7-22.

JONES, G. R./BUTLER, J. E. (1988): Costs, Revenue, and Business-Level Strategy, in: Academy of Management Review, 13. Jg., 1988, Nr. 2, S. 202-213.

JÖRESKOG, K. G. (1977): Structural Equation Models in the Social Sciences: Specification, Estimation and Testing, in: Applications of Statistics (Hrsg.: Krishnaiah, P. R.), Amsterdam – New York – Oxford 1977, S. 265-287.

JÖRESKOG, K. G. (1993): Testing Structural Equation Models, in: Testing Structural Equation Models (Hrsg.: Bollen, K A./Long, J. S.), Newsbury Park – London – New Delhi 1993, S. 294-316.

KAISER, H. F. (1970): A Second Generation Little Jiffy, in: Psychometrika, 35. Jg., 1970, Nr. 4, S. 401-415.

KAISER, H. F./RICE, J. (1974): Little Jiffy, Mark IV, in: Educational and Psychological Measurement, 34. Jg., 1974, Nr. 1, S. 111-117.

KALE, P./SINGH, H./PERLMUTTER, H. (2000): Learning and Protection of Proprietary Assets in Strategic Alliances: Building Relational Capital, in: Strategic Management Journal, 21. Jg., 2000, Nr. 3, S. 217-237.

KANUK, L./BERENSON, C. (1975): Mail Surveys and Response Rates: A Literature Review, in: Journal of Marketing Research, 12. Jg., 1975, Nr. 4, S. 440-453.

KARNANI, A. (1984): Generic Competitive Strategies - An Analytical Approach, in: Strategic Management Journal, 5. Jg., 1984, Nr. 4, S. 367-380.

KARNITSCHNIG, M. (2002a): German Media Giant Seeks an Exit from E-Commerce, in: The Wall Street Journal Europe, 20. Jg., Nr. 147 v. 02.09.2002, S. A1.

KARNITSCHNIG, M. (2002b): Bertelsmann Nearly Triples Profit, in: The Wall Street Journal Europe, 20. Jg., Nr. 149 v. 04.09.2002, S. A5.

KAST, F. E./ROSENZWEIG, J. E. (1979): Organizations and Management - A Systems and Contingency Approach, 3. Aufl., New York – St. Louis – San Francisco 1979.

KATZ, D./KAHN, R. L. (1978): The Social Psychology of Organizations, 2. Aufl., New York – Santa Barbara – Chichester et al. 1978.

KATZ, M. L./SHAPIRO, C. (1985): Network Externalities, Competition, and Compatibility, in: The American Economic Review, 75. Jg., 1985, Nr. 3, S. 424-440.

KELLY, K. (1998): New Rules for the New Economy, New York – London – Victoria 1998.

KERN, M. (1979): Klassische Erkenntnistheorie und moderne Wissenschaftslehre, in: Grundfragen der Wirtschaftswissenschaften (Hrsg.: Raffée, H./Abel, B.), München 1979, S. 11-27.

KETCHEN, D. J./THOMAS, J. B./MCDANIEL, R. R. (1996): Process, Content and Context: Synergistic Effects on Organizational Performance, in: Journal of Management, 22. Jg., 1996, Nr. 2, S. 231-257.

KHANDWALLA, P. N. (1977): The Design of Organizations, New York – Chicago – San Francisco et al. 1977.

KIESER, A. (1995a): Anleitung zum kritischen Umgang mit Organisationstheorien, in: Organisationstheorien (Hrsg.: Kieser, A.), Stuttgart – Berlin – Köln 1995, S. 1-30.

KIESER, A. (1995b): Der Situative Ansatz, in: Organisationstheorien (Hrsg.: Kieser, A.), Stuttgart – Berlin – Köln 1995, S. 155-183.

KIESER, A. (1995c): Evolutionstheoretische Ansätze, in: Organisationstheorien (Hrsg.: Kieser, A.), Stuttgart – Berlin – Köln 1995, S. 237-268.

KIESER, A./KUBICEK, H. (1992): Organisation, 3. Aufl., Berlin - New York 1992.

KIESLER, S./SPROULL, L. (1982): Managerial Response to Changing Environments: Perspectives on Problem Sensing from Social Cognition, in: Administrative Science Quarterly, 27. Jg., 1982, Nr. 4, S. 548-570.

KIM, L. (2001): Absorptive Capacity, Co-opetition, and Knowledge Creation, in: Knowledge Emergence (Hrsg.: Nonaka, I./Nishiguchi, T.), Oxford – New York 2001, S. 270-285.

KIM, L./LIM, Y. (1988): Environment, Generic Strategies, and Performance in a Rapidly Developing Country: A Taxonomic Approach, in: Academy of Management Journal, 31. Jg., 1988, Nr. 4, S. 802-827.

KIRSCH, W. (1977): Einführung in die Theorie der Entscheidungsprozesse: Entscheidung und Organisation, 2. Aufl., Wiesbaden 1977.

KLAVANS, R./DEEDS, D. L. (1997): Competence Building in Biotechnology Start-ups: The Role of Scientific Discovery, Technical Development, and Absorptive Capacity, in: Strategic Learning and Knowledge Management (Hrsg.: Sanchez, R./Heene, A.), Chichester – New York – Brisbane et al. 1997, S. 103-120.

KLINE, R. B. (1998): Principles and Practices of Structural Equation Modeling, New York – London 1998.

KNOBLICH, H. (1972): Die typologische Methode in der Betriebswirtschaftslehre, in: Wirtschaftswissenschaftliches Studium, 1. Jg., 1972, Nr. 4, S. 141-147.

KNYPHAUSEN, D. Z. (1993): Why are Firms different - Der Ressourcenorientierte Ansatz im Mittelpunkt einer aktuellen Kontroverse im Strategischen Management, in: Die Betriebswirtschaft, 53. Jg., 1993, Nr. 6, S. 771-792.

KNYPHAUSEN-AUFSEß, D. Z. (1995): Theorie der strategischen Unternehmensführung, Wiesbaden 1995.

KOGUT, B./ZANDER, U. (1992): Knowledge of the Firm, Combinative Capabilities, and the Replication of Technology, in: Organization Science, 3. Jg. 1992, Nr. 3, S. 383-397.

KOGUT, B./ZANDER, U. (1996): What Firms Do? Coordination, Identity, and Learning, in: Organization Science, 7. Jg., 1996, Nr. 5, S. 502-518.

KÖHLER, R. (1966): Theoretische Systeme der Betriebswirtschaftslehre im Lichte der neueren Wissenschaftslogik, Stuttgart 1966.

KÖHLER, S./KOPSCH, G. (1997): Die Bedeutung der internationalen Vergleichbarkeit von Statistiken über die Informationsgesellschaft, in: Wirtschaft und Statistik, o. Jg., 1997, Nr. 11, S. 751-757.

KOR, Y. Y./MAHONEY, J. T. (2000): Penrose's Resource-based Approach: The Process and Product of Research Creativity, in: Journal of Management Studies, 37. Jg., 2000, Nr. 1, S. 109-139.

KORTZFLEISCH, G. v. (1971): Wissenschaftstheoretische und wissenschaftspolitische Gedanken zum Thema: Betriebswirtschaftslehre als Wissenschaft, in: Wissenschaftsprogramm und Ausbildungsziele der Betriebswirtschaftslehre (Hrsg.: Kortzfleisch, G. v.), Berlin 1971, S. 1-20.

KOTHA, S. (1998): Competing on the Internet: How Amazon.com is Rewriting the Rules of Competition, in: Advances in Strategic Management (Hrsg.: Baum, J. A. C.), 15. Jg., Stamford – London 1998, S. 239-265.

KOTHA, S./NAIR, A. (1995): Strategy and Environment as Determinants of Performance: Evidence from the Japanese Machine Tool Industry, in: Strategic Management Journal, 16. Jg., 1995, Nr. 7, S. 497-518.

KOTHA, S./VADLAMANI, B. L. (1995): Assessing Generic Strategies: An Empirical Investigation of Two Competing Typologies in Discrete Manufacturing Industries, in: Strategic Management Journal, 16. Jg., 1995, Nr. 1, S. 75-83.

KREIKEBAUM, H. (1993): Strategische Unternehmensplanung, 5. Aufl., Stuttgart – Berlin – Köln 1993.

KREPS, D. M./SPENCE, A. M. (1985): Modelling the Role of History in Industrial Organization and Competition, in: Issues in Contemporary Microeconomics and Welfare (Hrsg.: Feiwel, G. R.), London – Basingstoke 1985, S. 340-378.

KROEBER-RIEL, W./WEINBERG, P. (2003): Konsumentenverhalten, 8. Aufl., München 2003.

KUBICEK, H. (1977): Heuristische Bezugsrahmen und heuristisch angelegte Forschungsdesigns als Elemente einer Konstruktionsstrategie empirischer Forschung, in: Empirische und handlungstheoretische Forschungskonzeptionen in der Betriebswirtschaftslehre (Hrsg.: Köhler, R.), Stuttgart 1977, S. 3-36.

KUHN, A./MANTHEY, C. (1996): Kosten- und Leistungstransparenz durch die ressourcenorientierte Prozeßanalyse, in: Kostenrechnungspraxis, 40. Jg., 1996, Nr. 3, S. 129-138.

KUHN, T. S. (1970): The Structure of Scientific Revolutions, 2. Aufl., Chicago - London 1970.

KUMAR, N./STERN, L. W./ANDERSON, J. C. (1993): Conducting Interorganizational Research Using Key Informants, in: Academy of Management Journal, 36. Jg., 1993, Nr. 6, S. 1633-1651.

LAM, A. (1997): Embedded Firms, Embedded Knowledge: Problems of Collaboration and Knowledge Transfer in Global Cooperative Ventures, in: Organization Studies, 18. Jg., 1997, Nr. 6, S. 973-996.

LAMMERSKÖTTER, D. (2002): Strategie in turbulenten Märkten - Überprüfung und Ergänzung klassischer Strategiekonzepte, Lohmar – Köln 2002.

LANE, P. J./LUBATKIN, M. (1998): Relative Absorptive Capacity and Interorganizational Learning, in: Strategic Management Journal, 19. Jg., 1998, Nr. 5, S. 461-477.

LAUDAN, L. (1977): Progress and Its Problems, Berkeley – Los Angeles – London 1977.

LAWLESS, M. W./BERGH, D. D./WILSTED, W. D. (1989): Performance Variations Among Strategic Group Members: An Examination of Individual Firm Capability, in: Journal of Management, 15. Jg., 1989, Nr. 4, S. 649-661.

LAWLESS, M. W./FINCH, L. K. (1989): Choice and Determinism: a Test of Hrebiniak and Joyce's Framework on Strategy-Environment Fit, in: Strategic Management Journal, 10. Jg., 1989, Nr. 4, S. 351-365.

LEARNED, E. P./CHRISTENSEN, C. R./ANDREWS, K. R. ET AL. (1965): Business Policy - Text and Cases, Homewood 1965.

LEFEBVRE, L. A./MASON, R./LEFEBVRE, É. (1997): The Influence Prism in SMEs: The Power of CEOs' Perceptions on Technology Policy and Its Organizational Impacts, in: Management Science, 43. Jg., 1997, Nr. 6, S. 856-878.

LEHNER, F. (2000): Organisational Memory - Konzepte und Systeme für das organisatorische Lernen und das Wissensmanagement, München – Wien 2000.

LEI, D./HITT, M. A./BETTIS, R. (1996): Dynamic Core Competences through Meta-Learning and Strategic Context, in: Journal of Management, 22. Jg., 1996, Nr. 4, S. 549-569.

LENGNICK-HALL, C. A./WOLFF, J. A. (1999): Similarities and Contradictions in the Core Logic of Three Strategy Research Streams, in: Strategic Management Journal, 20. Jg., 1999, Nr. 12, S. 1109-1132.

LENZ, R. T. (1980): Environment, Strategy, Organization Structure and Performance: Patterns in One Industry, in: Strategic Management Journal, 1. Jg., 1980, Nr. 3, S. 209-226.

LEONARD-BARTON, D. (1992): Core Capabilities and Core Rigidities: A Paradox in Managing New Product Development, in: Strategic Management Journal, 13. Jg., 1992, Special Issue Summer 1992, S. 111-125.

LEONARD-BARTON, D. (1995): Wellsprings of Knowledge - Building and Sustaining the Sources of Innovation, Boston 1995.

LEVINTHAL, D. A. (2000): Organizational Capabilities in Complex Worlds, in: The Nature and Dynamics of Organizational Capabilities (Hrsg.: Dosi, G./ Nelson, R. R./Winter, S. G.), Oxford 2000, S. 363-379.

LEVITT, B./MARCH, J. G. (1988): Organizational Learning, in: Annual Review of Sociology (Hrsg.: Scott, R. W./Blake, J.), 14. Jg., Palo Alto 1988, S. 319-340.

LEWIS, P./THOMAS, H. (1990): The Linkage Between Strategy, Strategic Groups, and Performance in the U.K. Retail Grocery Industry, in: Strategic Management Journal, 11. Jg., 1990, Nr. 5, S. 385-397.

LIAO, Z./GREENFIELD, P. F. (1997): The impact of generic competitive strategies on corporate R&D: an empirical study in Japan, in: International Journal of Technology Management, 13. Jg., 1997, Nr. 5/6, S. 542-553.

LIEBERMAN, M. B./MONTGOMERY, D. (1988): First-Mover Advantages, in: Strategic Management Journal, 9. Jg., 1988, Special Issue Summer 1998, S. 41-58.

LIHOTZKY, N. (2003): Kundenbindung im Internet - Maßnahmen und Erfolgswirksamkeit im Business-to-Consumer-Bereich, Wiesbaden 2003.

LIPPMAN, S. A./RUMELT, R. P. (1982): Uncertain imitability: an analysis of interfirm differences in efficiency under competition, in: The Bell Journal of Economics, 13. Jg., 1982, Nr. 2, S. 418-438.

LOASBY, B. J. (1998): The Concept of Capabilities, in: Economic Organization, Capabilities and Co-ordination (Hrsg.: Foss, N. J./Loasby, B. J.), London − New York 1998, S. 163-182.

LUBATKIN, M. (1983): Merger and the Performance of the Acquiring Firm, in: Academy of Management Review, 8. Jg., 1983, Nr. 2, S. 218-225.

MACCALLUM, R. C./BROWNE, M. W. (1993): The Use of Causal Indicators in Covariance Structure Models: Some Practical Issues, in: Psychological Bulletin, 114. Jg., 1993, Nr. 3, S. 533-541.

MACCRIMMON, K. R. (1993): Do Firm Strategies Exist?, in: Strategic Management Journal, 14. Jg., 1993, Special Issue Winter 1993, S. 113-130.

MACHARZINA, K. (1999): Unternehmensführung - Das internationale Managementwissen, 3. Aufl., Wiesbaden 1999.

MACHARZINA, K./OECHSLER, W. A. (1979): Empirische Untersuchungen zur organisatorischen Effizienz, Arbeitspapier Nr. 4, Institut für Betriebswirtschaftslehre, Universität Hohenheim, Stuttgart 1979.

MACINTOSH, R./MACLEAN, D. (1999): Conditioned Emergence: A Dissipative Structures Approach to Transformation, in: Strategic Management Journal, 20. Jg., 1999, Nr. 4, S. 297-316.

MAHONEY, J. T. (1993): Strategic Management and Determinism: Sustaining the Conversation, in: Journal of Management Studies, 30. Jg., 1993, Nr. 1, S. 173-191.

MAHONEY, J. T. (1995): The Management of Resources and the Resource of Management, in: Journal of Business Research, 33. Jg.,1995, Nr. 1, S. 91-101.

MAHONEY, J. T./PANDIAN, J. R. (1992): The Resource-based View Within the Conversation of Strategic Management, in: Strategic Management Journal, 13. Jg., 1992, Nr. 5, S. 363-380.

MAKADOK, R. (2001): Toward a Synthesis of the Resource-Based and Dynamic-Capabilities Views of Rent Creation, in: Strategic Management Journal, 22. Jg., 2001, Nr. 5, S. 387-401.

MANSFIELD, R. (1986): Company Strategy and Organizational Design, London − Sydney 1986.

MARCH, J. G. (1991): Exploration and Exploitation in Organizational Learning, in: Organization Science, 2. Jg., 1991, Nr. 1, S. 71-87.

MARCH, J. G./OLSEN, J. P. (1989): Rediscovering Institutions - The Organizational Basis of Politics, New York – London 1989.

MARCH, J. G./SIMON, H. A. (1993): Organizations, 2. Aufl., Cambridge – Oxford 1993.

MARKIDES, C. C./WILLIAMSON, P. J. (1994): Related Diversification, Core Competences and Corporate Performance, in: Strategic Management Journal, 15. Jg., Special Issue Summer 1994, S. 149-165.

MARKIDES, C. C./WILLIAMSON, P. J. (1996): Corporate Diversification and Organizational Structure: A Resource-Based View, in: Academy of Management Journal, 39. Jg., 1996, Nr. 2, S. 340-367.

MARTIN, A. (1989): Die empirische Forschung in der Betriebswirtschaftslehre - Eine Untersuchung über die Logik der Hypothesenprüfung, die empirische Forschungspraxis und die Möglichkeit einer theoretischen Fundierung realwissenschaftlicher Untersuchungen, Stuttgart 1989.

MASON, E. S. (1939): Price and Production Policies of Large-Scale Enterprises, in: The American Economic Review, 29. Jg., 1939, Nr. 1, Part 2 Supplement, S. 61-74.

MATSUNO, K./MENTZER, J. T. (2000): The Effects of Strategy Type on the Market Orientation-Performance Relationship, in: Journal of Marketing, 64. Jg., 2000, Nr. 4, S. 1-16.

MCDANIEL, S. W./KOLARI, J. W. (1987): Marketing Strategy Implications of the Miles and Snow Strategic Typology, in: Journal of Marketing, 51. Jg., 1987, Nr. 4, S. 19-30.

MCDOUGALL, P./ROBINSON, R. B. (1990): New Venture Strategies: An Empirical Identification of Eight 'Archetypes' of Competitive Strategies for Entry, in: Strategic Management Journal, 11. Jg., 1990, Nr. 6, S. 447-467.

MCGEE, J./THOMAS, H. (1986): Strategic Groups: Theory, Research and Taxonomy, in: Strategic Management Journal, 7. Jg., 1986, Nr. 2, S. 141-160.

MCGUIRE, J./SCHNEEWEIS, T./HILL, J. (1986): An Analysis of Alternative Measures of Strategic Performance, in: Advances in Strategic Management (Hrsg: Lamb, R./Shrivastava, P.), 4. Jg., Greenwich – London, S. 127-154.

MCKEE, D. O./VARADARAJAN, P. R./PRIDE, W. M. (1989): Strategic Adaptability and Firm Performance: A Market-Contingent Perspective, in: Journal of Marketing, 53. Jg., 1989, Nr. 3, S. 21-35.

MCKELVEY, B. (1975): Guidelines for the Empirical Classification of Organizations, in: Administrative Science Quarterly, 20. Jg., 1975, Nr. 4, S. 509-525.

MCKELVEY, B. (1982): Organizational Systematics - Taxonomy, Evolution, Classification, Berkeley - Los Angeles – London 1982.

MCKELVEY, B./ALDRICH, H. (1983): Populations, Natural Selection, and Applied Organizational Science, in: Administrative Science Quarterly, 28. Jg., 1983, Nr. 1, S. 101-128.

MCNAMARA, G./VAALER, P. M./DEVERS, C. (2003): Same as it Ever Was: The Search for Evidence of Increasing Hypercompetition, in: Strategic Management Journal, 24. Jg., 2003, Nr. 3, S. 261-278.

MCNICHOLS, T. J. (1977): Policy Making and Executive Action - Cases on Business Policy, 5. Aufl., New York – St. Louis – San Francisco 1977.

MCWILLIAMS, A./SMART, D. L. (1993): Efficiency v. Structure-Conduct-Performance: Implications for Strategy Research and Practice, in: Journal of Management, 19. Jg., 1993, Nr. 1, S. 63-78.

MEFFERT, H. (1980): Strategische Planung in gesättigten, rezessiven Märkten, in: Absatzwirtschaft, 23. Jg., 1980, Nr. 6, S. 89-97.

MEFFERT, H. (1985): Flexibilität und Unternehmensstrategie - Eine Bestandsaufnahme der zentralen Grundprobleme. Arbeitspapier Nr. 22 der Wissenschaftlichen Gesellschaft für Unternehmensführung und Marketing e.V., Münster 1985.

MEFFERT, H. (2000): Marketing - Grundlagen marktorientierter Unternehmensführung, 9. Aufl., Wiesbaden 2000.

MEFFERT, H./HEINEMANN, G (1989): Strategische Gruppen im Handel - Eine empirische Analyse am Beispiel des textilen Einzelhandels, in: Handelsforschung 1989 Grundsatzfragen (Hrsg.: Trommsdorff, V.), Wiesbaden 1989, S. 119-133.

MEHRA, A. (1996): Resource and Market Based Determinants of Performance in the U.S. Banking Industry, in: Strategic Management Journal, 17. Jg., 1996, Nr. 4, S. 307-322.

MEYER, W. (1979): Die Methodologie des Kritischen Rationalismus, in: Grundfragen der Wirtschaftswissenschaften (Hrsg.: Raffée, H./Abel, B.), München 1979, S. 28-43.

MILES, R. E./SNOW, C. C. (1978): Organizational Strategy, Structure, and Process, New York – St. Louis – San Francisco 1978.

MILES, R. E./SNOW, C. C./MEYER, A. ET AL. (1978): Organizational Strategy, Structure, and Process, in: Academy of Management Review, 3. Jg., 1978, Nr. 3, S. 546-562.

MILES, R. H. (1980): Macro Organizational Behavior, Santa Monica 1980.

MILLER, A./DESS, G. G. (1993): Assessing Porter's (1980) Model in Terms of its Generalizability, Accuracy and Simplicity, in: Journal of Management Studies, 30. Jg., 1993, Nr. 4, S. 553-585.

MILLER, D. (1987): The Structural and Environmental Correlates of Business Strategy, in: Strategic Management Journal, 8. Jg., 1987, Nr. 1, S. 55-76.

MILLER, D. (1988): Relating Porter's Business Strategies to Environment and Structure: Analysis and Performance Implications, in: Academy of Management Journal, 31. Jg., 1988, Nr. 2, S. 280-308.

MILLER, D./FRIESEN, P. H. (1977): Strategy-Making in Context: Ten Empirical Archetypes, in: Journal of Management Studies, 14. Jg., 1977, Nr. 3, S. 253-280.

MILLER, D./FRIESEN, P. H. (1978): Archetypes of Strategy Formulation, in: Management Science, 24. Jg., 1978, Nr. 9, S. 921-933.

MILLER, D./FRIESEN, P. H. (1983): Strategy-Making and Environment: The Third Link, in: Strategic Management Journal, 4. Jg., 1983, Nr. 3, S. 221-235.

MILLER, D./FRIESEN, P. H. (1984): Organizations - A Quantum View, Englewood Cliffs 1984.

MILLER, D./FRIESEN, P. H. (1986a): Porter's (1980) Generic Strategies and Performance: An Empirical Examination with American Data. Part I: Testing Porter, in: Organization Studies, 7. Jg., 1986, Nr. 1, S. 37-55.

MILLER, D./FRIESEN, P. H. (1986b): Porter's (1980) Generic Strategies and Performance: An Empirical Examination with American Data. Part II: Performance Implications, in: Organization Studies, 7. Jg., 1986, Nr. 3, S. 255-261.

MILLER, J. G./ROTH, A. V. (1994): A Taxonomy of Manufacturing Strategies, in: Management Science, 40. Jg., 1994, Nr. 3, S. 285-304.

MINDERLEIN, M. (1990): Markteintrittsbarrieren und strategische Verhaltensweisen, in: Zeitschrift für Betriebswirtschaft, 60. Jg., 1990, Nr. 2, S. 155-178.

MINTZBERG, H. (1977): Policy as a Field of Management Theory, in: Academy of Management Review, 2. Jg., 1977, Nr. 1, S. 88-103.

MINTZBERG, H. (1978): Patterns in Strategy Formulation, in: Management Science, 24. Jg., 1978, Nr. 9, S. 934-948.

MINTZBERG, H. (1979): The Structuring of Organizations: A Synthesis of Research, Englewood Cliffs 1979.

MINTZBERG, H. (1983): Structure in Fives: Designing Effective Organizations, Englewood Cliffs 1983.

MINTZBERG, H. (1987): Crafting Strategy, in: Harvard Business Review, 65. Jg., 1987, Nr. 4, S. 66-75.

MINTZBERG, H. (1988): Generic Strategies: Toward a Comprehensive Framework, in: Advances in Strategic Management (Hrsg.: Lamb, R./Shrivastava, P.), 5. Jg., Greenwich – London 1988, S. 1-67.

MINTZBERG, H. (2003): Generic Strategies, in: The Strategy Process - Concepts, Contexts, Cases (Hrsg.: Mintzberg, H./Lampel, J./Quinn, J. B. et al.), Harlow – Essex 2003, S. 115-127.

MINTZBERG, H./MCHUGH, A. (1985): Strategy Formation in an Adhocracy, in: Administrative Science Quarterly, 30. Jg., 1985, Nr. 2, S. 160-197.

MINTZBERG, H./WATERS, J. A. (1985): Of Strategies, Deliberate and Emergent, in: Strategic Management Journal, 6. Jg., 1985, Nr. 3, S. 257-272.

MONTGOMERY, C. A. (1995): Of Diamonds and Rust: A New Look at Resources, in: Resource-Based and Evolutionary Theories of the Firm: Towards a Synthesis (Hrsg.: Montgomery, C. A.), Boston – Dordrecht – London 1995, S. 251-268.

MONTGOMERY, C. A./WERNERFELT, B./BALAKRISHNAN, S. (1989): Strategy Content and the Research Process: A Critique and Commentary, in: Strategic Management Journal, 10. Jg., 1989, Nr. 2, S. 189-197.

MORRISON, A. J./ROTH, K. (1992): A Taxonomy of Business-level Strategies in Global Industries, in: Strategic Management Journal, 13. Jg., 1992, Nr. 6, S. 399-418.

MOSAKOWSKI, E./MCKELVEY, B. (1996): Predicting Rent Generation in Competence-based Competition, in: Competence-based Strategic Management (Hrsg.: Heene, A./Sanchez, R.), Chichester – New York – Brisbane et al. 1996, S. 65-85.

MULAIK, S. A./JAMES, L. R. (1995): Objectivity and Reasoning in Science and Structural Equation Modeling, in: Structural Equation Modeling - Concepts, Issues, and Applications (Hrsg.: Hoyle, R. H.), Thousand Oaks – London – New Delhi 1995, S. 118-137.

MÜLLER-STEWENS, G./LECHNER, C. (2001): Strategisches Management: Wie strategische Initiativen zum Wandel führen, Stuttgart 2001.

MURRAY, A. I. (1988): A Contingency View of Porter's "Generic Strategies", in: Academy of Management Review, 13. Jg., 1988, Nr. 3, S. 390-400.

MUSIL, C. M./JONES, S. L./WARNER, C. D. (1998): Structural Equation Modeling and Its Relationship to Multiple Regression and Factor Analysis, in: Research in Nursing and Health, 21. Jg., Nr. 3, S. 271-281.

NAHAPIET, J./GHOSHAL, S. (1998): Social Capital, Intellectual Capital and the Organizational Advantage, in: Academy of Management Review, 23. Jg., 1998, Nr. 2, S. 242-266.

NANDA, A. (1996): Resources, Capabilities and Competence, in: Organizational Learning and Competitive Advantage (Hrsg.: Moingeon, B./Edmondson, A.), London – Thousand Oaks – New Delhi 1996, S. 93-120.

NARAYANAN, V. K./FAHEY, L. (1982): The Micro-Politics of Strategy Formulation, in: Academy of Management Review, 7. Jg., 1982, Nr. 1, S. 25-34.

NARDUZZO, A./ROCCO, E./WARGLIEN, M. (2000): Talking about Routines in the Field: The Emergence of Organizational Capabilities in a New Cellular Phone Network Company, in: The Nature and Dynamics of Organizational Capabilities (Hrsg.: Dosi, G./Nelson, R. R./Winter, S. G.), Oxford 2000, S. 27-50.

NELSON, R. R. (1991): Why do Firms Differ, and How Does it Matter?, in: Strategic Management Journal, 12. Jg., 1991, Special Issue Winter 1991, S. 61-74.

NELSON, R. R. (1995): Recent Evolutionary Theorizing About Economic Change, in: Journal of Economic Literature, 33. Jg., 1995, Nr. 1, S. 48-90.

NELSON, R. R./WINTER, S. G. (1982): An Evolutionary Theory of Economic Change, Cambridge – London 1982.

NELSON, R. R./WINTER, S. G. (1997): An Evolutionary Theory of Economic Change, in: Resources, Firms, and Strategies (Hrsg.: Foss, N. J.), Oxford - New York 1997, S. 82-99.

NEUMANN, J. V./MORGENSTERN, O. (1973): Spieltheorie und wirtschaftliches Verhalten, 3. Aufl., Würzburg 1973.

NEWMAN, H. H. (1978): Strategic Groups and the Structure-Performance Relationship, in: Review of Economics and Statistics, 60. Jg., 1978, Nr. 4, S. 417-427.

NG, S. C./PEARSON, A. W./BALL, D. F. (1992): Strategies of Biotechnology Companies, in: Technology Analysis & Strategic Management, 4. Jg., 1992, Nr. 4, S. 351-361.

NISBETT, R./ROSS, L. (1980): Human Inference: Strategies and Shortcomings of Social Judgement, Englewood Cliffs 1980.

NOBEOKA, K./CUSUMANO, M. A. (1997): Multiproject Strategy and Sales Growth: The Benefits of Rapid Design Transfer in New Product Development, in: Strategic Management Journal, 18. Jg., 1997, Nr. 3, S. 169-186.

NODA, T./BOWER, J. L. (1996): Strategy Making as Iterated Processes of Resource Allocation, in: Strategic Management Journal, 17. Jg., 1996, Special Issue Summer 1996, S. 159-192.

NONAKA, I. (1991): The Knowledge-Creating Company, in: Harvard Business Review, 69. Jg., 1991, Nr. 6, S. 96-104.

NONAKA, I. (1994): A Dynamic Theory of Organizational Knowledge Creation, in: Organization Science, 5. Jg., 1994, Nr. 1, S. 14-37.

NONAKA, I./KONNO, N. (1998): The Concept of "Ba": Building a Foundation for Knowledge Creation, in: California Management Review, 40. Jg., 1998, Nr. 3, S. 40-54.

NONAKA, I./TAKEUCHI, H. (1995): The Knowledge-Creating Company, New York – Oxford 1995.

NORMAN, D. A. (1969): Memory and Attention - An Introduction to Human Information Processing, New York – London – Sydney 1969.

NUNNALLY, J. C. (1978): Psychometric Theory, 2. Aufl., New York – St. Louis – San Francisco et al. 1978.

O. V. (2001): "Wir haben es allen gezeigt, wir sind an der Börse", in: Frankfurter Allgemeine Zeitung, o. Jg., Nr. 71 v. 24.03.2001, S. 25-26.

O. V. (2002a): Buch.de kauft BOL für 4 Millionen Euro, in: Frankfurter Allgemeine Zeitung, o. Jg., Nr. 273 v. 23.11.2002, S. 16.

O. V. (2002b): Neue Großaktionäre für Pixelpark, in: Frankfurter Allgemeine Zeitung, o. Jg., Nr. 303 v. 31.12.2002, S. 17.

O. V. (2002c): Weihnachtsgeschäft im Netz verdoppelt sich in diesem Jahr, in: Frankfurter Allgemeine Zeitung, o. Jg., Nr. 262 v. 11.11.2002, S. 21.

O. V. (2002d): Im Internetgeschäft stehen Gewinner und Verlierer fest, in: Frankfurter Allgemeine Zeitung, o. Jg., Nr. 302 v. 30.12.2002, S. 21.

O. V. (2003a): Bertelsmann Cuts Pixelpark Stake, Trims Web Effort, in: The Wall Street Journal Europe, 20. Jg., Nr. 232 v. 02.01.2003, S. A7.

O. V. (2003b): Structural Equation Modeling, in: http://www2.chass.ncsu.edu/-garson/pa765/structur.htm, Abruf am 13.12.2003.

OBERENDER, P. (1994): Industrieökonomik, in: Wirtschaftswissenschaftliches Studium, 23. Jg., 1994, Nr. 2, S. 65-73.

OBERENDER, P./VÄTH, A. (1989): Von der Industrieökonomie zur Marktökonomik, in: Marktökonomie - Marktstruktur und Wettbewerb in ausgewählten Branchen der Bundesrepublik Deutschland (Hrsg.: Oberender, P.), München 1989, S. 1-27.

OLDEROG, T. (2003): Faktoren des Markterfolges im Online-Handel, Wiesbaden 2003.

OLUSOGA, S. A./MOKWA, M. P./NOBLE, C. H. (1995): Strategic Groups, Mobility Barriers, and Competitive Advantage: An Empirical Investigation, in: Journal of Business Research, 33. Jg., 1995, Nr. 2, S. 153-164.

OPP, K. D. (1979): Individualistische Sozialwissenschaft - Arbeitsweise und Probleme individualistisch und kollektivistisch orientierter Sozialwissenschaften, Stuttgart 1979.

OPP, K. D./SCHMIDT, P. (1976): Einführung in die Mehrvariablenanalyse – Grundlagen der Formulierung und Prüfung komplexer sozialwissenschaftlicher Aussagen, Hamburg 1976.

O'REILLY, C. A. (1978): The Intentional Distortion in Organizational Communication: A Laboratory and Field Investigation, in: Human Relations, 31. Jg., 1978, Nr. 2, S. 173-193.

OSSADNIK, W. (2000): Markt- versus ressourcenorientiertes Management - alternative oder einander ergänzende Konzeptionen einer strategischen Unternehmensführung, in: Die Unternehmung, 54. Jg., 2000, Nr. 4, S. 273-287.

PAINE, F. T./NAUMES, W. (1974): Strategy and Policy Formation - An integrative Approach, Philadelphia – London – Toronto 1974.

PARASUMARAN, A./BERRY, L. L./ZEITHAML, V. A. (1991): Refinement and Reassessment of the SERVQUAL Scale, in: Journal of Retailing, 67. Jg., 1991, Nr. 4, S. 420-450.

PARASURAMAN, A./ZEITHAML, V. A./BERRY, L. L. (1988): SERVQUAL: A Multiple-Item Scale for Measuring Consumer Perceptions of Service Quality, in: Journal of Retailing, 64. Jg., 1988, Nr. 1, S. 12-40.

PARKER, B./HELMS, M. M. (1992): Generic Strategies and Firm Performance in a Declining Industry, in: Management International Review, 32. Jg., 1992, Nr. 1, S. 23-39.

PEDHAZUR, E. J./PEDHAZUR SCHMELKIN, L. (1991): Measurement, Design, and Analysis - An Integrated Approach, Hillsdale 1991.

PEGELS, C. C./SEKAR, C. (1989): Determining Strategic Groups Using Multidimensional Scaling, in: Interfaces, 19. Jg., 1989, Nr. 3, S. 47-57.

PENG, M. W. (2001): The resource-based view and international business, in: Journal of Management, 27. Jg., 2001, Nr. 6, S. 803-829.

PENNINGS, J. M./HARIANTO, F. (1992): Technological Networking and Innovation Implementation, in: Organization Science, 3. Jg., 1992, Nr. 3, S. 356-382.

PENROSE, E. (1995): The Theory of the Growth of the Firm, 3. Aufl., Oxford – New York 1995.

PENROSE, E. (1997): The Theory of the Growth of the Firm, in: Resources, Firms, and Strategies (Hrsg.: Foss, N. J.), Oxford – New York 1997, S. 27-39.

PENTLAND, B. T./RUETER, H. H. (1994): Organizational Routines as Grammars of Action, in: Administrative Science Quarterly, 39. Jg., 1994, Nr. 3, S. 484-510.

PERROW, C. (1972): Complex Organizations - A Critical Essay, Glenview – London 1972.

PETER, J. P. (1979): Reliability: A Review of Psychometric Basics and Recent Marketing Practices, in: Journal of Marketing Research, 16. Jg., 1979, Nr. 1, S. 6-17.

PETER, J. P. (1981): Construct Validity: A Review of Basic Issues and Marketing Practices, in: Journal of Marketing Research, 18. Jg., 1981, Nr. 2, S. 133-145.

PETER, J. P./CHURCHILL, G. A. (1986): Relationships Among Research Design Choices and Psychometric Properties of Rating Scales: A Meta-Analysis, in: Journal of Marketing Research, 23. Jg., 1986, Nr. 1, S. 1-10.

PETER, S. I. (2001): Kundenbindung als Marketingziel - Identifikation und Analyse zentraler Determinanten, 2. Aufl., Wiesbaden 2001.

PETERAF, M. A. (1993): The Cornerstones of Competitive Advantage: A Resource-based View, in: Strategic Management Journal, 14. Jg., 1993, Nr. 3, S. 179-191.

PETERAF, M. A./BERGEN, M. E. (2003): Scanning Dynamic Competitive Landscapes: A Market-Based and Resource-Based Framework, in: Strategic Management Journal, 24. Jg., 2003, Nr. 10, S. 1027-1041.

PETERSON, R. A. (1994): A Meta-analysis of Cronbach's Coefficient Alpha, in: Journal of Consumer Research, 21. Jg., 1994, Nr. 3, S. 381-391.

PFEFFER, J. (1981): Power in Organizations, Boston – London – Melbourne et al. 1981.

PHILLIPS, L. W. (1981): Assessing Measurement Error in Key Informant Reports: A Methodological Note on Organizational Analysis in Marketing, in: Journal of Marketing Research, 18. Jg., 1981, Nr. 4, S. 395-415.

PHILLIPS, L. W./CHANG, D. R./BUZZELL, R. D. (1983): Product Quality, Cost Position and Business Performance: A Test of Some Key Hypotheses, in: Journal of Marketing, 47. Jg., 1983, Nr. 2, S. 26-43.

PICOT, A. (1991): Ökonomische Theorien der Organisation - Ein Überblick über neuere Ansätze und deren betriebswirtschaftliches Anwendungspotential, in: Betriebswirtschaftslehre und Ökonomische Theorie (Hrsg.: Ordelheide, D./ Rudolph, B./Büsselmann, E.), Stuttgart 1991, S. 143-170.

Picot, A./Neuburger, R. (2001): Grundsätze und Leitlinien der Internet-Ökonomie, in: Strategisches E-Commerce Management (Hrsg.: Eggers, B./Hoppen, G.), Wiesbaden 2001, S. 23-44.

Picot, A./Scheuble, S. (2000): Hybride Wettbewerbsstrategien in der Informations- und Netzökonomie, in: Praxis des strategischen Managements - Konzepte, Erfahrungen, Perspektiven (Hrsg.: Welge, M. K./Al-Laham, A./Kajüter, P.), Wiesbaden 2000, S. 239-257.

Piller, F./Schoder, D. (1999): Mass Customization und Electronic Commerce, in: Zeitschrift für Betriebswirtschaft, 69. Jg., 1999, Nr. 10, S. 1111-1136.

Pisano, G. P. (1994): Knowledge, Integration, and the Locus of Learning: An Empirical Analysis of Process Development, in: Strategic Management Journal, 15. Jg., 1994, Special Issue Winter 1994, S. 85-100.

Polanyi, M. (1966): The Tacit Dimension, London 1966.

Popper, K. R. (1965): Conjectures and Refutations - The Growth of Scientific Knowledge, 2. Aufl., London 1965.

Popper, K. R. (1969): Die Logik der Sozialwissenschaften, in: Der Positivismusstreit in der deutschen Soziologie (Hrsg.: Adorno, T./Dahrendorf, R/Pilot, H. et al.), Neuwied – Berlin 1969, S. 103-123.

Popper, K. R. (1974a): Replies to My Critics, in: The Philosophy of Karl Popper (Hrsg.: Schilpp, P. A.), La Salle 1974, S. 961-1197.

Popper, K. R. (1974b): Das Elend des Historizismus, 4. Aufl., Tübingen 1974.

Popper, K. R. (1979): Ausgangspunkte - Meine intellektuelle Entwicklung, Hamburg 1979.

Popper, K. R. (1982): Logik der Forschung, 7. Aufl., Tübingen 1982.

Popper, K. R. (1985): Objektive Erkenntnis - Ein evolutionärer Entwurf, Zürich 1985.

Popper, K. R. (1995): Eine Welt der Propensitäten, Tübingen 1995.

Popper, K. R./Eccles, J. C. (1982): Das Ich und sein Gehirn, 2. Aufl., München – Zürich 1982.

Porter, M. E. (1979a): The Structure within Industries and Companies' Performance, in: Review of Economics and Statistics, 61. Jg., 1979, Nr. 2, S. 214-227.

Porter, M. E. (1979b): How competitive forces shape strategy, in: Harvard Business Review, 57. Jg., 1979, Nr. 3, S. 137-145.

Porter, M. E. (1981): The Contributions of Industrial Organization To Strategic Management, in: Academy of Management Review, 6. Jg., 1981, Nr. 4, S. 609-620.

Porter, M. E. (1985): Competitive Advantage: Creating and Sustaining Superior Performance, New York – London 1985.

Porter, M. E. (1987): From competitive advantage to corporate strategy, in: Harvard Business Review, 65. Jg., 1987, Nr. 3, S. 43-59.

PORTER, M. E. (1991): Towards a Dynamic Theory of Strategy, in: Strategic Management Journal, 12. Jg., 1991, Special Issue Winter 1991, S. 95-117.

PORTER, M. E. (1996): What is Strategy?, in: Harvard Business Review, 74. Jg., Nr. 5, S. 61-78.

PORTER, M. E. (1998): Competitive Strategy: Techniques for Analyzing Industries and Competitors, New York – London – Toronto et al. 1998.

PORTER, M. E. (2001): Strategy and the Internet, in: Harvard Business Review, 79. Jg., 2001, Nr. 3, S. 62-78.

PORTER, M. E./MILLAR, V. E. (1985): How information gives you competitive advantage, in: Harvard Business Review, 63. Jg., 1985, Nr. 4, S. 149-160.

PRAHALAD, C. K./HAMEL, G. (1990): The Core Competence of the Corporation, in: Harvard Business Review, 68. Jg., 1990, Nr. 3, S. 79-90.

PRESCOTT, J. E. (1986): Environments as Moderators of the Relationship between Strategy and Performance, in: Academy of Management Journal, 29. Jg., 1986, Nr. 2, S. 329-346.

PRIEM, R. L./BUTLER, J. E. (2001a): Is the Resource-Based "View" a Useful Perspective for Strategic Management Research?, in: Academy of Management Review, 26. Jg., 2001, Nr. 1, S. 22-40.

PRIEM, R. L./BUTLER, J. E. (2001b): Tautology in the Resource-Based View and the Implications of Externally Determined Resource Value: Further Comments, in: Academy of Management Review, 26. Jg., 2001, Nr. 1, S. 57-66.

PROBST, G./RAUB, S./ROMHARDT, K. (1997): Wissen managen - Wie Unternehmen ihre wertvollste Ressource optimal nutzen, Frankfurt am Main – Wiesbaden – Zürich 1997.

PROFF, H. (2000): Ableitung ressourcenorientierter Wettbewerbsvorteile und – strategien aus einem "Modell der Ressourcenveredelung," in: Die Ressourcen- und Kompetenzperspektive des Strategischen Managements (Hrsg.: Hammann, P./Freiling, J.), Wiesbaden 2000, S. 137-166.

PROFF, H./PROFF, H. V. (1997): Möglichkeiten und Grenzen hybrider Strategien, in: Die Betriebswirtschaft, 57. Jg., 1997, Nr. 6, S. 796-809.

RAFFÉE, H. (1974): Grundprobleme der Betriebswirtschaftslehre, Göttingen 1974.

RAFFÉE, H. (1993): Gegenstand, Methoden und Konzepte der Betriebswirtschaftslehre, in: Vahlens Kompendium der Betriebswirtschaftslehre Band 1 (Hrsg.: Bitz, M./Dellmann, K./Domsch, M. et al.), München 1993, S. 1-46.

RAFFÉE, H./EFFENBERGER, J./FRITZ, W. (1994): Strategieprofile als Faktoren des Unternehmenserfolgs, in: Die Betriebswirtschaft, 54. Jg., 1994, Nr. 3, S. 383-396.

RAJAGOPALAN, N. (1997): Strategic Orientations, Incentive Plan Adoptions and Firm Performance: Evidence from Electrical Utility Firms, in: Strategic Management Journal, 18. Jg., 1997, Nr. 10, S. 761-785.

RAMANUJAM, V./VENKATRAMAN, N. (1984): An Inventory and Critique of Strategy Research Using the PIMS Database, in: Academy of Management Review, 9. Jg., 1984, Nr. 1, S. 138-151.

RAMASWAMY, K./THOMAS, A. S./LITSCHERT, R. J. (1994): Organizational Performance in a Regulated Environment: The Role of Strategic Orientation, in: Strategic Management Journal, 15. Jg., 1994, Nr. 1, S. 63-74.

RASCHE, C. (1994): Wettbewerbsvorteile durch Kernkompetenzen – Ein ressourcenorientierter Ansatz, Wiesbaden 1994.

RASCHE, C. (2000): Der Resource Based View im Lichte des hybriden Wettbewerbs, in: Die Ressourcen - und Kompetenzperspektive des Strategischen Managements (Hrsg.: Hammann, P./Freiling, J.), Wiesbaden 2000, S. 69-125.

RASCHE, C./WOLFRUM, B. (1994): Ressourcenorientierte Unternehmensführung, in: Die Betriebswirtschaft, 54. Jg., 1994, Nr. 4, S. 501-520.

READ, W. H. (1962): Upward Communication in Industrial Hierarchies, in: Human Relations, 15. Jg., 1962, Nr. 1, S. 3-15.

REED, R./DEFILLIPPI, R. J (1990): Causal Ambiguity, Barriers to Imitation, and Sustainable Competitive Advantage, in: Academy of Management Review, 15. Jg., 1990, Nr. 1, S. 88-102.

REIß, M. (1993): Komplexitätsmanagement (I), in: Das Wirtschaftsstudium, 22. Jg., 1993, Nr. 1, S. 54-60.

REITSPERGER, W. D./DANIEL, S. J./TALLMAN, S. B. ET AL. (1993): Product Quality and Cost Leadership: Compatible Strategies?, in: Management International Review, 33. Jg., 1993, Special Issue, S. 7-21.

RICH, P. (1992): The Organizational Taxonomy: Definition and Design, in: Academy of Management Review, 17. Jg., 1992, Nr. 4, S. 758-781.

RINDOVA, V. P./KOTHA, S. (2001): Continuous "Morphing": Competing through Dynamic Capabilities, Form, and Function, in: Academy of Management Journal, 44. Jg., 2001, Nr. 6, S. 1263-1280.

RINDSKOPF, D./ROSE, T. (1988): Some Theory and Applications of Confirmatory Second-Order Factor Analysis, in: Multivariate Behavioral Research, 23. Jg., 1988, Nr. 1, S. 51-67.

ROBINSON, J. P./SHAVER, P. R./WRIGHTSMAN, L. S. (1991): Criteria for Scale Selection and Evaluation, in: Measures of Personality and Social Psychological Attitudes (Hrsg.: Robinson, J. P./Shaver, P. R./Wrightsman, L.S.), San Diego – New York – Boston et al. 1991, S. 1-16.

ROBINSON, R. B./PEARCE, J. A. (1988): Planned Patterns of Strategic Behavior and their Relationship to Business-Unit Performance, in: Strategic Management Journal, 9. Jg., 1988, Nr. 1, S. 43-60.

ROSS, L./ANDERSON, C. A. (1982): Shortcomings in the attribution process: On the origins and maintenance of erroneous social assessments, in: Judgement under uncertainty: Heuristics and biases (Hrsg.: Kahneman, D./Slovic, P./Tversky, A.), Cambridge – London – New York et al. 1982, S. 129-152.

RUBIN, P. H. (1973): The Expansion of Firms, in: Journal of Political Economy, 81. Jg., 1973, Nr. 4, S. 936-949.

RÜDIGER, M./VANINI, S. (1998): Das Tacit-knowledge-Phänomen und seine Implikationen für das Innovationsmanagement, in: Die Betriebswirtschaft, 58. Jg., 1998, Nr. 4, S. 467-480.

RUGMAN, A. M./VERBEKE, A. (2002): Edith Penrose's Contribution to the Resource-Based View of Strategic Management, in: Strategic Management Journal, 23. Jg., 2002, Nr. 8, S. 769-780.

RÜHLI, E. (1994): Die Resource-based View of Strategy - Ein Impuls für einen Wandel im unternehmungspolitischen Denken und Handeln?, in: Unternehmerischer Wandel (Hrsg.: Gomez, P./Hahn, D./Müller-Stewens, G. et al.), Wiesbaden 1994, S. 31-58.

RÜHLI, E. (1995): Ressourcenmanagement: Strategischer Erfolg dank Kernkompetenzen, in: Die Unternehmung, 49. Jg., 1995, Nr. 2, S. 91-105.

RÜHLI, E. (1996): Strategische Führung bei Hyperwettbewerb, in: Markt- und menschenorientierte Unternehmensführung (Hrsg.: Staffelbach, B./Wehrli, H.P.), Bern – Stuttgart – Wien 1996, S. 9-29.

RÜHLI, E./SCHMIDT, S. L. (1999): Die anglo-amerikanische "Strategy Process Research," in: Die Unternehmung, 53. Jg., 1999, Nr. 4, S. 267-286.

RUMELT, R. P. (1974): Strategy, Structure and Economic Performance, Boston 1974.

RUMELT, R. P. (1979): Evaluation of Strategy: Theory and Models, in: Strategic Management - A New View of Business Policy and Planning (Hrsg.: Schendel, D. E./Hofer, C. W.), Boston – Toronto 1979, S. 196-212.

RUMELT, R. P. (1984): Towards a Strategic Theory of the Firm, in: Competitive Strategic Management (Hrsg.: Lamb, R. B.), Englewood Cliffs 1984, S. 556-570.

RUMELT, R. P. (1987): Theory, Strategy, and Entrepreneurship, in: The Competitive Challenge (Hrsg.: Teece, D. J.), Cambridge 1987, S. 137-158.

RUMELT, R. P. (1997): Towards a Strategic Theory of the Firm, in: Resources, Firms, and Strategies: A Reader in the Resource-Based Perspective (Hrsg.: Foss, N. J.), Oxford – New York 1997, S. 131-145.

RYLE, G. (1949): The Concept of Mind, London 1949.

SACHS, S. (1997): Evolutionäre Organisationstheorie, in: Die Unternehmung, 51. Jg., 1997, Nr. 2, S. 91-104.

SALANCIK, G. R./MEINDL, J. R. (1984): Corporate Attributions as Strategic Illusions of Management Control, in: Administrative Science Quarterly, 29. Jg., 1984, Nr. 2, S. 238-254.

SAMPLER, J. L. (1998): Redefining Industry Structure for the Information Age, in: Strategic Management Journal, 19. Jg., 1998, Nr. 4, S. 343-355.

SANCHEZ, R./HEENE, A. (1997): A Competence Perspective on Strategic Learning and Knowledge Management, in: Strategic Learning and Knowledge Management (Hrsg.: Sanchez, Ron/Heene, A.), Chichester – New York – Brisbane et al. 1997, S. 3-15.

SANCHEZ, R./HEENE, A./THOMAS, H. (1996): Introduction: Towards The Theory and Practice of Competence-Based Competition, in: Dynamics of Competence-Based Competition (Hrsg.: Sanchez, R./Heene, A./Thomas, H.), Oxford 1996, S. 1-35.

SARKAR, M. B./BUTLER, B./STEINFIELD, C. (1995): Intermediaries and Cybermediaries: A Continuing Role for Mediating Players in the Electronic Marketplace, in: Journal of Computer-Mediated Communication, 1. Jg., 1995, Nr. 5, S. 1-14. Verfügbar: http://www.ascusc.org/jcmc/vol1/issue3/sarkar.html, Abruf am: 13.12.03.

SCHAFER, J. L./GRAHAM, J. W. (2002): Missing Data: Our View of the State of the Art, in: Psychological Methods, 7. Jg., 2002, Nr. 2, S. 147-177.

SCHANZ, G. (1973): Pluralismus in der Betriebswirtschaftslehre: Bemerkungen zum gegenwärtigen Forschungsprogramm, in: Zeitschrift für betriebswirtschaftliche Forschung, 25. Jg., 1973, Nr. 2, S. 131-154.

SCHANZ, G. (1975a): Zwei Arten des Empirismus, in: Zeitschrift für betriebswirtschaftliche Forschung, 27. Jg., 1975, Nr. 5, S. 307-331.

SCHANZ, G. (1975b): Nochmals: Zwei Arten des Empirismus, in: Zeitschrift für betriebswirtschaftliche Forschung, 27. Jg., 1975, Nr. 12, S. 801-805.

SCHANZ, G. (1977a): Zum gegenwärtigen Verhältnis von Wissenschaftstheorie und Betriebswirtschaftslehre, in: Zeitschrift für betriebswirtschaftliche Forschung, 29. Jg., 1977, Nr. 5, S. 279-296.

SCHANZ, G. (1977b): Jenseits vom Empirismus$_1$: Eine Perspektive für die betriebswirtschaftliche Forschung, in: Empirische und handlungstheoretische Forschungskonzeptionen in der Betriebswirtschaftslehre (Hrsg.: Köhler, R.), Stuttgart 1977, S. 65-84.

SCHANZ, G. (1977c): Grundlagen der verhaltenstheoretischen Betriebswirtschaftslehre, Tübingen 1977.

SCHANZ, G. (1988a): Methodologie für Betriebswirte, 2. Aufl., Stuttgart 1988.

SCHANZ, G. (1988b): Erkennen und Gestalten - Betriebswirtschaftslehre in kritischrationaler Absicht, Stuttgart 1988.

SCHENDEL, D. (1996): Editor's Introduction to the 1996 Summer Special Issue: Evolutionary Perspectives on Strategy, in: Strategic Management Journal, 17. Jg., 1996, Special Issue Summer 1996, S. 1-4.

SCHENDEL, D. E./HOFER, C. W. (1979): Introduction, in: Strategic Management - A New View of Business Policy and Planning (Hrsg.: Schendel, D. E./Hofer, C. W.), Boston – Toronto 1979, S. 1-22.

SCHERER, F. M. (1980): Industrial market structure and economic performance, 2. Aufl., Chicago 1980.

SCHEWE, G. (1998): Strategie und Struktur, Tübingen 1998.

SCHLIEPER, U. (1980): Externe Effekte, in: Handwörterbuch der Wirtschaftswissenschaft (Hrsg.: Albers, W./Born, K. E./Dürr, E. et al.), 2. Band., Stuttgart – New York – Tübingen et al. 1980, S. 524-530.

SCHMALENSEE, R. (1988): Industrial Economics: An Overview, in: The Economic Journal, 98. Jg., 1988, Nr. 3, S. 643-681.

SCHNEIDER, D. (1996): Biologische Vorbilder für eine evolutorische Theorie der Unternehmung, in: Zeitschrift für betriebswirtschaftliche Forschung, 48. Jg., 1996, Nr. 12, S. 1098-1114.

SCHNORR-BÄCKER, S. (2001): Neue Ökonomie und amtliche Statistik, in: Wirtschaft und Statistik, o. Jg., 2001, Nr. 3, S. 165-175.

SCHODER, D. (1995): Diffusion von Netzeffektgütern: Modellierung auf Basis des Metergleichungsabsatzes der Synergetik, in: Marketing - Zeitschrift für Forschung und Praxis, 17. Jg., 1995, Nr. 1, S. 18-28.

SCHOEMAKER, P. J./AMIT, R. (1994): Investment in Strategic Assets: Industry and Firm-Level Perspectives, in: Advances in Strategic Management (Hrsg: Shrivastava, P./Huff, A. S./Dutton, J. E.), 10A. Jg., Greenwich – London 1994, S. 3-33.

SCHREINER, G. (1998): Organisatorische Fähigkeiten – Konzeptionalisierungsvorschläge vor dem Hintergrund einer evolutionären Organisationstheorie, München 1998.

SCHREYÖGG, G. (1999): Strategisches Management - Entwicklungstendenzen und Zukunftsperspektiven, in: Die Unternehmung, 53. Jg., 1999, Nr. 6, S. 387-407.

SCHUMPETER, J. A. (1934): The Theory of Economic Development, Cambridge 1934.

SCHWAB, D. P. (1980): Construct Validity in Organizational Behavior, in: Research in Organizational Behavior (Hrsg.: Staw, B. M./Cummings, L. L.), 2. Jg., Greenwich 1980, S. 3-43.

SCHWEMMER, O. (1976): Theorie der rationalen Erklärung - Zu den methodologischen Grundlagen der Kulturwissenschaften, München 1976.

SCHWENK, C. R. (1985): The Use of Participant Recollection in the Modeling of Organizational Decision Processes, in: Academy of Management Review, 10. Jg., 1985, Nr. 3, S. 496-503.

SCOTT, J. (2000): Emerging Patterns from the Dynamic Capabilities of Internet Intermediaries, in: Journal of Computed-Mediated Commmunication, 5. Jg., 2000, Nr. 3, S. 1-20. Verfügbar: http://www.ascusc.org/jcmc/vol5/issue3/scott.html, Abruf am 13.12.03.

SEGLER, T. (1981): Situative Organisationstheorie - Zur Fortentwicklung von Konzept und Methode, in: Organisationstheoretische Ansätze (Hrsg.: Kieser, A.), München 1981, S. 227-272.

SEIDLER, J. (1974): On Using Informants: A Technique for Collecting Quantitative Data and Controlling Measurement Error in Organization Analysis, in: American Sociological Review, 39. Jg., 1974, Nr. 12, S. 816-831.

SEISREINER, A. (1999): Management unternehmerischer Handlungspotentiale, Wiesbaden 1999.

SELZNICK, P. (1957): Leadership in Administration - A Sociological Interpretation, Evanston – White Plains 1957.

SELZNICK, P. (1997): Leadership in Administration: A Sociological Interpretation, in: Resources, Firms, and Strategies (Hrsg.: Foss, N. J.), Oxford - New York 1997, S. 21-26.

SETH, A./THOMAS, H. (1994): Theories of the Firm: Implications for Strategy Research, in: Journal of Management Studies, 31. Jg., 1994, Nr. 2, S. 165-191.

SHAPIRO, C. (1989): The Theory of Business Strategy, in: RAND Journal of Economics, 20. Jg., 1989, Nr. 1, S. 125-137.

SHAPIRO, C./VARIAN, H. R. (1999): Information Rules - A Strategic Guide to the Network Economy, Boston 1999.

SHARMA, S. (1996): Applied Multivariate Techniques, New York – Chichester – Brisbane et al. 1996.

SHORTELL, S. M./ZAJAC, E. J. (1990): Perceptual and Archival Measures of Miles and Snow's Strategic Types: A Comprehensive Assessment of Reliability and Validity, in: Academy of Management Journal, 33. Jg., 1990, Nr. 4, S. 817-832.

SILK, A. J./KALWANI, M. U. (1982): Measuring Influence in Organizational Purchase Decisions, in: Journal of Marketing Research, 19. Jg., 1982, Nr. 2, S. 165-181.

SIMON, H. (1988): Management strategischer Wettbewerbsvorteile, in: Zeitschrift für Betriebswirtschaft, 58. Jg., 1988, Nr. 4, S. 461-480.

SINGH, J. V./LUMSDEN, C. J. (1990): Theory and Research in Organizational Ecology, in: Annual Review of Sociology (Hrsg.: Scott, W. R./Blake, J.), 16. Jg., Palo Alto 1990, S. 161-195.

SLATER, S. F./OLSON, E. M. (2001): Marketing's Contribution to the Implementation of Business Strategy: An Empirical Analysis, in: Strategic Management Journal, 22. Jg., 2001, Nr. 11, S. 1055-1067.

SNOW, C. C./HAMBRICK, D. C. (1980): Measuring Organizational Strategies: Some Theoretical and Methodological Problems, in: Academy of Management Review, 5. Jg., 1980, Nr. 4, S. 527-538.

SNOW, C. C./HREBINIAK, L. G. (1980): Strategy, Distinctive Competence, and Organizational Performance, in: Administrative Science Quarterly, 25. Jg., 1980, Nr. 2, S. 317-336.

SOBOL, M. G./LEI, D. (1994): Environment, Manufacturing Technology, and Embedded Knowledge, in: The International Journal of Human Factors in Manufacturing, 4. Jg., 1994, Nr. 2, S. 167-189.

SPANOS, Y. E./LIOUKAS, S. (2001): An Examination into the Causal Logic of Rent Generation: Contrasting Porter's Competitive Strategy Framework and the Resource-based Perspective, in: Strategic Management Journal, 22. Jg., 2001, Nr. 10, S. 907-934.

SPINNER, H. F. (1971): Theoretischer Pluralismus - Prolegomena zu einer kritischen Methodologie und Theorie des Erkenntnisfortschritts, in: Sozialtheorie und soziale Praxis - Eduard Baumgarten zum 70. Geburtstag (Hrsg.: Albert, H.), Meisenheim am Glan 1971, S. 7-41.

SPINNER, H. F. (1974): Pluralismus als Erkenntnismodell, Frankfurt am Main 1974.

SRIVASTAVA, R. K./FAHEY, L./CHRISTENSEN, H. K. (2001): The resource-based view and marketing: The role of market based assets in gaining competitive advantage, in: Journal of Management, 27. Jg., 2001, Nr. 6, S. 777-802.

STAEHLE, W. H. (1981): Deutschsprachige situative Ansätze in der Managementlehre, in: Organisationstheoretische Ansätze (Hrsg.: Kieser, A.), München 1981, S. 215-226.

STAEHLE, W. H. (1984): Die interaktionsorientierte Erfassung der Unternehmungseffizienz, in: Probleme der Unternehmungseffizienz im Systemvergleich (Hrsg.: Dlugos, G./Napierala, M.), Bad Honnef 1984, S. 29-40.

STAEHLE, W. H. (1999): Management - Eine verhaltenswissenschaftliche Perspektive, 8. Aufl., München 1999.

STÄHLER, P. (2001): Geschäftsmodelle in der digitalen Ökonomie, Lohmar – Köln 2001.

STALK, G./EVANS, P./SHULMAN, L. E. (1992): Competing on Capabilities: The New Rules of Corporate Strategy, in: Harvard Business Review, 70. Jg., Nr. 2, S. 57-68.

STATISTISCHES BUNDESAMT (1994): Klassifikation der Wirtschaftszweige mit Erläuterungen - Ausgabe 1993, Stuttgart 1994.

STEGMÜLLER, W. (1973): Probleme und Resultate der Wissenschaftstheorie Band IV - Personelle und statistische Wahrscheinlichkeit, 2. Halbband: Statistisches Schließen, Statistische Begründung, Statistische Analyse, Berlin - Heidelberg – New York 1973.

STEIGER, J. H. (1989): EzPATH: A supplementary module for STSTAT and SYGRAPH, Evanston 1989.

STEIGER, J. H. (1990): Structural Model Evaluation and Modification: An Interval Estimation Approach, in: Multivariate Behavioral Research, 25. Jg., 1990, Nr. 2, S. 173-180.

STEISS, A. W. (1985): Strategic Management and Organizational Decisionmaking, Lexington – Toronto 1985.

STELZER, D. (2000): Digitale Güter und ihre Bedeutung in der Internet-Ökonomie, in: Das Wirtschaftsstudium, 29. Jg., 2000, Nr. 6, S. 835-842.

STEWART, D. W. (1981): The Application and Misapplication of Factor Analysis in Marketing Research, in: Journal of Marketing Research, 18. Jg., 1981, Nr. 1, S. 51-62.

STINE, R. (1990): An Introduction to Bootstrap Methods - Examples and Ideas, in: Sociological Methods and Research, 18. Jg., 1990, Nr. 3, S. 243-291.

SZULANSKI, G. (1996): Exploring Internal Stickiness: Impediments to the Transfer of Best Practice Within the Firm, in: Strategic Management Journal, 17. Jg., 1996, Special Issue Winter 1996, S. 27-43.

SZULANSKI, G. (2000): Appropriability and the Challenge of Scope: Banc One Routinizes Replication, in: The Nature and Dynamics of Organizational Capabilities (Hrsg.: Dosi, G./Nelson, R. R./Winter, S. G.), Oxford 2000, S. 69-98.

TAM, P. W. (2003): Silicon Valley Downturn Forces Small Companies Into Single-Item Bets, in: The Wall Street Journal Europe, 21. Jg., 2003, Nr. 71 v. 14.05.2003, S. A1; A5.

TANAKA, J. S. (1993): Multifaceted Conceptions of Fit in Structural Equation Models, in: Testing Structural Equation Models (Hrsg.: Bollen, K. A./Long, J. S.), Newsbury Park – London – New Delhi 1993, S. 10-39.

TAPSCOTT, D. (1996): The Digital Economy, New York – San Francisco – Washington D.C. 1996.

TAYLOR, S. E. (1982): The availability bias in social perception and interaction, in: Judgement under uncertainty: Heuristics and biases (Hrsg. Kahneman, D./Slovic, P./Tversky, A.), Cambridge – London – New York et al. 1982, S. 190-200.

TEECE, D. J. (1977): Technology Transfer by Multinational Firms: The Resource Cost of Transferring Technological Know-How, in: The Economic Journal, 87. Jg., 1977, Nr. 2, S. 242-261.

TEECE, D. J. (1984): Economic Analysis and Strategic Management, in: California Management Review, 26. Jg., 1984, Nr. 3, S. 87-110.

TEECE, D. J. (1988): Technological change and the nature of the firm, in: Technological Change and Economic Theory (Hrsg.: Dosi, G./Freeman, C./Nelson, R. et al.), Pinter 1988, S. 256-281.

TEECE, D. J. (1998): Capturing Value from Knowledge Assets: The New Economy, Markets for Know-how and Intangible Assets, in: California Management Review, 40. Jg., 1998, Nr. 3, S. 55-79.

TEECE, D. J./PISANO, G. (1994): The Dynamic Capabilities of Firms: an Introduction, in: Industrial and Corporate Change, 3. Jg., 1994, Nr. 3, S. 537-556.

TEECE, D. J./PISANO, G./SHUEN, A. (1997): Dynamic Capabilities and Strategic Management, in: Strategic Management Journal, 18. Jg., 1997, Nr. 7, S. 509-533.

TEECE, D. J./RUMELT, R./DOSI, G. ET AL. (1994): Understanding corporate coherence: Theory and evidence, in: Journal of Economic Behavior and Organization, 23. Jg., 1994, Nr. 1, S. 1-30.

THOMAS, H./VENKATRAMAN, N. (1988): Research on Strategic Groups: Progress and Prognosis, in: Journal of Management Studies, 25. Jg., 1988, Nr. 6, S. 537-555.

THOMAS, J. B./MCDANIEL, R. (1990): Interpreting Strategic Issues: Effects of Strategy and the Information-Processing Structure of Top Management Teams, in: Academy of Management Journal, 33. Jg., 1990, Nr. 2, S. 286-306.

THOMAS, K. W./TYMON, W. G. (1982): Necessary Properties of Relevant Research: Lessons from Recent Criticisms of the Organizational Sciences, in: Academy of Management Review, 7. Jg., 1982, Nr. 3, S. 345-352.

THOMAS, L. G. (1996): The Two Faces of Competition: Dynamic Resourcefulness and the Hypercompetitive Shift, in: Organization Science, 7. Jg., 1996, Nr. 3, S. 221-242.

TROSTEL, A. O./NICHOLS, M. L. (1982): Privately-Held and Publicly-Held Companies: A Comparison of Strategic Choices and Management Processes, in: Academy of Management Journal, 25. Jg., 1982, Nr. 1, S. 47-62.

TUSHMAN, M. L./ANDERSON, P. (1986): Technological Discontinuities and Organizational Environments, in: Administrative Science Quarterly, 31. Jg., 1986, Nr. 3, S. 439-465.

TVERSKY, A./KAHNEMAN, D. (1973): Availability: A Heuristic for Judging Frequency and Probability, in: Cognitive Psychology, 5. Jg., 1973, Nr. 2, S. 207-232.

TVERSKY, A./KAHNEMAN, D. (1974): Judgement under Uncertainty: Heuristics and Biases, in: Science, 185. Jg., 1974, Nr. 4157, S. 1124-1131.

ÜBERLA, K. (1971): Faktorenanalyse, 2. Aufl., Berlin – Heidelberg – New York 1971.

VAN DE VEN, A. H./DRAZIN, R. (1985): The Concept of Fit in Contingency Theory, in: Research in Organizational Behavior (Hrsg.: Cummings, L. L./Staw, B. M.), 7. Jg., Greenwich - London 1985, S. 333-365.

VAN DEN BOSCH, F. A. J./VOLBERDA, H. W./DE BOER, M. (1999): Coevolution of Firm Absorptive Capacity and Knowledge Environment: Organizational Forms and Combinative Capabilities, in: Organization Science, 10. Jg., 1999, Nr. 5, S. 551-568.

VENKATRAMAN, N. (1985): Strategic Orientation of Business Enterprises: The Construct and its Measurement, unveröffentlichte Dissertation, University of Pittsburgh 1985.

VENKATRAMAN, N. (1989a): Strategic Orientation of Business Enterprises, in: Management Science, 35. Jg., 1989, Nr. 8, S. 942-962.

VENKATRAMAN, N. (1989b): The Concept of Fit in Strategy Research: Toward Verbal and Statistical Correspondence, in: Academy of Management Review, 14. Jg., 1989, Nr. 3, S. 423-444.

VENKATRAMAN, N. (2000): Five Steps to a Dot-Com Strategy: How To Find Your Footing on the Web, in: Sloan Management Review, 41. Jg., 2000, Nr. 3, S. 15-28.

VENKATRAMAN, N./CAMILLUS, J. C. (1984): Exploring the Concept of "Fit" in Strategic Management, in: Academy of Management Review, 9. Jg., 1984, Nr. 3, S. 513-525.

VENKATRAMAN, N./GRANT, J. H. (1986): Construct Measurement in Organizational Strategy Research: A Critique and Proposal, in: Academy of Management Review, 11. Jg., 1986, Nr. 1, S. 71-87.

VENKATRAMAN, N./PRESCOTT, J. E. (1990): Environment - Strategy Coalignment: An Empirical Test of its Performance Implications, in: Strategic Management Journal, 11. Jg., 1990, Nr. 1, S. 1-23.

VENKATRAMAN, N./RAMANUJAM, V. (1986): Measurement of Business Performance in Strategy Research: A Comparison of Approaches, in: Academy of Management Review, 11. Jg., 1986, Nr. 4, S. 801-814.

VENKATRAMAN, N./RAMANUJAM, V. (1987): Measurement of Business Economic Performance: An Examination of Method Convergence, in: Journal of Management, 13. Jg., 1987, Nr. 1, S. 109-122.

VOLBERDA, H. W. (1996): Toward the Flexible Form: How to Remain Vital in Hypercompetitive Environments, in: Organization Science, 7. Jg., 1996, Nr. 4, S. 359-374.

VON KROGH, G. (1998): Care in Knowledge Creation, in: California Management Review, 40. Jg., 1998, Nr. 3, S. 133-153.

VON KROGH, G./ICHIJO, K./NONAKA, I. (2000): Enabling Knowledge Creation, Oxford – New York 2000.

VON KROGH, G./KÖHNE, M. (1998): Der Wissenstransfer in Unternehmen: Phasen des Wissenstranfers und wichtige Einflussfaktoren, in: Die Unternehmung, 52. Jg., 1998, Nr. 5/6, S. 235-252.

WALSH, J. P./UNGSON, G. R. (1991): Organizational Memory, in: Academy of Management Review, 16. Jg., 1991, Nr. 1, S. 57-91.

WATHNE, K./ROOS, J./VON KROGH, G. (1996): Towards a Theory of Knowledge Transfer in a Cooperative Context, in: Managing Knowledge - Perspectives on cooperation an competition (Hrsg.: von Krogh, G./Roos, J.), London – Thousand Oaks – New Delhi 1996, S. 55-81.

WATKINS, J. W. N. (1972): Idealtypen und historische Erklärung, in: Theorie und Realität (Hrsg.: Albert, H.), Tübingen 1972, S. 331-356.

WEEKS, D. G. (1980): A Second-Order Longitudinal Model of Ability Structure, in: Multivariate Behavioral Research, 15. Jg., 1980, Nr. 3, S. 353-365.

WEISENFELD, U./CHAKRABARTI, A. K. (1990): Technologie- und Marketingstrategien in der Biotechnologie: Ergebnisse einer deutschen und amerikanischen Studie, in: Die Betriebswirtschaft, 50. Jg., 1990, Nr. 6, S. 747-758.

WEISENFELD-SCHENK, U. (1994): Technology strategies and the Miles & Snow typology: a study of the biotechnology industries, in: R&D Management, 24. Jg., 1994, Nr. 1, S. 57-64.

WEISENFELD-SCHENK, U. (1995): Marketing- und Technologiestrategien: Unternehmen der Biotechnologie im internationalen Vergleich, Stuttgart 1995.

WELGE, M. K./AL-LAHAM, A. (2001): Strategisches Management, 3. Aufl., Wiesbaden 2001.

WERBACH, K. (2000): Syndication - The Emerging Model for Business in the Internet Era, in: Harvard Business Review, 78. Jg., 2000, Nr. 3, S. 85-93.

WERNERFELT, B. (1984): A Resource-based View of the Firm, in: Strategic Management Journal, 5. Jg., 1984, Nr. 2, S. 171-180.

WEST, S. G./FINCH, J. F./CURRAN, P. J. (1995): Structural Equation Models With Nonnormal Variables: Problems and Remedies, in: Structural Equation Modeling - Concepts, Issues, and Applications (Hrsg.: Hoyle, R. H.), Thousand Oaks – London – New Delhi 1995, S. 56-75.

WHITE, R. E. (1986): Generic Business Strategies, Organizational Context and Performance: An Empirical Investigation, in: Strategic Management Journal, 7. Jg., 1986, Nr. 3, S. 217-231.

WILCOX KING, A./ZEITHAML, C. P. (2001): Competencies and Firm Performance: Examining the Causal Ambiguity Paradox, in: Strategic Management Journal, 22. Jg., 2001, Nr. 1, S. 75-99.

WILLCOCKS, L. P./PLANT, R. (2001): Pathway to E-Business Leadership: Getting from Bricks to Clicks, in: MIT Sloan Management Review, 42. Jg., 2001, Nr. 3, S. 50-59.

WILLIAMSON, O. E. (1979): Transactions-Cost Economics: The Governance of Contractual Relations, in: Journal of Law and Economics, 22. Jg., 1979, Nr. 2, S. 233-261.

WILLIAMSON, O. E. (1991): Comparative Economic Organization: The Analysis of Discrete Structural Alternatives, in: Administrative Science Quarterly, 36. Jg., 1991, Nr. 2, S. 269-296.

WILLIAMSON, O. E. (1999): Strategy Research: Governance and Competence Perspectives, in: Strategic Management Journal, 20. Jg., 1999, Nr. 12, S. 1087-1108.

WINTER, S. G. (1987): Knowledge and Competence as Strategic Assets, in: The Competitive Challenge (Hrsg.: Teece, D. J.), Cambridge 1987, S. 159-184.

WINTER, S. G. (1988): On Coase, Competence, and the Corporation, in: Journal of Law, Economics, and Organization, 4. Jg., 1988, Nr. 1, S. 163-180.

WINTER, S. G. (1995): Four Rs of Profitability: Rents, Resources, Routines, and Replication, in: Resource-Based and Evolutionary Theories of the Firm: Towards a Synthesis (Hrsg.: Montgomery, C. A.), Boston – Dordrecht – London 1995, S. 147-178.

WINTER, S. G. (2003): Understanding Dynamic Capabilities, in: Strategic Management Journal, 24. Jg., 2003, Nr. 10, S. 991-995.

WINTER, S. G./SZULANSKI, G. (2001): Replication as Strategy, in: Organization Science, 12. Jg., 2001, Nr. 6, S. 730-743.

WIRTZ, B. W. (2000): Rekonfigurationsstrategien und multiple Kundenbindung in multimedialen Informations- und Kommunikationsmärkten, in: Zeitschrift für betriebswirtschaftliche Forschung, 52. Jg., 2000, Nr. 5, S. 290-306.

WIRTZ, B. W. (2001a): Reconfiguration of Value Chains in Converging Media and Communications Markets, in: Long Range Planning, 34. Jg., 2001, Nr. 4, S. 489-506.

WIRTZ, B. W. (2001b): Electronic Business, 2. Aufl., Wiesbaden 2001.

WIRTZ, B. W. (2001c): Medien- und Internetmanagement, 2. Aufl., Wiesbaden 2001.

WIRTZ, B. W./KROL, B. (2001): Stand und Entwicklungsperspektiven der Forschung zum Electronic Commerce, in: Jahrbuch der Absatz- und Verbrauchsforschung, 47. Jg., 2001, Nr. 4, S. 332-365.

WIRTZ, B. W./LIHOTZKY, N. (2001): Internetökonomie, Kundenbindung und Portalstrategien, in: Die Betriebswirtschaft, 61. Jg., 2001, Nr. 3, S. 285-305.

WIRTZ, B. W./MATHIEU, A. (2001): Internet-Ökonomie und B2B-Marktplätze, in: Das Wirtschaftsstudium, 30. Jg., 2001, Nr. 6, S. 825-830.

WIRTZ, B. W./OLDEROG, T./MATHIEU, A. (2002): Preis-Management für Business-to-Business Marktplätze im Internet, in: Marketing - Zeitschrift für Forschung und Praxis, 24. Jg., 2002, Spezialausgabe "E-Marketing", S. 33-46.

WIRTZ, B. W./VOGT, P. (2001): Kundenbeziehungsmanagement im Electronic Business, in: Jahrbuch der Absatz- und Verbrauchsforschung, 47. Jg., 2001, Nr. 2, S. 116-135.

WISSEMA, J. G./VAN DER POL, H. W./MESSER, H. M. (1980): Strategic Management Archetypes, in: Strategic Management Journal, 1. Jg., 1980, Nr. 1, S. 37-47.

WITTE, E. (1977): Lehrgeld für empirische Forschung - Notizen während einer Diskussion, in: Empirische und handlungstheoretische Forschungskonzeptionen in der Betriebswirtschaftslehre (Hrsg.: Köhler, R.), Stuttgart 1977, S. 269-281.

WITTE, E. (1981): Nutzungsanspruch und Nutzungsvielfalt, in: Der praktische Nutzen empirischer Forschung (Hrsg.: Witte, E.), Tübingen 1981, S. 13-40.

WOO, C. Y./COOPER, A. C. (1981): Strategies of Effective Low Share Businesses, in: Strategic Management Journal, 2. Jg., 1981, Nr. 3, S. 301-318.

WOO, C. Y./WILLIARD, G. (1983): Performance representation in business policy research: discussion and representation, Paper presented at the 23rd Annual National Meeting of the Academy of Management, Dallas 1983.

WRAPP, H. E. (1984): Good managers don't make policy decisions, in: Harvard Business Review, 62. Jg., 1984, Nr. 4, S. 8-21.

WRIGHT, P./KROLL, M./PRAY, B. ET AL. (1995): Strategic Orientations, Competitive Advantage, and Business Performance, in: Journal of Business Research, 33. Jg., 1995, Nr. 2, S. 143-151.

WRIGHT, P./KROLL, M./TU, H. ET AL. (1991): Generic Strategies and Business Performance: an Empirical Study of the Screw Machine Products Industry, in: British Journal of Management, 2. Jg., 1991, Nr. 1, S. 57-65.

WRIGLEY, L. (1970): Divisional Autonomy and Diversification, unveröffentlichte Dissertation, Harvard Business School 1970.

YOFFIE, D. B./CUSUMANO, M. A. (1999): Judo Strategy - The Competitive Dynamics of Internet Time, in: Harvard Business Review, 77. Jg., 1999, Nr. 1, S. 70-81.

YUAN, K. H./BENTLER, P. M. (2001): A Unified Approach to Multigroup Structural Equation Modeling with Nonstandard Samples, in: New Developments and Techniques in Structural Equation Modeling (Hrsg.: Marcoulides, G. A./ Schumacker, R. E.), Mahwah – London, S. 35-56.

YUNG, Y. F./BENTLER, P. M. (1996): Bootstrapping Techniques in Analysis of Mean and Covariance Structures, in: Advanced Structural Equation Modeling - Issues and Techniques (Hrsg. Marcoulides, G. A./Schumacker, R. E.), Mahwah 1996, S. 195-226.

ZAHRA, S. A./COVIN, J. G. (1993): Business Strategy, Technology Policy and Firm Performance, in: Strategic Management Journal, 14. Jg., 1993, Nr. 6, S. 451-478.

ZAHRA, S. A./COVIN, J. G. (1994): Domestic and International Competitive Focus, Technology Strategy and Company Performance: An Empirical Analysis, in: Technology Analysis and Strategic Management, 6. Jg., 1994, Nr. 1, S. 39-53.

ZAHRA, S. A./PEARCE, J. A. (1990): Research Evidence On The Miles-Snow Typology, in: Journal of Management, 16. Jg., 1990, Nr. 4, S. 751-768.

ZAJAC, E. J./SHORTELL, S. M. (1989): Changing Generic Strategies: Likelihood, Direction and Performance Implications, in: Strategic Management Journal, 10. Jg., 1989, Nr. 5, S. 413-430.

ZANDER, U./KOGUT, B. (1995): Knowledge and the Speed of the Transfer and Imitation of Organizational Capabilities: An Empirical Test, in: Organization Science, 6. Jg., 1995, Nr. 1, S. 76-92.

ZERDICK, A./PICOT, A./SCHRAPE, K. ET AL. (2001): Die Internet-Ökonomie - Strategien für die digitale Wirtschaft, 3. Aufl., Berlin – Heidelberg – New York 2001.

ZOHAR, A./MORGAN, G. (1996): Refining Our Understanding of Hypercompetition and Hyperturbulence, in: Organization Science, 7. Jg., 1996, Nr. 4, S. 460-464.

ZOLLO, M./WINTER, S. G. (2002): Deliberate Learning and the Evolution of Dynamic Capabilities, in: Organization Science, 13. Jg., 2002, Nr. 3, S. 339-351.

Deutscher Universitäts-Verlag
Ihr Weg in die Wissenschaft

Der Deutsche Universitäts-Verlag ist ein Unternehmen der GWV Fachverlage, zu denen auch der Gabler Verlag und der Vieweg Verlag gehören. Wir publizieren ein umfangreiches wirtschaftswissenschaftliches Monografien-Programm aus den Fachgebieten

✓ Betriebswirtschaftslehre
✓ Volkswirtschaftslehre
✓ Wirtschaftsrecht
✓ Wirtschaftspädagogik und
✓ Wirtschaftsinformatik

In enger Kooperation mit unseren Schwesterverlagen wird das Programm kontinuierlich ausgebaut und um aktuelle Forschungsarbeiten erweitert. Dabei wollen wir vor allem jüngeren Wissenschaftlern ein Forum bieten, ihre Forschungsergebnisse der interessierten Fachöffentlichkeit vorzustellen. Unser Verlagsprogramm steht solchen Arbeiten offen, deren Qualität durch eine sehr gute Note ausgewiesen ist. Jedes Manuskript wird vom Verlag zusätzlich auf seine Vermarktungschancen hin geprüft.

Durch die umfassenden Vertriebs- und Marketingaktivitäten einer großen Verlagsgruppe erreichen wir die breite Information aller Fachinstitute, -bibliotheken und -zeitschriften. Den Autoren bieten wir dabei attraktive Konditionen, die jeweils individuell vertraglich vereinbart werden.

Besuchen Sie unsere Homepage: *www.duv.de*

Deutscher Universitäts-Verlag
Abraham-Lincoln-Str. 46
D-65189 Wiesbaden